审 计 学

（第2版）

主 编 刘 英 林钟高

副主编 刘素珍 张 力

合肥工業大學出版社

图书在版编目(CIP)数据

审计学/刘英,林钟高主编.—2版.—合肥:合肥工业大学出版社,2014.9(2017.1重印)
ISBN 978-7-5650-1967-8

Ⅰ.①审… Ⅱ.①刘…②林… Ⅲ.审计学 Ⅳ.F239.0

中国版本图书馆CIP数据核字(2014)第206418号

审 计 学(第2版)

主编 刘 英 林钟高　　　　责任编辑 朱移山

出 版	合肥工业大学出版社	**版 次**	2009年1月第1版
地 址	合肥市屯溪路193号		2014年9月第2版
邮 编	230009	**印 次**	2017年1月第4次印刷
电 话	总 编 室:0551-62903038	**开 本**	787毫米×1092毫米 1/16
	市场营销部:0551-62903198	**印 张**	39.5 **字 数** 889千字
网 址	www.hfutpress.com.cn	**印 刷**	合肥现代印务有限公司
E-mail	hfutpress@163.com	**发 行**	全国新华书店

ISBN 978-7-5650-1967-8　　　　定价:68.00元

第一版前言

按照现代产权经济学家詹森(Jensen)和麦克林(Meckling)的定义,所谓委托代理关系是指“一个人或者一些人(委托人)委托其他人(代理人),根据委托人的利益从事某些活动,并相应地授予代理人某些决策权的契约关系”(詹森和麦克林,1976,1988)。委托代理理论是在企业的所有权与经营管理权分离的情况下出现的,以现代公司为研究重点,研究委托人与代理人之间的权责关系如何体现在契约中的理论。其基本内容就是规定委托人聘用代理人完成某项工作时的委托代理关系的成立以及代理人为了委托人的利益应采取何种行动,委托人相应地向代理人支付何种报酬,即通过委托人和代理人共同认可契约来确定它们各自的权利和责任,委托人为实现既定的目标,通过一系列激励机制使代理人与委托人的利益尽可能地趋于一致,以促使代理人会像为自己工作一样去采取行动,最大限度地增进委托人的利益。

在现实生活中,委托代理关系相当普遍,正如迈克尔·詹森和威廉姆·麦克林在《企业理论:经理行为、代理成本和所有权结构》一文中所指出的那样:“它存在所有组织和所有合作活动中——在企业中的每一个管理层次上,在大学、互助公司、合作社,在政论机构、工会,和在通常被称为代理关系——如表演艺术和房地产市场中的代理的关系中。”在现代市场经济中,委托代理关系更大量地表现为股份公司中资本所有者和企业最高决策者(董事会或总经理)之间的关系。这种委托代理关系是基于财产所有权和经营权相分离而产生的,一方面财产所有者放弃了财产经营权,他们成为财产的委托人;另一方面,经营者不是所有者,但是却通过被委托成为所有者的代理人。在这种委托代理关系下,所有者享有出资人的权利,但不干预具体的日常事务,而经营者在法人财产权形式下享有对财产的经营权。

既然委托代理关系是以基于委托人的意思表示为前提的,即以委托人的授权委托为前提的,那么,代理人的活动就必须从属于委托人的意志,必须为了实现委托人的利益目标而努力。也即委托代理所产生的经济效益是以代理人忠实地服务于委托人为前提的。但在现实生活中,这一假定是很难满足的。这是因为:在委托代理关系中,委托人和代理人有着各自的效用最大化目标、在委托代理关系中,由于委托人和代理人之间存在着严重的信息不对称,代理人在代理过程中会产生职务怠慢、损害和侵蚀委托人利益的“道德风险”与“逆向选择”等行为、在委托代理关系中,容易导致“内部人控制”的生成,等等。

为了解决因信息不对称而导致的代理人的道德风险和内部人控制等问题,降低代理成本,委托人必须设计出一套行之有效的激励、约束和监督机制,才能保证代理人真正全面有效地履行其责任,使委托人的意愿能够尽可能多地得到实现。

“激励机制”能有效地将代理人的利益与委托人的利益联系起来。其手段是使代理人在更大程度上与委托人分享经营成果,从而代理人能够努力实现委托人的利益,而不

是单纯地追求个人利益。如果说“激励机制”是指当代理人利益与委托人利益趋于一致时委托人对代理人进行奖励，那么“约束机制”就是指建立合约，为代理者设置行为规则，规定代理人不能够做和必须做的事情，并且规定当代理人利益与委托人利益相悖时，委托人对代理人进行惩罚。前者是动力，后者是压力，两者的有效结合才能使代理人不断努力。

“监督机制”是指委托人自身或委托外界对代理人的经营过程、经营成果进行监督。“监督机制”是应“激励机制”和“约束机制”而产生的。委托人对代理人行为进行规范的手段，主要是奖励和惩罚，要使激励和约束有效，必须赏罚分明，赏当其功，罚当其过。要做到这一点，委托人必须掌握全面、准确反映代理人经营业绩的信息。如果不能获取准确的经济信息，那么由激励机制所花费的成本将白费。而建立对代理人的监督机制，是委托人获取这种信息，克服信息不对称问题，降低代理成本的有效途径。

那么，如何对代理人提供的经济信息进行监督检查呢？可供选择的方式有以下两种：第一，由委托人自己或委托人的代表对代理人进行亲自监督检查；第二，由委托人聘请专职的审计师代表委托人对代理人进行监督检查。

在委托代理关系产生的初期，因委托代理关系的单一，委托人还有能力对代理人的经济活动、提供的经济信息亲自进行检查。但随着劳动分工的专业化发展，委托代理关系日趋复杂，代理层次越来越多，特别是股份制公司的出现，使得会计业务和财务报告编报技术日益复杂。这些情况导致，一方面委托人因自身精力和能力限制，使其自己已不能直接对代理人进行监督检查；另一方面委托人若对代理人直接进行监督检查，将花费大量的成本，这也使直接的监督检查成为不可能。这时，聘请专职的审计师就成为一种比较经济的选择。由专职的审计师对代理人提供的经济信息进行审计监督——经济责任审计，由此来鉴证代理人经济责任的履行情况，看其是否符合“全面有效”的目标要求；一旦发现偏离此目标要求的情形，即通过审计反馈进行直接或间接的纠偏，以促使经济责任得到全面有效的履行，并兑现对代理人的奖惩。

至此，我们看到，所谓委托代理关系，可以看作是委托人设计出的一个契约，他用提供报酬吸引、激励代理人，并对代理人行为进行约束，使其投入达到最佳水平，从而使委托人的效用目标达到最大化。但委托人和代理人之间的效用目标是不一致的，因此委托人需聘请专职的审计师对代理人的经营活动以及由此而产生的经济信息进行审计监督，来判断代理人是否全面有效地履行了经济责任，以防范因信息不对称而有可能导致的代理人问题，从而降低代理成本，并对代理人的经营业绩做出准确评价，进而确认或解除代理人的经济责任。可见，审计是随着委托代理关系的产生、发展而产生和发展起来的。委托代理关系是审计存在的前提条件，没有委托代理关系也就不会产生审计。同时，因为有了审计，委托代理关系才能得到有效履行和控制，审计又是委托代理关系存在和发展的保证。

现代契约经济学实际上将所有的交易看成了一种契约。从这个意义上说，审计活动作为委托人与代理人实现专业化结果交换的一种市场交易，自然也是一种契约关系。审计行为是一种契约行为。狭义的审计契约仅仅是指由审计师与审计委托人共同签订的契约，广义的审计契约则是指在狭义审计契约之外再增加审计师与被审计人等与财务报表存在经济利益关系的其他利益集团之间的契约。在通常情况下，基于经济性考虑，现实中可以将狭义审计契约广义化，使之合二为一。在所有者—经理人—审计师的契约关系中，我们可以将审计师视为所有者聘用的另一位代理人，其委托代理职责是对所有者—经理人之间的契约信息——经理人出具的财务报告进行证实。将审计师视为经济代理人意味着审计师同经理人一样拥有代理人的行为特征，即追求效用最大化。对审计契约关系的考察，有助于回答审计产生与发展的规律，解决审计实践中存在的问题，并对未来审计的发展做出预测。

按照审计关系人理论，任何审计行为的发生都是由审计委托人、被审计人和审计人三方关系人组成的，他们顺次为第一关系人、第二关系人和第三关系人。其中，审计委托人即为财产(或经济资源)的所有者；被审计人是财产(或经济资源)的受托经管者；而作为审计人的第三关系人是审计师(会计师事务所或注册会计师)。三者间的关系如下：(1)作为审计委托人的第一关系人将其财产(资源)委托第二关系人经营管理，要求其承担相应的经济责任；作为被审计人的第二关系人接受委托并承担起管好用好受托财产(资源)的受托经济责任；即第一关系人与第二关系人之间存在管理委托代理关系。(2)第一关系人为了了解第二关系人履行受托经济责任的情况，委托作为审计人的第三关系人对其实施检查；审计人接受委托对经管者实施独立审计；即第一关系人与第三关系人之间存在审计委托代理关系。(3)作为经管者的第二关系人为了证实自己履行责任的情况而接受审计人的审计；作为审计人的第三关系人实施审计并将审计结果报告给第一关系人，并对第二关系人的责任履行情况予以证明，即第三关系人与第二关系人之间存在审计与被审计的关系。

作为审计主体的第三关系人在审计活动中起主导作用，他既要接受财产所有者的委托或授权，又要对财产经管者所履行的经济责任进行审查和评价，但是他独立于两者之间，与所有者及经管者不存在任何经济利益上的联系。作为审计授权或委托人的财产所有者，在审计活动中起决定作用，他如果不委托经管者对其财产进行管理或经营，那么就不存在第一关系人和第二关系人之间的经济责任关系，自然也就不必委托或授权第三关系人去进行审查和评价。第三关系人与第二关系人之间的关系是以第一关系人与第二关系人之间的委托代理关系为前提的。如果委托代理关系不存在或者不明确，就无法或者难以产生审计的客观要求，也就没有审计关系的产生；反之，审计关系的产生和不断完善又对第一关系人与第二关系人之间的委托代理关系起着重要的稳定作用。

综上所述，现代独立审计与契约之间，客观上存在着内在的、不可分割的必然联系。审计环境无不充满着社会经济资源契约主体的身影，而审计制度体系的建立和完善则起到了降低交易费用、保护各社会契约主体的平等利益、促进社会发展、提高契约效率等方面的作用。审计是委托代理的产物，委托代理可以简化为契约，所以，审计是契约的产物。正如瓦茨和齐墨尔曼所说：契约理论和政治活动理论的结合有助于更好地解释审计实务，会计和审计都是产权结构变化的产物，是为监督企业契约的签订和执行而产生的。

本教材围绕独立审计的委托代理理论和契约理论这两个重要的链条展开，根据独立审计基本理论和独立审计准则的基本规范，遵循独立审计实务的基本循环来构筑，这既是我们多年从事独立审计教学和研究中的一种归纳，也是目前国内外独立审计教材的一

种通用的编排体例。尽管如此，我们仍然想对本教材的一些特点做如下说明：

第一，高等学校审计教学的目的不在于训练学生在毕业时成为一个专业人员，而在于培养他们未来成为一个专业人员应有的素质。就我们学校看，20世纪80年代主要教授学生经商的基本知识，强调技巧和个人素质，以实践为导向；90年代，审计教育保留了大部分从其他高等学校因袭而来的组织架构，并从中吸取了“秩序性”，转向高层次的通才教育；21世纪之后从工科院校的办学特色出发，更多地从外在企业社会经济环境吸取“秩序性”来保持系统的内聚力，如审计教育向会计师事务所人员的培训方式学习，将审计界的作用模式和具体结构内化到教学内容和教学组织管理中来，扬弃旧教育体制中“教审计”（传统纯理论和理性知识、讲授审计处理和审计程序等）的教育模式，将审计教学目标转向“造就审计人”（及时讲授各种审计判断技能、灌输价值观念等）。这种趋向改变了课程和教学法，加上信息技术的促进，我校审计教育比较好地完成了组织结构、教学流程、教师角色等方面的彻底重组。

第二，独立审计是有重要经济影响的一门学科。从经济学的角度看，审计是有经济后果的，会引起财富的非公平性转移和审计实际运作的非中立性立场。因此，它直接关系经济利益分配的合理性、社会经济秩序的和谐稳定性。如果把独立审计当成一种第三方实施的监管活动，则这种活动具有市场性，具有市场性的活动必须用市场机制配置审计资源；但是审计又是连接市场与企业的桥梁和纽带，具有社会性的活动，具有社会性的活动必须用政府机制配置审计资源。在教材中我们充分注意到了审计学的这一特点，注重审计问题的经济背景，分析审计的经济社会影响，从经济学等广泛的领域理解、学习审计，注重经济体制改革对审计理论和实务的影响与对策研究，注重学科间的理论与实践融合，注重审计的经济生命和经济价值。本教材以审计的经济后果和审计的契约功能研究为优势，将管理、经济、法律、会计和审计学等方面的知识和能力有机地融合到审计教材与教学之中。

第三，注重独立审计职业判断的特征，对核心审计问题的讲授通过判断流程图，引导学生的职业判断能力，并通过中外审计准则与实务的比较，理解和分析我国审计规范的问题与不足，提出改革的设想。审计职业判断空间的扩大，带来了正负两方面效应：一方面，审计职业判断空间扩大的正效应——审计人员可以按照审计准则、制度等现有的法规和要求，根据委托单位内外部的实际情况做出职业判断，选择合适的审计方法和程序进行鉴证，而不必拘泥于特定的规定，能够增强审计信息的公正客观性，同时这种行为的自主性也给审计人员带来了一定的激励效果。另一方面，审计职业判断空间扩大的负效应——审计职业判断的主观性，既可能使专业技能有限的审计人员由于专业知识的有限而做出错误的判断，又可能使审计人员在委托人的示意下或某种经济利益的诱致下，做出不合理判断。因此，审计职业判断空间的扩大会影响审计鉴证的可靠性，还增加了审计职业判断中的道德风险发生的概率。因此，基于审计职业判断的正负效应以及审计人员行为的隐蔽性和难以观察性，如何构建审计人员的职业判断机制，对审计人员的行为及行为结果做出科学合理的评价，显得尤为重要。我们在教材中对每一个审计问题的处理都十分重视审计人员职业判断机制的建立与完善问题，为培养一个真正的审计人奠定重要的职业基础。

以上是我们对本教材编写思想的基本定位，也是我们在会计教学中刻意追求的精神实质，几年来已经取得了一定的成效。当然，随着经济全球化和资本市场国际化的发展，随着审计国际趋同的不断深化，我们也需要在教材建设中不断接受新的挑战，我们的设想和做法也需要在实践中不断完善和发展。

本教材由安徽工业大学会计系“审计学”精品课程组负责编写，由刘英副教授、林钟高教授担任主编，对教材的整体框架、编写体例做了总体的安排，并负责部分书稿的撰写和全书的总纂工作；刘素珍、张力副教授担任副主编。教材各章的具体编写分工是：第一章由林钟高教授编写，第七、十六、十七章由刘英副教授编写，第二章由张力副教授编写，第四、十二章由吴良海副教授编写，第五、八、十八章由刘素珍副教授编写，第十、十九章由王锴副教授编写，第十三、十四章由张凌南老师编写，第二十章由娄文辉老师编写，第六、九章由马自俊老师编写，第三、十一章由刘骏老师编写，第十五章由沈维成老师编写。

由于时间仓促，加上水平有限，本教材难免存在很多不足和遗憾，我们希望大家提出批评指导，以便再版时不断地完善。

《审计学》编写组

2008 年 10 月 15 日

第二版前言

《审计学》自 2008 年出版以来，受到广大读者的欢迎。鉴于 6 年来审计环境的快速变化和审计教育模式的创新，尤其是未来审计人才培养的国际化趋势，我们感到有必要对 2008 年的版本进行修订。

本次修订，除了坚守我们在第一版提出的审计教材和教法应该围绕审计人职业素养、关注审计经济后果以及审计职业判断三大理念之外，我们还极为关注审计科学的发展动态及其对审计教育提出的新挑战，并将之纳入到新的教材之中。因此，本次修订的主要内容是：

1. 更加重视风险导向审计(riskoriented audit approach)的思想、理论与技术。众所周知，进入 21 世纪之后，审计环境发生了很大变化，包括全球化和信息技术对企业的经营产生巨大影响、企业的组织形式和经营模式不断创新、规则(目标)导向下的会计准则越来越多涉及判断和估计、市场(包括控制权市场、经理人市场、产品市场等等)激烈竞争引致财务报告舞弊的压力大为增加，等等。传统审计模式的理论假设是完善的内部控制可以降低错误与舞弊发生的概率。然而，大量著名的财务舞弊案例表明，舞弊的发生并非由于公司的内部控制不健全，而是由于管理层藐视或逾越，致使内部控制未能发挥应有的作用，导致传统的审计模式失灵或者说部分失灵。账项基础审计完全依赖实质性测试(包括交易测试和余额测试)程序，但是管理舞弊一般能做到账证相符、账务处理正确，所以在这种情况下，实质性测试失灵。而制度基础审计比账项基础审计多了了解内部控制及控制测试两道程序，但是管理舞弊往往是管理当局策划并执行的，可以轻易绕过内控，所以内控基础审计也会部分失灵。因此，本次教材修订的核心思想可以概括为：审计风险主要来源于企业财务报告的重大错报风险，而错报风险主要来源于整个企业的经营风险和舞弊风险，教材借鉴国际"四大"提出的"从被审计单位经营风险入手进行审计"(Business Risk Approachto auditing)和"透过战略系统棱镜审计"(through the Strategic system prism auditing)的审计新思维，以战略观和系统观思想指导重大错报风险评估和整个审计流程，既继承了把审计资源的分配向容易发生错报的领域倾斜的理念，又改良了评估财务报表重大错报风险的方法，使得注册会计师对于风险评估结果更为全面、正确，以更有效地实现审计目标。

2. 加强对内部审计与政府审计的关注。教材第一版主要突出了独立审计主体，对于内部审计和政府审计的关注不多。但是，根据我国审计体系的构成，特别是随着内外部社会经济政治环境的变化，内部审计和政府审计也担负起各自应有的责任。本次修订，我们特设专章进行讨论。国际内部审计师协会在 1999 年颁布的《内部审计职业实务指南》中指出："内部审计是一种独立、客观的保证和咨询活动，其目的是增加组织的价值和改善组织的经营"，也就是说，经济组织管理的目的是增加组织的价值，作为经济组织内部的一项重要管理职能，内部审计也应当是以帮助改善组织的经营管理，增加组织的价值，实现组织的目标为目的。更为重要的是，现代组织规模不断扩大，集团化、全球化、信息化的趋势日益明显，外部竞争日趋激烈，外部条件变化日益加快，面临的不确定因素日益增多。在这种环境下，内部审计不但要面向内部经营管理活动，加强检查、评价，以保证各项规章制度和管理指令得到及时有效贯彻执行，而且要面向组织的外部环境，加强调查、分析，以提供经营管理者正确决策所需的建议、咨询、资料，提高管理效率，最大限度地增加组织的价值服务。本次修订，我们扬弃了传统意义上的内部审计为政府审计服务的定位模式，从内部审计在评价和改善组织的风险管理、评价和改善组织的内部控制以及评价和改善组织管理过程的有效性等三大方面出发，全面、深刻地重新演绎了内部审计这一组织价值增加者的使命与责任。政府审计从本质上而言，是通过依法履行职责，对权力运行进行监督和制约，发挥预防、揭示和抵御的"免疫系统"功能，推动实现国家良好治理。特别是经历30多年的渐进式经济体制改革之后，我国公共产品的供给主体呈现了多元化的趋势。由于政治体制改革与经济体制改革的不同步，国家审计的边界在制度上依然定位于公共财政，由此引发一系列不容忽视的社会问题。本次修订，强调了政府审计与国家治理之间的共生互动关系，从公共产品供给主体多元化的现实出发，进一步拓展了国家审计边界，由现在的公共财政拓展为公共产品，实现与国家审计的公共受托社会责任及国家审计本质的"免疫系统"相协调，提高我国政府的市场监管效率，降低市场交易费用，建设服务型政府，促进社会主体间的利益和谐，实现国家善治。

3. 进一步更新独立审计的案例。案例教学是审计教育的重要模式，此次修订，我们重新审视了全书的案例，进一步明确了教学案例必须符合三个要求，方可作为教学案例。例如，教材之中的三个要求是：教学案例是事件，是对教学过程中的一个实际情境的描述，叙述的是这个教学故事的产生、发展的历程，有助于把握教学现象的动态性；教学案例是含有问题的事件，必须包含问题或疑难情境在内，并且也可能包含解决问题的方法在内；案例是真实而又典型的事件，它必须能给学生和读者带来一定的启示和体会。根据这一原则，我们重新修订、补充和更新了全书的案例，期望通过这些案例，全面实现教学过程中"意料之外，情理之中"的目标。

值得特别指出的是，近年来的审计准则发生了很多的变化，国际趋同效果明显，国际机构的审计准则也经历了不少的修订，我们在本次修订过程中，密切关注了这些变化，并在相关章节有机地吸收了最新的审计理论，以提升教材的生命力和国际视野，也为培养具有国际视野和业务素养的审计人才提供理论帮助。

本次修订仍然由安徽工业大学会计系"审计学"精品课程组负责，由刘英副教授、林钟高教授担任主编，对教材的整体框架、编写体例做了总体的安排，并负责部分书稿的撰写和全书的总纂工作；刘素珍、张力副教授担任副主编。教材各章的具体编写分工是：第一章由林钟高教授编写，第七、十六、十七章由刘英副教授编写，第二章由张力教授编写，第四、十二章由吴良海副教授编写，第五、八、十八章由刘素珍副教授编写，第十、十九章由王锴副教授编写，第六、九章由马自俊老师编写，第三、十一章由罗媛媛老师编写，第十三、十四章由张凌南老师编写，第十五章由沈维成老师编写，第二十章由娄文辉老师编写。

由于时间仓促，加上水平有限，本次修订版尽管考虑了不少的新理念、新内容，但是教材难免存在很多不足和遗憾，我们希望大家提出批评指导，以便再版时不断地完善。

《审计学》编写组

2014年8月18日

目　录

第一篇　审计职业与环境

第二篇　审计概念与方法

第三篇　审计循环与报告

第四篇　其他认证业务及政府审计、内部审计

第一篇

审计职业与环境

第一章　审计概论

【本章提示】

学习目标：

本章在回顾了审计在国内外的产生和发展的基础上，阐述了审计目标、审计假设、审计概念、审计对象、审计分类、审计职能、审计作用、审计组织等审计理论结构。通过本章的学习，学生应该能了解审计的发展历程，掌握审计的理论结构。

重要概念：

审计；注册会计师审计；审计理论结构

【引言】

审计是有独立的专门机构或人员接受委托或根据授权，对特定单位的会计资料及其所反映的经济活动进行的审查、监督、评价与鉴证。审计是一种渊源久远的社会实践，它随着社会政治、经济、文化的发展而不断完善和发展，到今天已经形成了一套包括政府审计、独立审计、内部审计三足鼎立格局的比较完备的科学体系，为经济发展和社会进步发挥着重要的作用。

第一节　审计的起源与发展

一、审计在中国

我国审计经历了一个漫长的发展过程[①]，大体上可以分为六个阶段：西周的萌芽阶段、秦汉的确立阶段、隋唐宋的发展阶段、元明清的中衰阶段、中华民国的演进阶段、新中国的振兴阶段。

周朝初期国家财计机构分为两个系统：一是地官大司徒系统掌管财政收入；二是天官冢宰系统掌管财政支出。在"周礼·天官篇"中记载的大宰、小宰、司会、宰夫等官吏都有审查会计报告的职权。会计部分的审计工作由司会负责；独立于会计之外的审计工作由宰夫负责。《周礼》记载：凡上之用，财用，必考于司会。即凡帝王所用的开支，都要受司会的检查，可见司会的权力很大。该文献还记载：以参互考日成，以月要考月成，以岁

① 关于中国审计的起源问题有多种不同看法，主要观点有：西周说（宰夫的设立）、春秋时期说（上计制度的实行）、宋代说（设立审计院）、商代说（设立御史、卿史）、五六千年以前说（有活动就有审计）。目前比较认同的是"西周说"的观点。

会考岁成，这就说明一切会计报告都要经过司会钩考，然后再报告大宰和国王，以论赏罚。可见周朝的审计制度是非常严密的，而且在当时，非常重视对会计的检查。周朝之后，历代都沿用了周朝的这种办法，并且形成了一种制度，这就是所谓的“上计制度”，一直沿袭实行到汉朝。

秦汉时期作为我国审计的确立阶段，主要表现在三个方面：一是初步形成了统一的审计模式，秦朝设立的“三公”（御史大夫是“三公”之一）、“九卿”辅佐政务，御史大夫执掌弹劾、纠察之权，专司监察全国的民政、财政以及财物审计事项，并协助丞相处理政事，初步形成了审计机构与监察机构相结合、经济法制与审计监督制度相统一的审计模式；二是“上计制度”日趋完善；三是审计地位提高，职权扩大。秦汉时期的御史大夫不仅行使政治、军事的监察之权，还行使经济的监督之权，控制和监督财政收支活动，钩稽总考财政收入情况。

隋唐宋是中国审计的发展阶段。隋朝在尚书省下设比部以行使审计职权，通过对比（财政收支对比或者财政预算与决算对比）考核，证实经管人员工作的正确性、真实性。唐朝比部设立在刑部下边，这意味着如果发现有违法乱纪的行为，它就可以直接依法治罪，初步实现了将法律规定和会计检查直接联系的审计标准制度。宋朝首次先后设立了“审计院”和“审计司”等审计机构，专门稽查财政收支活动。这是我国“审计”的正式命名，从此“审计”一词便成为财政监督的专用名词，对后世中外审计建制具有深远的影响。

元明清各朝，君主专制日益强化，审计虽有所发展，但总体上说是停滞不前。元代取消比部，户部兼管会计报告的审核，独立的审计机构即告消亡。明初设比部，取消后改设都察院审察中央财计。清朝承袭明制由都察院行使审计职权，虽然明清时期的都察院制度有所加强，但其行使审计职能却具有一揽子性质。由于取消了比部这样独立审计组织，其财计监督和政府审计职能严重削弱，与唐朝行使司法审计监督职能的比部相比，后退了一大步。

中华民国时期先后在国务院和检察院下设审计处、审计院和审计部等，颁布了审计法，在各省（市）和国家机关设立相应的审计组织，行使对中央和地方各级行政机关以及事业单位的财政和财务收支的审计监督职权。后来的国民党政府也颁发了若干审计法规，对审计工作做出了一些具体规定。与此同时，我国资本主义工商业有所发展，随之独立审计应运而生，职业会计师事业有了一定的发展。这一时期，我国审计日益演进、有所发展，但由于政治不稳定、经济发展缓慢，审计工作一直没有长足的进展。

中华人民共和国成立后，国家没有设置独立的审计机构对企业进行财税监督和货币管理，是通过不定期的会计检查进行的。党的十一届三中全会以来，首先恢复了注册会计师制度并颁发了一系列有关注册会计师的法规，使注册会计师审计步入了法制轨道。设立了我国政府审计的最高机关——审计署和各级人民政府审计机关并颁发了有关政府审计的法规，奠定了政府审计的地位和发展的基础。出于加强部门和单位内部经济监督和管理的需要，又在部门和单位内部设立了内部审计机构实行内部审计监督。至此，我国形成了政府审计、独立审计和内部审计三位一体的审计监督体系，审计制度和审计工作步入了振兴时期。

二、审计在国外

审计在国外历史也很长久了。1915 年在意大利发现了一批古代文书资料，其中有纪元前三世纪的企业经营记录，包括支付工资和财产收、支、存的记载，而且这些会计记录都是经过专人审核。由此可见在西方会计发展史上，审计也占着重要地位。

纪元后，罗马帝国从连年征战进入和平建设时期，农业生产和商业出现一个繁荣景象，社会财富大量集中到少数贵族和宫廷手中，记账技术也进一步提高。这时，宫廷账房建立了“双人记账制”，双人记账制的审核和监督作用以及相应的检查制度的约束，可以保证账册数据的正确与完整。9 世纪后，东方各国和西欧间的贸易不断发展，地中海沿岸的主要城市成为东西方贸易中心，当时的热那亚、佛罗伦萨、威尼斯等地是物资的集散地，西方商人向东方进口的商品都在这里卸货。商品到岸后，照例要核对账单、货单。繁重的对账工作，使进口商感到麻烦，于是产生了一批查账员，他们以帮助核对账目为职业，从而成为最早的“民间(独立)审计师”。特别是随着英国产业革命后私人企业规模的不断扩大和股份公司等各种组织形式的巨大变化，注册会计师职业开始步入了全面发展的时期。

20 世纪，世界经济中心从英国转向美国，会计理论包括审计的理论得到了新的发展。60 年代后，内部审计从传统的审计职能转向企业经营领域。传统的审计职能主要检查：数字是否正确、完整；账目处理是否符合会计准则；有无弄虚作假和营私舞弊行为。一部分学者主张，现代审计的职能应在传统职能的基础上，增加业务经营政策和业务活动的检查。内部审计应具有系统的观察和分析职能，对企业决策提出重要证据，它的具体任务是：对经济效果的检查和分析；对经理提出增加经济效益的建议；建立新的数字情报系统，运用数据程序机器从事审计等。

在资本主义时期，随着经济的发展和资产阶级国家政权组织形式的完善，政府审计也有了一定的发展。为了监督政府的财政收支，切实执行财政预算法案，西方国家大多在议会下设立专门的审计机构，由议会或国会授权，对政府及国有企事业单位的财政财务收支进行独立的审计监督。世界上很多国家将审计机构设立在(隶属于)立法系统，独立行使审计监督权限，但也还有一些国家的审计机关设立在政府行政系统中。总之，不管哪种类型，都应该保证政府审计机关拥有独立性和权威性，以不受干扰、客观公正地行使审计监督权。

三、注册会计师的产生与发展

鉴于本教材以注册会计师审计为主的要求，这里就注册会计师的产生与发展做一个专门介绍。

会计学是实用的科学，哪里的工商业越发达，哪里的会计就越发达。会计师职业也是一样，世界上最早出现这一职业的是意大利。13 世纪时意大利的商务最发达，簿记的使用也最早，有了会计工作，就要有会计学校培养人才，就要进行学术研究，就要成立会计师的组织。学术研究开始于 1581 年意大利威尼斯的会计学院，会计师公会的组织 1739 年已见于米兰。英国的会计师职业开始于 1721 年，因南海公司(South Sea

Company)营业失败，委托斯奈尔(charies Snells)清查账目，以后他成为英国政府承认的第一个会计师(另一种说法是，英国有个名叫司考托(Scott)的数学教员，因为他善于检查账目的错误，很多商人都聘请他查账，而成为英国第一个会计师)。到 19 世纪，铁路热潮兴起，对查账人才的需求增加，会计师事业逐渐发达。会计师成为专门职业与会计学成为专门学科，虽然开始于意大利，而实际完成于英国。

美国会计师职业历史较短，但进展的程度较快，是后起之秀。纽约的会计师公会成立于 1887 年，会计师法于 1896 年公布，凡执业的会计师均需经过严格的考试，各地的会计师公会也接踵而起。由于跨国公司的不断出现，企事业单位的规模更加庞大，国内国际市场竞争更加激烈，会计师业务日益发达，以至于最后形成了号称对世界会计师事业具有重要影响的“四大会计师公司”(从开始的“八大”到“六大”再到“四大”，从一个侧面反映了会计师职业的严峻执业要求和执业环境)。随后，日本、加拿大等国家的注册会计师事业也得到了蓬勃发展。

注册会计师职业从产生那天起，经历了不断发展与完善的过程。至今天，注册会计师队伍已经成为同律师、医师并列的专业队伍。注册会计师审计的发展经历了几个比较典型的历史阶段：

其一，详细审计阶段(1844 年至 20 世纪初)。这一时期英国审计模式占据主导地位，对当时欧、美及日本等国产生了重要影响。这一阶段独立审计的主要特点是：独立审计由任意审计转向法定审计；审计目的在于查错防弊，保护企业财产的安全与完整；审计方法是对会计账目进行逐笔的详细审计；审计报告的使用人主要是企业业主(股东)。因而这一阶段通常也称为英国式审计阶段，或者会计账目审计阶段。

其二，资产负债表审计阶段(20 世纪初至 20 世纪 30 年代)。此时由于全球经济发展中心从欧洲转向美国，注册会计师审计发展的中心也由英国转向了美国。这一阶段审计的主要特点是：审计对象主要是资产负债表；审计目的主要在于通过对资产负债表数据的审查，判断企业的信用状况；审计方法主要是抽样审计；审计报告的使用人除了企业股东之外，还突出了债权人的需要。这一阶段通常也称为美国传统式审计阶段。

其三，财务报表审计阶段(20 世纪 30—40 年代)。这一时期独立审计的主要特点是：审计对象是以资产负债表和损益表为中心的全部会计报表及相关会计资料；审计目的主要在于对会计报表发表审计意见，着重强调鉴证，查错防弊下降为次要目的；审计范围已经扩大到测试相关的内部控制制度，抽样审计已经被广泛采用；审计报告的使用人扩大到股东、债权人、潜在投资者、证券机构以及政府和社会公众；独立审计准则的拟定工作已经起步，审计开始向标准化、规范化的方向迈进；注册会计师资格考试和认证制度开始推行。

其四，现代审计阶段(20 世纪 40 年代以后)。这一时期独立审计的主要特点是：审计机构不断发展，开始呈现出集中化的趋势；审计技术不断完善，制度基础审计得到推广，抽样审计广为应用，风险导向审计开始引起关注；审计准则体系不断完善，并逐步走向国际趋同；审计业务不断拓展，管理咨询业务异军突起；计算机辅助审计技术已经被广泛采用。

总之，注册会计师审计的审计对象、目的、技术、性质、准则、范围等，都不断地随着社

会经济发展的需要和职业本身的可能相结合的路径不断进步和发展。

【小提示】

综观审计产生和发展的历史长河，有关审计导因主要有以下几种不同的理论观点。

1. 代理理论——降低代理成本

代理理论认为，审计的出现不是外部力量强制的结果，而是社会力量选择所致。审计的本质在于促使委托人和代理人的利益都达到最大化。审计是委托人与代理人的共同需求。

简森(Jensen)和麦克林(Mecking)认为，委托代理关系是指“一个人或一些人(委托人)委托其他人(代理人)，根据其他人的利益从事某些活动，并相应地授予代理人某些决策权的契约关系”①。委托人和代理人都是最大合理效用的追求者，然而他们各自的利益目标又不一致，委托人为了使代理人朝着自身的方向努力需付出代理成本。而为了降低代理成本又能维持这种代理关系就需要监督，审计就是一种监督方式。股东作为委托人，除了通过管理部门的报告外，没有其他途径考察作为代理人的管理部门的工作业绩与他们的目标之间的联系程度，更无法考察管理部门做了哪些工作导致了这一盈亏情况。如果将管理部门业绩与报酬相关联，管理部门就有虚报业绩的动机；但若管理部门的报酬固定，管理部门必然没有了工作的积极性。由此认为，如果用有刺激的报酬合同再加上对财务报表的审计，就可以达到股东价值最大化的目的。这就产生了对审计的需求。不过，这是对委托人，即股东而言的。对于代理人而言，由于管理部门的报酬与其业绩挂钩，精明的管理人员就会主动去聘请审计人员对其业绩的真实性进行鉴定，以向股东说明其付出的努力及有效性②。由此可见，审计是委托人和代理人的共同需求。

1980 年巴拉契吉与勒默拉西在《会计研究杂志》上发表的题为《对有激励报酬计划的内部控制和外部审计》(Internal Control and External Auditing for Incentive Compensation Schedules)一文，同样证明了这样两种观点：(1)审计是保持经理与股东利益最佳化的控制器；(2)经理也希望通过外部审计人员来证实财务报告的真实性及其良好的经营绩效。

1979 年 4 月美国的瓦茨和齐默尔曼发表的《以市场为藉口的会计理论的供求》一文，则从“余值损失”这一角度来分析审计中的代理人理论。他们指出，由于经理们与股东、债权人的利益不一致，就会产生代理人成本。债权人与股东为提防经理们或者将公司的财产转化为股利，或者将财产转化为由股东或债权人应负担的费用等不法行为，便在购买股票或债券时在价格上打折扣。这样，经理们只能用低于自己出钱办公司的价格发行股票与债券，从而由公司创办与经理们共同承担发生在证券市场上的差价(余值损失，这是代理人成本的一部分)。由于经理们承担了余值损失，所以愿意花费一笔费用来保证不损害股东与债权人的利益，这笔费用便是“约束”“控制”“审计”费用。1982 年，著名会计学家周齐武教授运用代理人理论所做的实证研究，结果表明：(1)企业规模越大，对审

---

① Jensen and Meckling:“Theory of the fim: Managerial Behavior, Agency Cost and Ownership, Structure”, (1976)3, Journal of Financial Economics, P. 305

② David Gwillian: A survey of Auditing Research, Prentice-Hall International, 1987, P. 49

计的需求越高(并且,单位审计费用随着企业规模的增大而下降);(2)具有较高负债与权益比率的公司更有可能接受审计;(3)越是根据会计数据签订的契约,越有可能接受审计。

2. 信息理论——优化资源配置

信息论认为,为了使资本市场的资源分配有效,在决策时需要可靠的信息,审计,能使这些信息可靠,即审计的本质在于提高财务信息的价值。哈耶克说资本主义制度的实质是“人类合作的扩展秩序”,经济学家阿罗说“人类的合作行为是为了扩展个人理性”。实质上所有的制度都可以看作是“扩展秩序”,其作用是为了对个人理性的扩展,即实现人类福利的帕累托改进,独立审计制度也是为了改进人类福利、实现资源的最优配置。

理论之一,信号传递理论。该理论认为,之所以存在审计,是由于管理当局和投资者之间存在着潜在的信息不对称。信息是一种特殊的经济资源,它具有价值,取得信息需要付出成本。投资者可以利用财务信息做出适当的决策。但由于信息的不对称,外部投资者、债权人无法知道企业的真实情况,而信息提供者很有可能说谎。这种不可靠的信息会导致信息使用者的失败和损失,因而就产生了提高信息质量及其可靠性的要求。当然,这种需求只有在从高质量的信息中获得的利益超过为提高信息质量而付出的代价时,才能真正付诸行动。但如何才能提高信息的可靠性呢?唯一的办法就是去查账。所以,信号传递理论的假设是:信息的发布与质量成本成反比,也就是说,信息的传递发布,能使买者在购得审计信息产品后,其质量能被证实,审计能够保证信息传递有效,并使事后的审计信息产品质量仍能得到证实。

理论之二,信息系统理论。该理论认为,信息是一种具有公共性质的商品,因此,市场有必要干预这些商品的质量,否则,如果市场上的信息商品质量低劣,市场的资源分配可能无效。那么,为什么这些信息商品的质量不能由个人或集体自己来鉴定,而必须通过政府的一系列法规由独立审计来进行呢?因为(1)对于每个个别投资的股东,作为个人无法进行委托;(2)如果由各利益相关者分别进行委托审计,这种代价就太高了,加之能力、时空等限制,于是就产生了利用专门的会计师对财务信息进行审计的要求。审计提高了财务信息的可信性,从而提高了财务信息的价值。

3. 保险理论——实现风险转移

依据证据提出意见这一过程,也可以看作是按一定社会规范衡量个人和组织行为品质的过程。20世纪80年代以来,审计职业受到种种冲击,指控注册会计师的诉讼数量有“爆炸”的趋势。这一方面说明经济利益和道德的共同作用,提高了审计按工人规则衡量企业行为与业绩的层次,同时也说明审计发展过程中边线出的审计职能的动态性和社会压力的作用,说明审计在不断地适应社会的要求,不断地探索社会对审计的期望,在力所能及的范围内满足它们。在此种背景下,人们开始对审计的本质问题重新思考,认为审计是一种把信息风险降到社会可接受水平的活动,审计的本质在于分担风险。

审计费用的发生贯彻了风险分担的原则。与股份公司利益相关的各集团和股东,为防止经理层舞弊而造成灾难性损失,都愿意从自己将要得到的收入中支付一部分费用来聘请审计师,以达到分担风险的目的。这一理论建立在风险转嫁说基础上。在这一理论下，审计的作用被看作是一种保险行为，审计的过程就是收集证据以把风险降到合理程度的过程[①]。审计人员被期望作为信息的风险减少者和保险人，又有两种不同的看法：

第一，纯粹的信息风险减少者。作为纯粹的信息风险减少者，审计人员被雇佣来减少财务报表隐含错误的负面影响。

Q表示信息

$$dQ=Q_1^*-Q_1$$

式中：Q_1^*：审计后的信息；

Q_1：审计前的信息；

dQ表示审计的作用（结果），反映信息的变化。

第二，完全风险分摊者。审计人员的风险分摊角色类似于保险而不同于代理。审计人员不分享成功决策的利益而分担其损失，与保险一样，审计人员的公费取决于要求的强烈程度（C）和可能性（P_r），因此：

$$P_0=f[P_r(S_1<S_c)*C(Q_0)]$$

式中：P_0：$t=0$时，审计人员的服务价值；

S_1：$t=1$时，股票价格；

Q_t：t时，信息的有用性；

S_t：t时，股票价格，S_c为某一关键的价值。

如果$C=\max[0,S_c-S_1/Q_1]$，审计人员可视为出售一项卖出期权，因而与卖出期权定价模式类似的技术可用于建立保险费。当然，保险费可以比一项类似出售期权价格更高，因为C可能大于（S_c-S_0）。如果审计人员的服务能达到可以要求的均衡价格，则安排对投资者、审计人员都有利。作为风险分摊者，审计人员可能仍行使对财务记录的审计，与保险公司在改善管理上有优势一样，审计人员在研究、规划内部控制，改善管理（使S_t不低于S_c）上也有优势。当然，现实的审计人员的角色两者兼而有之，但并不是很协调的：作为信息风险减少者，审计人员充实了信息变量，Q_1变为Q_1^*，Q_1^*影响股票价格。作为风险分担者，审计人员在$S_1(Q_1^*)<S_c$时，要支付C，两者结合起来了，但并不和谐。假如审计人员在$t=1$时发现管理的不妥当，作为风险减少者，有责任披露，但是，如果披露使$S_1(Q_1^*)<S_c$，则作为保险者，他不会披露。因此，在审计人员相信$S_1(Q_1^*)<S_c<S_c(Q_1)$时，他不会说话，当然，囿于道德与名誉，他们可能会讲真话，但利益的侵蚀势必动摇人们对审计的信心。

4. 冲突理论——维护各方利益

发表一个意见，以合理保证财务报表不受到利害冲突的影响。财务报表的使用者之间也存在利害冲突，为了使财务报表为每一个预期使用者所信赖，财务报表必须保持中立，也要求有一独立于利害关系各方的审计人员对财务资料予以鉴证，以维护各个利益集团的利益。冲突论认为审计之所以存在，就是因为利害冲突的存在会导致财务报表存

① 胡春元．审计风险研究[M]．大连：东北财经大学出版社，1997：9．

在不实报道的可靠性，这是社会需要审计的最基本原因。Chow(1982)应用 Jensen, Meckling(1976), Fama(1980)的代理理论框架分析公司聘请注册会计师的动机，通过1926年(当时并无强制性的审计要求)的165家在纽约证券交易所(NYSE)和店头市场(OTC)上市的公司作为样本进行实证分析后得出结论：公司聘请注册会计师的主要动机在于帮助协调发生在公司管理当局、股东和债权人之间的利益冲突。

5. 行为理论——影响行为动机，提高行为效率

1982年，审计学家邱奇儿(Churchill)在《审计理论与实务杂志》(*Auditing: A Journal of Practice and Theory*)发表的文章认为，审计作为一种有意义的行为，通过它的活动，能够带来一定的利益。审计行为是通过组织规则的方式来影响企业各个层次职员的行为动机，影响他们的正直态度。同时，审计还能保证会计系统以最佳方式来促进企业更有效地工作，其证据就是每一个企业都自觉地扩大了内部审计部门。按照美国麻省理工学院麦格雷文创立的XY行为理论来说：人的本性假定是人生来就厌恶工作，由于厌恶所以需要某一管理层对其进行指挥、控制、施加威压，实行惩罚警戒，以促使他们努力达成组织的预定目标。

6. 监管理论——监管经济学的引入

以上关于审计需求的理论解释，主要适用于独立审计(或一定意义上的内部审计)，无法合理地解释诸如政府审计的问题，而监管经济学的引入无疑能有效地予以解决[①]。

根据监管经济学的观点，监管是一种商品，这种商品的分配受供求关系的支配，导致监管这种产品产生的供求关系完全可以用经济学的原理来解释[②]。之所以会存在对监管的需求，是因为国家可以通过监管使得利益集团的经济地位获得改善[③]。企业可以从政府监管那里获得至少三个方面的利益：直接的货币补贴、控制竞争者的进入、获得影响替代品和互补品的能力以及定价能力，而监管的供应则来自于那些政治家。根据这一理论，监管经济学认为，监管成本除了维持监管机构存在和执行监管任务的行政费用之外，还要解决三个方面的监管成本问题：一是道德风险及其由此进一步加大的“逆向选择”负面效应；二是因为监管而扩大风险业务，从而增加其信贷资产的风险程度方面的成本；三是被监管者为了遵守或者符合有关监管规定而额外承担的成本，包括合规成本和经济福利损失。无论是道德风险、合规成本还是经济福利损失，都只属于监管的静态成本。更为重要的是监管所带来的第四种成本——监管的动态成本。监管经济学认为，监管有时

---

① 比监管经济学更早出现的是公共利益论和俘虏论。公共利益论是从市场失灵的原因和后果出发论述监管存在的理由、可能的监管范围和监管的总体目标，认为市场失灵自然而然地就会产生监管的需求，通过监管可以消除市场失灵所带来的价格扭曲，从而弥补市场机制在资源配置过程中的效率损失。俘虏论将人们的注意力从以往的仅仅从经济学理论出发对监管进行研究，转向对监管者实际行为和动机的考察，说明了究竟是什么原因导致了对监管的需求。这两种理论各有其不足：前者不能说明监管需求是如何转化为监管实际的；后者不能说明监管的供给是如何产生的以及是什么原因导致监管机构行为的变异，更不能说明为什么只有被监管者才是唯一能够给监管机构施加影响的利益集团。两者均不能说明为什么监管者会背离初衷而与被监管者形成相互依赖的关系。

② R. Kabir, Security Market Regulation: An empirical investigation of trading suspension and insider trading restriction, Datawyse Publishing House, Maastricht, 1990.

③ G. J. Stigler: The Theory of Economic Regulation, Bell Journal of Economics and Management Science, Volume2, 1971.

起着保护低效率的生产结构的作用，因而会成为管理和技术革新的障碍，造成动态经济效率的下降。

7. 受托经济责任：揭示独立审计需求的本源

受托经济责任论认为，审计是在"两权"分离所形成的受托经济责任关系下，基于经济监督的客观需要而产生的，并伴随着受托经济责任的发展而发展。

受托经济责任是指责任承担人向有关方面说明其行为过程及结果的责任。受托经济责任关系客观上存在委托者对受托者实行经济监督的需要，也就是说，财产所有者为了维护其利益，有必要对经营管理其财产所负的受托经济责任履行情况进行审查，以评价受托经济责任的履行。只有当这种经济监督活动由财产所有者委托或委派独立的审计人员进行时，才会产生这种具有独立性的审计活动。

审计产生于受托经济责任的论点，已为国内许多学者接受。1989 年 4 月中国审计学会在安顺召开的审计基本理论研讨会上，与会同志一致认为："审计是在财产所有权与管理经营权相分离以及多层次管理分权制所形成的经济责任关系下，基于经济监督的需要而产生和发展起来的。"①

(1)从审计的产生与发展过程看审计的动因问题

会计监督是经济监督的有机组成部分。经济监督体制是经济监督机制的组织存在形式。所谓经济监督机制是由某一经济主体，通过对特定的经济活动及经办人员进行间接或直接的观察了解，来监视并督促执行该项活动的经济主体及人员按其规定的义务或责任来履行其应有的经济职能，以防止他们不尽职尽责，或对侵占、破坏其他经济职能的一种经济管理机制。可见，经济监督机制取决于经济职能的分化和制约，而经济职能的分化和制约又取决于特定历史条件下的社会权责结构，最终决定于特定历史条件下的生产力水平和经济基础及上层建筑。

随着人类社会经济的发展，经济监督的形式由最初的直接监督形式逐渐转化为除直接监督外，还更多地进行对经济活动过程及经办人员的计量监督，这种经济计量监督主要由会计承担。随着社会经济的进一步发展，会计工作不断发生变化，会计监管也逐渐分化为会计对经济活动过程结果和经办人员的监督，以及对审计人员的监督，即审计监督。在我国，经济监督不仅包括审计部门的监督，而且还包括财政、银行、会计等业务部门的监督。它们构成了一个完整的经济监督体，在我国的经济建设中发挥着各自应有的作用，而且随着经济体制改革的深入，其重要性越来越明显。审计监督与其他业务部门实施的经济监督，虽然在监督的最终目的上是一致的，但审计监督与财政监督、税务监督、信贷监督、会计监督终究不是等同的概念。其差别，不仅表现在审计监督的范围较其他经济监督更具全面性、综合性，而且更重要的是从审计的性质加以辨析。我们认为，审计监督有别于其他经济监督所具有的本质特征，就在于审计监督具有独立性；审计是一项具有独立性的经济监督活动。

---

① 阎金锷：《从受托经济责任谈审计的性质》，《会计之友》，2000 年第 1 期。李若山认为：审计产生的最终根源，还是社会经济职能的分解与社会经济权责结构的变动(《论审计与社会经济权责结构》，中国财政经济出版社，1991 年 6 月)。林钟高在《十年审计理论论争的回顾与思考》(《浙江审计》，1992 年第 5、6 期)一文中也持同样的观点。

审计职能随着委托代理关系的扩展由处在不同产权区域的部分人专门予以执行时，审计职业便形成了。社会不同经济领域对审计职能的需求，唤起了职能分工的独立化，而这种独立化又促成了处在国家产权区域的国家审计、私人产权区域的独立审计以及单位产权区域的内部审计形成审计的三个分野，并不能相互取代。同时，审计职能的有效性还引发了改进审计制度体系、健全审计工作体系、完善审计要素体系等方面的要求，推动了整个审计体系的发展。审计界致力于整个审计体系改革，就必须将审计职能作为制定整个改革方案的出发点。

独立审计主要是为会计信息使用者鉴证会计信息公允性服务的。社会审计机构作为中介组织，既负有提供真实审计信息的义务，又享有向审计信息使用者收取审计费用的权利。权利与义务平衡是保证审计信息质量的关键。在这一权利与义务中，存在着三种权利主体：会计信息提供者（被审计者），会计信息使用者（审计信息需要者）和会计信息鉴证者（审计者）。从审计的历史来看，三者应有以下的权利与义务关系：被审计者的义务是向审计者提供审计所需的全面、真实的会计资料，权利是要求审计者公正评价其提供会计信息的公允性；审计信息使用者的义务是向审计者支付合理报酬并按约定范围使用审计信息，权利是要求审计者提供有关会计信息公允程度的审计报告；审计者的义务是帮助会计信息的使用者鉴证会计信息的公允性和提供相应的审计报告，并在约定范围内对审计报告的质量承担责任，权利是向审计信息使用者（理论上的审计委托人）收取审计费用。

根据委托代理理论，审计是由于委托人需要了解代理人对其委托财产的经管状况的需要而产生的。在委托人远离其委托财产的经营过程的条件下，委托人对委托财产经管情况的了解，主要依靠代理人提交的反映受托财产经管情况的会计报告。而该报告又是由代理人编制的，其公正性容易受到质疑。委托人为了获得真实可靠的会计信息，就产生了聘用外部审计的需要。

按该理论，在规范的审计市场中，供需双方分别是审计者（审计信息供应方）和财产委托者（审计信息需求方）。审计信息就是该市场中的产品。这种商品所具有的专门为财产委托人"定做"的特殊性，并不妨碍审计信息买卖双方权利与义务的平衡关系。因为在规范的审计市场中，要求审计者保持审计信息的独立性，不允许审计者与被审计者发生任何经济利益关系，使审计者能从始至终不受外来和内在因素的影响或干扰，能够客观、公正地对被审计单位的会计资料进行审查，并得出结论。

(2)审计与受托经济责任的总括性分析

审计作为一项独立的经济监督活动，因受托经济责任的产生而产生，并伴随着受托经济责任的发展而发展。那么受托经济责任到底基于何种原因而产生？

对导致受托经济责任的成因，学术界一直存在不同看法，归纳起来，主要有以下四种观点：第一，"财产两权分离论"。这种观点认为，受托经济责任是在财产的所有权和经营权或管理权发生分离时，在财产所有者和受托经营者或受托管理者之间形成的一种关系。第二，"财产两权分离加管理分权论"。这种观点认为："经济责任可以由两种情况形成：一是因管理层次和管理区域的划分而形成的各级管理者，对最高当局负有的经济责任；二是在所有者与经营者都具有法律认可的地区，所有者与经营权分离的情况下，经营者对管理者负有的经济责任"。第三，"资源贡献论"。这种观点认为，作为企业的管理当局，除了有责任向顾客提供合乎需要的产品和劳务，有责任向工人提供最佳工作环境，有责任向政府如实申报所得税”。第四，“利益相关论”。这种观点认为，不同实体间的利益相关，是受托经济责任关系的最基本原因。因此，受托经济责任从广义上讲，可以扩大到某个组织行为所影响的所有群体。

尽管对于受托经济责任的成因存在上述不同观点，但如果对这些观点仔细分析，不难发现，受托经济责任形成的基本原因还是财产的“两权分离”，其他几种理论都是对“财产两权分离论”的延伸和发展。一方面，财产所有者将财产授权给经营管理者进行经营管理，并授予其使用、处分财产的权限；另一方面，经营管理者作为合法的代理人，能自主地支配和使用财产，对日常经营管理活动实施决策和指挥，并要直接对所有者承担受托经济责任，保护财产安全完整，加强经营管理，提高经济效益，并负责向所有者提出业绩报告。财产所有者为了考核并确定经营管理者履行经济责任的情况，就必须对经营管理者的经营管理业绩进行审查、评价和证明，以便确定或解除经营管理者经营管理的责任。

因财产所有权和经营管理权分离而产生的受托经济责任关系，反映的是利益关系，因而受托经济责任也就普遍存在于相应的经济制度中。在社会生活中，存在着各种各样的利益关系，而并非所有的利益关系都能成为受托经济责任关系。因为受托经济责任关系的确立受生产关系、国家政体及社会生产力发展水平等多种因素的制约。正如杨时展教授指出的那样：“人类社会的发展，反映为托付人和受托人不断因阶级势力的消长而发生的更替；反映为托付人从寡头而逐渐大众化；反映为对受托责任完成情况愈来愈严密的监督；反映为受托责任越来越充实的内容。”①

(3)审计与受托经济责任的延伸性分析

受托经济责任的三种形态，反映了受托经济责任的发展演变过程，即从单一型受托经济责任向其他形态逐步发展变化。社会越进步，组织形态越复杂，受托经济责任关系也就越复杂：对于现代政府审计而言，立法部门为责任委托人，各级行政管理部门为受托责任委托人，或者最高行政首脑为责任委托人，下级行政管理部门为受托责任人；对于民间审计而言，股东、债权人为责任委托人，企业管理部门为受托责任人；对于内部审计而言，部门最高行政首脑或企业最高行政首脑为责任委托人，各级管理部门为受托责任人。

现将受托责任关系与审计关系的关系图示如下(图 1-1 为抽象图示，图1-2、图 1-3、图 1-4 为具体图示)。

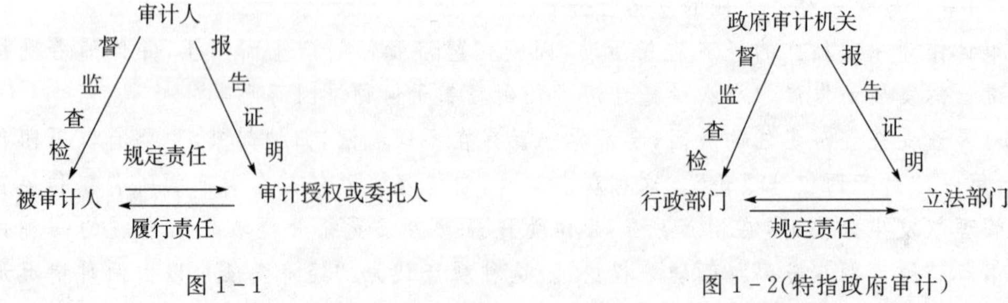

图 1-1

图 1-2(特指政府审计)

① 转引自陈建明：《独立审计规范论》，东北财经大学出版社，1999 年。

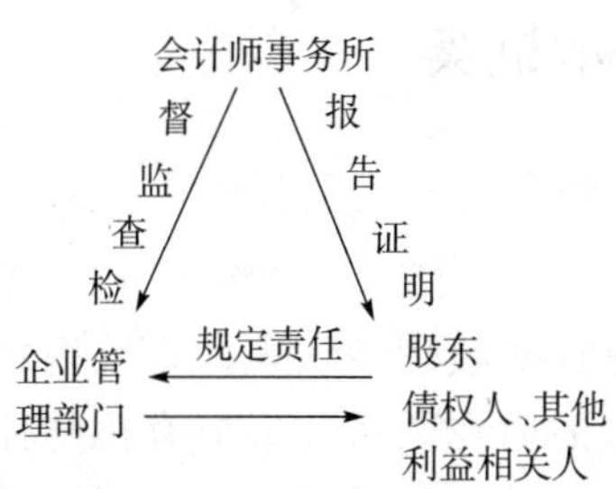

图 1-3(特指独立审计)

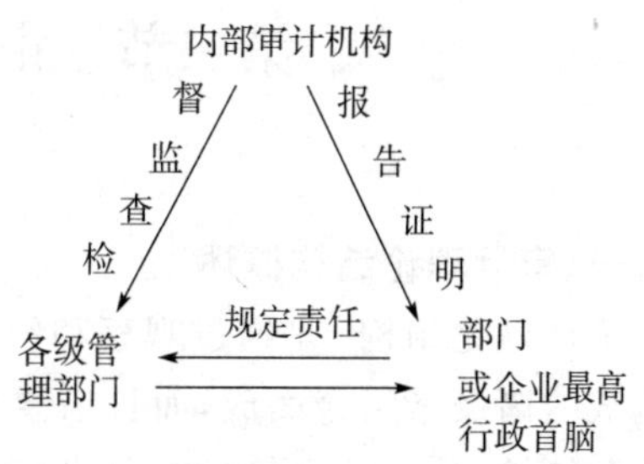

图 1-4(特指内部审计)

一是政府审计与公共受托责任。根据审计法的规定,国务院各部门和地方各级人民政府及其各部门,国有金融机构,国有事业组织,国有企业,承担国家建设项目的单位,管理社会保障资金以及承接国际组织和外国政府援助、贷款项目的单位等均为国家审计主体有权审计的实体单位。对于这些单位,政府代表全民利益成为责任的委托人,经营者为受托人,两者形成"公共受托责任关系"。那么,审计这些实体单位的什么呢?就是财政财务收支及有关的经济活动,这就是受托责任的具体化。其审计的事项主要包括:财政预算的执行和财政决算;信贷计划的执行及其结果;财政计划的执行和决算;基金建设和更新改造项目的财务收支,国家资产的管理情况;预算外资金的收支;借用外国资金、接受国际援助的财务收支;与财政、财务收支有关的各项经济活动及其经济效益;严重侵占国家资产、严重损失浪费等损害国家经济利益的行为;全民所有制企业承包经营的有关审计事项和国家法律、法规规定的其他审计事项。

二是独立审计与公司受托责任。独立审计是由政府有关部门审核批准的注册会计师组成的会计师事务所进行的审计。企业财务报表使用者为保护其合法权益,都需要由独立、客观、公正的注册会计师进行审计。企业的投资者包括国家、集体和社会公众。投资者作为受托经济责任的委托方,按投入企业的资本额享有所有者的权益,即企业财产所有权,包括资产受益、重大决策和选择管理者等权利。企业破产时,出资者只以投入企业的资本额对企业债务负有限责任。作为受托经济责任受托方的企业享有法人财产权,在财产方面要承担主要责任,包括实现资产的保值、增值,并据此向股东支付股息和红利;企业的重大经营方针和投资计划要由股东大会决定;资本发生变化要报请股东大会决议;企业要向股东大会报告工作,接受审议和监督;企业解散、清算后,要退还股东出资等。

三是内部审计与内部受托责任。内部审计是随着企业内部管理层次的形成和管理跨度的增大(企业有三层委托代理关系:股东会与董事会、董事会与经理会、总经理与各管理主体),为协调各管理层之间的利益冲突,满足经理层(即总经理)进行经营管理的需要而建立的一种约束机制,以协助经理层更好地履行其所负的责任。而经理层只是对企业的法人所有权代表董事会负责,从这个角度看内部审计是站在维护企业法人所有权的立场上,维护企业的法人所有者权益不受侵害。

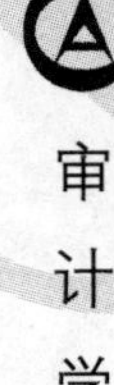

第二节　审计理论结构:基本框架

一、审计理论结构概述

审计理论结构[1]是通过观察和经验积累的关于财务审计实践理性认识的系统内容,由构成的诸要素组合而成,而且诸要素之间有着合乎逻辑的内在联系并形成有机整体,具有整体性、稳定性、层次性、可变性的基本特征。审计理论结构包括两种:一种是描述性的,如各种审计概念;一种是规范性的,如审计准则。审计理论目的是提供一个合理的、首尾相应的概念结构,以决定实现既定审计目标必需的审计程序。审计理论还提供一个评价与改善现行实务与程序的框架结构。

关于审计理论结构,学术界有两种不同的态度。一种是否定态度:审计只需要审计人员经验、技巧与独立判断,不需要理论。这种态度在20世纪60年代以前颇为盛行,因为当时的审计主要以经验和技术为重;一种是肯定态度:审计需要标准、程序与方法,有一定的规律,需要将之系统化、理论化,60年代以后随着审计理论的形成与发展,人们普遍认识到审计理论的重要意义及其对实践的指导作用。

国内外审计学者长期以来一直致力于审计理论结构的研究,经过多年的努力也取得了十分重要的学术成果,纵观之有以下主要学术观点。

莫茨、夏洛夫在《审计哲理》(也称审计理论结构,1961年)这本开拓性的审计理论专著中,提出了审计理论结构的基本框架,如图1-5所示。

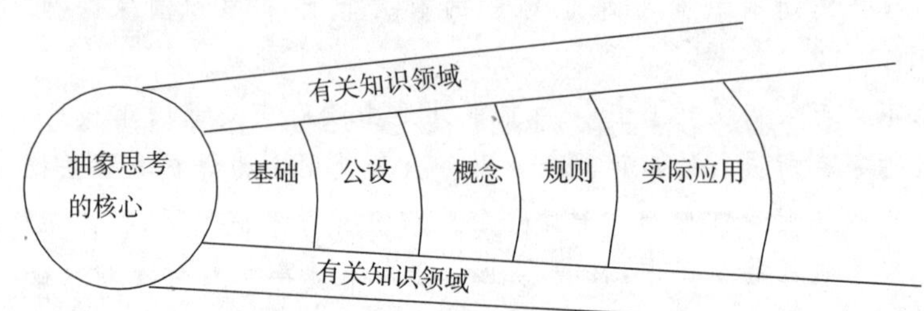

图1-5　莫茨、夏洛夫的审计理论结构

在图1-5中,抽象思考的核心,是与审计可能涉及的知识领域,诸如数学、法律、伦理、电子技术等的混合体。基础,关系到审计决策的科学方法,这些方法要用于不同问题的决策过程。但是最重要的是假设、概念和标准三个要素,他们与审计实务直接关联。

---

① 学术界对于审计理论结构的起点与要素的观点是众说纷纭,对于起点的看法主要有本质论、假设论、目标论、环境论、信息认证论等;对于要素的看法主要有:目标、假设、概念、规则、技术、环境、风险和审计报告,也有的认为包括审计基础理论(如审计环境、审计动因与本质、审计目标、审计主客体、审计程序与方法、审计规范、审计管理等理论)、审计应用理论(是关于处理具体审计工作时应该遵循的原理、原则、程序和方法的知识体系)和审计发展理论(主要研究审计环境创新、审计理论与观念创新、审计体制创新、审计主体素质优化、审计内容创新和审计实务拓展、审计方法手段创新、审计管理创新等若干理论问题)。本教材兼顾各种观点,在相关问题上兼收并蓄,取各家之所长。

假设，是一种信念，是其他信念的基础，是指导行动的根据，包含着许多思想，将有助于解释许多审计标准；概念，是把思想组织起来的中心，可帮助人们把理论要素加以归类。假设和概念二者可将理论结构解释清楚。审计标准是衡量审计质量的尺度，是行动的指南。道德行为守则也是行动的指南。审计标准与道德行为守则在图1-5中以“规则”来表示。审计标准与审计手续（即图1-5中的实际应用）不同，标准是质量指南，所有审计都适用，不随时间的变动而变动。而审计手续随会计制度的复杂程度、公司的类型以及其他因素的不同而有所不同。莫茨、夏洛夫在专著中以哲学为逻辑起点，提出了八项假设和五个概念（证据、应有关注、公允表达、独立性、道德行为。

在《审计哲理》这部著作的影响下，美国会计学会（AAA）审计概念委员会《审计基本概念说明》（ASOBAC，1973年）制订了指导审计计划、审计实务和履行审计职责的审计目标和标准，阐明收集和评定审计证据的理论依据和方法论，同时对审计发生差错的可能性提出了许多深刻的见解，被广泛应用，影响深刻。

尚德尔在《审计理论：评价、调查与判断》（1978年）一书中，从语义哲学、传播理论和思维心理学的角度讨论，提出审计理论结构的基本模式是由审计假设、审计定理以及审计理论结构、原则、标准等递进构成的。其创新之处在于：从假设中衍生了“定理”这一要素；将说明理论结构组成部分及其相互关系的“结构”作为一个要素。更加注重“传播”的作用，“审计是一个旨在确立某种标准之遵循情况，进而表达意见或判断的人类评价过程”。

蒙哥马利（《审计学》，第10版）提出审计理论结构的五要素理论，即：审计目标、规则或标准、假设、概念、技术等构成了审计基本理论。

安德森（《外部审计》，1977年）以目标为起点建立审计理论结构，并将目标的要求与作用延伸到实务即“审计过程”之中，形成了一个合理的协调一致的概念框架，以确定达到既定审计目标所必需的审计程序（及其范围）。结构如图1-6所示。

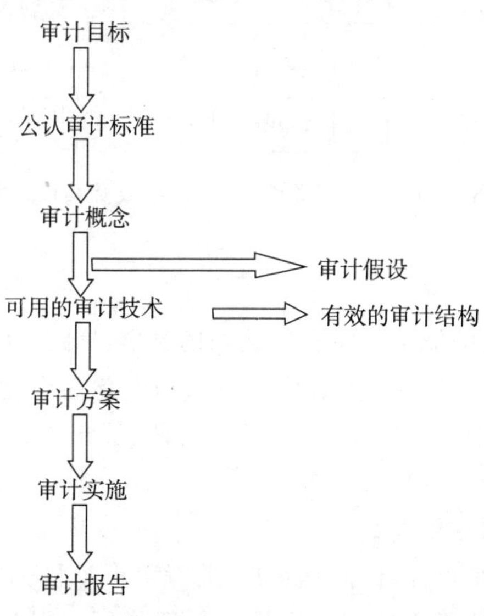

图1-6 安德森提出的审计理论结构

如何构成一个科学合理、为学术界和实务界所认可的审计理论结构，还有很多的问题要研究，这将是一个长期的理论问题。我们认为，可以以审计目标为基点，构造审计概念结构的基本框架。“事物的结构有它固有的顺序和层次，人对事物结构的认识也应该符合事物结构的顺序和层次”，因此科学的审计概念结构必须符合审计活动的顺序和结构。审计活动的顺序和结构是：从审计目标出发，首先确定目标是什么，其次考虑如何实现这一目标。在实现目标的过程中，不可缺少的两个因素，一个是人，即审计人员，一个是审计技术手段等。前者是审计工作主体，后者是审计工作的手段，两者相互制约、相互影响、相互作用，这两个因素又服从于目标。检验审计活动有效性的重要标志是看目标的实现程度。根据以上分析，可以将审计理论的结构体系逻辑地展开，如图 1－7 所示。

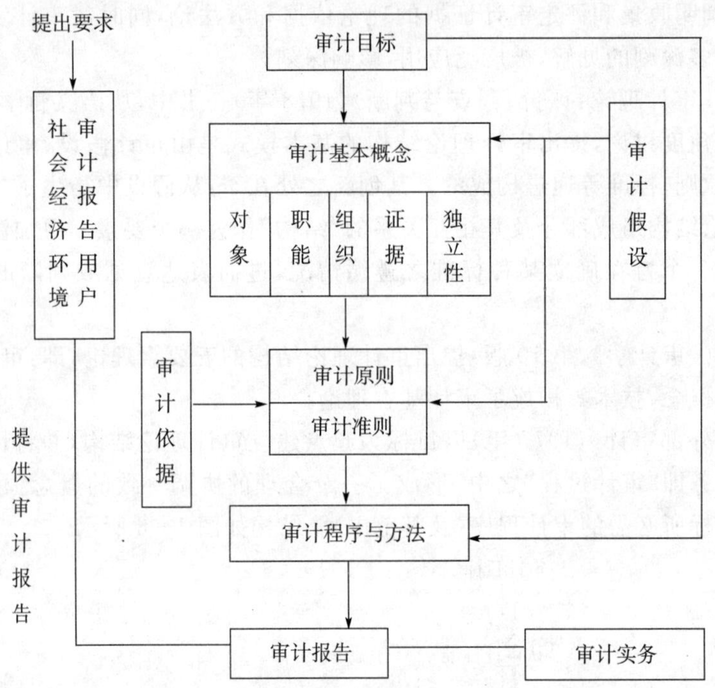

图 1－7　审计理论结构要素：组成及其相关性

二、审计目标

审计目标是审计活动的既定方向和要达到的预定结果。审计产生以来，其审计目标的确定一直受到社会需求的影响，并随社会需求的变化而变化。不仅如此，审计目标还是确定审计理论体系的逻辑起点，是决定审计责任、提出审计前提、制定审计准则的指南，从而决定了审计方法和程序。

（一）影响审计目标的主要因素

一是社会的需求，二是审计自身的能力。前者对审计目标的确定起着根本性的导向作用，后者则对审计目标的确立起着决定性的平衡作用。因此，审计目标的确立是社会需求与审计自身满足社会需求的能力两者的有机统一。

1. 社会需求是确立审计目标的根本因素

审计作为一种服务职业，其目标的建立和发展自然受社会需求的重要影响。当审计产生之初，由于经济业务比较简单，控制手段较原始，财产所有者对财产经管者最关心的是其诚实性。因此，审计目标主要是对财产经管者的诚实正直性进行检查，通过审计活动，使受托者更加诚实。当社会步入 19 世纪下半叶时，英国一些企业相继倒闭，美国大部分公司的资金因受资本市场的限制而转向对银行贷款的依赖，使人们对审计的目标产生了新的要求，普遍认为，审计人员的职责是检查管理者编制的资产负债表在实质上的正确性，包括资产的实际存在性和负债的真实性，以此判断企业的偿债能力和决定是否给予企业贷款。到了 20 世纪第二次世界大战前后，英美等国及世界资本市场的迅猛发展，证券市场的大量涌现，广大投资者对投资收益情况的关注，使得人们的主要兴趣又迅速从资产负债表向收益表转变，而且对此感兴趣的人也越来越多。政府、投资者以及潜在投资者等都对收益表表示了极大的关注，使对收益表的审计遂又成为审计的主要内容。同时，人们对财务报表提供的信息的可靠性也日益重视，从而使得财务报表是否公允地表达财务状况和经营成果的审查成了审计的主要目标。

从以上简单分析中不难看出，社会需求对审计目标的确定起着根本性的影响，要求审计目标与社会需求的特点相适应。当然，影响社会需求的因素也是多方面的，比如，社会经济结构的特点与经济发展水平、企业组织形式与资本来源的特点、发展国际经贸关系以及参与国际经济组织的情况等等，都是研究民间审计目标时值得重视的根本因素。

2. 审计能力是确定审计目标的决定因素

能否实现社会环境对审计需求的不断扩大和对审计作用的期望调整，还要看审计能力的胜任程度。因为审计能力是相对有限的，当审计所能完成任务的能力不能达到社会的全部期望时，或者说，当社会与审计职业界对审计的内容和要求认识不一致时，就出现了“期望差”，这是双方在目标一致性上所存在的差距。这种期望差不消除，无论对审计职业界还是财务报表使用者都是无益的。因此，所有与审计事项有利害关系者对此都应有清晰的认识，从而恰当适时地调整审计目标。这就是说，要满足社会的审计需求，在审计能力上需要不断提高，包括技术上、理论上的突破，努力缩小社会需求与审计能力之间的差距，以保证审计目标的实现。当然，审计能满足社会需求是相对的，很难达到完全满足社会需求的程度。因为旧的审计需求满足了，新的审计需求又产生了，而审计能力的提高甚至突破，又总是需要有一定的过程和时间。美国注册会计师协会强调审计报告仅是一种意见而不是一种保证，就是认识了审计能力有限性的一种实事求是的态度。

同样，影响审计能力的因素也是多方面的，比如，审计技术、审计人员素质、审计时间的容许度，以及审计委托人所能承担的费用等，这些因素都是研究审计能力时值得注意的。

以上分析表明，社会需求的无限性促进审计目标的不断更新，而审计能力的有限性限制了审计满足社会需求的程度。只有当审计具备了满足社会需求时，这种社会需求才能成为审计目标。

(二)审计目标的演变历程

根据审计目标是社会需求与审计能力的有机统一这一论述，民间审计目标的演变可

以分成三个主要阶段：揭弊查错阶段、验证财务报表真实公允性阶段、验证财务报表真实公允与揭弊查错并重阶段。

1. 揭弊查错审计目标

这一阶段起始于民间审计产生之时，一直到20世纪初财务报表审计形成方告结束。这一阶段，工业革命造成大规模的生产经营，企业组成股份有限公司，管理权与所有权分离，所有者（股东）关心其投资的安全和资本增值，社会对审计需求的主要原因是公司股东需要通过审计来了解、掌握公司管理人员履行其经管职能的情况，即是否忠诚老实地履行其职责。因此，审计的目标就是替股东们揭露管理人员在业务经管过程中有无舞弊行为。“自从1854年爱丁堡会计师协会开始……公司审计的主要目标仍是揭露欺诈舞弊和差错”①，1905年出版的《狄克西审计学》也将审计目标总结为：“(1)查找弊端；(2)查找技术错误；(3)查找原理错误。”②

与审计需求相适应，这一阶段的审计能力也表现得较为原始。审计人员只是根据审计目标，以期中会计记录的审查为中心，以侦探的方式进行跟踪追溯，对大量的账簿记录和一切凭证进行计算与核对，借以发现弊端和错误。审计史上称这一阶段为旧式审计或详细审计。

2. 验证财务报表真实公允审计目标

这一阶段始于20世纪初，一直到60年代。在这一阶段中，审计的目标转向对财务报表是否真实公允地反映了公司的财务状况和经营成果发表一个具有职业权威的鉴证意见。引起审计目标以验证财务报表的真实公允性为主的原因主要有两个方面：

第一，社会环境的变化。20世纪初，以美国为代表的资本主义经济迅速发展，特别是股份公司的大量涌现，使经济生活出现了几个新变化：一是企业管理者受托经济责任的范围扩大。企业管理的责任从表现在与股东和债权人的关系上，扩大到与其他许多利益相关者的直接关系上，管理责任的强化，社会对企业财务信息的需求也日益增加。二是企业的筹资逐渐由银行转向证券市场，企业风险的承担者由银行转为广大的股东，使得整个社会对企业会计信息最重要的关注从财务状况迅速转向盈利能力。三是法律的强制要求，美国政府1933年和1934年先后颁布的《证券法》和《证券交易法》，对证券的发行和交易、公司财务状况的披露、财务报表的审计等问题做了明确的规定。这表明审计人员应对被审计财务报表的真实性、公允性负责。

第二，内部控制理论的出现及其应用。内部控制理论的出现及其在实务中的应用，对审计产生了两个重要影响。一是审计界开始认为，欺诈舞弊可通过建立完善的内部控制制度来予以控制，因而防止欺诈舞弊主要是企业管理部门的职责。二是由于内部控制理论的建立，审计技术发生了重大的变革，将当时业已存在的抽查方法建立在对内部控制制度的测试基础上，既提高了审计效率，又保证了审计质量。显然，揭弊查错的职责由审计人员转向公司管理部门，又将抽查方法建立在对内部控制制度的评价基础之上，使得审计人员对财务报表的真实公允进行验证不仅具有可能性，而且具

---

① Tom Lee. Company Auditing, Van Wostrand Reinhoid(UK), Co Ltd, 1986.

② Brief, Richard. Dicksee's Contribution to Accounting Theory and Practice[M]. New York: Arno Pree, 1980.

有现实性。

3. 验证财务报表真实公允与揭弊查错并重的审计目标

这一阶段始于20世纪80年代末，以AICPA审计准则委员会发布《审计准则公告》为最后定型标志。促使揭弊查错重新成为审计目标的原因大体是以下三方面：

第一，80年代以后，企业管理人员欺诈舞弊案的增加及诉讼爆炸，对社会造成了巨大的危害，社会公众对独立的审计人员应承担揭弊查错的责任的呼声越来越强烈。法院的判决几乎一直倾向于社会公众的要求。社会环境的强烈要求与自然界"适者生存"的法则，使得会计师职业界不得不对此予以重新考虑。

第二，政府管理机构的压力。美国证券交易委员会于70年代一直重申和强调独立审计人员有揭露欺诈和有问题的付款的职责，并对此不断施加压力。

第三，职业界本身对推卸审计揭弊查错责任的批评。主要情况是：莫茨和夏洛夫在《审计哲理》一书中，猛烈地抨击AICPA审计程序委员会在第一版《审计程序汇编》一书中对审计人员不承担揭弊查错的责任的意见；1974年，AICPA审计人员职责委员会建议，在财务报表审计中，独立的审计人员应考虑客户防止欺诈的控制措施的适当性，有责任查找欺诈行为；在各方面的共同作用下，AICPA于1977年发表的第16、第17号《审计准则公告》，开始将揭弊查错和揭露非法行为纳入审计的目标和职责范围，以期缩小所存在的期望差；1988年AICPA审计准则委员会发布了第53、第54号审计准则公告(分别取代先前的第16、第17号公告)，严格规定了审计人员揭露并报告客户舞弊和差错的责任以及揭露非法行为的责任，将揭露舞弊、差错及非法行为看成是财务报表审计的重要目标之一。

(三)我国审计目标的确定

前述对美英民间审计目标的分析，对我国审计职业的发展不仅具有借鉴意义，而且还具有现实意义。作为会计师职业界从现在开始就应充分认识自身的能力及其所承担的职业责任，并由此而加快确立与社会要求和国际环境相协调的审计目标。根据我国社会环境的要求和国际审计准则的发展趋势，以及我国审计的发展水平，我们认为，我国审计的目标主要有两个：

其一，对客户提供的财务报表是否真实公允地反映了企业的财务状况和经营成果提出一个独立的公正的鉴证意见。这一目标包含三层含义：审计的直接对象是反映企业财务状况和经营成果的财务报表；审计的要求是判断报表是否"真实公允"；审计人员的职责是发表一个独立、公正的鉴证意见。

确立这一目标的理由是：首先，这是国家法律和有关规定的要求。国家法律之所以要求审计对有关企业的财务报表进行审查，是为维护市场经济条件下社会经济活动的有序性和稳定性，便于社会公众对企业经济活动的控制。中国注册会计师协会在《注册会计师查账报告规则》中规定："注册会计师对经过检查验证的会计报表形成意见时，……提出的意见应当公正、客观、实事求是……"其次，是社会公众的要求。无论是投资者还是债权人，都需要了解企业所提供的财务报表的可靠性，以便于他们做出正确的决策。因此，他们必然要求审计人员对财务报表所反映的各项信息的可靠性发表一个鉴证意见，以提高这些报表的可信度，降低财务信息用户的"信息风险"。最后，是国际环境发展

的要求。当我国的经济逐步走向国际市场，需要更多地引进外资时，这一审计目标就显得尤为重要，它有助于我国的财务报表和审计报告被整个国际环境所理解和接受。同样，随着我国国际投资的扩大和国际经济一体化的发展，国际财务报告在国际经济环境中的重要性增强，与此相联系，对这种财务报告的真实性与公允性进行独立、客观的验证审计，也变得日益重要。

其二，揭露和报告对财务报表内容有直接影响的重大的欺诈舞弊和非法行为。这一目标的含义是，审计的内容和审计人员的责任是揭露和报告欺诈舞弊和非法行为，但应同时明确以下几点：首先，必须是对财务报表内容有直接影响且是重大的事件，否则，无直接影响或者影响微小的事件，审计人员很难通过审计技术和方法予以揭露；这些事件一般也不会对财务报表真实公允的审计意见构成重大威胁或偏差；自然，审计人员也不承担专门的责任。其次，揭露重大欺诈、舞弊行为，着重对企业内部控制制度完善性、有效性以及管理人员、企业职工行为的真实性的审查，在审计工作中，必须设计和实施一些专门的审计程序，分析和测试存在欺诈舞弊和非法行为的可能性。最后，虽然审计人员对财务报表形成并表示其意见负有责任，但是被审单位的管理部门对他们编制的财务报表负责任，管理部门的责任包括保持有足够的会计记录和内部控制，选择和实施会计政策，以及保持实体的资产。财务报表审计不能免除管理部门的这些责任。同样，审计人员负有揭弊查错的责任，但也不能因此免除管理部门在这方面的应有责任。

三、审计假设

莫茨夏拉夫在《审计理论结构》中指出假设的五大特征：假设是任何学科发展所必需的；是不能予以直接自我验证的；是推论的基础；是建立任何理论结构的基础；面临知识更新的挑战。

所谓审计假设，是人们从实践中归纳总结出来的，但目前还无法对其本身从逻辑上加以证明的、对某一客观事物特征的理性化的感性认识。这一定义的内涵：(1)假设不是随意虚构的，是对客观事物的感性认识，可从实践中检验；(2)无法从逻辑上加以证明，是公理但不是定理；(3)作为感性认识的抽象，具有理性认识的特征。

审计理论界长期以来十分关注对审计假设的研究，从国外理论成果看，主要有四个方面(见表1-1)。

表1-1 关于审计假设的主要理论观点

Mauts Sharaf	Tom Lee	Jack Robertson	David Flint
(1)财务报表和财务数据可验证	审计必要性(合理性假设)	对 Mauts Sharaf 的修正	
(2)在审计人员和被审计企业的管理部门之间没有必然的利益冲突	(1)未经审计的年度会计信息缺乏充分的可信性	审计人员和被审计企业的管理人员之间始终存在潜在利益冲突	(1)产生审计需求的首要条件是经济责任关系或公共经济责任的存在

（续表）

Mauts Sharaf	Tom Lee	Jack Robertson	David Flint
(3)递交验证的财务报表和其他资料不存在串通作弊和其他异常舞弊	(2) 对年度会计信息可信性的鉴证是最迫切的审计要求		(2)经济责任的含义是如此模糊、复杂以及经济责任的如此重要，以至于没有审计就没有办法予以解释
(4)建立完善的内部控制制度可以减少舞弊的机会	(3)年度会计信息可信性鉴证最能由法定审计达到	补充新的假设，该假设沟通了审计理论与代理理论之间的直接联系	
(5)一贯应用公认会计原则可以使财务状况和经营成果得到公允表达	(4)年度会计信息的可信性是可被验证的	审计过的信息比没有审计的信息更加有用	(3)审计必须具备的特征是其地位的独立性以及在调查和撰写报告中的免受约束
(6)如果没有明确的反证，对被审计企业过去认为正确的，将来依然	(5)股东和其他财务报表使用者自己通常不能验证年度会计信息的可信性		
(7)当财务数据的审查是为了发表一个独立意见时，审计人员只能唯一地充当审计人员的角色	审计行为假设 (6)审计人员和管理部门之间没有必然的利益冲突		(4)审计的主要内容，例如行为、业绩、成果、事项的记录或实务说明，以及与这些内容相关的事实或说明，都可被证据予以证实
(8)独立审计人员承担着与其职业地位相对称的职业责任	(7)对审计人员不存在不合理的法律约束 (8)审计人员是适当独立的		
	(9)审计人员具有足够的技能经验		(5)可为承担责任者制定经济责任标准，实际业绩可予以计量并与标准比较，计量和比较必须具备专门的技能和实施判断
	审计功能假设		
	(10)可在成本与时间内取得充分可靠证据		
	(11)内部控制可消除非法事件		(6)应充分弄清财务报表和其他资料的意义、性质和重要性，审计成果的客观表达和传递
	(12)会计信息无重大差错与舞弊		
	(13)会计原则一贯与适当，报表公允		(7)审计有社会效益或经济效益

综合以上观点，实际上可以分成两类：一类是说明产生审计需求的社会原因的假设，是推定审计目标的基础，目标的确定是以这些假设为逻辑依据的。另一类是实现审计目标和实施审计程序所需要具备的基本条件假设，是建立审计准则以保证审计目标实现的

逻辑依据，例如，可验证性假设、独立性假设。没有这些假设，审计特有的形式即借助会计信息为媒介的间接监督方式就不可能存在，就没有审计。可避免利益冲突假设（内部控制可减少舞弊行为假设—补充、报表和其他资料不存在串通舞弊或审计可增强其可信性假设—延伸），为现代审计模式提供了一个前提，是制度基础审计、抽样审计能够进行的理论依据。

对此，我们认为，假设过于复杂，部分假设存在内涵与外延的重复，审计的基本要素没有得到体现；有的提法是否属于假设值得研究，如责任关系假设。没有责任关系就没有审计，根本没有推理选择的余地，此假设显得多余。目前提出的假设尚无法与审计程序、技术与方法构成一套完整的系统，远离审计实务，被束之高阁，是一个遗憾。我们的初步看法是：

1. 审计必要性假设（即原因假设）

虽然对审计原因有代理论、信息论、保险论和行为论多种，但审计信息有用（决策和解除责任）这是共同的。因此，经独立的会计师审计过的资料和信息比未经审计的资料信息对其使用者更有用。

2. 审计条件假设，这是建立审计准则和判定责任的依据

第一条，企业递交审计的信息资料是可以验证的，重大舞弊差错及非法行为是可以揭露的。一是信息资料的可验证性。首先，财务报表和财务数据的记录和汇总是客观的；其次，存有判断财务报表和财务数据及其形成过程合理性的客观标准；最后，审计人员能在合理的时间、人力和费用范围内取得足够证据并得出有效的结论。特别值得指出的是，审计人员可以根据这一假设，做到对财务报表的公允性发表意见，建立和发展审计证据和证明理论、审计技术方法和程序，拒绝接受那些无法予以有效验证的业务，或对个别无法予以验证的项目在审计报告中发表保留意见，从而有效地界定审计人员的责任。二是重大舞弊及非法行为的可揭露。经过适当的审计程序，例如对内部控制的测试评价、具有针对性的分析性程序，以及中期审查等措施，重大舞弊、错误、非法行为是可以被发现、被揭露的。应该注意的是，这里的舞弊、错误、非法行为，必须是可予以揭露的，如果这些问题无法揭露，如多方串通共谋或管理人员通过虚假印章等进行作弊，审计人员就不应该承担审计责任。

第二条，审计人员具备职业所需要的独立性和胜任力（审计主体条件）。

第三条，如果没有确切的相反证据，过去被认为是正确的，将来也被认为是正确的（无反证判定假设、责任和范围假设）。这一条假设的主要理由，是解决企业经营业务及会计反映的连续性与审计行为的阶段性之间的矛盾，确定了审计对象范围和界定审计责任范围。有了这一假设，审计人员才能根据上期审计过的资产负债表的期末余额转记过来的本期期初余额是可信的（如固定资产期初余额、应收账款期初余额的可收回性、期初存货的有用性）。因而只需要对本期发生的业务进行审计，只需要承担鉴证本期发生的业务真实性的责任。否则，审计范围和责任就会变得无止境。当然，除非有确切的相反证据证明前期资料有误时，才对那些对本期有影响的前期资料做出调整。

第四条，完善的内部控制可减少欺诈舞弊的机会（审计技术方法的假设）。现代审计的特点是，审计建立在对内部控制制度的评审和测试基础上，因为它与预防和揭露欺诈、

舞弊之间的密切联系。这一假设的含义是:如果单位建立完善的内部控制制度并得到有效执行,其在经营活动和财务报表编制中进行欺诈、舞弊的机会就少;反之,欺诈、舞弊机会就多,财务报表的可靠性就低。现代审计的实质性测试就可以对内部控制制度的测试评价为基础,从而形成制度基础审计,并使制度基础审计建立在有效的假设基础之上。欺诈、舞弊及非法行为的频繁发生又使得建立内部控制制度成为企业一个重要的、必备的工作。1977 年美国《反海外贿赂法》要求:任何单位必须设计和保持一套内部会计控制制度,以保证授权、记录、保管、执行的有效性。中国企业内部控制标准委员会的《内部控制基本规范》中也有类似的规定。当然,这一假设只是实际工作的经验总结,要求审计人员必须认真做好内部控制制度的测试和评价工作,才真正履行了审计人员的责任。这一假设,成为确立内部控制制度评价、测试审计准则的理论依据。

第五条,审计风险是可控制的(审计技术方法假设)。现代审计的发展表明,审计人员已不再是被动地接受风险,而是向主动控制风险的方向发展,进行风险审计研究。要求审计人员对构成风险的各要素对整体的影响能予以控制。例如,固有风险和控制风险,审计人员无法控制,但能对风险程度做出比较正确的评价,以间接地控制整体审计风险。察觉风险是可以控制的,但需要研究如何控制。统计抽样审计是可以运用的,但审计实践的实用性如何,还有待于进一步研究。这一假设的意义在于审计职业界能在可接受的风险范围内履行审计职责、实现审计目标。

第六条,一贯采用整体上适合于企业环境的公认会计原则,能使企业的财务状况和经营成果得到公允表述(报告内容的意义假设)。管理部门的责任是根据具体的业务,选择适当的会计原则予以反映并提供报表,但由于在许多场合往往具有多种方法可供选择,因此常常会出现这样的情况:所选择和采用的方法对具体个别业务是适用的,但总体所导致的财务报表常常会是片面或误解的,因此管理人员常常通过玩弄会计方法(不当会计选择)达到欺诈、舞弊的目的。所以,审计人员的职责不仅要评价企业是否遵守了公认会计原则,还要评价企业所选择的会计原则对反映企业财务状况和经营成果的整体上的合适性。

第七条,遵守公认审计准则能确保审计人员审计目标的实现和履行其社会责任(设定了审计工作和审计人员的基本条件)。这一假设,阐明了审计目标、审计责任和审计准则之间的关系。没有这一假设,遵守公认审计准则的意义和作用也就难以明确。

四、审计概念(要素)

正如会计理论的完善、系统化是建立在一套相互弥补、互不矛盾的概念群(即通常说的会计要素)的基础上一样,审计学要成为一门成熟的学科,也应该努力使其理论得到系统化和条理化。而在这一过程中,最基本的同样是形成概念,并以概念为中心,对理论加以系统化。只有当这些基本概念明确到一定程度并获得承认时,审计就向理论最终的系统化迈出了重要的一步。正是在这一意义上,概念形成了一个框架,围绕它,理论结构得以系统化;以它为基础,理论结构得以进步和完善。本教材针对中国审计基本准则的规定,研究审计概念,决定它们的适当性、说服力、相互联系以及意义。

(一)审计基本准则所引出的主要审计概念

审计基本准则是审计人员在执行审计业务时应遵循的一种规范或尺度,是指导审计

人员开展审计工作的权威性要求,也是评价审计人员的素质和工作质量的基本准绳。就中国审计基本准则看,我们可以从中归纳出以下若干主要的、成为构筑审计理论大厦基石的审计概念:

1."一般准则"引出的审计概念

在一般准则中,规定了要由经过训练的有技能的人员来执行审计,这自然就引出"能力"概念或称"胜任力"概念。

一般准则强调要恪守独立、客观、公正的原则,也就自然地引出"独立、客观和公正"三个概念。而客观性原则则隐含着"合理怀疑"的概念。

一般准则中要求审查问题时必须坚持谨慎态度,就引出"应有的关注"或称"应有的职业谨慎"的概念。

2."外勤准则"引出的审计概念

在外勤准则中,规定要采用适当的审计程序来获取审计证据,并要求得到充分、适当的证据,这就引出了"证据"和"充分性、适当性"的概念。

外勤准则规定为受审的会计报表表达意见提供合理基础,就是说100%地绝对保证是不可能的。因此,这就含有适当的"保证程度"的概念。合理的保证程度是指实际上能在合理的成本范围和时间内取得的,所以由此就引出了"经济性"和"及时性"'的概念。

外勤准则中有取得充分适当的证据和评价的规定,这就隐含了"证实"概念。而适当的证据又包含了"相关性"和"可靠性"的概念。

外勤准则规定要对内部控制评价,也因为对内部控制有不同的可信水平,这准则里就含有"风险"概念。依据风险的不同性质,也就引出"内在风险(固有风险)、控制风险和审计风险(检查风险)"等相关的风险概念。

3."报告准则"引出的审计概念

在报告准则中,有运用"企业会计准则"及国家其他财务会计法规来判断的规定,并且使用了恰当反映的用语,这就引出了"公正"(或公允)的概念。什么叫公正,其中就包含了一个"重要性"概念。

在报告准则中对表明意见的规定就自然含有压倒一切的两个重要概念——"判断"概念和"超然独立"概念。

以上审计概念间的相互关系如图1-8所示。

图1-8显示:

第一,表明了审计的基本目标。审计的基本目标在于证实:会计报表的揭示同设定的标准之间的符合程度,也就是对客户提供的会计报表是否合法、恰当、一致地反映了企业的财务状况和经营成果提出一个独立的公正的鉴证意见。这里,独立审计过程是收集和评价关于会计报表揭示的证据,即证实过程;独立审计的直接对象是反映企业财务状况和经营成果的会计报表;独立审计的要求是判断报表是否"合法、恰当和一致",其中"合法"表示受审会计报表的编制是否符合《企业会计准则》及国家其他财务会计法规的规定;"恰当"表示在报表的所有重大方面是否客观真实地反映了其财务状况、经营成果和现金流动情况;"一致"表示企业所采用的会计处理方法是否遵循了一致性原则,审计人员的职责是获得和评价充分适当的证据,以表达一个有根据的、独立公正的审计意见。

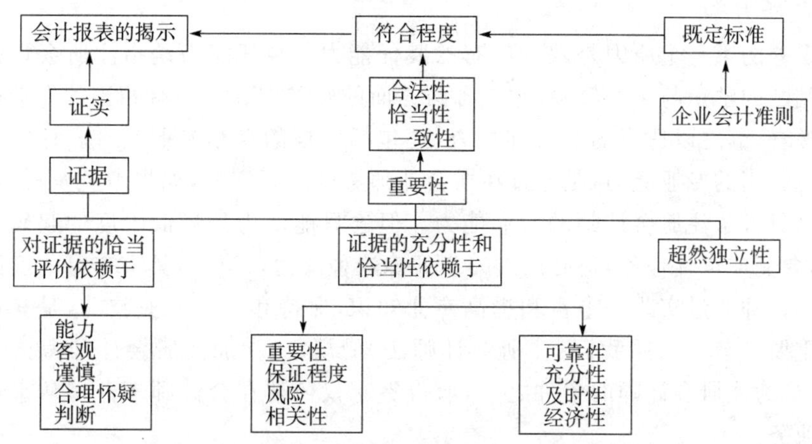

图 1-8　审计概念间的相互关系图

第二，审计证据要能充分地支持注册会计师表达的意见，必须满足两个条件：一是对证据的评价必须恰当；二是证据本身必须是充分和适当的。前者决定于能力、客观性、应有的职业谨慎、合理怀疑和专业判断等审计概念；后者决定于重要性、审计结论的保证程度、审计风险、相关性、可靠性、充分性、及时性和经济性等审计概念。后面将详细讨论这些概念。

第三，在任何一种审计理论中都很重视独立性，独立性是不可缺少的审计概念和审计标准。因为独立审计的目的是要就那些主要反映管理状况的会计报表的可信性提出意见；如果审计不独立，审计意见就失去任何意义。关于独立性的更为详细的讨论请见后文。

(二)与证据的恰当评价有关的审计概念

述及审计证据，第一个必要条件就是对证据要恰当地予以评价。恰当评价的过程通常包括：其一，提出某些基础假设；其二，注册会计师所做的观察；其三，注册会计师所做的结论。其所依赖的审计概念如图 1-9 所示。

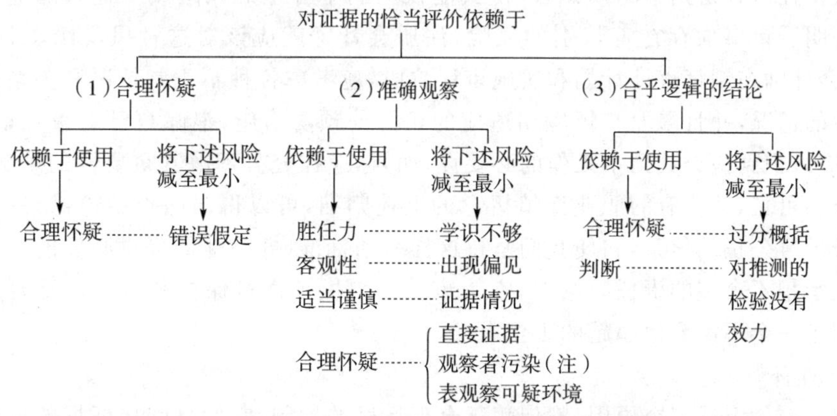

图 1-9　与证据的恰当评价有关的审计概念

(注)观察者污染，是指由于观察者的观察行为，而改变了被观察对象和行为的原有状态的现象。

1. 胜任能力

观察误差的第一个原因是缺少应有的胜任能力。胜任能力是指注册会计师对证据进行评价判断的学识与实践经验,它包含两方面的要求:第一,要有相当的专业能力。首先是正规教育,继之以适当的监督和检查,还包括正规的继续专业教育。评定注册会计师是否具有相当的专业能力,是通过注册会计师考试来评定的,如果考试及格,就是从客观上评定已具备了注册会计师的专业能力。但这只能认为是最低限度的起码应具备的专业能力,要完成审计任务,还必须进一步磨炼这种能力。第二,具有丰富的实践工作经验。注册会计师通过实践来丰富和提高专业知识,保持和发展专业技能,是获得业务能力的一个重要环节。依照我国《注册会计师法》的规定,参加注册会计师考试全科合格者,是批准成为注册会计师的条件之一,取得签字权还须在会计师事务所从事过二年以上的审计业务。

2. 客观性

观察误差的第二个原因是带有倾向性。防止倾向性的办法是客观性。客观的思想状态意味着注册会计师对有关事项的调查、判断和意见的表述,应当基于客观的立场、以客观事实为依据,实事求是,不掺杂个人的主观意愿,也不为委托单位或第三者的意见所左右,在分析问题、处理问题时,不能以个人的好恶或成见、偏见行事。

3. 应有的职业谨慎

观察误差的第三个原因是注册会计师不能以职业专家应具备的注意力来执行审计业务。通过应有的职业谨慎概念,注册会计师应通过合理的检查来发现舞弊和差错,为委托人和经济社会提供重要的服务,并提供一些有效的保护。同时,该概念也对注册会计师应实施检查的范围提供了有用的指南。应有的职业谨慎概念包括两项内容:(1)要求确立慎重的审计者的观念。如应做出相当于社会水平的判断,而不管判断是涉及具有风险的直觉和理性,还是涉及在自我利益和他人利益之间的选择;应理智地运用其拥有的知识;在其日常的职业中拥有并能运用合理的技能;应认识并适当注意自己的经验等等。(2)要求指明注册会计师在不同情况下审计工作时持有应有职业谨慎的内容。如采取措施获得任何容易到手的知识,以使其能预见到不合理的风险或对他人的危害;只要有迹象表明受审事项存在着特别的风险,注册会计师就应该对这种风险给予特别的关注;注册会计师在制订审计计划和实施审计阶段,应考虑各种不正常情况和关系;应该认识不熟悉的情况,并且采取与环境相适应的正当的预防措施,消除自己对事关审计意见的疑虑;应认识到检查其助手工作的必要性,而且,应在充分理解其重要性的基础上进行这种检查。可见,从应有的职业谨慎概念的上述归纳,可以得出两点结论:第一,它是一个明显合理且公正的信条,它使我们坚持这样一条标准,即为他们提供必要的保护,但不对任何人承担不合理的责任。第二,它为审计者提供了衡量保护和责任的重要尺度,因为它表明了一个不需要他超越的工作水准。

4. 合理怀疑

观察误差的上述三个原因,都依赖于合理怀疑的控制,它们是间接证据的可信性、审计者对所观察证据污染的风险和不认识可疑环境的危险。例如:(1)注册会计师获得的许多信息必定是间接的,在这种情况下,重要的是注册会计师既不能忽视间接证据,而同时给予间接证据的信赖度又要和它的较低的说服力相一致;(2)在可能通过注册会计师的观察获得直接证据的情况下,他必须当心其观察行动不要改变观察的证据;(3)在出现可疑情况时,应相应地扩大审查范围,不能大意疏忽或者过分地轻信;(4)错误假设风险,在每一项审计中,要做出大量的假设,注册会计师在评价审计证据时,应当警觉那些显示出与基本假设不相符的情况;(5)概括过头,以偏概全。

5. 判断

在审计调查并引出结论时,还有一个可能的差错是对测试结果的估计失实。比如在抽样审计中,注册会计师混淆了实际样本的非重大差错和样本总体差错可能达到的程度,因此出现了推理的逻辑错误。要避免这种估计失实,要求注册会计师能运用严格的逻辑推理结合仔细的专业判断。值得强调的是,在任何一项审计中适当地选择审计程序和审计范围,都必须决定于专业判断,判断贯穿于审计的全过程。

(三)与证据的充分性和适当性相关的审计概念

前面述及审计证据时提到的第二个必要条件是,证据必须充分和适当。影响一组特定的审计证据的充分性和适当性的主要因素有三个:(1)对审计意见所要求的准确性;(2)审计意见所要求的保证程度;(3)审计证据的可获得性。充分性和适当性相关的审计概念如图 1-10 所示。

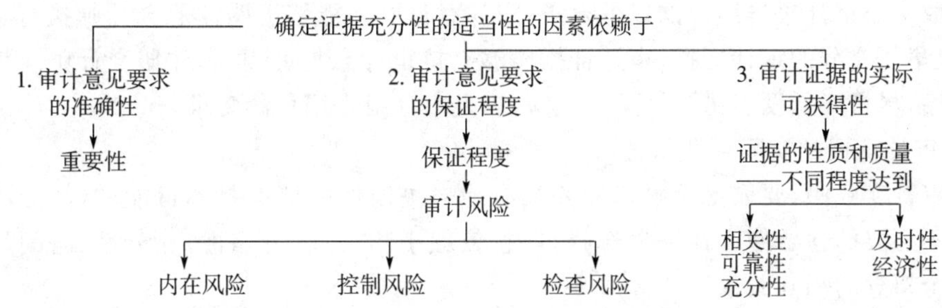

图 1-10　与证据的充分性和适当性相关的审计概念

1. 审计意见要求的准确性

会计报表揭示的绝对准确既不可能,也在经济上不可取。首先,在会计报表上的许多数字必定是根据判断来计量的(如固定资产估计使用年限、应收账款坏账损失准备等)。其次,在理论上说,会计报表的数字是可以精确地确定的,但必须花费不合理的代价。第三,审计过程本身和审计技术有局限性。理想地说,注册会计师应掌握第一手资料佐证体现在会计报表中的每个项目,但有时既不现实,也不可能。最后,审计的作用在于从控制和可信性两方面提高会计信息的价值,但不是对被审单位今后生存发展及其经营效率、效果做出的保证,也不能因此替代、减轻或免除被审计单位的会计及其他管理责任。因此,经过审计的会计报表不可能绝对准确。

2. 重要性

在审计中,注册会计师只需获取足以支持其发表审计意见的审计证据即可,对不影响会计报表客观、真实的次要事项可以适当忽略,这就是审计中的重要性概念。一般而言,一个项目是否重要,应视其数量和性质(或者两者同时)加以考虑。如果有理由确信一个项目会影响使用者的决策即为重要的，反之则为不重要项目。但在实际应用中，还要运用一定的审计经验和专业判断，注册会计师一般根据一定比例的数量金额来决定重要性，有时也要考虑经济业务或报表项目的性质。

3. 审计意见要求的保证程度

审计意见要求的保证程度实质上是注册会计师出具的审计报告在总体上的可靠性程度。保证程度水平的高低取决于客观环境的需求以及审计成本的限制。前者表现在使用者对审计报告的依赖程度，后者表现在审计资源（人力、时间、物力）的情况和注册会计师对待风险的态度。

4. 审计风险

审计风险是指注册会计师通过审计工作未能发现会计报表中存在重大错误而签发无保留意见审计报告的风险。一般而言，审计风险由固有风险、控制风险和检查风险（审计总风险＝固有风险×控制风险×检查风险）组成，其中，固有风险是指会计核算工作本身发生重大差错的风险；控制风险是指客户内部控制制度不能发现或防止重大差错的风险；检查风险是指注册会计师通过设计的审计程序未能检查出会计报表中存在重大错误的风险。

为了有效地进行审计，注册会计师必须接受一定的风险。注册会计师可以接受的风险水平取决于审计报告用户的以下要求：审计意见必须能够证明注册会计师执行了职业标准，收集了充分的审计证据；审计证据能够支持审计意见。因此，注册会计师应该设计审计程序，尽量降低发表错误意见的风险，满足审计报告用户的要求。

5. 审计证据的实际可获得性

在审计实践中，要取得无限多的并具有绝对决定性的证据是不可能的，从经济上考虑也是不必要的。要使审计证据选择得当，依赖于相关性、可靠性、充分性、时间性和经济性五个概念的相互关系。

6. 相关性、可靠性和充分性

相关性和可靠性合称适当性。相关性是指证据与审计目标的关系，只有能够使注册会计师接受或反驳会计报表的声明的证据，才是相关的证据。也只有对各项声明是否正确作一系列评价后，注册会计师才能决定整个会计报表是否客观真实。可靠性是指审计证据必须可靠，即资料的质量能够合理地保证资料正确、公允、如实地反映事实。可靠性取决于以下因素：(1)独立的来源；(2)提供证据者的资格；(3)内部控制系统；(4)证据的客观性。

充分性是表示应有多少证据才能有把握发表审计意见的问题。审计证据的数量取决于四个因素：(1)注册会计师研究审计证据的透彻性；(2)注册会计师客观地评价审计证据的能力；(3)发表审计意见所必需的证据量；(4)注册会计师决定执行或者放弃的某一审计程序。

及时性和经济性是指每种不同的审计证据不仅有不同程度的相关性、可靠性和充分性，而且有不同的时间性和费用因素与之相联系。在审计证据的有用性与收集、评价证据的成本之间必须保持一种逻辑联系，这就是经济性概念。注册会计师应该使用最节省的办法，从可能得到的证据中去选择足以表达专业性审计意见的证据。此外，为使审计报告给会计信息增添的可靠性能为社会所用,必须在合理的时限内提供出来,这就是时间性概念。尽管在通常情况下在年终以后能获得更有说服力的证据,但拖延太久的审计后会计报表无助于读者做出当期经济决策。所以,注册会计师通常在说服力和取得证据的及时性之间达成合理的妥协。

第三节 审计理论结构:其他相关问题

一、审计对象与分类

(一)审计对象

要正确地归纳概括审计对象,必须首先明确审计对象的意义及其相关概念。

1. 对审计对象的理解

审计对象有主体和客体之分,在审计对象主体——被审计单位——存而不论的情况下,这里的审计对象专指审计对象的客体,也即审计进行观察或思考的客体。对审计工作而言,这一客体专指工作的内容;对审计科学而言,这一客体专指研究的内容。明确审计对象,也就是要明确审计工作的对象,以便明确工作的范围和职责,更好地把工作做好;要明确审计科学的对象,以便更好地总结审计工作实践,研究审计理论,推进审计科学不断发展和完善。因此,本教材所指的审计对象范围如图 1-11 所示。

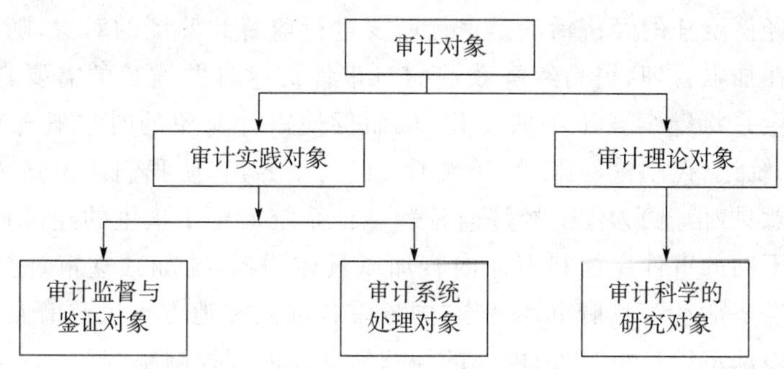

图 1-11 审计对象范围

2. 审计对象的发展变化

审计对象受审计目标制约,并随着审计目标的变化而变化。自现代审计问世以来,随着审计目标的不断发展,审计的对象也经历了几次发展变化。19 世纪流行于英国的详细审计,出于检查舞弊、技术性错误和原则性错误这一基本目标的需要,以所有的会计业务为对象,对所有的会计凭证、账簿和报表逐一跟踪审查。第一次世界大战后,流行于美国的资产负债表审计和财务报表审计,其审计对象又发生了转移:资产负债表审计的基本目标主要在于审查资产负债表所有项目的余额是否真实可靠、是否实际存在,借以判断企业的财务状况和偿债能力。这种旨在信用证明的审计决定了其审计对象是期末的资产负债表,并在一定范围内抽查期中会计计算;而财务报表审计的基本目标主要是审查会计处理是否符合会计原则和连续性原则,是否符合政府有关法律法规,以比较和发展的观点来评价企业现在和将来的盈利能力,这一目标决定了必须以所有的财务报表为对象。20 世纪下半叶以来，为了适应经济的发展，审计目标发展到对企业整个经营活动的评价，审计的对象也随之从会计资料扩大到企业的整个经营管理活动。可见，审计对象受审计目标制约，在讨论审计对象时，不能不考虑审计目标的因素。

3. 审计对象的具体化

明确审计的对象是什么仅仅是研究工作的一个方面，在此基础上还应当进一步研究审计对象的具体化。在理论界和有关文献中会提到，诸如以财务收支为核心、以会计资料为重点、以会计工作为中心、真实性合法性和效益性等，这实际上是从内容角度对审计具体对象的一种划分。研究审计对象旨在区分审计与非审计，而进一步研究审计对象的具体化则关系到审计工作甚至审计理论方法内部结构体系的安排。在审计工作、审计理论方法上区分日细的现阶段，开展对审计具体对象的研究更为重要和迫切。

4. 审计对象的经济责任

审计监督与鉴证对象是具有经济责任的经济活动，这一点可以从古今中外的政府审计、内部审计和独立审计产生与发展中得到充分证明。可以这么说，没有经济责任，就没有必要审计；客观上，不负经济责任的经营管理者的会计资料、经济活动是没有必要接受审计的。也就是说，经济责任(其背后隐藏着复杂的产权关系)是审计产生与发展的根源。

5. 审计对象的经济责任信息

审计系统的处理对象是具有经济责任的经济活动发出的信息，简称经济责任信息。上面讲的承担经济责任的经济活动是审计所要进行监督和鉴证的对象，随着市场经济的发展和人们旨在加强管理、提高经济效益而对审计信息日益增长的需要，审计对象的时空界限正在发生并将继续发生某些变化，从而促使审计对象的时空概念相应地发生变化。信息论、系统论、控制论的出现，开阔了人们的眼界，它使我们认识到：审计原来是一个以提供审计意见(信息)为主的经济监督和鉴证系统。至于这里的经济责任信息，具体内容就得结合不同的审计主体和审计内容加以具体明确，比如独立审计是指“会计资料及其所反映的经济活动”，政府审计是指“国务院各部门和地方人民政府及其各部门的财政收支活动”，内部审计是指“组织内部的经营活动及内部控制制度”。

6. 审计学的研究对象

审计工作与审计学的关系就是审计实践与审计理论的关系，理论源于实践。因此，审计学就是随着审计实践的发展，逐步对审计实践做了比较系统的全面总结，从中提出了能够说明和指导实践的理论而形成的，使具体的审计实践更好地为经济监督服务。而新的审计实践又反过来检验审计理论，使它不断改善、不断发展。正因为如此，审计学作为一门独立的经济监督科学，它所研究的对象就不可能只是对审计工作的对象进行科学的概括，它还需要进一步探讨和处理各项审计工作所应依据的那些最基本的原理原则，使我们能更正确地认识和掌握审计工作对象的规律性。因此，我们认为审计理论的研究对象是审计监督活动、审计监督规律、经济责任关系、审计政策和审计制度，概括地说就是“审计监督和鉴证活动及其发展规律”。

(二)审计分类

在审计理论研究和实务工作中，为了便于从各个不同的角度加以考察，加深人们对审计的认识，科学地组织审计工作，提高审计工作的效率，更好地发挥审计的作用，有必要对审计按一定的标准进行分类①。然而，无论实施何种类型的审计，都围绕着各自的审计目标去搜集所需要的审计证据，以此得出客观公正的审计结论，这些都无一例外地必须借助于审计方法的应用。

1. 以被审计单位的审计内容为标准分类

按照对被审计单位进行审计的内容划分，可以将审计分为财务审计与管理审计。财务审计主要是以财政预算、决算、财务收支活动为主要对象，监督财政预算、财务收支计划实施的一种审计方式。主要是对财政财务报表和会计资料的真实性、完整性、正确性、合法性及合规性进行审计。也就是说，财务审计是以审计受托财务责任为对象的审计活动。

管理审计是一种以审查受托管理责任为对象的审计活动，在理论上和实践中，管理审计又可以分成内向型管理审计和外向型管理审计②。内向型管理审计是对组织内部的各种管理活动进行独立的、客观的、综合的、建设性的、面向未来的检查和评价，以帮助管理当局这一资金受托人改进决策、提高获利能力和经营能力，更好地完成受托管理责任，包括管理导向审计、职能审计、制度审计、业务审计、业务检查、经济效益审计等不同的表现形式。外向型管理审计是为了维护股东、投资者、债权人及其他委托人的利益，由独立的外部注册会计师通过对组织的资金状况、盈利能力及组织结构等的分项研究，来就受托人对受托管理责任的履行情况发表批判性意见，并对外报告，包括独立管理鉴证审计、独立管理评价审计、外部管理审计、管理陈述审计、管理业务审计等一些不同的表现形式。

财务审计和管理审计虽然有联系，但也有明显的区别，而且这种区别不仅仅表现在审计的具体内容上，还表现在审计的目的、依据、时间、执行者和方法等方面。从财务审计和管理审计比较中可以看出：前者的目的在于查明财务收支和经济核算资料的真实性、正确性和合理性，进行经济公证，借以确定和解脱经济责任，主要用于查错防弊，以保护原则为主；后者的目的在于确定管理过程和结果并做出评价，借以寻求提高管理效益的途径，以建设性原则为主。前者审计以会计法、财政财务制度、财经法纪和财务活动事实为主要依据；后者除此之外，还要以业务、技术经济效益考核标准和经济活动事实为依据。财务审计以事后审计及定期审计为主；管理审计则以事前、事中审计为主，定期审计与经常性审计相结合。财务审计主要由专业审计人员进行，主要是用审查书面资料和证实客观事物的方法；而管理审计不仅是由专业审计人员进行，还要有工程技术等方面的内行专家参加，同时还要运用现代管理的一些先进方法。

2. 以审计机构的性质为标准分类

按照按审计机构的性质不同来划分，可以分为政府审计、内部审计和独立审计。政府审计也称国家审计，一般是指国家组织和实施的审计，确切地讲是国家专设的审计机关所进行的审计，是对国务院各部门和地方人民政府及其各部门的财政收支、国有的金

① 审计分类的一般方法是：首先提出分类的标志，并根据每一种标志，确定归属其下的某几种审计；然后按照一定的逻辑程序，将各类审计有秩序地排列起来，形成审计类型的群体。从具体的分类方法上看，不外乎是单标准分类法和多标准分类法两种。

② 参见王光远：《管理审计理论》，中国人民大学出版社，1996年。

融机构和企业事业组织的财务收支，以及其他依法应当接受审计的财政收支、财务收支的真实性、合法性、效益性进行的审计活动，这种审计的目标主要在于维护国家财政经济秩序，促进廉政建设，保障国民经济健康稳定发展。我国国务院审计署及其派出机构以及地方各级人民政府审计厅(局)所组织和实施的审计，均属于国家审计。我国国家审计机关代表政府实行审计监督，依法独立行使审计监督权。审计署有权对中央预算执行情况进行审计监督，地方各级审计机关有权对本级预算执行情况进行审计监督；审计署对中央银行的财务收支进行审计监督，审计机关对国有金融机构的资产、负债、损益，对国有资产占控股地位或者主导地位的企业，对国家建设项目预算的执行情况和决算，对社会保障基金、社会捐赠资金以及其他有关基金、资金的财务收支，对国际组织向外国政府援助、贷款项目的财务收支，有权进行审计监督；审计机关还有权对与国家财政收支有关的特定事项，向有关地方、部门、单位进行专项审计调查。国家审计机关还有要求报送资料权、监督检查权、调查取证权、建议纠正有关规定权，向有关部门通报或向社会公布审计结果权，经济处理权和处罚权，建议给予有关责任人员行政处分权以及一些行政强制措施权等。同时，国家审计机关还可以进行授权审计和委托审计①。

内部审计是在组织内部的一种独立客观的监督和评价活动，它通过审查和评价经营活动及内部控制的真实性、合法性和有效性来促进组织目标的实现。因此，内部审计机构设置应考虑组织性质、规模、内部治理结构以及相关法令的规定，并配备一定数量的内部审计人员。内部审计机构应在其内部建立严格的质量控制制度，并积极了解、参与组织内部控制制度的建设。内部审计人员应具备专门学识及业务能力，熟悉本组织的经营活动和内部控制，并不断通过后续教育来保持这种专业胜任能力。内部审计人员应当遵循职业道德规范，并以应有的职业谨慎态度执行审计业务。内部审计机构和人员应保持其独立性和客观性，不得参与被审计单位的任何实际经营管理活动。内部审计人员应具有人际交往的基本技能，能以恰当的方式与他人进行有效的沟通②。

---

① 从国家治理的角度看，政府审计从本质上而言，是通过依法履行职责，对权力运行进行监督和制约，发挥预防、揭示和抵御的“免疫系统”功能，推动实现国家良好治理。在经历 30 多年的渐进式经济体制改革之后，我国公共产品的供给主体呈现了多元化的趋势。由于政治体制改革与经济体制改革的不同步，国家审计的边界在制度上依然定位于公共财政，由此引发一系列不容忽视的社会问题。应该强调政府审计与国家治理之间的共生互动关系，从公共产品供给主体的多元化的现实出发，进一步拓展了国家审计边界，由现在的公共财政拓展为公共产品，实现与国家审计的公共受托社会责任及国家审计本质的“免疫系统”相协调，提高我国政府的市场监管效率，降低市场交易费用，建设服务型政府，促进社会主体间的利益和谐，实现国家善治。

② 国际内部审计师协会在 1999 年颁布的《内部审计职业实务指南》中指出：“内部审计是一种独立、客观的保证和咨询活动，其目的是增加组织的价值和改善组织的经营”，也就是说，经济组织管理的目的是增加组织的价值，作为经济组织内部的一项重要管理职能，内部审计也应当是以帮助改善组织的经营管理、增加组织的价值、实现组织的目标为目的。更为重要的是，现代组织规模不断扩大，集团化、全球化、信息化的趋势日益明显，外部竞争日趋激烈，外部条件变化日益加快，面临的不确定因素日益增多。在这种环境下，内部审计不但要面向内部经营管理活动，加强检查、评价，以保证各项规章制度和管理指令得到及时有效的贯彻执行，而且要面向组织的外部环境，加强调查、分析，以提供经营管理者正确决策所需的建议、咨询、资料，提高管理效率，为最大限度地提高组织的价值服务。所以，应该扬弃传统意义上的内部审计为政府审计服务的定位模式，从内部审计在评价和改善组织的风险管理、评价和改善组织的内部控制以及评价和改善组织管理过程的有效性等三大方面出发，全面、深刻地重新演绎了内部审计这一组织价值增加者的使命与责任。

独立审计(注册会计师审计)是指注册会计师依法接受委托,对被审计单位的会计报表及其相关资料进行独立审查并发表审计意见。一般来说,独立审计的目的是对被审计单位会计报表的合法性、公允性及会计处理方法的一贯性发表审计意见,以维护社会公共利益,保护投资者和其他利害关系人的合法权益,促进社会主义市场经济的健康发展。

3. 以审计部门人员的隶属关系分类

按照从事审计的部门和人员的隶属关系来划分,可以分为内部审计和外部审计。内部审计是部门、单位实施内部监督,依法检查会计账目及其相关资产,监督财政收支和财务收支真实、合法、效益的活动。我国国务院各部门和地方人民政府各部门、国有的金融机构和企事业组织,以及法律、法规、规章规定的其他单位,依法实行内部审计制度,以加强内部管理和监督,遵守国家财经法规,促进廉政建设,维护单位合法权益,改善经营管理,提高经济效益。

根据新修订的《会计法》第三十七条的规定,会计机构内部建立稽核制度。稽核是稽查和复核的简称。它由专职或兼职的会计人员承担会计稽核工作,对会计机构本身会计核算工作进行一种自我检查或审核,其目的在于防止会计核算工作中所出现的差错和有关人员的舞弊。稽核工作的主要内容包括稽核工作的组织形式和具体分工;稽核工作的职责、权限;审核会计凭证和复核会计账簿、会计报表的方法。稽核工作可分为全面稽核和重点稽核、事前审核和事后复核、日常稽核和临时稽核。会计稽核制度不同于单位的内部审计制度,单位审计制度是由在会计机构之外另行设置的内部审计机构或审计人员对会计工作进行再检查的一种制度。

外部审计是指独立于政府机关和企事业单位以外的国家审计机构所进行的审计,以及独立执行业务会计师事务所接受委托进行的审计。由于这种审计是由本部门、本单位以外的审计组织以第三者身份独立进行的,所以具有公证、客观、不偏不倚的可能,因而具有公证的作用。我国财政、银行、税务部门为了做好其本职工作,而对其管辖区各单位的业务(如税利上缴和信贷资金使用情况等)所进行的检查,不属于审计,更谈不上是外部审计,而只是经济监督中的财政监督、税务监督和信贷监督。企业主管部门的审计机构对所属单位进行审计,从形式上看是外部审计人员所进行的审计,但从行业系统上看,仍然属于内部审计。因为主管部门和所属企业总是有经济利益上的联系。外部审计虽然能不受干扰地进行彻底审查,具有较大的强制性,但不够及时,在大多数情况下均属于事后审计。

内部审计和外部审计总体目标是一致的,两者均是审计监督体系的有机组成部门。内部审计具有预防性、经常性和针对性,是外部审计的基础,对外部审计能起辅助和补充作用;而外部审计对内部审计又能起到支持和指导作用。由于内部审计机构和外部审计机构所处的地位不同,它们在独立性、强制性、权威性和公证作用方面又有较大的差别。

除了以上主要分类之外,审计按照时间还可以分为事前审计、事中审计和事后审计;按照从事审计业务的范围可以分成全部审计和局部审计;按照会计报告期划分可以分成期末审计和期中审计;按照组织审计的形式划分可以分为送达审计、就地审计和委托审计;等等。

二、审计职能与作用

(一)审计职能

审计的职能是审计自身所具有的内在功能。审计职能不是一成不变的,随着社会经济的发展,科学技术和人的思维能力的进步,人们对事物本质的认识会进一步深化和延伸,这种认识上的深化和延伸同时也会揭示事物的潜在职能,也就会改变事物现有的职能。研究审计职能的目的,是为了更准确地把握审计这一客观事物,以便于确定审计任务,有效地发挥审计的作用和更好地指导审计实践。

我国审计界对审计职能的观点主要有两种:一种是“单一职能论”,另一种是“多职能论”。持“单一职能论”观点者认为,无论是国家审计、社会审计,还是内部审计,它们只有一项职能,就是经济监督。持“多职能论”观点者,一般认为审计除审计监督这一基本职能外,还具有其他职能,如评价、鉴证等职能。我们认为审计具有多种职能。

1. 经济监督职能

经济监督是审计的基本职能。无论是传统审计,还是现代审计,其基本职能都是经济监督。不仅国家审计具有监督职能,社会审计和内部审计都具有监督职能。但必须明确,监督不是唯一的职能。还应该明确的是,监督是审计的基本职能只是说明各项审计都有监督职能,而不意味着其他各项职能实质上都是监督职能。

审计的经济监督职能,主要是指通过审计,监察和督促被审计单位的经济活动在规定的范围内、在正常的轨道上进行;监察和督促有关经济责任者忠实地履行经济责任,同时借以揭露违法违纪、稽查损失浪费,查明错误弊端,判断管理缺陷和追究经济责任等。审计工作的核心是通过审核检查,查明被审计事项的真相,然后对照一定的标准,做出被审计单位经济活动是否真实、合法、有效的结论。从依法检查到依法评价,直到依法做出处理决定以及督促决定的执行,无不体现了审计的监督职能。

2. 经济鉴证职能

审计的经济鉴证职能,是指审计机构和审计人员对被审计单位会计报表以及其他经济资料进行检查和验证,确定其财务状况和经营成果是否真实、公允、合法、合规,并出具书面证明,以便为审计的授权人或委托人提供确切的信息,并取信于社会公众的一种职能。

审计的经济鉴证职能,包括鉴定和证明两个方面。例如,会计师事务所接受中外合资经营企业的委托,对其投入资本进行验资,对其年度财务报表进行审查,或对其合并、解散事项进行审核,然后出具验资报告、查账报告和清算报告等,均属于审计执行经济鉴证职能。再如,国家审计机关对厂长(经理)的离任审计,对承包、租赁经营的经济责任审计,对国际组织的援助项目和世界银行贷款项目的审计等,也都属于经济鉴证的范围。

3. 经济评价职能

审计的经济评价职能,是指审计机构和审计人员对被审计单位的经济资料及经济活动进行审查,并依据一定的标准对所查明的事实进行分析和判断,肯定成绩,指出问题,总结经验,寻求改善管理、提高效率、效益的途径。审计的经济评价职能,包括评定和建议两个方面。例如,审计人员通过审核检查,评定被审计单位的经营决策、计划、方案是否切实可行、是否科学先进、是否贯彻执行，评定被审计单位内部控制制度是否健全和有效，评定被审计单位各项会计资料及其他经济资料是否真实、可靠，评定被审计单位各项资源的使用是否合理和有效，等等；并根据评定的结果，提出改善经营管理的建议。评价的过程，也是肯定成绩、发现问题的过程，其建议往往是根据存在问题提出的，以利于被审计单位克服缺点、纠正错误、改进工作。管理审计是最能体现审计评价职能的一种审计。

值得提出的是，我国的审计评价，一定不能局限于微观经济的评价，必须正确处理微观经济与宏观经济的关系，从宏观经济利益出发进行微观经济评价，以助于保证评价结论的合理性和正确性。

在审计职能的研究过程中，也有人提出审计还具有服务、管理、咨询等方面的职能。在经济生活日趋复杂、社会日益进步、科技巨大发展的今天，审计职能也必然要发展，不可能停滞不前。我们应该认真研究新情况和新问题，不应简单地否定一些新的看法，但监督仍是审计的基本职能。

（二）审计作用

审计作用是行使审计职能、完成审计任务、实现审计目标过程中所产生的作用。一般来说，有什么样的审计职能，并完成了与职能相应的任务，就能产生什么样的作用，基于前述关于审计经济控制观的思想，审计的本质目标应当是确保受托经济责任的全面有效履行。因此，审计的作用应该体现或有助于实现审计的本质目标——确保受托经济责任的全面有效履行。因此，审计作用包括制约与促进两个方面[①]：

1. 审计对委托代理关系中机会主义行为的抑制作用

经济学和管理学中都有关于经济人（或理性人）假设的思想：在经济活动中，经济主体所追求的唯一目标是自身经济利益的最大化，其经济行为都是有意识的和有理性的。这个假设同样也适用于委托代理关系中的委托人和代理人。

Jensen 认为，委托代理关系是指“一个人或一些人（委托人）委托其他人（代理人），根据其他人的利益从事某些活动，并相应地授予代理人某些决策权的契约关系”[②]。在该契约关系中，委托人和代理人都是最大合理效用的追求者，然而它们各自的利益目标又不一致，致使委托人为了使代理人朝着自身的方向努力而需付出代理成本。为了降低代理成本，同时又能维持这种代理关系，就需要监督，审计就是这样一种监督方式。本教材认为，审计作为维系委托代理关系的外部监督方式，不仅对代理人起作用，同时也会对委托人起作用，即能够使委托人整体利益实现最大化。

2. 审计对委托人和代理人之间信息不对称的改善作用

委托代理关系形成后，资产所有者为了解决信息不对称引起的委托-代理问题可以采取的措施有：报告制度、激励制度、监督体系。然而这些措施制度的有效运行却离不开审计机制的参与。加之，审计本身也有利于改善委托人和代理人之间的信息不对称问

---

① 本部分主要参考田桂凡、刘欣涛：《审计治理作用的规范分析》，中国论文下载中心，www.studa.net，06-12-13.

② Jensen，Meckling. Theoryofthefirm：managerial behavior，agency costs，and owner ship structure [J]. Journal of Financial Economics，1976(3)：305-360.

题。审计对信息的改善作用主要体现在以下三个方面：

(1)充分披露信息

充分披露报表中的信息是审计对信息不对称改善作用的前提。当然，充分披露基于受托经济责任的信息首先是会计的职责。审计实际上是对该信息的第二次披露，较之会计的信息披露有一定的区别，并能够督促首次披露的充分性。审计之所以能起到这个作用，其原因在于：首先，审计根据能够反映用户要求与愿望的既定约束标准，独立地对财务信息进行审查；其次，审计促使信息提供者根据用户标准控制会计处理过程，因为信息提供者知道自己的工作将受到独立专家的审查。这时，审计作为一种强大的威慑力量而存在，促进了信息的充分披露。莫茨和夏洛克在《审计理论结构》一书指出，审计是证券市场唯一从事验证工作的职业，并通过揭示证券市场的信息流程，说明了审计在验证证券市场信息中的地位和影响。

(2)过滤不实信息，降低信息风险

过滤不实信息、降低信息风险是审计对信息不对称改善作用的方式。信息风险是指经济信息中含有错误信息的风险，它反映的是未经审计的经济信息在传递过程中以及其本身存在的不正确或不准确的可能性。蔡春教授指出，“审计是降低经济信息风险的最有效途径或手段”①。该文进一步认为，审计这种最有效途径或手段首先表现在对不实信息的过滤上。通过对公司会计报表(包括前瞻性盈利预测文件)的编制和披露进行审查或审核，并就其真实、公允性发表专家意见，提供合理保证这个过程本身就包含着对不实信息的过滤。从实际情况来看，审计确实也能够过滤会计报表中的不实信息。中注协2004年年报审计分析显示，2004年度会计师事务所报备的1376家公司年报审计中，经审计，调整利润总额641亿元，占审计前利润总额的21.66%；调整资产总额2645亿元，占审计前资产总额的4.03%；调整应交税金52亿元，占审计前应交税金的10%。这表明，(注册会计师)审计在过滤不实会计信息方面发挥了重要作用。

(3)增加信息价值

增加信息价值是审计对信息不对称改善作用的结果。公司的会计报表经过审计后，就已经包含了新的信息。这种新的信息可以认为是审计赋予了或增加了经济信息的可信性。美国会计学会审计概念委员会1969年提出的《基本审计概念说明》(*A Statement of Basic Auditing Concepts*)专门分析了审计的角色和审计的社会作用，并明确指出：审计能够增加信息的价值，审计的价值增加功能能够满足财务报表的信息需求。

3. 审计能够促进或披露契约的执行情况，对契约的不完全性有补充完善作用

根据契约理论的有关观点，公司是一系列要素所有者进行投资合作形成的契约性组织，其得以运行的关键在于要素所有者之间的利益冲突得到协调、权益得到保障以及投资福利预期得到改善。要素投资者之间的利益冲突与协调塑造着一个组织投资秩序的演化，并由于共同的投资取利倾向而结成利益共生体。至于各利益相关者未来会留在还是退出公司这个契约耦合体，会计所提供的会计信息是各契约参与者做出此类决策的基本依据。但是不同利益主体具有不同的会计信息要求，这便要求有相应的协调机制将各

---

① 蔡春．审计理论结构研究[M]．大连：东北财经大学出版社，2001.

利益主体的冲突化解。利益相关者通过对这种利益协调机制进行公共选择,要求该机制能够公允对待各利益相关者,能够调和他们之间的利益冲突,均衡他们的会计信息需求。从公司角度看,审计制度安排就是一种重要的协调机制。也正是由于对契约参与者(或利益相关者)如股东、债权人、经营者等相互之间的利益冲突进行控制的需要,才导致了对审计尤其是外部审计的内在需要。事实上,外部独立审计从其产生之日起,就一直是作为企业组织利益冲突的监督与协调机制而发挥作用的。

另一方面,内部审计制度由于具有天生的局限性和缺陷,其对经营者的监督很可能会失败,即发生内部审计制度安排"失灵"现象,故引入外部独立审计制度就成为审计制度安排创新的一种理论上的必然选择。也就是说,相比较而言,外部独立审计更加注重通过对会计信息的鉴证和对企业各种违约行为的辨识,来协调各利益相关者之间的利益冲突,促使经营者切实履行与各利益相关者签订的明契约或隐契约。

进一步来看,企业作为各种关系性契约的耦合,是由一些具体种类的契约组合而成的。考察这些契约,不难发现,它们有一个共同的特点就是不完全性。所谓不完全性一般意义上是指不能准确地描述与交易有关的所有未来的可能性状态以及每种状态下契约各方的权利和责任。这主要是由缔约双方的有限理性、对现实和未来不确定性以及巨大的交易费用所致①。为了解决这个问题,有必要创立一种自动履约机制,使交易顺利进行。在现实生活中,大多数契约是依赖于习惯、诚信、声誉等方式完成的,付诸法律解决往往是不得已的事情。但涉及公司,需要有一种协调机制来补充完善契约的不完全性或者规范契约的实施过程,考虑到成本效益原则,审计是这种协调机制的优先选择。

4. 审计在公司治理机制中的作用

这里主要从审计对利益相关者(包括股东)的影响以及利益相关者对审计作用的需求的角度,阐述审计治理作用的具体内容。其具体内容应包括以下几个方面:

(1)约束控股股东行为,有效保护股东特别是中小股东权益

在所有权和经营权分离的股份公司,特别是在"董事中心主义"及后来的"经理中心主义"的公司发展时代,股东要了解自己投资的安全性、被投资企业的经营状况以及经理阶层有无舞弊行为,只有依赖管理当局提供的历史性财务报表。至于这些财务报表的真实性如何,由于时间、精力,特别是专业知识的局限,股东无法对其进行证实。认识到审计较强独立性和高度专业化的特点,由审计师来扮演监督经营者、维护股东利益的角色便成为现实的选择。这一点已经得到了理论界和实务界的广泛认可。

然而,从我国公司治理的现状来看,我国公司股权结构的一大特色仍是"一股独大"。当然,"一股独大"并不是我国的特有现象,但由此却产生了公司"委托代理关系"中的第二重委托代理关系:大股东同时也是作为其他中小股东的代理人而存在的。这样,大股东由于机会主义倾向,就有可能通过关联交易等形式损害中小股东的利益②,或占用公司资金、损害公司利益。那么,既然在我国实现股权多元化并不具备现实条件的情况下,

① 威廉姆森. 治理机制[M]. 北京:中国社会科学出版社,2001.

② 朱武祥. 股权结构与公司治理:对"一股独大"与股权多元化观点的评析[J]. 证券市场导报,2002:56-62.

通过审计对关联方交易的公允性、披露的充分性进行审查,会有助于约束控股股东侵占、转移公司资产的行为,至少可以促使公司披露控股股东长期大量占用公司资金、公司为控股股东提供巨额担保等严重危害公司持续经营的行为,从而引起公众的关注。故对中小股东和公司其他利益相关者来说,审计是一个很好的风险预警机制和长效机制。

(2)增进经理层等代理人的利益

作为代理人的公司经理阶层与作为委托人的公司股东及部分利益相关者之间总有利益冲突的一面,如经理可能追求不当的个人效用,从而牺牲委托人的利益。由于委托人预期经理会追求不利于自己利益的个人目标,因而在签订报酬契约时会降低经理的报酬水平以抵消其不当的利益追求。为避免自己报酬的逆向调整,精明、诚实的经理人员主动聘请独立审计人员审查、鉴证其提供的财务报表,使自己的业绩得到确认,从而维护自己的职业声誉和地位。Chow 的研究证实:与会计数据(如高负债权益比率)有关的债务契约、报酬契约等因素都增加了公司自愿委托外部审计的可能性[①]。

(3)保护债权人利益

Jensen 认为:企业的主要控制者是股东和债权人,股东和债权人都是企业的资金提供者,只是提供者根据自己不同的能力和风险偏好而选择不同内容的契约,在不同经营状态下股东和债权人分别拥有剩余索取权和剩余控制权[②]。由此可以认为,债权人和股东之间是一种既对立又统一的矛盾关系:①对立关系。随着公司债务融资比例的上升,股东更倾向于选择风险较大的投资项目,这样不但能够获得更大的财务杠杆收益,而且还可以将投资失误的风险转嫁给债权人;②统一关系。债务本息的偿付具有硬约束特性,故债务约束的存在能够促使经营者努力工作、提高投资决策的质量,从而在一定程度上降低公司的代理成本,提高公司的经营绩效。

(4)促进内部控制的完善,降低经营风险,提升公司价值

在审计制度具体实施过程中,作为规范的程序和良好的惯例,它要对公司内部控制系统的健全性、有效性进行调查、测试和评价,向客户管理当局指出其中的薄弱环节并提出必要的改进建议。这自然有利于强化公司的内部控制,提高公司的经营绩效。同时,审计制度还可产生威慑效应,因为管理人员和员工知道自己的活动将面临定期审计后,会促使他们改进经营和控制。从这个意义上说,审计在一定程度上又可降低经营风险,提升公司价值。

三、审计组织

审计组织,又称审计组织形式或审计模式,是指担负着不同审计任务的审计组织之间结成的相互联系、互为补充的整体审计系统。我国审计组织体系如图 1-12 所示。

---

① Chow. The demand for external auditing: size, debt an downer ship influences [J]. The Accounting Review, 1982:272-293.

② Jensen, Micheel. Gency cost of free cash flow, corporate finance and take overs[J]. American Economic Review. 1986:232-329.

我国审计组织体系
- 国家审计——国家审计署
- 民间审计——中国注册会计师协会
- 内部审计——审计机构、企业单位

图 1-12　我国审计组织体系

(一)国家审计机关

国家审计机关是代表国家依法行使审计监督权的行政机关,它具有国家法律赋予的独立性和权威性。国家审计机关不仅是最早的审计组织形式,而且是现代各国审计机构体系中最重要的组成部分。尽管各国审计机关的称呼不一,但都是国家政权的一个重要组成部分。由于世界各国的文化传统和政治体制的不同,一百五十多个国家的最高审计机关的隶属关系和地位也有很大的差别。其主要类型有以下三种:

1. 立法型

立法型的国家最高审计机关隶属于立法部门,依照国家法律赋予的权力行使审计监督权。审计机关一般直接对议会负责,并向议会报告工作。目前世界上大多数国家的最高审计机关都属于立法型审计机构。例如,奥地利审计院直接隶属于国民议会,每年向国民议会提交工作报告;加拿大审计长每年向众议院报告审计长公署工作中重要的应提请众议院注意的任何事项;美国审计总局(署)隶属于国会,不受任何行政当局干涉,独立行使审计监督权。立法型审计机关地位高、独立性强,不受行政当局的控制和干预。

2. 司法型

司法型的国家最高审计机关隶属于司法部门,拥有很强的司法权。例如,意大利的审计法院对公共财务案件和法律规定的其他案件有裁判权,审计法院直接向两院报告审查的结果;西班牙审计法院拥有自己的司法权;法国审计法院也有一定的审判权。司法型审计机关可以直接行使司法权力,具有司法地位,具有很高的权威性。

3. 行政型

行政型的国家最高审计机关隶属于政府行政部门,它是政府行政部门中的一个职能部门,根据国家赋予的权限,对政府所属各级、各部门、各单位的财政财务收支活动进行审计。它们对政府负责,保证政府财经政策、法令、计划、预算的正常实施。例如,沙特阿拉伯王国审计总局是对首相负责的独立机构,年度报告应呈递国王陛下;泰王国审计长公署应向内阁总理呈报;瑞典审计局认为有必要报告有关情况,则应首先向负责部门或有关机构报告,如认为无此必要,可直接向政府报告;我国国家审计署在国务院总理领导下。行政型审计机关依据政府法规,进行审计工作,其独立地位低,基本上不具有法律约束力。

还有些国家的最高审计机关介于立法、司法及行政部门之间,难以确定其从属类型。例如,日本会计检查院既不属于议会,对内阁也具有独立的地位。会计检查院认为其检查报告需要向国会申诉时,可由检查官出席国会,或用书面说明。德国联邦审计院是联邦机构,是独立的财政监督机构,只受法律约束。联邦审计院的法定职能是协助联邦议院、联邦参议院和联邦政府做出协议。一般来说,这类审计机关只受法律约束,而不受国

家机关的直接干预。

4. 我国审计机关的设置

审计机关一般是指审计权力的承担者，审计监督活动的实施者。因此，审计机关就是能以自己的名义实施审计监督权的组织机构。我国审计机关是国家行政机关的组成部分，是根据宪法、审计法及其他有关法律的规定建立起来并进行活动的。我国审计组织体系的主要特征是：我国国家审计实行行政审计模式；我国对地方审计机关实行双重领导体制；国家审计机关对社会审计、内部审计进行业务指导和审计监督。

根据《中华人民共和国宪法》第九十一条和第一〇九条以及审计法第二条的规定：国家实行审计监督制度，国务院设立审计机关，县级以上的地方各级人民政府设立审计机关。审计机关，从职能上讲，有对外行使权力的组织，也有管理内部事务的机构；从地域而言，有中央审计机关，也有地方审计机关；从组织形式上看，有常设机构，也有派出机构。我国审计机关是审计法律关系的主体，是行使审计监督权的组织，是以自己的名义行使职权的组织，是能够承担审计法律责任的组织，并且以行政法人资格从事审计工作。我国的审计机关主要有以下两种：

(1)中央审计机关

中华人民共和国审计署成立于1983年9月15日，它是国务院所属部委级的国家机关，是我国最高审计机关，它具有双重法律地位：一方面，它是国务院的组成部门，要接受国务院的领导，执行国务院的行政法规、决定和命令；另一方面，它又有自己的职责范围，对自己所管辖的事项，以独立的行政主体从事活动，并承担由此而产生的责任。审计署按照统一领导、分级负责的原则组织和领导全国的审计工作，其主要职责是接受委托起草审计法律、行政法规草案，提出修改审计法律、法规的草案；制定审计工作的方针、政策，发布审计工作的命令、指示和规章，确定审计工作重点，编制全国审计项目计划；办理审计署管辖范围内的审计事项，组织、指导全国性行业和专项资金审计，组织、实施对与国家财政收支有关的特定事项的专项审计调查；领导、管理全国审计机关的审计业务和其他审计工作，制定审计准则；指导、监督全国的内部审计工作，依照法律和国务院的规定指导、监督、管理全国的社会审计工作；协同省级主管部门依照法定程序办理省级审计机关负责人(包括正职和副职)的任免事项；办理法律、行政法规规定和国务院交办的其他事项。

由于我国各级审计机关的审计范围是按照被审计单位财政财务的隶属关系来划分，如属于中央的企事业单位由审计署负责审计；属于地方的企事业单位，分别由省、市、县审计机关负责审计。为了就近审计和同行业审计的需要，审计机关有必要在重点地区和部门派出审计特派员。

(2)地方审计机关

地方审计机关是指省、自治区、直辖市、设区的市、自治州、县、自治县、不设区的市、直辖区人民政府设立的审计组织，负责本行政区域内的审计工作。

省、自治区审计机关称审计厅，其他地方各级审计机关统称为审计局。地方各级审计机关在法律上也具有双重地位：一方面，它是各级政府的一个职能部门，直接对本级政府行政首长负责；另一方面，地方审计机关对自己管辖范围内的审计事项，又以独立的行政主体资格从事活动。《审计法》第八条规定："省、自治区、直辖市、设区的市、自治州、县、自治县、不设区的市、市辖区人民政府审计机关分别在省长、自治区主席、市长、州长、县长、区长和上一级审计机关的领导下，负责本行政区域内的审计工作。"地方审计机关按照国家法律和本级政府的政策、决议行使权力，处理行政事务。其主要职责是：接受委托起草地方性审计法规、规章和其他规范文件草案，提出修改地方性审计法规、规章和其他规范性文件的草案；制定审计规章制度，根据本级人民政府和上级审计机关的要求，确定审计管辖范围内的审计工作重点，编制审计项目计划；办理本级审计机关审计管辖范围内的审计事项，组织、指导审计管辖范围内行业和专项资金审计，组织实施与本级财政收支有关的特定事项的专项审计调查；领导、管理下级审计机关的审计业务和其他审计工作；具体指导、监督审计管辖范围内的内部审计工作；根据规定具体指导、监督、管理社会审计工作；协同下一级主管部门依照法定程序办理下一级审计机关负责人（包括正职和副职）的任免事项；办理法律、法规、规章、规定以及上级审计机关或者本级人民政府交办的其他事项。省、自治区人民政府设立的地方行政公署的审计机关，在省、自治区人民政府审计机关和行政公署专员授权的范围内，依法实施审计监督。对地区行政公署和省、自治区审计机关负责并报告工作，审计业务以省、自治区审计机关领导为主。

我国地方审计机关实行双重领导，对本级人民政府和上一级审计机关负责并报告工作，审计业务以上级审计机关领导为主。例如：①地方审计机关要遵照执行上级机关颁布的审计规章和做出的审计工作决定；②地方审计机关要认真办理上级审计机关布置的工作任务；③地方审计机关的工作情况和查出的重要问题，要及时向上级审计机关报告；④地方审计机关如遇有地方政府对审计工作的指示、决定与上级审计机关的决定、规章相违背时，应按上级审计机关的执行。上级审计机关当然也要考虑下级审计机关及其政府的意见。

(二)独立审计机关[①]

我国独立审计制度自1980恢复后已走过了20多年的风雨历程。在社会主义市场经济条件下，独立审计已发挥并继续发挥着降低会计信息风险的重要作用；但是，这种理应被赋予客观与公正特征的职业却因一波未平一波又起的"作假"案件而使其面临"诚信危机"，这给其未来发展增添了许多的变数。为此，我们有必要从战略的角度研究其发展所需要的环境、条件和措施等。这一课题涉及很多方面的内容，而独立审计组织形式及其选择是其中比较重要的内容之一。

独立审计组织形式是会计师事务所作为一种按企业化运作的经济实体在经营和管理体制上所设计和实施的综合形式。独立审计组织形式选择得合理与否直接影响其最终产品——审计服务质量的高低。由于审计服务质量的不可直接观察性及其质量维度的多元性，而使其不像物质产品那样可以明确鉴定。审计是一个高度专业化的领域，它

① 赵保卿，论独立审计组织形式，中国论文下载中心，www.studa.net，06-09-21。从理论上看，注册会计师的组织还包括管制模式这一理论问题，从目前世界各国看，注册会计师的管制模式有三种，即政府管制、独立管制和混合管制等。对这一问题感兴趣的读者请阅读有关文献资料，本节只讨论独立审计组织的内部治理结构问题。

涉及诸多专业知识，要发生较高的质量控制成本；同时，审计工作又是一个复杂的系统工程，它的每一环节都须臾不可离开注册会计师的职业判断，而职业判断难免会发生主观臆断，并且职业判断和主观臆断有时是难以区分的。这就给注册会计师审计监督带来了高风险的结果。因此，会计师事务所审计质量管理的关键在于建立控制与规避独立审计风险的有效机制，而独立审计组织形式的选择正是建立这种机制的基石。

会计师事务所作为一种按企业化管理的经济实体，应在不同的企业组织模式中进行合理选择。综观世界各国在企业组织模式方面的实践以及各国法律制度对企业组织模式的规定，企业的组织模式有独资型、公司制和合伙制，合伙制又分为普通合伙制、有限合伙制和有限责任合伙制。作为按企业化管理的会计师事务所如何在其中做出合理选择呢?

1. 对会计师事务所组织模式的基本评价

会计师事务所在不同的环境和制度下，其组织模式的选择会不同，但选择的理论依据是有其一致性的。评价独立审计组织形式是否合理，可以有多种标准，但关键要看这一组织模式是否有利于充分发挥独立审计的作用。

对于独立审计的作用，不同的学者、专家从不同角度进行研究，产生了一些不同的观点。我们认为，独立审计的作用关键在于通过其监督、鉴证和评价职能降低和控制所审计的会计信息风险。在发挥这一作用的过程中，注册会计师应保持客观、公正与独立的职业态度，具有“诚信”的职业品质。

公司制不是独立审计组织形式的较好选择。有限责任公司制对独立审计降低会计信息风险的激励不足，赔偿能力较弱，不利于审计质量的提高，不利于保护审计服务购买者的利益。由于仅承担有限责任，且对于已分配利润无追溯权，使得会计师事务所和注册会计师易产生投机行为，与被审计单位收买“会计政策”和“审计意见”的动机可能一拍即合。因此，这种模式不是好的选择。

独资型也不是会计师事务所理想的组织模式。独资型会计师事务所很少存在严重的委托代理问题，所有者能有效降低会计信息风险。但是，所拥有的资产较少，所有者个人财产有限，赔偿能力较弱，承担和分散风险的能力也较弱，不利于独立审计作用的发挥。所以，独资型会计师事务所尽管对特定的注册会计师个人和特定的细分市场有一定的吸引力，但从整个注册会计师行业和宏观经济层面来看，它不是一种理想的组织模式。

合伙制是会计师事务所较为理想的组织模式。会计师事务所是注册会计师的“契约集合体”，正是注册会计师及其责任构成了会计师事务所及其责任的集合。合伙制所隐含的潜在利益损失可以自然地强化注册会计师的行业自律，合伙制事务所承担无限责任，将一定程度上约束注册会计师的执业行为并提高诚信度。除了合伙人契约另有规定外，在合伙制企业的业务范围内，对任何合伙人所执行的业务，其他合伙人都应该负责，合伙人互为代理并承担无限责任，这就促使合伙制企业在选择合伙人时谨慎从事。这种合伙人互为代理的制度安排，有利于在会计师事务所内部甚至整个注册会计师行业自动形成诚信约束和权力制衡机制。在一个以质量取胜、以诚信立业的注册会计师行业发展历程中，合伙制的实质便是注册会计师以无限责任的形式承担了执业风险，以自己的财产损失来担保业务质量和真实性，从而使独立审计取信于委托人，提高竞争能力。只有实施合伙制，让注册会计师承担无限民事赔偿责任，配合我国民事赔偿机制的建立，才能使诚信真正成为注册会计师行业的立足之本，才能使独立审计降低和防范会计信息风险的作用得到最大限度的发挥。

合伙制中的普通合伙制、有限合伙制、有限责任合伙制之间又是存在差别的。在普通合伙制会计师事务所中，不管是经营管理工作造成的负债，还是作为合伙人和不作为合伙人的注册会计师职业性违规造成的负债，所有合伙人都要承担无限连带责任。这虽然最大限度地保护了客户的利益，使每一位作为合伙人的注册会计师严于律己，注重合伙人之间的相互监督，但会使合伙人承担着较大的风险，对作为合伙人的注册会计师不利。因此，在普通合伙制下，一方面对合伙人的入伙要求比较严格，不利于会计师事务所规模的扩大；另一方面，一些有一定声望和一定个人财产的注册会计师，由于风险太大而不愿加入普通合伙制事务所，在一定程度上制约了事务所的发展。

选择有限合伙制组织模式的会计师事务所一般不多。因为这种形式的会计师事务所中部分有限合伙人不能参与经营管理，而不具备注册会计师执业资格的人士不太愿意投资此行业，有执业资格的人士一般又不愿放弃参与经营管理的权利；同时，承担无限责任的合伙人不愿让只承担有限责任的合伙人坐享其成；另外，会计师事务所主要依靠向社会提供劳务收取费用，一般不需要很多资金投入，所以，这种组织模式的会计师事务所在实际运作中存在较多的利害冲突，对注册会计师吸引力不大。

2. 有限责任合伙制是较佳选择

比较而言，有限责任合伙制会计师事务所有较大的优越性，即无过错合伙人无须对其他合伙人的职业性违规行为所形成的负债承担无限连带责任，而有过错合伙人需承担无限连带责任，从而在较大程度上保护了无过错合伙人的利益，有利于吸纳新的合伙人入伙，增强其承担风险的能力。

1994 年 7 月，当时世界“六大”会计师事务所（2002 年以后只剩下四大）中的“安永”“永道”“普华”三家会计师事务所在纽约联合宣布：各会计师事务所从现行的“无限责任合伙制”转变为“有限责任合伙制”。到 1995 年年底，国际“六大”会计师事务所已在美国全部完成转型。由此可见，会计师事务所的有限责任合伙制在世界范围是有其强大生命力的。

随着会计服务国际化的趋势不断凸显，我国会计服务市场的开放程度不断提高，会计审计服务与国际接轨是必然的选择。在机遇与挑战并存的情况下，我国独立审计业如果不能痛下决心，迎头赶上，则不仅会将会计服务市场很大一部分份额拱手让给国际会计服务组织，也会直接或间接地对国家利益造成不利影响，还会影响中国注册会计师队伍走出国门、参与国际会计服务市场竞争的进程。

综上所述，从促使注册会计师规范自身执业行为、保持诚信为本的执业品质以充分发挥独立审计降低和防范会计信息风险的角度分析，合伙制较公司制和独资型合理、有效，而合伙制中的有限责任合伙制是更为科学和合理的组织模式。

3. 我国独立审计组织的改革与完善

1994 年 1 月 1 日起实施的《中华人民共和国注册会计师法》规定，会计师事务所应采

取合伙制或有限责任公司制组织模式，并对会计师事务所的设立条件做出了明确限定，但由于当时存在着特殊的挂靠制度，所以，在现实情况中执行得很不规范。1998 年年底，首批具有证券执业资格的 103 家会计师事务所完成了脱钩改制工作，1999 年年初会计师事务所的脱钩改制工作在全国范围内全面展开，到 2000 年年初，全国所有会计师事务所的脱钩改制全部完成。脱钩改制后的会计师事务所启动了组织模式规范化的进程。根据《中华人民共和国合伙企业法》《国务院办公厅转发财政部关于加快发展我国注册会计师行业若干意见的通知》(国办发〔2009〕56 号)、《会计师事务所审批和监督暂行办法》(财政部令第 24 号)，财政部 2010 年 7 月颁发了《关于推动大中型会计师事务所采用特殊普通合伙组织形式的暂行规定》，进一步就会计师事务所的组织形式问题做出了新的规范性、制度性安排，极大地完善了我国事务所的内部治理机制，对于提高独立审计质量起到了重要的促进作用。鉴于我国会计师事务所发展的状况及存在的问题，我们应在以下几个方面采取相应措施[①]：

(1)完善合伙制的法律规范

首先，尽快出台修改的《中华人民共和国注册会计师法》，将合伙制规定为会计师事务所首选的组织模式，达到一定规模的可以实行有限责任合伙制，并在法律责任条款中增加有关民事赔偿方面的内容。例如对实行合伙制的会计师事务所及注册会计师规定其应承担民事赔偿责任的界限或前提，这一界限或前提就是给会计信息使用者造成了损失。对这种损失在法律中应加以界定，这种损失只能是已实现的、有形的、直接经济损失，应符合可补救性、确定性及侵害合法利益的结果三个构成条件。另外，还应对与损失有关的举证责任进行明确的规定。例如可参照美国习惯法下的做法：与信息使用者损失有关的证据应由信息使用者提供，而被诉的注册会计师则有责任提供证明原告的损失并非或并非完全因依赖已审会计信息而引起的证据。其次，修改《中华人民共和国合伙企业法》，增加有限责任合伙的内容，并通过合伙企业法实施细则予以细化使其具有可操作性。同时，根据合伙企业法制定《有限合伙制协议范本》，以有助于提高有限合伙制企业签订合伙协议的水平。

(2)规范有限责任会计师事务所的具体登记形式

目前的有限责任会计师事务所是依据我国公司法进行设立登记的，没有体现出会计师事务所作为专业服务机构与一般营利性公司在内部治理结构上的不同，造成有限责任会计师事务所内部治理结构不能适应行业要求，甚至与行业规范发生冲突。因此，注册会计师法可明确"有限责任会计师事务所"的概念，规定其内部治理结构等由国务院财政部门制定；在工商登记时可依据国务院《企业法人登记管理条例》进行登记注册，从而有利于建立与行业要求相符合的统一、规范的内部治理机制。如果其他组织形式的事务所不实行工商登记而是由财政部门进行专门登记，那么有限责任事务所也可以实行同样的行业登记制度。

---

① 有兴趣的读者，可以进一步延伸阅读中国注册会计师协会颁布的《会计师事务所内部治理指南》和《关于推动大中型会计师事务所采用特殊普通合伙组织形式的暂行规定》的有关内容。

(3)改革我国合伙制企业的税收制度

从本质上讲，合伙企业不是独立的经济实体，对合伙企业征税就是对合伙人征税，对合伙人征税就是对合伙企业征税。我国目前税收制度实质上是对同一纳税主体的同一纳税客体进行了重复征税。这种重复征税将导致合伙企业利润的非正常留存以及纳税人对经营组织模式的不合理选择，从而扭曲了社会资源的配置。目前仅有我国和缅甸等少数国家、地区仍对合伙企业和合伙人个人双重征税。我们应尽快改革这种重复征税制度，减轻合伙企业的税收负担。

(4)逐步建立和完善个人财产登记制度和共有财产制度

无论哪一种形式的合伙制会计师事务所，合伙人承担责任过程都会涉及个人财产或与他人共有财产问题。如果没有合伙人个人财产登记制度和财产的分割制度，合伙制实施过程中合伙人承担无限责任和连带责任的义务就无法真正落实，使有的合伙人得以逃避应承担的责任，或造成有的合伙人超越应承担责任的范围，使相关法律条款失去实际意义。因此，必须逐步建立合伙人个人财产登记制度和与他人共有财产分割制度，以确保合伙制的正常实施。

(5)合理界定承担民事责任的主体

应界定注册会计师与会计师事务所共同构成承担民事责任的主体。这样可以解决两个方面的问题：一是解决有限责任会计师事务所出资人与个人独资事务所投资人、合伙事务所合伙人承担债务期限不一致的问题。根据个人独资企业法、合伙企业法的规定，企业解散后，原投资人、合伙人对企业存续期间的债务应承担偿还责任或连带责任，但债权人在五年内未向债务人提出偿债请求的，该责任消失，而有限责任事务所出资人仅以出资额为限对企业承担有限责任，在企业解散后则不承担企业存续期间的债务。如果将注册会计师与所在会计师事务所出具执业报告的行为视为二者共同行为，共同承担民事责任，那么，注册会计师作为有限责任事务所的出资人，仅对事务所的债务承担有限责任，但对自己在事务所执业期间的过错行为产生的债务，即使事务所已经解散，其本人仍应当承担偿还责任。二是解决不具有投资人、合伙人、出资人身份的注册会计师的执业权问题。目前实务界与理论界不少人认为，考虑到执业责任承担问题，应限制甚至取消非投资人、合伙人、出资人身份的注册会计师的执业签字权，而只保留非执业会员身份，这剥夺了其作为注册会计师应有的执业权利。如果明确其如有过错行为同样要与有过错的投资人、合伙人、出资人及其所在会计师事务所共同承担民事责任，此问题就迎刃而解了。

(6)尽快建立注册会计师执业责任风险保险制度

会计师事务所提供的审计服务性质决定了注册会计师不仅要对委托单位负责，还要对社会公众负责。注册会计师职业责任大、风险高已成共识，公众对于注册会计师的期望值与注册会计师自身的实际能力之间所形成的“审计期望差距”，为注册会计师面临“诉讼爆炸”和陷入“深口袋”埋下了隐患。因此为了规避责任、分散风险，应尽快建立执业责任风险保险制度。否则，合伙会计师事务所和合伙人就有可能因赔偿客户损失而走向破产，甚至合伙会计师事务所和合伙人的破产结果也未能使客户得到全部补偿。国际上一些规模较大的会计师事务所都遇到过大额承担执业责任风险的赔偿。如 1999 年英国永道会计公司同意支付麦氏公司10810万美元的赔偿，BDOseidman会计公司支付亚特兰大一家私人投资公司4400万美元赔款，等等。尽管这些赔偿数额巨大，但他们并未因此而倒闭，其主要法宝就是建立了执业责任风险保险基金。目前，我国很多注册会计师的责任意识还不强，对执业中存在的风险缺乏明确的认识，认为投不投保无所谓。有些注册会计师又心存侥幸，认为自己即使有失误，也未必会被查出。另外，我国相关法律体系对注册会计师的法律责任界定不明确，可操作性不强，缺乏明确的司法解释。比如，注册会计师如果给投资者造成经济损失，损失到底有多大，是直接损失，还是间接损失，怎么样确定各方面都可以接受的损失数额，均缺乏具体明确的规定。这样对注册会计师就不具有太大的约束。因此，在执法上会有一定的不公，往往有责任，也不一定会被追究。注册会计师执业责任风险保险制度建立与完善，从根本上讲，有赖于形成完善的注册会计师审计市场化机制。审计市场中，各方的权利和义务是对等的。国外会计师事务所及其注册会计师投保责任险不是被外力强行要求，而是出于保护自身利益、维护整个审计责任关系的需要。我们国家目前要做的工作之一就是尽快修订《中华人民共和国注册会计师法》，完善其中法律责任的有关规定，如界定注册会计师法律责任不应只考虑其审计执业结果，还应考虑其执业过程等。总之，合伙制独立审计组织形式的建立有赖于注册会计师执业责任风险保险制度的建立与完善。

(7)加强对有限责任合伙制的跟踪和调研工作

有关机构应通过对有限责任合伙制的跟踪与调研工作，促其早日在会计师事务所等中介服务机构中普遍实行。我国加入WTO以后服务市场的开放程度已大大提高，会计服务等中介服务是服务市场的重要部分，在机遇和挑战并存的同时，我国自己若没有大型的、与市场经济相适应的会计师事务所和其他中介服务机构，不仅要将很大份额的服务市场拱手让给国外服务机构，而且审计和监督中外方大中型工商企业的主动权也将可能落在外国服务机构之手，直接或间接对民族利益造成影响。同时，还会影响中国注册会计师队伍和其他中介服务机构走出国门，坐失参与国际中介服务竞争的机遇。有关部门要对有限责任会计师事务所改制为合伙制事务所以及合伙制事务所转为有限责任合伙事务所的财产变更、法律责任、资格承继等问题加强研究，设计出比较科学、合理的合伙制会计师事务所的具体制度框架，如合伙人的资格条件、合伙协议范本、合伙内部管理组织机构及必要的内部管理制度等。

(三)内部审计机关

独特的"部门审计"在我国的内部审计中占重要位置。这是国家审计机关根据我国的国情在发展社会主义审计监督体系中的一个创举。部门审计虽对国家来说是内部审计，但它对下属单位内部审计具有外部审计的性质。也就是说它具有双重性质。由于它的这种双重性质使它可以承担一部分国家审计机关委托的审计任务，并可以指导下属单位内部审计的开展。再者，由于我国把内部审计部门定位于由本单位、本部门主要负责人领导，赋予了较高的地位，但其主要负责人并不是一个很具体的概念，因此，在实践中内部审计机构的设置就出现了多种形式。

1. 内部审计机构隶属于财务副总(财务总监)——对财务部门负责的组织形式

这种模式不管是从层次、地位还是独立性方面来讲，都比较差。这种模式的内部审计机构只是开展部分日常性的审计工作，不能对公司高层的决策行为、经济行为和经营管理行为进行有效的监督检查，不能很好地实现审计的根本目的。而且有些公司的管理者甚至要求内部审计人员参与业务活动和会计处理，把内部审计看成是财务机构内部自我纠正的内部稽核岗位。形成自己审自己，自己监督自己，审计人员的可信赖原则就会受到损害。审计监督就变成了财务或会计监督。这违背了审计和会计不相容的原则，这种模式模糊了会计和审计的工作。

2. 内部审计机构隶属于总经理(总裁)——对总经理负责的组织形式

这种模式相对于内部审计机构隶属于财务副总(财务总监)的组织模式来说，内部审计机构的设置层次、地位和独立性都有所提高。由于总经理是执行公司政策运营的负责人，负责公司的日常经营管理活动，对公司的生产经营进行全面领导，依照公司章程和董事会的授权行使职权，对董事会负责，所以这种模式有利于对企业直接的生产经营活动进行审计，有利于为经营决策、提高经营管理水平和经济利益服务。不足之处是审计范围相对窄小，不利于对企业董事会成员的决策及其经济行为进行监督，对本级公司的财务和总经理的经济责任难以进行独立的监督与评价。

3. 内部审计机构设置在监事会——对监事会负责的组织形式

监事会是公司的监督机构，按照《公司法》的规定，监事会由股东代表和职工代表组成，有权审核公司的财务状况，保障公司利益及公司业务活动的合法性，依法和依照公司章程对董事会和经理行使职权的活动进行监督。这种模式的独立性和设置层次都很高，但是事实上监事会的权责不明、权力偏小等原因而使监事会形同虚设。监事会对公司董事会决策层人员和经理层经营管理人员缺乏应有的监督检查，无直接的管理权，而内部审计的主要任务是从企业经营管理活动的实际需要出发，渗透到整个经营管理领域，在改善企业经营管理方面充分发挥效能，提高经济效益。所以这种模式的缺陷就是权责不明、权力偏小，不能直接服务于经营决策。

4. 董事会下设的审计委员会——对董事会负责的组织形式

审计委员会主要由独立董事组成，内审机构在审计委员会的领导下进行工作，它对董事会负责，业务上受独立董事的直接指导，既保证了其较高的权威性，又保证了其具有较强的独立性；这种内部审计模式有利于审计人员独立开展工作，这样的组织模式是比较理想的模式。

为了适应现代企业制度财产所有者与经营者分离，必须建立与之相适应的内部审计模式。国际内部审计师协会《内部审计实务准则》指出："内部审计的目的是协助该组织的管理成员有效地履行他们的职责"，内部审计机构是"根据高级管理层和董事会所规定的政策来执行其职能"的，其宗旨、权力和责任的说明(章程)，是"由高级管理层批准并得到董事会认可的"。这种双向负责、双轨报告，保持双重关系的组织形式，与国际内部审计师协会的《内部审计实务准则》的要求相一致。

在董事会下设审计委员会，由审计委员会组织领导内部审计工作的组织模式，有利于保证现代企业制度下内部审计职能的发挥。在这种组织模式下，内部审计作为审计业务，主要发挥监督职能；作为行政内容，则承担评价、服务等职能，更好地实现内部审计促进"改善经营管理、提高经济效益"作用的发挥。

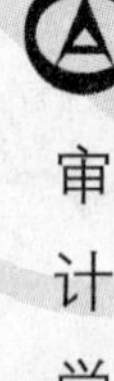

第四节　审计理论的发展与改革

一、审计理论的发展

(一)以经验为主的早期西方审计理论

审计产生与发展的历史表明:审计是社会经济权责结构变化后的产物。自人类社会有经济活动以来,便以一定的社会经济权责结构开展各种经济活动。如早期的原始社会,在氏族部落中,每一个经济单元都同时具有经济活动的权利责任,是一种单一的权责结构模式。但自进入到了奴隶社会,产生了国家,社会经济权责结构便有了较大的变动,对同一实物形式出现的经济客体,不同的经济阶层即经济主体便有不同的经济权利责任,使得不同经济主体之间产生了一种新的社会经济结构模式。这种对同一经济客体的不同权利与责任的分解,便需要有一种新的机制进行协调和监督,这便是审计。

西方审计产生的时间,学术界有各种争论,但基本的看法是 1720 年的英国南海公司案件。南海公司的目的是把其所在州的大量国家短期债券转换成长期债券,非长期债券的持有人可以按照面值将其转换成公司的股票。同时,南海公司的另一个目的是通过组建子公司来发展对外贸易。经过十年努力,南海公司没有突破性的进展,使得公司的筹资和调换债券方面碰到了极大的困难。1720 年年初,公司的董事在社会上散布言论说,公司将实现巨额利润,并将在 1720 年圣诞节股票票面值 60%的股利。这样,股票价格扶摇直上(由 120 英镑涨到 1050 英镑)。但到了 1720 年 8 月 25 日—9 月 25 日一个月时间里,股价从 900 英镑下降到 190 英镑,最终导致公司破产倒闭,使得数以万计的投资者遭受损失,并要求调查此事。

1720 年 9 月,议会组织了一个由 13 人参加的特别委员会,对公司进行了秘密查证,其后聘请查尔斯·斯内尔进行了审计,提出了企业存在舞弊行为、会计记录存在严重不实等问题,但没有对企业为何编制这种虚假会计记录表明自己的看法。

19 世纪中叶,西方审计有了一定的发展,当时对审计人员的评论是:审计人员是漏洞的调查者、检查者、解剖者。他的职责是审计哪些是正确的、审核并查出哪些是错误的,发现和报告现存的事实,同时证明哪些事实是无意形成哪些是有意造成的。究其原因大致是:社会经济封闭性,审计标准缺乏共性;信息表达方式不一致,造成以经验为主的审计活动的主要因素;西方审计的发展,是在社会推动下被动而仓促发展的。

(二)重视技术的审计理论

1. 审计理论的端倪

虽然总体看,19 世纪末,西方普遍存在轻理论重技术的问题,但也有个别的审计人员开展了对审计理论的研究和总结:1869 年,美国梅坦海姆《审计人员指南》,提出了一些有用的审计经验;1881 年,塞尔登·霍普金斯《主要报表簿记手册》,专门阐述了审计问题;1882 年,G. P. 古里尔《账户科学》,论述审计技术理论,如寻找债权债务证据、内部控制等。这些东西虽然简单,但提出了一个重要的理论:审计是有规律可循的。他们遗憾的是，并没有将这些零散的东西归结为系统的理论，缺乏对实际的检讨，潜伏着巨大的危机。

2. 审计案件对审计实务的发难

股份公司的宽松环境与有限责任的特殊形式，一些投机者趁机投机与欺诈，制造了一系列向审计人员发难的案件（19 世纪末期的审计诉讼浪潮）：1887 年英国里兹地产建筑公司案件，高估资产价值虚增利润；1895 年伦敦大众银行审计案件，滥发红利导致银行倒闭；2002 年世界通讯公司案件，将期间费用资本化，虚增利润 71 亿美元。由于审计是一种新的职业，技术性很强，法院做出了有利于审计人员的判决。

3. 社会内外环境对审计界的压力

法律责任解除了，但社会舆论却对审计界施加了巨大的压力。他们认为，审计人员不熟悉业务和不负责任的态度，是审计人员犯错误的根本原因，要求审计界采取有效的措施，否则对审计的发展是极为不利的。与此同时，美国政府也开始对审计界予以批评。没有一个组织起来的审计职业界，会妨碍依靠民间部门取得充分精确和可靠的信息。因此，通过一定的组织形式建立必要的规章制度，予以一定的理论指导，将是审计工作的发展方向。在审计界内部也有人呼吁在协调组织的基础上发展审计理论，以指导审计实践。于是审计理论又开始受到重视，初露端倪，开始有了新的发展。

4. 美国会计师公会（AIA）第一份有关审计技术的理论报告

美国会计师公会（AIA，成立于 1887 年 9 月 20 日，称美国会计师联合会，1916 年改成该名）于 1918 年颁发《统一会计编制资产负债表的认可方法》，从理论上对审计技术与经验进行了总结，对审计人员的行为起到了一定的指导与规范作用；此后，陆陆续续发表了六七个公告，都从理论角度对审计技术与经验予以科学总结，并作为每一个审计人员的行为规范。

5. 以实用为原则的技术理论的发展

审计理论虽有所发展，但实用主义仍然占主要地位。实用主义者始终认为：作为代表总结审计理论的一些准则，不可能通过纯粹的推理得到，而必须找出其实际意义上的合理性。由于实用主义占主导地位，所以整个审计理论缺乏一致性，一些相互矛盾的论点存在于同一个审计理论中。这样，到了 20 世纪 60 和 70 年代后，外界压力增大，期望审计与审计实际的差距越来越大，很多错综复杂的问题无法解决，因此，必须对一些基本的审计理论问题予以重新检讨、研究。

从上面的简单分析可以看出，重视技术的审计理论产生的社会根源主要有：首先是经济发展促成了急功近利思想在各个领域的泛滥，“存在就是合理”，成了包括审计在内的基本理论基础；其次是案件的判决强调以技术衡量审计人员的是否过错，因此强调技术成了当务之急；再次是所得利益者极力维护现行利益格局，限制了审计理论的发展。

（三）现代审计理论的崛起

20 世纪 60 年代以后，创建了一些有代表性的审计理论观点：

1. 审计中的代理人理论（70 年代）

巴拉契吉、勒默克拉西（对有激励报酬计划的内部控制和外部审计，会计研究杂志，

1980年)认为:审计是保持股东与经理利益最佳化的控制器;经理人员也需要通过审计证明自己的经营业绩以获取报酬。瓦茨、齐墨尔曼(以市场为借口的会计理论供求,1979年)认为应该用余值损失理论来解释审计。

2. 审计中的信息理论(80年代)

其一是信号传递理论。信息不对称会产生逆向选择、道德风险和内部人控制。信息的发布与质量成本成反比,信息发布后购买者得到信息,以证实质量。其二是信息系统理论。信息是一种公共物品,为了资本市场资源的有效配置,投资者需要可靠的信息,审计能使信息可靠。至于为什么不能由个人、而必须由政府的法规让社会进行鉴定,是因为:个人无法委托;各利益相关者分别委托成本高昂;管理当局委托会减少经理报酬(从经理的报酬中开支),且经理只关心自己的信息(审计信息不全面)。

另外,还有审计中的保险理论(深袋理论)、审计中的行为理论等等。这些理论已在本章前面论述了,此不赘述。

二、萨班斯·奥克斯莱法案:审计与会计理论的挑战与变革

2002年4月24日,美国众议院以334票赞成、90票反对的绝对优势通过了由众议院财务服务委员会主席、共和党人Oxley提交的第3763号法案《公司与审计的责任、义务和透明度2002年法案》。6月18日参议院银行委员会也以17票赞成、4票反对的结果,批准将该委员会主席、民主党人Sarbanes提交的《公众公司会计改革和投资者保护2002年度法案》送交参议院表决通过,这两个法案合称《2002年萨班斯-奥克斯莱法案》(以下简称《法案》)。《法案》旨在结束低道德标准和虚假利润时代,是继20世纪30年代大萧条以来,美国政府制定的范围最广、措施最为严厉的公司责任法律,基本奠定了后安然时代审计发展、公司治理和证券监管的框架。

(一)会计准则的制定:由以"规则"为基础转为以"原则"为基础

根据美国的《证券法》和《证券交易法》,美国在20世纪30年代成立了会计准则制定机构,开始公认会计原则的制定工作。之后,美国会计准则制定机构多次变更,演化成目前的会计准则委员会(FASB),与此同时,会计准则的制定方向也发生了较大的变化。尤其是随着经济业务的日趋复杂,会计审计诉讼案件的日趋增多,注册会计师为了降低自身的审计风险,要求会计准则制定机构提供越来越详细的、甚至能够与会计实务问题一一对应的会计准则,从而导致美国会计准则体系日趋复杂、烦琐而具体,甚至一些会计准则或者规则的规定与基本会计原则相背离或者冲突。注册会计师和企业会计人员也只是一味地迎合会计准则的具体要求,而在一定程度上忽视了经济交易的实质,从而在对某些交易的处理上丧失了基本的会计、审计职业判断的原则。美国的这一以规则为基础的会计准则体系的缺陷在安然公司会计造假案件中得到了较为充分的暴露。

《法案》尽管没有明确规定美国会计准则的制定应当坚持以原则为基础,但是从该《法案》(第108部分)要求美国证券交易委员会具体研究美国采用以原则为基础的会计体系的规定来看,已经预示着美国会计准则的制定将发生方向性转变。2002年10月21日,美国财务会计准则委员会发布的最新的会计准则征求意见稿《以原则为基础的美国会计准则的制定》[1]，指出了应如何制定会计准则来提高会计报表的质量和透明度，以及对今后准则制定的展望。

(二)财务报告改进：提高财务信息披露的透明度和及时性

财务报告是会计信息系统的最终产物，是财务会计处理程序中的核心环节。现行财务报告模式作为工业时代的产物，不可避免地受到人们对工业时代的物质基础过分重视和过分依赖的影响，因而现行报告存在一定的缺陷已是一个不争的事实。查特菲尔德教授在其名著《会计思想史》中深刻地指出，"会计的发展是反映性的，也就是说，会计主要是应一定时期的商业需要而发展的，并与经济的发展密切相关"。财务报告在其发展过程中有一条始终不变的规律，那就是：提高财务信息披露的透明度和及时性，以满足特定使用者对会计信息的一定需求。

综观现行财务报告体系，再联系到安然事件揭露出的问题，现行财务报告的局限性主要在于：(1)重法律形式而轻经济实质。如交易与事项所发生的数据是会计确认与计量近乎唯一的数据来源，非交易事项数据一般不予以确认、计量或记录，现行财务会计模式之中对资产的计价，始终受稳健性原则的支配，资产的计量基础与其经济实质常发生背离。(2)重成本而轻价值。计量费用时所采用的是历史成本，而计量收入时却选用现行市价，导致收入与费用配比内在逻辑的不统一，并且现行财务报告计量基础单一，市场价值计量基础的运用面狭窄，其结果是客观性有余，相关性不足。(3)侧重企业的历史经济活动而忽视未来可能的经济活动，及时性严重不足。(4)侧重利润的核算而忽视现金流量的有关信息。(5)财务报告信息披露的内容不完整，某些难以用货币计量的资产和负债未能在财务报告中反映，透明度差，比如未能对衍生金融工具所产生的收益和风险信息的披露，缺乏非财务信息和自愿性信息的披露，缺乏预测性信息和前瞻性、背景性信息的披露，缺乏对知识资本、技术资本、人力资源、企业文化、管理方法等软资产的披露，缺乏社会责任和关于企业增值信息的披露，等等。

改革现行财务报告已势在必行。其实，在安然事件发生以前，已有很多国家或国际会计组织对现行财务报告体系提出了批评意见，并构想一些重要的改进措施，包括美国财务会计准则委员会、美国注册会计师协会、英国特许会计师协会和苏格兰特许会计师协会等，都致力于财务报告改进的研究，《法案》进一步明确了这个问题。《法案》在第四章"强化财务信息披露"中，对如何强化企业财务信息的披露做了许多严格而具体的规定，目的是尽可能地提高财务信息披露的透明度和及时性。包括：(1)定期报告的披露(如财务报告的准确性、资产负债表的表外业务、SEC对模拟财务数据的规定等)；(2)强化利益冲突的信息披露(如加强贷款的信息披露)；(3)同管理层和主要股东有关的经济业务的披露；(4)管理层的内部控制评估报告及其注册会计师报告的披露；(5)高级财务管理人员道德守则遵守情况的披露；(6)同审计委员会财务专家有关的信息披露；(7)财

① 欧盟各国、澳大利亚等国家已宣布自2005年起统一采用国际会计准则之后，美国和欧洲的监管部门也于2002年10月29日宣布，双方计划在2005年前消除在会计标准方面的分歧，致力于建立高质量的、全球统一的会计标准。实际上，从美国证监会到美国职业会计界、从美国国会到美国普通投资者，甚至从美国国内到国际会计界，都在一致要求美国会计准则改按原则为导向来制定。

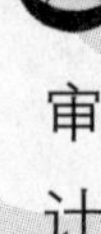

务信息的迅速而实时地向公众披露，以及定期信息披露的复核等等。

(三)会计监管：由行业自律变为由公众公司会计监督委员会管理

美国会计监管模式不但曾为美国人引以为自豪，而且曾为世界上不少国家和地区所仿效，但安然、施乐等一系列美国大公司会计丑闻案件接二连三地曝光，已无情地向全世界宣告了美国单靠会计行业自律管理[①]的会计监管模式的失败。会计在日常业务中客观存在的角色冲突，决定了单靠会计职业界的自律很难保证会计实务不偏离其基本目标甚至误入歧途。单靠会计行业自律的会计监管模式似乎已到了尽头，有必要辅之以必要的外部独立监管，以恢复会计承担的社会责任和社会公众对会计信息的信心。美国的经验教训足以证明，在当今这样一个极其复杂的多方博弈的市场经济中，仅仅依靠行业自律性组织来进行会计监管是不现实的和无效的。行业自律只有与行政监管有机地结合才能达到保护投资者利益、维护经济秩序的目的。基于此，《法案》规定的一项重大内容是，建立一个独立于美国注册会计师协会的监督机构，即公众公司会计监督委员会，实施对注册会计师行业的监督。由此而使得会计行业的监管权由行业自律组织转向行业外的独立权力机构，行业自律监管制度将被一种新的监管模式(准政府监管模式)所取代。

建立公众公司会计监督委员会的主要目的是监督公开发行证券的公司的审计工作和其他相关事项，以保护投资者乃至公众的利益。《法案》规定公众会计监督委员会的主要职责包括会计准则的制定权、会计师事务所的注册权(包括外国注册会计师事务所)、监督权和调查惩戒权。此外，该委员会还可以行使认为必要的或者恰当的能够提高职业准则和审计服务质量的其他权利的功能。

(四)注册会计师审计：审计独立性的强化和非审计服务业务的限制

安然事件凸显了注册会计师独立性缺陷所带来的弊端，如安达信会计公司在为安然公司提供审计服务的同时，还为其提供咨询服务，而且咨询服务的收入甚至高于审计服务的收入；安然公司的许多高级职员曾为安达信的审计师[②]等，从而影响了审计服务的独立性和审计质量。另外，由于安然公司是安达信会计公司多年的主要客户，双方之间关系过密，也是导致审计独立性下降的重要原因。

独立性是注册会计师审计的灵魂，也是注册会计师职业生存和发展的源泉[③]。《法

---

① 长期以来，美国注册会计师审计的日常监督检查主要由注册会计师行业的自律组织，即美国会计师协会(AICPA)行使，由于美国注册会计师协会在其资金来源、人员安排、技术支持等诸多方面都与会计师事务所尤其是大型会计师事务所联系密切，其对注册会计师行业的监管效能受到了质疑。大量审计失败或者失察案件的发生，也从另一个侧面反映了美国注册会计师协会的行业监管失败，进一步暴露的则是单纯的行业自律机制的内在缺陷。

② 安然事件后安达信会计公司官司缠身，丑闻不断。2002 年美联社发表了题为“安达信的过去有审计问题”的报道，历数了安达信过去 20 年存在的严重审计问题，其中包括 2002 年发生的阳关公司案件和废物管理公司案件。阳关公司因舞弊败露而退市并申请破产保护，安达信为此支付了 1.1 亿美元的赔偿，才了结与阳关公司股东的法律诉讼；2001 年，安达信因纵容废物管理公司的财务舞弊，被 SEC 判罚了 700 万美元的罚款，创下了 SEC 对会计师事务所单笔罚款的纪录。类似问题在其他国际会计公司也都不同程度地存在。

③ 根据传统的观点，美国审计实务界和理论界一直把独立性视为一项由美国证券交易委员会或美国注册会计师协会强加的行为限制。而 1997 年 7 月美国注册会计师协会发表的白皮书则将独立性作为注册会计师职业在市场经济中存在价值的三个核心组成部分之一(另外两个是计量方面的专长和实施标准化规范的能力)，即独立性并非只是对注册会计师的外在行为加以限制，而是保障和提高自身执业水平的基石，一个缺乏独立性的注册会计师的工作成果对相对利益主体而言毫无意义。

案》对审计独立性做了专门而详细的规定，主要内容包括：(1)限制注册会计师业务范围，不得向审计客户提供非审计服务；(2)所有审计服务和非审计服务都必须事先得到批准；(3)建立审计合伙人定期强制轮换制；(4)建立向审计委员会报告制度；(5)建立注册会计师回避制度，避免利益冲突；(6)研究会计师事务所强制轮换制度，进一步提升注册会计师审计的独立性。

为适应新形势的要求，迫于舆论的强大压力，原五大会计师事务所属下的咨询机构脱离母公司，成立独立的咨询机构，并均对外宣布不再向审计客户提供技术咨询和内部审计服务。毕马威管理咨询公司更名为毕博，原安达信咨询部门已经更名为埃森哲，德勤咨询更名为博敦，而IBM则以35亿美元购并普华永道咨询部门，与IBM商业创新服务部合并，组建新的IBM商业咨询服务公司。

尽管对非审计服务是否影响独立性这一问题的争议由来已久，很多国家对这一问题的规定也有很大的差异，但是，安然事件的爆发，的确引起了监管部门对这个问题的重新认识和思考，如何寻求一种均衡，看来还有很多细节值得研究。

(五)其他改革内容

除了以上主要内容之外，《法案》还就安然事件后美国公司治理模式的重构、企业内部控制制度的完善、会计与审计法律责任的进一步确立等等，都有了一个比较明确的框架，这里只简要介绍基本内容。

1. 关于会计责任。《法案》要求上市公司公开披露的信息中附有首席执行官和首席财务主管的承诺函。如果因不当行为而被要求重编会计报表，则公司首席执行官与财务官应赔偿公司12个月内从公司收到的所有奖金、红利或其他奖金性或权益性酬金以及通过买卖该公司证券而实现的收益。有更严重违规情节者，还将受到严厉的刑事处罚。

2. 关于公司与其管理层及主要股东的经济行为及其披露的监管。《法案》提高了公司与管理层及主要股东有关经济业务的披露要求，包括公司管理层和主要股东的权益证券交易情况，重大的未合并实体或与其他人之间的关系、财务主管的道德守则、公司向高管人员贷款或担保情况等。除披露要求外，美国国会、美国证监会及纽约证券交易所等还对公司行为做出了一系列限制性规定，如不得向公司高级管理人员贷款等。

3. 关于注册会计师定期轮换制与会计师事务所更换的监管。《法案》规定，会计师事务所的主审合伙人，或者复核审计项目的合伙人，为同一审计客户连续提供审计服务不得超过5年，否则将被视为非法。

4. 关于采用更有效的审计复核制度。《法案》规定，事务所应安排由新成立的会计监察委员会规定的事务所合格人员(应当为非负责审计的人员)或者独立复核人员，对审计报告(和其他相关信息)提供第二合伙人复核，并且必须在得到批准同意的情况下，才能对外发布。

5. 关于非审计服务的禁止。《法案》明确禁止审计师为同一审计客户提供以下业务：(1)与审计客户会计记录或者财务报表编制有关的簿记或者其他服务；(2)财务信息系统设计与执行服务；(3)评估或者估价服务，出具公允性意见或者实物捐赠报告服务；(4)保险精算服务；(5)公司内部审计外包服务；(6)提供管理职能或者人力资源服务；(7)经纪人或者承销商、投资顾问或者投资银行服务；(8)法律服务和与审计无关的专家服务；

(9)公众公司会计监督委员会依法规定不允许的其他服务。

6. 关于注册会计师任职的限定。《法案》规定，在会计师事务所开始对上市公司实施审计前1年，如果该公司的现任首席执行官、财务总监、首席财务官、首席会计官或者担任同等职务的任何人，曾经受雇于该事务所并参与该公司有关的审计工作，则该事务所不得担任该公司的审计工作，否则将被视为非法。简言之，审计师跳槽去被审公司工作必须有一年冷冻期。

7. 关于会计师事务所业务的报备制度。《法案》规定，从事上市公司审计业务的会计师事务所，必须在成立的会计监察委员会进行注册，而且必须定期更新，否则将被视为非法执业。该法还对事务所在注册时应提供的信息做出了详细的规定。

8. 关于审计工作底稿的保存。《法案》要求会计师事务所审计上市公司的工作底稿至少保存7年。

9. 关于缩短财务报告的期限。《法案》提出要进一步提高财务信息的透明度和及时性，美国证监会在2002年8月做出规定，缩短上市公司定期报告披露期限，其中年度报告第一年仍为90天，第二年改为75天，第三年起改为60天；季度报告第一年仍为45天，第二年改为40天，第三年起改为35天。2003年12月15日为截止日的年度报告披露期限将改为75天，季度报告披露期限将改为45天。一些发达市场国家正在跟进。

10. 关于提高中期报告的审阅要求。美国虽然从2000年起已开始实行中期财务报告的注册会计师审阅制度，但上市公司并不重视，也不愿付费给审计师。《法案》提出要缩短披露期后，会计师事务所普遍提出，将迫使上市公司接受更严格的中期财务报告审阅，为年度审计奠定更扎实的基础。

11. 关于完善上市公司内部控制及其评价制度。《法案》要求上市公司管理层要在年报中对公司内部控制制度及其实施的有效性做出报告，在此基础上，审计师需对公司内部控制进行评价。

12. 关于审计委员会制度。《法案》对上市公司审计委员会的职能等做了更具体而明确的规定，主要包括：(1)会计师事务所向审计客户提供审计和非审计服务，以及报酬如何，都必须事先经过客户审计委员会的批准。(2)事务所应当及时向客户审计委员会报告重大的会计事项，包括：拟采用的主要会计政策和会计惯例；所采用的公认会计原则允许的所有备选会计处理方法，在使用该备选方法上的分歧，以及事务所认为应当优先采用的方法；事务所与客户管理层之间其他重要的交流文件，例如管理人员信件或者未调整差异的明细表等。

13. 关于向监管部门报告公司和审计师间的会计分歧制度。为降低管理层和审计师之间无原则地妥协或串通作弊的可能，《法案》规定由美国证监会授权和指导证券执业机构和证券交易所制定相关的规定，避免证券分析师在其研究报告或公开场合向投资者推荐股票时可能存在的利益冲突，提高研究报告的客观性，向投资者提供更为有用和可靠的信息。具体设想包括：(1)禁止公开发布经纪人和交易商的投资银行业务人员提供的研究报告，以及非直接从事投资研究的人员提供的研究报告；(2)由经纪人和交易商的非投资银行业务官员负责对证券分析师的监管和评价；(3)经纪人和交易商及其投资银行业务人员，不得因证券分析师对发行人证券提出了不利的或相反的研究结论而对其进行报复和威胁;(4)在规定一定期限内,承销商或坐市商的经纪人和交易商不得公开发布关于该股票或发行人的研究报告;(5)在经纪人和交易商内将证券分析师划分为复核、监察等部门,以避免参与投资银行业务的人员存有潜在的偏见;(6)要求证券分析师、经纪人和交易商在研究报告公布的同时,披露已知的和应当知晓的利益冲突事项。

14. 关于加强跨国监管合作。《法案》规定,与出具上市公司审计报告有关的外国会计师事务所,包括在出具公司审计报告的过程中起了实质性作用的外国会计师事务所,应当和美国本土的会计师事务所一视同仁,即都应当遵循该法、会计监察委员会及美国证监会的规则。《法案》还规定,上述外国事务所将被视为已经同意向会计监察委员会或者美国证监会提供审计工作底稿,同意美国各属地法院提出的提供工作底稿的要求。与此同时,依赖于外国事务所的美国本土事务所,也被认为已同意会计监察委员会或美国证监会提出的提供外国事务所工作底稿的要求,以及同意确保外国事务所能够提供这些工作底稿作为其依赖外国事务所的一个条件。也就是说,外国事务所在涉及有关违法违规行为调查时有举证的责任。

15. 关于加大对证券犯罪的惩罚力度。《法案》对证券犯罪做出了一系列严厉的惩罚规定,包括(1)公司首席执行官和首席财务主管因编制违法违规的财务报告,最高可处 500 万美元的罚款或者 20 年的监禁。(2)在政府调查或者公司破产等期间有意销毁、篡改或者伪造记录以及破坏审计记录的,将被处以罚款,或者 20 年以下监禁,或者两者并处;审计师这样做的,将被处以罚款,或者 10 年以下监禁,或者两者并处。(3)欺骗与公司证券有关的人士,或者通过虚假或者欺骗性的借口、陈述或者承诺等方式,获取与买卖公司证券有关的任何现金或者不动产,将被处罚款,或者 25 年以下监禁,或者两者并处。(4)对举报者进行打击报复的,最高可处 10 年监禁。《法案》同时还规定,对于为公司或者有关人员欺诈提供证据的员工,应当保护其免受歧视或者报复,并规定了具体的补偿措施,比如恢复职务、补发薪酬(包括利息)、补偿其他损失(包括诉讼费、专家作证费和合理的律师费等)。

本章小结

在审计国际趋同的大趋势下,进一步明确审计理论,并以理论为中心,对审计的一系列理论与实务问题加以系统化,并且有效指导审计工作有着十分重要的意义。如果把审计定义为一种提供鉴证信息的工作,那么这种工作无疑具有强烈的社会性,即关系到社会利益分配的公平效率性,关系到社会经济秩序的稳定和谐性,一旦审计具备了其活动的社会价值和社会意义,那么,一套旨在激励和约束其行为的规范(理论)体系的建立便成为必然的和必要的选择,审计理论就是这样一种选择。本章在简要回顾审计的起源与发展的基础上,以最大的篇幅讨论了审计理论的基本框架、基本要素及其相关的理论问题。由于理论问题历来充满争议(这种争议是理论能够得以不断进步的重要源泉),本章提供的线条也必然存在不少的争议,目的在于通过这些有争议问题的讨论,试图给人们更多的思考。但是,要永远记住的是,任何事物的发展没有尽头,审计理论的发展亦是如此,所以本章特意在最后安排了美国 2002 年会计改革法案的有关内容,也许这些内容(或者叫改革路线图)正是值得我们借鉴的地方。

【复习思考题】

1. 概念很重要:根据逻辑学的定义方法,如何给审计下定义?

2. 众说纷纭:试评述审计理论界关于审计的种种定义。

3. 理论延伸:从经济学的委托代理理论看审计的必要性。

4. 什么是受托责任,它对审计的意义何在?

5. 试全面评述受托责任与审计的关系(可从审计类型、目标、方法等方面论述)。

6. 试论述审计产生的社会原因。

7. 结合中国经济体制改革的情况,论述我国审计体系的合理架构。

8. 试论述产权结构变化与审计的关系。

9. 公司治理结构下审计约束的研究。

10. 从契约经济学的角度分析审计是一种契约的理论观点及其分类。

11. 审计契约的三种不同关系人的问题及其改革的主要设想。

12. 审计期望差理论及其在中国审计实践中的研究与应用。

13. 比较分析理论界关于审计理论结构的逻辑起点,并说明自己的意见。

14. 什么是审计证据? 审计证据适当性与充分性的主要影响因素包括哪些内容? 如何评价?

15. 试应用博弈论的基本原理,分析审计重要性和审计风险问题。

16. 什么是审计风险? 由几个部分组成? 审计风险模型的主要用途是什么?

17. 财务欺诈风险与舞弊审计(含审计对策研究)。

18. 非完全合约与审计风险的防范。

19. 风险导向型审计与道德风险的研究。

20. 风险导向审计与审计失败的规避。

21. 如何理解审计对象? 审计对象与审计职能之间的逻辑关系如何?

22. 如何理解审计职能? 审计作用与审计职能之间的关系如何理解?

【理论分析题】

1. 分析比较理论界关于财务审计理论结构的基本观点,并说明其差异的主要原因。结合我国的情况和我国理论界的主要观点,构造我国审计理论的基本结构。

2. 从审计产生与发展的主要过程,分析每个过程的社会经济特点和背景。能否由此论证"审计是一个经济问题"这一理论命题。

3. 重视技术的审计理论,是审计发展的第二个阶段。请以这一阶段的主要内容说明审计准则"既是一种技术规范、又是一种具有经济影响和经济后果的规则、还是一种具有政治程序和实现政治目标的手段"这一命题。

4. 从以上关于审计准则的三种命题出发,说明三种命题的特点,选择典型国家审计发展的案例,加以验证性(实证性)分析。

5. 在理论界,关于审计产生的动因有多种说法,如代理人理论、信息理论、保险理论、行为理论、经济责任理论等。请分析每种理论的含义、特点、优缺点评述,以及自己的意见和主张(注意意见和主张的理论依据和理论分析)。

6. 如何规定审计的目标体系?并能引入审计风险、审计收益、审计成本之间的基本曲线关系,加以量化分析。

7. 审计假设的意义。它与审计责任之间的关系如何解释?如何评价目前已有的审计假设的观点?自己的主张是什么?理由何在?

8. 什么是应有的职业关注?如何确定应有职业关注的内容?特别是在对内部控制制度评价时、在对待错误和舞弊业务时,该如何看待其应有的职业关注呢?

9. 什么是审计独立性?对审计独立性内容有哪些不同的观点?影响审计独立性的主要因素有哪些?如何保证审计独立性的真正实现?安然公司破产等案件对审计独立性提出了哪些新的思考。

10. 坚持审计重要性的理由是什么?政府管制机构、司法判例、会计组织以及一些审计学者提出的重要性标准有何不同?如何在审计的三个主要阶段应用审计重要性的基本思想?特别是在重要性中如何加入审计人员的职业判断?

11. 从规范研究的角度,分析审计三种风险(检查风险、固有风险、控制风险)的主要影响因素?并说明如何降低审计的总风险?

12. 利用成本效益分析原理和基本模型,做审计的社会成本效益分析、审计师的成本效益分析。

13. 评价和分析国家审计、独立审计、内部审计三类审计组织的隶属模式,比较说明各自的社会经济背景、选择的依据以及进一步完善的主要设想。

14. 政府审计是国家治理体系的重要组成部分,但是随着政府公共产品供给渠道和方式的变化,也带来了政府审计的一系列变革,请论述这些变化,并提出应有的对策。

15. 会计师事务所的组织形式有多种,请论述或者实证分析不同的组织形式对于独立审计质量、审计费用、审计变更的关系。

第二章　注册会计师执业准则

【本章提示】

学习目标：

本章在回顾我国注册会计师执业准则发展历程的基础上，介绍了鉴证业务基本准则和会计师事务所质量控制准则的主要内容。通过本章学习，学生应该掌握鉴证业务基本准则和质量控制准则的基本内容，并对我国当前的注册会计师执业准则体系形成系统的认识。

重要概念：

执业准则；鉴证业务基本准则；质量控制准则

【引言】

一般认为，注册会计师执业准则是用来规范注册会计师执行审计业务、获取审计证据、形成审计结论、出具审计报告的专业标准。目前美国、日本、澳大利亚、加拿大、英国、德国等都已基本形成了各自的独立审计准则体系。在日益呈现的经济全球化和注册会计师审计准则国际趋同的背景下，为适应审计环境的变化，我国将原有的“中国注册会计师独立审计准则体系”改为“中国注册会计师执业准则体系”。财政部于 2006 年 2 月 15 日发布了 48 项注册会计师执业准则，并于 2007 年 1 月 1 日起施行。2010 年 11 月，中国注册会计师协会修订了《中国注册会计师审计准则第 1101 号——注册会计师的总体目标和审计工作的基本要求》等 38 项准则，自 2012 年 1 月 1 日起施行。这标志着我国已建立起一套适应社会主义市场经济发展要求、顺应审计准则国际趋同的中国注册会计师执业准则体系。

第一节　注册会计师执业准则的建立

一、注册会计师执业准则建立的三个阶段

注册会计师执业准则是注册会计师执行审计业务的标准与指南，其产生是以各类审计人员工作惯例为基础的。纵观整个发展历程，它既是审计人员工作经验的总结，又是保证审计人员工作质量的权威性标准。其对提高注册会计师执业水平、降低审计风险、维护公共利益具有重要的作用。我国注册会计师执业准则的建立大致经历了以下三个阶段：

(一)制定执行规则阶段(1991—1993 年)

中国注册会计师协会自 1988 年成立以后，为了提高注册会计师的业务水平和工作

的规范性，一直非常重视执业规则的建设。从1991年到1993年，先后发布了《注册会计师检查验证会计报表规则（试行）》等7个执业规则。这些执业规则对我国注册会计师行业走向专业化、正规化、法规化起到了积极的作用。

（二）建立独立审计准则体系阶段（1994—2003年）

1994年1月1日开始实施的《中华人民共和国注册会计师法》中规定，中国注册会计师协会依法拟定执业准则、规则，报国务院财政部门批准后实行。经财政部批准同意，中国注册会计师协会自1994年5月开始起草独立审计准则，并于1996到2003年先后制定了6批独立审计准则，其中包括1个准则序言、1个独立审计基本准则、28个独立审计具体准则、10个独立审计实务公告、5个执业规范指南和3个相关基本准则（职业道德基本准则、质量控制基本准则和后续教育基本准则），共计48个项目。

（三）提高阶段（2004年以后）

随着独立审计准则体系的基本建立，制定工作的重心转向完善准则体系与提高准则质量并重。2004年以来，中国注册会计师协会在起草新准则的同时，根据环境的变化和注册会计师执业的需要，有计划、有步骤地修订已颁布的准则。2006年2月15日，中国注册会计师执业准则体系正式出台。2010年11月，为了进一步顺应审计准则国际趋同，中国注册会计师协会修订了《中国注册会计师审计准则第1101号——注册会计师的总体目标和审计工作的基本要求》等38项准则，自2012年1月1日起施行。

二、注册会计师执业准则国际趋同的必要性

注册会计师审计首先是经济环境的产物，特定历史时期的经济背景直接制约乃至决定了这个时期注册会计师审计的主要特征和基本走向。20世纪90年代以后，经济全球化的趋势明显加快，国际经济交流与合作日益频繁，各国经济的相互依存度日益加深，全球经济已经成为一个有机整体。在此背景下，实现中国注册会计师执业准则的国际趋同，不仅是会计职业国际化发展的要求，更是中国经济与国际市场接轨的迫切要求。

首先，审计准则的国际趋同有利于提高资源配置的效率。我们知道，审计是一种解决投资者和经营者之间信息不对称的制度安排，如果不同国家、地区间的审计准则存在很大差异，必然会给国际经济交流与合作构成障碍。审计准则的国际趋同可以降低国际资本流动的交易成本，提高资源配置的效率。

其次，审计准则的国际趋同有利于世界经济的融合。我们经常说，会计是国际通用的商业语言。但是，如果财务会计报表没有经过注册会计师审计，会计这种“国际通用的商业语言”是无法让使用者信服的。进一步说，如果各国审计财务会计报表的审计准则不同，会计仍然无法成为国际通用的商业语言，不利于世界经济的融合。

再者，审计准则的国际趋同有利于保持经济的安全和稳定。高质量的审计准则，可以提高信息的可靠性，在推动经济发展和保持金融稳定方面发挥着重要作用。历史经验和现实教训告诉我们，落后的审计准则和实务不仅制约会计业的发展，更为严重的是对经济运行秩序造成危害。

为此，在中国经济与世界经济关联度不断加深、中国经济日益紧密地融入世界经济体系之中的背景下，实现中国审计准则国际趋同，不仅是会计业国际化发展的要求，更是

中国经济接轨国际市场的迫切要求。

三、注册会计师执业准则国际趋同的基本原则和具体措施

(一)注册会计师执业准则国际趋同的基本原则

我国审计准则国际趋同的基本原则是,按照我国市场经济发展进程,顺应经济全球化和国际审计准则趋同的大趋势,着力完善中国审计准则体系,加快实现与国际准则的趋同。从实践上看,可以说我国审计准则的国际趋同,处处体现了上述基本原则。通过对我国新审计准则体系与国际审计准则体系的比较,可以进一步加深对审计准则国际趋同的理解。

1. 趋同是进步,是历史发展的潮流

趋同(convergence)指的是收敛、缩小差异,现在不同,经过一段时间后会逐步相同,最后消除差异。审计准则的国际趋同都是指各国审计准则,在一个特定的时间内从不同逐步走向相同的收敛过程。如今,“趋同”已从一个“概念”发展为一种共识和行动,在某些国家和地区甚至已经成为现实。在全球经济一体化的今天,跨国公司正在不断进入中国市场,中国企业也在不断走出国门,拓展海外业务,国际资本的流动也带动了注册会计师审计的跨国界发展。从这层意义上讲,审计是没有国界的。任何一个国家审计准则的国际趋同都是顺应世界历史发展潮流的必然。

2. 趋同不等同于相同

由于各国所处的经济环境、法律制度、文化背景以及监管水平和会计人员素质等方面的差异,不顾各国的实际情况,一味地照搬国际准则的条款,真正的趋同是难以实现的。

3. 趋同需要一个循序渐进的过程

审计准则的国际趋同是一个动态的、不断适应环境变化的历史过程,是不断地缓解矛盾和冲突的过程。我们应该不断地研究新情况、解决新问题、创新新机制,努力追求符合国际实际和全球多样性的建设机制。

4. 趋同是一种互动

趋同是世界各个国家之间以及各国与国际准则委员会之间相互沟通、相互借鉴、相互认可的过程,而不是一种单向的运动。世界多样性特点下的国际化趋同互动是一种客观规律,我们应该遵循这种客观规律。

(二)注册会计师执业准则国际趋同的具体措施

1. 尽力趋同,允许差异

一方面,各国审计准则之间呈现出某种差异是必然的,也是必要的;另一方面,由于当今世界呈现出经济全球化、资本市场化的趋势,减少差异、增强可比性和一致性成为国际需要。随着世界各国经济、文化交流的增多,经济运行方式的趋同,审计准则的国家差距越来越小,趋同因素将会越来越多。

2. 积极创新

在准则的体系上,我们充分利用后发优势,通过深入分析,根据会计审计业务的内在逻辑关系,制定出内容完整、结构合理的准则体系;在准则的内容上也将积极创新,对于

中国特有的一些业务，将根据我们国家的一些实际情况制订出相应的解决方案。

四、注册会计师执业准则国际趋同的成果

按照财政部关于着力完善我国注册会计师审计准则体系，加速实现与国际准则趋同的规划，中国注册会计师协会遵循科学、民主、公开的准则制定程序，经过艰苦而卓有成效的工作，2010 年 11 月，中国注册会计师协会修订了《中国注册会计师审计准则第 1101 号——注册会计师的总体目标和审计工作的基本要求》等 38 项准则。该准则修订，标志着我国已建立起一套适应社会主义市场经济发展要求、顺应国际趋同态势的中国注册会计师执业准则体系。

(一)注册会计师执业准则体系的框架

注册会计师执业准则体系的框架如图 2 - 1 所示。

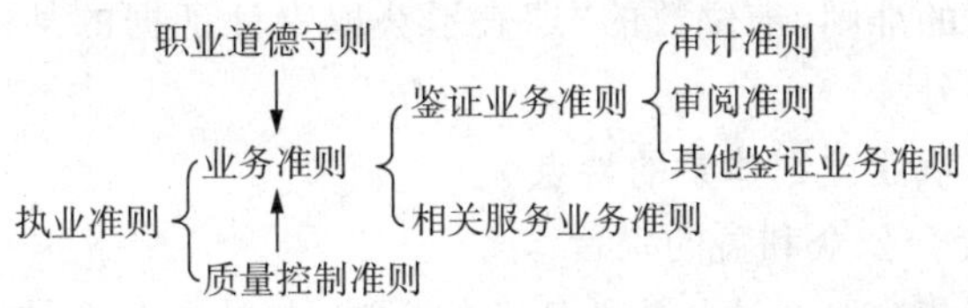

图 2 - 1　注册会计师执业准则体系的框架

从图 2 - 1 可见，业务准则是技术标准，质量控制准则是管理标准；职业道德守则和质量控制准则的共同目的是保证业务准则得到执行。鉴证业务准则由鉴证业务基本准则统领，其按照鉴证业务提供的保证程度和鉴证对象的不同，分为中国注册会计师审计准则、中国注册会计师审阅准则和中国注册会计师其他鉴证业务准则(以下分别简称审计准则、审阅准则和其他鉴证业务准则)。审计准则用以规范注册会计师执行历史财务信息的审计业务。在提供审计服务时，注册会计师对所审计信息是否不存在重大错报提供合理保证，并以积极方式提出结论。审阅准则用以规范注册会计师执行历史财务信息的审阅业务。在提供审阅服务时，注册会计师对所审阅信息是否不存在重大错报提供有限保证，并以消极方式提出结论。其他鉴证业务准则用以规范注册会计师执行历史财务信息审计或审阅以外的其他鉴证业务，根据鉴证业务的性质和业务约定的要求，提供有限保证或合理保证。相关服务准则用以规范注册会计师代编财务信息、执行商定程序，提供管理咨询等其他服务。在提供相关服务时，注册会计师不提供任何程度的保证。

随着中国社会主义市场经济的不断向前推动，我国注册会计师业务也相应地获得多元化的发展，为满足实际执业情况和国际趋同的要求，新的审计准则体系在准则框架、准则名称和准则编号等方面进行了诸多创新：

1. 重构准则框架

将“中国注册会计师独立审计准则体系”改进为“中国注册会计师执业准则体系”，具体包括鉴证业务准则、相关服务准则和会计师事务所质量控制准则三部分。

2. 改进执业准则名称

原独立审计准则体系包含了部分非审计业务准则，如《独立审计实务公告第 5 号——盈利预测审核》《独立审计实务公告第 10 号——会计报表审阅》等，导致以审计准

则的名义规范其他业务类型。在新的注册会计师执业准则体系中,借鉴国际通行做法,将非审计业务准则从执业准则体系中分离出来,按照其业务性质冠以适当的名称。

3. 创新执业准则编号

原来的审计准则是按发布时间顺序编号的,没有内在逻辑。新准则体系重新对准则的各个项目进行了分类编号。具体而言,准则编号由4位数组成,其中:千位数代表不同类别的准则:"1"代表审计准则,"2"代表审阅准则,"3"代表其他鉴证业务准则,"4"代表相关服务准则,"5"代表质量控制准则。百位数代表某一类别准则中的大类。以审计准则为例,我们将审计准则分为六大类,分别用1至6表示:"1"代表一般原则与责任,"2"代表风险评估与应对,"3"代表审计证据,"4"代表利用其他主体的工作,"5"代表审计结论与报告,"6"代表特殊领域审计。十位数和个位数则分别代表其所属的小类及顺序号。例如,第1311号(存货监盘),千位数的"1"表示该准则为审计准则,百位数的"3"表示该准则属于审计证据类的准则,十位数的"1"表示获取审计证据的某一小类,个位数的"1"表示该小类准则的序号。

(二)注册会计师执业准则体系的特点

1. 体现了维护社会公众利益的宗旨

执业准则作为规范注册会计师执业活动的标准,与社会公众的利益密切相关。同以前制定的审计准则相比,修订后的注册会计师执业准则体系更加突出了维护社会公众利益的宗旨,严格了程序,要求注册会计师切实承担起保护社会公众利益的责任,强化了注册会计师的执业责任。

2. 体现了国际趋同的要求

注册会计师执业准则体系在体系结构、项目构成和基本内容上实现了与国际准则的趋同。从体系结构看,注册会计师执业准则体系按照国际趋同的要求,根据注册会计师提供服务性质的不同,对注册会计师执业准则体系进行了重构,与国际准则体系保持了充分的一致。从项目构成看,除个别项目因对我国几乎不适用而未被纳入外,注册会计师执业准则体系涵盖了国际审计准则的所有项目。在审计准则的内容上,充分采用了国际审计准则所有的基本原则和核心程序,在审计的目标与原则、风险的评估与应对、审计证据的获取和分析、审计结论的形成和报告,以及注册会计师执业责任的设定等所有重大方面,与国际审计准则保持了一致。

3. 体现了风险导向审计的要求

注册会计师审计的环境随社会经济环境的变化而变化。科学技术的进步、经营模式和市场工具的不断创新、企业经营风险的加大,都对注册会计师审计的风险控制提出了新的要求。传统审计实务往往把关注点放在直接实施控制测试和实质性程序上,而忽略从宏观层面把握财务报表存在的重大错报风险。新准则体系以审计风险准则为核心,具体包括《中国注册会计师审计准则第1101号——注册会计师的总体目标和审计工作的基本要求》《中国注册会计师审计准则第1211号——通过了解被审计单位及其环境识别和评估重大错报风险》《中国注册会计师审计准则第1231号——针对评估的重大错报风险采取的应对措施》《中国注册会计师审计准则第1301号——审计证据》等4个项目,充分体现了风险导向审计的要求。

4. 体现了严格会计师事务所质量控制的要求

健全、完善的质量控制制度是会计师事务所审计质量的保证。《质量控制准则第5101号——会计师事务所对执行财务报表审计和审阅、其他鉴证和相关服务业务实施的质量控制》要求会计师事务所制定全面的质量控制制度，并对业务质量的领导责任、客户关系和具体业务的接受与保持、人力资源、业务执行、业务工作底稿和监控等方面都做出了规定。

5. 体现了科学、民主和公开的决策程序

为了保证准则的质量，准则制定的过程应遵循科学、民主和公开的决策程序。

第二节　注册会计师鉴证业务基本准则

一、鉴证业务的定义和目标

（一）鉴证业务的定义

鉴证业务是指注册会计师对鉴证对象信息提出结论，以增强除责任方之外的预期使用者对鉴证对象信息信任程度的业务。鉴证对象信息是按照既定标准对鉴证对象进行评价和计量的结果，如责任方按照会计准则和相关会计制度（标准）对其财务状况、经营成果和现金流量（鉴证对象）进行确认、计量和列报（包括披露，下同）而形成的财务报表（鉴证对象信息）。鉴证对象信息应恰当地反映既定标准运用于鉴证对象的情况。如果没有按照既定标准恰当地反映鉴证对象的情况，鉴证对象信息可能存在错误，而且可能存在重大错误。

鉴证业务分为基于责任方认定的业务和直接报告业务。在基于责任方认定的业务中，责任方对鉴证对象进行评价或计量，鉴证对象信息以责任方认定的形式为预期使用者获取。如在财务报表审计中，被审计单位管理层（责任方）对财务状况、经营成果和现金流量（鉴证对象）进行确认、计量和列报（评价或计量）而形成的财务报表（鉴证对象信息）即为责任方的认定，该财务报表可为预期报表使用者获取，注册会计师针对财务报表出具审计报告。这种业务属于基于责任方认定的业务。在直接报告业务中，注册会计师直接对鉴证对象进行评价或计量，或者从责任方获取对鉴证对象评价或计量的认定，而该认定无法为预期使用者获取，预期使用者只能通过阅读鉴证报告获取鉴证对象信息。如在内部控制鉴证业务中，注册会计师可能无法从管理层（责任方）获取其对内部控制有效性的评价报告（责任方认定），或虽然注册会计师能够获取该报告，但预期使用者无法获取该报告，注册会计师直接对内部控制的有效性（鉴证对象）进行评价并出具鉴证报告，预期使用者只能通过阅读该鉴证报告获得内部控制有效性的信息（鉴证对象信息）。这种业务属于直接报告业务。

（二）鉴证业务的目标

鉴证业务的保证程度分为合理保证和有限保证。合理保证的鉴证业务的目标是注册会计师将鉴证业务风险降至该业务环境下可接受的低水平，以此作为以积极方式提出结论的基础。如在历史财务信息审计中，要求注册会计师将审计风险降至可接受的低水平，对审计后的历史财务信息提供高水平保证(合理保证)，在审计报告中对历史财务信息采用积极方式提出结论。这种业务属于合理保证的鉴证业务。有限保证的鉴证业务的目标是注册会计师将鉴证业务风险降至该业务环境下可接受的水平，以此作为以消极方式提出结论的基础。如在历史财务信息审阅中，要求注册会计师将审阅风险降至该业务环境下可接受的水平(高于历史财务信息审计中可接受的低水平)，对审阅后的历史财务信息提供低于高水平的保证(有限保证)，在审阅报告中对历史财务信息采用消极方式提出结论。这种业务属于有限保证的鉴证业务。

二、业务承接

(一)承接鉴证业务的条件

在接受委托前，注册会计师应当初步了解业务环境。业务环境包括业务约定事项、鉴证对象特征、使用的标准、预期使用者的要求、责任方及其环境的相关特征，以及可能对鉴证业务产生重大影响的事项、交易、条件和惯例等其他事项。

在初步了解业务环境后，只有认为符合独立性和专业胜任能力等相关职业道德规范的要求，并且拟承接的业务具备下列所有特征，注册会计师才能将其作为鉴证业务予以承接：(1)鉴证对象适当；(2)使用的标准适当且预期使用者能够获取该标准；(3)注册会计师能够获取充分、适当的证据以支持其结论；(4)注册会计师的结论以书面报告形式表述，且表述的形式与所提供的保证程度相适应；(5)该业务具有合理的目的。如果鉴证业务的工作范围受到很大的限制，或委托人试图将注册会计师的名字和鉴证对象不适当地联系在一起，则该业务可能不具有合理的目的。

当拟承接的业务不具备上述的鉴证业务的所有特征，不能将其作为鉴证业务予以承接时，注册会计师可以提请委托人将其作为非鉴证业务(如商定程序、代编财务信息、管理咨询、税务服务等相关服务业务)，以满足预期使用者的需要。

(二)标准不适当时的处理方式

如果某项鉴证业务采用的标准不适当，但满足下列条件之一时，注册会计师可以考虑将其作为一项新的鉴证业务：(1)委托人能够确定鉴证对象的某个方面适用于所采用的标准，注册会计师可以针对该方面执行鉴证业务，但在鉴证报告中应当说明该报告的内容并非针对鉴证对象整体；(2)能够选择或设计适应于鉴证对象的其他标准。

对已承接的业务，如果没有合理理由，注册会计师不应将该项业务变更为非鉴证业务，或将合理保证的鉴证业务变更为有限保证的鉴证业务。

当业务环境变化影响到预期使用者的需要，或预期使用者对该项业务的性质存在误解时，注册会计师可以应委托人的要求，考虑同意变更该项业务。如果发生变更，注册会计师不应忽视变更前获取的证据。

三、鉴证业务的三方关系

鉴证业务所涉及的三方关系人包括注册会计师、责任方和预期的使用者。责任方与预期使用者可能是同一方，也可能不是同一方。

(一)注册会计师

注册会计师是指取得注册会计师证书并在会计师事务所执业的专业人员，有时也指其所在的会计师事务所。注册会计师可以承接符合准则规定的各类鉴证业务。如果鉴证业务涉及的特殊知识和技能超出了注册会计师的能力,注册会计师可以利用专家协助执行鉴证业务。在这种情况下,注册会计师应当确信包括专家在内的项目组整体已具备执行该鉴证业务所需的知识和技能,并充分参与该项鉴证业务和了解专家所承担的工作。

(二)责任方

责任方可能是鉴证业务的委托人,也可能不是委托人。责任方是指下列的组织或人员:(1)在直接报告业务中,对鉴证对象负责的组织或人员;(2)在基本责任方认定的业务中,对鉴证对象信息负责并可能同时对鉴证对象负责的组织或人员。

注册会计师通常应提请责任方提供书面声明,表明责任方已按照既定标准对鉴证对象进行评价或计量,无论该声明是否能为预期使用者获取。

在直接报告业务中,当委托人与责任人不是同一方时,注册会计师可能无法获取此类书面声明。

(三)预期使用者

预期使用者是指预期使用鉴证报告的组织或人员。责任方可能是预期使用者,但不是唯一的预期使用者。

注册会计师可能无法识别使用鉴证报告的所有组织和人员,尤其是在各种可能的预期使用者对鉴证对象存在不同的利益需求时。注册会计师应当根据法律法规的规定或与委托人签订的协议识别预期的使用者。

在可行的情况下,注册会计师应当提请预期使用者或其代表,与注册会计师和责任方(如果委托人与责任方不是同一方,还包括委托人)共同确定鉴证业务约定条款。无论其他人员是否参与,注册会计师都应当负责确定鉴证业务程序的性质、时间和范围,并对鉴证业务中发现的、可能导致对鉴证对象信息做出重大修改的问题进行跟踪。

当鉴证业务服务于特定的使用者,或者具有特定的目的时,注册会计师应当考虑在鉴证报告中注明该报告的特定使用者或特定目的,对报告的用途加以限制。

四、鉴证对象

(一)鉴证对象与鉴证对象信息的表现形式

在鉴证业务中,存在各种不同类型的鉴证对象。相应地,鉴证对象信息也具有多种不同的形式。鉴证对象与鉴证对象信息主要包括以下形式:(1)当鉴证对象为财务业绩或状况时(如历史或预测的财务状况、经营成果和现金流量),鉴证对象信息是财务报表;(2)当鉴证对象为非财务业绩或状况时(如企业的运营情况),鉴证对象信息可能是反映效率或效果的关键指标;(3)当鉴证对象为物理特征时(如设备的生产能力),鉴证对象信息可能是有关鉴证对象物理特征的说明文件;(4)当鉴证对象为某种系统和过程时(如企业的内部控制或信息技术系统),鉴证对象信息可能是关于其有效性的认定;(5)当鉴证对象为一种行为时(如遵守法律法规的情况),鉴证对象信息可能是对法律法规遵守情况或执行效果的声明。

鉴证对象具有不同特征,可能表现为定性或定量、客观或主观、历史或预测、时点或

期间。这些特征将对下列方面产生影响:(1)按照标准对鉴证对象进行评估或计量的准确性;(2)证据的说服力。

鉴证报告应当说明与预期使用者特别相关的鉴证对象特征。

(二)鉴证对象应具备的条件

适当的鉴证对象应当同时具备下列条件:(1)鉴证对象可以识别;(2)不同的组织或人员对鉴证对象按照既定标准进行评价或计量的结果合理一致;(3)注册会计师能够收集与鉴证对象有关的信息,获取充分、适当的证据,以支持其提出的鉴证结论。

五、标准

标准是指用于评价或计量鉴证对象的基准,当涉及列表时,还包括列表的基准。标准可以是正式的规定,如编制财务报表所使用的会计准则和相关会计制度;也可以是某些非正式的规定,如单位内部制定的行为准则或确定的绩效水平。注册会计师在运用职业判断对鉴证对象做出合理一致的评价或计量时,需要有适当的标准。

适当的标准应当具备下列所有特征:(1)相关性。相关的标准有助于得出结论,便于预期使用者做出决策。(2)完整性。完整的标准不应忽略业务环境中可能影响得出结论的相关因素,当涉及列表时,还包括列表的基准。(3)可靠性。可靠的标准能够使能力相近的注册会计师在相似的业务环境中,对鉴证对象做出合理一致的评价或计量。(4)中立性。中立的标准有助于得出无偏向的结论。(5)可理解性。可理解的标准有助于得出清晰、易于理解、不会产生重大歧义的结论。注册会计师基于自身的预期、判断和个人经验对鉴证对象进行的评价和计量,不构成适当的标准。

注册会计师应当考虑运用于具体业务的标准是否具备上述特征,以评价该标准对此项业务的适用性。在具体鉴证业务中,注册会计师评估标准的上述各项特征的相对重要程度时,需要运用职业判断。

标准可能是由法律法规规定的,或由政府主管部门或国家认可的专业团体依照公开、适当的程序发布的,也可能是专门制定的。采用标准的类型不同,注册会计师为评价该标准对于具体鉴证业务的适用性所需执行的工作也不同。

标准应当能够为预期使用者获取,以使预期使用者了解鉴证对象的评价或计量过程。标准可以通过下列的方式供预期使用者获取:(1)公开发表;(2)在陈述鉴证对象信息时以明确的方式表述;(3)在鉴证报告中以明确的方式表述;(4)常识理解,如计量时间的标准是小时或分钟等。

如果确定的标准仅能为特定的预期使用者获得,或仅与特定目的相关,鉴证报告的使用也应限于这些特定的预期使用者或特定目的。

六、证据

(一)总体要求

注册会计师应当以职业怀疑的态度来计划和执行鉴证业务,获取有关鉴证对象信息是否不存在重大错报的充分、适当的证据。

注册会计师应当及时对制订的计划、实施的程序、获取的相关证据以及得出的结论做出记录。注册会计师在计划和执行鉴证业务，尤其在确定证据收集程序的性质、时间和范围时，应当考虑重要性、鉴证业务风险以及可获取证据的数量和质量。

(二)职业怀疑态度

职业怀疑态度是指注册会计师以质疑的思维方式评价所获取证据的有效性，并对相互矛盾的证据，以及引起对文件记录或责任方提供的信息的可靠性产生怀疑的证据保持警觉。

鉴证业务通常不涉及鉴定文件记录的真伪，注册会计师也不是鉴定文件记录真伪的专家，但应当考虑用作证据的信息的可靠性，包括考虑与信息生成和维护相关的控制的有效性。

如果在执行业务过程中识别出的情况使其认为文件记录可能是伪造的或文件记录中的某些条款已发生变动，注册会计师应当做出进一步调查，包括直接向第三方询证，或考虑利用专家的工作，以评价文件记录的真伪。

(三)证据的充分性和适当性

证据的充分性是对证据数量的衡量，主要与注册会计师确定的样本量有关。证据的适当性是对证据质量的衡量，即证据的相关性和可靠性。所需证据的数量受鉴证对象信息重大错报风险的影响，即风险越大，可能需要的证据数量越多；所需证据的数量也受证据质量的影响，即证据质量越高，可能需要的证据数量越少。

尽管证据的充分性和适当性相关，但如果证据的质量存在缺陷，注册会计师仅靠获取更多的证据可能仍然无法弥补其质量上的缺陷。

证据的可靠性受其来源和性质的影响，并取决于获取证据的具体环境。

注册会计师通常应按照下列原则考虑证据的可靠性：(1)从外部独立来源获取的证据比从其他来源获取的证据更可靠；(2)内部控制有效时内部生成的证据比内部控制薄弱时内部生成的证据更可靠；(3)直接获取的证据比间接获取或推论得出的证据更可靠；(4)以文件记录形式(无论是纸质、电子或其他介质)存在的证据比口头形式的证据更可靠；(5)从原件获取的证据比从传真或复印件获取的证据更可靠。

在运用上述5项原则评价证据的可靠性时，注册会计师应当注意可能出现的重大例外情况。

如果针对某项认定从不同来源获取的证据或获取的不同性质的证据能够相互印证，与该项认定相关的证据通常具有更强的说服力。如果从不同来源获取的证据或获取的不同性质的证据不一致，可能表明某项证据不可靠，注册会计师应当追加必要的程序予以解决。

针对一个期间的鉴证对象信息获取充分、适当的证据，通常要比针对一个时点的鉴证对象信息获取充分、适当的证据更困难。针对过程提出的结论通常限于鉴证业务涵盖的期间，注册会计师不应对该过程是否在未来以特定方式继续发挥作用提出结论。

注册会计师可以考虑获取证据的成本与所获取信息有用性之间的关系，但不应仅以获取证据的困难和成本为理由减少不可替代的程序。

在评价证据的充分性和适当性以支持鉴证报告时，注册会计师应当运用职业判断，并保持职业怀疑态度。

(四)重要性

在确定证据收集程序的性质、时间和范围,评估鉴证对象信息是否不存在错报时,注册会计师应当考虑重要性。在考虑重要性时,注册会计师应当了解并评估哪些因素可能会影响预期使用者的决策。

注册会计师应当综合数量和性质因素考虑重要性。在具体业务中评估重要性以及数量和性质因素的相对重要程度时,注册会计师需要运用职业判断。

(五)鉴证业务风险

鉴证业务风险是指在鉴证对象信息存在重大错报的情况下,注册会计师提出不恰当结论的可能性。

在直接报告业务中,鉴证对象信息仅体现在注册会计师的结论中,鉴证业务风险包括注册会计师不恰当地提出鉴证对象在所有重大方面遵守标准的结论的可能性。在合理保证的鉴证业务中,注册会计师应当将鉴证业务风险降至具体业务环境下可接受的低水平,以获取合理保证,作为以积极方式提出结论的基础。在有限保证的鉴证业务中,由于证据收集程序的性质、时间和范围与合理保证的鉴证业务不同,其风险水平高于合理保证的鉴证业务,但注册会计师实施的证据收集程序至少应当足以获取有意义的保证水平,作为以消极方式提出结论的基础。

当注册会计师获取的保证水平很有可能在一定程度上增强预期使用者对鉴证对象信息的信任时,这种保证水平是有意义的保证水平。

鉴证业务风险通常体现为重大错报风险和检查风险。重大错报风险是指鉴证对象信息在鉴证前存在重大错报的可能性。检查风险是指某一鉴证对象信息存在错报,该错报单独或连同其他错报是重大的,但注册会计师未能发现这种错报的可能性。

注册会计师对重大错报风险和检查风险的考虑受具体业务环境的影响,特别是受鉴证对象的性质,以及所执行的是合理保证鉴证业务还是有限保证鉴证业务的影响。

(六)证据收集程序的性质、时间和范围

证据收集程序的性质、时间和范围因业务的不同而不同。注册会计师应当清楚表达证据收集程序,并以适当的形式运用于合理保证的鉴证业务和有限保证的鉴证业务。

在合理保证的鉴证业务中,为了能够以积极方式提出结论,注册会计师应当通过下列不断修正的、系统化的执业过程,以获取充分、适当的证据:(1)了解鉴证对象及其业务环境事项,在适用的情况下包括了解内部控制;(2)在了解鉴证对象及其业务环境事项的基础上,评估鉴证对象信息可能存在的重大错报风险;(3)应对评估的风险,包括制定总体应对措施以及确定进一步程序的性质、时间和范围;(4)针对已识别的风险实施进一步程序,包括实施实质性程序,以及在必要时测试控制运行的有效性;(5)评价证据的充分性和适当性。

由于下列因素的存在,将鉴证业务风险降至零几乎不可能,也不符合成本效益原则:(1)选择性测试方法的运用;(2)内部控制的固有局限性;(3)大多数证据是说服性而非结论性的;(4)在获取和评价证据以及由此得出结论时涉及大量判断;(5)在某些情况下鉴证对象具有特殊性。

合理保证的鉴证业务和有限保证的鉴证业务都需要运用鉴证技术和方法,收集充分、适当的证据。与合理保证的鉴证业务相比,有限保证的鉴证业务在证据收集程序的性质、时间、范围等方面是有意识地加以限制的。

无论是合理保证还是有限保证的鉴证业务,如果注意到某事项可能导致对鉴证对象信息是否需要做出重大修改产生疑问,注册会计师应当执行其他足够的程序,追踪这一事项,以支持鉴证结论。

(七)可获取证据的数量和质量

可获取证据的数量和质量受下列因素的影响:(1)鉴证对象和鉴证对象信息的特征;(2)业务环境中除鉴证对象特征以外的其他事项。

对任何类型的鉴证业务,如果下列情形对注册会计师的工作范围构成重大限制,阻碍注册会计师获取所需要的证据,注册会计师提出无保留结论是不恰当的:(1)客观环境阻碍注册会计师获取所需要的证据,无法将鉴证业务风险降至适当水平;(2)责任方或委托人施加限制,阻碍注册会计师获取所需要的证据,无法将鉴证业务风险降至适当水平。

(八)记录

注册会计师应当记录重大事项,以提供证据支持鉴证报告,并证明其已按照鉴证业务准则的规定执行业务。具体而言,对需要运用职业判断的所有重大事项,注册会计师应当记录推理过程和相关结论。如果对某些事项难以进行判断,注册会计师还应当记录得出结论时已知悉的有关事实。注册会计师应当将鉴证过程中考虑的所有重大事项记录于工作底稿。在运用职业判断确定工作底稿的编制和保存范围时,注册会计师应当考虑,使未曾接触该项鉴证业务的有经验的专业人士了解实施的鉴证程序,以及做出重大决策的依据。

七、鉴证报告

注册会计师应当出具含有鉴证结论的书面报告,该鉴证结论应当说明注册会计师就鉴证对象信息获取的保证。

在基于责任方认定的业务中,注册会计师的鉴证结论可以采用下列两种表述形式:(1)明确提及责任方认定,如"我们认为,责任方做出的'根据×标准,内部控制在所有重大方面是有效的'这一认定是公允的"。(2)直接提及鉴证对象和标准,如"我们认为,根据×标准,内部控制在所有重大方面是有效的"。在直接报告业务中,注册会计师应当明确提及鉴证对象和标准。

在合理保证的鉴证业务中,注册会计师应当以积极方式提出结论,如"我们认为,根据×标准,内部控制在所有重大方面是有效的"或"我们认为,责任方做出的'根据×标准,内部控制在所有重大方面是有效的'这一认定是公允的"。在有限保证的鉴证业务中,注册会计师应当以消极方式提出结论,如"基于本报告所述的工作,我们没有注意到任何事项使我们相信,根据×标准,×系统在任何重大方面是无效的"或"基于本报告所述的工作,我们没有注意到任何事项使我们相信,责任方做出的'根据×标准,×系统在所有重大方面是有效的'这一认定是不公允的"。

当存在下列三种述情况时,注册会计师应当对其影响程度做出判断。如果这些情况影响重大,注册会计师不能出具无保留结论的报告。

(1)对任何类型的鉴证业务,如果注册会计师的工作范围受到限制,注册会计师应当视受到限制的重大与广泛程度,出具保留结论或无法提出结论的报告。在某些情况下,注册会计师应当考虑解除业务约定。

(2)如果存在注册会计师的结论提及责任方的认定,且该认定未在所有重大方面做出公允表达,或者注册会计师的结论直接提及鉴证对象和标准,且鉴证对象信息存在重大错报,注册会计师应当视其影响的重大与广泛程度,出具保留结论或否定结论的报告。

(3)在承接业务后,如果发现标准或鉴证对象不适当,可能误导预期使用者,注册会计师应当视其重大与广泛程度,出具保留结论或否定结论的报告。如果发现标准或鉴证对象不适当,造成工作范围受到限制,注册会计师应当视受到限制的重大与广泛程度,出具保留结论或无法提出结论的报告。在某些情况下,注册会计师应当考虑解除业务约定。

【小提示2-1】

当注册会计师针对鉴证对象信息出具报告,或同意将其姓名与鉴证对象联系在一起时,则注册会计师与该鉴证对象发生了关联。如果获知他人不恰当地将其姓名与鉴证对象相关联,注册会计师应当要求其停止这种行为,并考虑采取其他必要的措施,包括将不恰当使用注册会计师姓名这一情况告知所有已知的使用者或征询法律意见。

附则

注册会计师执行司法诉讼中涉及会计、审计、税务或其他事项的鉴定业务,除有特定要求者外,应当参照中国注册会计师鉴证业务基本准则办理。

第三节　会计师事务所质量控制准则

制定会计师事务所质量控制准则的目的是规范会计师事务所的业务质量控制,明确会计师事务所及其人员的质量控制责任。会计师事务所执行历史财务信息审计和审阅业务、其他鉴证业务及相关服务业务,都应该遵循质量控制准则。

为了合理保证会计师事务所及其人员遵守法律法规、中国注册会计师职业道德规范以及中国注册会计师审计准则、中国注册会计师审阅准则、中国注册会计师其他鉴证业务准则和中国注册会计师相关服务准则的规定,以及会计师事务所和项目负责人(是指会计师事务所中负责某项业务及其执行,并代表会计师事务所在业务报告上签字的主任会计师或经授权签字的注册会计师)根据具体情况出具恰当的报告,会计师事务所应当在考虑自身规模和业务特征等因素的基础上,根据会计师事务所质量控制准则制定自己的质量控制制度。质量控制制度包括会计师事务所为实现上述目标而制定的政策,以及为执行政策和监控政策的遵守情况而设计的必要程序。

一、质量控制制度的要素

会计师事务所质量控制制度的性质、时间安排和范围取决于诸多因素,如业务范围和性质、地理分布、组织结构以及适当的成本-效率因素等。不同会计师事务所采用的政策和程序所形成的记录也存在差别，但均应包括针对下列要素而制定的政策和程序：(1)对业务质量承担的领导责任；(2)相关职业道德要求；(3)客户关系和具体业务的接受与保持；(4)人力资源；(5)业务执行；(6)监控。

为了规范质量控制政策和程序，便于质量控制政策和程序的执行，会计师事务所应当将质量控制政策和程序形成书面文件，传达到全体人员；在记录和传达时，应清楚地描述质量控制政策和程序及其要实现的目标，包括用适当信息指明每个成员都负有各自的质量责任，并被期望遵守这些政策和程序。

二、对业务质量承担的领导责任

(一)对主任会计师的总体要求

会计师事务所内部重视质量的文化氛围，为会计师事务所质量控制设定了较好的基调，将对制定和实施质量控制制度产生广泛和积极的影响。明确质量控制制度的最终责任人，也对会计师事务所的业务质量控制起着决定作用。为此，会计师事务所应当制定政策和程序，培育以质量为导向的内部文化。这些政策和程序应当要求会计师事务所主任会计师对质量控制制度承担最终责任。质量控制措施的实施，一部分可能由专职的质量控制人员执行，另一部分可能是由业务人员或职能部门的人员执行。主任会计师对质量控制制度承担最终责任，在制度上保证了质量控制制度的地位和执行力。

(二)行动示范和信息传达

会计师事务所培育以质量为导向的内部文化，就是要在会计师事务所内形成和传播质量至上的内部文化。内部质量文化能否形成，有赖于会计师事务所各级管理层的努力。

为此，会计师事务所的领导层及其做出的示范对会计师事务所的内部文化有重大影响。会计师事务所各级管理层应当通过清晰、一致及经常的行动示范和信息传达，强调质量控制政策和程序的重要性以及下列要求：

一是按照法律法规、职业道德规范和业务准则的规定执行工作；

二是根据具体情况出具恰当的报告。

会计师事务所领导层的行动示范，在某种程度上比控制制度更有影响力。采取的途径通常有培训、研讨会、谈话、发表文章等，通过行动示范和信息传达，可以起到强化质量文化的作用。

(三)树立质量至上的意识

会计师事务所的领导层应当树立质量至上的意识。会计师事务所应当通过下列措施实现质量控制的目标：

一是合理确定管理责任，以避免重商业利益轻业务质量；

二是建立以质量为导向的业绩评价、工薪及晋升的政策和程序；

三是投入足够的资源制定和执行质量控制政策及程序，并形成相关的文件记录。

会计师事务所的领导层必须首先认识到，其经营策略应当满足会计师事务所执行所有业务都要保证质量这一前提条件。会计师事务所针对员工设计的有关业绩评价、工薪及晋升(包括激励制度)的政策和程序，应当表明会计师事务所最重视的是质量，以形成正确的行为导向。

(四)委派质量控制制度运作人员

会计师事务所主任会计师对质量控制制度承担最终责任,为保证质量控制制度的具体运作效果,主任会计师必须委派适当的人员并授予其必要的权限,以帮助主任会计师正确履行其职责。

为此,受会计师事务所主任会计师委派承担质量控制制度运作责任的人员,应当具有足够、适当的经验和能力以及必要的权限,以履行其责任。

要求承担质量控制制度运作责任的人员具有足够、适当的经验和能力,是为了使其能够识别和了解质量控制问题;要求具有必要的权限,是为了保证其能够实施质量控制政策和程序。

三、职业道德规范

(一)相关职业道德要求

会计师事务所应当制定政策和程序,以合理保证会计师事务所及其人员遵守职业道德规范。会计师事务所及其人员执行任何类型的业务,都应当遵守职业道德规范所要求的诚信、独立、客观原则,保持专业胜任能力和应有的关注,并对执业过程中获知的信息保密。

这里所说的遵守职业道德规范,不仅包括遵守职业道德的基本原则,如诚信、独立、客观、专业胜任能力和应有的关注、保密、职业行为等,还包括遵守有关职业道德的具体规定。会计师事务所如不能合理保证职业道德规范得到遵守,就无法保证业务质量。此外,执行鉴证业务还应当遵守独立性的要求。

(二)遵守职业道德规范的具体措施

会计师事务所制定的政策和程序应当强调遵守职业道德规范的重要性,并通过必要的途径予以强化。这些途径有:会计师事务所领导层的示范、教育和培训、监控以及对违反职业道德规范行为的处理。

(三)满足独立性的要求

1. 总体要求

会计师事务所应当制定政策和程序,以合理保证会计师事务所及其人员,包括聘用的专家和其他需要满足独立性要求的人员,保持职业道德规范要求的独立性。

2. 具体要求

会计师事务所内部不同层级人员之间相互沟通信息有着重要的作用。为此,会计师事务所制定的政策和程序应当要求:(1)项目负责人向会计师事务所提供与客户委托业务相关的信息,以使会计师事务所能够评价这些信息对保持独立性的总体影响。(2)会计师事务所人员及时向会计师事务所报告对独立性产生不利影响的情况和关系,以便会计师事务所采取适当行动。(3)会计师事务所收集相关信息,并向相关人员传达。例如,会计师事务所可以编制并保留禁止本所人员与之有商业关系的客户清单,并将清单信息传达给相关人员,以便其评价独立性。会计师事务所还应将清单的任何变更及时告知会计师事务所人员。

会计师事务所应当重视及时向相关人员传达收集的相关信息,以帮助其满足独立性要求。会计师事务所应当制定政策和程序,以合理保证能够获知违反独立性要求的情况,并采取适当的行动予以解决。这些政策和程序应当包括下列要求:(1)所有应当保持独立性的人员,将注意到的违反独立性要求的情况立即告知会计师事务所;(2)会计师事务所将已识别的违反这些政策和程序的情况,立即传达给需要与会计师事务所共同处理这些情况的项目负责人,以及需要采取适当行动的会计师事务所内部其他相关人员和受独立性要求约束的人员;(3)项目负责人、会计师事务所内部的其他相关人员,以及需要保持独立性的其他人员,在必要时,立即向会计师事务所告知他们为解决有关问题所采取的行动,以便会计师事务所能够决定是否应当采取进一步的行动。

3. 获取书面确认函

会计师事务所应当每年至少一次向所有受独立性要求约束的人员获取其遵守独立性政策和程序的书面确认函。当有其他会计师事务所参与执行部分业务时,会计师事务所也可以考虑向其获取有关独立性的书面确认函。书面确认函既可以是纸质的,也可以是电子形式的。通过获取确认函以及针对违反独立性的信息采取适当的行动,会计师事务所可以表明,其强调保持独立性的重要性,并使保持独立性的问题清楚地展示在会计师事务所人员面前。

4. 防范关系密切产生的不利影响

对于长期由同一个高级人员执行某项鉴证业务可能造成的亲密关系对独立性会造成威胁的情形,会计师事务所应当制定下列政策和程序,以防范同一高级人员由于长期执行某一客户的鉴证业务可能对独立性造成的威胁:(1)建立适当的标准,以便确定是否需要采取防护措施,将由于关系密切造成的威胁降至可接受的水平。(2)对所有的上市公司财务报表审计,按照法律法规的规定定期轮换项目负责人。在建立适当的标准时,会计师事务所应当考虑下列事项:其一,鉴证业务的性质,包括涉及公众利益的范围;其二,高级管理人员提供该项鉴证业务的服务年限。

四、客户关系和具体业务的接受与保持

(一)接受与保持客户关系和具体业务的基本要求

会计师事务所应当制定有关客户关系和具体业务接受与保持的政策和程序,以合理保证只有在下列情况下,才能接受或保持客户关系和具体业务:(1)已考虑客户的诚信,没有信息表明客户缺乏诚信;(2)具有执行业务必要的素质、专业胜任能力、时间和资源;(3)能够遵守职业道德规范。

在接受新客户的业务前,或决定是否保持现有业务或考虑接受现有客户的新业务时,会计师事务所应当根据具体情况获取上述信息。当识别出问题而又决定接受或保持客户关系或具体业务时,会计师事务所应当记录问题是如何得到解决的。

(二)客户的诚信

会计师事务所应当对新客户做出评价,并对老客户进行经常性的检查。在决定是否接受该业务时,无论是新接受还是连续接受委托,会计师事务所都应考虑委托人的主要管理人员是否正直、诚实,避免同管理当局不正直、不诚实的客户打交道。

在判断客户是否诚信时,会计师事务所应当考虑下列主要事项:(1)客户的主要股

东、关键管理人员、关联方及治理层的身份和商业信誉;(2)客户的经营性质;(3)客户的主要股东、关键管理人员及治理层对内部控制环境和会计准则等的态度;(4)客户是否过分考虑将会计师事务所的收费维持在尽可能低的水平;(5)工作范围受到不适当限制的迹象;(6)客户可能涉嫌洗钱或其他刑事犯罪行为的迹象;(7)变更会计师事务所的原因。

会计师事务所可以通过下列途径,获取与客户诚信相关的信息:(1)与为客户提供专业会计服务的现任或前任人员进行沟通,并与其讨论;(2)向会计师事务所其他人员、监管机构、金融机构、法律顾问和客户的同行等第三方询问;(3)从相关数据库中搜索客户的背景信息。

(三)接受新业务应考虑的主要问题

在确定是否具有接受新业务所需的必要素质、专业胜任能力、时间和资源时,会计师事务所应当考虑下列事项,以评价新业务的特定要求和所有相关级别的现有人员的基本情况:(1)会计师事务所人员是否熟悉相关行业或业务对象;(2)会计师事务所人员是否具有执行类似业务的经验,或是否具备有效获取必要技能和知识的能力;(3)会计师事务所是否拥有足够的具有必要素质和专业胜任能力的人员;(4)在需要时,是否能够得到专家的帮助;(5)如果需要项目质量控制复核,是否具备符合标准和资格要求的项目质量控制复核人员;(6)会计师事务所是否能够在提交报告的最后期限内完成业务。

在确定是否接受新业务时,会计师事务所还应当考虑接受该业务是否会导致现实或潜在的利益冲突。如果识别出潜在的利益冲突,会计师事务所应当考虑接受该业务是否适当。在确定是否保持客户关系时,会计师事务所应当考虑在本期或以前业务执行过程中发现的重大事项,及其对保持客户关系可能造成的影响。

(四)业务约定的解除

如果会计师事务所在接受业务后获知了某项信息,而该信息若在接受业务前获知,可能导致会计师事务所拒绝该项业务,针对保持该项业务及其客户关系制定的政策和程序应当包括下列内容:(1)适用于该业务环境的法律责任,包括是否要求会计师事务所向委托人报告或在某些情况下向监管机构报告;(2)解除该项业务约定,或同时解除该项业务约定及其客户关系的可能性。

会计师事务所针对解除业务约定或同时解除业务约定及其客户关系制定的政策和程序应当包括下列要求:(1)与客户适当级别的管理层和治理层讨论会计师事务所根据有关事实和情况可能采取的适当行动;(2)如果确定解除业务约定或同时解除业务约定及其客户关系是适当的,会计师事务所应当就解除的情况及原因,与客户适当级别的管理层和治理层讨论;(3)考虑是否存在法律法规的规定,要求会计师事务所应当保持现有的客户关系,或向监管机构报告解除的情况及原因;(4)记录重大事项及其咨询情况、咨询结论和得出结论的依据。

五、人力资源

(一)人力资源管理的总体要求

会计师事务所应当制定政策和程序,合理保证拥有足够的具有必要素质和专业胜任能力、并遵守职业道德规范的人员,以使会计师事务所和项目负责人能够按照法律法规、职业道德规范和业务准则的规定执行业务，并根据具体情况出具恰当的报告。

会计师事务所制定的人力资源政策和程序应当解决下列人事问题：(1)招聘；(2)业绩评价；(3)人员素质；(4)专业胜任能力；(5)职业发展；(6)晋升；(7)薪酬；(8)人员需求预测。

会计师事务所应当制定招聘程序，以选择正直的、通过发展能够具备执行业务所需的必要素质和专业胜任能力的人员。对于已经招聘入所的人员，可以通过下列途径提高人员素质和专业胜任能力：(1)职业教育；(2)职业发展，包括培训；(3)工作经验；(4)由经验更丰富的员工提供辅导。

会计师事务所应当在人力资源政策和程序中强调对各级别人员进行继续培训的重要性，并提供必要的培训资源和帮助，以使人员能够发展并保持必要的素质和专业胜任能力。此外，会计师事务所还应当制定业绩评价、薪酬及晋升程序，对发展和保持专业胜任能力并遵守职业道德规范的人员给予应有的肯定和奖励。业绩评价、薪酬及晋升程序应当强调：(1)使人员知晓会计师事务所对业绩和遵守职业道德规范的期望；(2)向人员提供业绩、工作进步及职业发展方面的评价和咨询；(3)帮助人员了解提高业务质量及遵守职业道德规范是晋升更高职位的主要途径，而不遵守会计师事务所的政策和程序可能招致惩戒。

(二)项目组的委派

在实务中，会计师事务所承接的每项业务都是委派给项目组具体办理的。委派项目组是否得当，直接关系到业务完成的质量。

1. 项目负责人的委派要求

会计师事务所应当对每项业务委派至少一名项目负责人。会计师事务所应当制定政策和程序，明确下列要求：(1)将项目负责人的身份和作用告知客户管理层和治理层的关键成员；(2)项目负责人具有履行职责所必要的素质、专业胜任能力、权限和时间；(3)清楚界定项目负责人的职责，并告知该项目负责人。

会计师事务所还应当制定政策和程序，监控项目负责人的工作负荷及可供调配的项目负责人数量，以使项目负责人有足够的时间履行职责。此外，会计师事务所还应当委派具有必要素质、专业胜任能力和时间的员工，按照法律法规、职业道德规范和业务准则的规定执行业务，以使会计师事务所和项目负责人能够根据具体情况出具恰当的报告。

2. 项目组其他成员的委派要求

会计师事务所应当委派具有必要素质、专业胜任能力和时间的员工。委派项目组成员时应考虑下列事项：(1)业务类型、规模、重要程度、复杂性和风险；(2)需要具备的经验、专业知识和技能；(3)对人员的需求，以及在需要时能否获得具备相应素质的人员；(4)拟执行工作任务的时间；(5)人员的连续性和轮换要求；(6)在职培训的机会；(7)需要考虑独立性和客观性的情形。

六、业务执行

(一)指导、监督与复核

1. 总体要求

业务执行是编制和实施业务计划、形成和报告业务结果的总称，对业务质量有直接

的重大影响,是业务质量控制的关键环节。项目负责人负责组织实施指导、监督与复核。会计师事务所应当制定政策和程序,以合理保证按照法律法规、职业道德规范和业务准则的规定执行业务,出具报告。

会计师事务所可以使用书面或电子手册、标准化底稿以及指南性材料等文件,使其制定的政策和程序得到贯彻。这些文件针对的事项通常包括:(1)如何将业务情况简要告知项目组,使项目组了解工作目标;(2)保证适用的业务准则得以遵守的程序;(3)业务监督、员工培训和辅导的程序;(4)对已实施的工作、做出的重大判断以及拟出具的报告进行复核的方法;(5)对已实施的工作及其复核的时间和范围做出适当记录;(6)保证所有的政策和程序是合时宜的。

2. 指导的具体要求

项目组的所有成员应当了解拟执行工作的目标,这对于有效执行所分派的工作非常重要。项目负责人对于委派给助理人员的工作应当给予适当指导,包括告知助理人员的工作责任,要求其完成的程序及审计目标,被审计单位的业务性质和需要特别关注的重大会计或审计问题,以及其他可能影响具体审计程序的性质、时间和范围的事项。

3. 监督的具体要求

监督与指导及复核紧密相关,也是质量控制的一个重要因素。合理有效的监督工作,是提高审计工作质量的必要保证。具体来说,项目负责人对业务的监督包括:(1)追踪业务进程;(2)考虑项目组各成员的素质和专业胜任能力,以及是否有足够的时间执行工作,是否理解工作指令,是否按照计划的方案执行工作;(3)解决在执行业务过程中发现的重大问题,考虑其重要程度并适当修改原计划的方案;(4)识别在执行业务过程中需要咨询的事项,或需要由经验较丰富的项目组成员考虑的事项。

4. 复核的具体要求

复核范围可能随业务的不同而不同。例如,执行高风险的业务、对金融机构执行的业务和为重要客户执行的业务可能需要进行更详细的复核。在复核项目组成员已执行的工作时,复核人员应当考虑:(1)工作是否已按照法律法规、职业道德规范和业务准则的规定执行;(2)重大事项是否已提请进一步考虑;(3)相关事项是否已进行适当的咨询,由此形成的结论是否得到记录和执行;(4)是否需要修改已执行工作的性质、时间和范围;(5)已执行的工作是否支持形成的结论,并得以适当记录;(6)获取的证据是否充分、适当;(7)业务程序的目标是否实现。

复核人员应当拥有适当的经验、专业胜任能力和责任感,由项目组内经验较多的人员复核经验较少的人员所执行的工作。

(二)咨询

会计师事务所应当形成一种良好的咨询氛围,鼓励会计师事务所工作人员就疑难问题或争议事项进行咨询。咨询包括与会计师事务所内部或外部具有专门知识的人员,在适当专业层次上进行的讨论,以解决疑难问题或争议事项。会计师事务所应当制定政策和程序,以合理保证:(1)就疑难问题或争议事项进行适当的咨询;(2)可获取充分的资源进行适当的咨询;(3)咨询的性质和范围得以记录;(4)咨询形成的结论得到记录和执行。

项目组应当考虑就重大的技术、职业道德问题及其他事项,向会计师事务所内部或外部具备适当知识、资历和经验的其他专业人士咨询，并适当记录和执行咨询形成的结论。项目组在向会计师事务所内部或外部其他专业人士咨询时，应当提供所有相关事实，以使其能够对咨询的事项提出有见地的意见。需要向外部咨询的会计师事务所，可以利用其他会计师事务所、职业团体、监管机构或商业机构提供的咨询服务，但应当考虑外部咨询提供者是否能够胜任这项工作。

项目组就疑难问题或争议事项向其他专业人士咨询所形成的记录应当经被咨询者认可。咨询形成的记录应当完整详细，包括下列内容：(1)寻求咨询的事项；(2)咨询的结果，包括做出的决策、决策依据以及决策的执行情况。

(三)意见分歧

会计师事务所应当制定政策和程序，以处理和解决项目组内部、项目组与被咨询者之间以及项目负责人与项目质量控制复核人员之间的意见分歧。形成的结论应当予以记录和执行。会计师事务所应当认识到对业务问题的意见出现分歧是正常现象，只有经过充分的讨论，才有利于意见分歧的解决。只有意见分歧问题得到解决，项目负责人才能出具报告。

(四)项目质量控制复核

项目质量控制复核是指在出具报告前，对项目组做出的重大判断以及在准备报告时形成的结论做出客观评价的过程。

1. 项目质量控制复核的总体要求

会计师事务所应当制定政策和程序，在出具报告前，对特定业务实施项目质量控制复核，以客观评价项目组做出的重大判断以及在准备报告时得出的结论。这些政策和程序应当包括下列要求：(1)对所有上市公司财务报表审计实施项目质量控制复核；(2)规定适当的标准，据此评价上市公司财务报表审计以外的历史财务信息审计和审阅、其他鉴证业务及相关服务业务，以确定是否应当实施项目质量控制复核；(3)对符合适当标准的所有业务实施项目质量控制复核。

在制定用于确定除上市公司财务报表审计以外的其他业务是否需要实施项目质量控制复核的标准时，会计师事务所应当考虑下列事项：(1)业务的性质，包括涉及公众利益的范围；(2)在某项业务或某类业务中已识别的异常情况或风险；(3)法律法规是否要求实施项目质量控制复核。

2. 项目质量控制复核的具体要求

会计师事务所应当制定政策和程序，以规定项目质量控制复核的具体要求。

(1)项目质量复核的性质　项目质量控制复核通常包括，与项目负责人进行讨论、复核财务报表或其他业务对象信息及报告，以及选取与项目组做出重大判断及形成结论有关的工作底稿进行复核。

(2)项目质量复核的范围　项目质量控制复核的范围取决于业务的复杂程度和出具不恰当报告的风险。在对上市公司财务报表审计实施项目质量控制复核时，复核人员可根据情况考虑以下部分或全部事项：①项目组就具体业务对会计师事务所独立性做出的评价；②在审计过程中识别的特别风险以及采取的应对措施；③做出的判断，尤其是关于重要性和特别风险的判断；④是否已就存在的意见分歧、其他疑难问题或争议事项进行适当的咨询,以及咨询得出的结论;⑤在审计中识别的已更正和未更正的错报的重要程度及处理情况;⑥拟与管理层、治理层以及其他方面沟通的事项;⑦所复核的审计工作底稿是否反映了针对重大判断执行的工作,是否支持得出的结论;⑧拟出具的审计报告的适当性。

(3)项目质量复核的时间　项目质量控制复核人员应当在业务过程中的适当阶段及时实施复核,以使重大事项在出具报告前得到满意的解决。如果项目负责人不接受项目质量控制复核人员的建议,并且重大事项未得到满意的解决,项目负责人不应当出具报告。只有在按照会计师事务所处理意见分歧的程序解决重大事项后,项目负责人才能出具报告。

(4)项目质量控制复核人员的资格标准　会计师事务所应当制定政策和程序,明确项目质量控制复核人员应具备的履行职责所需要的技术资格,包括必要的经验和权限。会计师事务所还应当制定政策和程序,以保证项目质量控制复核人员的客观性。在确定项目质量控制复核人员时,应当避免下列情形:①由项目负责人挑选;②在复核期间以其他方式参与该业务;③代替项目组进行决策;④存在可能损害复核人员客观性的其他情形。

如果复核人员不能保持客观性,会计师事务所应当委派其他人员或聘请具有适当资格的外部人员,担当项目质量控制复核人员或该项业务的被咨询者。具有适当资格的外部人员是指会计师事务所外部的、具有担任项目负责人的必要素质和专业胜任能力的个人。小型会计师事务所在识别出需要实施项目质量控制复核的业务后,可以聘请具有适当资格的外部人员或利用其他会计师事务所实施项目质量控制复核。

(5)项目质量控制复核的记录　会计师事务所应当制定政策和程序,要求记录项目质量控制复核情况,包括:①有关项目质量控制复核的政策所要求的程序已得到执行;②项目质量控制复核在出具报告前业已完成;③复核人员没有发现任何尚未解决的事项,使其认为项目组做出的重大判断及形成的结论不适当。

七、业务工作底稿

(一)业务工作底稿的归档要求

1. 遵守及时性原则

会计师事务所在出具业务报告后,及时将工作底稿归整为最终业务档案,不仅有利于保证业务工作底稿的安全完整性,而且便于使用和检索业务工作底稿。为此,会计师事务所应当制定政策和程序,以使项目组在出具业务报告后及时将工作底稿归整为最终业务档案。

2. 确定适当的归档期限

在遵循及时性原则的前提下,会计师事务所应当根据业务的具体情况,确定适当的业务工作底稿归档期限。由于鉴证业务的职业责任较大,而其工作底稿又对证明会计师事务所是否履行了规定责任起着关键性作用,因此,鉴证业务的工作底稿,包括历史财务信息审计和审阅业务、其他鉴证业务的工作底稿的归档期限为业务报告日后60天内。

3. 针对客户的同一财务信息执行不同业务时的归档要求

如果针对客户的同一财务信息执行不同的委托业务，出具两个或多个不同的报告，会计师事务所应当将其视为不同的业务，根据制定的政策和程序，在规定的归档期限内分别将业务工作底稿归整为最终业务档案。

（二）业务工作底稿的管理要求

针对业务工作底稿的管理，会计师事务所应当制定政策和程序，以满足下列要求：(1)安全保管业务工作底稿并对业务工作底稿保密；(2)保证业务工作底稿的完整性；(3)便于使用和检索业务工作底稿；(4)按照规定的期限保存业务工作底稿。

（三）业务工作底稿的保密

除特定情况外，会计师事务所应当对业务工作底稿包含的信息予以保密。除下列情况外，会计师事务所应当对业务工作底稿包含的信息予以保密：(1)取得客户的授权；(2)根据法律法规的规定，会计师事务所为法律诉讼准备文件或提供证据，以及向监管机构报告发现的违反法规行为；(3)接受注册会计师协会和监管机构依法进行的质量检查。

（四）业务工作底稿的完整性、使用与检索

无论业务工作底稿存在于纸质、电子还是其他介质，会计师事务所都应当针对业务工作底稿设计和实施适当的控制，以实现下列目的：(1)使业务工作底稿清晰地显示其生成、修改及复核的时间和人员；(2)在业务的所有阶段，尤其是在项目组成员共享信息或通过互联网将信息传递给其他人员时，保护信息的完整性；(3)防止未经授权改动业务工作底稿；(4)允许项目组和其他经授权的人员为适当履行职责而接触业务工作底稿。

如果原纸质记录经电子扫描后存入业务档案，会计师事务所应当实施适当的控制程序，以保证：(1)生成与原纸质记录的形式和内容完全相同的扫描复制件，包括人工签名、交叉索引和有关注释；(2)将扫描复制件，包括必要时对扫描复制件的索引和签字，归整到业务档案中；(3)能够检索和打印扫描复制件。会计师事务所应当保留已扫描的原纸质记录。

（五）业务工作底稿的保存期限与所有权

会计师事务所应当制定政策和程序，以使业务工作底稿保存期限满足法律法规的规定和会计师事务所的需要。对历史财务信息审计和审阅业务、其他鉴证业务，会计师事务所应当自业务报告日起，对业务工作底稿至少保存10年。

【小提示2-2】

业务工作底稿的所有权属于会计师事务所。会计师事务所可自主决定允许客户获取业务工作底稿部分内容，或摘录部分工作底稿，但披露这些信息不得损害会计师事务所执行业务的有效性。对鉴证业务，披露这些信息不得损害会计师事务所及其人员的独立性。

八、监控

监控是指对会计师事务所质量控制制度考虑和评价的过程，以使会计师事务所能够合理保证其质量控制制度正在有效运行。会计师事务所应当制定监控政策和程序，以合理保证质量控制制度中的政策和程序是相关、适当的，并正在有效运行。这些监控政策和程序应当包括持续考虑和评价会计师事务所的质量控制制度，如定期选取已完成的业

务进行检查。同时,应以适当的方式将全面质量控制与程序传达到全体专业人员,以确保正确理解与执行。

(一)监控的目标

对质量控制政策和程序遵守情况进行的监控旨在评价:(1)遵守法律法规、职业道德规范和业务准则的情况;(2)质量控制制度设计是否适当,运行是否有效;(3)质量控制政策和程序应用是否得当,以便会计师事务所和项目负责人能够根据具体情况出具恰当的业务报告。

(二)监控人员

对会计师事务所质量控制制度的监控应当由具有专业胜任能力的人员实施。会计师事务所可以委派主任会计师、副主任会计师或具有足够、适当经验和权限的其他人员履行监控责任。

(三)监控的内容

监控的内容包括质量控制制度设计的适当性和运行的有效性。会计师事务所应当从下列方面对质量控制制度进行持续考虑和评价:(1)确定质量控制制度的完善措施,包括要求对有关教育与培训的政策和程序提供反馈意见;(2)与会计师事务所适当人员沟通已识别的质量控制制度在设计、理解或执行方面存在的缺陷;(3)由会计师事务所适当人员采取追踪措施,以便对质量控制政策和程序及时做出必要的修正。

对质量控制制度的持续考虑和评价还包括分析下列事项:(1)法律法规、职业道德规范和业务准则的新变化,以及会计师事务所的政策和程序如何适当反映这些变化;(2)有关独立性政策和程序遵守情况的书面确认函;(3)职业发展,包括培训;(4)与接受和保持客户关系及具体业务相关的决策。

(四)对业务的检查

1. 检查的周期

会计师事务所应当周期性地选取已完成的业务进行检查,周期最长不得超过三年。在每个周期内,应对每个项目负责人的业务至少选取一项进行检查。

2. 检查的组织方式

周期性检查的组织方式,包括对单项业务检查时间的安排,取决于下列主要因素:(1)会计师事务所的规模;(2)分支机构的数量及分布;(3)前期实施监控程序的结果;(4)人员和分支机构的权限;(5)会计师事务所业务和组织结构的性质及复杂程度;(6)与特定客户和业务相关的风险。

会计师事务所在选取单项业务进行检查时,可以不事先告知相关项目组。参与业务执行或项目质量控制复核的人员不应承担该项业务的检查工作。在确定检查的范围时,会计师事务所可以考虑外部独立检查的范围或结论,但这些检查并不能替代自身的内部监控。小型会计师事务所可以请具有适当资格的外部人员或其他会计师事务所执行业务检查及其他监控程序。

(五)缺陷及其改进

1. 缺陷的界定

会计师事务所应当评价实施监控程序发现的缺陷的影响,并确定这些缺陷属于下列哪种情况:(1)该缺陷并不必然表明质量控制制度不足以合理保证会计师事务所遵守法律法规、职业道德规范和业务准则的规定,以及会计师事务所和项目负责人根据具体情况出具恰当的报告;(2)该缺陷是系统性的、重复出现的或其他需要及时纠正的重大缺陷。

2. 缺陷的改进

会计师事务所应当将实施监控程序发现的缺陷及建议采取的适当补救措施,告知相关项目负责人及其他相关人员。会计师事务所在评价各种缺陷后,应当提出下列改进措施:(1)采取与某项业务或某个成员相关的适当补救措施;(2)将监控发现的缺陷告知负责培训和职业发展的人员;(3)改进质量控制政策和程序;(4)对违反会计师事务所政策和程序的人员,尤其是对反复违规的人员实施惩戒。

(六)监控结果的处理

如果实施监控程序的结果表明出具的报告可能不适当,或在执行业务过程中遗漏了应有的程序,会计师事务所应当采取适当的措施加以纠正,以遵守法律法规、职业道德规范和相关业务准则的规定。同时,会计师事务所应当考虑征询法律意见。

会计师事务所应当每年至少一次将质量控制制度的监控结果,传达给项目负责人及会计师事务所内部的其他相关人员,以使会计师事务所及其相关人员能够在其职责范围内及时采取适当的行动。传达的信息应当包括:(1)已实施的监控程序;(2)实施监控程序得出的结论;(3)系统性的、重复出现的或其他重大的缺陷及其整改措施。

向相关项目负责人以外的人员传达已发现的缺陷,通常不指明涉及的具体业务,除非指明具体业务对这些人员适当履行职责是必要的。

(七)监控的记录

会计师事务所应当适当记录下列监控事项:(1)制定的监控程序,包括选取已完成的业务进行检查的程序;(2)对监控程序实施情况的评价;(3)识别出的缺陷,对其影响的评价,是否采取行动以及采取何种行动的依据。

对监控程序实施情况评价的记录包括下列方面:(1)对法律法规、职业道德规范和业务准则的遵守情况;(2)质量控制制度的设计是否适当,运行是否有效;(3)质量控制政策和程序是否已得到适当遵守,以便使会计师事务所和项目负责人能够根据具体情况出具恰当的报告。

(八)投诉和指控的处理

1. 投诉和指控的类型

投诉和指控既可能源自会计师事务所内部,也可能源自会计师事务所外部。会计师事务所应当制定政策和程序,以合理保证能够适当处理针对下列事项的投诉和指控:(1)已实施的工作未能遵守法律法规、职业道德规范和业务准则的规定;(2)未能遵守会计师事务所质量控制制度。

2. 投诉和指控的处置

作为处理投诉和指控过程的一部分,会计师事务所应当设立投诉和指控渠道,以便使会计师事务所人员能够没有顾虑地提出关心的问题。同时,会计师事务所应当按照既定的政策和程序,委派不参与该项业务的具有足够、适当经验和权限的人员负责调查投

诉和指控事项，并对投诉和指控及其处理情况予以记录。必要时，聘请法律专家参与调查工作。

小型会计师事务所可以请具有适当资格的外部人员或其他会计师事务所进行调查。如果调查结果表明质量控制政策和程序在设计或运行方面存在缺陷，或者存在违反质量控制制度的情况，会计师事务所应当按照前述的对缺陷的改进措施予以处理。

本章小结

注册会计师执业准则是用来规范注册会计师执行审计业务、获取审计证据、形成审计结论、出具审计报告的专业标准。我国注册会计师执业准则的建立大致经历了制定执行规则、建立独立审计准则体系，以及对独立审计准则体系进行完善与提高等三个阶段。中国注册会计师执业准则体系的颁布和实施，是审计准则的国际趋同的要求。中国注册会计师执业准则体系包括鉴证业务准则、相关服务准则和会计师事务所质量控制准则三部分。鉴证业务准则由鉴证业务基本准则统领，按照鉴证业务提供的保证程度和鉴证对象的不同，又分为审计准则、审阅准则和其他鉴证业务准则。鉴证业务是指注册会计师对鉴证对象信息提出结论，以提高除责任方之外的预期使用者对鉴证对象信息信任程度的业务，其可进一步分为基于责任方认定的业务和直接报告业务。会计师事务所质量控制准则包括针对业务质量承担的领导责任、职业道德规范、客户关系和具体业务的接受与保持、人力资源、业务执行、业务工作底稿和监控等要素而制定的政策和程序。注册会计师执业准则体系在体现了维护社会公众利益宗旨的同时，还体现了风险导向审计和严格会计师事务所质量控制的要求。

【复习思考题】

1. 我国注册会计师执业准则体系具有什么特点？
2. 注册会计师执业准则国际趋同的必要性和原则是什么？
3. 鉴证业务要素包括哪些方面的内容？
4. 质量控制制度要素包括哪些方面的内容？

【案例分析题】

ABC 会计师事务所对甲公司 2005 年年度财务报表进行了审计。2006 年甲公司破产，监管部门调查发现，ABC 会计师事务所在审计过程中存在以下问题：

(1)甲公司编制合并报表时，未抵销与子公司之间的关联交易，也未按股权协议的比例合并子公司，从而虚增巨额资产和利润。注册会计师未能发现或报告有关重大虚假问题。

(2)注册会计师未能有效执行应收账款函证程序，在审计过程中，将所有询证函交由甲公司发出，而并未要求公司债务人将回函直接寄达注册会计师处；对于无法执行函证程序的应收账款，注册会计师在运用替代程序时，未取得海关报关单、运单、提单等外部证据，仅根据甲公司内部证据便确认公司应收账款。

(3)注册会计师未有效执行分析性测试程序，例如对于甲公司在2005年度主营业务收入大幅增长的同时，生产用电的电费费用却反而降低的情况竟没有发现或报告；面对甲公司2005年度生产卵磷脂的投入产出比率较2004年度大幅下降的异常情况，注册会计师既未实地考察，又没有向专家咨询，而轻信甲公司管理层声称的“生产进入成熟期”。

(4)在对甲公司的子公司进行审计时，审计项目负责人由非注册会计师担任，且注册会计师普遍缺乏外贸业务知识，不具备专业胜任能力。

(5)对于甲公司不符合国家税法规定的异常增值税及所得税政策披露情况，注册会计师没有予以应有的关注；

(6)在收集了真假两种海关报关单后未予以必要关注；对于境外销售合同的行文不符合一般商业惯例的情况，未能予以关注；未收集或严格审查重要的法律文件；未关注重大不良资产；存在以预审代替年审、未贯彻三级复核制度等重大审计程序缺陷。

讨论要求：

(1)说明ABC会计师事务所在对甲公司2005年财务报表审计的过程中，哪些行为违背了注册会计师执业准则的要求，具体违背了哪些要求；

(2)说明ABC会计师事务所在质量控制方面存在哪些问题。

第三章 审计职业道德与法律责任

【本章提示】

学习目标：

通过本章学习，学生能够理解审计职业道德与审计职业法律责任的含义及其重要性，理解审计职业道德的主要内容，理解审计职业法律责任的认定与制裁，了解审计职业防范与规避法律责任的措施与方法。

重要概念：

审计职业道德；诚信；独立性；客观公正；审计责任；会计责任

【引例】

G外高桥审计案件起因

上海外高桥保税区开发股份有限公司（简称G外高桥）是上海市一家有名上市公司，曾与上海地产业的浦东金桥、陆家嘴并称为一嘴两桥。2006年5月11日，G外高桥发布公告称，普华永道中天会计师事务所（简称普华永道中天）在2003年度和2004年度对G外高桥的年度审计过程中，未能保持必要的职业谨慎性，未严格依照审计准则中规定的函证程序进行工作，出具标准意见的审计报告，致使该公司遭受巨大的经济损失。G外高桥公司依据业务委托书约定选择了仲裁的方式，向中国国际经济贸易仲裁委员会（上海分委会）提出仲裁申请。要求普华永道中天事务所承担2亿元的经济损失，并退还两年的全部审计服务费（总计170万元），并由被申请人普华永道承担相应的仲裁和律师等相关费用。该案件引发各界对注册会计师承担法律责任的大讨论。

讨论题：

1. 在本案件中注册会计师审计是否存在过失？
2. 注册会计师在本案件中是否应承担责任？

就独立审计来看，审计是在资产的所有权和经营权相分离形成受托经济责任关系的情况下，基于委托者对委托资产经营状况监督的需要而产生的。审计在资产所有者与经营者之间的委托-代理契约中占有重要的地位，不论是对资产所有者了解资产经营状况，还是经营者展示自己的经营业绩都有着重要意义。而以股份公司为代表的现代企业制度的兴起，以证券市场为代表的现代资本市场的发展，更是把企业经营资产的受托经济责任推向了一个新的高峰。我们可以毫不夸张地说，现代社会是建立在一张巨大的受托责任网络之上的。在这种普遍存在的受托责任关系之网中，委托-代理契约的订立、履行、解除等一系列行为都是与会计信息分不开的。会计信息的质量直接影响到社会公众的经济利益、影响到经济资源的配置效率。在这种情况下，独立审计作为一种有效的控制会计信息质量、反映受托者经营状况的制度安排，更加彰显出它的重要性。而正是由于独立审计对于现代企业、资本市场乃至整个经济环境的重要性，一旦独立审计没有达到预期的目的和效果，即发生审计失败，企业委托-代理契约关系的履行将会受到严重影响。如果这种审计失败的情况是普遍的，那么也许整个资本市场、现代企业制度都将瓦解[①]。那么应当如何避免审计失败呢？一般认为除了制定高质量的审计执业准则外，提高审计人员的职业道德水平、明确审计人员的法律责任对此也有着重要作用。

第一节　审计职业道德概述

一、什么是审计职业道德

(一)职业道德的基本含义

职业是人类分工[②]的产物。在漫长的原始社会中，由于生产力水平极端低下，只有在氏族内部根据性别和年龄的差别存在着一些自然分工。在原始社会后期，由于生产力的发展，社会出现了最初的分工，即农业和畜牧业的分工，随后由于人类对生产工具的需要，出现了农业和手工业的分工。随着生产力的发展，人类社会的分工越来越细，有些人长期专门从事某一种产品的生产或提供某种服务，比如，制陶、铸造、建筑等等。这些人通过这些专门生产或服务来获得自己的生活资料，由此便产生了"职业"。人类社会的发展，在某种程度上说，就是分工的发展。随着社会对劳动分工越来越深地依赖，如何处理职业活动和社会需要的关系，如何处理职业内部成员之间的关系以及与不同职业之间的关系，这些问题就成了执业者必须考虑的问题。在这里，除了法律对执业者的外部他律性规范之外，就是职业范围内所形成的自律性规范要求了，这就是职业道德。职业道德是在职业范围内形成的比较稳定的道德观念、行为规范和道德品质的总和。一方面，它是一般道德结合职业特殊性的具体应用；另一方面，它是调节职业集团与社会各方面关系以及职业集团内部成员之间关系的行为准则，是评价从业人员职业行为是非善恶的标准，对该行业的执业人员具有特殊的约束力。

(二)审计职业道德的含义

根据以上对一般职业道德的阐述，结合审计职业的特殊性，我们可以认为：审计职业道德，就是在审计职业活动中形成的比较稳定的道德观念、行为规范和道德品质的总和。

---

① 会计信息是经济运行中极为重要的信息来源，是降低经济运行中不确定性和风险、维护经济安全的重要工具。注册会计师的鉴证服务对提升会计信息质量和可信任度是极为重要的。美国总统里根在 1987 年美国注册会计师协会成立一百周年的贺信中就曾说过：没有你们，我们的经济和金融市场将会土崩瓦解。

② 西方经济学鼻祖亚当・斯密在《国富论》中对分工(division of labour)给予了高度重视，他认为分工是劳动效率提高的主要原因，甚至是导致经济进步的唯一原因。在《国富论》这本巨著的开篇，亚当・斯密就写道："劳动生产力最大的改进，以及劳动在任何地方运作或应用中所体现的技能、熟练和判断的大部分，似乎都是劳动分工的结果。"——(英)斯密，《国富论》，杨敬年译，西安，陕西人民出版社，1999 年版，第 8 页。

其中道德观念，既包含审计职业所特有的道德观念，例如独立、客观、公正、谨慎等，也包含适用于审计的一般道德观念，如善良、无私、正直、敬业等等。行为规范则是指调节审计职业界内部以及职业界与外部的权利和义务关系的自律性规范机制。道德品质则是指道德观念和行为规范作用于审计职业个体和群体后被公众所认同的外在表现，如诚信、勤勉、负责、高度的专业胜任能力等。审计职业道德与审计职业行为的关系，可以从图 3-1 中看出[①]：

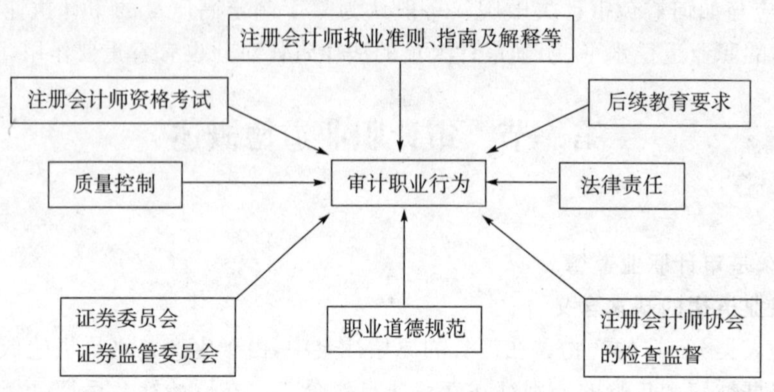

图 3-1　审计职业行为关系图

二、审计职业道德规范

(一)审计职业道德规范发展的历史轨迹

【小案例 3-1】

南海公司是成立于 1711 年的一家特许公司，它的股本是由 900 万英镑的短期国债积聚而成。南海公司也由于对政府的贷款而获得年利 6 厘的利息，并且获得了同南海各国进行贸易的垄断权。随后，南海公司提出再承担 3000 万英镑的国债，由于事先贿赂了财政大臣，南海公司获得许可发行 3000 万英镑的股票筹集资金。南海公司经过大肆渲染，股价迅速升值 9～10 倍，公司也获得了巨额的利益。但是好景不长，该公司经营不善陷入困境(一艘商船沉没)，引起了人们对南海公司真实经营状况的怀疑，当人们得知南海公司并无真实资本时，纷纷抛售该公司股票，南海公司的股价也因此一落千丈，许多投资者损失惨重。为了平息南海公司所引发的经济恐慌，1720 年 9 月，英国议会组织了一个由 13 人组成的特别委员会，对“南海泡沫“事件进行秘密查证，在调查过程中，聘请了一位精通会计实务的会计师——查尔斯·史内尔(Charles Snell)，对南海公司复杂的会计账目进行检查。经过对南海公司的分公司“索布里奇商社”(Sawbridge Company)账目的审计，史内尔于 1721 年编制了一份名为《伦敦市霍斯特·莱恩学校习字教师兼会计师史内尔对索布里奇商社会计账簿进行检查的意见》的审计报告，指出公司存在舞弊行为、会计记录严重不实等问题。议会据此没收了全部董事的财产，并逮捕了一名负有直接责

---

① 林钟高．独立审计理论研究[M]．上海：立信会计出版社，2002：78.

任的经理，同时颁布了《泡沫公司取缔法案》，严格限制股份制公司的成立，该法案直到1825年才被废除。公共会计师职业在英国产生以后，在很长一段时间里是自由发展的。由于公共会计师职业的崇高地位和可观的收入，"1850年以前的审计工作仅仅是通常的会计师业务的一小部分，所谓'会计专家'，就是簿记员、估价人、律师、保险统计员、破产审计员、财产管理人或解散公司清算人"，"甚至一些帽商、酒商、裁缝，以及饭店老板在早期注册审核不严的情况下也混入了公共会计师的队伍，给社会及这一高尚的职业带来灾难，使会计师声誉深受其害。直到19世纪后期，一位律师还评论说："会计师似乎是这样一种人，他们甚至不会算账"①。注册会计师行业的鱼龙混杂使注册会计师的声誉受到了极大损害，也给社会以及注册会计师职业带来了灾难。同时，随着社会对于注册会计师职业的要求进一步提高，1853年，英国成立了第一个会计师协会——爱丁堡会计师协会。此后英国又先后成立了几家会计师协会，对其成员进行资格审查、考试以及培训。从此，英国的注册会计师职业开始了特许制阶段，开创了注册会计师行业自律的先河。其中英格兰-威尔士特许会计师协会从成立伊始就起草了道德标准，其章程阐明协会的成立旨在保证会员达到较高的专业水平，高质量遵守职业道德，及时清除违章会员。

审计职业道德是随着审计职业的诞生而出现的。但是在很长一段时间里，人们并没有对审计职业道德做出具体而系统的规范。即使是审计职业团体成立之后制定的一些审计职业道德准则，也仅仅是依靠职业人员自身的道德品质来维持的，早期的审计人员甚至首先是把审计看作是"道德的"，而不是"科学的"②。然而，人都是理性的，这种依靠自身道德品质来维系的道德标准是不堪一击的。20世纪初期，美国由于经济发展的需要，从事审计服务的人已经成了一个相当大的职业群体，一些不合格的人也自称会计师，招揽业务的广告五花八门，通过不正当手段争抢业务的事件经常发生。为了维护审计职业界的形象，保护整个审计职业，同时也为了维护公众的经济利益，美国的审计职业组织③开始对审计职业道德的形式进行重新思考。

1. 不成文的职业道德规范

在早期，美国审计职业界开始重新思考审计职业道德规范形式时，大多数审计人员都不赞成把职业道德编制成具体的规章制度，他们认为：职业道德主要是精神上的一种追求，在职业道德上的追求是没有止境的。而一旦成文，如果没有遵守规章就会涉及法律责任，那么协会由于各方的压力或自身的利益考虑，只好采取妥协的办法将职业道德

① 郭道扬．会计大典(第2卷)·会计史[M]．北京：中国财政经济出版社，1999：825－826．

② 1896年12月第一次审计人员考试的审计部分的第一题就是：简述审计人员的职责及其责任。参考答案是："在缺乏任何法定或具体的解释时，应该从纯理想和道德的观点来看审计人员的职责和责任……"——Broaker. F. and Chapman. R. ，The American Accountants Manual, Vol. 1, (New York, 1897), p45

③ 当时美国的会计师职业组织名为"美国公共会计师协会"(American Association of Public Accountants，1887年8月20日成立)，在1916年更名为"公共会计师协会"(Institution of Public Accountants)，1917年更名为"美国会计师协会"(American Institution of Accountants，AIA)，1936年10月25日与"美国注册会计师公会"(American Society of Certified Public Accountants，于1921年12月5日成立)合并，并仍保留"美国会计师协会"的名称，1957年更名为"美国注册会计师协会"(American Institution of Certified Public Accountants，AICPA)。

规范按照最低标准制定，而这样反而会降低审计人员的职业道德追求①。

2. 成文的职业道德规范

早在1907年，一位名叫约瑟夫·斯特里特的注册会计师就在他的一篇名为《职业道德标准》的文章中提出，除了一些基本的道德、职业道德原则不需要编入制度规章外，必须制定一部成文的审计职业道德规范。这种观点得到了当时审计职业协会领导人之一——库珀的支持。他认为必须立即制定道德准则，并且每一条可编入道德准则的行为规范都应当编进去，例如，禁止或有收费、制定广告规则等。随着审计诉讼案例的增多及外界舆论的压力，审计职业界发现，审计职业道德如不通过一定的形式对外颁布，只能加重审计人员不应有的责任。同时，也有少数审计人员利用审计职业道德没有具体标准的漏洞，做出种种不道德的行为。在这种情况下，职业界逐渐对制定成文的审计职业道德规范达成共识。

在关于审计职业道德规范的争论趋于共识之后，美国审计职业界便开始进行职业道德准则内容的讨论与制定。蒙哥马利1912年出版的《审计理论与实践》一书中，有一章节讨论了职业道德标准应当包含哪些内容。这一章节被西方审计界认为是有关审计职业道德标准最早也是最有意义的论述。在这一章节里，蒙哥马利指出了两个至今都认为是审计职业道德精髓的基本原则：独立性原则、保密性原则。美国会计师协会(AIA)也于1917年发表了一个较为全面的道德准则，包括8条行为准则。1936年，美国注册会计师公会与美国会计师协会合二为一，并保留后者的名称。统一后的审计职业界明确显示出保护公众利益、提高服务质量的姿态，积极采取行动努力构造和管制会员的行为，对职业道德准则进行了一系列重大修正，于1940年增加到15项准则。

进入20世纪60年代，随着资本市场的国际化、大型跨国公司的发展，审计执业环境发生了重大的变化。《华尔街日报》1966年11月15日的一篇文章估计，仅在1966年后期，就有将近100宗指控审计人员的法律诉讼。美国1968年6月的《幸福》杂志估计，在过去的12个月里，指控审计人员的诉讼案数量足以和过去12年里的诉讼案件数量相比较。而此时法院的判决也不断地扩展了审计人员的法律责任范围。针对这种情况，1967年，美国注册会计师协会的职业道德部(Division of Professional Ethics)发起了对当时的职业道德准则的广泛检查。1972年修正后的职业道德准则制定完毕，并于1973年3月1日正式生效。新准则由职业道德概念、行为规则、行为规则的解释组成。1973年至1977年，新准则又增加了“职业道德裁决”的部分，概括了行为规则及其解释在各种特殊情况下的运用。

到了20世纪80年代，随着经济环境的变化，审计人员又一次迎来了“诉讼爆炸”，在1981年至1985年间，美国17家大型会计师事务所诉讼费用已达两亿美元，同期的保险费用则增加了约一倍；最大的20家会计师事务所每年支付的失职保险费约在3500万至5000万美元之间。法院亦通过判决的方式，进一步扩大了审计人员的责任。比如，在“罗

① 这样的考虑是有道理的。不论是会计准则、审计执业准则，还是职业道德规范等管制制度，都存在着是以具体规则为导向还是以基本原则为导向的两难问题。这两种导向互有利弊。以具体规则为导向制定的制度易于操作，但也容易被规避，导致规范的实际标准降低。原则化的规章制度对于从业人员要求更高，但存在可操作性不强的问题。

森布罗对阿德勒"案(H. Rosenblum Inc. v. Adler, 461A2D 138N. J. 1983)中,法官认为审计人员对依赖其审计意见的任何人负有道义上的责任。这个判决,使习惯法基础上审计人员应承担的过失责任扩大到了可预见的各个方面。在这种情况下,美国注册会计师协会于1983年10月成立了注册会计师职业行为特别委员会(即安德森委员会),来考察变化着的经济、社会、法律和监管环境,评估现行道德准则的相关性和有效性,评价协会在制定准则方面所起的作用,并提出对策。1986年7月,安德森委员会发布了最终报告。根据安德森报告的建议,1988年美国注册会计师协会对职业道德准则进行了全面的修正,将"职业道德准则"更名为"职业行为准则",形成了今天美国的注册会计师职业道德规范体系①。

国际会计师联合会(IFAC)作为一个国际性的会计职业组织,其角色是提供指南、提倡连续性、提高协调性。1992年国际会计师联合会制定了《职业会计师道德守则》,作为对各国职业会计师职业道德要求(包括职业道德守则、细则、指南、行为准则等)的基础,为各国的职业会计师职业道德指南提供一个范例,为职业会计师建立了行为准则,并阐述了为实现共同目标,职业会计师应遵守的一些基本原则。

我国注册会计师协会也于1992年发布了《中国注册会计师职业道德守则(试行)》;1996年12月26日,经财政部批准,发布了《中国注册会计师职业道德基本准则》;2002年6月25日,发布了《中国注册会计师职业道德规范指导意见》;为满足新环境的要求并与国际趋同,中国注册会计师协会于2009年10月14日印发了《中国注册会计师职业道德守则》和《中国注册会计师协会非执业会员职业道德守则》,自2010年7月1日起实施。

(二)审计职业道德规范内容比较

1. 美国注册会计师协会的职业道德规范

美国注册会计师协会的《职业行为准则》由四个部分构成:原则、行为规则、行为规则的解释、职业道德裁定。

(1)原则　表述了该职业承认自己对公众、委托人和同行承担责任。包括责任、公众利益、正直、客观性和独立性、应有谨慎、服务的范围和性质这6条原则。这些原则指导会员履行其职业责任,并表述了合乎道德和专业要求的行为的基本原则。要求会员承诺即使牺牲自我利益也要始终不渝地实施正当行为。

(2)行为规则　行为规则是依照原则的框架建立的,是会员履行专业服务中应当遵循的最低标准。

(3)行为规则的解释　用来为行为规则的范围与应用提供指导方针。行为规则解释不具有强制性,但任何会员凡有违反这些指导方针的,都有义务在任何纪律听证会上解释其违规行为。

(4)职业道德裁定　职业道德裁定由正式判例组成,它总结了行为规则和行为规则解释在特定情况下的应用,不具有强制性,但凡是会员在相似情况下违背这些裁定的,将按要求说明其违背这些裁定的理由。

---

① 在1992年1月14日,美国注册会计师协会对职业行为准则作了一些修订,主体内容未变,增加了说明段落"其他指导",并在规则部分对独立性、或有收费、佣金等内容进行了必要的扩充。

2. 国际会计师联合会的职业道德规范

国际会计师联合会制定的《职业会计师道德守则》分为三个部分：

第一部分适用于所有职业会计师。这里的职业会计师是指国际会计师联合会组织的成员，不论其是否执行公共业务（包括个人执业者、合伙所或公司），还是在工业部门、商业部门、政府部门或教育部门工作。这一部分内容实际上就是职业道德规范的原则及其具体解释，包括正直、客观、专业胜任能力与应有谨慎、保密、职业行为等。

第二部分适用于执行公共业务的职业会计师。执行公共业务的职业会计师是指向客户提供各种专业服务（不论其职能类别如何，如审计、税务或咨询）的合伙人、相似职位的人或事务所的雇员，以及在执业过程中负有管理职责的职业会计师。该词也经常指从事公共业务的会计师建立的事务所。这一部分包括对职业聘任、利益冲突、参照意见、收费与其他类型报酬、出售专业服务、礼品与款待、客户资产保管、客观性——所有业务、独立性——鉴证业务等的规范。

第三部分适用于受雇职业会计师。受雇职业会计师是指受雇于工业部门、商业部门、政府部门或教育部门的职业会计师。包括对潜在冲突、信息的编制与报告、专业胜任能力、财务利益、激励等方面的规范。

（三）中国注册会计师协会的职业道德规范

为了满足新环境对注册会计师职业道德提出的新要求，并充分借鉴国际职业会计师道德守则的最新成果，实现职业道德守则的国际趋同，中国注册会计师协会于 2009 年 10 月 14 日印发了《中国注册会计师职业道德守则》和《中国注册会计师协会非执业会员职业道德守则》，自 2010 年 7 月 1 日起实施。

其中，《中国注册会计师职业道德守则》包括五个组成部分，即《中国注册会计师职业道德守则第 1 号——职业道德基本原则》《中国注册会计师职业道德守则第 2 号——职业道德概念框架》《中国注册会计师职业道德守则第 3 号——提供专业服务的具体要求》《中国注册会计师职业道德守则第 4 号——审计和审阅业务对独立性的要求》《中国注册会计师职业道德守则第 5 号——其他鉴证业务对独立性的要求》。主要有以下特点：一是全面规范了注册会计师的职业道德行为。《职业道德守则》涵盖了注册会计师业务承接、收费报价、专业服务工作的开展等所有环节可能遇到的与保持职业道德相关的情形，分别提出了明确的要求。二是突出强调了注册会计师行业的社会责任。《职业道德守则》特别强调注册会计师的独立性问题，对注册会计师如何保持独立性、如何处理与审计客户的利益冲突，切实做到独立、客观、公正执业，给予了详尽指导和要求，并对涉及公众利益的审计项目（比如上市公司审计等），向注册会计师提出了更高的职业道德要求。三是为注册会计师解决职业道德遇到的问题提供了方法指导。《职业道德守则》就如何识别对职业道德产生不利影响的情形，如何评价各种情形对职业道德的影响和危害程度，以及如何采取有效的防范措施解决这些不利影响等等，给予了具体的方法指导。四是实现了与国际会计师职业道德守则的全面趋同。《职业道德守则》涵盖了国际会计师职业道德守则对注册会计师的所有要求和内容，是我国继审计准则国际趋同后，在职业道德准则方面实现趋同的重大行动，体现了我国对国际准则持续全面趋同的主张和承诺。

此外，为了规范非执业会员从事专业服务时的职业道德行为，促使其更好地履行相应的社会责任，维护公众利益，中国注册会计师协会同时发布了《中国注册会计师协会非执业会员职业道德守则》。该守则从职业道德基本原则、职业道德概念框架、潜在冲突、信息的编制和报告等方面作出规定。

第二节　审计职业道德的基本原则

一、美国审计职业道德的基本原则

美国注册会计师协会在《职业行为准则》中，提出了以下六项原则：

(1)责任　作为执业者在履行其职责时，会员对其所有活动均应做出敏感的职业及道德判断。

(2)公众利益　会员应接受按以下方式行动的义务，即服务于公众利益、不辜负公众的信任、证明对职业化的承诺。

(3)正直　为了维护与提高公众的信任，会员应以最高程度的正直感履行其所有的职业责任。

(4)客观性与独立性　会员应在履行职业责任的过程中保持客观性，免于利益冲突。公开执业的会员在提供审计及其他鉴证服务时应在实质上和形式上皆独立。

(5)应有的谨慎　会员应当遵守职业技术及道德标准，为提高胜任能力及服务质量而不断努力，并尽其所能来履行其职业责任。

(6)服务的范围和性质　公开执业的会员在决定提供服务的范围和性质时，应遵循职业行为准则的原则。

二、国际会计师联合会的审计职业道德原则

国际会计师联合会在《职业会计师道德准则》中指出，为了达到会计职业的目标，职业会计师必须遵守大量的必备条件或基本原则。这些基本原则如下：

(1)正直　职业会计师在执行职业服务时必须坦率、诚实。

(2)客观　职业会计师不能容许偏见、利益冲突或他人的不恰当影响左右其职业或职务判断。

(3)专业胜任能力与应有的谨慎　职业会计师对保持专业知识和技能在一定水平上有持续的义务，以便确保客户或雇主在实务、法规和技术的新进展方面获得满意的专业服务。职业会计师在提供专业服务时应当工作勤勉、遵守现有的技术和职业准则。

(4)保密　职业会计师必须对职业或职务关系中获得的信息严加保密，未经适当或特别授权，不得对第三方泄露任何这些信息，除非法律或职业权力或职责要求披露。职业或职务关系中获得的机密信息不得用于为职业会计师或第三方谋取个人利益。

(5)职业行为　职业会计师应当遵守法律和规章，戒绝任何有损于职业声誉的行为。

三、我国审计职业道德基本原则

《中国注册会计师职业道德守则第 1 号——职业道德基本原则》中明确规定，我国的

审计职业道德基本原则有以下几个方面：

(1)诚信　注册会计师应当在所有的职业活动中，保持正直，诚实守信。注册会计师如果认为业务报告、申报资料或其他信息存在下列问题，则不得与这些有问题的信息发生牵连：含有严重虚假或误导性的陈述；含有缺少充分依据的陈述或信息；存在遗漏或含糊其辞的信息。注册会计师如果注意到已与有问题的信息发生牵连，应当采取措施消除牵连。

(2)独立性　注册会计师执行审计和审阅业务以及其他鉴证业务时，应当从实质和形式上保持独立性，不得因任何利害关系影响其客观性。会计师事务所在承办审计和审阅业务以及其他鉴证业务时，应当从整体层面和具体业务层面采取措施，以保持会计师事务所和项目组的独立性。

(3)客观和公正　注册会计师应当公正处事、实事求是，不得由于偏见、利益冲突或他人的不当影响而损害自己的职业判断。如果存在导致职业判断出现偏差，或对职业判断产生不当影响的情形，注册会计师不得提供相关的专业服务。

(4)专业胜任能力和应有的关注　注册会计师应当通过教育、培训和执业实践获取和保持专业胜任能力。注册会计师应当持续了解并掌握当前法律、技术和实务的发展变化，将专业知识和技能始终保持在应有的水平，确保为客户提供具有专业水准的服务。在应用专业知识和技能时，注册会计师应当合理运用职业判断。注册会计师应当保持应有的关注，遵守执业准则和职业道德规范的要求，勤勉尽责，认真、全面、及时地完成工作任务。注册会计师应当采取适当措施，确保在其领导下工作的人员得到适当的培训和督导。注册会计师在必要时应当使客户以及业务报告的其他使用者了解专业服务的固有局限性。注册会计师应具有专业胜任能力与应有的职业谨慎。专业胜任能力要求审计人员具有充分的专业知识、技能和经验，以便经济、高效地为客户提供专业服务。应有的职业谨慎要求审计人员在执业过程中谨慎地评价所获取证据的有效性，对可疑证据保持高度的警觉。

(5)保密　注册会计师应当对职业活动中获知的涉密信息保密，不得有下列行为：①未经客户授权或法律法规允许，向会计师事务所以外的第三方披露其所获知的涉密信息；②利用所获知的涉密信息为自己或第三方谋取利益。注册会计师应当对拟接受的客户或拟受雇的工作单位向其披露的涉密信息保密。注册会计师应当对所在会计师事务所的涉密信息保密。注册会计师在社会交往中应当履行保密义务，警惕无意中泄密的可能性，特别是警惕无意中向近亲属或关系密切的人员泄密的可能性。注册会计师应当采取措施，确保下级员工以及提供建议和帮助的人员履行保密义务。在终止与客户的关系后，注册会计师应当对以前职业活动中获知的涉密信息保密。如果获得新客户，注册会计师可以利用以前的经验，但不得利用或披露以前职业活动中获知的涉密信息。在下列情形下，注册会计师可以披露涉密信息：①法律法规允许披露，并取得客户的授权；②根据法律法规的要求，为法律诉讼、仲裁准备文件或提供证据，以及向监管机构报告所发现的违法行为；③在法律法规允许的情况下，在法律诉讼、仲裁中维护自己的合法权益；④接受注册会计师协会或监管机构的执业质量检查，答复其询问和调查；⑤法律法规、执业准则和职业道德规范规定的其他情形。在决定是否披露涉密信息时，注册会计师应当考虑下列因素:①客户同意披露的涉密信息,是否为法律法规所禁止;②如果客户同意披露涉密信息,是否会损害利害关系人的利益;③是否已了解和证实所有相关信息;④信息披露的方式和对象;⑤可能承担的法律责任和后果。

(6)良好职业行为　注册会计师应当遵守相关的法律法规,避免发生任何损害职业声誉的行为。注册会计师在向公众传递信息以及推介自己和工作时,应当客观、真实、得体,不得损害职业形象。注册会计师应当诚实、实事求是,不得有下列行为:①夸大宣传提供的服务、拥有的资质或获得的经验;②贬低或无根据地比较其他注册会计师的工作。

第三节　诚信与独立性

诚信是审计职业的基础,独立性是审计职业的精髓,两者都是审计职业生存和发展的基石。没有诚信,失去独立性,审计就会因不能获得公众的信任而失去其存在的价值。

一、诚信

(一)诚信为本

诚信是指诚实、守信,是注册会计师行业的立业之本和执业之基。诚信是注册会计师职业道德的精髓,是其道德准则、道德情操与道德品质的基本要求和价值体现。注册会计师专业技能、精神品质和社会责任的体现和发挥,最基本、最重要的要求就是诚信。没有诚信,注册会计师行业维护社会公众利益的根本宗旨就无从谈起,只有在诚信的基础上,注册会计师的专业技能才有服务于经济社会的广阔天地。

(二)注册会计师诚信缺失的危害

第一,危害社会经济秩序。市场经济是一种信用经济,信用是一切经济活动的基础。当前我国有些地方会计资料失真,践踏信用的现象屡屡发生。这将直接影响国家税收,导致各项经济指标失真,最终导致国家经济政策与实际偏离,影响国家的方针政策,危害市场经济秩序。

第二,损害投资者的利益,减弱了投资者的信任度。注册会计师提供的信息失真将直接导致投资者的利益得不到保障。投资者主要依据的是经审计后公布的会计报表,而会计报表的失真,将直接导致投资者的利益受到损失。

第三,危害注册会计师本身。注册会计师不诚信,轻者不得从事会计职业,重者将受到法律的制裁。2001 年 8 月初,银广夏通过伪造金融票据案例就是一个典型。诚信对注册会计师来说是生存的基础,关系着会计师在这个行业的名誉与社会地位。

(三)治理诚信问题的对策

第一,建立会计信用中介机构,完善会计信息的供给制度。建立会计信用中介机构,审核供给者的诚信度和会计信息的质量,并据此评出信用等级;完善会计信息的供给制度,包括会计信息的披露、对会计信息的审核和对供给者的监督,以保证所提供会计信息的质量。

第二,完善公司治理结构。建立现代企业制度,真正做到政企分开,产权明晰,责任明确,管理科学。完善产权制度,进一步健全董事会,建立审计委员会和股东对经营管理者的强有力监督和制约机制，切实维护中小股东利益；完善公司内部会计控制体系，规范公司财务行为。

第三，建立民事赔偿制度，提高造假成本。一是加大惩罚力度，对恶意造假者，加大经济和刑事处罚力度。二是尽快建立民事赔偿制度，对参与造假者，只要公民的合法利益受到侵害，受害人都可以提起诉讼。三是实行市场退出机制，让不遵守行业操守的企业或个人退出行业。

第四，加强注册会计师职业道德管理，建立诚信档案。为保证注册会计师职业道德准则的实施，应当设立专职机构或配备专职人员，对执业机构和执业人员履行职业道德准则的情况进行检查，把优秀的和不良的都记入诚信档案，作为奖优罚劣的依据。

二、独立性

(一)独立性的内容

独立性是审计职业的灵魂，独立审计的产生与发展都同独立性有着密不可分的关系。审计人员究竟应当满足何种要求才能称得上保持了独立性呢？对此已经有许多学者和机构做出阐述。

莫茨与夏拉夫在《审计理论结构》中指出，审计的独立性包含两个方面："一是审计人员在实施过程中事实上的独立；二是审计人员作为一种事业团体在外观上的独立性。"这就是"实务人员独立性和职业的独立性"。

托马斯·G. 希金斯认为："注册会计师必须拥有的独立性，实际上有两种，即实质上的独立性和形式上的独立性。"所谓形式上的独立性，又称为"形体"独立性、"外在"独立性、"表面"独立性，是指审计人员必须与被审查企业或个人没有任何特殊的利益关系，如不得拥有被审企业股权或担任其高级职务，不能是企业的主要贷款人、资产受托人或与管理当局有亲属关系，等等。否则，就会影响审计人员公正地执行业务。所谓实质上的独立性，又称为"精神"独立性、"内在"独立性、"事实"独立性，即认为独立性是一种精神状态、一种自信心，以及在判断时不依赖和屈从于外界的压力和影响。它要求审计人员在执业过程中严格保持超然性，不能主观袒护任何一方当事人，尤其不应使自己的结论依附或屈从于持反对意见的利益集团或人士的影响和压力。

国际会计师联合会制定的《职业会计师道德准则》指出：注册会计师在从事审计任务时，应在实质上和形式上没有任何被认为影响独立、客观、公正地执行业务的利益，无论这种利益的实际影响会怎样。

《中国注册会计师职业道德守则》也规定：注册会计师执行审计和审阅业务以及其他鉴证业务时，应当从实质和形式上保持独立性，不得因任何利害关系影响其客观性。会计师事务所在承办审计和审阅业务以及其他鉴证业务时，应当从整体层面和具体业务层面采取措施，以保持会计师事务所和项目组的独立性。所谓实质的独立性，是要求注册会计师与委托单位之间必须实实在在地毫无利害关系，本质上是指注册会计师在审计过程中保持的一种公正无偏的态度，一种在履行专业和发表审计意见时不依赖和屈服于外界压力的精神状态。它要求注册会计师在执业过程中严格保持超然独立性，不能偏袒任何当事人，尤其不应该使自己的结论依附或屈从于持反对意见的利益集团或人士的影响与压力。所谓形式上的独立性，是对第三者而言的，即注册会计师必须在第三者面前呈现一种独立于委托单位的身份。简言之，就是注册会计师、委托单位、会计信息使用者之间是各自独立的，三者之间是没有任何联系的。如果注册会计师具备了实质上的独立性，但是报表使用者却认为他们是客户的辩护人，审计的作用就会大大降低甚至是毫无价值。因此，报表使用者对这种实质上的独立性的信任也很重要。这种信任使得注册会计师必须具备形式上的独立。具体是审计人员必须与被审计单位没有任何特殊的利益关系，如不得在客户中有直接经济利益、不能是客户的贷款人、不得与客户存在近亲关系等。实质上的独立性和形式上的独立性是两个不同的概念，但又是密不可分的。实质上的独立性是无形的，难以测量的；而形式上的独立性是有形的，可以观察的。注册会计师在执行审计时，不仅要保持实质上的独立性，而且要保持形式上的独立性。因为实质上的独立性只有当注册会计师在整个审计过程中真正保持中立时才成立，而形式上的独立性则是社会公众对注册会计师独立性评判的结果。在现实中，即使注册会计师事实上保持了实质上的独立性，但如果社会公众认为其偏袒了委托人或其他任何一方而有悖于形式上的独立，则审计结果再正确也是徒劳的，他的服务也是没有价值的。因此，形式上的独立性是实质上的独立性的重要保证，也是社会公众评价注册会计师工作，进而决定对注册会计师信赖与否的标准。

上述的这些观点，基本上阐明了审计人员的独立性包含两个部分内容——实质上的独立性与形式上的独立性。审计人员若在整个审计过程中均能实际保持不偏不倚的态度，则其就具有了实质上的独立性，形式上的独立性则是他人对审计人员独立性的要求。如果他人对审计人员的独立性产生怀疑，那么即使审计人员实质上是独立的，审计职能的大部分价值将随之丧失。而正是因为实质上的独立与否难以衡量，在许多情况下只有通过形式上的独立来体现和保证审计人员的独立性。

(二)影响独立性的要素

可能损害独立性的因素包括经济利益、自我评价、关联关系和外界压力等。

1. 经济利益

会计师事务所和审计人员应当考虑经济利益对独立性的损害，可能损害独立性的情形主要包括：

① 与鉴证客户存在专业服务收费以外的直接经济利益或重大的间接经济利益；

② 收费主要来源于某一鉴证客户；

③ 过分担心失去某项业务；

④ 与鉴证客户存在密切的经营关系；

⑤ 对鉴证业务采取或有收费的方式；

⑥ 可能与鉴证客户发生雇佣关系。

2. 自我评价

会计师事务所和审计人员应当考虑自我评价对独立性的损害，可能损害独立性的情形主要包括：

① 鉴证小组成员曾是鉴证客户的董事、经理、其他关键管理人员或能够对鉴证业务产生直接重大影响的员工；

② 为鉴证客户提供直接影响鉴证业务对象的其他服务；

③ 为鉴证客户编制属于鉴证业务对象的数据或其他记录。

3. 关联关系

会计师事务所和审计人员应当考虑关联关系对独立性的损害，可能损害独立性的情形主要包括：

① 与鉴证小组成员关系密切的家庭成员是鉴证客户的董事、经理、其他关键管理人员或能够对鉴证业务产生直接重大影响的员工；

② 鉴证客户的董事、经理、其他关键管理人员或能够对鉴证业务产生直接重大影响的员工是会计师事务所的前高级管理人员；

③ 会计师事务所的高级管理人员或签字注册会计师与鉴证客户长期交往；

④ 接受鉴证客户或其董事、经理、其他关键管理人员或能够对鉴证业务产生直接重大影响的员工的贵重礼品或超出社会礼仪的款待。

4. 外界压力

会计师事务所和审计人员应当考虑外界压力对独立性的损害，可能损害独立性的情形主要包括：

① 在重大会计、审计等问题上与鉴证客户存在意见分歧而受到解聘威胁；

② 受到有关单位或个人不恰当的干预；

③ 受到鉴证客户降低收费的压力而不恰当地缩小工作范围。

(三)维护独立性的措施

当识别出损害独立性的因素时，会计师事务所和审计人员应当采取必要的措施以消除影响或将其降至可接受水平。

1. 从整体上维护独立性

会计师事务所应当从整体上维护其独立性。维护独立性的措施主要包括：

① 会计师事务所的高级管理人员重视独立性，并要求鉴证小组成员保持独立性；

② 制定有关独立性的政策和程序，包括识别损害独立性的因素、评价损害的严重程度以及采取相应的维护措施；

③ 建立必要的监督及惩戒机制，以促使有关政策和程序得到遵循；

④ 及时向所有高级管理人员和员工传达有关政策和程序及其变化；

⑤ 制定能使员工向更高级别人员反映独立性问题的政策和程序。

2. 承办具体业务中维护独立性

在承办具体鉴证业务时，会计师事务所应当维护其独立性。维护独立性的措施主要包括：

① 安排鉴证小组以外的注册会计师进行复核；

② 定期轮换项目负责人及签字注册会计师；

③ 与鉴证客户的审计委员会或监事会讨论独立性问题；

④ 向鉴证客户的审计委员会或监事会告知服务性质和收费范围；

⑤ 制定确保鉴证小组成员不代替鉴证客户行使管理决策或承担相应责任的政策和程序；

⑥ 将独立性受到损害的鉴证小组成员调离鉴证小组。

当维护措施不足以消除损害独立性因素的影响或将其降至可接受水平时，会计师事务所应当拒绝承接业务或解除业务约定。

第四节　审计职业道德的其他重要因素

一、专业胜任能力

专业胜任能力是指审计人员同意提供服务，就意味着他有从事职业服务所需的能力。他将会足够谨慎和勤勉地运用专业知识、技能与经验为客户服务。为了具有足够的专业胜任能力，审计人员应当做到以下几点：

第一，应当通过教育、培训和执业实践保持和提高专业胜任能力。审计人员必须以应有的谨慎、胜任能力与勤奋提供专业服务，他有义务保持一定水平的专业知识和技能，从而保证客户获得高质量的服务。专业胜任能力可分成两个阶段。其一是获得专业胜任能力。获得专业胜任能力首先需要接受普通高等教育，然后是专业教育、培训和相关专业的考试，此外，无论规定与否，还需一段时间的工作经验。这是审计人员成长的正常情形。其二是保持专业胜任能力，分为两个方面：一是保持专业胜任能力需要时时关注专业知识、技能、经验等的新发展，包括相关的国家和国际会计、审计公告，其他相关的规定和法律规定；二是审计人员应采取与相应的国家和国际公告相一致的措施，以保证对其所提供的职业服务进行质量控制。

第二，不得宣称自己具有本不具备的专业知识、技能或经验。

第三，不得提供不能胜任的专业服务。审计人员必须拒绝提供他们无力完成的服务，除非能取得充分的建议和帮助能保证这项服务令人满意地得到执行。

第四，在提供专业服务时，审计人员可以在特定领域请专家协助其工作。如果审计人员没有能力完成专业服务中的某一特定部分，他必须向专家，诸如其他审计人员、律师、精算师、工程师、数学家和评估师等寻求技术帮助。

第五，在请专家协助工作时，审计人员应当对专家遵守职业道德的情况进行监督和指导。审计人员对专业服务负有最终责任，因此必须对所聘用的专家工作负责。由于其他专家不一定了解审计过程中的职业道德要求，审计人员需要对专家遵守职业道德的情况进行监督和指导。这些督导措施可能包括以下几点：

(1)要求这些人员阅读适当的道德规范；

(2)要求这些人员对道德规范的理解提供书面确认；

(3)在出现潜在冲突时提供咨询。

二、保密性

保密性同独立性一样，是审计职业必须遵循的两个基本原则之一。如果审计人员在接受委托后不能保守客户的秘密，那么客户就会认为其利益没有得到很好的维护，就会产生对审计人员某种程度的不信任。客户若对审计人员能否保密持怀疑态度，则审计人

员与客户之间的合约关系将无法维持，或者向审计人员提供不完全的信息，审计人员以此信息为基础做出的报告，无论对客户还是对公众都有百害而无一利。

对此，我国审计职业道德规范中规定审计人员必须做到以下几点：

一是应当对在执业过程中获知的客户信息保密，这一保密责任不因业务约定的终止而终止；

二是应当采取措施，确保业务助理人员和专家遵守保密原则；

三是不得利用在执业过程中获知的客户信息为自己或他人谋取不正当的利益。

但是，保密性又是相对的，为了维护公众的利益，我国审计职业道德规范规定，审计人员在以下条件下，可以披露客户的有关信息：

一是取得客户的授权；

二是根据法规的要求，为法律诉讼准备文件或提供证据，以及向监管机构报告发现的违反法规行为；

三是接受同业复核以及注册会计师协会和监管机构依法进行的质量检查。

同时，审计人员在决定披露客户的有关信息时，应当考虑以下因素：其一，是否了解和证实了所有相关信息；其二，信息披露的方式和对象；其三，可能承担的法律责任和后果。

三、收费与佣金

审计人员提供专业服务，理应从客户处获得相应的报酬。但是从客户处取得报酬，即对客户产生了某种程度上的依赖关系。因此，为了维护审计人员的独立性、维护公众利益，对于审计服务的收费与佣金，我国职业道德规范有以下规定：

(一)确定收费时应考虑的因素

审计人员在确定收费时，应当考虑以下因素，以客观反映为客户提供专业服务的价值：

(1)专业服务所需的知识和技能；

(2)所需专业人员的水平和经验；

(3)每一专业人员提供服务所需的时间；

(4)提供专业服务所需承担的责任。

在专业服务得到良好的计划、监督及管理的前提下，收费通常以每一专业人员适当的小时费用率或日费用率为基础计算。专业服务的收费依据、收费标准及收费结算方式与时间应在业务约定书中予以明确。

如果收费报价明显低于前任审计人员或其他会计师事务所的相应报价，会计师事务所应当确保：

(1)在提供专业服务时，工作质量不会受到损害，并保持应有的职业谨慎，遵守执业准则和质量控制程序；

(2)客户了解专业服务的范围和收费基础。

(二)或有收费

除法规允许外，会计师事务所不得以或有收费方式提供鉴证服务，收费与否或收费多少不得以鉴证工作结果或实现特定目的为条件。所谓或有收费，是指审计人员的工作报酬，不是按其投入的工作时数而定，而是根据审计人员提供职业服务以后是否让客户得到了特定的结果或效果，或依据这些服务给客户带来的结果或效果而定。或有收费的存在，表明审计人员与客户之间存有共同的财务利益，会对其独立性产生不利影响，因此，除非特有情况，审计人员的鉴证服务不得以或有收费方式进行。在这一点上，审计职业界达成共识已经有数十年的历史，如今在国际上也普遍认可。

（三）佣金

审计人员通过向某些人员支付介绍费来扩展业务，或通过介绍他人的产品或服务而收取佣金，可能会使审计人员面临某种利益冲突，进而影响其独立性。因此，必须对佣金做出相应的规范。我国审计职业道德规范中规定：

其一，会计师事务所和审计人员不得为招揽客户而向推荐方支付佣金，也不得因向第三方推荐客户而收取佣金。

其二，会计师事务所和审计人员不得因宣传他人的产品或服务而收取佣金。

四、与审计鉴证业务不相容的工作

审计人员为了维护公众利益、客户利益与自身的职业形象，不得从事有损于或可能有损于其独立性、客观性、公正性或职业声誉的业务、职业或活动。

（一）非审计鉴证服务

在审计人员提供审计鉴证服务时，应当对其向客户提供的非鉴证服务与鉴证服务是否相容做出评价。与审计鉴证服务不相容的服务主要有以下两项：

1. 咨询服务

这里的咨询服务包括评估服务、IT 系统服务、法律服务、编制财务报表、管理咨询等服务。我国职业道德准则明确规定：会计师事务所不得为上市公司同时提供编制会计报表和审计服务。对于客户咨询服务，如果超出一定的范围与限度，很可能会影响审计人员的独立性。围绕审计人员为同一客户既提供审计服务又提供管理咨询服务是否影响其独立性的争论，是 20 世纪 60 年代美国审计职业界制定道德准则的最主要的现实问题。在这场争论中，美国注册会计师协会道德委员会站在“可兼容论”一方，并制定了相应的职业道德准则。20 世纪末，国际上一些大型会计师事务所的管理咨询收费纷纷超过审计鉴证收费而成为其主要收入来源。但是，在安然事件等一系列财务丑闻披露后，公众对各大会计师事务所既提供审计服务又提供管理咨询服务的现象大加批评，认为正是过多的管理咨询等非审计服务导致了审计失败。随后，美国 2002《萨班斯-奥克斯利法案》对事务所从事非审计服务做了严格的限制，各大会计师事务所只得对其咨询业务部门进行分拆与出售。

2. 代理记账

在审计实务当中，一些客户，尤其是小公司，其经营规模太小，难以设立单独的内部会计核算部门。由于会计师事务所自动化程度极高，在账务处理及保存财务记录方面有着比客户自己聘请会计人员更高的效率（及更低的费用），因此，一些小公司开始利用会计师事务所审计人员的服务以降低成本。但是，如果审计人员同时为公司提供审计服务，那么就会出现明显的“自我评价”现象，影响了审计的独立性。

（二）在公司任职

审计人员在公司中曾经拥有或正拥有一定的职位，诸如担任公司的董事会成员、高

级管理人员或员工,同样容易出现“自我评价”的现象,其独立评价该公司财务报表的能力就极易受到影响。即使其实质上的独立性并未由于担任此类职位而受到影响,但由于频繁地与公司的管理当局及其决策者相接触,形式上的独立便无法保持。会使报表使用者认为他们与公司有利益关联,从而对其独立性产生怀疑。现实社会中出现的许多案例都表明,审计人员在被审计客户中任职,确实会对其独立性造成伤害,影响其职业判断,最终损害公众利益。

因此,我国审计职业道德规范规定:会计师事务所的高级管理人员或员工不得担任鉴证客户的董事(包括独立董事)、经理或其他关键管理职务。

五、接任前任审计人员的审计业务

委托单位有时出于种种原因,可能辞去一家过去为其提供服务的会计师事务所,转而聘请另一家会计师事务所,或者在一家事务所某项业务尚未完成的情况下就变更为其提供服务的会计师事务所。《中国注册会计师审计准则第 1152 号——前后任注册会计师的沟通》中阐明:前任注册会计师,是指代表会计师事务所对最近期间财务报表出具了审计报告或接受委托但未完成审计工作,已经或可能与委托人解除业务约定的注册会计师。后任注册会计师,是指代表会计师事务所正在考虑接受委托或已经接受委托,接替前任注册会计师执行财务报表审计业务的注册会计师。

关于接任前任审计人员审计业务,我国的审计职业道德规范规定如下:

(1)后任注册会计师在接任前任注册会计师的审计业务时不得蓄意侵害前任注册会计师的合法权益。

(2)在接受审计业务委托前,后任注册会计师应当向前任注册会计师询问审计客户变更会计师事务所的原因,并关注前任注册会计师与审计客户之间在重大会计、审计等问题上可能存在的意见分歧。

(3)后任注册会计师应当提请审计客户授权前任注册会计师对其询问做出充分的答复。

如果审计客户拒绝授权,或限制前任注册会计师做出答复的范围,后任注册会计师应当向审计客户询问原因,并考虑是否接受业务委托。

(4)前任注册会计师应当根据所了解的情况对后任注册会计师的询问做出及时、充分的答复。

如果受到审计客户的限制或存在法律诉讼的顾虑,决定不向后任注册会计师做出充分答复,前任注册会计师应当向后任注册会计师表明其答复是有限的。

(5)如果审计客户委托注册会计师对已审计会计报表进行重新审计,接受委托的注册会计师应视为后任注册会计师,而之前已发表审计意见的注册会计师则视为前任注册会计师。

(6)如果后任注册会计师发现前任注册会计师所审计的会计报表存在重大错报,应当提请审计客户告知前任注册会计师,并要求审计客户安排三方会谈,以便采取措施进行妥善处理。

六、广告、业务招揽和宣传

广告、业务招揽和宣传在市场经济中对于促进市场信息交流、沟通,降低交易双方的交易费用有着重要的作用。但是，正是由于审计职业相对于其他职业的特殊性——审计服务不仅仅涉及审计人员与客户双方的利益，而且直接涉及社会公众的利益，需要对审计职业的广告、业务招揽以及宣传行为做出规范。就目前来看，国际上许多国家都对此做出了相应的规范。我国的审计职业道德规范中规定如下：

(1)注册会计师应当维护职业形象，在向社会公众传递信息时，应当客观、真实、得体。

(2)会计师事务所不得利用新闻媒体对其能力进行广告宣传，但刊登设立、合并、分立、解散、迁址、名称变更、招聘员工等信息以及注册会计师协会为会员所做的统一宣传不在此限。

(3)会计师事务所和注册会计师不得采用强迫、欺诈、利诱或骚扰等方式招揽业务。

(4)会计师事务所和注册会计师在招揽业务时不得有以下行为：

① 暗示有能力影响法院、监管机构或类似机构及其官员；

② 做出自我标榜的陈述，且陈述无法予以证实；

③ 与其他注册会计师进行比较；

④ 不恰当地声明自己是某一特定领域的专家；

⑤ 作出其他欺骗性的或可能导致误解的声明。

(5)会计师事务所和注册会计师进行宣传时，不得有以下行为：

① 利用政府委托或特别奖励谋取不正当利益；

② 当会计师事务所将其名称、地址、电话号码以及其他必要的联系信息载入电话簿、信纸或其他载体时，含有自我标榜的措辞；

③ 当注册会计师就专业问题参与演讲、访谈或广播、电视节目时，抬高自己及其会计师事务所；

④ 当会计师事务所通过新闻媒体发布招聘信息时，含有抬高自己的成分。

(6)会计师事务所可以将印制的手册向客户发放，也可以应非客户的要求向非客户发放，但手册的内容应当真实、客观。

(7)注册会计师在名片上可以印姓名、专业资格、职务及其会计师事务所的地址和标识等，但不得印社会职务、专家称谓以及所获荣誉等。

第五节　审计职业法律责任概述

当一种职业的“外部性”较大，即与公众的人身、财产安全等密切相关时，就有必要对这种职业在执业过程中所承担的责任在法律中做出特别的说明，比如医生、律师等职业[①]。审计职业也是如此。审计法律责任一般由于审计人员专业胜任能力不足、自身过

① 古代巴比伦王朝的《汉谟拉比法典》中就已经对医生、建筑师、理发师等职业者的法律责任做了明确的规定。例如，第218条：“倘医生以青铜刀为自由民施行严重的手术而致此自由民于死或以青铜刀割自由民之眼疮而损毁自由民之眼则彼应断指。”第229条：“倘建筑师为自由民建屋而工程不固结果其所建房屋倒毁房主因而致死则此建筑师应处死。”……，这也许是职业法律责任的最早文字规定了。

失或欺诈引起。但是,随着民间审计职业地位的日渐提高,其所负的法律责任也在不断加重,这在世界各国已成为一种趋势。有时虽然审计人员具有足够的专业胜任能力,执业时也已经勤勉尽责,并无过错或过失,也会遭受诉讼。造成这种情况的主要原因有以下几种:(1)审计期望差的存在。公众往往以自己对审计的期望来评价审计的质量,而并不考虑审计固有的局限性;(2)风险转移的偏误,遭受损失的人急于获得补偿而不考虑损失的根本原因,审计人员往往成为人们索赔的对象,即所谓的"深口袋"理论;(3)审计的"保险理论",审计人员越来越明显地被看作是对会计信息质量的担保人而非独立、客观的审计者和报告者。这些现象在某种程度上说,可以认为是公众对会计责任与审计责任,经营失败、审计失败与审计风险的模糊认知导致的。因此,在探讨审计职业的法律责任之前,首先要对这些重要概念的内涵进行界定。

一、几个重要概念

在探讨审计法律责任之前,我们首先需要明确以下几个概念:审计责任与会计责任,经营失败、审计失败与审计风险。

(一)会计责任与审计责任

会计报表是由被审计单位管理层编制的,因此应当对会计报表的合法性、公允性负有首要的责任。《中国注册会计师审计准则1101号——注册会计师的总体目标和审计工作的基本要求》第十九条规定:财务报表是由被审计单位管理层在治理层的监督下编制的。审计准则不对管理层或治理层设定责任,也不超越法律法规对管理层或治理层责任做出规定。管理层和治理层(如适用)认可与财务报表相关的责任,是注册会计师执行审计工作的前提,构成注册会计师按照审计准则的规定执行审计工作的基础。财务报表审计并不减轻管理层或治理层的责任。因此,在被审计单位治理层的监督下,按照适用的会计准则和相关会计制度的规定编制财务报表,是被审计单位管理层的责任。

审计责任是指审计人员对委托人应尽的义务。审计责任与审计法律责任具有密切的联系,审计责任不明确就无法断定审计人员的行为是否应当承担法律责任。可以说,审计责任决定了审计法律责任。《中国注册会计师审计准则1101号——注册会计师的总体目标和审计工作的基本要求》规定:注册会计师应当按照审计准则的规定,对财务报表整体是否不存在由于舞弊或错误导致的重大错报获取合理保证,以作为发表审计意见的基础。注册会计师针对财务报表整体发表审计意见,因此没有责任发现对财务报表整体影响并不重大的错报。《中国注册会计师审计准则》(以下简称《审计准则》)要求注册会计师在整个审计过程中运用职业判断和保持职业怀疑。因此,按照审计准则的规定对财务报表发表审计意见是注册会计师的责任。

审计责任是不断发展的。在审计发展史上,审计责任经历了以查错揭弊为主、以验证企业财务状况和偿债能力为主、以验证会计报表公允性为主的几个阶段。自20世纪70年代以来,审计责任演变为以验证会计报表公允性为主,同时又要揭露重大错误与舞弊。

(二)经营失败、审计失败与审计风险

经营失败,是指企业自身由于经济或经营条件的变化,如经济衰退、不当的管理决策

或出现意料之外的行业竞争等，而无法满足投资者的预期。经营失败的极端情况是企业破产。企业在经营失败时，由于公众对会计责任和审计责任的模糊认识，没有弄清经营失败和审计失败之间的差别，也可能会使审计人员也卷入诉讼。

审计失败则是指审计人员由于没有遵守《审计准则》的要求而发表了错误的审计意见。在这种情况下，审计人员对会计信息使用者由于错误的审计意见造成的经济损失是难辞其咎的。例如，审计人员没有执行必要的审计程序，未能发现应当发现的财务报表中存在的重大错报等。

审计风险是指财务报表中存在重大错报，而审计人员没有发现，因而发表不恰当审计意见的可能性。审计过程中有着一些固有的限制，例如，取证的难度、审计费用等。这些都限制了审计人员发现重大错报的能力，审计人员无法对会计报告整体不存在重大错报获取绝对保证。特别是当企业精心策划和掩盖舞弊行为，审计人员尽管完全按照《审计准则》执业，可能仍然不能发现其中的重大舞弊行为。

在绝大多数情况下，当审计人员未能发现重大错报并出具了错误的审计意见时，就可能产生审计人员是否恪守应有的职业谨慎的法律问题。如果审计人员在审计过程中没有尽到应有的职业谨慎，就属于审计失败。在这种情况下，法律通常允许因审计人员未尽到应有的职业谨慎而遭受损失的各方，获得由审计失败导致的部分或全部损失的补偿。审计人员通常因此而承担审计法律责任。

二、审计职业法律责任概览

迄今为止，在各国审计职业法律规范中，美国的审计职业法律规范最为成熟，因此，这里主要以美国为例。美国审计职业的法律责任主要源自习惯法和成文法。所谓习惯法，指不是通过立法而是通过法院判例引申而成的各项法律；所谓成文法，则是由联邦或州立法机构以文字所制定的法律。在运用习惯法的案件中，法院甚至可以不按以往的判例而另行创立新的法律先例；但在成文法的案件中，法院只能按照有关法律的字面进行精确解释。

（一）习惯法下审计人员对于客户的责任

审计人员只要接受委托执行业务，就负有恪尽专业职守、保持认真与谨慎的义务。这一点不论是否已在与委托单位签订的合同（即业务约定书）中写明，都是一定存在的。因此，在习惯法下，如果由于审计人员的过失（即使是普通过失）给委托单位造成了经济损失，审计人员对于委托单位就负有法律责任。对于委托单位的责任最常发生的案例，就是未能查出委托单位人员盗用公款之类的舞弊事件。遭受损失的委托单位往往指控审计人员具有过失，从而向法院提起要求审计人员赔偿的诉讼。

一旦委托单位对审计人员提起诉讼，在习惯法下，委托单位就负有举证责任，即必须向法院证明其已受到损失，以及这种损失是由于审计人员的过失造成的。

作为被告的审计人员在受到指控时，可用以下几种理由或几种理由之一进行抗辩：(1)审计人员本身并无过失，即他执业时严格遵循了执业准则的要求，保持了职业上应有的认真与谨慎；(2)审计人员虽有过失，但这种过失并不是委托单位受到损失的直接原因；(3)委托单位涉及共同过失。所谓共同过失，是指原告受到的损失是由于他本身同样

具有过失造成的,比如审计人员未能查出委托单位的现金短缺而具有过失,但委托单位由于没有设置适当的现金内部控制制度就具有共同过失。共同过失的抗辩实际上也是表示审计人员的过失并非委托单位受损的直接原因的一种方式。这种抗辩在美国视司法管辖区域而定,在某些州或许减少甚至全部免除审计人员的责任。

(二)习惯法下审计职业对第三者的责任

法庭宣判被告对第三者违反习惯法,一般是认为被告对第三者存在侵权行为,而且原告由于没有如实告知事实真相而遭受了损失。在审计和会计服务领域,不如实告知事实真相通常是和财务报表、会计凭证以及审计报告等信息不真实、不公允相联系的。判断审计人员的行为是否构成了普通过失、严重过失或欺诈,应当根据案件的实际背景和环境而定,即使审计人员只是无辜地被卷入案件中,但由于他们有义务发现被歪曲的事实真相,他们仍可能要因此承担一定的法律责任。

1. 审计人员对受益第三者的责任

受益第三者的法律概念,主要是指合同(业务约定书)中所指明的人,但此人既非要约人,又非承诺人。例如,审计人员被审计单位委托他对财务报表进行审计的目的是为了获取某家银行的贷款,那么这家银行就是受益第三者。

委托单位之所以能够取得归因于审计人员普通过失的损害赔偿的权利,源于习惯法下有关合同的判例。受益第三者同样的具有委托单位和会计师事务所所签订合同中的权利,因而也享有同等的追索权。也就是说,如果审计人员的过失(包括普通过失)给依赖审定财务报表(经审计人员审计过的财务报表)的受益第三者造成了损失,受益第三者也可以指控审计人员具有过失而向法院提起诉讼,追回遭受的损失。

2. 审计人员对于其他第三者的责任

委托单位和受益第三者对审计人员的过失具有损害赔偿的追索权,因为他们具有和会计师事务所所签订合同中的各项权利。那么其他依赖审定财务报表却无合同中特定权利的许多第三者是否也有追索权呢?也就是说,审计人员对于其他第三者是否也有责任呢?这在习惯法下和成文法下有些不同,首先看一下习惯法下审计人员的责任。

1931 年美国“厄特马斯公司诉道奇会计师事务所”案是关于审计人员对于第三者责任的一个划时代的案例,它确立了“厄特马斯主义”的传统做法。在这个案件中,被告道奇会计师事务所对一家经营橡胶进口和销售的公司进行审计并出具了无保留意见的审计报告,但其后不久这家公司宣告破产。厄特马斯公司是这家公司的应收账款代理商(企业将应收账款直接卖给代理商,以期迅速获得现金),根据审计人员的审计意见曾给予它几次贷款。厄特马斯公司以未能查出应收账款中有 70 万美元系欺诈为由,指控会计师事务所具有过失。纽约上诉法庭(即纽约州最高法院)的判定意见是犯有普通过失的审计人员不对未曾指明的第三者负责;但同时法庭认为,如果审计人员犯有重大过失或欺诈行为,则应当对未指明的第三者负责。

可见,审计人员对于未指明的第三者是否负有责任,“厄特马斯主义”的关键在于过失程度的大小,即普通过失不负责任,而重大过失和欺诈则应负责任。

【小案例 3-2】

Ultramares v. Touche(厄特马斯公司诉道奇会计师事务所),1924 年 3 月,S 公司向厄特马斯公司申请一笔10万美元的贷款。厄特马斯公司要求S公司出具经过审计的资产负债表。几个月前，S公司聘请了著名的道奇与尼文会计师行对该公司1923年度财务报表进行了审计，会计师出具了无保留意见的审计报告，并应S公司的要求，向它提供了32份联号的审计报告副本。

经审计的财务报表显示，S公司的总资产已经超过了250万美元，净资产近100万美元。实际上，S公司在1923年年底已经处于资不抵债的状态，但是在审计过程中，S公司通过在审计行将结束时假装遗漏了一些业务而补计大额虚构销售收入的手法，蒙混过审计人员，造成资产与收入高估。S公司如愿获得了贷款，但是几个月后，该公司宣告破产，厄特马斯公司贷款均未能收回，遂起诉道奇与尼文会计师行，指控其在审计中有过失及欺诈行为。

一审法院驳回了对道奇与尼文会计师行欺诈的指控，认定会计师有过失，但无须承担责任。二审法院维持了一审关于欺诈的判决，但要求会计师就过失而承担责任。著名的卡多佐法官对案件进行再审。

判决：(1)故意或重大过失，会计师对任何第三方受害人承担责任；

(2)如果只是过失，会计师不对未知的第三人承担责任。

但是自20世纪80年代以来，许多法院扩大了“厄特马斯主义”的含义，判定具有普通过失的审计人员对可以合理预测的第三者负有责任。在1983年“罗森布拉姆诉阿德勒”案中，法官认为审计人员对依赖其审计意见的任何人负有道义上的责任，并通过判决，使习惯法基础上审计人员应承担的过失责任扩大到了可预见的各个方面。所谓可以合理预测的第三者是指审计人员在正常情况下可以预见将依赖财务报表的人，例如资产负债表日有大额未归还的银行贷款，那么银行就是可以合理预测的第三者。在美国，目前关于习惯法下审计人员对第三者的责任仍然处于不确定状态。一些司法权威仍然承认“厄特马斯主义”的优先地位，认为审计人员仅因重大过失和欺诈对第三者负有责任；但同时而也有些州的法庭坚持认为，具有普通过失的审计人员对可以合理预测的第三者也有责任。

【小案例3-3】

Rosenblum v. Adler（罗森布拉姆诉阿德勒，1983年，新泽西州）

巨人零售连锁公司拟收购原告店铺，双方于1971年9月商谈合并事宜，次年3月签订了合并协议，原告转让自己的店铺以交换巨人公司的普通股股票，最多不超过86075股，具体数目待原告1971年度经营状况确定后而定。由于合并协议签署时巨人公司聘请的审计师——道奇会计师行尚未完成对巨人公司1971年度财务报表的审计，因此巨人公司向原告保证，从1971年7月1日直至合并完成前，巨人公司及其分支机构的财务状况不会有任何不利的变化。合并事宜于1972年5月底完成。

实际上，巨人公司在1971年做了许多假账，虚增资产，少记大量的应付账款，结果将1971年的经营损失250万美元篡改为盈利150万美元。因此，1971、1972年经审计的财务报告都是不正确的。1973年年初，巨人公司的欺诈行为曝光，股票暂停交易。1973年5月，道奇会计师行撤回其1972年4月出具的审计报告；9月，巨人公司申请破产，原告

的股票一钱不值。

原告将道奇会计师行以及其名下的427(Jack Alder先生因姓氏排序在前而榜上有名)合伙人列为被告,指控其1971、1972两年的审计中有欺诈性不实陈述、重大过失、过失以及违反保证义务,原告依赖审计报告进行合并交易,导致损失。

判决:会计师应对可预见的第三人承担责任。

现代各国法律对侵权行为人民事责任的归责原则各有不同,即便在我国国内对侵权责任归责原则也有着多种观点。目前国内的通说观点分为过错责任原则、过错推定原则、无过错责任原则三种。其中过错责任原则以过错作为价值判断标准,判断加害人对其造成的损害是否应承担侵权责任的归责原则,即"无过失即无责任"的原则。过错推定原则是指从损害事实的本身推定加害人有过错,若加害人不能证明自己在损害的发生中没有过错就应当承担赔偿责任。从本质上来说,过错推定原则也是一种过错责任原则,只是两种原则的举证责任有所不同。侵权责任的构成应具备损害事实、违法行为、因果关系和主观过错这四个要件。一般的过错责任原则由受害人承担证明损害事实、违法行为、因果关系和主观过错的举证责任,而过错推定原则则实行举证责任倒置,受害人在证明损害事实、违法行为和因果关系三个要件的情况下不承担对加害人有过错的举证责任,而是由加害人承担举证责任证明自己无过错。无过错责任是指不论加害人有无过错,都应对损害后果承担民事责任。在一般的过错责任原则下,原告要证明被告有过错不是一件容易的事情。在过错推定原则下,被告想证明自己没有过错则更不是一件容易的事情。而在无过错责任原则下,被告需要证明损害是由受害人的过错导致,难度可想而知。由此我们可以看出,使用过错推定原则与无过错责任原则的意义,在于加重行为人的责任,使受害人的损害赔偿请求权更容易实现,受到损害的权利能及时得到救济。证券市场虚假陈述案件中,受侵害的投资者相对于上市公司来说处于弱势。由于会计信息的保密和成本方面的限制,投资者要证明上市公司在会计信息的虚假陈述中有过错非常困难,因此在会计信息产品侵权中,应当实行举证责任倒置,采用过错推定或无过错责任原则来保护投资者的利益。

在会计信息的民事责任中,企业的管理当局与审计人员所承担的侵权责任在本质上是不同的,因为两者在会计信息的产生过程中发挥的作用并不相同。在会计信息的产生过程中,企业扮演着信息生产者的角色,会计信息可以看成是企业会计信息系统生产出的产品,应当承担"产品侵权责任"。而审计人员的职责是利用其专业知识和技能,为企业的会计信息质量做出鉴证服务,并不是一种生产者的角色,应当承担"专家责任"。对于产品侵权责任的归责原则,目前国际通行采用的是无过错责任原则,我国国内亦是如此。而对于专家责任的归责原则,由于其职业的高度专业化,并且其行为本身即有着固有的风险性,只能做到合理地规避风险,国际上一般采用过错推定原则。注册会计师侵权责任一般也采用过错推定的原则,如美国《1934年证券交易法》第11条,日本《证券交易法》第21条,我国台湾地区修订后的《证券交易法》第32条。

(三)成文法下审计人员对于第三者的责任

与习惯法一样,成文法(正式立法颁布的法律)在审计人员执业过程中占有重要的地位。对审计人员职业产生影响的成文法包括《联邦邮件欺诈法》《股票买卖控制法》以及后来发布的《贪污欺诈损害组织法案》。影响审计人员执业行为的两项最重要的成文法是1933年的《证券法》和1934年的《证券交易法》,以及1970年的《贪污欺诈损害组织法案》、1995年的《非公开交易证券诉讼法改革法案》和2002年的《萨班斯-奥克斯利法案》。

1. 1933年《证券法》

在某种意义上,1933年《证券法》被认为是一项主要规范信息披露的法案。具体而言,该法案的出发点是为新发行证券的潜在购买者提供信息,从而使购买者可以据以做出投资决策。

1933年《证券法》规定:凡是公开发行证券(包括股票和债券)的公司,必须向证券交易委员会呈送登记表,其中包括由审计人员审计过的财务报表。如果登记表中有重大的误述或遗漏事项,那么呈送登记表的公司和它的审计人员对于证券的原始购买人负有责任,审计人员仅对登记表中经他审核和报告的误述或遗漏负责。

1933年《证券法》对审计人员的要求颇为严格,表现为:其一,只要审计人员具有普通过失,就对第三者负有责任;其二,将不少举证责任由原告转往被告,原告(证券购买人)仅需证明它遭受了损失以及登记表是令人误解的,而不需证明他依赖了登记表或审计人员存在过失,这方面的举证责任转往被告(审计人员)。但是,1933年《证券法》将有追索权的第三者限定在一组有限的投资人——证券的原始购买人。

在1933年《证券法》里,审计人员如欲避免承担原告损失的责任,必须向法院证明:他本身并无过失或他的过失并非原告受损的直接原因。因此,1933年《证券法》建立了审计人员责任的最高水准,审计人员不但应当对他的普通过失行为造成的损害负责,而且必须证明他的无辜,而非单单反驳原告的非难或指控。

2.《美国1934年证券交易法》

与1933年《证券法》相比,首先,1933年《证券法》仅适用于新发行证券的购买者,而1934年《证券交易法》既适用于已发行证券的买者,又适用于已发行证券的卖者;其次,从对证据的要求看,1934年《证券交易法》的18(a)部分要求原告举证的证据,多于1933年《证券法》第11部分的要求。

1934年《证券交易法》规定:每个在证券交易委员会管辖下的公开发行公司(具有100万美元以上的总资产和500位以上的股东),均须向证券交易委员会呈送经审计人员审计过的年度财务报表。如果这些年度财务报表令人误解,呈送公司和它的审计人员对于买卖公司证券的任何人负有责任,除非被告能证明他本身行为出于善意,且并不知道财务报表是虚伪不实或令人误解的。

与1933年《证券法》相比,1934年《证券交易法》涉及的财务报表和投资者数目要多。1933年《证券法》将审计人员的责任限定在登记表中的财务报表和那些原始购买公司证券的投资者,但在1934年《证券交易法》中,审计人员要对上市公司每年的年度财务报表和买卖公司证券的任何人负责。

不过,1934年《证券交易法》对审计人员的责任有所减轻。1934年《证券交易法》规定:"除非被告能证明他本身行为出于善意,且并不知道财务报表是虚伪不实或令人误解的。"这就将审计人员的责任限定在重大过失或欺诈行为,而1933年《证券法》则涉及审计人员的普通过失。

1934 年《证券交易法》将大部分的举证责任也转往被告。但与 1933 年《证券法》不同的是，原告应当向法院证明他依赖了令人误解的财务报表，也就是说要证明这是他受损的直接原因。另外，1933 年《证券法》要求审计人员证明他并无过失，而 1934 年《证券交易法》比较宽大，只要求审计人员证明他的行为“出于善意”（即无重大过失和欺诈）就可以了。

3. 1995 年《非公开交易证券诉讼改革法案》

1995 年 12 月美国国会通过了 1995 年《美国非公开交易证券诉讼改革法案》，这反映了商业企业和专业团体多年来不遗余力地为之奋斗的目标终于初露曙光。原告律师滥用诉讼体系的做法终于被注意，并受到限制。

法案较为重要的内容如下：

(1)连带责任（指任一被告都有承担全部损失赔偿的责任）被修改后的比例责任（指每一被告仅仅赔偿由于他的过错而造成的损失）所代替。

(2)对原告诉讼律师的申诉规定了更加严格的标准，从而减少了对执业行为吹毛求疵的可能性，有效地控制了利用专业原告进行诉讼的行为。

(3)“安全港”条款开始施行。根据此条款，以诚实、公正的态度出具的预测报告，在联邦证券法下，不必承担相应的责任。

(4)证券欺诈行为不再被认为是《贪污欺诈损害组织法案》中的“本质行为”，从而使原告不能在证券诉讼法案中任意提出高额损失赔偿。

4. 1970 年《贪污欺诈损害组织法案》

1970 年《贪污欺诈损害组织法案》是美国国会 1970 年通过的，这是防止有组织犯罪的一个有力武器。如同谋杀、纵火、贿赂等罪名一样，该法案试图细化和特别制定出确切的欺诈罪名，例如邮件欺诈罪和证券交易法欺诈罪等。很明显，符合“诈骗模式”的行为都是非法的，而“诈骗模式”被界定在 10 年内进行了两种或两种以上的违法行为。

该法案第三条对于审计人员和其他被指控的人影响较大：

(1)允许公民提出民事诉讼；

(2)原告方只要举出诉讼证据的优势（而不是刑事诉讼案所要求“超出合理怀疑”的举据标准），即可证明他们诉讼要求的合理性；

(3)在诉讼中获胜的原告可获得 3 倍的赔偿。

5. 2002 年《公众公司会计改革和投资者保护法案》

针对安然、世通等财务欺诈事件，美国国会出台了 2002 年《公众公司会计改革和投资者保护法案》。该法案由美国众议院金融服务委员会主席奥克斯利和参议院银行委员会主席萨班斯联合提出，又被称作《2002 年萨班斯-奥克斯利法案》（简称萨班斯法案）。法案对美国《1933 年证券法》和《1934 年证券交易法》做了不少修订，在会计职业监管、公司治理、证券市场监管等方面做出了许多新的规定。

其中与审计人员相关的内容主要包括：

(1)成立独立的公众公司会计监察委员会，监管执行公众公司审计职业；

(2)增强审计人员的独立性；

(3)加重公司的财务报告责任；

(4)要求强化财务披露义务；

(5)加重了违法行为的处罚措施。

第六节　审计职业法律责任的认定与制裁

一、审计职业法律责任的认定

(一)违约

所谓违约，是指合同的一方或几方未能达到合同条款的要求。当违约给他人造成损失时，审计人员应负担违约责任。比如，会计师事务所在商定的时间内，未能提交纳税申报表，或违反了与被审计单位订立的保密协议等。

(二)过失

所谓过失，是指在一定条件下，缺少应具有的合理的谨慎。评价审计人员的过失，是以其他合格审计人员在相同条件下可做到的谨慎为标准的。当过失给他人造成损害时，审计人员应负过失责任。通常将过失按其程度不同分为普通过失和重大过失两种。

(1)普通过失　普通过失(也有的称“一般过失”)通常是指没有保持职业上应有的合理的谨慎。对审计人员则是指没有完全遵循专业准则的要求。比如，未按特定审计项目取得必要和充分的审计证据就出具审计报告的情况，可视为一般过失。

(2)重大过失　重大过失是指连起码的职业谨慎都不保持，对业务或事务不加考虑，满不在乎；对审计人员而言，则是指根本没有遵循专业准则或没有按专业准则的基本要求执行审计业务。

另外，还有一种过失叫“共同过失”，即对他人过失，受害方自己未能保持合理的谨慎，因而蒙受损失。比如，被审计单位未能向审计人员提供编制纳税申报表所必要的信息，反而控告审计人员未能妥当地编制纳税申报表，这种情况可能使法院判定被审计单位有共同过失。再比如，在审计中未能发现现金等资产短少时，被审计单位可以过失为由控告审计人员，而审计人员又可以说现金等问题是由缺乏适当的内部控制造成的，并以此为由反击被审计单位的诉讼。

(三)欺诈

欺诈又称舞弊，是以欺骗或坑害他人为目的的一种故意的错误行为。作案具有不良动机是欺诈的重要特征，也是欺诈与普通过失和重大过失的主要区别之一。对于审计人员而言，欺诈就是为了达到欺骗他人的目的，明知委托单位的财务报表有重大错报，却加以虚伪的陈述，出具无保留意见的审计报告。

与欺诈相关的另一个概念是“推定欺诈”，又称“涉嫌欺诈”，是指虽无故意欺诈或坑害他人的动机，但却存在极端或异常的过失。推定欺诈和重大过失这两个概念的界限往往很难界定，在美国许多法院曾经将审计人员的重大过失解释为推定欺诈，特别是近年来有些法院放宽了“欺诈”一词的范围，使得推定欺诈在法律上成为等效的概念，这样，具有重大过失的审计人员的法律责任就进一步加重了。

(四)没有过失、普通过失、重大过失和欺诈的界定

审计人员过失程度的大小没有特别严格的界定，在实务中也往往很难界定。前面提到了它们之间的主要区别，具体到每一个案例则由法院根据具体情况给予解释。通过图3－2，或许有助于理解在什么条件下审计人员可能会判定没有过失、普通过失、重大过失或欺诈。

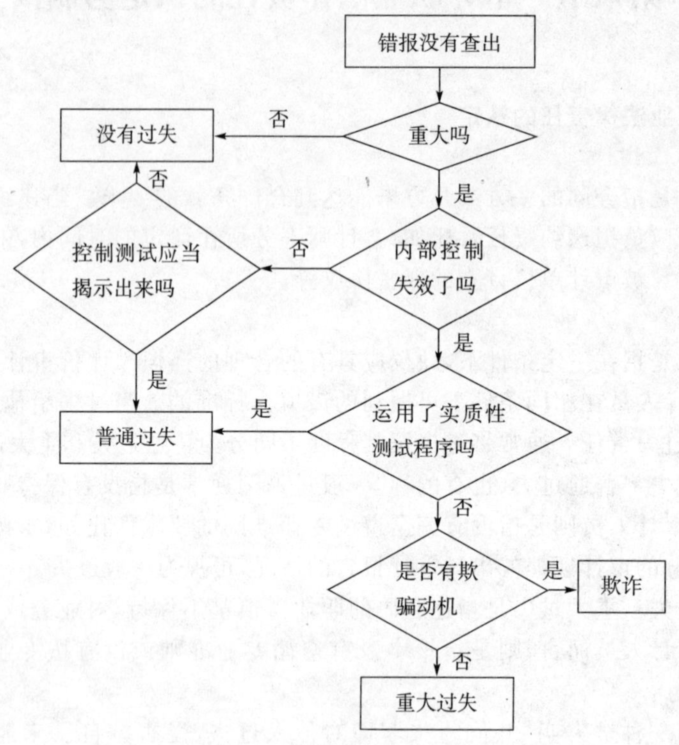

图3－2 审计法律责任判定

二、审计职业法律责任的制裁

就我国法律规范体系来看，审计职业法律责任主要有三种形式，即行政责任、刑事责任和民事责任。我国现行法律涉及会计师法律责任的法律主要有：《注册会计师法》《证券法》《公司法》《刑法》《关于惩治违反公司法的犯罪的决定》，以及最高人民法院的三个复函和《股票发行与交易管理暂行条例》等。其中大部分法律只涉及审计人员的行政责任和刑事责任，并没有规定其民事责任，涉及审计民事责任的法律主要为《证券法》和《注册会计师法》。行政责任包括行政处分与行政处罚，前者是国家工作人员违反行政法律规范所应承担的一种行政法律责任，后者是指特定的行政主体（如财政部门）基于一般行政管理职权，对违反行政法上的强制性义务或者扰乱行政管理秩序的人所实施的一种行政制裁措施。在《会计法》领域，行政处罚包括警告、罚款、吊销会计专业人员资格证书等处罚形式；刑事责任一般只适用于严重危害公共安全和社会秩序的犯罪行为，长期以来，会计刑事责任只适用于会计人员伪造或者毁损会计资料以进行偷逃税款或者贪污、挪用犯罪，给公私财产造成重大损失的情形；证券市场的会计民事赔偿在国外特别是英美等国家受到了普遍的重视，但在我国却可以说是刚刚才起步。证券立法保护的重点始终是投资者的权利，但如果投资者在证券市场由于遭受欺诈而造成的损失不能得到实际的赔偿，那么再多的行政责任、刑事责任也不能维护投资者的利益、不能维持证券市场的繁荣、稳定。因此，我国立法应当进一步强化会计法律责任中的民事责任，使遭受损失的投资者能够得到真实、有效的救济。

（一）行政责任和刑事责任

1.《注册会计师法》的规定

《注册会计师法》第三十九条规定："会计师事务所违反本法第二十条、第二十一条规定的，由省级以上人民政府财政部门给予警告，没收违法所得，可以并处违法所得一倍以上五倍以下的罚款；情节严重的，并可以由省级以上人民政府财政部门暂停其经营业务或者予以撤销。

注册会计师违反本法第二十条、第二十一条规定的，由省级以上人民政府财政部门给予警告；情节严重的，可以由省级以上人民政府财政部门暂停其执行业务或者吊销注册会计师证书。

会计师事务所、注册会计师违反本法第二十条、第二十一条的规定，故意出具虚假的审计报告、验资报告，构成犯罪的，依法追究刑事责任。"

2.《证券法》的规定

《证券法》第二百零一条规定："为股票的发行、上市、交易出具审计报告、资产评估报告或者法律意见书等文件的证券服务机构和人员，违反本法第四十五条的规定买卖股票的，责令依法处理非法持有的股票，没收违法所得，并处以买卖股票等值以下的罚款。"

《证券法》第二百零七条规定："违反本法第七十八条第二款的规定，在证券交易活动中作出虚假陈述或者信息误导的，责令改正，处以三万元以上二十万元以下的罚款；属于国家工作人员的，还应当依法给予行政处分。"

《证券法》第二百二十三条规定："证券服务机构未勤勉尽责，所制作、出具的文件有虚假记载、误导性陈述或者重大遗漏的，责令改正，没收业务收入，暂停或者撤销证券服务业务许可，并处以业务收入一倍以上五倍以下的罚款。对直接负责的主管人员和其他直接责任人员给予警告，撤销证券从业资格，并处以三万元以上十万元以下的罚款。"

《证券法》第二百二十五条规定："上市公司、证券公司、证券交易所、证券登记结算机构、证券服务机构，未按照有关规定保存有关文件和资料的，责令改正，给予警告，并处以三万元以上三十万元以下的罚款；隐匿、伪造、篡改或者毁损有关文件和资料的，给予警告，并处以三十万元以上六十万元以下的罚款。"

《证券法》第二百三十一条规定："违反本法规定，构成犯罪的，依法追究刑事责任。"

3.《公司法》的规定

《公司法》第二百零八条规定："承担资产评估、验资或者验证的机构提供虚假材料的，由公司登记机关没收违法所得，处以违法所得一倍以上五倍以下的罚款，并可以由有关主管部门依法责令该机构停业、吊销直接责任人员的资格证书，吊销营业执照。

承担资产评估、验资或者验证的机构因过失提供有重大遗漏的报告的，由公司登记机关责令改正，情节较重的，处以所得收入一倍以上五倍以下的罚款，并可以由有关主管部门依法责令该机构停业、吊销直接责任人员的资格证书，吊销营业执照。"

《公司法》第二百一十六条规定:“违反本法规定,构成犯罪的,依法追究刑事责任。”

4.《刑法》的规定

《刑法》第二百二十九条规定:“承担资产评估、验资、验证、会计、审计、法律服务等职责的中介组织的人员故意提供虚假证明文件,情节严重的,处五年以下有期徒刑或者拘役,并处罚金。”

(二)民事责任

1.《注册会计师法》的规定

1994 年 1 月 1 日实施的《注册会计师法》在第六章“法律责任”中规定了注册会计师行政、刑事和民事责任。其中关于民事责任的条款是第四十二条规定:“会计师事务所违反本法规定,给委托人、其他利害关系人造成损失的,应当依法承担赔偿责任。”

2. 最高人民法院的三个复函

由四川省德阳市东方企业贸易公司验资法律纠纷而引发的最高人民法院法函〔1999〕56 号,成为关于注册会计师因出具虚假验资报告而应承担民事责任的第一个专门司法解释,连同最高人民法院随后颁布的法释〔1997〕10 号和法释〔1998〕3 号,为验资报告使用人运用《中华人民共和国注册会计师法》第四十二条向会计师事务所进行民事赔偿提供了依据。

3.《证券法》的规定

2005 年 12 月 29 日新修订的《证券法》第一百七十三条规定:“证券服务机构为证券的发行、上市、交易等证券业务活动制作、出具审计报告、资产评估报告、财务顾问报告、资信评级报告或者法律意见书等文件,应当勤勉尽责,对所依据的文件资料内容的真实性、准确性、完整性进行核查和验证。其制作、出具的文件有虚假记载、误导性陈述或者重大遗漏,给他人造成损失的,应当与发行人、上市公司承担连带赔偿责任,但是能够证明自己没有过错的除外。”

4.《公司法》的规定

2005 年 12 月 29 日新修订的《公司法》第二百零八条第三款规定:“承担资产评估、验资或者验证的机构因其出具的评估结果、验资或者验证证明不实,给公司债权人造成损失的,除能够证明自己没有过错的外,在其评估或者证明不实的金额范围内承担赔偿责任。”

目前,虽然我国会计侵权民事赔偿机制有了很大的进展,但仍然有不少不够完善的地方。例如:(1)仍对此类案件设置了数条提起诉讼前置条件:中国证券监督管理委员会或其派出机构作出处罚决定;中华人民共和国财政部、其他行政机关以及有权作出行政处罚的机构作出处罚决定;虚假陈述行为人被人民法院认定有罪的刑事判决。这仍然是“重刑轻民”思想的一种体现,限制了公民、法人的诉权,对于未经前置程序或前置程序拖沓未决的案件,侵权行为人有足够的时间转移、隐匿、挥霍其不法所得,投资者的合法权益难以得到法律保护;(2)仍然不允许集团诉讼,而采用代表人诉讼制度。此规定只对财力和人力较雄厚的投资者有利,力量较弱的中小股东因无力进行此种高成本诉讼而无法维护其权利,弱势群体利益再度受损。集团诉讼是被各国在证券欺诈案件中所普遍采用的一种办法,其主要原因就是由于普通投资者与上市公司之间本来就力量悬殊,因此需要在诉讼制度上予以调整，否则很难对上市公司的行为形成有效的制约。从法律职能来讲，集团诉讼是为了解决社会中各群体的利益冲突，进而维护社会稳定的有效手段。尽管集团诉讼可能会导致滥诉的可能，但是我们认为引进集团诉讼在总体上应该是利大于弊，因为这是一项能够有效惩治并阻吓证券欺诈行为的法律武器。毕竟，如何有效地保护投资者利益并维护其对证券市场的信心，是整个证券市场的一项根本性公共政策。

第七节　审计职业法律责任的规避

【引例】

G外高桥审计案件经由

2003 年 4 月，G 外高桥公司在解聘了为其提供审计服务的会计师事务所，改聘普华永道中天会计师事务所(以下简称普华永道)服务两年后，公司股东大会以审计费用过高为由解聘普华永道事务所。其中的审计费用如下：2003 年为 79.5 万元，2004 年为 90.5 万元，而 2005 年普华永道提出的费用是 120.5 万元。2005 年 6 月初，G 外高桥公司发现其存放在证券公司营业部保证金 2.04 亿元，账户余额仅仅剩下 2 万多元。据公安机关披露，从 1994 年起，黎明红进入 G 外高桥工作，由于表现突出，不久被提升为该公司财务部经理助理，掌管公司证券投资类业务。黎明红通过朋友介绍与仇某认识，两人合谋通过国海营业部大平台进行资金非法转移，造成客户资金大量转移，绝大部分资金可能无法追回。第一笔资金挪用发生在 2002 年 4 月，当时，G 外高桥在证券公司账户上的账面余额为 8000 余万元，由于挪用未被及时发现，G 外高桥于 2004 年在这个账户上的保证金增加到 2 亿元以上。另经查证，公司在 2005 年 12 月以没有支付相应对价的形式取得开麦拉传媒公司 85%的股权，其中 15%股份被 G 外高桥的大股东获得。现在看来，该事务所出具审计报告的意见的确存在严重不实现象，普华永道曾两次对 G 外高桥公司的会计报表出具了标准意见的审计报告，但在 2005 年 6 月 20 日，G 外高桥公司发现公司 2003 年及 2004 年度的会计报表的资金账户余额与其在国海营业部的证券保证金账户余额存在较大的差距。两年的财务报表余额显示，2003 年年底，该公司在国海营业部存有保证资金约 9000 万元，但该账户实有金额仅为 3000 多元；2004 年年底，公司在该证券公司存有约 2 亿元保证资金，但该账户实有余额仅为 20000 多元。问题在于，事务所恰恰两次在对 G 外高桥存放保证金进行审计时，会计师都没有按照正常审计程序对询证函进行有效控制，事务所于 2003 年、2004 年两年间对该涉案客户的资金进行函证时，并没有直接向证券公司发出询证函，而是将此函交给 G 外高桥的财务人员黎某。当然，最终回函也不是由证券公司直接向普华永道回函，而是黎某交还给了普华永道，正是因为在审计程序——函证程序中存在工作失误，G 外高桥认为普华永道应对公司的损失负责。2005 年 8 月，公司的律师顾问向事务所发出律师函，要求对 G 外高桥的资金损失赔偿事项进行谈判。普华永道中天事务所否认了其对 G 外高桥资金损失的责任，并拒绝就赔偿事项进行协商。此后，双方再没有沟通联系，直到 2006 年 5 月初，公司依据业务委托书约定选择了仲裁的方式，向中国国际经济贸易仲裁委员会(上海分委会)提出仲裁申请。

审计职业的性质决定了它是一个容易遭受法律诉讼的行业。因此,法律诉讼一直是困扰西方国家会计师职业界的一大难题,会计师行业每年不得不为此而付出大量的精力,支付巨额的赔偿金和购买高昂的执业保险。近几年来,我国注册会计师行业发生了一系列震惊整个行业乃至全社会的案件。有关会计师事务所均因出具虚假报告造成严重后果而被撤销、没收财产或取消特许业务资格,有关注册会计师也被吊销资格,有的被追究刑事责任。特别是"琼民源""银广夏""黎明股份""红光实业""G外高桥案件"等事件的曝光,更是使审计职业法律责任受到了普遍关注。

一、审计人员减少过失和防止欺诈的措施

面对审计人员法律责任的扩展和被控诉案件的急剧增加,整个审计职业界都在积极研究如何避免法律诉讼。这对于提高审计人员审计工作质量、增强发现重大错报与舞弊的能力都有较大的帮助。

审计人员要避免法律诉讼,就必须在执行审计业务时尽量减少过失行为,防止欺诈行为。而要尽可能不发生过失或防止欺诈,审计人员就应当达到以下基本要求:

(一)增强执业独立性

前面我们强调,独立性是独立审计的生命。在实际工作中,绝大多数审计人员能够始终如一地遵循独立的原则;但也有少数审计人员忽视独立性,甚至接受可能是错误的陈述,并帮助被审计单位掩饰舞弊。

(二)保持执业谨慎

在所有审计人员的审计过失中,最主要的是由于缺乏认真而谨慎的执业态度引起的。在执行审计业务的过程中,未严格遵守审计准则,不执行适当的审计程序,对有关被审计单位的问题未保持应有的职业谨慎,或为节省时间而缩小审计范围和简化审计程序,都会导致财务报表中的重大错报未被发现。

(三)强化执业监督

许多审计中的差错是由于审计人员失察或未能对助理人员或其他人员进行切实的监督而发生的。对于业务复杂且重大的委托单位来说,其审计是由多个审计人员及许多助理人员共同配合来完成的。如果他们的分工存在重叠或间歇,又缺乏严密的执业监督,发生过失是不可避免的。

二、审计人员如何避免法律诉讼的具体措施

审计人员避免法律诉讼的具体措施,可以概括为以下几点:

(一)严格遵循职业道德和专业标准的要求

正如前文所充分论述的,不能苛求审计人员对于会计报表中的所有错报事项都要承担法律责任,审计人员是否承担法律责任,关键在于审计人员是否有过失或欺诈行为。而判别审计人员是否具有过失的关键在于审计人员是否遵照专业标准的要求执行。因此,保持良好的职业道德,严格遵循专业标准的要求执业、出具报告,对于避免法律诉讼或在提起的诉讼中保护审计人员具有无比的重要性。

(二)建立、健全会计师事务所质量控制制度

会计师事务所不同于一般公司、企业,质量管理是会计师事务所各项管理工作的核

心。如果一个会计师事务所质量管理不严，很有可能因为一个人或一个部门的原因导致整个会计师事务所遭受灭顶之灾。北京中诚会计师事务所就是其中一个例子，该所根本没有质量管理措施，各个分所都可以中诚会计师事务所的名义独立承揽业务、出具报告，致使二分所为长城公司出具虚假报告之事曝光之后，中诚会计师事务所尚不知本所曾为长城公司出过报告。因此，会计师事务所必须建立、健全一套严密、科学的内部质量控制制度，并把这套制度推行到每一个人、每一个部门和每一项业务，迫使审计人员按照专业标准的要求执业，保证整个会计师事务所的质量。

(三)与委托人签订业务约定书

《注册会计师法》第十六条规定，注册会计师承办业务，会计师事务所应与委托人签订委托合同(即业务约定书)。业务约定书有法律效力，它是确定审计人员和委托人的责任的一个重要文件。会计师事务所无论承办何种业务，都要按照业务约定书准则的要求与委托人签订约定书，这样才能在发生法律诉讼时将一切口舌争辩减少到最低限度。

(四)审慎选择被审计单位

中外审计职业法律案例告诉我们，审计人员如欲避免法律诉讼，必须审慎选择被审计单位。一是要选择正直的被审计单位。如果被审计单位对顾客、职工、政府部门或其他方面没有正直的品格，也必然会蒙骗审计人员，使审计人员落入它们的圈套。北京中诚会计师事务所就是在长城公司非法集资出现危机之时，轻信长城公司的谎言而被卷入的。这就要求会计师事务所接受委托之前，一定要采取必要的措施对被审计单位的历史情况有所了解，评价它的品格，弄清委托的真正目的。尤其是在执行特殊目的的审计业务时更应如此。二是对陷入财务和法律困境的被审计单位尤其要注意。中外历史上绝大多数涉及审计人员的诉讼案，都集中在宣告破产的被审计单位。周转不灵或面临破产的公司，其股东或债权人总想为他们的损失寻找替罪羊，因此对那些陷入财务困境的被审计单位要特别注意。

(五)深入了解被审计单位的业务

在很多案件中，审计人员之所以未能发现错误，一个重要的原因就是他们不了解被审计单位所在行业的情况及被审计单位的业务。会计是经济活动的综合反映，不熟悉被审计单位的经济业务和生产经营实务，仅局限于有关的会计资料，就可能发现不了某些错误。

(六)投保充分的责任保险

在西方国家，投保充分的责任保险是会计师事务所一项极为重要的保护措施，尽管保险不能免除可能受到的法律诉讼，但能防止或减少诉讼失败时会计师事务所发生的财务损失。我国《注册会计师法》也规定了会计师事务所应当建立职业风险基金，办理职业保险。

(七)聘请熟悉审计职业法律责任的律师

会计师事务所若有条件的话，尽可能聘请熟悉相关法规及审计职业法律责任的律师。在执业过程中，如遇到重大法律问题，审计人员应与本所的律师或外聘律师详细讨论所有潜在的危险情况并仔细考虑律师的建议。一旦发生法律诉讼，也应请有经验的律师参加诉讼。

本章小结

本章介绍了审计职业道德与审计法律责任的内容。通过本章的学习，学生应当对审计人员职业道德问题产生的背景、会计责任与审计责任、经营失败与审计失败、审计风险等的区别与联系，以及对审计职业道德包含的主要内容有较深刻的理解；应当对审计职业法律责任的起因、认定与制裁有较深刻的理解。

【复习思考题】

1. 如何理解会计责任与审计责任？
2. 什么是审计失败，判断审计失败的标准是什么？它与经营失败的联系和区别是什么？
3. 如何理解审计风险？它与审计失败有什么关系？
4. 如何理解和区别普通过失与重大过失？
5. 审计人员可能承担法律责任的依据及其内容是什么？
6. 可能导致审计人员法律责任的原因有哪些？
7. 审计人员应当如何避免法律诉讼？

【案例分析题】

G外高桥审计案件的法律争议

普华永道中天会计师事务所(以下简称普华永道)在2003—2004年度对上海外高桥保税区开发股份有限公司(以下简称G外高桥)的年度审计中，由于未保持应有的执业谨慎性，在未实施有效的审计程序的情况下，即出具标准意见审计报告，因而使该公司蒙受巨额的资金损失。因此，G外高桥要求普华永道返还全部审计费用170万元，并承担全部经济损失共2亿元。该诉讼涉及金额之巨大，令人罕见，是审计收费的100多倍。此事一经公布，就引起社会各界及会计师行业界的广泛关注。虽然申请人在仲裁时提出撤诉并进行和解，但案件本身问题却存在很大争议，特别是当事人双方对审计法律责任承担问题存在很大的争议。

来自申请人G外高桥方面的观点：首先，在财务报表审计方面，G外高桥在仲裁申请书中称，通过比较明细账，发现自己的公司2003年及2004年度的会计报表中显示的资金余额与其在证券公司的证券保证金账户余额存在较大出入。2003年年底公司在某证券公司存有保证金约9000万元，但该账户实有余额仅为3000多元；2004年年底公司在该证券公司存有约2亿元保证金，但该账户实有余额仅为20000多元。在2003—2004年度中普华永道两次均对G外高桥的会计报表出具了标准意见的审计报告。其次，在审计业务程序方面，G外高桥方面称，在2003年和2004年，普华永道对该涉案客户资金进行函证时，并未直接向证券公司收发询证函，而是将此函交给G外高桥的相关工作人员。这种不规范、不严格的函证程序，给参与人员隐瞒其非法挪用项目资金的行为留下空隙。

加之普华永道在审计程序中并没有对询证函保持有效的控制，已有证据表明收回的询证函不可靠，但事务所没有实施其他适当的审计程序予以补救。G外高桥方面认为，会计师事务所没有能保持必要的执业谨慎性、未严格依照独立审计准则中规定的函证程序，出具了标准意见的审计报告，致使该公司遭受巨大的经济损失。

来自被申请人普华永道方面观点：2005年9月20日，普华永道法律顾问ChrisHardford代表事务所声称，其对G外高桥方面不存在任何过错，不承担任何责任，拒绝就任何形式的赔偿问题进行协商。同时，普华永道认为其已经按照审计准则的要求，履行了为其提供审计服务的全部义务。同时，双方在2003年、2004年接洽业务时，在业务委托书中约定了免责条款，内容为："除因本事务所故意行为或重大过错所引起的索赔事项外，本事务所概无义务向贵公司(G外高桥公司)赔偿任何超出业务约定书中所支付的专业服务费的金额，无论这些损失是因违约、侵权或其他任何原因而引起。"

请思考：

1. 普华永道事务所应承担审计责任还是会计责任？
2. 普华永道事务所审计中是否存在重大过失，如何认定？
3. 双方签订业务约定书是否具有免责效力？
4. 审计赔偿责任如何分担？

第二篇

审计概念与方法

第四章　审计目标与审计程序

【本章提示】

学习目标：

通过本章学习，学生能够了解被审计单位认定的含义，把握认定的基本类型；深刻领会审计的本质目标，明确中国注册会计师财务报表审计的总目标与具体审计目标；了解现代风险导向审计的一般流程，重点掌握风险评估、控制测试和实质性程序等基本审计程序的要领；能够领会控制测试与实质性程序之间的密切联系及其主要区别。

重要概念：

审计目标；认定；风险评估程序；控制测试；实质性程序

【引言】

作为一种特殊的人类行为活动，审计应具有明显的和特殊的目的、目标，否则，它将毫无存在的价值。严格说来，在汉语词义上，“目的”与“目标”是有区别的。目的具有全局性与长期性，而目标具有局部性和阶段性；目的统驭着目标，每一个具体目标的实现即是目的在一定程度上的实现。而在会计、审计理论研究上，“目的”与“目标”的运用往往并不要求严格区分，本教材对“目的”与“目标”的运用也不作严格区别。审计的本质目标是确保受托经济责任的全面有效履行。中国注册会计师财务报表审计的总目标是：“注册会计师通过执行审计工作，对财务报表是否按照适用的会计准则和相关会计制度的规定编制、是否在所有重大方面公允反映被审计单位的财务状况、经营成果和现金流量发表审计意见。”为了实现这一审计目标，注册会计师应当严格遵守审计的一般流程，合理、审慎地运用风险评估程序、控制测试和实质性程序等基本审计程序。

第一节　审计目标

一、审计总目标

审计目标是审计行为活动意欲达到的理想境地或状态，它体现了审计的基本职能，是构成审计理论结构的基石，是整个审计系统运行的定向机制，是审计工作的出发点和落脚点。审计的本质目标是确保受托经济责任的全面有效履行。所谓“全面”，是指全面履行“行为责任”与“报告责任”，包括行为责任与报告责任的各项内容；所谓“有效”，是指每一项责任都必须得到切实履行，都要真正符合要求。

上述“行为责任”包括以下内容：

(1)保全责任　即要求受托人在经管过程中必须保证受托经济资源的安全完整，尽可能防止错弊行为的发生。

(2)遵纪守法责任　即要求经管行为必须符合有关法律、法令、制度、指令、方针(政策)、预算(计划)、合同与程序等，尽可能防止贪污盗窃等违法、违规和违纪行为的发生。

(3)节约责任　即受托经济资源的经营管理必须符合勤俭节约原则的要求，尽可能防止和减少损失和浪费的发生。

(4)效率责任　它要求受托经济资源的运用必须具有效率，尽可能以较少或同样的投入获得更多的产出，杜绝无效率行为的发生。

(5)效果责任　它要求经管行为应该或必须为全面实现各项计划、预算或预期经营目标服务，杜绝无效果行为的发生。

(6)社会责任　它要求经管行为必须符合社会需求和社会整体利益并为社会做贡献，尽可能消除或减少其对社会的不良影响，如失业、环境污染、劣质商品与服务等。

(7)控制责任　即要求建立严密的控制结构(系统)，并对经管行为及其过程施加有效控制。

上述“报告责任”包括：其一，设计能反映行为责任内容完整的报告体系，即受托经济责任报告体系；其二，按特定要求编报这些报告以说明行为责任的履行状况。

因此，报告责任的主要内容就是按照公允性的要求编制财务报表。现行的受托经济责任报告体系只有财务会计报告一类，由于它只反映了保全责任的财务方面，即财务状况、经营成果和现金流量的变化，对责任的报告显得过于狭窄，这种报告体系的改革已势在必行。

以上讨论的是整个审计的总目标。《中国注册会计师审计准则第1101号——财务报表审计的目标和一般原则》第四条规定，注册会计师财务报表审计的总目标是：“注册会计师通过执行审计工作，对财务报表的下列方面发表审计意见：(一)财务报表是否按照适用的会计准则和相关会计制度的规定编制；(二)财务报表是否在所有重大方面公允反映被审计单位的财务状况、经营成果和现金流量。”

【小提示4-1】

《审计准则说明书第5号》(SASNO.5)在解释“公允性”或“公允表达”(Fair Presentation)的含义时认为：公允性只有联系公认会计原则才富有意义，审计师对公允表达表示正面意见意味着对财务报表下列质量特征所持的一种信念或信任：(1)所选择和运用的会计原则得到普遍接受；(2)会计原则切合实际；(3)财务报表，包括其注释的内容反映了影响使用、理解和解释财务报表的重大事项；(4)财务报表中反映的信息已作合理分类、汇总，即详略得当；(5)财务报表在可接受限定范围内对财务状况、经营成果和财务状况的变化所做的表达反映了基本事实与交易。由此可见，“公允性”的含义十分丰富，它包含公认性、客观性、重大性、合理性或妥当性和可靠性等含义。显然，这是一个广义的综合性的概念，说明财务报表应当具备的多种质量特征。

二、具体审计目标

注册会计师为了评估重大错报风险以及设计和实施进一步审计的程序，需要在明确审计总目标、了解被审计单位管理层认定[①]的基础上，进一步确定每个项目的具体审计目标。

（一）与各类交易和事项相关的审计目标

(1)发生　由发生认定推导的审计目标是确认已记录的交易是真实的。例如，企业在购货（或销售）日记账中记录了一笔并未发生的采购（或销售）业务，则违反了该目标。发生认定所要解决的主要问题是管理层是否将那些未曾发生的项目列入财务报表，它主要与财务报表组成要素的高估有关。

(2)完整性　由完整性认定推导的审计目标是确认已发生的交易确实已经记录。例如，企业如果实际发生了购货（或销售）交易，但没有在购货（或销售）明细账和总账中予以记录，则违反了该目标。发生和完整性两者强调的是相反的关注点，发生目标针对潜在的高估，而完整性目标则针对漏记交易（低估）。

(3)准确性　由准确性认定推导的审计目标是确认已记录的交易是按正确金额反映的。例如，如果在销售交易中，发出商品的数量与账单上的数量不符，或是开账单时使用了错误的销售价格，或是账单中的乘积或加总有误，或是在销售明细账中记录了错误的金额，则违反了该目标。

(4)截止　由截止认定推导的审计目标是确认接近于资产负债表日的交易记录于恰当的期间。例如，企业故意将本期交易推迟到下期记录，或将下期交易提前到本期入账，均属违反了截止目标。

(5)分类　由分类认定推导的审计目标是确认被审计单位记录的交易经过适当分类。例如，将现销记录为赊销，将出售经营性固定资产的收入记录为营业收入，就属交易分类错误，违反了分类目标。

（二）与期末账户余额相关的审计目标

(1)存在　由存在认定推导的审计目标是确认记录的金额确实存在，例如，企业在应收账款明细表中列入了实际并不存在的某顾客的应收账款，就违反了存在性目标。

(2)权利和义务　由权利和义务认定推导的审计目标是确认资产归属于被审计单位，负债属于被审计单位的义务。例如，将他人寄售商品列入被审计单位的存货中，违反了权利目标；将不属于被审计单位的债务记入账内，则违反了义务目标。

(3)完整性　由完整性认定推导的审计目标是确认已存在的金额均已记录。例如，如果存在某顾客的应收账款，在应收账款明细表中却没有列入对该顾客的应收账款，则违反了完整性目标。

---

① 认定是被审计单位管理层对财务报表组成要素的确认、计量、列报做出的明确或隐含的表达，一般可分为：(1)与各类交易和事项相关的认定（包括发生、完整性、准确性、截止、分类）；(2)与期末账户余额相关的认定（包括存在、权利和义务、完整性、计价和分摊）；(3)与列报相关的认定（包括发生以及权利和义务、完整性、分类和可理解性、准确性和计价）。注册会计师的基本职责就是确定被审计单位管理层对其财务报表的认定是否恰当。

(4)计价和分摊　资产、负债和所有者权益以恰当的金额包括在财务报表中,与之相关的计价或分摊调整已恰当记录。

(三)与列报相关的审计目标

(1)发生及权利和义务　将没有发生的交易、事项,或与被审计单位无关的交易和事项包括在财务报表中,则违反该目标。例如,企业未在其财务报表中说明权利已受到限制的抵押固定资产,即违反了权利目标。

(2)完整性　如果应当披露的事项没有包括在财务报表中,则违反该目标。例如,检查关联方和关联交易,以验证其在财务报表中是否得到充分披露,就是对列报的完整性认定的运用。

(3)分类和可理解性　财务信息已被恰当列报和陈述,且披露内容表述清楚。例如,检查存货的主要类别是否已披露,是否将一年内到期的长期负债列为流动负债,就是对列报的分类和可理解性认定的运用。

(4)准确性和计价　财务信息和其他信息已公允披露,且金额恰当。例如,检查财务报表附注是否分别对原材料、在产品和产成品等存货成本核算方法做了恰当说明,就是对列报的准确性和计价认定的运用。

第二节　审计程序

一、审计一般流程

审计过程是指审计工作从开始到结束的整个过程,其内容主要包括计划审计工作、风险评估程序、完成审计工作和编制审计报告等四个阶段。

(一)计划审计工作

计划审计工作是整个审计工作的起点。为了保证审计目标的实现,注册会计师必须在具体执行审计程序之前,制订审计计划,对审计工作进行科学、合理的计划与安排。科学、合理的审计计划可以帮助注册会计师有的放矢地去审查和取证,形成正确的审计结论;可以使审计成本保持在合理的水平上,提高审计工作的效率。计划审计工作包括针对审计业务制定总体审计策略和具体审计计划,详见第七章审计计划与审计重要性的讨论。

在计划审计工作前,注册会计师应进行初步的业务活动。注册会计师开展初步业务活动有助于确保在计划审计工作时达到下列要求:①注册会计师已具备执行业务所需要的独立性和专业胜任能力;②不存在因管理层诚信问题而影响注册会计师保持该项业务意愿的情况;③与被审计单位不存在对业务约定条款的误解。

初步业务活动的内容包括:①针对保持客户关系和具体审计业务实施相应的质量控制程序;②评价遵守职业道德规范要求的情况,包括评价独立性;③就审计业务约定条款达成一致意见。针对保持客户关系和具体审计业务实施相应的质量控制程序,并且根据实施相应程序的结果做出适当的决策,是注册会计师控制审计风险的重要环节。

在做出接受或保持客户关系及具体审计业务的决策后,注册会计师应当按照《中国注册会计师审计准则第1111号——就审计业务约定条款达成一致意见》的规定，在审计业务开始前，与被审计单位就审计业务约定条款达成一致意见，签订或修改审计业务约定书，以避免双方对审计业务的理解产生分歧。审计业务约定书内容与格式详见第七章第一节介绍。

(二)实施风险评估程序

20世纪90年代以来，随着世界范围内知名公司重大财务舞弊欺诈及审计失败案例的频发，现代审计已经变成以风险导向为主的审计。注册会计师应在了解被审计单位及其环境的基础上实施风险评估程序，以识别和评估财务报表层次以及各类交易、账户余额和披露认定层次的重大错报风险。

风险评估程序主要包括以下内容：

(1)询问管理层和被审计单位内部其他人员　询问管理层和内部其他人员是注册会计师了解被审计单位及环境的一个重要来源。

(2)分析程序　分析程序是注册会计师通过研究不同财务数据之间以及财务数据与非财务数据之间的内在联系，对财务信息做出评价。

(3)观察和检查　观察和检查程序可以支持对管理层和其他相关人员的询问结果，并可以提供有关被审计单位及环境的信息。

(三)实施控制测试和实质性程序

注册会计师进行风险评估程序本身并不足以为发表审计意见提供充分、适当的审计证据，还应该计划实施进一步审计程序及其他程序，包括实施控制测试和实质性程序。注册会计师在评估财务报表层次重大错报风险后，应运用职业判断，针对评估的认定层次的重大错报风险确定总体应对措施，并实施进一步的审计程序，以将审计风险降至可接受的低水平。控制测试与实质性程序之间有着密切关系。如果注册会计师认为被审计单位内部控制的可靠程度高，则实质性程序的工作量可以大为减少；反之，实质性程序的工作量会增加。无论何时，实质性程序都是必不可少的。

(四)完成审计工作和编制审计报告

在搜集到充分、适当的审计证据后，注册会计师就可以进行完成审计的有关工作，主要包括以下六项：

(1)编制审计差异调整表和试算平衡表；

(2)复核审计工作底稿；

(3)复核财务报表；

(4)与管理层和治理层沟通；

(5)形成审计意见，编制审计报告；

(6)实施项目质量控制复核。

二、基本审计程序

(一)风险评估程序

审计师了解被审计单位及其环境，目的是识别和评估财务报表层次重大错报风险。为了解被审计单位及其环境而实施的程序称为“风险评估程序”。审计师应当依据实施这些程序所获取的信息，评估重大错报风险。

审计师应当实施下列风险评估程序，以了解被审计单位及其环境：

1. 询问被审计单位管理层和内部其他相关人员

这是审计师了解被审计单位及其环境的一个重要信息来源。询问的人员除管理层和财务负责人外，还应当考虑询问内部审计人员、采购人员、生产人员、销售人员等其他人员，并考虑询问不同级别的员工，以获取对识别重大错报风险有用的信息。询问的事项可包括管理层所关注的主要问题、被审计单位最近的财务状况、经营成果和现金流量、可能影响财务报告的交易和事项，或目前发生的重大会计处理问题、被审计单位发生的其他重要变化等。总之，在确定询问人员和询问事项时，要有明确的针对性，以便使获取的信息有助于识别和评估被审计单位的重大错报风险。

2. 实施分析程序

分析程序是指审计师通过研究不同财务数据之间以及财务数据与非财务数据之间的内在关系，对财务信息做出评价。分析程序还包括调查识别出的、与其他相关信息不一致或与预期数据严重偏离的波动和关系。

分析程序既可用作风险评估程序和实质性程序，也可用于对财务报表的总体复核。审计师实施分析程序有助于识别异常的交易或事项，以及对财务报表和审计产生影响的金额、比率和趋势。在实施分析程序时，审计师应当预期可能存在的合理关系，并与被审计单位记录的金额、依据记录金额计算的比率或趋势相比较。如果发现异常或未预期到的关系，审计师应当在识别重大错报风险时考虑这些比较结果。

如果使用了高度汇总的数据，实施分析程序的结果仅可能初步显示财务报表存在重大错报风险，审计师应当将分析结果连同识别重大错报风险时获取的其他信息一并考虑。

3. 观察和检查

观察和检查程序可以印证对管理层和其他相关人员的询问结果，并可提供有关被审计单位及其环境的信息。观察和检查程序主要包括：(1)观察被审计单位的生产经营活动；(2)检查文件、记录和内部控制手册；(3)阅读由管理层和治理层编制的报告；(4)实地察看被审计单位的生产经营场所和设备；(5)追踪交易在财务报告信息系统中的处理过程(穿行测试)。

除了采用上述程序从被审计单位内部获取信息以外，如果根据职业判断认为从被审计单位外部获取的信息有助于识别重大错报风险，审计师应当实施其他审计程序以获取这些信息。例如，询问被审计单位聘请的外部法律顾问、专业评估师、投资顾问和财务顾问等。

阅读外部信息也有助于审计师了解被审计单位及其环境。外部信息包括证券分析师、银行、评级机构出具的有关被审计单位及其所处行业的经济或市场环境等状况的报告、贸易与经济方面的报纸杂志、法规或金融出版物，以及政府部门或民间组织发布的行业报告和统计数据等。

除此之外，审计师还应当考虑在承接客户或续约过程中获取的信息，以及向被审计单位提供其他服务所获得的经验是否有助于识别重大错报风险。

（二）控制测试

【小提示 4-1】

与中国所有的上市公司舞弊案的处理不同，在郑百文[①]一案中，注册会计师胡建新、董超没有受到任何处罚与批评，因为他们利用了内部控制测试这一招数，防范了不必要的审计风险。因此，通过评价企业内部控制，找出企业在编制财务报表过程中的薄弱环节，并对之重点审核，已成为注册会计师的第三大招数[②]。

【阅读案例 4-1】

财政部会计司和证监会会计部联合公布的《我国境内外同时上市公司 2011 年执行企业内控规范体系情况分析报告》中，披露了 67 家境内外同时上市企业的内控实施情况及存在的突出性问题。其中，15 家企业披露的内控缺陷被以附表形式罗列，中国中铁、交通银行、中国人寿等公司在列。一时间，上述 15 家公司成了负面报道的典型，并在网络上广泛传播。因自身主动披露反而成为负面典型，以上企业感觉很受委屈，由此也引发了企业对"要不要披露自身内控缺陷"的困惑。

在中国联通广西分公司（下称"广西联通"）财务部总经理杨军看来，这从侧面折射出我国内控建设环境正逐步形成，也正因为此，上述企业才会受到如此广泛的关注。这是一种好的趋势，但对企业来说，观感就完全不同了。

"内控缺陷信息披露应被视为上市公司信息披露的一项重要内容，是上市公司对投资者负责任的一种表现，对企业来说利大于弊。"一位不愿具名的会计师事务所合伙人说。

但实际上，不少投资者将内控缺陷延伸理解为企业管理问题，从而影响了投资决策。投资者的认识不深，使内控缺陷信息披露未成为对上市公司的利好。企业普遍担心披露内控缺陷，反而导致形象变差，进而影响发展。

对此，杨军认为，政府主管部门有必要引导社会公众理性看待企业的内控缺陷，同时，也要鼓励企业正确对待及主动披露自身缺陷，让企业把握披露的度。

"应客观看待企业披露内控缺陷，不是披露得越多越好，不披露也不代表就一点问题没有。"作为广西联通内控体系的建设者与执行者，杨军深知，如何恰当地披露内控缺陷是企业实际工作中的一个难点。

有业内人士曾表示，内控缺陷认定缺乏足够详细的细则是影响企业内控信息披露质量的主要原因之一。

财政部财政科学研究所财务会计研究室副研究员王晨明则类比了内控缺陷披露和上市公司年报披露。她分析说，上市公司年报中，企业会计准则规定的披露的形式要件

---

① 郑百文的前身是郑州一家国有百货文化批发站，于 1996 年 4 月获准在沪上市；2000 年 3 月 3 日，被信达资产管理公司一纸诉状告上法院，申请郑百文破产还债；2001 年 10 月 9 日，PT 郑百文违规真相水落石出，中国证监会对郑百文做出了警告并罚款 200 万元。参见李晓慧编著《会计与资本市场案例研究》，第 251-263 页，高等教育出版社，2006。

② 注册会计师能审会查的四大招数是账证核对、函证与盘点、内控测试和比率分析。参见李若山等著《注册会计师：经济警察吗》，第 18-43 页，中国财政经济出版社，2003。

十分充分，但监管部门与投资者更想看到的是具体内容。不少企业在内控缺陷的披露中也遇到了类似的情况。企业知晓披露的格式与内容，但把握不好披露的重点与分寸。

王晨明认为，基于这一状况，政策层面与监管部门大有可为。正如前面提及的，财政部及有关部门将制定《内控解释3号》，出台分行业的内部控制操作指南和内部控制缺陷的认定标准将使企业更能有章可循。

至于是否有必要进一步出台披露的应用细则，杨军则有不同看法。

她认为，企业内部控制规范及其指引已经涵盖了企业常见的重要业务领域，是框架性的制度。不同企业要结合实际的风险情况及容忍程度，对自身业务、流程和控制环境进行详细梳理，不能仅依赖于应用指引。

"内控工作是一个不断琢磨、完善的过程，也是一种境界。"杨军坦言。追求操作细则的不断量化本身就难以适应不同企业的需要，不一定能解决上述存在的披露问题。过于具体化的操作指南，反而会在一定程度上束缚住企业对内在动力的挖掘。即便有细则，由于对操作细则理解不透或与本企业环境相适性偏差等原因，也可能难以建成适合本企业的内控体系及控制环境。

"一言以蔽之，企业内控缺陷的披露没有绝对的样本可照搬。对于某些关键点是否该披露、披露到何种程度，应该由企业自己把握。"杨军说。

当然，把握也不能毫无章法，而应站在提升核心竞争力的战略高度，在深刻认识内控的前提下，充分梳理风险点及其影响程度，动态地、归纳性地提出各类风险的披露范围及要求。在杨军看来，这才是企业内控工作的真意。

（资料来源：《内控缺陷披露：企业需兼具勇气与智慧》，于濛，中国会计报，2012年12月29日）

1. 控制测试的含义

控制测试是指测试控制运行的有效性。测试控制运行的有效性与确定控制是否得到执行所需获取的审计证据是不同的。在实施风险评估程序以获取控制是否得到执行所需的审计证据时，注册会计师应当确定某项控制是否存在，被审计单位是否正在使用。在测试控制运行的有效性时，注册会计师应当从下列方面获取关于控制是否有效运行的审计证据：一是控制在所审计期间的不同时点是如何运行的；二是控制是否得到一贯执行；三是控制由谁执行；四是控制以何种方式运行。

从这四个方面来看，控制运行有效性强调的是控制能够在各个不同时点按照既定设计得以一贯执行。因此，在了解控制是否得到执行时，注册会计师只需抽取少量的交易进行检查或观察某几个时点。但在测试控制运行的有效性时，注册会计师需要抽取足够数量的交易进行检查或对多个不同时点进行观察。

2. 控制测试的要求

控制测试并非在任何情况下都需要实施。当存在下列情形之一时，注册会计师应当实施控制测试：

(1)在评估认定层次重大错报风险时，预期控制的运行是有效的。如果在评估认定层次重大错报风险时预期控制的运行是有效的，注册会计师应当实施控制测试，就控制在相关期间或时点的运行有效性获取充分、适当的审计证据。注册会计师通过实施风险评估程序，可能发现某项控制的设计是存在的，也是合理的，同时得到了执行。在这种情况下，出于成本效益的考虑，注册会计师可能预期，如果相关控制在不同时点都得到了一贯执行，与该项控制有关的财务报表认定发生重大错报的可能性就不会很大，也就可以考虑通过实施控制测试而减少实施实质性程序。为此，注册会计师可能会认为值得对相关控制在不同时点是否得到了一贯执行进行测试，即实施控制测试。这种测试主要是出于成本效益的考虑，其前提是注册会计师在了解内部控制以后，认为某项控制存在着被信赖和利用的可能。也就是说，只有认为控制设计合理、能够防止或发现和纠正认定层次的重大错报，注册会计师才有必要对控制运行的有效性实施测试。

(2)仅实施实质性程序不足以提供认定层次充分、适当的审计证据。如果认为仅实施实质性程序获取的审计证据无法将认定层次重大错报风险降至可接受的低水平，注册会计师应当实施相关的控制测试，以获取控制运行有效性的审计证据。

3. 控制测试的性质

控制测试的性质是指控制测试所使用的审计程序的类型及其组合。注册会计师应当选择适当类型的审计程序以获取有关控制运行有效性的保证。计划从控制测试中获取的保证水平是决定控制测试性质的主要因素之一。在计划和实施控制测试时，对控制有效性的信赖程度越高，注册会计师应当获取越有说服力的审计证据。当拟实施的进一步审计程序无法或不能获取充分、适当的审计证据时，注册会计师应当获取有关控制运行有效性的更高的保证水平。

实务中值得我们注意的是，虽然控制测试与了解内部控制的目的不同，但两者采用审计程序的类型通常相同，包括询问、观察、检查和穿行测试。此外，控制测试的程序还包括重新执行。

询问本身并不足以测试控制运行的有效性，注册会计师应当将询问与其他审计程序结合使用，以获取有关控制运行有效性的审计证据。观察提供的证据仅限于观察发生的时点，本身也不足以测试控制运行的有效性。将询问与检查或重新执行结合使用，通常比仅实施询问和观察能够获取更高的保证。例如，被审计单位针对处理收到的邮政汇款单设计和执行了相关的内部控制，注册会计师通过询问和观察程序往往不足以测试此类控制的运行有效性，还需要检查能够证明此类控制在所审计期间的其他时段有效运行的文件和凭证，以获取充分、适当的审计证据。

注册会计师选择控制测试的性质通常会考虑以下因素：

(1)考虑特定控制的性质　注册会计师应当根据特定控制的性质选择所需实施审计程序的类型。例如，某些控制可能存在反映控制运行有效性的文件记录，在这种情况下，注册会计师应当考虑检查这些文件记录以获取控制运行有效性的审计证据；某些控制可能不存在文件记录，或文件记录与真实控制运行有效性不相关，注册会计师应当考虑实施检查以外的其他审计程序或借助计算机辅助审计技术，以获取有关控制运行有效性的审计证据。

(2)考虑测试与认定直接相关和间接相关的控制　在设计控制测试时，注册会计师不仅应当考虑与认定直接相关的控制，而且应当考虑这些控制所依赖的与认定间接相关的控制，以获取支持控制运行有效性的审计证据。例如，被审计单位可能针对超出信用

额度的例外赊销交易设置报告和审核制度(与认定直接相关的控制);在测试该项制度的运行有效性时,注册会计师不仅应当考虑审核的有效性,而且应当考虑与例外赊销报告中信息准确性有关的控制(与认定间接相关的控制)是否有效运行。

(3)如何对一项自动化的应用控制实施控制测试　对于一项自动化的应用控制,由于信息技术处理过程的内在一贯性,注册会计师可以利用该项控制得以执行的审计证据和信息技术一般控制(特别是对系统变动的控制)运行有效性的审计证据,作为支持该项控制在相关期间运行有效性的重要审计证据。

(4)实施控制测试时对双重目的的实现　控制测试的目的是评价控制是否有效运行,细节测试的目的是发现认定层次的重大错报。尽管两者目的不同,但注册会计师可以考虑针对同一交易同时实施控制测试和细节测试,以实现双重目的。例如,注册会计师通过检查某笔交易的发票可以确定其是否经过适当的授权,也可以获取关于该交易的金额、发生时间等细节证据。如果拟实施双重目的测试,注册会计师应当仔细设计和评价测试程序。

(5)实施实质性程序的结果对控制测试结果的影响　如果通过实施实质性程序未发现某项认定存在错报,这本身并不能说明与该认定有关的控制是有效运行的;但如果通过实施实质性程序发现某项认定存在错报,注册会计师应当在评价相关控制的运行有效性时予以考虑。因此,注册会计师应当考虑实施实质性程序发现的错报对评价相关控制运行有效性的影响,例如降低对相关控制的信赖程度、调整实质性程序的性质、扩大实质性程序的范围等。如果实施实质性程序发现被审计单位没有识别出的重大错报,通常表明内部控制存在重大缺陷,注册会计师应当就这些缺陷与管理层和治理层进行沟通。

4. 控制测试的时间

控制测试的时间包含两层含义:一是何时实施控制测试,二是测试所针对的控制适用的时点或期间。一个基本的原理是,如果测试特定时点的控制,注册会计师仅得到该时点控制运行有效性的审计证据;如果测试某一期间的控制,注册会计师可获取控制在该期间有效运行的审计证据。注册会计师应当根据控制测试的目的确定控制测试的时间,并确定拟信赖的相关控制的时点或期间。

如果仅需要测试控制在特定时点的运行有效性,注册会计师只需要获取该时点的审计证据。如果需要获取控制在某一期间有效运行的审计证据,仅获取与时点相关的审计证据是不充分的,注册会计师应当辅以其他控制测试,包括测试被审计单位对控制的监督。

注册会计师可能在期中实施进一步审计程序。对于控制测试,注册会计师在期中实施此类程序具有更积极的作用。但即使注册会计师已获取了有关控制在期中运行有效性的审计证据,仍然需要考虑如何能够将控制在期中运行有效性的审计证据合理延伸至期末,一个基本的考虑是针对期中至期末这段剩余时间获取充分、适当的审计证据。因此,如果已获取有关控制在期中运行有效性的审计证据,并拟利用该证据,注册会计师应当实施下列审计程序:

一是获取这些控制在剩余期间变化情况的审计证据。针对期中已获取过审计证据的控制,考察这些控制在剩余期间的变化情况:如果这些控制在剩余期间没有发生变化,注册会计师可能决定信赖期中获取的审计证据；如果这些控制在剩余期间发生了变化，注册会计师需要了解并测试控制的变化对期中审计证据的影响。

二是确定针对剩余期间还需获取的补充审计证据。针对期中证据以外的、剩余期间的补充证据，注册会计师应当考虑评估的认定层次重大错报风险的重大程度、在期中测试的特定控制、剩余期间的长度、控制环境等因素予以确定。

被审计单位对控制的监督起到的是一种检验相关控制在所有相关时点是否都有效运行的作用，因此，除了上述的测试剩余期间控制的运行有效性外，通过测试被审计单位对控制的监督，注册会计师也可以获取补充审计证据，以便更有把握地将控制在期中运行有效性的审计证据延伸至期末。

被审计单位内部控制中的一些要素往往是相对稳定的（相对于具体的交易、账户余额和披露），注册会计师在本期审计时可以适当考虑利用以前审计获取的有关控制运行有效性的审计证据。当然，内部控制在不同期间可能发生重大变化，注册会计师在利用以前审计获取的有关控制运行有效性的审计证据时需要格外慎重，充分考虑以下因素：

一是基本思路。考虑拟信赖的以前审计中测试的控制在本期是否发生变化。如果拟信赖以前审计获取的有关控制运行有效性的审计证据，注册会计师应当通过实施询问并结合观察或检查程序，获取这些控制是否已经发生变化的审计证据。

二是当控制在本期发生变化时注册会计师的做法。如果控制在本期发生变化，注册会计师应当考虑以前审计获取的有关控制运行有效性的审计证据是否与本期审计相关。例如，如果系统的变化仅仅使被审计单位从中获取新的报告，这种变化通常不影响以前审计所获取证据的相关性；如果系统的变化引起数据累积或计算发生改变，这种变化可能影响以前审计所获取证据的相关性。如果拟信赖的控制自上次测试后已发生变化，注册会计师应当在本期审计中测试这些控制的运行有效性。

三是当控制在本期未发生变化时注册会计师的做法。如果拟信赖的控制自上次测试后未发生变化，且不属于旨在减轻特别风险的控制，注册会计师应当运用职业判断确定是否在本期审计中测试其运行有效性，以及本次测试与上次测试的时间间隔，但每三年至少对控制测试一次。

四是不得依赖以前审计所获取证据的情形。鉴于特别风险的特殊性，对于旨在减轻特别风险的控制，不论该控制在本期是否发生变化，注册会计师都不应依赖以前审计获取的证据。

5. 控制测试的范围

控制测试的范围主要是指某项控制活动的测试次数。注册会计师应当设计控制测试，以获取控制在整个拟信赖的期间有效运行的充分、适当的审计证据。在确定某项控制的测试范围时，注册会计师通常考虑下列因素：

一是在整个拟信赖的期间，被审计单位执行控制的频率。控制执行的频率越高，控制测试的范围越大。

二是在所审计期间，注册会计师拟信赖控制运行有效性的时间长度。拟信赖控制运行有效性的时间长度不同，在该时间长度内发生的控制活动次数也不同。注册会计师需要根据拟信赖控制的时间长度确定控制测试的范围。拟信赖期间越长，控制测试的范围越大。

三是控制的预期偏差。预期偏差可以用控制未得到执行的预期次数占控制应当得到执行的比率加以衡量。考虑该因素，是因为在考虑测试结果是否可以得出控制运行有效性的结论时，不可能只要出现任何控制执行偏差就认定控制运行无效，所以需要确定一个合理水平的预期偏差率。控制的预期偏差率越高，需要实施控制测试的范围越大。如果控制的预期偏差率过高，注册会计师应当考虑控制可能不足以将认定层次的重大错报风险降至可接受的低水平，从而针对某一认定实施的控制测试可能是无效的。

四是通过测试与认定相关的其他控制获取的审计证据的范围。针对同一认定，可能存在不同的控制。当针对其他控制获取审计证据的充分性和适当性较高时，测试该控制的范围可适当缩小。

五是拟获取的有关认定层次控制运行有效性的审计证据的相关性和可靠性。

【小案例 4-2】

2003 年 2 月 9 日，沈阳市中级人民法院收到了以锦州港务股份有限公司、全国工商联副主席兼前锦州港董事长张宏伟、广发证券、北京毕马威华振会计师事务所和香港毕马威会计师事务所为被告的民事诉状，原告向被告索赔15 587.94万元人民币的赔偿。毕马威在北京和香港的这两家会计师事务所，因为涉嫌在锦州港虚假陈述案中负有连带责任，成为国际“四大”会计师事务所在中国被投资者起诉的第一家。大家不禁要问毕马威和锦州港到底怎么啦？2002 年 9—12 月，财政部对锦州港 2002 年及以前年度执行《会计法》情况进行核查，结果发现：锦州港在 2000 年及以前年度多确认收入 3.6717 亿元，少计财务费用 4945 万元，2000 年度少计提折旧 780 万元，另外，1998—2000 年多列资产 1.1939 亿元，实际虚增资产约为43 803万元。财政部勒令整改并罚款 10 万元。

从会计专业角度来看，只要取证方法得当，上述问题基本上可以查出。锦州港做假账的手法很简单：一方面虚增收入，一方面又少计费用和折旧，结果就是虚增利润。在 2000 年及以前年度多确认的收入 3.6717 亿元，比公司 2000 年前任何一年的主营业务收入都要多；少计提的财务费用4 945万元，要比公司披露的 1998—2000 年 3 年的财务费用总和还要多。按照披露的数字，2000 年以前，公司将虚增利润总额共计 4.24 亿元，如果按照公司平均 16％的所得税率，公司虚增净利润 3.56 亿元，与该公司 2000 年披露的 3 年的净利润总和大体相当。

人们一直以为，国外的风险导向审计能够更有效地防范会计造假。所谓风险导向审计，毕马威的模式是，将越来越多的工作放在前期，更注重对被审计企业所处的环境进行了解。“造假总是有动机的。有经验的审计人员通过与企业管理当局的谈话会发觉企业的经营者是否有造假的动机。”一位毕马威合伙人说：“经营不好可能会造假，经营得好也可能造假，因为有许多公司有对管理当局的业绩考核；还有就是针对该发展的一些特定要求，如配股、增发等。”通过一些谈话、实地调查，一般都能大致地知道哪些地方将可能出现风险。做完这步之后，按照毕马威的程序，还要研究各主要风险区，并查找此风险区会影响企业的哪些经营活动，会对财务报表产生哪些影响，确定重点审计区。这样做不仅降低了成本，提高了效率，而且控制了风险。划分完风险区域后，就要对企业的内部控制进行调查和测试。如果内部控制较好，问题就不会很大。如果检查认为内控不好，存在较大的重大错报风险,那么审计人员就要对这个区域执行实质性程序。这样就可以将审计风险控制在能够接受的范围。尽管如此,毕马威还是发生了审计失败,业内人士指出,假如不存在审计人员合谋造假的问题,那么过分依赖风险评估程序,过分注重对重大错报风险的评估及过分信赖内部控制测试结果,相对不重视实质性程序是一个很重要的方面。因此,作为阻止会计舞弊的最后一道防线,我们必须针对不同的业务循环科学确定实质性程序的时间、性质和范围,执行充分有效的实质性程序。

(资料来源:陈汉文《审计》,第425-426页,厦门大学出版社,2006)

讨论:

请结合该案例谈谈实质性程序的重要性。

(三)实质性程序

1. 实质性程序的含义

实质性程序是审计人员针对评估的重大错报风险实施的直接用以发现认定层次重大错报的审计程序。注册会计师应当针对评估的重大错报风险,设计和实施实质性程序,以发现认定层次的重大错报。实质性程序包括对各类交易、账户余额、列报与披露的细节测试以及实质性分析程序。这些程序应当包括下列与财务报表编制完成阶段相关的审计程序:其一将财务报表与其所依据的会计记录相核对;其二检查财务报表编制过程中做出的重大会计分录和其他会计调整。

由于注册会计师对重大错报风险的评估是一种判断,可能无法充分识别所有的重大错报风险,并且由于内部控制的固有局限性,无论评估的重大错报风险结果如何,注册会计师都应当针对所有重大的各类交易、账户余额、披露实施实质性程序。

2. 针对特别风险实施的实质性程序

审计准则是以风险评估为基础规范相关审计程序。如果认为评估的认定层次重大错报风险是特别风险,注册会计师应当专门针对该风险实施实质性程序。如果针对特别风险仅实施实质性程序,注册会计师应当使用细节测试,或将细节测试与实质性分析程序结合使用,以获取充分、适当的审计证据。为应对特别风险需要获取具有高度相关性和可靠性的审计证据,仅实质性分析程序不足以获取有关特别风险的充分、适当的审计证据。

(1)经营目标　被审计单位的经营目标可以是高层次的战略目标,如被审计单位的宗旨;也可以是低层次的目标,如为了实现高层次目标而制定的经营方面、财务方面或遵守法规方面的具体目标。为了从被审计单位高层次的经营目标中识别出经营风险和审计风险,审计项目组通常需要了解被审计单位的经营目标。例如,被审计单位制定了一个通过增加毛利来改善盈利状况的总目标,注册会计师可以了解与提高售价和降低成本相关的具体目标和行动措施,如通过从国外新供应商购货的方式降低原材料成本。

(2)经营风险　经营风险是指任何可能导致被审计单位不能实现经营目标的风险。并非所有的经营风险都与审计有关,而且与审计相关的经营风险也并不都是特别风险。例如,被审计单位从国外新供应商处购货发生潜在的经营风险,如产品质量和产品供货问题,或外汇兑换风险。

(3)特别风险　记录需要特别考虑的重大错报风险，记录的特别风险应当明确具体，并与所影响的财务报表项目和具体认定相联系。例如，被审计单位的产能严重过剩并连续数年亏损，管理当局按照固定资产的未来现金流量现值计提了固定资产减值准备。由于涉及较多的假设和人为判断因素，注册会计师认为这是一个影响固定资产计价认定的特别风险。

(4)管理当局应对或控制措施　采用适当的方法来应对经营风险是管理当局的责任。不论是否信赖管理当局应对特别风险的控制，注册会计师都需要了解和评价这些应对措施，加强与管理当局的沟通。在考虑管理当局针对特别风险采取的应对措施时，注册会计师需要评价被审计单位的目标、风险和控制是否匹配，即管理当局是否在被审计单位的各个层次配置合适的人员，设计并实施风险管理程序和内部控制，以降低妨碍被审计单位实现目标的风险。同时，还要考虑管理当局参与程度是否足以获取充分适当的审计证据、是否处于积极的监管环境之中。

(5)财务报表项目及认定　财务报表审计的目标是对财务报表发表审计意见，因此，注册会计师需要将特别风险与财务报表项目及认定相联系。

(6)审计措施　审计措施是指应对特别风险的进一步审计程序的方案，即综合性方案或实质性方案。

(7)向被审计单位报告事项　特别风险应对措施中应当记录向被审计单位报告的事项。例如，注册会计师发现被审计单位未能恰当应对重大的经营风险、内部控制存在重大的缺陷，或者被审计单位的目标、风险和控制存在不匹配的情况。如果管理当局没有通过实施控制来正确应对特别风险，由此注册会计师判断被审计单位的控制存在重大缺陷，注册会计师应加强与管理当局和治理层沟通。同时，注册会计师还要考虑这些控制存在的重大缺陷对审计方案造成的影响。例如，注册会计师了解到管理当局为了应对应收账款账龄变长以及由此带来的坏账增加的风险，采取了与账款逾期1年以上的客户签订还款协议的方式，要求客户对归还旧账的时间和金额做出书面承诺。如果客户未按照协议执行，则暂停供货，该控制每月执行。注册会计师认为该控制的设计是适当的，并证实该控制确实得以执行。考虑到审计程序的效率，决定不测试该控制而直接对年末应收账款坏账准备余额实施细节测试。

3. 实质性程序的性质

实质性程序的性质是指实质性程序的类型及其组合。实质性程序包括两种基本类型：细节测试和实质性分析程序。细节测试是对各类交易、账户余额和披露的具体细节进行测试，目的在于直接识别财务报表认定是否存在错报。对于细节测试，注册会计师应当针对评估的风险设计细节测试，获取充分、适当的审计证据，以达到认定层次所计划的保证水平，即注册会计师需要根据不同的认定层次的重大错报风险设计有针对性的细节测试。实质性程序从技术特征上说仍然是分析程序，主要是通过研究数据间关系评价信息，只是将该技术方法用作实质性程序，即用以识别各类交易、账户余额、披露及相关认定是否存在错报。

(1)交易实质性程序　交易实质性程序的目的在于确定与该交易的审计目标相关的金额是否存在错报。例如，针对销售交易而言，销售交易的实质性程序要求验证该销售交易是否确实发生，已经发生的销售交易是否全部入账，已经入账的销售交易是否按照正确金额及时记录，是否在恰当期间入账，是否已经正确分类，是否已经正确汇总并记入相关账户总账及明细账中。交易的实质性程序关注的就是账户的发生额，因此审计人员只要能确认交易已经正确记录并记入总账，一般就能确信总账的合计数正确，由于特定内部控制一般根据循环或交易而设计，交易层次的实质性程序通常和控制测试一起执行。交易的实质性程序虽然与关键控制及控制测试没有直接关系，但是交易实质性程序的范围在一定程度上取决于关键控制是否存在和控制测试的结果。

(2)账户余额实质性程序　账户余额实质性程序的目标在于确定报表中列示的账户金额的正确性，因此可以提供财务报表公允性的最直接的证据。余额实质性程序关注资产负债表和利润表账户的期末余额，但是其大多数侧重于资产负债表账户。如向顾客函证应收账款余额，对存货实施盘点程序，审查银行存款对账单，以核实银行存款期末余额等。账户余额实质性程序的范围、程度取决于对内部控制的了解及控制测试、交易实质性程序、分析性测试的结果。

(3)列报与披露适当性测试　列报与披露适当性的测试是审计人员实施的必要的审计程序，以评价财务报表总体列报与相关披露是否符合运用的会计准则和相关会计制度的规定，是否正确反映财务信息的分类和描述，以及重大事项是否披露恰当可靠。在进行该层次的评价时，审计人员同样应该考虑认定层次的重大错报风险。

注册会计师在设计实质性程序时应当考虑的因素包括：其一，对特定认定使用实质性程序的适当性；其二，对已记录的金额或比率做出预期时，所依据的内部或外部数据的可靠性；其三，做出预期的准确程度是否足以在计划的保证水平上识别重大错报；其四，已记录金额与预期值之间可接受的差异额。

注册会计师应当根据各类交易、账户余额、披露的性质选择实质性程序的类型。细节测试适用于对各类交易、账户余额、披露认定的测试，尤其是对存在或发生、计价认定的测试；对在一个时期内存在可预期关系的大量交易，注册会计师可以考虑实质性程序。

4. 实质性程序的时间和范围

实质性程序的时间选择与控制测试的时间选择有共同点，也有很大差异。共同点在于，两类程序都面临着对期中审计证据和对以前审计获取的审计证据的考虑。

审计人员在执行实质性程序之前，应当执行以下风险评估程序，从而对主体及其环境取得了解：①通过询问管理人员以及主体的其他人员，对企业的经营状况和行业特性进行研究，在此基础上运用分析程序。②询问负责治理的人员。询问负责治理的人员可以有助于审计人员了解编制财务报表的环境。③对内部控制进行测试和评价，评估与控制有关的重大错报风险。审计人员对内部控制的了解必须记录于工作底稿中，这些记录是审计人员对内部控制进行评价的依据，而审计证据材料应当作为调查了解和记录工作底稿的附件。④根据前面的了解和测试，审计人员确定了可接受的审计风险和对重大错报风险的估计水平，从而可以确定可接受的检查风险水平，进而确定并执行实质性程序。

所以当审计人员可能确定只对与某一交易种类、账户余额或者披露有关的特定认定执行控制测试，就可将重大错报风险降到可接受的低水平，审计人员总是要对每一重大交易种类、账户余额和披露执行实质性程序。在进行实质性程序前，审计人员必须对审

计风险、重要性水平和成本效益原则等在经过考虑的基础上做出职业判断，以确定实质性程序的性质、时间和范围。

虽然大部分的实质性程序是在资产负债表日后进行的，但为了节约期后审计的时间，一小部分的实质性程序可能在期中审计阶段进行。一般而言，审计人员应在资产负债表日后进行余额的实质性程序，例如函证应收账款、监盘存货和复核银行存款余额调节表等；在期中审计和期后审计阶段进行交易实质性程序，如对固定资产的新增和处置，对研究开发支出、经营收入和费用的测试，以及有价证券的购买和销售等交易的测试。只有当某个交易循环的内部控制非常完善时，审计人员才可以决定在资产负债表日前进行一定的余额测试。比如，假如与销售过程、开出发票和收款相关的内部控制被评价为完善的，审计人员可以选择在期中审计阶段对被审计单位的应收账款进行函证。当实质性程序在中期执行时，审计人员应当执行进一步的实质性程序，或执行结合控制测试的实质性程序，以涵盖剩余期间，从而为将审计结论从中期延伸到期末提供合理的依据。

注册会计师在考虑是否在期中实施实质性程序时应当考虑以下因素：①控制环境和其他相关的控制。控制环境和其他相关的控制越薄弱，注册会计师越不宜在期中实施实质性程序。②实施审计程序所需信息在期中之后的可获得性。如果实施实质性程序所需信息在期中之后可能难以获取，注册会计师应考虑在期中实施实质性程序；但如果实施实质性程序所需信息在期中之后的获取并不存在明显困难，该因素不应成为注册会计师在期中实施实质性程序的重要影响因素。③实质性程序的目标。如果针对某项认定实施实质性程序的目标就包括获取该认定的期中审计证据，注册会计师应在期中实施实质性程序。④评估的重大错报风险。注册会计师评估的某项认定的重大错报风险越高，针对该认定所需获取的审计证据的相关性和可靠性要求也就越高，注册会计师越应当可靠地将实质性程序集中于期末（或接近期末）实施。⑤特定类别交易或账户余额以及相关认定的性质。例如，某些交易或账户余额以及相关认定的特殊性质决定了注册会计师必须在期末（或接近期末）实施实质性程序。如果针对剩余期间，注册会计师可以通过实施实质性程序或将实质性程序与控制测试相结合，较有把握地降低期末存在错报而未被发现的风险，注册会计师就可以考虑在期中实施实质性程序；但如果针对剩余期间注册会计师认为还需要消耗大量审计资源才有可能降低期末存在错报而未被发现的风险，甚至没有把握通过适当的进一步审计程序降低期末存在错报而未被发现的风险，注册会计师就不宜在期中实施实质性程序。

如果在期中实施了实质性程序，注册会计师应当针对剩余期间实施进一步的实质性程序，或将实质性程序和控制测试结合使用，以将期中测试得出的结论合理延伸至期末。如果将期中测试得出的结论合理延伸至期末，则应当考虑针对剩余期间仅实施实质性程序是否足够。如果认为实质性程序本身不充分，注册会计师还应测试剩余期间相关控制运行的有效性或针对期末实施实质性程序。在以前审计中实施实质性程序获取的审计证据，通常对本期只有很弱的证据效力或没有证据效力，不足以应对本期的重大错报风险。只有当以前获取的审计证据及其相关事项未发生重大变动或定期审计整改情况变化不大时，以前获取的审计证据才可能用作本期的有效审计证据。

实质性程序范围的含义包括两个方面：一是对什么层次上的数据进行分析，注册会计师可以选择在高度汇总的财务数据层次进行分析，也可以根据重大错报风险的性质和水平调整分析层次；二是需要对什么幅度或性质的偏差展开进一步调查。实施分析程序可能发现偏差，但并非所有的偏差都值得展开进一步调查。

重大错报风险大，实质性程序的范围可能会因控制运行有效性的测试结果不令人满意而扩大，然而，只有当审计程序与风险有关时，扩大审计范围才是恰当的。在设计细节测试时，测试范围通常从样本规模的角度考虑，这要受重大错报风险的影响。如果不考虑成本效益的问题，那么，如果实现某个具体审计目标有多种可选审计方案，审计人员将选择成本较小的方案。例如，为了确定被审计单位委托他人保管的有价证券确实存在而且所有权归属于被审计单位，一方面审计人员可以亲自前往存放地点进行核查；另一方面，审计人员也可以通过向债券管理人员进行函证来有效确认证券的存在和所有权。很显然，后一种方案更为经济，而且可以达到相同的审计目标。所以，除非有明显迹象表明证券管理人员和被审计单位存在串通舞弊的可能时，审计人员将选择成本最低的那个方案。

成本效益原则的考虑会影响到实质性程序的范围。一般而言，审计人员根据可接受的检查风险的水平确定所需要获取的审计证据和实质性程序的范围。可接受的风险水平高，审计人员可以获取相对较少的审计证据，实质性程序的范围也相对较小；反之，则要获取较多的审计证据，并实施较大范围的实质性程序。但是，无论如何，成本效益的原则不能成为审计人员无法获取充分适当审计证据的理由。审计人员实施的实质性程序的性质、时间和范围的确定，最终取决于根据重大错报风险所确定的可接受的检查风险。可接受的检查风险水平与实质性程序的性质、时间和范围的关系如表4-1所列。

表4-1 可接受的检查风险与实质性程序的性质、时间和范围

可接受的检查风险	性 质	时 间	范 围
高	分析性测试和交易测试为主，辅以列报与披露测试	期中审计为主	较少样本 较少证据
中	分析性测试、交易测试和余额测试结合运用，辅以列报与披露测试	期中审计、期末审计和期后审计结合运用	适中样本 适量证据
低	余额测试为主，辅以列报与披露测试	期末审计和期后审计为主	较大样本 较多证据

5. 实质性程序方案

审计目标与管理当局对财务报表的认定相关，对不同的认定，相应的审计目标也不同。审计证据是为了达到审计目标的确定性事实，而审计程序则是为收集和评价证据时应该实施的具体步骤。审计目标、审计证据与审计程序的关系如图4-2所示。

根据图4-2所示的实质性程序模型，审计人员在深入考察交易循环之前，必须对实质性程序的重点和方向有所关注。在分析审计风险时，审计人员经常发现一些资产和收入可能被有意高估而负债和费用被有意低估的迹象。在这种情况下，审计人员会在审计计划中有意地设计一些有助于发现各种财务报告舞弊的程序。

审计目标——与管理当局对会计报表认定相关
存在或发生　权利和义务
完整性 分类　计价与分摊
可理解性　准确性　截止

↓

审计证据——确定为每个目标提供的证据类型与数量
实物证据　数学证据　询证证据
文件证据　分析性证据
口头证据　环境证据

↓

审计程序——用于获取审计证据的方法
观察 重新执行 重新计算
检查有形资产 询问 分析性程序
检查记录与文件　函证

图 4-2　制订审计计划的实质性程序模型

【阅读材料 4-3】

毕马威(PKMG)应当对莱得艾德(Rite Aid)公司[①]的财务舞弊承担一定的审计过失责任。首先,莱得艾德公司的很多财务舞弊是通过编制没有原始凭证支持的"高层调整"分录实现的,而且这些调整分录大多是在季度或年度结束前几天编制的。应当说,这些舞弊手法并不高明,如果毕马威的注册会计师严格按照审计准则的要求,实施恰当的实质性测试程序,是应当能够发现莱得艾德公司这些"雕虫小技"的。其次,毕马威早已发现莱得艾德公司的内部控制存在重大缺陷,其内部控制不足以确保经济交易和事项得到恰当的分析、确认和记录,但它的注册会计师却没有保持应有的职业审慎和职业怀疑,也没有在出具 1999 会计年度审计报告时向莱得艾德公司审计委员会或投资者提出内部控制的问题;最后,虽然毕马威在 1999 年 11 月 11 日撤回 5 月 28 日出具的审计报告,但它并没有就莱得艾德公司 1999 会计年度的财务报表发表否定意见或拒绝表示意见,也没有对不确定性、审计范围和会计准则的遵循情况等事项予以保留或修正。

(资料来源:黄世忠《会计数字游戏:美国十大财务舞弊案例剖析》,第140-141页,中国财政经济出版社,2003。)

最后应当指出,控制测试和实质性程序二者既存在紧密联系又互有明显区别。控制测试是实质性程序的基础,控制测试的结果会对实质性程序产生直接影响。如果通过执行控制测试程序,评价被审计单位内部控制为高信赖程度,则注册会计师可以适当减少实质性程序;如果评价被审计单位为低信赖程度,则应进一步扩大实质性程序的范围,以

① 美国第三大连锁药店,毕马威常年负责对该公司的审计。

降低审计风险。控制测试和实质性程序存在以下区别：(1)测试的目的不同。实质性程序的目的是证实会计报表的可信赖程度；控制测试的目的是进一步的实质性程序服务。(2)测试的方式不同。实质性程序是通过搜集审计证据，以证实会计报表所反映的交易和余额认定的恰当性；控制测试是通过评价内部控制，评估审计风险，进而确定实质性程序的程度和范围。(3)测试的必要性不同。实质性程序存在于任何会计报表审计过程中，但控制测试程序则不一定。下列情况下，注册会计师不进行控制测试，直接进行实质性程序：一是被审计单位不存在相关的内部控制；二是被审计单位相关内部控制虽然存在但并未得到有效执行；三是注册会计师认为不必要进行控制测试。(4)测试的依据和方法不同。控制测试以建立内部控制的基本原则为依据；实质性程序以会计的一般核算原则为依据。实质性程序一般采用变量抽样法，控制测试一般采用属性抽样法。

本章小结

审计的本质目标是确保受托经济责任的全面有效履行。中国注册会计师财务报表审计的总目标是："注册会计师通过执行审计工作，对财务报表的下列方面发表审计意见：(一)财务报表是否按照适用的会计准则和相关会计制度的规定编制；(二)财务报表是否在所有重大方面公允反映被审计单位的财务状况、经营成果和现金流量。"注册会计师为了评估重大错报风险以及设计和实施进一步审计程序，需要在明确审计总目标、了解被审计单位管理层认定的基础上，进一步确定每个项目的具体审计目标。

审计过程是指审计工作从开始到结束的整个过程，其内容主要包括计划审计工作、实施风险评估程序、实施控制测试和实质性程序以及完成审计工作和编制审计报告。基本审计程序包括风险评估、控制测试和实质性程序等。现代审计是一种风险导向的审计，注册会计师应在了解被审计单位及其环境的基础上运用询问、观察和检查、分析等风险评估程序，以识别和评估财务报表层次以及各类交易、账户余额、列报认定层次的重大错报风险。控制测试是为了确定内部控制制度的设计和执行是否有效而实施的审计程序。它是通过询问、观察、检查、穿行测试和重新执行等审计方法，测试客户业务活动的运行与相关内部控制制度的符合程度。实质性程序包括对各类交易、账户余额、列报与披露的细节测试以及实质性分析程序。控制测试是实质性程序的基础，控制测试的结果会对实质性程序产生直接影响，据以确定实质性程序的性质、范围和时间。当然，控制测试和实质性程序二者在目的、方式、必要性、依据和方法等方面又有明显区别。

【复习思考题】

1. 如何认识现代审计的本质目标？注册会计师财务报表审计的总目标是什么？
2. 什么是认定？如何归类？它们与具体审计目标有何关联？
3. 审计的一般流程包括哪些内容？
4. 注册会计师通常运用哪些程序进行风险评估？
5. 什么是控制测试？注册会计师通常运用哪些程序进行控制测试？
6. 如何合理确定控制测试的时间和范围？

7. 什么是实质性程序？包括哪两种基本类型？

8. 如何合理确定实质性程序的时间和范围？

9. 控制测试和实质性程序二者之间究竟是一种什么关系？

【案例分析题】

世界通信公司(以下简称世界通信)成立于1983年,在不到20年的时间内,成为美国的第二大长途电信营运商,仅次于1877年成立的美国电报电话公司(AT&T),如果不是司法部在2001年否决了世界通信与斯普瑞特(Srint)公司的合并方案,该公司很可能成为美国电信业的龙头老大。世界通信的成功应归功于其创始人本纳德·埃伯斯(Bernard J. Ebbers)在收购兼并方面的禀赋以及首席财务官司考特D. 苏利文(Scott D. Sullivan)。从1983年成立至2001年,世界通信共完成了65项重大收购兼并。

2002年7月21申请破产保护前,世界通信是一个业务范围覆盖65个国家的超大型跨国公司,拥有85000名员工、1000多亿美元资产、350多亿美元营业收入,为2000多万个人客户和数万家公司客户提供语音话务、数据传输和因特网服务。

首先发现世界通信财务舞弊的是内部审计部的副总经理辛西亚·库伯(Cynthia Cooper),2002年末被评为《时代》杂志一年一度的新闻人物(此外,还有安然公司的雪伦·沃特金斯(Sherron Watkins)和联邦调查局的柯琳·罗莉(Coleen Rowley))

2002年2月8日,世界通信降低了2002年度的收入和盈余预测,并计划在第二季度计提150亿元至200亿元的无形资产减值准备;3月12日,SEC正式对世界通信的会计处理立案稽查;4月3日,世界通信宣布裁员10%(8500名);4月30日,世界通信的创始人本纳德·埃伯斯(Bernard J. Ebbers)因卷入4.08亿美元贷款丑闻而辞去首席执行官职务;5月9日,穆迪斯(Moody,s)和菲奇(Fitch)等信用评级机构将世界通信债券的信用等级降至“垃圾债券”级别;6月5日,再次裁员20%(17000名);6月20日,因资金周转紧张,推迟了优先股的股息支付;6月24日,世界通信的股价跌破一美元(1999年为6美元,最高股价曾达到64.50美元)。6月25日傍晚,上任不到两个月的首席执行官约翰·西择摩尔(John Sidgmore)宣布:内部审计发现,2001年度以及2002年第一季度,世界通信通过将支付给其他电信公司的线路和网络费用确认为资本性支出,在五个季度内低估期间费用、虚增利润38.52亿美元。世界通信的股票交易被纳斯达克紧急停牌三天,复牌的第一个交易日,股价跌至0.06美元(前一日的股价跌至83美分)。许多美国主流媒体将世界通信的英文缩写“World Com”改为“World Con”(世界骗局),正在加拿大进行国事访问的布什总统公开表示震怒。6月26日,SEC以超乎寻常的速度向联邦法院递交了诉状,对世界通信提出证券欺诈指控,与此同时,美国司法部和国会宣布对世界通信的财务丑闻展开调查;7月21日,世界通信向美国破产法院纽约南区法庭申请破产保护,申报的资产总额高达1070亿美元,成为美国历史上最大的破产案(据专家估计,资产的公允价值约为150亿美元,而世界通信的负债总额接近450亿美元,资不抵债约300亿美元);7月31日,纳斯达克将世界通信的股票摘牌;8月1日,对财务丑闻负有不可推卸责任的世界通信前执行副总裁兼前首席财务官司考特D. 苏利文(Scott D. Sullivan)以及前副总裁兼主计长大卫·迈耶斯(David F. Myers)被联邦调查局逮捕;8月8日,世界通信宣布1999年和2000年度的税前利润被高估了34.66亿美元;11月5日,再次披露又发现了20亿美元的虚假利润,至此,世界通信承认的虚假会计利润已经超过93亿美元。随着调查的进一步深入,预计会突破100亿美元,创下了空前的财务舞弊世界纪录。

世界通信曾经以1150亿美元股票市值一度成为美国第25大公司。1999年6月24日,其股票市值超过1150亿美元,丑闻公布后恢复交易的2002年7月1日,股票市值猛跌至3亿美元以下,债权银行和机构投资者损失惨重:JP摩根信托公司172.0亿美元,梅隆银行66.0亿美元,花旗银行32.9亿美元,JP摩根大通银行30.0亿美元等;加州公务人员退休基金3.9亿美元,培基证券公司3.9亿美元,大都会人寿保险公司3.0亿美元等(上述数字为2002年7月12日所持有世界通信公司债券和股票的账面价值)。

讨论:

1. 相对于安然、施乐等公司而言,世界通信只是在账面上玩弄最简单的会计把戏,即便如此,作为经验丰富、技术精湛的跻身于"五大"的安达信却为何仍然不能发现其舞弊?

2. 世通财务舞弊案对会计师事务所进行审计有哪些启示?

第五章　审计职业判断

【本章提示】

学习目标：

通过本章的学习，学生能理解与掌握审计职业判断的含义、成因、特点、原则；在技能方面要掌握审计职业判断的直觉判断法、比较判断法、归纳法、演绎法、智力放大法、专家判断法、审计判断的辅助方法、程序化法、层次分析法与计算机专家系统等方法；在能力方面要求能熟练地掌握相关方法在审计过程中的的应用。

重要概念：

职业判断；审计职业判断；审计方法；审计风险；合规性判断；公允性判断；恰当性判断；客观性原则；独立性原则；信息性原则；一致性原则；谨慎性原则；轨迹性原则；动态性原则；个体性和群体性相结合的原则；直觉判断法；比较判断法；归纳法；演绎法；智力放大法；专家判断法；重要性水平；审计结论；

【引例】

重要性的判断[①]

注册会计师Z在审查ABC公司2005年度的财务报表时，确定该公司财务报表层的重要性为100万元，同时确定该公司部分财务报表项目的重要性水平如表5-1所列。审查确认，除在表中各项目内发现若干笔业务的错报金额外，财务报表其他项目均未发现有错报或漏报的情况。

表5-1　ABC公司部分财务报表项目的重要性水平及错报　（单位：万元）

项目名称	重要性水平	错报金额	错报金额合计
应收账款	50	70,30,25,15,5	145
存货	40	28,20,15,2	65
固定资产	45	10,10,5,3,2	30
长期投资	30	90,7,3	100
银行存款	3	2,1,1,1	5
短期借款	2	1,1	2
管理费用	5	1	1
盈余公积	5	3,2,1	6
合　计	180	354	354

① 宛燕如．审计学[M]．武汉：武汉大学出版社，2013：90.

思考：

1. 注册会计师Z采用何种方法确定财务报表项目的重要性？为什么？

2. 若不考虑财务报表层次的重要性，注册会计师Z应如何根据各项目的重要性建议ABC公司调整其错报或漏报，并确定建议调整的错报总金额下限？

3. 若考虑财务报表层次的重要性，注册会计师应如何在上述调整的基础上进一步建议ABC公司调整的总金额？

随着经济环境的日趋复杂，审计风险在不断扩大，世界各国的审计失败事件不断发生。而审计失败的发生与审计人员没能准确把握职业判断有着直接的关系。因此，审计职业判断引起世界各国的广泛重视，对于审计职业判断的研究也成为审计研究中极具生命力的研究领域。随着我国证券市场的发展，会计信息的可靠性备受人们关注。对会计信息的可靠性提供保证的注册会计师，如何减少审计风险、提高审计质量已是一个紧迫的问题，而其中的关键就是提高审计职业判断。审计人员对审计判断的特点、原则以及运用方法等作一番了解，有助于提高审计的质量与效果。

第一节　审计职业判断概述

一、审计职业判断的含义

中外理论界对审计判断的定义较多，主要定义有以下9种：

(1)Giibbins和Emby的定义：(审计)判断是导致决策和行动的过程，(审计)判断是决策和行动的基础。

(2)Kenchel的定义：(审计)判断是个体思考决策问题相关方面的过程。

(3)刘国常的定义：专业判断是逻辑判断在审计中的应用，它是确定被审计事项是否具有某种属性的思维过程，是审计人员在审计工作中必不可少的思维形式。

(4)秦荣生的定义：注册会计师的专业判断是指注册会计师从多种可能的方案中，运用审计及相关学科的知识和经验，做出取舍的决策。

(5)肖文八、程庆的定义：审计人员的专业判断是审计人员为了实现审计目标，依据有关标准，在审计实践和感性认识的基础上，通过自身智力和一系列的思维过程，对客观审计对象和主观审计行为做出的某种认定、评价和决策。

(6)赵保卿的定义：注册会计师的职业判断是指注册会计师在执业的过程中依照执业标准、凭借自身经验对被审计事项及相关内容进行分析、鉴定，以确定其是否具备某种审计特性的过程。

(7)宋晓娟的定义：审计专业判断是审计人员为了实现审计目标，依据有关标准，在审计实践和感性认识的基础上，根据自己的专业知识和经验，对客观审计对象和主观审计行为做出的合理的专业认定、判断和评价。

(8)张继勋的定义：审计判断是审计人员根据其专业知识和经验，通过识别和比较，对审计事项和自身的行为所做的估计、断定或选择。

(9)《中国注册会计师审计准则第 1101 号——注册会计师的总体目标和审计工作的基本要求》中指出，职业判断是指在审计准则财务报告编制基础和职业道德要求的框架下，注册会计师综合运用相关知识技能和经验，做出适合审计业务具体情况有根据的行动决策。

根据上述各定义的阐述，审计判断的含义应包括以下要点：

① 审计判断的主体——审计人员；

② 审计判断的客体——具体审计事项或审计行为；

③ 审计判断的基础——审计人员的专业知识和积累的经验；

④ 审计判断的基本方法——识别和比较；

⑤ 审计判断的依据——执业标准(审计准则等)；

⑥ 审计判断的内容——既包括审计事项判断，也包括审计人员的自身行为；

⑦ 审计判断的结果——一种估计、断定或选择；

⑧ 审计判断的专业性、全程性和重要性。

据此，我们可以得出以下定义：审计判断是指审计人员在特定环境下，为了实现审计目标，凭借自身的专业知识和经验，依据审计准则或相关法规，通过识别和比较，对审计事项和自身的行为所做的估计、断定或选择。

二、审计职业判断的成因

在审计工作中之所以要进行各种各样的判断，是由多方面的原因决定的。这些原因主要有以下几种：

(一)信息不对称

审计专业判断产生的原因之一是受托责任的存在。所有者与经营者相互分离后，所有者为了对经营者的经营情况进行监督而聘请独立的第三者对其经营情况进行审计，从而形成了“受托责任”。而审计人员相对被审计单位也同样存在着信息不对称的情况，其原因在于[①]：一是审计人员是外部人员，不可能像企业的内部人员那样深入地了解企业；二是审计时间有限，审计人员要考虑成本效益问题，不可能长时间地审计一个企业，不可能审查所有相关的信息；三是信息的局限性，审计人员掌握的信息总是有限的。因此，审计人员在进行审计业务时需要依靠审计专业知识进行推理判断，可以说审计专业判断是在受托责任制的背景下产生的。

(二)会计政策的可选性

会计政策是指企业在会计确认、计量和报告中所采用的原则、基础和会计处理方法。我国企业会计准则规定，企业管理层应当根据企业的具体情况，选择和运用恰当的会计政策。会计准则提供多种可选择的会计政策的目的，是使企业能够更加公允地披露其会计信息。这就要求会计人员在处理此类业务时，做出恰当的判断，这也就是我们所说的会计人员的判断。这样规定有其灵活的一面，同时也会带来负面的问题，如企业可以把它作为操纵利润的工具。无论是由于会计人员判断失当还是由于出于操纵利润的目的

---

① 张继勋．审计判断研究[M]．大连：东北财经大学出版社，2002：27.

导致会计政策选择的不恰当，都会导致会计信息的不可靠。因此，审计人员在进行会计报表的公允性鉴证时，不可避免地要对企业会计政策选择的恰当性判断做出再判断，以验证会计人员所做判断的恰当性。

(三)会计估计的主观性

不确定性和估计是财务会计的本质特征之一，在进行会计处理时，估计是不可或缺的。这是因为，会计核算所面对的企业经营活动存在许多内在的不确定因素，许多会计报表项目不能准确地计量，只能加以估计。例如，发生的坏账、存货报废、应计折旧固定资产的使用年限等等，都需要进行估计。《国际会计准则第 8 号——会计政策、会计估计的变更和差错》指出，由于商业活动中内在的不确定性因素的影响，许多财务报表项目不能精确地计算，而只能加以估计，估计过程涉及以最近可利用的信息为基础所做的判断。我国的《会计准则第 28 号——会计政策、会计估计变更和差错更正》指出：会计估计是指企业对其结果不确定性的交易或事项以最近可以利用的信息为基础所做的判断。企业为了定期、及时提供有用的会计信息，将企业延续不断的营业活动人为地划分为各个阶段(如年度、季度、月度)，并在权责发生制的基础上对企业财务状况和经营成果进行定期确认和计量。在确认、计量过程中，当确认的交易或事项涉及未来事项不确定性时(例如，关于未来事项是否发生的不确定性以及关于未来事项的影响或时间的不确定性)，必须予以估计入账。换言之，这些业务，都需要会计人员的职业判断。而审计人员作为会计信息可靠性的合理保证者，不可避免地要对估计运用的合理性进行判断，即对会计人员的判断进行再判断。

【小提示 5 - 1】

会计实务中常见的需要进行估计的项目主要有：坏账；存货遭受毁损、全部或部分陈旧过时；金融资产或金融负债的公允价值；应折旧资产的使用寿命或者体现在应折旧资产中的未来经济利益的预期消耗方式；担保债务；无形资产的受益期；收入确认中的估计；应收账款的可收回金额；存货的可变现净值；资产减值准备；预计负债的金额等等。

(四)现代审计方法的要求

现代审计为风险导向审计，广泛采用审计抽样的方法。审计抽样，是指注册会计师对某类交易或账户余额中低于百分之百的项目实施审计程序，使所有抽样单元都有被选取的机会。它包括非统计抽样和统计抽样两种，无论在非统计抽样中还是在统计抽样中都需要运用审计判断。我国的《中国注册会计师审计准则第 1314 号——审计抽样》规定，注册会计师设计与选择样本、评价抽样结果时，应当运用专业判断。审计抽样离不开对审计重要性的运用，《中国注册会计师审计准则第 1221 号——计划和执行审计工作时的重要性》说明：对重要性的评估是注册会计师的一种专业判断。《中国注册会计师审计准则第 1231 号——针对评估的重大错报风险采取的应对措施》与《中国注册会计师审计准则第 1211 号——通过了解被审计单位及其环境识别和评估重大错报风险》也强调：注册会计师应当保持应有的职业谨慎，合理运用专业判断，对审计风险进行评估，制定并实施相应的审计程序，以将审计风险降低至可接受的水平。可见，在审计的过程中和执行审计程序中，随处体现出审计判断的必要性和重要性

(五)某些标准的模糊性和外部性

审计人员在进行财务报表审计的过程中,并不是要发现所有的错误和弊端,而是要发现其中超过重要性水平者。因而重要性的确定就变成了一个关键问题,恰恰是这一关键问题,却没有一个明确的标准,是从会计信息使用者的角度来确定的。国际审计准则委员会把重要性定义为:重要性涉及财务资料的误报包括遗漏的数量和性质,不论是个别的还是合计的,根据周围的环境,作为这种误报的结果,将会对人们依靠这些资料做出尽可能合理的判断产生影响或影响到他们的决策。《中国注册会计师审计准则第 1221 号——重要性》规定:重要性取决于在具体环境下对错报金额和性质的判断。如果一项错报单独或连同其他错报可能影响财务报表使用者依据财务报表做出的经济决策,则该项错报是重大的。

上述定义基本上是一致的,都强调以是否影响财务报表使用者的决策为标准,是一个外部性的标准,比较模糊,究竟重要性水平为多少只能由审计人员根据具体情况做出判断。此外,在许多的审计判断中都存在类似的问题,比如重大错报风险的评估、审计程序的选择、持续经营状况等都不存在明确的标准。正因为如此,这种重要性水平只能通过审计人员的主观判断加以确定。

三、审计判断的特点

从审计判断的含义可看出:审计判断充分体现了审计人员面对复杂审计事项和不确定审计环境做出合理认识、评价、预测和决策的能力,是审计人员职业道德、胜任能力和专业经验的有机统一和外在表现。审计判断具有以下特征:

(一)审计判断要求的专业性

审计判断是一种思维形式,思维是一种内在的过程或内隐的过程。这个思维过程要求每一个审计人员作为一个理性的审计实践者,不但要具备良好的逻辑思维判断能力,而且要善于运用一切科学合理的假定、定理、公理、公式、方法等知识,由此及彼,由浅入深,对每一次的审计及审计的每一个环节都大胆假设,小心求证,保持高度的职业敏感性。无论如何,恰当的审计意见只有一个,而可供审计判断的方案却可能有若干。审计人员要想做出明智的选择(判断),则必须有一定的理论基础和社会实践经验,并同时具备敏锐的洞察力和果断的判断力。

(二)审计判断的复杂性

审计判断的复杂性是由判断过程的复杂性、判断内容的复杂性和判断标准的模糊性所决定的。

(1)从判断过程看,审计判断是一个复杂的心理过程。审计人员一方面要受到外在的环境信息(包括真实的也包括虚假的)影响,另一方面还要受到其自身偏好、性格、习惯等内在因素的影响,而且这些信息和因素并不稳定,随时在变化甚至产生新的矛盾,加重了审计判断的复杂性。

(2)从审计判断的内容看,包含在审计的全过程中,其范围非常之广,有些内容对审计人员提出了很高的技术要求。就注册会计师而言,从接受委托、对客户的第一次接触开始,一直到审计工作结束、出具审计报告为止,无不运用到职业判断。具体表现为:

① 对审计目标(含总目标和具体目标)的判断；

② 对审计对象的判断；

③ 对审计独立性的判断；

④ 对审计证据的判断；

⑤ 对审计工作底稿的判断；

⑥ 对审计程序的判断；

⑦ 对审计重要性与审计风险的判断；

⑧ 对被审事项结果的判断；

⑨ 对期后事项的判断；

⑩ 对审计意见类型的判断。

(3)从判断的标准看,多数情况下的审计判断缺乏明确的标准,如对持续经营能力的判断就很难找到一个标准,完全依靠审计人员的执业经验和判断力来做出结论。所以,从某种程度上讲,考验一个专业审计人员的胜任能力和执业水平不是看他对审计准则的理解和遵循程度,而是针对复杂的需判断事项能否找出适当的参照标准,做出准确的专业判断。

(三)审计判断的风险性

审计判断毕竟是审计人员的主观活动,受到判断主体、判断客体和审计环境等多方面的影响,不可能保持百分之百准确。可见,审计判断和审计风险之间存在着密切的联系。只要有判断,就有判断正确或错误以及判断被接受或拒绝的问题,就有风险。《中国注册会计师审计准则第 1101 号——注册会计师的总体目标和审计工作的基本要求》中“审计风险”是这样定义的:“审计风险是指财务报表存在重大错报而注册会计师发表不恰当审计意见的可能性。”审计判断的性质决定了审计风险的客观存在性,而审计判断的失误最终可能导致做出错误的审计结论。因此,审计判断具有后果的风险性。

(四)审计判断的可验证性

尽管审计判断是根据判断主体的经验做出的,不同的审计主体做出的审计判断可能大相径庭,但它仍然是可以验证的。否则,审计人员的审计效果和质量就失去了评价标准,从而导致审计人员的工作失去可信性,无法明确审计人员的责任,审计的意义将荡然无存。所以包括审计的获取证据和审计判断的一切工作都应该是可验证的。在实际工作中,审计判断的正确与否与审计判断本身一样,缺乏明确的衡量标准,通常运用审计组织机构的分级督导制度来完成对审计判断质量的评价。

四、审计职业判断的类别

按照不同的审计标志,审计判断可以分为多种类别。

(一)按审计判断目标分类[①]

审计判断的目标包括审计目标和审计行为目标。在注册会计师审计的审计目标表述上,世界各国存在差异,但以《国际审计准则》和美国的《审计准则》所表述的“公允性”

---

① 张继勋.审计判断研究[M].大连:东北财经大学出版社,2002:52-61.

居多。《中国注册会计师审计准则第1101号——注册会计师的总体目标和审计工作的基本要求》规定的财务报表审计的目标是：对财务报表是否按照适用的会计准则和相关会计制度的规定编制、是否在所有重大方面公允反映被审计单位的财务状况、经营成果和现金流量发表审计意见；评价财务报表的合法性；评价财务报表的公允性。简而言之，审计目标就是合法性和公允性。审计行为目标是指审计人员进行的审计活动的恰当性。因此，审计判断按其目标分为以下四类：

1. 合法性判断

合法性判断包括两个方面：一是审计人员对被审计单位的会计报表的编制是否符合《企业会计准则》和国家其他有关财务会计法规的规定所做出的判断；二是审计人员对其自身行为的合法合规性所做出的判断，如审计人员的行为是否符合独立审计准则和职业道德准则的要求等。

2. 公允性判断

公允性判断是指审计人员对被审计单位会计报表是否在所有的重大方面都公允地反映其财务状况、经营成果和资金变动（或现金流量）的情况所做的判断。换言之，审计人员要判断被审计单位的会计处理是否公正、公允地对待了有关利益各方。具体来说，会计方法的选用就是一个典型的例证。对会计方法的选择，需要会计人员通过职业判断做出，审计人员同样也要运用职业判断验证会计人员判断的正确性。多数国家把审计目标定位为公允性，因此，公允性判断也就自然成为审计判断的主要类别。

3. 恰当性判断

恰当性判断，是指审计人员对其在审计工作安排等审计行为的恰当性做出的判断。在审计工作中，除了对审计事项直接进行判断之外，还有一些事项需要运用职业判断，包括审计工作的安排（审计的时间、范围等）、审计程序的运用、固有风险和控制风险等，这些判断就是恰当性判断。上述判断都与审计工作的质量和效率有关。

（二）按审计判断内容分类

审计判断按其所判断的内容不同，可以分为审计人员对审计事项的判断、对其自身行为的判断。

1. 审计事项判断

审计事项判断是指审计人员对被审计事项所做出的判断。主要包括被审计单位的会计处理是否符合公认会计准则的要求等。审计事项判断又分为抽样判断和非抽样判断。抽样判断是指由于采用抽样的方法引起的审计判断，可以分为统计抽样判断和非统计抽样判断；非抽样判断是指除抽样判断之外的审计判断。

2. 审计行为判断

在审计过程中，除要对审计事项进行判断之外，审计人员还要对其行为是否符合审计准则、是否符合职业道德准则的要求进行判断，对审计工作的效率性进行判断。这些都属于审计行为判断。审计准则、审计人员的职业道德准则既是衡量审计工作质量的标准，也是对审计人员工作的最低要求，审计人员必须遵守。这些规范毕竟是原则性的，而实际情况是复杂的，审计人员必须根据实际情况做出是否符合规范的判断。同时，在审计过程中，还需要对审计工作的效率性做出判断。审计人员进行的毕竟是有偿服务，成本效益是其进行审计工作的第一项基本原则，因此，不可避免地需要对审计工作的效率做出判断。这类判断包括是否符合审计准则的判断、是否符合道德准则的判断、审计工作安排的判断、审计程序选择的判断等。审计行为判断可进一步分为技术性行为判断和道德性行为判断。技术性行为判断是与审计技术有关的审计行为的判断；道德性行为判断是指与审计人员道德行为有关的判断。

（三）按审计判断性质分类

从审计判断的性质来看，审计判断可以分为事实性审计判断和价值性审计判断。

1. 事实性审计判断

事实性审计判断是审计人员对被审计单位的会计报表是否反映经济活动的实际状况做出的判断。在审计工作中，存在着大量事实判断，对企业的固有风险、控制风险的判断以及对会计报表项目余额的可靠性的判断均属事实判断。

2. 价值性审计判断

在审计过程中，审计人员除要进行事实性审计判断外，还面临着相当数量的价值性审计判断。价值性审计判断是审计人员在审计过程中对描述性内容所做的判断。会计报表审计过程中的价值判断主要有：被审计单位披露范围的恰当性的判断、异常收益归类的判断、会计报表项目合并或分别反映的判断、审计程序恰当性的判断、审计意见选择等。一般来说，越是低层次判断，事实判断占的比重越大；越是高层次的判断，价值判断占的比重越大。

（四）按审计判断结果的时间性分类

审计判断或者与已发生的活动结果有关，或者与未来的活动结果有关，因此，按照判断结果的时间性，审计判断可分为历史性审计判断和预期性审计判断。

1. 历史性审计判断

历史性审计判断是对企业已经发生的经济活动的披露是否可靠的断定。会计报表审计是要对会计报表的可靠性做出判断，会计报表的可靠性又依赖于会计报表项目的可靠性，而绝大部分会计报表项目是对被审计单位已经发生的经济活动的反映。因此，会计报表审计中的判断主要是对被审计单位已发生的经济活动的披露情况的判断，是对历史状况反映的恰当性的判断，故称其为历史判断。

2. 预期性审计判断

在审计活动中，除了历史性审计判断之外，还有预期性审计判断。预期性审计判断是对企业未来活动结果的判断。会计报表中有一部分项目是通过会计人员对未来状况估计加以反映的，比如，应收账款余额、存货余额、长短期投资的余额、无形资产余额、或有负债等，上述项目的余额均与未来的状况直接相关。因此，审计人员对这些项目余额的可靠性进行判断是建立在对未来经济活动状况估计基础上的，实质上是一种对未来的判断，即预期判断。

（五）按审计判断的定性和定量分类

审计判断按其是定性还是定量分为定性审计判断和定量审计判断。

1. 定性审计判断

定性审计判断是对审计事项和审计行为的性质进行的判断。定性判断在审计工作中具有十分重要的作用。审计中的定性判断包括审计事项的定性判断和审计行为的定性判断。审计事项的定性判断是以定量判断为基础的，每一个层次的最终判断都是定性判断，如各项具体审计目标的判断、审计意见的选择等。

2. 定量审计判断

定量审计判断是对审计项目的数量方面所做的判断。会计报表是以数字反映企业的经营成果和财务状况，是一种定量的反映，因此，会计报表审计就是对数量反映的验证。尽管验证的结论是定性的，但基础是定量验证。会计报表审计中的定量判断主要包括：会计报表项目的定量判断、账务处理中的定量判断、重要性的判断、审计证据数量的判断等。

（六）按审计判断的逻辑性分类

审计判断有些是逻辑推理的结果，有些则是审计人员根据直觉做出的。因此，我们可以按是否具有逻辑性将审计判断分为逻辑审计判断和直觉审计判断。

1. 逻辑审计判断

逻辑审计判断是审计人员根据所收集到的资料，遵循逻辑规则，运用比较、分析、综合、抽象、概括、演绎、归纳等方法做出的判断。比如，通过不同时期的财务比率的比较发现被审计单位的重大波动，根据各报表项目的审查结果归纳出总体的审计结论，根据账户、报表之间的逻辑关系分析会计处理的合理性和数字的正确性等。

2. 直觉审计判断

直觉审计判断，也称非逻辑审计判断，在许多情况下审计人员的判断不是按逻辑的方法，而是审计人员根据其已有的经验直接做出的。这类判断我们称之为直觉判断。直觉判断的存在是由审计判断的经验性和主观性的特点所决定的。审计人员的经验不同，直觉判断的结果正确程度也会有所差异。一般来说，审计人员的经验越丰富，直觉判断的正确性也就越高。直觉判断贯穿于审计工作的各个阶段。比如，分析性复核发现的重大波动的原因的判断、重要性水平的判断和实质性测试范围的判断、属性抽样中的可容忍的错误率的确定、变量抽样中的估计总体标准差等。

（七）按审计判断的引起原因分类

审计过程中的职业判断或者源于会计业务的不确定性，或者源于审计本身，因此，可以根据引起审计判断的原因不同分为：会计原因引起的审计判断和审计原因引起的审计判断。

1. 会计引起的审计判断

会计引起的判断，是指由于会计业务本身存在判断导致的审计人员的职业判断，是审计人员对会计判断的再判断。这类判断是由于经济业务的不确定性和会计处理方法的可选择性引起的，包括会计估计的判断、会计方法选择的判断等。此类判断是对会计判断的合理性的判断，直接关系到会计报表余额的可靠性和审计结论的正确性。

2. 审计引起的审计判断

在审计过程中，除了会计判断引起的审计判断外，还有一类判断，它们是由审计行为引起的，我们称之为审计引起的审计判断。运用审计方法导致的审计判断大量存在于审计过程中，如审计程序选择等。此外，审计判断还包括审计行为是否符合审计准则和职业道德准则等的判断。

(八)按审计判断标准是否明确分类

按照有无明确的审计标准,审计判断分为标准明确的审计判断和标准不明确的审计判断。

1. 标准明确的审计判断

从理论上来讲,判断都应该有一定的标准,在实践中,有些判断的标准是明确的,有些则是不明确的,有明确判断标准的审计判断我们称之为标准明确的审计判断。这类审计判断相对比较容易。在会计报表审计中,大部分的审计事项判断是标准明确的审计判断。

2. 标准不明确的审计判断

标准不明确的审计判断是指审计人员在进行审计判断时没有明确的标准可供参考。在会计报表审计中存在着大量的此类审计判断。这类审计判断的难度比较大,更依赖于审计人员的经验和知识,因而也受到审计理论和实务工作者的格外关注。

(九)按审计判断是否肯定分类

判断是肯定或否定某种事物的存在,或指明它是否具有某种属性的思维过程。因此,它存在肯定和否定两种判断形式。审计判断作为一种判断,也应同样存在着肯定形式的审计判断和否定形式的审计判断。

1. 肯定式审计判断

肯定式审计判断是审计人员对被审计事项和审计行为的某种属性予以肯定的判断。肯定判断的最典型的形式是审计人员发表的无保留意见的审计报告,它是对被审计单位的会计报表的合法性、公允性和一贯性三种属性的肯定。而上述三种属性的肯定判断是以报表项目余额的可靠性的肯定判断为基础的,各项目的可靠性判断又以其会计处理的正确性和合理性的肯定判断为前提。

2. 否定式审计判断

否定式审计判断是与肯定式审计判断相反的一种判断形式,是对审计事项和审计行为的某种属性予以否定的判断。否定意见的审计报告是否定式审计判断的最明显的形式,它是对被审计单位的会计报表的合法性、公允性和一贯性三种属性的否定,它以具体项目的属性的否定判断为前提。从广义上来讲,保留意见的审计报告、拒绝表示意见的审计报告都属于否定形式的审计判断。从总体上看,审计中肯定式的判断要远远多于否定式判断。

(十)按审计判断的综合程度分类

审计判断按其综合程度分为个别审计判断和综合审计判断。

1. 个别审计判断

个别审计判断是指审计人员对单个的具体事项所做的判断。在会计报表审计的每一个环节都存在着大量的个别审计判断。个别审计判断是形成综合审计判断、做出最终审计判断的基础。

2. 综合审计判断

综合审计判断是在对几个个别审计判断综合的基础上形成的新的判断。比如,审计

意见的选择就是一个综合审计判断。它是在综合了各会计报表审计项目的个别判断的基础上形成的。

(十一)按审计判断的主体分类

在审计过程中,审计判断有时是一个人做出的,有时是由多个人共同做出的。因而按审计判断主体的多寡,审计判断可分为个人审计判断和集体审计判断。

1. 个人审计判断

个人审计判断是指由单个审计人员在审计过程中做出的各种判断。在审计过程中审计人员都要单独承担审计任务,在单独执行审计任务的过程中,审计人员做出的各种职业判断均是个人审计判断。比如,一个审计人员对应收账款进行审计,他所做出的与应收账款的余额可靠性有关的各种审计判断就是这种判断。

2. 集体审计判断

与个人审计判断相对应的判断形式是集体审计判断。集体审计判断是指由两个以上的审计人员参与做出的职业判断。作为民间审计人员栖息地的会计师事务所一般都拥有多名审计人员,都存在集体审计判断问题。

第二节　审计职业判断的原则与方法

一、审计职业判断的原则

做出正确的审计判断不仅需要审计人员具有丰富的经验和扎实的专业知识,而且还需要遵循一定的原则。审计判断的原则是指审计人员在实施审计判断的过程中应遵循的一组指导性的标准或建设性意见,它是审计原则的组成部分。笔者认为审计判断的原则主要应包括以下几项:

(一)客观性原则

进行审计判断的最终目的是在资源有限的情况下做出正确的判断。所谓正确的判断就是判断结论与客观事实相符,因此,正确的判断结论应该是客观的。而正确的判断结论来源于审计人员所收集的与判断有关的信息的客观性、判断过程的客观性。前已述及,审计判断是一个系统,这一系统的最终判断的客观性依赖于构成系统的各层次的子系统的客观性。因此,审计过程中的所有判断都必须遵循客观性的原则。该原则包括以下几个方面:一是取得的相关资料应是客观的,审计人员应以此为基础做出判断;二是审计判断的过程应是客观的,尽管审计判断具有明显的主观性的特征,但在判断的过程中还是要尽可能增加判断过程的客观性比重;三是审计判断结果应是客观的。审计人员在进行审计判断的过程中,必须在以上三个层面上保持客观性,以确保判断结果的正确性。

(二)独立性原则

独立性是审计的灵魂,审计的过程实质上是一个判断的过程,因此可以说,独立性也是审计判断的灵魂。一个不具有独立性的审计人员做出的审计结论是不可信的,一个不具有独立性的审计判断结果同样不具有可信性。我们这里所说的独立性与通常审计所讲的独立性的含义是相同的。独立性意味着审计人员的行为、行动和意见不受影响和控制，或者说是尽量少地受外部或他人的干扰、引导或控制。审计判断的独立性可以分为四个部分：一是审计判断人员的独立性，它是做出正确审计判断的基本前提，很难想象，在审计人员与被审计单位存在财务利益的情况下审计人员能做出正确的判断；二是收集资料的独立性，审计人员应尽可能亲自取得各种作为判断证据的资料，它是做出正确判断的基础；三是审计判断过程的独立性，审计人员在进行审计判断的过程中不受被审计单位及其利益关系单位的影响；四是审计判断结论的独立性。上述四个方面的独立性是审计人员做出正确审计判断不可或缺的因素。

（三）信息性原则

任何一项判断的做出都必须以一定的信息或刺激为基础，信息是做出判断的前提和基础。因此，要做出正确的审计判断，就必须收集与判断问题相关的信息资料，而后进行归纳、整理、分析、加工，经过去伪存真、由表及里、由此及彼的分析获得充分必要的信息，以便为决策提供信息基础。当然，我们这里所说的信息必须是能够反映客观情况的真实信息，而不是虚假信息。由于审计工作的特殊性，并不是要求做出判断的审计人员收集所有的与判断有关的可靠的信息，只要审计人员认为其所收集的信息足以支持其所做的判断结论就可以了。总之，审计人员在进行审计判断的过程中，必须坚持信息性的原则，以一定的、必要的信息为基础和前提，离开了必要的信息，判断的可靠性将无从谈起。

（四）一致性原则

审计判断直接关系到债权人和投资人等利益人的利益，因此，判断的结论应该是一致或基本一致的；否则，很难建立起债权人、投资人等报表使用者对审计判断结论的信心。试想如果两名审计人员分别对同一被审计单位进行审计得出的却是相反的结论，投资者和债权人该相信谁呢？因此，坚持一致性的原则至关重要，这不仅关系到审计判断的正确与否，还关系到审计职业的生存和发展。这里所说的一致性有两方面的含义：一是不同审计人员在对同一审计事项做出判断时，他们的结论应该是一致或基本一致的；二是同一审计人员对类似或相同情况的判断结论应该是一致或基本一致的。一致性既是审计判断的原则也是审计判断的基本要求。

（五）谨慎性原则

审计判断后果的严重性与审计判断的推断和估计的性质，决定了审计人员在进行审计判断时必须遵循谨慎性的原则。从审计判断来看，或者是在部分证据基础上对过去事实的推断，或者是根据现有的信息对未来的信息的估计，或者是建立在对各种方案的期望效用分析基础上的选择，都具有一定的不确定性，因此，在对它们进行判断的过程中，审计人员必须保持应有的职业谨慎，即坚持谨慎性原则。莫茨和夏拉夫（1996）认为，具有应有职业谨慎的审计人员应具有几个方面的特征：（1）获得任何容易到手的知识；（2）特别关注被审计单位历史上存在风险的领域；（3）考虑审计计划和实施阶段的各种不正常的情况和关系；（4）认识不正当的环境并采取正当的预防措施；（5）采取一切适当措施消除自己对事关审计意见事项的疑虑；（6）跟上专业领域的发展；（7）检查其助手的工作。上述各个方面主要是针对审计的最终判断——审计意见判断而言的。我们认为对一般审计判断而言，其谨慎性原则主要体现为：尽可能获得与判断事物相关的可靠的信息，并在对其进行仔细推敲和分析的基础上做出判断结论。

(六)轨迹性原则

审计判断具有可验证性的特征,一个审计人员做出的审计判断,其他审计人员必须可以验证。为了使其他审计人员可以验证,做出判断的审计人员在进行审计判断的过程中必须留有一定的轨迹,表明审计判断的形成过程。审计人员可以通过审计工作底稿的形式,把进行审计判断的过程、判断的证据以及做出的各种推论和判断结论记录下来。比如,审计人员在对被审计单位的坏账损失进行估计时,应在审计工作底稿中写明估计的金额和做出此估计的理由及估计的方法等。坚持轨迹性的原则主要有以下两个方面的好处:第一,便于审计复核人员对审计人员的判断进行复核,进而对审计判断的质量做出评价;第二,当被审计单位遭受法律诉讼时,便于有关人员了解审计判断的过程,从而为有效地避免法律责任提供了基础。考虑到审计判断的主观性的特征,遵循轨迹性的原则决非主张在判断的每一个环节都留轨迹,而是要求在所有可能的地方留下线索。

(七)动态性原则

审计判断的本质是一种推断和估计,其正确与否既取决于审计人员的素质,也取决于取得的作为判断基础的信息质量和数量。审计人员的任何判断都是以当时的信息为基础的,审计工作的特点和经济环境的不确定性决定了审计判断所依据的信息是有限的。换言之,审计判断是在有限信息条件下做出的职业判断,判断的结果具有一定的风险性。除了终极审计判断——审计意见判断之外,其他审计判断均有可能在做出判断后获得与其有关的进一步信息,进一步的信息可能为以前的审计判断提供进一步的佐证,也可提供与原审计判断结论相反的证据。对于后者,审计人员应根据进一步的信息修改审计结论,否则可能导致审计判断的结论是错误的。因此,审计人员必须坚持动态性的原则,一旦获得判断事项的进一步的信息,应不断地修正判断结论,以确保审计判断结论的正确性。

(八)个体性和群体性相结合的原则

为尽可能减少审计判断的主观程度,对于重要的判断事物和难于做出结论的判断事物,必须采取个人判断与群体判断相结合的原则。个人的知识和经验总是有限的,在许多情况下需要借助于集体的智慧,每个人根据各自的经验,从不同的角度观察判断事物,有助于做出正确的判断。运用这一原则有三种方式:一是当某审计人员在进行判断过程中征求其他判断人员的意见,也就是所谓的"智力放大";二是对有些重大的而又难以做出的审计判断,应在具有较高判断水平的审计人员充分讨论的基础上集体做出判断;三是对下一级审计人员做出的判断进行复核。现在,国内外会计师事务所中广泛采用的三级复核制度就是这一形式的典型应用,这也是一种被审计实践证明了的、十分有效地提高审计判断质量的形式。

二、审计职业判断的方法

审计判断是通过一定的方法来实现的,因此,审计判断的方法在审计判断过程中起着十分重要的作用。审计判断方法主要包括以下内容:

(一)直觉判断法

直觉判断法是审计人员运用已有的有关知识组块对当前的判断事物做出分析和推

论。直觉判断是建立在经验的基础上的。在许多情况下审计人员很难说清楚审计判断是如何做出的，只是觉得应该如此，比如重要性水平的判断、控制风险的判断等。但并不等于说这样的判断不可信。直觉判断并不是空穴来风，其科学性是有心理学依据的。心理学认为，有经验的人员的大脑中储存着大量的组块，当遇到要判断的问题时，判断者就会从这些储存的组块中选出与判断问题对应的组块做出判断。西蒙认为，国际象棋大师至少储存五万个组块，他们能够在瞬间选出与当前问题有关的某个组块，做出最佳反应。同样，经验丰富程度不同的审计人员会储存数量不同的组块，因而，其判断质量也是有差异的。一般认为，这一方法是一种能够直接把握事物整体的方法，是进行审计判断广泛应用的有效方法。专家在解决问题时多采用某种直觉认知模型，即直觉判断的方法。运用直觉判断法需要审计人员积累丰富的实践经验。

(二)比较判断法

比较法是对一事物与其相联系的其他事物，通过对比、分析以认识其共同点、差异点和本质的方法。比较判断法是比较法在审计背景下的运用。比较判断法可以分为同类比较判断法和异类比较判断法。

1. 同类比较判断法

同类比较判断法是指根据类比的原理，把需要判断的事物同以往遇到的类似的判断事物进行对比，从而做出判断的方法。这一方法能起到由此及彼、触类旁通的效果。会计报表审计的一个重要特征是重复性，审计人员在年复一年的审计中所涉及的审计及审计判断的内容是十分相近的，因此，为进行类比提供了非常好的条件。审计判断中的类比包括两种方式：其一，相同判断事物的相同或相近情况的类比；其二，相同判断事物不同情况的类比。前者是为了做出与以前相近的判断；后者则是为了做出与以前不同的判断。比如在对被审计单位的控制风险进行判断时，如果了解到其设计和执行情况与过去审计过的某企业的状况基本相同，审计人员就可以对被审计单位的控制风险水平做出相同的判断；如果两个审计单位的情况相差比较大，判断的控制风险水平就应存在较大的差异。同类比较判断法特别适用于带有估计性的审计判断。

2. 异类比较判断法

异类比较判断法是指把性质不同的事物进行比较而做出判断的方法。审计人员进行审计判断时大量运用这一方法。在前面我们讨论审计模式时已经指出，审计判断中的一个重要环节是把审计判断事物与判断标准相比较，而判断事物和判断标准表现为不同的事物，因而，两者的比较实际上是不同类别事物之间的比较。从审计判断过程模式来看，判断事物与判断标准的比较可以说是审计判断过程的核心，可见，异类比较判断法在审计判断中具有举足轻重的地位。在审计过程中，会计报表与会计准则的对比、审计人员行为与审计准则和职业道德准则的对比等都是这一方法的应用。

(三)归纳法

归纳法，也是从个别(或特殊)事物中推出一般性结论，从而得出普遍原理的方法，包括完全归纳法和简单枚举法。完全归纳法是对某类事物的全部对象进行观察以后，从而得到该类事物都具有或都不具有某种性质的一般性结论的归纳方法；简单枚举法是对某类事物的部分对象进行观察以后，从而得到该类事物具有或不具有某种性质的一般性结论的归纳方法。这两种方法在审计判断中都得到了广泛的应用。我们知道审计判断具有经验性的特点,高质量的审计判断是审计人员经验积累的结果,而丰富的经验是在长期的审计实践中对审计判断事物进行归纳的结果,是一种完全归纳法。审计判断是一个动态的过程,在周而复始地进行,对判断事物而言,全部只能是相对的,我们这里所说的归纳只能是对以往的全部审计判断进行归纳。简单枚举法在审计判断中最典型的运用当属审计抽样法。现代审计中,审计人员在进行审计时一般采用抽样的方法。审计抽样是指审计人员实施审计程序时,从审计对象总体中选取一定数量的样本进行测试,并根据样本测试的结果推断总体特征的一种方法。上述定义表明,它是以部分个体审计为基础,根据对个体的审查结果对总体做出判断。这是一个非常典型的简单枚举归纳法。

(四)演绎法

演绎法,也称演绎推理,是从一般原理出发,推演出个别结论的思维方法,是从一般到个别的认识方法。这是一个与归纳法完全相反的过程。它以经过归纳而形成的一般原理为指导,对具体的、个别事物做出判断。与归纳法一样,演绎法在审计判断的过程中有着广泛的应用,特别是在没有以规范的形式存在的标准的情况下,更需要运用这一方法。在没有明确的以规范的形式存在的标准的情况下,审计人员只能根据以往积累的经验,即一般原理,对当前的具体事物做出判断。审计意见判断是这一方法运用的典型例证。发表各种审计意见的条件是经归纳而形成的一般原理,进行审计意见选择就是根据其一般原理对具体的被审计单位的审计意见进行推论的过程。

(五)智力放大法

智力放大,实际上就是利用外脑。控制论认为,放大器是这样的作业:一种装置或系统,它能用很小的力气去控制那些需要大力气才能实现的作业,人的智力可以像放大器一样放大其能量,因为有众多的外脑可以利用。审计判断是一项智力活动,因此,可以利用智力放大的方法来进行审计判断,尤其是在遇到难以做出判断的重大问题时,此方法更为有效。企业的经济业务越来越复杂和多变,新情况和新问题层出不穷,而审计人员的经验总是有限的,因此,在进行审计判断的过程中不可避免地要借助他人的经验。在审计判断中运用智力放大的方法是就判断事物向他人咨询,听取他人的意见。由于这一方法运用了集体的经验,是一种有助于做出高质量审计判断的有效方法。

(六)专家判断法

在职业判断中,最恰当的标准是正确性,但在很多情况下正确性是很难衡量的,因此,需要一个替代标准。专家判断的结果往往被作为替代标准。当审计人员的判断与专家的判断一致时,则认为判断是正确的;当与专家判断的结果不一致时,则认为判断是不正确的。可见,专家判断在审计判断中具有特殊的地位,它是确保审计判断质量的有效方法。国外的许多审计学文献对专家判断与新手判断进行了研究,大部分结论证实了专家在审计判断中的重要作用,特别是在非结构化的任务中专家判断的优势更为明显。在其他领域专家判断的优势也得到了证实。比如,De Groot(1965)从国际象棋高手和一般好手的报告中总结出一个规律:在能够预见的步数和搜寻走法的广度等方面均无差异,但是高手却总是能够棋高一着。进一步研究发现,高手对比赛棋局的回忆成绩比新手要好得多[①]。这一结论为审计专家能做出高质量的审计判断提供了证据。在审计中请专家做判断可以有两种方式:一是请专家对审计判断结果进行复核;二是请专家对重大而又难于做出判断的问题做出判断。专家判断既可以由专家个人进行,也可以由几个专家一起进行。在专家集体判断的情况下,也可以采取两种方式:一是由专家在一起经讨论后做出判断;二是由专家分别判断,再将其判断结果汇总。

(七)审计判断的辅助方法

根据前面的论述我们知道,不断增加审计人员的实践经验是提高审计判断质量的根本途径,但同时也应该看到,有效地开发和利用审计判断的辅助方法同样也能够提高审计判断的质量。这里所说的审计判断的辅助方法,是指一切有利于做出正确审计判断的辅助方法。其主要包括程序化法、层次分析法、统计抽样法和计算机专家系统等。

(八)程序化法

程序化方法通过按照基本固定的程序或方法进行判断。程序化的方法可以减少判断中的主观成分,使判断结论更正确。程序化本身就是审计判断控制系统的一部分,但并不是所有的审计判断都可以采用程序化的方法。一般而言,这一方法只适用于结构化的审计任务,对半结构化和非结构化的审计任务则不太适用。内部控制测试就属于结构化工作,可以采用程序化方法,内部控制问题式调查表是程序化方法的典型形式。

(九)层次分析法

层次分析法(analytic hierarchy process,AHP)是 Saaty(1980)提出的一种决策分析方法。层次分析法从本质上说是一种决策思维方式,它具有人的思维分析、判断和综合的特征[②]。这一方法同样适用于审计判断。根据这一方法,首先,要确定判断的问题;其次,要从最高层(判断问题),通过中间层(判断准则层到最低层(方案)构成一个层次结构模型;再次,计算每个标准的权重优先序;最后,计算出各个方案的优先序,并做选择。这一方法适用于结果需要选择的审计判断。

(十)计算机专家系统

计算机专家系统是人工智能的组成部分,它将人类某一领域内专家的知识用计算机语言加以描述,并存储于知识库中,然后针对该领域的问题模仿人类专家的思维方式加以解决。近年来,审计专家系统得到了较快的发展,这给我们利用这一系统提供了便利。由于专家系统采用了专家的经验和知识,因此,其做出的审计判断的质量应该是专家水平的。一个初出茅庐的新手可以利用专家系统完成只有专家才能完成的复杂判断,从而能够从整体上提高审计判断水平。

① 邵志芳.思维心理学[M].上海:华东师范大学出版社,2001,92.

② 刘新宪,朱道立.选择与判断[M].上海:上海科学普及出版社,1988:13.

第三节 审计过程中的审计判断

我们知道审计过程的内容主要包括计划审计工作、实施风险评估程序、实施控制测试和实质性程序以及完成审计工作和编制审计报告,因此,这一过程涉及的主要审计判断包括:

一、确定重要性水平

《中国注册会计师审计准则第1221号——计划和执行审计工作时的重要性》界定了重要性的含义:"实际执行的重要性,是指注册会计师确定的低于财务报表整体的重要性的一个或多个金额,旨在将未更正和未发现错报的汇总数超过财务报表整体的重要性的可能性降至适当的低水平,如果适用,实际执行的重要性还指注册会计师确定的低于特定类别的交易账户余额或披露的重要性水平的一个或多个金额。"该准则规定,注册会计师应当运用职业判断确定重要性。然而,究竟错报或漏报到什么程度才影响投资者的决策,只能是审计人员判断的结果。重要性水平制定得过高或过低都会给审计人员带来不利的影响。在审计实践中,综合各种因素,制定恰当的重要性水平是比较困难的。它有赖于审计人员的判断能力、方法和专业经验,也受到审计人员获取信息的渠道的限制。

二、确定审计风险

《中国注册会计师审计准则第1101号——注册会计师的总体目标和审计工作的基本要求》指出:审计风险,是指当财务报表存在重大错报时,注册会计师发表不恰当审计意见的可能性。审计风险取决于重大错报风险和检查风险。注册会计师应当实施审计程序,评估重大错报风险,并根据评估结果设计和实施进一步审计的程序,以控制检查风险。

《中国注册会计师审计准则第1231号——针对评估的重大错报风险实施的程序》的第三条规定,注册会计师应当针对评估的财务报表层次重大错报风险确定总体应对措施,并针对评估的认定层次重大错报风险设计和实施进一步审计的程序,以将审计风险降至可接受的低水平。第四条规定,在确定总体应对措施以及设计和实施进一步审计程序的性质、时间和范围时,注册会计师应当运用职业判断。

可见,对于客观存在的审计风险,审计人员必须保持职业谨慎,运用专业判断,对被审计单位的审计风险各要素进行全面评估,确定可接受的审计风险水平。

三、收集和评价审计证据

《中国注册会计师审计准则第1301号——审计证据》第六条规定:"注册会计师应当获取充分、适当的审计证据,以得出合理的审计结论,作为形成审计意见的基础。"第七条规定:"注册会计师应当保持职业怀疑态度,运用职业判断,评价审计证据的充分性和适当性。"

审计活动围绕着获取什么证据，如何获取证据，如何评价证据等内容，这些都要运用审计专业判断。审计人员对于审计证据质与量的判断受到重要性、重大错报风险及审计证据的证明力等因素的影响。检查风险往往产生于审计人员在获取和评价审计证据时做出的错误判断。有一些错误源于抽样风险，审计人员没有选中存在差错的业务样本，检查风险也可能源于非抽样风险，例如：审计程序安排不当；没有发现样本中存在的错误；没有正确修正检查出的错误等。审计证据的质量在很大程度上取决于审计人员的专业判断水平，至于审计证据的充分性和适当性具体如何评价，后面相关的章节有详细阐述。

四、判断企业内部控制的可信赖程度

判断和评价被审计单位内控制度的目的是设计实质性测试程序，对内部控制可信赖程度的判断，必须建立在对内控制度的设计和实施情况充分了解的基础上。在对控制风险进行初步评估时，基于稳健性原则，宁可高估控制风险，不可低估控制风险。在进行控制测试之后，还应对控制风险进一步评估，根据测试的结果，评估内部控制的设计和运行是否与控制风险的初步评估结论相一致。如果存在偏差，应当及时修正对控制风险的评估水平。

五、对被审计单位持续经营假设适当性的判断

《中国注册会计师审计准则第 1324 号——持续经营》规定，在计划和实施审计程序以及评价其结果时，注册会计师应当考虑管理层在编制财务报表时运用持续经营假设的适当性。

考虑管理层在编制财务报表时运用持续经营假设的适当性，注册会计师需要运用职业判断。例如，导致对持续经营假设产生重大疑虑的事项或情况可能很多，当存在一项或者多项事项或情况时，是否必然影响被审计单位的持续经营能力；管理层依据对持续经营能力评估结果提出的应对计划是否可行，是否能够改善其持续经营能力等，这些都有赖于注册会计师做出职业判断。

六、确定适当的审计方法

各种不同种类的审计，都有其不同的审计目标和要求，所选用的审计方法也各有所不同。而各种不同的证据可用来实现各种不同的审计目标，但是对于每一个具体账户以及与其相关的认定来说，注册会计师应选择能以最低成本实现全部审计目标的证据，力求做到证据搜集既有效又经济。

七、对分析性复核结果的评价

分析性复核的目的是初步判断审计约定事项的重点区域和审计风险，采用这种方法通过指标对比，可以帮助审计人员判断和确定重要的审计项目。但研究表明，除非被审计单位资讯健全以及审计人员有良好的专业判断能力，否则，分析性复核的作用不大。也就是说，这种方法的有效性在很大程度上取决于审计人员的专业判断能力。

八、对舞弊风险因素的判断

审计人员对舞弊风险因素意识的缺乏经常是引起审计失败的原因。如果审计人员能够了解重要的舞弊风险因素并能引起职业怀疑，然后利用专业判断综合而不是孤立地考虑这些风险因素，就能够减少未能查出舞弊的风险。

九、审计结论判断

在审计报告中，注册会计师要在收集和评价审计证据的基础上，清楚地表达对被审计单位财务报表在所有重大方面是否根据适用的会计准则和相关会计制度编制所发表的意见。为此，注册会计师应当整理审计证据，评价根据审计证据得出的结论，以作为对财务报表形成审计意见的基础。

在对财务报表形成审计意见时，注册会计师应当根据已获取的审计证据，评价是否已对财务报表整体不存在重大错报获取合理保证，并进一步评价财务报表的合法性和公允性，形成对被审计单位财务报表合法性和公允性的审计意见。

（一）评价被审计单位财务报表合法性

财务报表合法性指财务报表是否按照适用的会计准则和相关会计制度的规定编制。在评价财务报表的合法性时，注册会计师应当考虑下列内容：

1. 评价所选择和运用的会计政策

评价被审计单位所选择和运用的会计政策，主要从两个方面进行：

(1)合法性　即评价被审计单位选择和运用的会计政策是否符合适用的会计准则和相关会计制度。评价会计政策的合法性，就是评价被审计单位实际选择和运用的会计政策是否符合其适用的会计准则和相关会计制度的规定，有无选择或运用了适用会计准则和相关会计制度规定不能使用的会计原则或会计处理方法。如关于存货计价方法，我国过去可以采用后进先出法，但在2006年新发布的企业会计准则中取消了该方法。被审计单位如果在2007年度所采用的存货计价方法中还包括后进先出法，则其运用的会计政策就不符合适用的会计准则和相关会计制度的规定。

(2)合理性　即选择和运用的会计政策是否适合被审计单位的具体情况。评价会计政策的合理性，就是评价被审计单位实际选择和运用的会计政策是否符合被审计单位的具体情况。例如，被审计单位属于技术进步快、更新换代迅速的行业，则其对主要生产设备采用使用年数总和法、双倍余额递减法计提折旧，对其他固定资产则采用使用年限法计提折旧，则其选择和运用的固定资产折旧政策就是合理的。但如果对其所有固定资产均采用年数总和法或双倍余额递减法计提折旧，则固定资产折旧政策虽然合法，但不具有合理性，因为像房屋、建筑物等固定资产受技术进步的影响较小，主要受使用情况和年限的影响，不适宜采用年数总和法或双倍余额递减法计提折旧，只适宜采用使用年数法计提折旧。

2. 评价所做出的会计估计

评价管理层做出的会计估计，主要是评价被审计单位管理层做出的会计估计是否合理。

以资产减值为例，注册会计师通常可以采用以下程序来评价管理层所做出的会计估计是否合理：其一，评价资产减值准备所依据的资料、假设及计提方法；其二，复核资产减值准备计算的正确性；其三，在可能的情况下，比较前期计提资产减值准备数与实际发生数是否一致；其四，检查资产减值准备计提和核销的批准程序；其五，检查期后事项，进一步验证资产减值准备计提的合理性；其六，关注被审计单位管理层有无盈余管理的动机，是否通过资产减值的计提蓄意调节损益。在评价资产减值准备所依据的假设时，注册会计师应当考虑以下事项：其一，假设是否有适当的根据，如政府统计数据、行业统计数据、被审计单位内部编制的数据或注册会计师本人或所在会计师事务所收集的市场数据；其二，检查前期实际发生数，判断假设是否合理；其三，计提各项资产减值准备所依据的假设是否相互矛盾。

3. 评价财务报表所反映信息的质量

相关性、可靠性、可比性和可理解性是企业财务信息质量的主要特征。我国的《企业会计准则——基本准则》规定，企业财务信息应当具备可靠性、相关性、可理解性、可比性、实质重于形式、重要性、谨慎性、及时性等质量要求。

(1)评价财务报表的相关性　主要是评价被审计单位提供的财务信息是否与财务报表使用者的经济决策需要相关，是否有助于财务报表使用者对被审计单位过去、现在或者未来的情况做出评价或者预测。

(2)评价财务报表的可靠性　主要是评价被审计单位是否以实际发生的交易或者事项为依据进行会计确认、计量和报告，如实反映符合确认和计量要求的各项会计要素及其他相关信息，以保证财务信息真实可靠，内容完整。

(3)评价财务信息的可比性　主要是评价被审计单位提供的财务信息是否具有可比性。即评价被审计单位不同时期发生的相同或者相似的交易或者事项，是否采用了一致的会计政策。

如果会计政策发生了变更，还应当评价其会计政策是否确需变更，并是否已在附注中做出了充分说明。评价被审计单位所采用的会计政策是否与同行业其他企业对相同或者相似的交易或者事项所采用的会计政策一致，财务信息是否口径一致，并相互可比。

(4)评价财务报表的可理解性　主要是评价被审计单位所提供的财务信息是否清晰明了。

4. 评价财务报表的披露

评价财务报表的披露，主要是评价被审计单位财务报表做出的披露是否充分，是否使财务报表使用者能够理解重大交易和事项对被审计单位财务状况、经营成果和现金流量的影响

注册会计师在评价被审计单位财务报表的披露时，应当注意被审计单位所提供的财务报表是否包括应当提供的所有报表，其格式和内容是否合规；所提供的财务报表附注是否符合规定的最低要求，内容是否完整并易于理解。

通过实施上述四个方面的评价，注册会计师就可形成被审计单位财务报表合法性的审计意见。

(二)评价财务报表的公允性

财务报表的公允性是指被审计单位财务报表在所有重大方面是否公允反映了其财

务状况、经营成果和现金流量。在评价财务报表是否做出公允反映时，注册会计师应当考虑下列内容：

1. 评价财务报表的整体合理性

评价财务报表的整体合理性，即评价经管理层调整后的财务报表是否与注册会计师对被审计单位及其环境的了解一致，有无重大错报或漏报。在审计中，注册会计师通过实施了解被审计单位及其环境的程序以及实施实质性程序，对被审计单位有了充分了解，并发现了需要进行审计调整的事项。被审计单位管理层接受审计调整事项后重新编制了财务报表。注册会计师应当评价经调整后的财务报表是否与其所获得的对被审计单位的了解一致。例如，注册会计师了解到，被审计单位所在行业竞争十分激烈，整体行业毛利率下降幅度较大；被审计单位在同行业中处于中上水平，与其他企业比较，没有突出的竞争优势，因而也没有幸免于难。如果被审计单位经过调整后的财务报表所反映的情况是其主营业务收入不降反升、毛利率也是稳中有升，则其财务报表可能就是不公允的，因为与注册会计师对其所获得的了解存在重大不一致，可能存在重大错报。当然，如果被审计单位在同行业中处于先进水平，具有技术领先的竞争优势，本年度又有独一无二的新产品投入市场并获得巨大成功，则其财务报表就可能是公允的。

2. 评价财务报表的列报与内容的合理性

评价财务报表的列报与内容的合理性，即评价被审计单位财务报表的列报、结构和内容是否合理。在我国，财政部提供了规范的财务报表的列报格式、结构和内容要求，注册会计师只要评价被审计单位所提供的财务报表的列报、格式和内容是否与规范要求一致，所反映的内容是否与其对被审计单位的了解一致即可。

3. 评价财务报表反映的真实性

评价财务报表反映的真实性，即评价财务报表是否真实地反映了交易和事项的经济实质。这实质上是"实质重于形式"的财务信息质量要求，即企业应当按照交易或者事项的经济实质进行会计确认、计量和报告，不应仅以交易或者事项的法律形式为依据。

通过实施上述三个方面的评价，注册会计师就可以形成对被审计单位财务报表公允性的审计意见。

十、审计意见类型的选择

审计人员根据审计结果和被审计单位对有关问题的处理情况，形成不同的审计意见。在这一过程中，审计人员的专业判断能力起着重要作用。《中国注册会计师审计准则第1501号对财务报表形成审计意见和出具审计报告》《中国注册会计师审计准则第1502号在审计报告中发表非无保留意见》《中国注册会计师审计准则第1503号在审计报告中增加强调事项段和其他事项段》明确规定了在什么情况下应表示何种审计意见，然而，从目前的规定来看，保留意见、否定意见和无法表示意见的区别仅在于所发现错误舞弊的程度不同，对于"重大""严重"等措辞的把握在实际操作中必须依靠审计人员的专业判断来完成。

十一、其他事项的判断

终结审计阶段，针对期初余额、关联方及其交易、期后事项和或有事项等特殊项目审计，都需要审计人员做出大量的专业判断才能完成审计任务。

可见，审计专业判断贯穿于审计工作过程的始终，合理运用专业判断能有效提高工作效率，保证审计质量，实现审计目标，并促进审计环境的改善和审计队伍整体素质的提高。

本章小结

审计判断是指审计人员在特定环境下，为了实现审计目标，凭借自身的专业知识和经验，依据审计准则或相关法规，通过识别和比较，对审计事项和自身的行为所做的估计、断定或选择。

在审计工作中之所以要进行各种各样的判断，是由多方面的原因决定的。这些原因主要有信息不对称、会计政策的可选性、会计估计的主观性、现代审计方法的要求、某些标准的模糊性和外部性等。

从审计判断的含义可看出：审计判断充分体现了审计人员面对复杂审计事项和不确定审计环境做出合理认识、评价、预测和决策的能力，是审计人员职业道德、胜任能力、专业经验的有机统一和外在表现。审计判断具有审计判断要求的专业性、审计判断的复杂性、审计判断的风险性和审计判断的可验证性等特征。

按照不同的审计标志，审计判断可以分为多种类别：审计判断按其目标不同，分为合法性判断、公允性判断、恰当性判断；审计判断按其所判断的内容不同，可以分为审计人员对审计事项的判断、对其自身行为的判断；从审计判断的性质来看，审计判断可以分为事实性审计判断和价值性审计判断；按照判断结果的时间性，审计判断可分为历史性审计判断和预期性审计判断；审计判断按其是定性还是定量，分为定性审计判断和定量审计判断；按是否具有逻辑性，审计判断分为逻辑审计判断和直觉审计判断；根据引起审计判断的原因不同，分为会计原因引起的审计判断和审计原因引起的审计判断；按照有无明确的审计标准，审计判断分为标准明确的审计判断和标准不明确的审计判断；等等。

审计职业判断遵守的原则主要有：客观性原则、独立性原则、信息性原则、一致性原则、谨慎性原则、轨迹性原则、动态性原则、个体性和群体性相结合的原则。

审计判断是通过一定的方法来实现的，主要有：直觉判断法、比较判断法、归纳法、演绎法、智力放大法、专家判断法和审计判断的辅助方法。

审计过程中涉及的主要审计判断包括：确定重要性水平、确定审计风险、收集和评价审计证据、判断企业内部控制的可信赖程度、对被审计单位持续经营假设适当性的判断、确定适当的审计方法、对分析性复核结果的评价、对舞弊风险因素的判断、审计结论判断、审计意见类型的选择其他事项的判断。

【复习思考题】

1. 什么是审计判断？
2. 在审计工作中为什么要进行审计判断？
3. 审计判断有哪些种类？

4. 审计职业判断的原则有哪些?

5. 审计判断的方法有哪些?

6. 简述审计过程中涉及的主要审计判断。

【案例分析题】

长城公司2011年度审计报表由大华会计师事务所实施审计并出具了带强调事项段的无保留意见审计报告。2012年,长城公司继续聘请大华会计师事务所对其当年财务报表进行审计。

按审计计划中确定的重点审计领域和审计人员分工,大华注册会计师负责投资、应付账款及主营业务收入等项目实施包括分析性复核在内的实质性测试程序。

假定长城公司2011年度已审利润表的主营业务收入及主营业务成本分别为1600万元和1408万元,2012年度经营情况与上年相当,主要会计政策、会计估计均未发生变化,也没有发生购并、债务重组等行为。请根据以下情况做出专业判断。

情况1:假定长城公司2012年度主营业务收入项目的重要性水平为20万元,经审计确认的长城公司2012年度主营业务成本为1800万元。在此基础上,利用未经审计的主营业务收入资料计算的2012年度毛利率为12.85%。

情况2:在审查2012年年末流动负债项目时,大华注册会计师对应付账款业务实施了全面审计,确认长城公司的应付账款被低估了40万元并已建议长城公司进行调整;然后利用经审计确认的应付账款余额和流动负债项目中其他未审项目的金额计算得到应付账款占流动负债的比例为15%。

情况3:审计工作底稿显示,2011年及以前各年,MM公司投资收益占利润总额的比例为基本维持在10%的水平上。长城公司2012年度未审资料显示的投资收益为200万元,经审计确认的投资收益为150万元;在确认2012年度被高估的主营业务收入及低估的主营业务成本均已做适当调整后,汇总的当年利润总额为3200万元。

要求:

(1)针对情况1,指出大华注册会计师能否认可长城公司2012年度主营业务收入的总体合理性,简要说明理由。

(2)在对应付账款实施分析性复核时,除了可以计算应付账款对流动负债的比例之外,还可以计算哪些比例?指出你认为恰当的比例并简要说明如何根据这些比例判断应付账款有无重大波动。

(3)针对情况2,假定上年度工作底稿显示长城公司2011年度应付账款年末余额流动负债余额的比例为13.5%,则资料一给出的应付账款审计结论意味着整个流动负债项目中可能包含着什么类型的问题?简要说明理由。

(4)请指出大华注册会计师应如何依据这些信息确定长城公司2012年度财务报表的重点审计领域。

第六章　审计证据与审计工作底稿

【本章提示】

学习目标：

通过本章学习，学生能够掌握审计证据的概念与分类；审计证据的充分性和适当性；审计证据的取证方法；函证内容；分析程序；审计工作底稿的含义、作用及其性质；审计工作底稿的基本内容、编制要求；审计工作底稿的复核程序以及归档管理。

重要概念：

审计证据；审计证据的充分性；审计证据的适当性；审计证据的相关性；审计证据的可靠性；审计程序；函证；分析程序；审计工作底稿；审计工作底稿的要素；审计工作底稿的归档

【引例】

一、"琼民源"公司大事记

1988 年 7 月，"琼民源"公司在海口注册成立；1992 年 9 月，在全国证券交易自动报价(STAQ)系统中募集法人股 3000 万股，实收股本 3000 万元；1993 年 4 月 30 日，以琼民源 A 股的名义在深圳上市，成为当时在深圳上市的 5 家异地企业之一。上市后的第二年，公司便开始走下坡路，经营业绩不佳，其股票无人问津。在 1995 年公布的年报中，"琼民源"每股收益不足 1 厘，年报公布日(1996 年 4 月 30 日)其股价仅为 3.65 元。从 1996 年 7 月 1 日起，"琼民源"的股价从 4.45 元起步，在短短几个月内股价已经蹿升 20 倍，也创造了 1996 年中国股市神话中的一匹"黑马"。

1997 年 1 月 22 日，琼民源公司率先公布 1996 年年报。年报赫然显示："琼民源" 1996 年每股收益 0.867 元，净利润同比增长 1290.68 倍，分配方案为每 10 股转送 9.8 股；年报一公布，"琼民源"股价便赫然飙升至 26.18 元，股市掀起了一阵不小的波动。为了消除一些股民对公司短短一年所取得业绩的质疑，"琼民源"公司两次登报声明，进一步说明公司年报的正确性，同时，对"琼民源"年报进行审计的海南中华会计师事务所也公开站出来，在媒体上表示报表的真实性不容置疑。

然而，经过 1997 年 2 月 28 日罕见的、巨大的成交量之后，证交所突然宣布："琼民源"公司于 3 月 1 日起停牌。被"琼民源"股票牢牢套住的众多中小投资者经过一年多的等待，终于在 1998 年 4 月 29 日等来了中国证监会对"琼民源"一案的处理决定。中国证监会对琼民源公司、会计师事务所以及相关机构做出了行政处罚。1998 年 11 月 12 日，北京市第一中级人民法院也对此案做出了一审判决，追究直接责任人的刑事责任。

二、对"琼民源"公司案例的审计反思:审计证据的缺失

首先,巨额利润令人疑惑。"琼民源"公司报表显示,公司1996年利润总额和净利润分别较1995年增长了848倍和1290倍。

其次,巨额资本公积令人疑惑。公司新增加的6.57亿的资本公积是从何而来的呢?年报在资本公积一栏这样写道:"资本公积增加的原因可参阅对本期数与上期数比较超过30%的解释。"然而在之后的"对本期数与上期数比较变化"的解释中,却只字不提资本公积。

尽管"琼民源"的有关人员在这一案例中难逃责任,而作为对"琼民源"年报进行审计的海南中华会计师事务所和出具资产评估报告的海南大正会计师事务所同样负有不可推卸的责任。因为,面对"琼民源"1996年年报中利润和资本公积如此大幅度的增加,具有审计专业知识的注册会计师自然应该引起足够的注意,保持应有的职业谨慎。但事实是,注册会计师不但没有重视,相反,在众多投资者对于"资本公积"等项目提出疑问的情况下,海南中华会计师事务所还站出来为"琼民源"公司辩护,声称"报表的真实性不容置疑"。

按照独立审计准则的规定,对财务报表进行审计时,除了采用检查、观察、询问、函证、重新执行等取证方法外,还应遵循最常用的分析程序。如果"琼民源"案中的注册会计师能够按照独立审计准则的要求,对异常变动的"资本公积"等项目进行计划和实施实质性程序,并取得能够说明异常变动原因的可靠证据,或者认真检查资本公积账户增加的相关会计记录和原始凭证,审核对资产评估是否经有关部门批准,估价方法是否合规,然后再发表有关声明,就不会出现上述严重后果。

三、案例思考和讨论

1. 注册会计师获得审计证据的方法有哪些?审计证据有哪些类型?

2. 结合本案例,怎么理解用分析程序获取审计证据?

3. 如何理解被审计单位内部控制较好时所形成的内部证据比内部控制较差时形成的内部证据要可靠?

审计证据是审计理论的核心概念之一,要实现审计目标,注册会计师只有在掌握充分、适当的审计证据的前提下,才有可能形成具有可信性的审计结论和审计意见。收集、整理和分析审计证据的过程,也就是工作底稿的编制过程。审计工作底稿的全部内容,是注册会计师形成审计结论和审计意见的直接证据。

第一节　审计证据

一、审计证据的含义

所谓审计证据,是指注册会计师为了得出审计结论、形成审计意见而使用的所有信息,包括财务报表依据的会计记录中含有的信息和其他信息。对于该定义可以从以下四个方面加以理解。

（1）范围　审计证据的收集涉及整个审计过程，它们主要来源于被审计单位的财务报表所依据的会计记录中含有的信息。会计记录包括被审计单位内部生成的手工或电子形式的资料，主要包括：原始凭证、记账凭证、总分类账和明细分类账、未在记账凭证中反映的对财务报表的其他调整，以及支持成本分配、计算、调节和披露的手工计算表和电子数据表。这些都构成了注册会计师执行财务报表审计业务所需获取的审计证据的重要部分。由于它们通常是电子数据，因而要求注册会计师对内部控制予以充分关注，以获取这些记录的真实性、准确性和完整性。此外，会计记录也可以包括从与被审计单位进行交易的其他企业收到的相关资料，主要包括：销售发运单和发票、顾客对账单以及顾客的汇款通知单；附有验货单的订购单、购货发票和对账单；考勤卡和其他工时记录、工薪单、个别支付记录和人事档案；支票存根、电子转移支付记录、银行存款单和银行对账单；合同记录；分类账账户调节表。注册会计师在获取这些资料作为审计证据时，应根据其来源和被审计单位内部控制的相关强度，判断其可信赖程度。

会计记录中含有的信息本身并不足以提供充分的审计证据作为对财务报表发表审计意见的基础，注册会计师还应当获取用作审计证据的其他信息。可用作审计证据的其他信息包括：注册会计师从被审计单位内部或外部获取的会计记录以外的信息；通过询问、观察和检查等审计程序获取的信息；以及自身编制或获取的可以通过合理推断得出结论的信息。

（2）相关性　审计证据是为满足审计目标的要求而收集的，因而它必须与审计目标紧密相关，注册会计师应当获取充分、适当的审计证据，以得出合理的审计结论，作为形成审计意见的基础。

（3）客观性　审计证据并非审计人员主观臆造的产物，而是对被审计单位经济活动及属性的客观描述和真实反映。

（4）职业判断　审计证据在其收集、评价及综合等各个环节，必须经由注册会计师进行科学合理的审查，对证据是否相关，是否真实可靠做出职业判断。

必要审计证据的性质与范围取决于注册会计师对何种证据与实现何种审计目标相关所做出的职业判断。这种判断受到重要性评估水平、与特定认定相关的审计风险、总体规模以及影响账户余额的各类经常性或非经常性交易的影响。

注册会计师获取不同来源和不同性质的审计证据，很少是绝对的，从性质上来看反而是说服性的，并能佐证会计记录中所有记录信息的合理性。因此在确定报表公允表达时，注册会计师最终评价的正是这种累计的审计证据。注册会计师将不同来源和不同性质的审计证据综合起来考虑，这样能够反映出结果的一致性，从而佐证会计记录中记录的信息。如果审计证据不一致，而且这种不一致可能是重大的，注册会计师应当扩大审计程序的范围，直到不一致的问题得到解决，并针对账户余额或各类交易获得必要的保证。

二、审计证据的分类

从不同角度对审计证据进行分类，能深刻地把握审计证据的本质，提高审计证据收集的效率，保证审计证据评价的质量。

(一)按审计证据的外形特征分类

审计证据按照外形特征,可以分为实物证据、书面证据、口头证据、环境证据和视听证据。

1. 实物证据

实物证据是指通过实际观察或清点所取得的、用以验证某项实物资产是否实际存在的一类证据。库存现金、有价证券、各种存货和固定资产等资产的审计,都需要获取相关的实物证据,以证明其确实存在,实物证据具有高度的可靠性和极强的证明力。但实物证据也只能证明某些资产确实存在,并不能据此确定被审计单位是否具有所有权,也无法保证实物资产的质量和价值状况。现金盘点表、存货监盘记录、新增固定资产账实核对的相关记录都属于实物证据。

2. 书面证据

书面证据是指注册会计师所获取的各种以书面文件为形式的一类证据。各种书面记载的信息资料均有可能成为注册会计师取证的对象,它包括与审计有关的各种原始凭证、记账凭证、会计账簿、各种明细表,以及各种会议记录、文件、合同、通知书、报告书及函件等。在审计过程中,注册会计师往往要大量地获取和利用书面证据。因此,书面证据是审计证据的主要组成部分。

3. 口头证据

口头证据也称言词证据,是指被审计单位职员或其他有关人员根据注册会计师的要求所做的说明、答复等口头陈述形成的一类证据。在一般情况下,由于口头证据往往掺杂着作证者的主观成分,因此不如实物证据和书面证据可靠。但是,如果不同人员对同一问题的口头陈述相同时,口头证据的可靠性则较强。对于重要的口头证据,注册会计师应进行书面记录,必要时还应由被询问者签字以示认可。口头证据本身并不足以证明事情的真相,不能独立认证审计结论,然而注册会计师往往可以通过口头证据发现一些重要的审计线索,有利于继续进行深入的调查,以收集其他更为可靠的证据。

4. 环境证据

环境证据也称状况证据,是指对被审计单位经济活动产生影响的各种环境事实。它具体包括以下内容:

(1)内部控制情况　如果被审计单位的内部控制措施是通过了精心设置,并且在日常业务中又得到一贯执行,则在相当程度上为会计资料的可靠性程度提供了强有力的证据;否则,缺乏良好的自动核对和相互牵制力量,往往潜藏着更多未被预防或纠正的错报、漏报。与此同时,内部控制制度的健全和有效程度还制约着其他方式收集证据的数量,内部控制越健全,其他方式收集的证据就可减少一些。

(2)管理人员的素质　被审计单位管理人员(包括会计人员)的素质越高,其所提供的证据的可靠性越强。衡量管理人员的素质,可以从其受教育程度、工作经验、工作态度等多个方面进行综合评价。

(3)管理条件和管理水平　被审计单位的管理条件和管理水平也会影响到其所提供的证据的可靠程度。例如,一般情况下,会计信息系统实行得较为完善的企业,其凭证和账簿记录出现计算差错的可能性要小于手工记账的企业。由此可见,各种环境证据,尽管不像实物证据、书面证据那样具有直接证明相关事项的特点，但有助于了解被审计单位及其经济活动所处的环境与状况，因而是注册会计师进行各种判断所必须掌握的资料。

5. 视听证据

视听证据是指以录音、录像或计算机储存、处理的证明审计事项的视听材料。随着科学技术的发达，企业越来越广泛地应用电子技术为生产经营服务，会计电算化也使凭证、账簿和报表复杂化。因此，视听证据的重要性日益明显，是作为证实书面证据的一种不可缺少的佐证证据。

（二）按审计证据的重要性分类

审计证据按照其重要程度，可以分为基本证据和佐证证据。

1. 基本证据

基本证据是指能够用来直接证实被审计事项的重要证据。这些证据具有较强的证明力，是审计证据的主要部分。如各种总账、日记账、明细账，各种成本费用分配表、成本计算表、盘点表等书面证据和实物证据。

2. 佐证证据

佐证证据是指对基本证据起辅助作用的证据。佐证证据必须真实、可靠，否则就无法发挥其证明作用。基本证据与佐证证据一起构成了充分证据。注册会计师可依据这两种证据得出审计结论，形成审计意见。

（三）按审计证据的来源分类

审计证据按照其来源，可分为外部证据和内部证据。

1. 外部证据

外部证据是由被审计单位以外的组织机构或人员编制的审计证据。它具体包括三种：其一，由被审计单位以外的机构或人员编制并由其直接递交给注册会计师的外部证据，如：应收账款函证回函；其二，由被审计单位以外的机构或人员编制，但为被审计单位持有并提交给注册会计师的书面证据，如：银行对账单、购货发票、有关合同等；其三，注册会计师为证明某一事项而亲自编制的各种计算表、分析表等，如：注册会计师自行编制的银行存款余额调节表。

2. 内部证据

内部证据是由被审计单位内部机构或人员编制和提供的审计证据。它具体包括两种：其一，会计记录。被审计单位的会计记录主要包括被审计单位的原始凭证、记账凭证、会计账簿、各种试算表和汇总表等。其二，管理层声明书。被审计单位的管理层声明书是注册会计师从被审计单位管理层所获取的书面声明，其主要内容是以书面的形式确认被审计过程中所做的各种重要的陈述或保证，包括：所有的会计记录、财务数据、董事会及股东大会会议记录均已提供给注册会计师；财务报表是完整的，并按国家的有关法规、制度编制；所有需要披露事项（如关联方交易、或有负债等）均已做了充分的披露等。

一般而言，内部证据不如外部证据可靠，不能代替注册会计师实施其他必要的审计程序，它们主要是用以明确被审计单位会计的规范性和责任性的一种重要载体。但如果内部证据在外部流转，并获得其他单位或个人的承认，则同样具有较强的可靠性；而其他内部证据的可靠性，则主要取决于被审计单位的内部控制制度的完善程度。

审计证据除按上述形式分类外，还可以根据审计证据内容是否真实，分为真实证据和不真实证据；根据审计证据产生的基础，分为自然证据、创造证据和论证证据；等等。

三、审计证据的特性

对于审计证据，注册会计师应当保持职业怀疑态度，运用职业判断，评价审计证据的充分性和适当性。前者是对审计证据的数量要求，后者是对审计证据的质量要求，包括相关性和可靠性两个方面。

（一）审计证据的充分性

所谓审计证据的充分性，是指对审计证据数量的衡量，主要与注册会计师确定的样本量有关。在审计业务中，注册会计师对于需要获取的审计证据，判断其是否充分，应考虑以下影响因素：

1. 错报风险

评估的错报风险越大，需要的审计证据可能越多。具体而言，在可接受的审计风险水平一定的情况下，重大错报风险越大，注册会计师需要获取的审计证据越多，相应实施的测试工作也越多，将检查风险降至可接受水平，以便将审计风险控制在可接受的低水平范围内。

2. 审计证据质量

审计证据质量越高，需要的审计证据可能越少。但是，如果审计证据的质量存在缺陷，注册会计师仅靠获取更多的审计证据可能无法弥补其质量上的缺陷。

除此以外，对于重要的审计项目，注册会计师应获取足够的审计证据，以支持其审计结论或审计意见；对于不太重要的审计项目，注册会计师可适当减少审计证据的数量。注册会计师及其业务助理人员，还应充分考虑自身的审计经验，尽可能获取适当数量的审计证据。

（二）审计证据的适当性

所谓审计证据的适当性，是指对审计证据质量的衡量，即审计证据在支持各类交易、账户余额、列报的相关认定，或发现其中存在错报方面具有相关性和可靠性。相关性和可靠性是审计证据适当性的核心内容，只有相关且可靠的审计证据才是高质量的。

1. 审计证据的相关性

审计证据的相关性是指为了使审计证据有证明力，应当使其与注册会计师的审计目标相关联。在确定审计证据的相关性时，注册会计师应当考虑三因素：一是特定的审计程序可能只为某些认定提供相关的审计证据，而与其他认定无关；二是针对同一项认定可以从不同来源获取审计证据或获取不同性质的审计证据；三是只与特定认定相关的审计证据并不能替代与其他认定相关的审计证据。

注册会计师只能利用与审计目标相关联的审计证据来证明或否定被审计单位所认定的事项。相关性只能结合具体的审计目标加以分析，同一证据与某一具体审计目标相关就往往与另一目标不相关。例如，存货监盘结果只能证明存货是否存在、是否有毁损或短缺，而不能证明存货的计价和所有权的情况。正确地理解审计证据的相关性质量特征，可以从审计证据的内容和时效两个方面去把握。相关的审计证据在内容上必须能够论证具体审计目标，同时产生审计证据的时间要与需证明的事项发生时间相近，审计证据的时间分布和跨度要与审计目标相匹配。

2. 审计证据的可靠性

审计证据的可靠性是指审计证据的可信程度，审计证据必须是对被审计单位经济活动的真实、客观反映。审计证据的可靠性受其来源和性质的影响，并取决于获取审计证据的具体环境。注册会计师在判断审计证据的可靠性时，通常应考虑下列原则：

(1)从外部独立来源获取的审计证据比从其他来源获取的审计证据更可靠。从外部独立来源获取的审计证据未经被审计单位有关职员之手，从而减少了伪造、更改凭证或业务记录的可能性，因而其证明力最强。相反，从其他来源获取的审计证据，由于证据提供者与被审计单位存在经济或行政关系等原因，其可靠性应受到质疑。

(2)内部控制有效时内部生成的审计证据比内部控制薄弱时内部生成的审计证据更可靠。如果被审计单位有着健全的内部控制并且在日常管理中得到一贯的执行，会计记录的可信赖程度将会提高；如果被审计单位的内部控制薄弱，甚至不存在任何内部控制，被审计单位内部凭证记录的可靠性将大为降低。

(3)直接获取的审计证据比间接获取或推论得出的审计证据更可靠。间接获取的证据有被涂改及伪造的可能性，降低了可信赖程度。推论得出的审计证据，其主观性较强，人为因素较多，可信赖程度也受到影响。

(4)以文件、记录形式(无论是纸质、电子或其他介质)存在的审计证据比口头形式的审计证据更可靠。口头证据本身并不足以证明事实的真相，仅仅提供一些重要线索，为进一步调查确认所用。如注册会计师在对应收账款进行账龄分析后，可以向应收账款负责人询问逾期应收账款收回的可能性。如果该负责人的意见与注册会计师自行估计的坏账损失基本一致，则这一口头证据就可成为证实注册会计师对有关坏账损失的判断的重要证据。但在一般情况下，口头证据往往需要得到其他相应证据的支持。

(5)从原件获取的审计证据比从传真件或复印件获取的审计证据更可靠。注册会计师可审查原件是否有被涂改或伪造的迹象，以排除伪证，提高证据的可信赖程度。而传真件或复印件容易是变造或伪造的结果，可靠性较低。

此外，注册会计师在按照上述原则评价审计证据的可靠性时，还应当注意可能出现的重要例外情况。例如，审计证据虽然是从独立的外部来源获得，但如果该证据是由不知情者或不具备资格者提供，审计证据也可能是不可靠的。

(三)对审计证据的综合考虑

1. 对文件记录真伪的考虑

审计工作通常不涉及鉴定文件记录的真伪，注册会计师也不是鉴定文件记录真伪的专家，但应当考虑用作审计证据的信息的可靠性，并考虑与这些信息生成与维护相关控制的有效性。如果在审计过程中识别出的情况使其认为文件记录可能是伪造的，或文件记录中的某些条款已发生变动，注册会计师应当做进一步的调查，包括直接向第三方询证，或考虑利用专家的工作以评价文件记录的真伪。

2. 对审计证据来源的考虑

如果在实施审计程序时使用被审计单位生成的信息，注册会计师应当就这些信息的准确性和完整性获取审计证据。在某些情况下，注册会计师可能需要确定实施额外的审计程序，如利用计算机辅助审计技术，来重新计算这些信息，测试与信息生成有关的控制等。

3. 对证据是否相互矛盾的考虑

如果针对某项认定从不同来源获取的审计证据或获取的不同性质的审计证据能够相互印证，与该项认定相关的审计证据则具有更强的说服力。如果从不同来源获取的审计证据或获取的不同性质的审计证据不一致，可能表明某项审计证据不可靠，注册会计师应当追加必要的审计程序。

4. 对获取成本的考虑

注册会计师可以考虑获取审计证据的成本与所获取信息的有用性之间的关系，在保证获取充分、适当的审计证据的前提下，控制审计成本也是会计师事务所增强竞争能力和获利能力所必需的；但为了保证得出的审计结论、形成的审计意见是恰当的，注册会计师不应以获取审计证据的困难和成本为由减少不可替代的审计程序。

(四)对审计证据的评价

随着计划的审计程序的实施，如果获取的信息与风险评估时依据的信息有重大差异，注册会计师应当考虑修正风险评估结果，并据以修改原计划的其他审计程序的性质、时间和范围。

在实施控制测试时，如果发现被审计单位控制运行出现偏差，注册会计师应当了解这些偏差及其潜在后果，并确定已实施的控制测试是否为信赖控制提供了充分、适当的审计证据，是否需要实施进一步的控制测试或实质性程序，以应对潜在的错报风险。注册会计师不应将审计中发现的舞弊或错误视为孤立发生的事项，而应当考虑其对评估的重大错报风险的影响。

在完成审计工作前，注册会计师应当评价是否已将审计风险降低至可接受的低水平，是否需要重新考虑已实施审计程序的性质、时间和范围。在形成审计意见时，注册会计师应当从总体上评价是否已经获取充分、适当的审计证据，是否已将审计风险降至可接受的低水平，此外注册会计师应当考虑所有相关的审计证据，包括能够印证财务报表认定的审计证据和与之相矛盾的审计证据。

在评价审计证据的充分性和适当性时，注册会计师应当运用职业判断，并考虑下列因素的影响：认定发生潜在错报的重要程度，以及潜在错报单独或连同其他潜在错报对财务报表产生重大影响的可能性；管理层应对和控制风险的有效性；在以前审计中获取的关于类似潜在错报的经验；实施审计程序的结果，包括审计程序是否识别出舞弊或错误的具体情形；可获得信息的来源和可靠性；审计证据的说服力；对被审计单位及其环境的了解。

如果对重大的财务报表认定没有获取充分、适当的审计证据，注册会计师应当尽可能获取进一步的审计证据；如果不能获取充分、适当的审计证据，注册会计师应当出具保留意见或无法表示意见的审计报告。

四、审计证据的获取

(一)获取审计证据的审计程序

注册会计师为了获取充分、适当的审计证据，得出准确的审计结论，形成合理的审计意见，应当实施相应的审计程序。按审计程序的目的，可将审计程序划分为：风险评估程序、控制测试（必要时或决定测试时）、实质性程序。

1. 风险评估程序

注册会计师应当实施风险评估程序，以此作为评估财务报表层次和认定层次重大错报风险的基础。风险评估程序为注册会计师确定重要性水平、识别需要特别考虑的领域、设计和实施进一步审计程序等工作提供了重要基础，有助于注册会计师合理分配审计资源，获取充分、适当的审计证据。但是，风险评估程序本身并不足以为发表审计意见提供充分、适当的审计证据，注册会计师还应当实施进一步的审计程序，包括实施控制测试（必要时或决定测试时）和实质性程序。

2. 控制测试

当存在下列情形之一时，控制测试被认为是必要的：

(1)在评估认定层次重大错报风险时，预期控制的运行是有效的，注册会计师应当实施控制测试以支持评估结果；

(2)仅实施实质性程序不足以提供认定层次充分、适当的审计证据，注册会计师应当实施控制测试，以获取内部控制运行有效性的审计证据。

实施控制测试的目的是测试内部控制在防止、发现并纠正认定层次重大错报方面的运行有效性，从而支持或修正重大错报风险的评估结果，据以确定实质性程序的性质、时间和范围。

3. 实质性程序

注册会计师应当计划和实施实质性程序，以应对评估的重大错报风险。注册会计师对重大错报风险的评估是一种判断，可能无法充分识别所有的重大错报风险，并且由于内部控制存在固有局限性，无论对重大错报风险的评估结果如何，注册会计师都应当针对所有重大的各类交易、账户余额、列报实施实质性程序。

(二)审计证据的获取方法

在实施风险评估程序、控制测试或实质性程序时，注册会计师可根据需要单独或综合运用下列审计程序，以获取充分、适当的审计证据：检查记录或文件、检查有形资产、观察、询问、函证、重新计算、重新执行和分析程序。

1. 检查记录或文件

检查记录或文件是指注册会计师对被审计单位内部或外部生成的，以纸质、电子或其他介质形式存在的记录或文件进行审查。检查记录或文件的目的是对财务报表所包含或应包含的信息进行验证。在获取审计证据时，检查记录或文件可提供可靠程度不同的审计证据，它的可靠性取决于记录或文件的来源和性质。一般情况下，与检查来自企业内部的记录或文件相比，检查来自企业外部的记录或文件所取得的证据可靠性较强。

2. 检查有形资产

检查有形资产是指注册会计师对资产实物进行审查。检查有形资产的程序主要适用于存货和现金，也适用于有价证券、应收票据和固定资产等。检查有形资产可为其存在性提供可靠的审计证据，但不一定能够为权利和义务或计价认定提供可靠的审计证据。

3. 观察

观察是指注册会计师查看相关人员正在从事的活动或执行的程序。观察常用于对生产经营管理、财产物资保管等内部控制制度的执行情况以及劳动效率、劳动纪律等方面的情况的考察。观察提供的审计证据仅限于观察发生的时点,并且在相关人员已知被观察时,相关人员从事活动或执行程序可能与日常的做法不同,从而影响注册会计师对真实情况的了解。因此,注册会计师有必要获取其他类型的佐证证据。

观察程序的范围通常包括环境观察和行为观察。

(1)环境观察包括外部环境观察和内部环境观察。外部环境观察包括对被审计单位的位置、交通状况、与周边环境的协调性、影响经营的有利和不利因素、经营状态等内容。内部环境观察包括被审计单位的整体布局、生产经营和管理状况等内容。

(2)行为观察可使注册会计师了解被审计单位人员的行为的真实情况,以便确定审计的重点。在财务审计中,行为观察的重点是对各级管理人员的行为和与管理有关的人员的行为进行观察。

4. 询问

询问是指注册会计师以书面或口头方式,向被审计单位内部或外部的知情人员获取财务信息和非财务信息,并对答复进行评价的过程。知情人员对询问的答复可能为注册会计师提供尚未获悉的信息或佐证证据,也可能提供与获悉信息存在重大差异的信息;注册会计师应当根据询问结果考虑修改审计程序或实施追加的审计程序。一般情况下,询问程序本身不足以发现认定层次存在的重大错报,也不足以测试内部控制运行的有效性,注册会计师还应当实施其他审计程序获取充分、适当的审计证据。

5. 函证

函证是指注册会计师为了获取影响财务报表或相关披露认定的项目的信息,通过直接来自第三方对有关信息和现存状况的声明获取和评价审计证据的过程。正因为函证来自于外部独立的第三方,其所获取的证据具有较高的可靠性,但同时也要求注册会计师必须完全控制函证从编制至收取回函的全过程,否则一旦函证的编制、寄发和收取回函落在被审计单位人员之手,证据的可靠性将大大随之削弱。

函证的内容通常涉及下列账户余额或其他信息:银行存款、借款、交易性金融资产、应收票据、其他应收款、预付账款、委托加工或销售的存货、长期股权投资、可供出售金融资产、委托贷款、应付账款、预收账款、抵押或质押、或有事项、重大或异常的交易、与金融机构往来的其他重要信息。

6. 重新计算

重新计算是指注册会计师以人工方式或使用计算机辅助审计技术,对记录或文件中的数据计算准确性进行核对。重新计算通常包括计算销售发票和存货的总金额、加总日记账和明细账、检查折旧费用和预付费用的计算、检查应纳税额的计算等。通过计算只能验证计算结果本身是否正确,但不能说明据以计算的基础数据本身是否准确,注册会计师需要采用进一步的审计程序来验证这些基础数据的真实性。

7. 重新执行

重新执行是指注册会计师以人工方式或使用计算机辅助审计技术,重新独立执行作为被审计单位内部控制组成部分的程序或控制。例如,注册会计师利用审计单位的银行存款日记账和银行对账单,重新编制银行存款余额调节表,并与被审计单位编制的银行存款余额调节表进行比较。

8. 分析程序

分析程序是指注册会计师通过研究不同财务数据之间以及财务数据与非财务数据之间的内在关系,对财务信息做出评价。分析程序还包括调查识别出的、与其他相关信息不一致或与预期数据严重偏离的波动和关系。

以上介绍的审计证据的取证方法与审计证据之间存在着紧密的关系如表6-1所列。此外,它们的性质和时间可能受会计数据和其他相关信息的生成和储存方式的影响,注册会计师应当提请被审计单位保存某些信息以供查阅,或在可获得该信息的期间执行审计程序。某些审计数据和其他信息只能以电子形式存在,或只能在某一时点或某一期间得到,注册会计师应当考虑这些特点对审计程序的性质和时间的影响。随着信息化的发展,可获得的被审计单位各种有关记录大部分是电子形式的记录,当信息以电子形式存在时,注册会计师可以通过使用计算机辅助审计技术实施某些审计程序。

表6-1 审计证据的取证方法与审计证据类型之间的关系

	实物证据	书面证据	口头证据	环境证据	视听证据
检查记录或文件		√			√
检查有形资产	√				
观　察	√			√	√
询　问			√		√
函　证		√			√
重新计算		√			
重新执行		√		√	
分析程序		√		√	

(三)分析程序

1. 分析程序的使用方法

在实施分析程序时,注册会计师应当考虑将被审计单位的财务信息与下列各项信息进行比较:以前期间的可比信息;被审计单位的预期结果或者注册会计师的预期数据;所处行业或同行业中规模相近的其他单位的可比信息。此外,注册会计师还应考虑下列关系:财务信息各构成要素之间的关系;财务信息与相关非财务信息之间的关系。

注册会计师实施分析程序可使用的方法主要包括:简单比较、比率分析、结构百分比和趋势分析。简单比较是指将本期的会计信息与以前年度的相关数据或其他相关数据所进行的比较。例如,在审计中,将本期的实际数据与上期的数据进行比较,找出变动较大的项目。比率分析是指对财务报表中的某一项目同与其相关的另一项目相比所得的比值进行分析。例如,通过计算流动比率等指标与相应的参照标准进行比较,获取审计线索。结构百分比分析是指先计算财务报表各构成要素占有关总额的百分比,然后将其

与以前年度的相关数据或其他相关数据进行比较。趋势分析是指对连续若干期财务报表某一项目的金额及其变动情况进行比较和分析，从而了解该项目的增减变动情况和变动幅度。例如，在审计收入费用类项目时，通常会将每月的发生额进行比较，金额波动较大的月份通常会引起注册会计师的关注。

2. 分析程序的目的

注册会计师实施分析程序的目的主要包括以下三方面：

(1)用作风险评估程序，以了解被审计单位及其环境。注册会计师实施风险评估程序的目的在于了解被审计单位及其环境并评估财务报表层次和认定层次的重大错报风险。在风险评估过程中使用分析程序也服务于这一目的。分析程序可以帮助注册会计师发现财务报表中的异常变化，或者预期发生而未发生的变化，识别存在潜在重大错报风险的领域；发现财务状况或盈利能力发生变化的信息和征兆，识别那些表明被审计单位持续经营能力问题的事项。

(2)当使用分析程序比细节测试能更有效地将认定层次的检查风险降至可接受的水平时，分析程序可以用作实质性程序。在针对评估的重大错报风险实施进一步审计程序时，注册会计师可以将分析程序作为实质性程序的一种，单独或结合其他细节测试，收集充分、适当的审计证据。在设计和实施实质性分析程序时，注册会计师应当考虑下列主要因素：①确定实质性分析程序对特定认定的适用性；②对已记录的金额或比率做出预期时，所依据的内部或外部数据的可靠性；③做出预期的准确程度是否足以在计划的保证水平上识别重大错报；④已记录金额与预期值之间可接受的差异额。

(3)在审计结束或临近结束时对财务报表进行总体复核。在审计结束或临近结束时，注册会计师应当运用分析程序，在已收集的审计证据的基础上，对财务报表整体的合理性做最终把握，评价报表仍然存在重大错报风险而未被发现的可能性，考虑是否需要追加审计程序，以便为发表审计意见提供合理基础。

【小案例 6-1】

分析程序的应用：蓝田股份(600709)

一、对蓝田股份 2000 年年报数据的分析①

(1)蓝田股份的偿债能力分析　截至 2000 年年末，蓝田股份流动资产 43310 万元(其中存货 27934 万元)，流动负债 56701 万元(其中短期贷款 9980 万元)，蓝田股份 2000 年年末流动比率是 0.77，速动比率是 0.35，净营运资金是 -1.3 亿元。蓝田股份流动比率和速动比率与同业相比明显偏低。

(2)蓝田股份的农副水产品销售收入分析　蓝田公司声称已开发 30 万亩养殖水面，高产值的特种养殖鱼塘面积只有 1 万亩，这种精养水面亩产值可达 3 万元，是粗放经营的 10 倍。而同是湖北的武昌鱼公司，6.5 万亩鱼塘养殖收入每年 6000 万元，亩产值不足 1000 元。蓝田股份粗放经营的亩产量是武昌鱼公司的 3 倍，精养水池的亩产量是后者的

① 刘姝威："应立即停止对蓝田股份发放贷款"，《金融内参》，2001 年 10 月 26 日。

30倍。

2000年蓝田股份的应收款回收期位于“A07渔业”上市公司的同业最低水平，同业平均值是蓝田股份的约31倍，通过应收账款周转率同业对比，认定蓝田股份不可能采取“钱货两清”和客户上门提货的销售方式。2000年蓝田股份12.7亿元农副水产品销售收入数据是虚假的。

(3)蓝田股份的现金流量分析　2000年蓝田股份经营活动产生的净现金流量大部分转化成在建工程本期增加投资。如果蓝田股份水产品基地瞿家湾每年有12.7亿元销售水产品收到的现金，各家银行会争先恐后地在瞿家湾设立分支机构，会为争取这“12.7亿元销售水产品收到的现金”业务而展开激烈的竞争。蓝田股份“钱货两清”交易规则可疑。所谓的“生态基地”“鱼塘升级改造”“大湖开发项目”巨额投资可能都是假的。公司在虚增收入的同时虚增在产品、固定资产和在建工程。

(4)蓝田股份的资产结构分析　蓝田股份的在产品占存货百分比和固定资产占资产百分比异常高于同业平均水平，蓝田股份的在产品和固定资产的数据是虚假的。

二、蓝田股份1999年、2000年年报数据的修正①

蓝田股份1999年和2000年年报数据的修正如表6－1所列。

表6－1　蓝田股群份年报数据修正情况表

单位:元

蓝田股份	1999年 追溯调整前	1999年 追溯调整后	2000年 追溯调整前	2000年 追溯调整后
主营业务收入	1851429973	24238787	1840909605	38094774
净利润	513027676	－22879728	431628612	－10686569
总资产	2337962570	874766383	2837651897	1155472867
股东权益	1746789534	268102569	2178418146	129253932

第二节　审计工作底稿

一、审计工作底稿的含义、作用及其控制程序

(一)审计工作底稿的含义

审计工作底稿，是指注册会计师对制定的审计计划、实施的审计程序、获取的相关审计证据，以及得出的审计结论所做的记录。简言之，就是审计过程中形成的工作记录和获取的资料。审计工作底稿形成于审计工作的全过程，从审计计划的制订、审计程序的实施直至审计报告的提供，注册会计师从被审计单位或其他部门获取的用作审计证据的各种资料，或自己编制的用以反映其审计思路或过程的工作记录，或接受并审阅他人代

① 蓝田股份2001年年报，http://www.sse.com.cn/cs/zhs/scfw/gg/oldBulletin/600709_2001_n.pdf。

为编制的审计记录，都是应当归集于审计工作底稿的内容。审计工作底稿是审计证据的载体与汇集，其全部内容可视为审计过程和结果的书面证明，也是注册会计师形成审计结论、发表审计意见的直接依据。审计证据的获取、评价的过程往往同时是审计工作底稿的形成和整理过程。

（二）审计工作底稿的作用

注册会计师应当及时编制审计工作底稿，从而提供充分、适当的记录，作为审计报告的基础；同时提供证据，证明其按照中国注册会计师审计准则的规定执行了审计工作。编制审计工作底稿，对注册会计师执行审计任务、明确其责任、保证审计工作质量等具有十分重要的作用。

1. 审计工作底稿是形成审计结论、发表审计意见的直接依据

注册会计师在审计过程中所采取的各种审计程序，以及形成审计结论和审计意见所依赖的各种审计证据及其判断，都必须完整地记载于审计工作底稿中。审计工作底稿不仅是审计证据的载体，而且是系统化的审计证据的表现形式；不仅是审计过程的反映，而且是发表审计意见的依据。因而审计报告中的结论和意见，均来源于审计工作底稿，并且是审计工作底稿所载信息再加工的结果。

2. 审计工作底稿是连接整个审计工作的纽带

审计工作是在注册会计师的合理分工后分头完成的，因而不同的审计程序和不同的会计账项审计往往由不同的工作人员执行。但是审计的主要目标是针对被审计单位的会计报表整体发表审计意见。这样，就不得不借助审计工作底稿，将由不同的工作人员完成的审计工作汇集连接起来，相互呼应，以防脱节。

3. 审计工作底稿是考核审计人员工作业绩的重要依据

注册会计师只有依照独立审计准则的规定实施必要的审计程序，发表客观、公正的审计意见，才能真正履行其审计职责。注册会计师专业胜任能力的强弱、工作业绩的好坏，主要体现在对审计程序的选择、执行和有关的专业判断上，而注册会计师是否实施了必要的审计程序、审计程序的选择是否合理、专业判断是否准确等，一般可以依据审计工作底稿的记录来分析和评价。

4. 审计工作底稿是控制和监督审计质量的手段

审计工作底稿实际上是全部审计工作的缩影，其质量的高低直接反映着整个审计工作质量的优劣，因此对审计质量进行控制和监督，必须借助审计工作底稿并作为一项重要的工具或手段加以运用，诸如指导和监督注册会计师如何编制审计工作底稿，在审计报告定稿前对审计工作底稿进行复核等。否则，离开审计工作底稿，审计质量控制也就无从谈起。

5. 审计工作底稿是后续审计的重要参考资料

审计业务具有一定的连续性，同一被审计单位前后年度的审计业务必然存在着内在的联系。审计工作底稿也完全包含了对各期审计工作均有参考价值的重要信息，尤其是属于被审计单位章程、合同之类的备查信息，有助于连续的各期审计工作的计划和协调。

（三）审计工作底稿的控制程序

会计师事务所应当按照《会计师事务所质量控制准则第 5101 号——业务质量控制》

的规定，对审计工作底稿实施适当的控制程序，以满足下列要求：一是安全保管审计工作底稿并对审计工作底稿保密；二是保证审计工作底稿的完整性；三是便于对审计工作底稿的使用和检索；四是按照规定的期限保存审计工作底稿。为了保证审计工作底稿的完整性，注册会计师不得对其进行不当删除、废弃和改动。

二、审计工作底稿的性质

(一)审计工作底稿的形式

审计工作底稿可以以纸质、电子或其他介质形式存在。按照业务质量控制的要求，无论审计工作底稿以哪种形式存在，会计师事务所都应当针对审计工作底稿设计和实施适当的控制，以达到下列目的：一是使审计工作底稿清晰地显示其生成、修改及复核的时间和人员；二是在审计业务的所有阶段，尤其是在项目组的成员共享信息或通过互联网将信息传递给其他人员时，保护信息的完整性；三是防止未经授权改动审计工作底稿；四是允许项目组和其他经授权的人员为适当履行职责而接触审计工作底稿。

在实务中，为便于复核，注册会计师可以将以电子或其他介质形式存在的审计工作底稿通过打印等方式，转换成纸质形式的审计工作底稿，并与其他纸质形式的审计工作底稿一并归档，同时，单独保存这些以电子或其他介质形式存在的审计工作底稿。

(二)审计工作底稿的组成

审计工作底稿通常包括：总体审计策略、审计计划、分析表、问题备忘录、重大事项概要、询证函回函、被审计单位声明书、核对表、有关重大事项的往来信件(包括电子邮件)、对被审计单位文件记录的摘要或复印件、审计业务约定书、管理建议书、项目组内部或项目组与被审计单位举行的会议记录、与其他人士(如其他注册会计师、律师、专家等)的沟通文件及错报汇总表等。

上述分析表主要是指对被审计单位财务信息执行分析程序的记录。问题备忘录一般是指对某一事项或问题的概要汇总记录。核对表一般是指会计师事务所内部使用的为便于核对某些特定审计工作或程序的完成情况的表格。

在审计过程中，审计工作底稿通常不包括已被取代的审计工作底稿的草稿或财务报表的草稿、对不全面或初步思考的记录、存在印刷错误或其他错误而作废的文本，以及重复的文件记录等。

(三)审计工作底稿的种类

审计工作底稿的种类划分涉及如何选择分类标志，对审计工作底稿进行何种分类的问题。按照我国独立审计准则的规定，审计工作底稿有以下几种划分方式。

1. 按审计工作底稿的性质和作用划分

根据审计工作底稿的性质和作用，可将其分为综合类工作底稿、业务类工作底稿和备查类工作底稿。

(1)综合类工作底稿　是指具有总体性质的资料，包括审计计划、审计工作实施、审计报告全过程的工作底稿。例如：审计计划、审计业务约定书、被审计单位声明书、审计工作总结、审计报告书等。这类工作底稿体现了审计工作的全过程，属于总体性的工作底稿，它可以有效地反映审计人员对于整个审计工作的规划和控制过程，体现审计意见和结论。

(2)业务类工作底稿　是指注册会计师在审计实施阶段形成或编制的工作底稿。这类工作底稿包括审计人员在按照审计计划进行工作时从被审计单位内部和外部收集的各种审计证据资料以及其他一些资料文件。它可以很好地反映注册会计师执行审计计划的具体情况和实施过程。

(3)备查类工作底稿　是指具有备查性质的工作底稿,这些工作底稿并非不重要,但是将其放在上述两类工作底稿中数量又太多,有一些资料的相关性相对来说也比较差,因此应当单独作为备查类。这类工作底稿主要包括被审计单位的营业执照、章程以及决议记录、董事会会议记录、组织结构和管理结构图、一些重要的经济合同、生产工艺技术等方面的资料。

2. 按审计工作的实施阶段划分

按照审计工作的实施阶段,可将其分为审计计划阶段工作底稿、审计实施阶段工作底稿和审计报告阶段工作底稿。

(1)审计计划阶段工作底稿　是指注册会计师在具体实施审计程序之前,了解被审计单位的基本情况,分析被审计单位的业务情况,确定审计风险和制订审计计划中所形成的工作底稿。它主要包括被审计单位的营业执照、政府批文、成立的合同、协议、章程副本,被审计单位基本概况表,审计计划等。

(2)审计实施阶段工作底稿　是指注册会计师在实施审计过程中采用检查、盘点、观察、询问、函证、计算和分析等方法获取审计证据所形成的工作底稿。主要包括各种审计业务过程中形成的工作底稿、会计报表各资产、负债、所有者权益项目、收入、费用项目等进行实质性程序的工作底稿。

(3)审计报告阶段工作底稿　是指审计人员在实施必要的审计程序后,根据取得的审计证据进行调整、汇总、分析、评价、形成审计意见所编制的工作底稿。主要包括审计差异调整表、试算平衡表、已审会计报表、审计报告底稿、管理建议书等。

审计工作底稿按照审计工作阶段划分不是绝对的。有些审计调整、分析工作可以在审计实施阶段完成,也可以在审计报告阶段完成。如果在审计报告阶段,发现某些问题需要追加取证,应当重新实施某些审计程序。

三、审计工作底稿的格式、内容和范围

注册会计师编制的审计工作底稿,应当能够使未曾接触过该项审计工作的有经验的专业人士清楚地了解:按照审计准则的规定实施的审计程序的性质、时间和范围;实施审计程序的结果和获取的审计证据;就重大事项得出的结论。

为了达到上述目的,注册会计师在编制审计工作底稿,确定其格式、内容和范围时,应该全面考虑各方面因素,包括:实施审计程序的性质;已识别的重大错报风险;在执行审计工作和评价审计结果时需要做出判断的范围;已获取审计证据的重要程度;已识别的例外事项的性质和范围;当从已执行审计工作或获取审计证据的记录中不易确定结论或结论的基础时,记录结论或结论的基础的必要性;使用的审计方法和工具。

(一)审计工作底稿的格式和内容

审计工作底稿是由各种不同的资料组成,其格式也各不相同,如表 6-2 和表 6-3

所示。

表 6－2　货币资金审定表

索引号：

×××会计师事务所

货币资金审定表

被审计单位：　　　　　　查验人员：　　　　　日期：

审计项目：　　　　　　　复核人员：　　　　　日期：　　　　　金额单位：

上期未审定数	未审数核对			索引号	调整分录金额（+、-）	审定数
	索引号	项目	金额			
		合计				
调整分录： 审计结论：						

表 6－3　存货抽查情况表

索引号：

×××会计师事务所

存货抽查情况表

被审计单位：　　　　　　查验人员：　　　　　日期：

审计项目：　　　　　　　复核人员：　　　　　日期：　　　　　金额单位：

存货名称和规格	单位	单价	盘点前账面记录		尚未入账数				应结存		盘点记录		抽查记录		抽查结果差异		品质状况（正常、残次、毁损、滞销）
					入库		发出										
			数量	金额	数量	金额	数量	金额	数量	金额	数量	金额	数量	金额	数量	金额	
合计																	
抽查结果汇总： 抽查金额：　　　　抽查比率： 正确金额：　　　　抽查正确率：									审计说明：								

对于各种审计工作底稿，应当主要包括以下几方面的内容：

(1)被审计单位名称。即财务报表的编报单位，若财务报表编报单位为某一集团的下属公司，则应同时写明下属公司的名称。

(2)审计项目名称。即某一财务报表项目名称或某一审计程序及实施对象的名称，如具体审计项目是某一明细科目，则应同时写明该明细科目。

(3)审计项目时点或期间。即某一资产负债表项目的报告时点或某一利润表项目的报告期间。

(4)审计过程记录。即反映审计人员所实施的审计测试的性质、范围和样本等内容的记录。注册会计师应将其实施审计而达到审计目标的过程记录在审计工作底稿中。

(5)审计标识及其说明。即审计人员在审计工作底稿上用以表达各种不同审计含义的审计符号。为了便于他人理解，注册会计师应在审计工作底稿中说明各种审计标识所代表的含义，或采用审计标识及其说明表的形式统一说明。

(6)审计结论。即注册会计师通过实施必要的审计程序后，对某一审计事项所做的专业判断。

(7)索引号及页次。即注册会计师为整理利用审计工作底稿，将具有同一性质或反映同一具体审计事项的审计工作底稿分别归类，形成相互联系、互相控制所做的特定编号即为索引号；页次是在同一索引号下不同的审计工作底稿的顺序号。

(8)编制人员姓名及编制日期。即注册会计师必须在其编制的审计工作底稿上签名和签署日期。

(9)复核人员姓名及复核时间。即注册会计师必须在其复核过的审计工作底稿上签名和签署日期。

(10)其他应说明事项。即注册会计师认为应在审计工作底稿中予以记录的其他相关事项。

在编制审计工作底稿的过程中，应当使用中文。少数民族自治地区可以同时使用少数民族文字。中国境内的中外合作会计师事务所、国际会计公司成员所和联系所可以同时使用某种外国文字。会计师事务所执行涉外业务时可以同时使用某种外国文字。

(二)需要记录的其他特定事项

1. 记录测试的特定项目或事项的识别特征

在记录实施审计程序的性质、时间和范围时，注册会计师应当记录测试的特定项目或事项的识别特征。识别特征是指被测试的项目或事项表现出的征象或标志。识别特征因审计程序的性质和所测试的项目或事项的不同而不同。对某一个具体项目或特征而言，其识别特征通常具有唯一性，这种特性可以使其他人员根据识别特征在总体中识别该项目或事项并重新执行该测试。如在对被审计单位生成的订购单进行细节测试时，注册会计师可能以订购单的日期或编号作为测试订购单的识别特征。

2. 重大事项

注册会计师应当根据具体情况判断某一事项是否属于重大事项。重大事项通常包括以下内容：其一，引起特别风险的事项；其二，实施审计程序的结果，该结果表明财务信息可能存在重大错报，或需要修正以前对重大错报风险的评估和针对这些风险拟采取的应对措施；其三，导致注册会计师难以实施必要审计程序的情形；其四，导致出具非标准审计报告的事项。

当认定为重大事项时，注册会计师应当及时记录与管理层、治理层以及其他人员对重大事项的讨论情况，包括讨论的内容、时间、地点和参加人员。有关重大事项的记录可能分散在审计工作底稿的不同部分，因此注册会计师应当考虑汇总这些重大事项的记录，编制重大事项概要，将其作为审计工作底稿的组成部分，以便有效地复核和检查审计工作底稿，并评价重大事项的影响。重大事项概要包括审计过程中识别的重大事项及其如何得到处理，或对其他支持性审计工作底稿的交叉索引。

如果识别出的信息与针对某重大事项得出的最终结论相矛盾或不一致，注册会计师应当记录形成最终结论时如何处理该矛盾或不一致的情况。

四、审计工作底稿的复核

复核审计工作底稿不仅是为了保证审计工作底稿的质量，而且是进行审计质量控制的一项必要措施。在通常情况下，一张审计工作底稿由一名注册会计师独立完成，不可避免地会产生一定的差错。会计师事务所应结合本事务所的实际情况制定有效的审计工作底稿复核制度，实施一定的程序，对形成的审计工作底稿进行严格的复核。复核制度应对有关复核人员级别、复核程序与要点、复核人员职责等做出明确规定。一项好的复核制度，可以发挥多方面的作用：一是减少或消除人为的审计误差，降低审计风险，提高审计质量；二是及时发现并解决问题，保证审计计划的顺利执行；三是便于上级管理部门进行工作业绩考核和审计质量控制；等等。

根据《会计师事务所质量控制准则第 5101 号——业务质量控制》《中国注册会计师审计准则第 1121 号——历史财务信息审计的质量控制》的有关规定，审计工作底稿复核主要分为两个层次。

（一）项目组内部人员对审计工作底稿的复核

1. 项目负责人指定的复核人员对审计工作底稿的复核

确定复核人员的原则是，由项目组内经验较多的人员复核经验较少的人员执行的工作。在复核已执行的审计工作时，复核人员应当考虑：审计工作是否已按法律法规、职业道德规范和审计准则的规定执行；重大事项是否已提请进一步考虑；相关事项是否已进行适当咨询，由此形成的结论是否得到记录和执行；是否需要修改已执行审计工作的性质、时间和范围；已执行的审计工作是否支持形成的结论，并已得到适当记录；获取的审计证据是否充分、适当；审计程序的目标是否实现。

2. 项目负责人对审计工作底稿的复核

在出具审计报告前，项目负责人应当复核审计工作底稿并与项目组讨论，确信获取的审计证据已经充分、适当，足以支持形成的结论和拟出具的审计报告。

项目负责人应当在审计过程的适当阶段及时实施复核，以使重大事项在出具审计报告前能够得到满意解决。项目负责人复核的内容包括对关键领域所做的判断，尤其是执行业务过程中识别出的疑难问题或争议事项、特别风险以及项目负责人认为重要的其他领域。项目负责人应当对复核的范围和时间予以适当记录。

(二)项目质量控制复核

项目质量控制复核是指在出具审计报告前,对项目组做出的重大判断和在准备报告时形成的结论做出客观评价的过程。会计师事务所应当制定政策和程序,要求对特定业务实施项目质量控制复核,以客观评价项目组做出的重大判断以及在准备报告时得出的结论。

这些政策和程序要求应当包括:对所有上市公司财务报表审计实施项目质量控制复核;规定适当的标准,据此评价上市公司财务报表审计以外的历史财务信息审计和审阅、其他鉴证业务及相关服务业务,以确定是否应当实施项目质量控制复核;对符合适当标准的所有业务实施项目质量控制复核。

项目质量控制复核通常包括:与项目负责人进行讨论;复核财务报表或其他业务对象信息及报告,尤其考虑报告是否适当;选取与项目组做出重大判断及形成结论有关的工作底稿进行复核。

在对上市公司财务报表审计实施项目质量控制复核时,复核人员应当考虑:项目组就具体业务对会计师事务所独立性做出的评价;在审计过程中识别的特别风险以及采取的应对措施;做出的判断,尤其是关于重要性和特别风险的判断;是否已就存在的意见分歧、其他疑难问题或争议事项进行适当咨询,以及咨询得出的结论;在审计中识别的已更正和未更正的错报的重要程度及处理情况;拟与管理层、治理层以及其他方面沟通的事项;所复核的审计工作底稿是否反映了针对重大判断执行的工作,是否支持得出的结论;拟出具的审计报告的适当性。项目质量控制复核人员应当在业务过程中的适当阶段及时实施复核,以便使重大事项等问题在出具审计报告前得到满意解决。

会计师事务所应当制定政策和程序,要求记录项目质量控制复核情况,包括:有关项目质量控制复核的政策所要求的程序已得到执行;项目质量控制复核在出具报告前业已完成;复核人员没有发现任何尚未处理的事项,使其认为项目组做出的重大判断及形成的结论不适当。

【小案例 6-2】

福建省注册会计师协会在审计质量年度抽查中发现,信华会计师事务所在审计工作底稿中存在的问题较为集中、典型,主要有以下几方面[①]:

(1)欢乐电影公司审计项目。欢乐电影公司资产总额 500 多万元,下属有 18 个放映站,财务管理既有统一核算的放映站,也有实行承包制的放映站,财务收支错综复杂。而编制的审计计划中审计范围、目标、重点和步骤只有一句话:审计 1998 年度财务收支是否真实、合法。

(2)万家房地产开发公司审计项目。在审计计划中提出"要审查存货、开发成本和负债的真实性",但在工作底稿中却找不到有关存货监盘和应付款项函证以及能够替代的证据记录,就连应付账款的账龄情况都无分析记录在案。

(3)天海化纤厂审计项目。现金盘点表中反映现金短缺 3000 多元,被审计单位的出

① 资料来源:《福建审计》1999 年第 4 期

纳员、财会负责人均无签字，也无被审计单位公章，而审计人员签字处只有一个“王”字。

(4)常乐酒店审计项目。审计档案中有该项目的审计工作底稿，却无审计业务约定书。

上述的问题应该如何解决？日后应该如何进行控制？

五、审计工作底稿的归档

(一)审计工作底稿的归档期限

注册会计师应当按照会计师事务所质量控制政策和程序的规定，及时将审计工作底稿归整为最终审计档案。审计工作底稿的归档期限为审计报告日后60天内。如果注册会计师未能完成审计业务，审计工作底稿的归档期限为审计业务终止后的60天内。

如果针对客户的同一财务信息执行不同的委托业务，出具两个或多个不同的报告，会计师事务所应当将其视为不同的业务，根据会计师事务所内部制定的政策和程序，在规定的归档期限内分别将审计工作底稿归整为最终审计档案。

(二)审计档案的分类

对每项具体审计业务，注册会计师应当将审计工作底稿归整为审计档案。归整审计档案时，一般按审计档案作用期限的长短和作用大小将其分为永久性档案和当期档案。

1. 永久性档案

永久性档案是指那些记录内容相对稳定，具有长期使用价值，并对以后审计工作具有重要影响和直接作用的审计工作底稿所组成的审计档案。简要地说，永久性档案包括了与本期审计有关的历史性或连续性的数据和资料。这类档案为前后年度审计过程中需要持续关注的事项提供了重要的信息来源。例如，与评估被审计单位内部控制制度情况有关的组织系统图、流程图、调查表及控制点和薄弱环节记录等信息。如果永久性档案中的某些内容已发生变化，注册会计师应当及时予以更新。为保持资料的完整性以便满足日后查阅历史资料的需要，永久性档案中被替换下的资料一般也需要保留。

2. 当期档案

当期档案是指那些记录内容在各年度之间经常发生变化，只供当期审计使用和下期审计参考的审计工作底稿所组成的审计档案。与永久性档案不同，当期档案主要包括应用于当年审计的所有审计工作底稿。例如，执行控制测试获得的一般性资料，具体会计账项的调整分录，证明报表项目具体金额的详细分析表等。在形成的审计工作底稿中，业务类审计工作底稿构成了本期档案的主体。

(三)审计工作底稿的变动

在出具审计报告前，注册会计师应完成所有必要的审计程序，取得充分、适当的审计证据并得出适当的审计结论。由此，在审计报告日后将审计工作底稿归整为最终审计档案是一项事务性工作，不涉及实施新的审计程序或得出新的结论。

1. 对审计工作底稿的事务性变动

如果在归档期间对审计工作底稿做出的变动属于事务性的，注册会计师可以做出的变动主要包括：(1)删除或废弃被取代的审计底稿；(2)对审计工作底稿进行分类、整理和交叉索引；(3)对审计档案归整工作的完成核对表签字认可；(4)记录在审计报告日前获

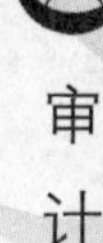

取的、与审计项目组相关成员进行讨论并取得一致意见的审计证据。

2. 修改或增加审计工作底稿的要求

如果在完成最终审计档案的归整工作后，发现有必要修改现有审计工作底稿或增加新的审计工作底稿，无论修改或增加的性质如何，注册会计师均应当记录下列事项：(1)修改或增加审计工作底稿的时间和人员，以及复核的时间和人员；(2)修改或增加审计工作底稿的具体理由；(3)修改或增加审计工作底稿对审计结论产生的影响。

3. 删除或废弃审计工作底稿的要求

一般情况下，在完成最终审计档案的归整工作后，注册会计师不得在规定的保存期届满删除或废弃审计工作底稿。删除审计工作底稿主要是指删除整张原审计工作底稿，或以涂改、覆盖等方式删减原审计工作底稿中的全部或部分记录内容。废弃审计工作底稿主要是指将原审计工作底稿从审计档案中抽取出来，使审计档案中不再包含原来的底稿。

4. 审计报告日后对审计工作底稿的变动

如果在审计报告日后，发现例外情况要求注册会计师实施新的或追加审计程序，或导致注册会计师得出新的结论，注册会计师应当记录：(1)遇到的例外情况；(2)实施的新的或追加的审计程序，获取的审计证据以及得出的结论；(3)对审计工作底稿做出变动及其复核的时间和人员。

例外情况主要是指审计报告日后发现与已审计财务信息相关，并且在审计报告日已经存在的事实，该事实如果被注册会计师在审计报告日前获知，可能影响审计报告。例外情况可能在审计报告日后发现，也可能在财务报表报出日后发现，注册会计师应当按照《中国注册会计师审计准则第 1332 号——期后事项》第四章“财务报表报出后发现的事实”的相关规定，对例外事项实施新的或追加的审计程序。

(四)审计工作底稿的保存

审计工作底稿对于明确审计责任、评价审计工作质量都具有重要的意义，因此执行审计业务的单位都需要将审计工作底稿保存一段时间。会计师事务所应当自审计报告日起，对审计工作底稿至少保存 10 年。如果注册会计师未能完成审计业务，会计师事务所应当自审计业务终止日起，对审计工作底稿至少保存 10 年。

对于连续审计，当期归整的永久性档案可能包括以前年度获取的资料。这些资料虽然是在以前年度获取的，但由于其作为本期档案的一部分，并作为支持审计结论的基础，因此，注册会计师对于这些对当期有效的档案，应视为当期取得并保存 10 年。如果这些资料在某一审计期间被替换，被替换的资料可以从被替换的年度算起至少保存 10 年。

会计师事务所在对审计工作底稿进行保存时，大都有具体的规章制度，其主要内容包括以下几个方面：

(1)有关保证审计工作底稿的安全与完整的方法。包括审计工作底稿的整理、装订成册的具体办法。在审计工作底稿中由于汇集了大量的审计证据，因此需要很好地进行整理，并且按照一定的顺序和装订要求将其装订起来，以便日后查阅和保管。

(2)有关审计工作底稿的存放、排列的方法。为了便于查阅使用，审计工作底稿的存放次序或者排列次序非常重要，特别是对于一些规模比较大的会计师事务所来说，工作底稿的排列分类对于方便查阅非常重要，一般选择按重要性排列、按字母顺序排列或按笔画顺序排列。

(3)有关审计工作底稿的查阅、借阅规则。保存审计工作底稿就是为了日后查阅使用,但是由于工作底稿的性质决定了制定工作底稿的使用规则。什么样的工作底稿允许哪些人使用,使用时需要有哪些限制,是否允许复印或者是否允许借阅,都需要由有关决策层制定。

(4)有关审计工作底稿销毁的规定。当审计工作底稿已保存了10年以上时,作为会计师事务所就应当分情况实行销毁。对于一些一次性审计业务形成的审计工作底稿、审计单位早已被撤销的审计工作底稿、一些咨询业务的工作底稿等可按照程序报送申请,经过批准后予以销毁。对于永久性审计工作底稿,可以做成微缩胶片保存,以便减少保管成本。

(五)审计工作底稿的保密与查阅

保守被审计单位的商业机密是审计人员的职业操守。审计工作底稿中的内容涉及被审计单位的内部管理以及销售市场、生产管理等方面的商业秘密,被审计单位对于审计工作底稿的保密是十分关心的。会计师事务所应当建立严格的审计工作底稿保密制度,并有专人管理负责。但出现以下情况不应以保密为由拒绝提供审计工作底稿,以备他人查阅:

一是被审计单位涉及法律方面的纠纷,法院或者其他司法部门按照法律程序履行了手续,审计单位可以允许其查阅审计工作底稿,或者进行复印,但是不允许取走审计工作底稿。

二是注册会计师协会或者上级审计部门对于进行审计的注册会计师的业务进行检查、复查等业务监督活动。注册会计师协会是注册会计师的行业自律性组织,它可以对注册会计师的工作底稿进行检查或进行行业监督。国家审计机关则可以通过对下属审计单位工作底稿的检查实行国家审计监督。因此,审计工作底稿对于注册会计师协会和国家审计部门的检查不属于泄密。

三是因为更换审计单位和审计人员,新的会计师事务所的注册会计师查阅审计工作底稿不属于泄密范围。

四是实行联合审计需要查阅审计工作底稿。经过被审计单位的同意,审计工作需要两个或者两个以上的审计单位共同进行,这时应该允许参与审计的单位共同查阅和使用审计工作底稿。

对于有资格查阅审计工作底稿的单位和个人,拥有审计工作底稿的会计师事务所应当提供适当的协助,并根据有关审计工作底稿的性质和内容以及相关批准,决定是否允许查阅者阅览其审计工作底稿以及复印或摘录其中的有关内容,但是审计工作底稿不允许离开保管单位,更不能拿走审计工作底稿的原件。同时,对于查阅方由于使用审计工作底稿不当而产生的任何不良后果,保管单位应该声明不负任何责任。

本章小结

1. 获取审计证据是审计工作中的主要工作,可以说全部审计工作都是围绕着审计证据的收集、辨别而进行的。注册会计师应该以职业怀疑的态度计划和执行鉴证业务,获

取有关鉴证对象是否不存在重大错报的充分、适当的证据。

2. 审计证据的充分性和适当性是两个非常重要的概念。审计证据的充分性是对证据数量的衡量，主要与注册会计师确定的样本量有关；审计证据的适当性是对证据质量的衡量，即证据的相关性和可靠性。

3. 审计证据的收集贯穿于整个审计程序之中。审计证据的收集程序可以因为审计对象和审计业务的不同而不同。注册会计师为了获取充分、适当的审计证据，应当了解鉴证对象及其业务环境事项，了解内部控制；评估鉴证对象信息可能存在的重大错报风险；针对已识别的风险实施实质性程序，以及在必要时测试控制运行的有效性。

4. 审计工作底稿是重要的审计档案，同时也是审计质量控制的重要手段。审计工作底稿是指注册会计师对制订的审计计划、实施的审计程序、获取的相关审计证据以及得出的审计结论所做的记录。

5. 审计工作底稿是描绘审计工作轨迹的文档，应当按照会计师事务所质量控制、质量政策和程序的规定，严格执行复核和归档工作。

【复习思考题】

1. 何谓审计证据？它与审计工作底稿是怎样的关系？
2. 如何理解审计证据的充分性和适当性？
3. 审计证据有哪些基本类型？其中最基本的证据是什么？其他证据又起何作用？
4. 审计证据的证明力主要由什么因素决定？举例说明。
5. 什么是审计工作底稿？它有哪些作用？举例说明。

【案例分析题】

海立公司“小金库”案

1. 案例简介

长税会计师事务所根据长春市审计局的委托对海立公司进行总经理离任审计。依据审计方案，注册会计师重点审查该公司总经理任期即2000年3月至2002年4月资产、负债、损益以及管理情况。

海立公司是位于长春市区繁华地段的一家大酒店，审计小组进点实施审计前进行审计调查时了解到，该大酒店临街的20多间两层房屋绝大部分出租了，另外，酒店主楼裙楼也有少部分房屋出租。注册会计师在审查其业务收入情况时，却发现房屋租赁收入很少，只有几笔，且金额不大，房租收入发票号码也不连贯，这与审计前调查了解到的情况相差太远，引起注册会计师的怀疑和警觉。与此同时，注册会计师发现该单位的“其他应付款”账户中有两个明细账户“生产费用”和“列车民航户”，觉得有些蹊跷。注册会计师决定把房屋收入作为审查重点，要求该酒店财务部提供有关房租合同等资料，对方却只拿出几份2002年新订的合同，他们含糊其辞地说：“以前年度的出租合同已过时销毁了。”财务人员的种种行为更使审计人员敏锐地意识到该酒店在财务方面存在问题，注册会计师凭经验推断该酒店可能有私设“小金库”的行为。

注册会计师立即召开有总经理和财务部有关人员参加的会议。在注册会计师犀利的目光下和掷地有声的问话中，酒店老总等人表情有点慌张，注册会计师乘势展开了政策攻势，向他们宣讲了《国务院办公厅转发财政部、审计署、中国人民银行关于清理检查"小金库"意见的通知》《国务院关于违反财政法规处罚的暂行规定》《审计法》的有关规定，引导他们从反腐败的高度认识"小金库"的危害及清理检查的必要性，阐明对"小金库"处理的原则及政策界限，特别强调私设"小金库"的严重违纪行为以及所应承担的法律责任。注册会计师晓之以理，动之以情，在强大的法律教育攻势下，打消了他们继续隐瞒事实的念头，这位老总终于讲出了实情："我在接任总经理时，前任总经理就是这么搞的。我知道有部分租金收入和其他业务收入不归入大账，数字多少，我不太清楚。主要想避开税务部门和银行的监督，开出一些财务上不允许列支的款项。"他表示愿意提供"小金库"的有关资料。

经过注册会计师认真细致的检查、追溯、核实取证，最终真相大白。原来该酒店共设两个账外账——"生产费用"和"列车民航户"，记录着酒店自 1996 年以来采取收入不入账等手段，转移截留国家和单位收入、资金私存私放，以总经理及财务有关人员个人名义存入银行储蓄所，设立"小金库"资金共计 1705.64 万元，比该酒店总经理任期内的累计亏损 1450 万元还大，相当于该酒店资产总额的 15%。

（资料来源：《中国审计报》2000 年 10 月 20 日）

2. 案例分析与思考

违规设立"小金库"的问题，被审计单位屡查屡犯。本案中，财务人员等的口头证据起到了重要作用。"其他应付款"账户的两个明细账户引起注册会计师的怀疑，而财务人员的口头答复使注册会计师有了明确的判断，顺利地找到了审计的突破口，很快查出问题。

取证过程中，注册会计师应如何获取口头证据？怎样提高口头证据的可靠性？

第七章 审计计划、重要性和审计风险

【本章提示】

学习目标：

通过本章的学习，学生能够了解签订审计业务约定书之前主要应做哪些工作、业务约定书的内容、重要性及审计风险的含义；掌握审计风险组成要素及关系、总体审计计划、具体审计计划的内容以及重要性水平的确定。

重要概念：

审计业务约定书；总体审计策略；具体审计计划；重要性；审计风险；重大错报风险；检查风险

【引例】

警惕重要性的滥用

素有"健康天使"之称的美国第四大制药公司百时美施贵宝(Bristol-My-ers Squibb Co. 以下简称"BMS")是一家蜚声世界的制药企业，2011年成为全球五百强企业。然而，这样的一位健康天使却曾经丑闻缠身。2002年10月，美国司法部和证券交易管理委员会(SEC)宣布对BMS的收入确认和存货问题展开正式调查。2002年12月，20多位BMS的前任和现任高管人员向《华尔街日报》披露了该公司在收入确认、重组准备以及合并政策中的多项"会计阴谋"；2003年3月10日，BMS对外公布了一份未经审计的重述报告，报告承认：1999年至2002年前6个月，销售收入虚增31.43亿美元，净利润虚增15.66亿美元。BMS财务操纵手法之一："规避会计规则，通过小规模资产销售弥合利润缺口"。

重要性是一种专业判断。更多的时候它应当是一个定性的概念，而非某一量化的指标。然而，职业界内一些约定俗成的"共同知识"常常成为舞弊者舞弊行为的某种"借口"，即大于某比率计算数字的错误不能犯，小于这些比率计算数字的就可以恣意妄为。许多明目张胆的"小小"错弊开始"爬满"了财务报表。当被注册会计师责成调整账务时，舞弊者总是挥舞重要性的挡箭牌，一脸委屈地恳求注册会计师："不要紧嘛，这根本不重要。"如果真的不重要，很多上市公司为什么总是努力地在创造这些小错误呢？因此，或许这些小错误对舞弊者而言根本就是重要的。在一些时候，它甚至是企业扭亏转盈的"最后一根稻草"，是满足华尔街分析师盈利预期的最后一美分。

比如，大多数会计人员认为，小于当季净利润5%的交易是"不重要的"，因而不需要披露。在资产销售上，BMS就利用了这一所谓的"5%法则"，经常策划获利4000万美元以下的资产销售。而且，这些资产销售利得不是被作为一次性的事项列报，而是用以冲减当期的期间费用，使投资者误以为 BMS 在降低日常开支方面"成效显著"。这一操纵手法让 BMS 每一季度的经营性每股收益增加了 1 到 2 美分。

事实上，SEC 在 1999 年 8 月发布的第 99 号首席会计师办公室文告(SAB 99)"重要性"中就已经明确指出："在评价某一交易或事项重要与否时，严格依赖一些百分比或端口数字没有任何会计理论或法律依据。……会计师应站在一个更客观、更综合的立场上，特别是要从报表使用者的角度进行分析。"此外，SAB 99 还特别指出："高管层的意图对判定重要性非常重要。"也就是说，即便某一会计调整的金额非常小，如果是高管层"蓄意"陈述此错误信息，"操纵报告利润"，金额再小也应被视为具有"重大影响"。

(资料来源：《会计数字游戏：美国十大财务舞弊案例剖析》，黄世忠，笔者引用时有改动)

讨论题：

1. 什么是重要性？注册会计师应如何确定重要性水平？

2. 重要性与审计风险的关系。

第一节　初步业务活动

一、初步业务活动的目的和内容

(一)初步业务活动的目的

注册会计师需要开展初步业务活动，以实现以下三个主要目的：其一，具备执行业务所需的独立性和能力；其二，不存在因管理层诚信问题而可能影响注册会计师保持该项业务的意愿的事项；其三，与被审计单位之间不存在对业务约定条款的误解。

(二)初步业务活动的内容

注册会计师在本期审计业务开始时应当开展下列初步业务活动：一是针对保持客户关系和具体审计业务实施相应的质量控制程序：二是评价遵守相关职业道德要求的情况；三是就审计业务约定条款达成一致意见。针对保持客户关系和具体审计业务实施质量控制程序，并且根据实施相应程序的结果做出适当的决策是注册会计师控制审计风险的重要环节。《中国注册会计师审计准则第 1121 号——对财务报表审计实施的质量控制》和《质量控制准则第 5101 号——会计师事务所对执行财务报表审计和审阅、其他鉴证和相关服务业务实施的质量控制》含有与客户关系和具体业务的接受与保持相关的要求，注册会计师应当按照其规定开展初步业务活动。

评价遵守相关职业道德的要求的情况也是一项非常重要的初步业务活动。质量控制准则含有包括独立性在内的有关职业道德的要求，注册会计师应当按照其规定执行。虽然保持客户关系及具体审计业务和评价职业道德的工作贯穿审计业务的全过程，但是这两项活动需要安排在其他审计工作之前，以确保注册会计师已具备执行业务所需要的独立性和专业胜任能力，并且不存在因管理层诚信问题而影响注册会计师保持该项业务意愿等情况。在连续审计的业务中,这些初步业务活动通常是在上期审计工作结束后不久或将要结束时就已开始了。

在做出接受或保持客户关系及具体审计业务的决策后,注册会计师应当按照《中国注册会计师审计准则第 1111 号——就审计业务约定条款达成一致意见》的规定,在审计业务开始前,与被审计单位就审计业务约定条款达成一致意见,签订或修改审计业务约定书,以避免双方对审计业务的理解产生分歧。

二、审计的前提条件

(一)财务报告的编制基础

承接鉴证业务的条件之一是《中国注册会计师鉴证业务基

本准则》中提及的标准适当,并且能够为预期使用者获取。标准是指用于评价或计量鉴证对象的基准,当涉及列报时,还包括列报与披露的基准。适当的标准使注册会计师能够运用职业判断对鉴证对象做出合理一致的评价或计量。就审计准则而言,适用的财务报告编制基础为注册会计师提供了用以审计财务报表(包括公允反映,如相关)的标准。如果不存在可接受的财务报告编制基础,管理层就不具有编制财务报表的恰当基础,注册会计师也不具有对财务报表进行审计的适当标准。

1. 确定财务报告编制基础的可接受性

在确定编制财务报表所采用的财务报告编制基础的可接受性时,注册会计师需要考虑下列相关因素:第一,被审计单位的性质(例如,被审计单位是商业企业、公共部门实体还是非营利性组织);第二,财务报表的目的(例如,编制财务报表是用于满足广大财务报表使用者共同的财务信息需求,还是用于满足财务报表特定使用者的财务信息需求);第三,财务报表的性质(例如,财务报表是整套财务报表还是单一财务报表);第四,法律法规是否规定了适用的财务报告编制基础。

按照某一财务报告编制基础编制,旨在满足广大财务报表使用者共同的财务信息需求的财务报表,称为通用目的财务报表;按照特殊目的编制基础编制的财务报表,称为特殊目的财务报表,旨在满足财务报表特定使用者的财务信息需求。对于特殊目的财务报表,预期财务报表使用者对财务信息的需求,决定适用的财务报告编制基础。《中国注册会计师审计准则第 1601 号——对按照特殊目的编制基础编制的财务报表审计的特殊考虑》规范了如何确定旨在满足财务报表特定使用者财务信息需求的财务报告编制基础的可接受性。

2. 通用目的编制基础

如果财务报告准则由经授权或获得认可的准则制定机构制定和发布,供某类实体使用,只要这些机构遵循一套既定和透明的程序(包括认真研究和切实考虑广大利益相关者的观点),则认为财务报告准则对于这类实体编制通用目的财务报表是可接受的。这些财务报告准则主要有:国际会计准则理事会发布的国际财务报告准则、国际公共部门会计准则理事会发布的国际公共部门会计准则和某一国家或地区经授权或获得认可的准则制定机构,在遵循一套既定和透明的程序(包括认真研究和切实考虑广大利益相关者的观点)的基础上发布的会计准则。

在规范通用目的财务报表编制的法律法规中，这些财务报告准则通常被界定为适用的财务报告编制基础。

3. 法律法规规定的财务报告编制基础。法律法规可能为某类实体规定了在编制通用目的财务报表时采用的财务报告编制基础。通常情况下，注册会计师认为这种财务报告编制基础对这类实体编制通用目的财务报表是可接受的，除非有迹象表明不可接受。

(二)就管理层的责任达成一致意见

按照审计准则的规定执行审计工作的前提是管理层已认可并理解其承担的责任。审计准则并不超越法律法规对这些责任的规定。然而，独立审计的理念要求注册会计师不对财务报表的编制或被审计单位的相关内部控制承担责任，并要求注册会计师合理预期能够获取审计所需要的信息(在管理层能够提供或获取的信息范围内)。因此，管理层认可并理解其责任，这一前提对执行独立审计工作是至关重要的。

一是按照适用的财务报告编制基础编制财务报表，并使其实现公允反映(如适用)。大多数财务报告编制基础包括与财务报表列报相关的要求，对于这些财务报告编制基础，在提到"按照适用的财务报告编制基础编制财务报表"时，编制包括列报。实现公允列报的报告目标非常重要，因而在与管理层达成一致意见的执行审计工作的前提中需要特别提及公允列报，或需要特别提及管理层负有根据财务报告编制基础编制并使其实现公允反映的责任。

二是设计、执行和维护必要的内部控制，以使编制的财务报表不存在由于舞弊或错误导致的重大错报。由于内部控制的同有限制，无论其如何有效，也只能合理保证被审计单位实现其财务报告目标。注册会计师按照审计准则的规定执行的独立审计工作，不能代替管理层维护编制财务报表所需要的内部控制。因此，注册会计师需要就管理层认可并理解其与内部控制有关的责任与管理层达成共识。

三是向相注册会计师提供必要的工作条件，包括允许注册会计师接触与编制财务报表相关的所有信息(如记录、文件和其他事项)；向注册会计师提供审计所需要的其他信息，允许注册会计师在获取审计证据时不受限制地接触其认为必要的内部人员和其他相关人员。

(三)确认的形式

按照《中国注册会计师审计准则第 1341 号——书面声明》的规定，注册会计师应当要求管理层就其已履行的某些责任提供书面声明。因此，注册会计师需要获取针对管理层责任的书面声明、其他审计准则要求的书面声明，以及在必要时需要获取用于支持其他审计证据(用以支持财务报表一项或多项具体认定)的书面声明。注册会计师需要使管理层意识到这一点。

如果管理层不认可其责任，或不同意提供书面声明，注册会计师将不能获取充分、适当的审计证据。在这种情况下，注册会计师承接此类审计业务是不恰当的，除非法律法规另有规定。如果法律法规允许承接此类审计业务，注册会计师可能需要向管理层解释这种情况的重要性及其对审计报告的影响。

三、审计业务约定书

审计业务约定书是指会计师事务所与被审计单位签订的，用以记录和确认审计业务的委托与受托关系、审计目标和范围、双方的责任以及报告的格式等事项的书面协议。会计师事务所承接任何审计业务，都应与被审计单位签订审计业务约定书。

(一)审计业务约定书的基本内容

审计业务约定书的具体内容和格式可能因被审计单位的不同而不同，但应当包括以下主要内容：

(1)财务报表审计的目标与范围；

(2)注册会计师的责任；

(3)管理层的责任；

(4)指出用于编制财务报表所适用的财务报告编制基础；

(5)提及注册会计师拟出具的审计报告的预期形式和内容，以及对在特定情况下出具的审计报告可能不同于预期形式和内容的说明。

(二)审计业务约定书的特殊考虑

1. 考虑特定需要

如果情况需要，注册会计师还应当考虑在审计业务约定书中列明下列内容：

(1)详细说明审计工作的范围，包括提及适用的法律法规、审计准则，以及注册会计师协会发布的职业道德守则和其他公告；

(2)对审计业务结果的其他沟通形式；

(3)说明由于审计和内部控制的固有限制，即使审计工作按照审计准则的规定得到恰当的计划和执行，仍不可避免地存在某些重大错报未被发现的风险；

(4)计划和执行审计工作的安排，包括审计项目组的构成；

(5)管理层确认将提供书面声明；

(6)管理层同意向注册会计师及时提供财务报表草稿和其他所有附带信息，以便使注册会计师能够按照预定的时间表完成审计工作；

(7)管理层同意告知注册会计师在审计报告日至财务报表报出日之间注意到的可能影响财务报表的事实；

(8)收费的计算基础和收费安排；

(9)管理层确认收到审计业务约定书并同意其中的条款；

(10)在某些方面对聘请其他注册会计师和专家工作的安排；

(11)对审计涉及的内部审计人员和被审计单位其他员工工作的安排；

(12)在首次审计的情况下，与前任注册会计师(如存在)沟通的安排；

(13)说明对注册会计师责任可能存在的限制；

(14)注册会计师与被审计单位之间需要达成进一步协议的事项；

(15)向其他机构或人员提供审计工作底稿的义务。

2. 组成部分的审计

如果母公司的注册会计师同时也是组成部分注册会计师，需要考虑下列因素，决定是否向组成部分单独致送审计业务约定书：

(1)组成部分注册会计师的委托人；

(2)是否对组成部分单独出具审计报告；

(3)与审计委托相关的法律法规的规定；

(4)母公司占组成部分的所有权份额；

(5)组成部分管理层相对于母公司的独立程度。

3. 连续审计

对于连续审计，注册会计师应当根据具体情况评估是否需要对审计业务约定条款做出修改，以及是否需要提醒被审计单位注意现有的条款。

注册会计师可以决定不在每期都致送新的审计业务约定书或其他书面协议。然而，下列因素可能导致注册会计师修改审计业务约定条款或提醒被审计单位注意现有的业务约定条款：

(1)有迹象表明被审计单位误解审计目标和范围；

(2)需要修改约定条款或增加特别条款；

(3)被审计单位高级管理人员近期发生变动；

(4)被审计单位所有权发生重大变动；

(5)被审计单位业务的性质或规模发生重大变化；

(6)法律法规的规定发生变化；

(7)编制财务报表采用的财务报告编制基础发生变更；

(8)其他报告要求发生变化。

4. 审计业务约定条款的变更

(1)变更审计业务约定条款的要求　在完成审计业务前，如果被审计单位或委托人要求将审计业务变更为保证程度较低的业务，注册会计师应当确定是否存在合理理由予以变更。

下列因素可能导致被审计单位要求变更业务：①环境变化对审计服务的需求产生影响；②对原来要求的审计业务的性质存在误解；③无论是管理层施加的还是其他情况引起的审计范围受到限制。上述第①和第②项通常被认为是变更业务的合理理由，但如果有迹象表明该变更要求与错误的、不完整的或者不能令人满意的信息有关，注册会计师不应认为该变更是合理的。

如果没有合理的理由，注册会计师不应同意变更业务。如果注册会计师不同意变更审计业务约定条款，而管理层又不允许继续执行原审计业务，注册会计师应当做到：①在适用的法律法规允许的情况下，解除审计业务约定；②确定是否有约定义务或其他义务向治理层、所有者或监管机构等报告该事项。

(2)变更为审阅业务或相关服务业务的要求　在同意将审计业务变更为审阅业务或相关服务业务前，接受委托按照审计准则执行审计工作的注册会计师，除考虑上述(1)中提及的事项外，还需要评估变更业务对法律责任或业务约定的影响。

如果注册会计师认为将审计业务变更为审阅业务或相关服务业务具有合理理由。截至变更日已执行的审计工作可能与变更后的业务相关，相应地，注册会计师需要执行的工作和出具的报告会适用于变更后的业务。为避免引起报告使用者的误解，对相关服务业务出具的报告不应提及原审计业务和在原审计业务中已执行的程序。只有将审计业务变更为执行商定程序业务，注册会计师才可在报告中提及已执行的程序。表7-1为审计业务约定书参考格式（合同式）。

表7-1 审计业务约定书参考格式(合同式)

审计业务约定书

甲方：ABC股份有限公司

乙方：正保会计师事务所

兹由甲方委托乙方对2006年度财务报表进行审计，经双方协商，达成以下约定：

一、业务范围与审计目标

1. 乙方接受甲方委托，对甲方按照企业会计准则编制的20×7年12月31日的资产负债表，20×7年度的利润表、股东权益变动表和现金流量表以及财务报表附注（以下统称财务报表）进行审计。

2. 乙方通过执行审计工作，对财务报表的下列方面发表审计意见：

(1)财务报表是否在所有重大方面按照企业会计准则的规定编制；

(2)财务报表是否在所有重大方面公允反映甲方20×7年12月31日的财务状况以及20×7年度的经营成果和现金流量。

二、甲方的责任

1. 根据《中华人民共和国会计法》及《企业财务会计报告条例》，甲方及甲方负责人有责任保证会计资料的真实性和完整性。因此，甲方管理层有责任妥善保存和提供会计记录（包括但不限于会计凭证、会计账簿及其他会计资料），这些记录必须真实、完整地反映甲方的财务状况、经营成果和现金流量。

2. 按照企业会计准则的规定编制和公允列报财务报表是甲方管理层的责任，这种责任包括：(1)按照企业会计准则的规定编制财务报表，并使其实现公允反映；(2)设计、实施和维护与财务报表编制相关的内部控制，以使财务报表不存在由于舞弊或错误而导致的重大错报。

3. 及时为乙方的审计工作提供与审计有关的所有记录、文件和所需要的其他信息（在20×8年×月×日之前提供审计所需的全部资料，如果在审计过程中需要补充资料，亦应及时提供），并保证所提供资料的真实性和完整性。

4. 确保乙方不受限制地接触其认为必要的甲方内部人员和其他相关人员。

5. 甲方管理层对其做出的与审计有关的声明予以书面确认。

6. 为乙方派出的有关工作人员提供必要的工作条件和协助，乙方将于外勤工作开始前提供主要事项清单。

7. 按本约定书的约定及时足额支付审计费用以及乙方人员在审计期间的交通、食宿和其他相关费用。

8. 乙方的审计不能减轻甲方及甲方管理层的责任。

三、乙方的责任

1. 乙方的责任是在实施审计工作的基础上对甲方财务报表发表审计意见。乙方按照中国注册会计师审计准则（以下简称审计准则）的规定执行审计工作。审计准则要求注册会计师遵守中国注册会计师职业道德守则，计划和执行审计工作以对财务报表是否不存在重大错报获取合理保证。

（续表）

2. 审计工作涉及实施审计程序，以获取有关财务报表金额和披露的审计证据。选择的审计程序取决于乙方判断，包括对由于舞弊或错误导致的财务报表重大错报风险的评估。

在进行风险评估时，乙方考虑与财务报表编制和公允列报相关的内部控制，以设计恰当的审计程序，但目的并非对内部控制的有效性发表意见。审计工作还包括评价管理层选用会计政策的恰当性和做出会计估计的合理性，以及评价财务报表的总体列报。

3. 由于审计和内部控制的固有限制，即使按照审计准则的规定适当地计划和执行审计工作，仍不可避免地存在财务报表的某些重大错报可能未被乙方发现的风险。

4. 在审计过程中，乙方若发现甲方存在乙方认为值得关注的内部控制缺陷，应以书面形式向甲方治理层或管理层通报。但乙方通报的各种事项，并不代表已全面说明所有可能存在的缺陷或已提出所有可行的改进建议。甲方在实施乙方提出的改进建议前应全面评估其影响。未经乙方书面许可，甲方不得向任何第三方提供乙方出具的沟通文件。

5. 按照约定时间完成审计工作，出具审计报告。乙方应于20×8年×月×日前出具审计报告。

6. 除下列情况外，乙方应当对执行业务过程中知悉的甲方信息予以保密：(1)法律法规允许披露，并取得甲方的授权；(2)根据法律法规的要求，为法律诉讼、仲裁准备文件或提供证据，以及向监管机构报告发现的违法行为；(3)在法律法规允许的情况下，在法律诉讼、仲裁中维护自己的合法权益；(4)接受注册会计师协会和监管机构的执业质量检查，答复其询问和调查；(5)法律法规、执业准则和职业道德规范规定的其他情形。

四、审计收费

1. 本次审计服务的收费是以乙方各级别工作人员在本次工作中所耗费的时间为基础计算的。乙方预计本次审计服务的费用总额为人民币××万元。计算的。乙方预计本次审计服务的费用总额为人民币××万元。

2. 甲方应于本约定书签署之日起××日内支付×%的审计费用，其余款项于审计报告草稿完成日结清。

3. 如果由于无法预见的原因，乙方从事本约定书所涉及的审计服务实际时间较本约定书签订时预计的时间有明显的增加或减少时，甲乙双方应通过协商，相应调整本部分第1项下所述的审计费用。

4. 如果由于无法预见的原因，乙方人员抵达甲方的工作现场后，本约定书所涉及的审计服务中止，甲方不得要求退还预付的审计费用；如上述情况发生于乙方人员完成现场审计工作，并离开甲方的工作现场之后，甲方应另行向乙方支付人民币××元的补偿费，该补偿费应于甲方收到乙方的收款通知之日起××日内支付。

5. 与本次审计有关的其他费用（包括交通费、食宿费等）由甲方承担。

五、审计报告和审计报告的使用

1. 乙方按照中国注册会计师审计准则规定的格式和类型出具审计报告。

2. 乙方向甲方出具审计报告一式××份。

3. 甲方在提交或对外公布审计报告及其后附的已审财务报表时，不得对其进行修改。当甲方认为有必要修改会计数据、报表附注和所做的说明时，应当事先通知乙方，乙方将考虑有关的修改对审计报告的影响，必要时，将重新出具审计报告。

六、本约定书的有效期间

本约定书自签署之日起生效，并在双方履行完毕本约定书约定的所有义务后终止。但其中第三项第六段、第四、五、七、八、九、十项并不因本约定书终止而失效。

（续表）

七、约定事项的变更 如果出现不可预见的情况，影响审计工作如期完成，或需要提前出具审计报告时，甲、乙双方均可要求变更约定事项，但应及时通知对方，并由双方协商解决。 八、终止条款 1. 如果根据乙方的职业道德及其他有关专业职责、适用的法律法规或其他任何法定的要求，乙方认为已不适宜继续为甲方提供本约定书约定的审计服务，乙方可以采取向甲方提出合理通知的方式终止履行本约定书。 2. 在本约定书终止的情况下，乙方有权就其于终止之日前对约定的审计服务项目所做的工作收取合理的审计费用。 九、违约责任甲乙双方按照《中华人民共和国合同法》的规定承担违约责任。 十、适用法律和争议解决 本约定书的所有方面均应适用中华人民共和国法律进行解释并受其约束。本约定书履行地为乙方出具审计报告所在地，因本约定书所引起的或与本约定书有关的任何纠纷或争议（包括关于本约定书条款的存在、效力或终止，或无效之后果），双方协商确定采取第　种解决方式： (1)向有管辖权的人民法院提起诉讼； (2)提交××仲裁委员会仲裁。 十一、双方对其他有关事项的约定 本约定书一式两份，甲乙方各执一份，具有同等法律效力。 甲方：ABC股份有限公司（盖章）　　乙方：正保会计师事务所（盖章） 授权代表：（签名并盖章）　　授权代表：（签名并盖章） 二〇×八年×月×日　　二〇×八年×月×日

第二节　计划审计工作

注册会计师开展初步业务活动后，可着手计划审计工作。图7－1列示了计划审计工作的两个层次。注册会计师应当针对总体审计策略中所识别的不同事项，制订具体审计计划，并考虑通过有效利用审计资源以实现审计目标。值得注意的是，虽然制定总体审计策略的过程通常在具体审计计划之前，但是两项计划具有内在紧密联系，对其中一项的决定可能会影响甚至改变对另外一项的决定。例如，注册会计师在了解被审计单位及其环境的过程中，注意到被审计单位对主要业务的处理依赖复杂的自动化信息系统，因此计算机信息系统的可靠性及有效性对其经营、管理、决策以及编制可靠的财务报告具有重大影响。对此，注册会计师可能会在具体审计计划中制定相应的审计程序，并相应调整总体审计策略的内容，做出利用信息风险管理专家的工作的决定。

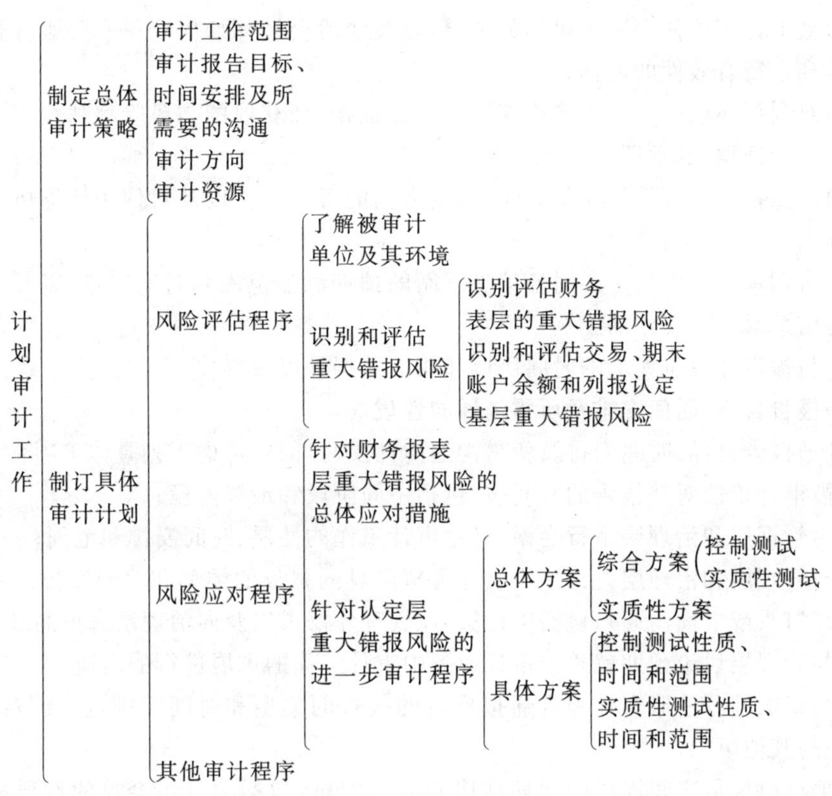

图 7－1　计划审计工作示意图

一、总体审计策略

注册会计师应当为审计工作制定总体审计策略。总体审计策略用以确定审计范围、时间安排和方向，并指导具体审计计划的制订。在制定总体审计策略时，应当考虑以下主要事项：

(一)审计范围

在确定审计范围时，需要考虑下列具体事项：

(1)编制拟审计的财务信息所依据的财务报告编制基础，包括是否需要将财务信息调整至按照其他财务报告编制基础编制；

(2)特定行业的报告要求，如某些行业监管机构要求提交的报告；

(3)预期审计工作涵盖的范围，包括应涵盖的组成部分的数量及所在地点；

(4)母公司和集团组成部分之间存在的控制关系的性质，以确定如何编制合并财务报表；

(5)由组成部分注册会计师审计组成部分的范围；

(6)拟审计的经营分部的性质，包括是否需要具备专门知识；

(7)外币折算，包括外币交易的会计处理、外币财务报表的折算和相关信息的披露；

(8)除为合并目的执行的审计工作之外，对个别财务报表进行法定审计的需求；

(9)内部审计工作的可获得性及注册会计师拟信赖内部审计工作的程度；

(10)被审计单位使用服务机构的情况，以及注册会计师如何取得有关服务机构内部控制设计和运行有效性的证据；

(11)对利用在以前审计工作中获取的审计证据(如获取的与风险评估程序和控制测试相关的审计证据)的预期；

(12)信息技术对审计程序的影响，包括数据的可获得性以及对使用计算机辅助审计技术的预期；

(13)协调审计工作与中期财务信息审阅的预期涵盖范围和时间安排，以及中期审阅所获取的信息对审计工作的影响；

(14)与被审计单位人员的时间协调和相关数据的可获得性。

(二)报告目标、时间安排及所需沟通的性质

在计划报告目标、时间安排及所需沟通的性质时，需要考虑下列具体事项：

(1)被审计单位对外报告的时间表，包括中间阶段和最终阶段；

(2)与管理层和治理层举行会谈，讨论审计工作的性质、时间安排和范围；

(3)与管理层和治理层讨论注册会计师拟出具的报告的类型和时间安排以及沟通的其他事项(口头或书面沟通)，包括审计报告、管理建议书以及向治理层通报的其他事项；

(4)与管理层讨论预期就整个审计业务中审计工作的进展进行的沟通；

(5)与组成部分注册会计师沟通拟出具的报告的类型和时间安排，以及与组成部分审计相关的其他事项；

(6)项目组成员之间沟通的预期性质和时间安排，包括项目组会议的性质和时间安排，以及复核已执行工作的时间安排；

(7)预期是否需要和第三方进行其他沟通，包括与审计相关的法定或约定的报告责任。

(三)审计方向

总体审计策略的制定应当包括考虑影响审计业务的重要因素，以确定项目组工作方向，包括确定适当的重要性水平，初步识别可能存在较高的重大错报风险的领域，初步识别重要的组成部分和账户余额，评价是否需要针对内部控制的有效性获取审计证据，识别被审计单位、所处行业、财务报告要求及其他相关方面最近发生的重大变化等。

在确定审计方向时，注册会计师需要考虑下列事项：

1. 重要性方面。具体包括：为计划目的确定重要性；为组成部分确定重要性且与组成部分的注册会计师沟通；在审计过程中重新考虑重要性；识别重要的组成部分和账户余额。

2. 重大错报风险较高的审计领域。

3. 评估的财务报表层次的重大错报风险对指导、监督及复核的影响。

4. 项目组成员的选择(在必要时包括项目质量控制复核人员)和工作分工，包括向重大错报风险较高的审计领域分派具有适当经验的人员。

5. 项目预算，包括考虑为重大错报风险可能较高的审计领域分配适当的工作时间。

6. 如何向项目组成员强调在收集和评价审计证据过程中保持职业怀疑的必要性。

7. 以往审计中对内部控制运行有效性进行评价的结果，包括所识别的控制缺陷的性质及应对措施。

8. 管理层重视设计和实施健全的内部控制的相关证据，包括这些内部控制得以适当记录的证据。

9. 业务交易量规模，以基于审计效率的考虑确定是否依赖内部控制。

10. 对内部控制重要性的重视程度。

11. 影响被审计单位经营的重大发展变化，包括信息技术和业务流程的变化，关键管理人员的变化，以及收购、兼并和分立。

12. 重大的行业发展情况，如行业法规的变化和新的报告规定。

13. 会计准则及会计制度的变化。

14. 其他重大变化，如影响被审计单位的法律环境的变化。

(四)审计资源

注册会计师应当在总体审计策略中清楚地说明审计资源的规划和调配，包括确定执行审计业务所必需的审计资源的性质、时间安排和范围。

(1)向具体审计领域调配的资源，包括向高风险领域分派有适当经验的项目组成员，就复杂的问题利用专家工作等；

(2)向具体审计领域分配资源的多少，包括分派到重要地点进行存货监盘的项目组成员的人数，在集团审计中复核组成部分注册会计师工作的范围，向高风险领域分配的审计时间预算等；

(3)何时调配这些资源，包括是在期中审计阶段还是在关键的截止日期调配资源等；

(4)如何管理、指导、监督这些资源，包括预期何时召开项目组预备会和总结会，预期项目合伙人和经理如何进行复核，是否需要实施项目质量控制复核等。

总体审计策略格式参见本章附录。

二、具体审计计划

注册会计师应当为审计工作制订具体审计计划。具体审计计划比总体审计策略更加详细，其内容包括为获取充分、适当的审计证据以便将审计风险降至可接受的低水平，项目组成员拟实施的审计程序的性质、时间安排和范围。可以说，为获取充分、适当的审计证据而确定审计程序的性质、时间安排和范围的决策是具体审计计划的核心。具体审计计划应当包括风险评估程序、计划实施的进一步审计程序和其他审计程序。

(一)风险评估程序

具体审计计划应当包括按照《中国注册会计师审计准则第 1211 号——通过了解被审计单位及其环境识别和评估重大错报风险》的规定，为了充分识别和评估财务报表重大错报风险，注册会计师计划实施的风险评估程序的性质、时间安排和范围。

(二)计划实施的进一步审计程序

具体审计计划应当包括按照《中国注册会计师审计准则第 1231 号——针对评估的重大错报风险采取的应对措施》的规定，针对评估的认定层次的重大错报风险，注册会计师计划实施的进一步审计程序的性质、时间安排和范围。进一步审计程序包括控制测试和实质性程序。

需要强调的是，随着审计工作的推进，对审计程序的计划会一步步深入，并贯穿于整个审计过程。例如，计划风险评估程序通常在审计开始阶段进行，计划进一步审计程序则需要依据风险评估程序的结果进行。因此，为达到制订具体审计计划的要求，注册会计师需要完成风险评估程序，识别和评估重大错报风险，并针对评估的认定层次的重大错报风险，计划实施进一步审计程序的性质、时间安排和范围。

通常，注册会计师计划的进一步审计程序可以分为进一步审计程序的总体方案和拟实施的具体审计程序（包括进一步审计程序的具体性质、时间安排和范围）两个层次。进一步审计程序的总体方案主要是指注册会计师针对各类交易、账户余额和披露决定采用的总体方案（包括实质性方案和综合性方案）。具体审计程序则是对进一步审计程序的总体方案的延伸和细化，它通常包括控制测试和实质性程序的性质、时间安排和范围。在实务中，注册会计师通常单独制定一套包括这些具体程序的“进一步审计程序表”，待具体实施审计程序时，注册会计师将基于所计划的具体审计程序，进一步记录所实施的审计程序及结果，并最终形成有关进一步审计程序的审计工作底稿。

另外，完整、详细的进一步审计程序的计划包括对各类交易、账户余额和披露实施的具体审计程序的性质、时间安排和范围，包括抽取的样本量等。在实务中，注册会计师可以统筹安排进一步审计程序的先后顺序，如果对某类交易、账户余额或披露已经做出计划，则可以安排先行开展工作，与此同时再制定其他交易、账户余额和披露的进一步审计程序。

（三）计划其他审计程序

具体审计计划应当包括根据审计准则的规定，注册会计师针对审计业务需要实施的其他审计程序。计划的其他审计程序可以包括上述进一步程序的计划中没有涵盖的、根据其他审计准则的要求注册会计师应当执行的既定程序。

在审计计划阶段，除了按照《中国注册会计师审计准则第 1211 号——通过了解被审计单位及其环境识别和评估重大错报风险》进行计划工作，注册会计师还需要兼顾其他准则中规定的、针对特定项目在审计计划阶段应执行的程序及记录要求。例如，《中国注册会计师审计准则第 1141 号——财务报表审计中与舞弊相关的责任》《中国注册会计师审计准则第 1324 号——持续经营》《中国注册会计师审计准则第 1142 号——财务报表审计中对法律法规的考虑》《中国注册会计师审计准则第 1323 号——关联方》等准则中对注册会计师针对这些特定项目在审计计划阶段应当执行的程序及其记录做出了规定。当然，由于被审计单位所处行业、环境各不相同，特别项目可能也有所不同。例如，有些企业可能涉及环境事项、电子商务等，在实务中注册会计师应根据被审计单位的具体情况确定特定项目并执行相应的审计程序。

三、审计过程中对计划的更改

计划审计工作并非审计业务的一个孤立阶段，而是一个持续的、不断修正的过程，贯穿于整个审计业务的始终。由于未预期事项、条件的变化或在实施审计程序中获取的审计证据等原因，在审计过程中，注册会计师应当在必要时对总体审计策略和具体审计计划做出更新和修改。

审计过程可以分为不同阶段，通常前面阶段的工作结果会对后面阶段的工作计划产生一定的影响，而后面阶段的工作过程中又可能发现需要对已制订的相关计划进行相应的更新和修改。通常来讲，这些更新和修改可能涉及比较重要的事项，例如，对重要性水平的修改，对某类交易、账户余额和披露的重大错报风险的评估和进一步审计程序(包括总体方案和拟实施的具体审计程序)的更新和修改等。一旦计划被更新和修改，审计工作也就应当进行相应的修正。例如，如果在制订审计计划时，注册会计师基于对材料采购交易的相关控制的设计和执行获取的审计证据，认为相关控制设计合理并得以执行，因此未将其评价为高风险领域并且计划执行控制测试。但是在执行控制测试时获得的审计证据与审计计划阶段获得的审计证据相矛盾，注册会计师认为该类交易的控制没有得到有效执行，此时，注册会计师可能需要修正对该类交易的风险评估，并基于修正的评估风险修改计划的审计方案，如采用实质性方案。

如果注册会计师在审计过程中对总体审计策略或具体审计计划做出重大修改，应当在审计工作底稿中记录做出的重大修改及其理由。

四、指导、监督与复核

注册会计师应当制订计划，确定对项目组成员的指导、监督以及对其工作进行复核的性质、时间安排和范围。项目组成员的指导、监督以及对其工作进行复核的性质、时间安排和范围主要取决于下列因素：

(1)被审计单位的规模和复杂程度；

(2)审计领域；

(3)评估的重大错报风险；

(4)执行审计工作的项目组成员的专业素质和胜任能力。

注册会计师应在评估重大错报风险的基础上，计划对项目组成员工作的指导、监督与复核的性质、时间安排和范围。当评估的重大错报风险增加时，注册会计师通常会扩大指导与监督的范围，增强指导与监督的及时性，执行更详细的复核工作。在计划复核的性质、时间安排和范围时，注册会计师还应考虑单个项目组成员的专业素质和胜任能力。

五、对计划审计工作的记录

注册会计师应当记录总体审计策略和具体审计计划，包括在审计工作过程中做出的任何重大更改。

(一)记录的内容

1. 对总体审计策略的记录

注册会计师对总体审计策略的记录，应当包括为恰当计划审计工作和向项目组传达重大事项而做出的关键决策。例如，注册会计师可以以备忘录的形式总结总体审计策略，包括对审计的总体范围、时间及执行所做出的关键决策。

2. 对具体审计计划的记录

注册会计师对具体审计计划的记录，应当能够反映下列内容：

(1)计划实施的风险评估程序的性质、时间和范围;

(2)针对评估的重大错报风险计划实施的进一步审计程序的性质、时间和范围。注册会计师对具体审计计划的记录可以使用标准的审计程序表或审计工作完成核对表,但应当根据具体审计业务的情况做出适当修改。

3. 对计划的重大修改的记录

注册会计师应当记录对总体审计策略和具体审计计划做出的重大更改及其理由,以及对导致此类更改的事项、条件或审计程序结果采取的应对措施。

由于原来的总体审计策略和具体审计计划已经制订(包括项目负责人的复核),在实务中,如果只是针对某一或某几方面更改审计计划,注册会计师可以保留原有的总体审计策略、具体审计计划,以及已经执行的审计程序的记录,并根据准则的要求,将对审计计划的重大修改情况记录在进一步审计程序表和重大事项概要中。当然,如果对计划的修改涉及整个计划的各个方面,以及多个类别的交易、账户余额和列报、为使整套审计工作底稿内容、脉络更清楚,此时注册会计师可以考虑重新编制总体审计策略和具体审计计划,并保留原有的总体审计策略和具体审计计划。

(二)记录的形式和范围

注册会计师对计划审计工作记录的形式和范围,取决于被审计单位的规模和复杂程度、重要性、具体审计业务的情况以及对其他审计工作记录的范围等事项。在小型被审计单位审计中,全部审计工作可能由一个很小的审计项目组执行,项目组成员间容易沟通和协调,总体审计策略和具体审计计划可以相对简单。

六、与管理层和治理层的沟通

与管理层和治理层的沟通有助于注册会计师协调某些计划的审计程序与被审计单位人员工作之间的关系,从而使审计业务更易于执行和管理,提高审计效率与效果。注册会计师可以就计划审计工作的基本情况与被审计单位治理层和管理层进行沟通。对此,注册会计师应当按照《中国注册会计师审计准则第 1151 号——与治理层的沟通》中的有关规定执行。沟通的内容可以包括审计的时间安排和总体策略、审计工作中受到的限制以及治理层和管理层对审计工作的额外要求等。

当就总体审计策略和具体审计计划中的内容与治理层、管理层进行沟通时,注册会计师应当保持职业谨慎,以防止由于具体审计程序易于被管理层或治理层所预见而损害审计工作的有效性。

需要强调的是,虽然注册会计师可以就总体审计策略和具体审计计划的某些内容与治理层和管理层沟通,但是制定总体审计策略和具体审计计划仍然是注册会计师的责任。

七、首次接受委托的补充考虑

首次接受审计委托包括接受新客户而建立客户关系和承接现有客户(已对其提供了其他服务)的审计业务委托两种情况。在这两种情况下,尤其是接受新客户的情况下,注册会计师通常缺乏前期审计经验以评估与客户及业务承接相关的风险,因而可能需要扩展初步业务活动。

注册会计师在首次接受审计委托前应当执行的程序包括以下内容：

(一)质量控制程序

注册会计师应针对建立客户关系和承接具体审计业务实施相应的质量控制程序。对此，注册会计师应当按照《中国注册会计师审计准则第 1121 号——历史财务信息审计的质量控制准则》中的有关规定开展工作。

(二)与前任注册会计师沟通

如果被审计单位变更了会计师事务所，注册会计师应当与前任注册会计师沟通。《中国注册会计师审计准则第 1152 号——前后任注册会计师的沟通》中对于与前任注册会计师沟通的方式以及对沟通结果进行评价等事项做出了相应的规定，注册会计师应当按照其中相应的规定执行。同时，注册会计师还可能需要结合现实的环境分析承接客户及业务的风险，如可能特别需要关注更换会计师事务所的原因。

对于首次接受审计委托，在制定总体审计策略和具体审计计划时，注册会计师还应当考虑下列事项：

(1)就与前任注册会计师沟通做出安排；包括查阅前任注册会计师的工作底稿等；

(2)与管理层讨论的有关首次接受审计委托的重大问题，就这些重大问题与治理层沟通的情况，以及这些重大问题对总体审计策略和具体审计计划的影响；

(3)针对期初余额获取充分、适当的审计证据而计划实施的审计程序；

(4)针对预见到的特别风险，分派具有相应素质和专业胜任能力的人员；

(5)根据会计师事务所关于首次接受审计委托的质量控制制度实施的其他程序。

在实务中，注册会计师获取信息的来源包括以下主要方面：

(1)通过向客户询问并与其沟通获取的财务及其他信息，如年度报告等；

(2)从银行、监管机构等第三方获取的信息；

(3)有关政府部门、有影响力的媒体等公布的信息，如按某些指标进行的企业排名等；

(4)向工商管理部门查询；

(5)与前任注册会计师的沟通；

(6)基于对被审计单位所在行业的了解，与同行业其他企业所做的比较及评估；

(7)利用外部调查机构，特别是针对高风险的行业及客户。

第三节 审计重要性

审计重要性是审计学的一个基本概念。审计重要性概念的运用贯穿于整个审计过程。在计划审计工作时，注册会计师应当考虑导致财务报表发生重大错报的原因，并应当在了解被审计单位及其环境的基础上，确定一个可接受的重要性水平，即首先为财务报表层次确定重要性水平，以发现在金额上重大的错报。同时，注册会计师还应当评估各类交易、账户余额及列报认定层次的重要性，以便确定进一步审计程序的性质、时间和范围，将审计风险降至可接受的低水平。在确定审计意见类型时，注册会计师也需要考虑重要性水平。

一、重要性的含义

【小提示7-1】

国际会计准则委员会(IASC)对重要性的定义是:"如果信息的错报或漏报会影响使用者根据会计报表采取的经济决策,信息就具有重要性。"

美国财务会计准则委员会(FASB)对重要性的定义是:"一项会计信息的错报或漏报是重要的是指在特定环境下,一个理性的人依赖该信息所做的决策可能因为这一错报或漏报得以变化或修正。"

英国会计准则委员会(ASB)对重要性的定义是:"错报或漏报可能影响到会计报表使用者的决策,即为重要性。重要性可能在整个会计报表范围内、单个会计报表或会计报表的单个项目中加以考虑。"

由此可见,各国对重要性的认识基本是一致的,即如果信息的错报或漏报可能影响到会计报表使用者的决策,该信息即被视为"重要"。

重要性取决于在具体环境下对错报金额和性质的判断。如果一项错报单独或连同其他错报可能影响财务报表使用者依据财务报表做出的经济决策,则该项错报是重大的。

为了更清楚地理解重要性的概念,需要注意把握以下几点:

一是重要性概念中的错报包含漏报。财务报表错报包括财务报表金额的错报和财务报表披露的错报。

二是重要性包括对数量和性质两个方面的考虑。所谓数量方面,是指错报的金额大小,性质方面则是指错报的性质。一般而言,金额大的错报比金额小的错报更重要,在有些情况下,某些金额的错报从数量上看并不重要,但从性质上考虑,则可能是重要的。对于某些财务报表披露的错报,难以从数量上判断是否重要,应从性质上考虑其是否重要。

三是重要性概念是针对财务报表使用者决策的信息需求而言的。判断一项错报重要与否,应视其对财务报表使用者依据财务报表做出经济决策的影响程度而定,如果财务报表中的某项错报足以改变或影响财务报表使用者的相关决策,则该项错报就是重要的,否则就不重要。

值得说明的是,在通用目的财务报表的审计中,注册会计师对重要性的判断是基于将财务报表使用者作为具有一定的理解能力,并能理性地做出相关决策的一个集团来考虑的。注册会计师难以考虑错报对具体的单个使用者可能产生的影响,因为其需求千差万别。例如,就一个以营利为目的的企业而言,由于投资者是该企业风险资本的提供者,能满足这些投资者信息需求的财务报表也将能满足该财务报表的其他使用者的信息需求。因此,在审计这样的企业时,投资者作为一个集体的信息需求是确定重要性的合适的参考依据。

所谓通用目的财务报表,是指被审计单位按照适用的会计准则和相关会计制度的规定编制的、用以满足广大使用者的共同信息需求的财务报表。如果注册会计师对特殊目的审计业务出具审计报告，在确定重要性时需要考虑特定使用者的信息需求，以实现特殊审计目标。

四是重要性的确定离不开具体环境。由于不同的被审计单位面临不同的环境，不同的报表使用者有着不同的信息需求，因此注册会计师确定的重要性也不相同。某一金额的错报对某被审计单位的财务报表来说是重要的，而对一个被审计单位的财务报表来说可能不重要。例如，错报 10 万元对一个小公司来说可能是重要的，而对一个大公司来说则可能不重要。

五是对重要性的评估需要运用职业判断。影响重要性的因素很多，注册会计师应当根据被审计单位面临的环境，并综合考虑其他因素，合理确定重要性水平。不同的注册会计师在确定同一被审计单位财务报表层次和认定层次的重要性水平时，得出的结果可能不同，主要是由于对影响重要性的各因素的判断存在差异，因此，注册会计师需要运用职业判断来合理评估重要性。

需要注意的是，仅从数量角度考虑，重要性水平只是提供了一个门槛或临界点。在该门槛或临界点之上的错报就是重要的；反之，该错报则不重要。重要性并不是财务信息的主要质量特征。

在审计开始时，注册会计师就必须对重大错报的规模和性质做出判断，包括确定财务报表整体的重要性和特定交易类别、账户余额和披露的重要性水平。当错报金额高于整体重要性水平时，就很可能被合理预期，将对使用者根据财务报表做出的经济决策产生影响。

注册会计师使用整体重要性水平（将财务报表作为整体）的目的有：(1)决定风险评估程序的性质、时间安排和范围；(2)识别和评估重大错报风险；(3)确定进一步审计程序的性质、时间安排和范围。在整个业务过程中，随着审计工作的进展，注册会计师应当根据所获得的新信息更新重要性。在形成审计结论阶段，要使用整体重要性水平和为了特定交易类别、账户余额和披露而确定的较低金额的重要性水平来评价已识别的错报对财务报表的影响及其对审计报告中审计意见的影响。

二、重要性与审计风险的关系

重要性与审计风险之间存在反向关系。重要性水平越高，审计风险越低；重要性水平越低，审计风险越高。这里所说的重要性水平高低指金额的大小。通常，5000 元的重要性水平比 3000 元的重要性水平高。在理解两者之间的关系时，必须注意，重要性水平是注册会计师从财务报表使用者的角度进行判断的结果。如果重要性水平是 5000 元，则意味着低于 5000 元的错报不会影响到财务报表使用者的决策，此时注册会计师需要通过执行有关审计程序合理保证能发现高于 5000 元的错报。如果重要性水平是 3000 元，则金额在 3000 元以上的错报就会影响财务报表使用者的决策，此时注册会计师需要通过执行有关审计程序合理保证能发现金额在 3000 元以上的错报。显然，重要性水平为 3000 元时审计不出这样的重大错报的可能性审计风险，要比重要性水平为 5000 元时的审计风险高。审计风险越高，越要求注册会计师收集更多更有效的审计证据，从而将审计风险降至可接受的低水平。因此，重要性和审计证据之间也是反向变动关系。

值得注意的是,注册会计师不能通过不合理地人为调高重要性水平来降低审计风险。因为重要性是依据重要性概念中所述的判断标准确定的,而不是由主观期望的审计风险水平决定。

由于重要性和审计风险存在上述反向关系,而且这种关系对注册会计师将要执行的审计程序的性质、时间和范围有直接的影响,因此,注册会计师应当综合考虑各种因素,合理确定重要性水平。

三、重要性水平的确定

在计划审计工作时,注册会计师应当确定一个合理的重要性水平,以发现在金额上重大的错报。注册会计师在确定计划的重要性水平时,需要考虑对被审计单位及其环境的了解、审计的目标、财务报表各项目的性质及其相互关系、财务报表项目的金额及其波动幅度。

(一)财务报表整体的重要性

由于财务报表审计的目标是注册会计师通过执行审计工作对财务报表发表审计意见,因此,注册会计师应当考虑财务报表整体的重要性。只有这样,才能得出财务报表是否公允反映的结论。注册会计师在制定总体审计策略时,应当确定财务报表整体的重要性。

确定多大错报会影响到财务报表使用者所做决策,是注册会计师运用职业判断的结果。很多注册会计师根据所在会计师事务所的惯例及自己的经验考虑重要性。

确定重要性需要运用职业判断。通常先选定一个基准,再乘以某一百分比作为财务报表整体的重要性。在选择基准时,需要考虑的因素如下:

(1)财务报表要素(如资产、负债、所有者权益、收入和费用);

(2)是否存在特定会计主体的财务报表使用者特别关注的项目(如为了评价财务业绩,使用者可能更关注利润、收入或净资产);

(3)被审计单位的性质、所处的生命周期阶段以及所处行业和经济环境;

(4)被审计单位的所有权结构和融资方式(例如,如果被审计单位仅通过债务而非权益进行融资,财务报表使用者可能更关注资产及资产的索偿权,而非被审计单位的收益);

(5)基准的相对波动性。

适当的基准取决于被审计单位的具体情况,包括各类报告收益(如税前利润、营业收入、毛利和费用总额),以及所有者权益或净资产。对于以营利为目的的实体,通常以经常性业务的税前利润作为基准。如果经常性业务的税前利润不稳定,选用其他基准可能更加合适,如毛利或营业收入。就选定的基准而言,相关的财务数据通常包括前期财务成果和财务状况、本期最新的财务成果和财务状况、本期的预算和预测结果。当然,本期最新的财务成果和财务状况、本期的预算和预测结果需要根据被审计单位情况的重大变化(如重大的企业并购)和被审计单位所处行业以及经济环境情况的相关变化等做出调整。例如,当按照经常性业务的税前利润的一定百分比确定被审计单位财务报表整体的重要性时,如果被审计单位本年度税前利润因情况变化出现意外增加或减少,注册会计师可能认为按照近几年经常性业务的平均税前利润确定财务报表整体的重要性更加合适。

为选定的基准确定百分比需要运用职业判断。百分比和选定的基准之间存在一定的联系，如经常性业务的税前利润对应的百分比通常比营业收入对应的百分比要高。例如，对以营利为目的的制造行业实体，注册会计师可能认为经常性业务的税前利润的5%是适当的；而对非营利组织，注册会计师可能认为总收入或费用总额的1%是适当的。百分比无论是高一些还是低一些，只要符合具体情况，都是适当的。

注册会计师在确定重要性水平时，无须考虑与具体项目计量相关的固有不确定性。例如，财务报表含有高度不确定性的大额估计，注册会计师并不会因此而确定一个比不含有该估计的财务报表更高或更低的财务报表整体重要性。

(二)特定类别交易、账户余额或披露的重要性水平

根据被审计单位的特定情况，下列因素可能表明存在一个或多个特定类别的交易、账户余额或披露，其发生的错报金额虽然低于财务报表整体的重要性，但合理预期将影响财务报表使用者依据财务报表做出的经济决策：

一是法律法规或适用的财务报告编制基础是否影响财务报表使用者对特定项目(如关联方交易、管理层和治理层的薪酬)计量或披露的预期；

二是与被审计单位所处行业相关的关键性披露(如制药企业的研究与开发成本)；

三是财务报表使用者是否特别关注财务报表中单独披露的业务的特定方面(如新收购的业务)。

在根据被审计单位的特定情况考虑是否存在上述交易、账户余额或披露时，了解治理层和管理层的看法及预期通常是有用的。

(三)实际执行的重要性

实际执行的重要性，是指注册会计师确定的低于财务报表整体重要性的一个或多个金额，旨在将未更正和未发现错报的汇总数超过财务报表整体的重要性的可能性降至适当的低水平。如果适用，实际执行的重要性还指注册会计师确定的低于特定类别的交易、账户余额或披露的重要性水平的一个或多个金额。

仅为发现单项重大的错报而计划审计工作将忽视这样一个事实，即单项非重大错报的汇总数可能导致财务报表出现重大错报，更不用说还没有考虑可能存在的未发现错报。确定财务报表整体的实际执行的重要性(根据定义可能是一个或多个金额)，旨在将财务报表中未更正和未发现错报的汇总数超过财务报表整体的重要性的可能性降至适当的低水平。

与确定特定类别的交易、账户余额或披露的重要性水平相关的实际执行的重要性，旨在将这些交易、账户余额或披露中未更正与未发现错报的汇总数超过这些交易、账户余额或披露的重要性水平的可能性降至适当的低水平。

确定实际执行的重要性并非简单机械的计算，需要注册会计师运用职业判断，并考虑下列因素的影响：(1)对被审计单位的了解(这些了解在实施风险评估程序的过程中得到更新)；(2)前期审计工作中识别出的错报的性质和范围；(3)根据前期识别出的错报对本期错报做出的预期。

通常而言，实际执行的重要性通常为财务报表整体重要性的50%～75%。接近财务报表整体重要性50%的情况：(1)非连续审计；(2)以前年度审计调整较多；(3)项目总体风险较高。例如，处于高风险行业，经常面临较大的市场压力，首次承接的审计项目或者需要出具特殊目的报告等。接近财务报表整体重要性75%的情况：(1)连续审计，以前年度审计调整较少；(2)项目总体风险较低(如处于低风险行业，市场压力较小)。计划的重要性与实际执行的重要性之间的关系如图7-2所示。

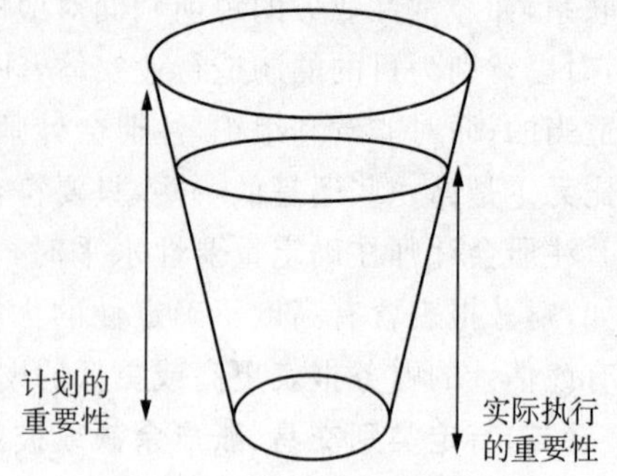

图7-2 实际执行的重要性

(四)审计过程中修改重要性

由于存在下列原因，注册会计师可能需要修改财务报表整体的重要性和特定类别的交易、账户余额或披露的重要性水平(如适用)：(1)审计过程中情况发生重大变化(如决定处置被审计单位的一个重要组成部分)；(2)获取新信息；(3)通过实施进一步审计程序，注册会计师对被审计单位及其经营所了解的情况发生变化。例如，注册会计师在审计过程中发现，实际财务成果与最初确定财务报表整体的重要性时使用的预期本期财务成果相比存在着很大差异，则需要修改重要性。

四、评价审计过程中识别出的错报

(一)错报的定义

错报，是指某一财务报表项目的金额、分类、列报或披露，与按照适用的财务报告编制基础应当列示的金额、分类、列报或披露之间存在的差异；或根据注册会计师的判断，为使财务报表在所有重大方面得以公允反映，需要对金额、分类、列报或披露做出的必要调整。错报可能是由于错误或舞弊导致的。

错报可能由下列事项导致：

(1)收集或处理用于编制财务报表的数据时出现错误；

(2)遗漏某项金额或披露；

(3)由于疏忽或明显误解有关事实导致做出不正确的会计估计；

(4)注册会计师认为管理层对会计估计做出不合理的判断或对会计政策做出不恰当的选择和运用。

(二)累积识别出的错报

注册会计师可能将低于某一金额的错报界定为明显微小的错报，对这类错报不需要累积，因为注册会计师认为这些错报的汇总数明显不会对财务报表产生重大影响。"明显微小"不等同于"不重大"。明显微小错报的金额的数量级，与按照《中国注册会计师审计准则第1221号——计划和执行审计工作时的重要性》确定的重要性的数量级相比，是完全不同的(明显微小错报的数量级更小)。这些明显微小的错报，无论是单独还是汇总起来，无论是从规模、性质还是其发生的环境来看都是明显微不足道的。如果不确定一个或多个错报是否明显微小，就不能认为这些错报是明显微小的。

注册会计师需要在制定审计策略和审计计划时，确定一个明显微小错报的临界值，低于该临界值的错报视为明显微小的错报，可以不累积。《中国注册会计师审计准则第1251号——评价审计过程中识别的错报》第十六条规定，注册会计师应当在审计工作底稿中记录设定的某一金额，低于该金额的错报视为明显微小。

为了帮助注册会计师评价审计过程中累积的错报的影响以及与管理层和治理层沟通错报事项，将错报区分为事实错报、判断错报和推断错报可能是有用的。

1. 事实错报

事实错报是毋庸置疑的错报。这类错报产生于被审计单位收集和处理数据的错误，对事实的忽略或误解，或故意舞弊行为。例如，注册会计师在审计测试中发现购入存货的实际价值为15000元，但账面记录的金额却为10000元。因此，存货和应付账款分别被低估了5000元，这里被低估的5000元就是已识别的对事实的具体错报。

2. 判断错报

由于注册会计师认为管理层对会计估计做出不合理的判断或不恰当地选择和运用会计政策而导致的差异。这类错报产生于两种情况：一是管理层和注册会计师对会计估计值的判断差异，例如，由于包含在财务报表中的管理层做出的估计值超出了注册会计师确定的一个合理范围，因而出现判断差异；二是管理层和注册会计师对选择和运用会计政策的判断差异，由于注册会计师认为管理层选用会计政策造成错报，管理层却认为选用会计政策适当，因而出现判断差异。

3. 推断错报

注册会计师对总体存在的错报做出的最佳估计数，涉及根据在审计样本中识别出的错报来推断总体的错报。推断错报通常有以下两种情况：

(1)通过测试样本估计出的总体的错报减去在测试中发现的已经识别的具体错报。例如，应收账款年末余额为2000万元，注册会计师测试样本发现样本金额有100万元的高估，高估部分为样本账面金额的20%，据此注册会计师推断总体的错报金额为400万元(即2000×20%)，那么上述100万元就是已识别的具体错报，其余300万元即推断误差。

(2)通过实质性分析程序推断出的估计错报。例如，注册会计师根据客户的预算资料及行业趋势等要素，对客户年度销售费用独立做出估计，并与客户账面金额比较，发现两者间有50%的差异；考虑到估计的精确性有限，注册会计师根据经验认为10%的差异通常是可接受的，而剩余40%的差异需要有合理解释并取得佐证性证据；假定注册会计师对其中10%的差异无法得到合理解释或不能取得佐证，则该部分差异金额即为推断误差。

(三)对审计过程中识别出的错报的考虑

错报可能不会孤立发生，一项错报的发生还可能表明存在其他错报。例如，注册会计师识别出由于内部控制失效而导致的错报，或被审计单位广泛运用不恰当的假设或评估方法而导致的错报，均可能表明还存在其他错报。

抽样风险和非抽样风险可能导致某些错报未被发现。审计过程中累积错报的汇总数接近按照《中国注册会计师审计准则第1221号——计划和执行审计工作时的重要性》的规定确定的重要性，则表明存在比可接受的低风险水平更大的风险，即可能未被发现的错报连同审计过程中累积错报的汇总数，可能超过重要性。

注册会计师可能要求管理层检查某类交易、账户余额或披露,以便使管理层了解注册会计师识别出的错报的产生原因,并要求管理层采取措施以确定这些交易、账户余额或披露实际发生错报的金额,以及对财务报表做出适当的调整。例如,在从审计样本中识别出的错报推断总体错报时,注册会计师可能提出这些要求。

(四)错报的沟通和更正

及时与适当层级的管理层沟通错报事项是重要的,因为这能使管理层评价这些事项是否为错报,并采取必要的行动,如有异议则告知注册会计师。适当层级的管理层通常是指有责任和权限对错报进行评价并采取必要行动的人员。

法律法规可能限制注册会计师向管理层或被审计单位内部的其他人员通报某些错报。例如,法律法规可能专门规定禁止通报某事项或采取其他行动,这些通报或行动可能不利于有关权力机构对实际存在的或怀疑存在的违法行为展开调查。在某些情况下,注册会计师的保密义务与通报义务之间存在的潜在冲突可能很复杂。此时,注册会计师可以考虑征询法律意见。

管理层更正所有错报(包括注册会计师通报的错报),能够保持会计账簿和记录的准确性,降低由于与本期相关的、非重大的且尚未更正的错报的累积影响而导致未来期间财务报表出现重大错报的风险。

《中国注册会计师审计准则第 1501 号——对财务报表形成审计意见和出具审计报告》要求注册会计师评价财务报表是否在所有重大方面按照适用的财务报告编制基础编制。这项评价包括考虑被审计单位会计实务的质量(包括表明管理层的判断可能出现偏向的迹象)。注册会计师对管理层不更正错报的理由的理解,可能影响其对被审计单位会计实务质量的考虑。

(五)评价未更正错报的影响

未更正错报,是指注册会计师在审计过程中累积的且未被审计单位更正的错报。注册会计师在确定重要性时,通常依据对被审计单位财务结果的估计,因为此时可能尚不知道实际的财务结果。因此,在评价未更正错报的影响之前,注册会计师可能有必要依据实际的财务结果对重要性做出修改。如果在审计过程中获知了某项信息,而该信息可能导致注册会计师确定与原来不同的财务报表整体重要性或者特定类别交易、账户余额或披露的一个或多个重要性水平(如适用),注册会计师应当予以修改。因此,在注册会计师评价未更正错报的影响之前,可能已经对重要性或重要性水平(如适用)做出重大修改。但是,如果注册会计师对重要性或重要性水平(如适用)进行的重新评价导致需要确定较低的金额,则应重新考虑实际执行的重要性和进一步审计程序的性质、时间安排和范围的适当性,以获取充分、适当的审计证据,作为发表审计意见的基础。

注册会计师需要考虑每一单项错报,以评价其对相关类别的交易、账户余额或披露的影响,包括评价该项错报是否超过特定类别的交易、账户余额或披露的重要性水平(如适用)。如果注册会计师认为某一单项错报是重大的,则该项错报不太可能被其他错报抵销。例如,如果收入存在重大高估,即使这项错报对收益的影响完全可被相同金额的费用高估所抵销,注册会计师仍认为财务报表整体存在重大错报。对于同一账户余额或同一类别的交易内部的错报,这种抵销可能是适当的。然而,在得出抵销非重大错报是适当的这一结论之前，需要考虑可能存在其他未被发现的错报的风险。

确定一项分类错报是否重大，需要进行定性评估。例如，分类错报对负债或其他合同条款的影响，对单个财务报表项目或小计数的影响，以及对关键比率的影响。即使分类错报超过了在评价其他错报时运用的重要性水平，注册会计师可能仍然认为该分类错报对财务报表整体不产生重大影响。例如，如果资产负债表项目之间的分类错报金额相对于所影响的资产负债表项目金额较小，并且对利润表或所有关键比率不产生影响，注册会计师可以认为这种分类错报对财务报表整体不产生重大影响。即使某些错报低于财务报表整体的重要性，但因与这些错报相关的某些情况，在将其单独或连同在审计过程中累积的其他错报一并考虑时，注册会计师也可能将这些错报评价为重大错报。

可能影响评价的情况包括：

(1)错报对遵守监管要求的影响程度。

(2)错报对遵守债务合同或其他合同条款的影响程度。

(3)错报与会计政策的不正确选择或运用相关，这些会计政策的不正确选择或运用对当期财务报表不产生重大影响，但可能对未来期间财务报表产生重大影响。

(4)错报掩盖收益的变化或其他趋势的程度(尤其是在结合宏观经济背景和行业状况进行考虑时)。

(5)错报对用于评价被审计单位财务状况、经营成果或现金流量的有关比率的影响程度。

(6)错报对财务报表中列报的分部信息的影响程度。例如，错报事项对某一分部或对被审计单位的经营或盈利能力有重大影响的其他组成部分的重要程度。

(7)错报对增加管理层薪酬的影响程度。例如，管理层通过达到有关奖金或其他激励政策规定的要求以增加薪酬。

(8)相对于注册会计师所了解的以前向财务报表使用者传达的信息(如盈利预测)，错报是重大的。

(9)错报对涉及特定机构或人员的项目的相关程度。例如，与被审计单位发生交易的外部机构或人员是否与管理层成员有关联关系。

(10)错报涉及对某些信息的遗漏，尽管适用的财务报告编制基础未对这些信息做出明确规定，但是注册会计师根据职业判断，认为这些信息对财务报表使用者了解被审计单位的财务状况、经营成果或现金流量是重要的。

(11)错报对其他信息(如包含在“管理层讨论与分析”或“经营与财务回顾”中的信息)的影响程度，这些信息与已审计财务报表一同披露，并被合理预期可能影响财务报表使用者做出的经济决策。

如果管理层拒绝调整财务报表，并且扩大审计程序范围的结果不能使注册会计师认为尚未更正错报的汇总数不重大，注册会计师应当考虑出具非无保留意见的审计报告。如果已识别但尚未更正错报的汇总数接近重要性水平，注册会计师应当考虑该汇总数连同尚未发现的错报是否可能超过重要性水平，并考虑通过实施追加的审计程序，或要求管理层调整财务报表降低审计风险。

在评价审计程序结果时，注册会计师确定的重要性和审计风险，可能与计划审计工作时评估的重要性和审计风险存在差异。在这种情况下，注册会计师应当考虑实施的审计程序是否充分。

第四节 审计风险

审计风险是指财务报表存在重大错报而注册会计师发表不恰当审计意见的可能性。可接受的审计风险的确定，需要考虑会计师事务所对审计风险的态度、审计失败对会计师事务所可能造成损失的大小等因素。但必须注意，审计业务是一种保证程度高的鉴证业务，可接受的审计风险应当足够低，以使注册会计师能够合理保证所审计财务报表不含有重大错报。审计风险取决于重大错报风险和检查风险。

【小提示 7-2】

注册会计师对一股票上市前的财务报表和对一普通公司的年度财务报表进行审计，对审计风险的要求是不一样的。对上市报表的审计风险可能确定为 1%，这意味着注册会计师对审计结论要求 99%是正确的，只有 1%出错的可能性，这样，注册会计师在审计过程中就必须执行较多的测试，获取较多的证据，以便使审计风险降低到 1%（可接受水平）；而对于普通年报，注册会计师可能确定其审计风险为 10%，也就是说，最终审计结论只要 90%的正确就可以了，注册会计师以较少审计程序就可使审计风险降低到可接受的 10%的水平。所以说，审计风险与审计证据之间成反向变动关系。这里所说的审计风险，是注册会计师在审计之前对自己的要求，所以，它是一种"要求的风险"，也就是"可接受的审计风险"。有时我们也可看到这样一句话："审计风险越高，所需的审计证据就越多。"这又如何解释呢？这里的审计风险是指"存在的风险"，通常仅包括重大错报风险。

财务报表中存在重大错报未被查出，导致审计意见错误的可能性既有客户方面的原因，也有审计人员方面的原因（如图 7-3 所示），从图 7-3 中可知，审计风险取决于重大错报风险和检查风险。

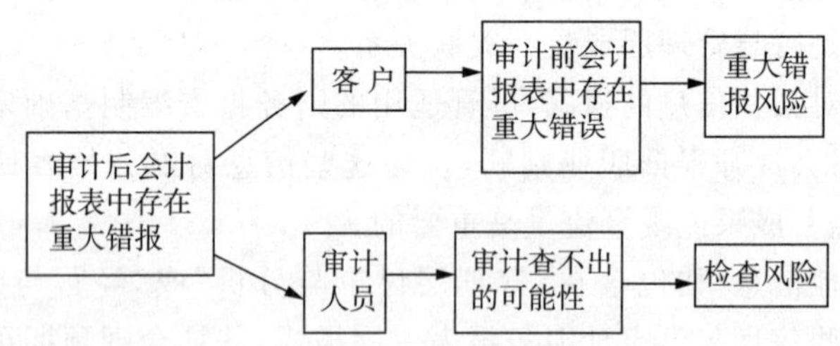

图 7-3 财务报表中存在重大错报的原因

一、重大错报风险

重大错报风险是指财务报表在审计前存在重大错报的可能性。重大错报风险与被审计单位的风险相关，且独立于财务报表审计而存在。在设计审计程序以确定财务报表整体是否存在重大错报时，注册会计师应当从财务报表层次和各类交易、账户余额和披露认定层次方面考虑重大错报风险。《中国注册会计师审计准则第 1211 号——通过了解被审计单位及其环境识别和评估重大错报风险》对注册会计师如何评估财务报表层次和认定层次的重大错报风险提出了详细的要求。

(一)两个层次的重大错报风险

其一,财务报表层次重大错报风险与财务报表整体存在广泛联系,可能影响多项认定。此类风险通常与控制环境有关,但也可能与其他因素有关,如经济萧条等因素。此类风险难以界定于某类交易、账户余额、列报的具体认定;相反,此类风险增大了任何数目的不同认定发生重大错报的可能性。此类风险对注册会计师考虑由舞弊引起的风险特别相关。

注册会计师评估财务报表层次重大错报风险的措施包括:考虑审计项目组承担重要责任的人员的学识、技术和能力,是否需要专家介入;考虑给予业务助理人员适当程度的监督指导;考虑是否存在导致注册会计师怀疑被审计单位持续经营假设合理性的事项或情况。

其二,注册会计师同时考虑各类交易、账户余额、列报认定层次的重大错报风险,考虑的结果直接有助于注册会计师确定认定层次上实施的进一步审计程序的性质、时间和范围。注册会计师在各类交易、账户余额、列报认定层次获取审计证据,以便能够在审计工作完成时,以可接受的低审计风险水平对财务报表整体发表审计意见。

(二)固有风险和控制风险

认定层次的重大错报风险又可以进一步细分为固有风险和控制风险。

1. 固有风险

固有风险是指假设不存在相关的内部控制,某一认定发生重大错报的可能性,无论该错报单独考虑,还是连同其他错报构成重大错报。

某些类别的交易、账户余额、列报及其认定,固有风险较高。例如:复杂的计算比简单计算更可能出错;受重大计量不确定性影响的会计估计发生错报的可能性较大。产生经营风险的外部因素也可能影响固有风险,比如,技术进步可能导致某项产品陈旧,进而导致存货,易于发生高估错报(计价认定)。被审计单位及其环境中的某些因素还可能与多个甚至所有类别的交易、账户余额和披露有关,进而影响多个认定的固有风险。这些因素包括维持经营的流动资金匮乏、被审计单位处于夕阳行业等。

2. 控制风险

控制风险是指某类交易、账户余额或披露的某一认定发生错报,该错报单独或连同其他错报是重大的,但没有被内部控制及时防止或发现并纠正的可能性。控制风险取决于与财务报表编制有关的内部控制的设计和运行的有效性。由于控制的固有局限性,某种程度的控制风险始终存在。

需要特别说明的是,由于固有风险和控制风险不可分割地交织在一起,有时无法单独进行评估,审计准则通常不再单独提到固有风险和控制风险,而只是将两者合并称为"重大错报风险"。但这并不意味着,注册会计师不可以单独对固有风险和控制风险进行评估。相反,注册会计师既可以对两者进行单独评估,也可以对两者进行合并评估。具体采用的评估方法取决于会计师事务所偏好的审计技术和方法以及实务上的考虑。

二、检查风险

检查风险是指如果存在某一错报,该错报单独或连同其他错报可能是重大的,注册会计师为将审计风险降至可接受的低水平而实施程序后没有发现这种错报的风险。检查风险取决于审计程序设计的合理性和执行的有效性。由于注册会计师通常并不对所有的交易,账户余额和披露进行检查,以及其他原因,检查风险不可能降低为零。其他原因包括注册会计师可能选择了不恰当的审计程序、审计过程执行不当,或者错误解读了审计结论。这些问题可以通过适当计划、在项目组成员之间进行恰当的职责分配、保持职业怀疑态度以及监督、指导和复核项目组成员执行的审计工作得以解决。检查风险确定的步骤如图 7-4 所示。

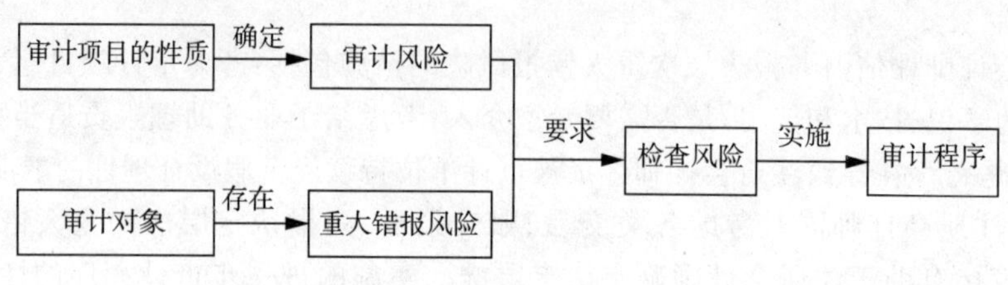

图 7-4　检查风险确定步骤

三、检查风险与重大错报风险的反向关系

在既定的审计风险水平下,可接受的检查风险水平与认定层次重大错报风险的评估结果成反向关系。评估的重大错报风险越高,可接受的检查风险越低;评估的重大错报风险越低,可接受的检查风险越高。这两种风险的关系如图 7-5 所示。

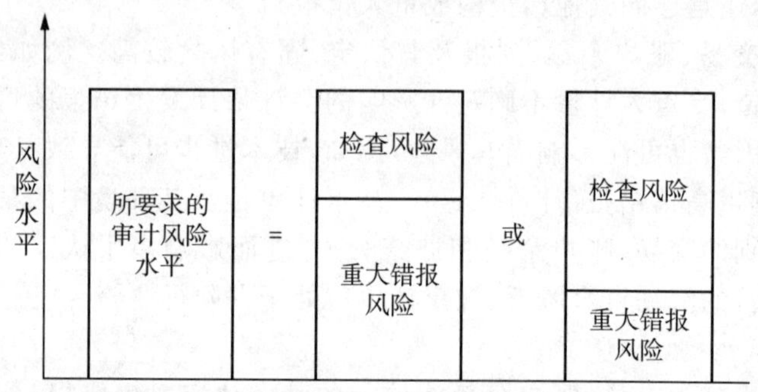

图 7-5　检查风险与重大错报风险的反向关系

检查风险与重大错报风险的反向关系用数学模型表示如下:

审计风险＝重大错报风险×检查风险

检查风险＝审计风险÷重大错报风险

这个模型也就是审计风险模型。假设针对某一认定,注册会计师将可接受的审计风险水平设定为 5%,注册会计师实施风险评估程序后将重大错报风险评估为 25%,则根据这一模型,可接受的检查风险为 20%。当然,在审计工作实务中,注册会计师不一定用绝对数量表达这些风险水平,而选用"高""中""低"等文字描述。

注册会计师应当合理设计审计程序的性质、时间和范围,并有效执行审计程序,以控制检查风险。上例中,注册会计师根据确定的可接受检查风险(20%)设计审计程序的性质、时间和范围。审计计划在很大程度上围绕确定审计程序的性质、时间和范围而展开。

四、审计的固有限制

注册会计师不可能将审计风险降低至零，因此不能对财务报表不存在由于舞弊或错误导致的重大错报获取绝对保证。这是由于审计存在固有限制，导致注册会计师据以得出结论和形成审计意见的大多数审计证据是说服性而非结论性的。审计的固有限制源于以下三个因素：(1)财务报告的性质；(2)审计程序的性质；(3)在合理的时间内以合理的成本完成审计的需要。

(一)财务报告的性质

管理层编制财务报表，需要根据被审计单位的事实和情况以及适用的财务报告编制基础的规定，在这一过程中需要做出判断。此外，许多财务报表项目涉及主观决策、评估或一定程度的不确定性，并且可能存在一系列可接受的解释或判断。因此，某些财务报表项目的金额本身就存在一定的变动幅度，这种变动幅度不能通过实施追加的审计程序来消除。例如，某些会计估计通常如此。即便如此，审计准则要求注册会计师特别考虑在适用的财务报表编制基础上会计估计是否合理，相关披露是否充分，会计实务的质量是否良好(包括管理层判断是否可能存在偏向)。

(二)审计程序的性质

注册会计师获取审计证据的能力受到实务和法律上的限制。例如：(1)管理层或其他人员可能有意或无意地不提供与财务报表编制相关的或注册会计师要求的全部信息。因此，即使实施了旨在保证获取所有相关信息的审计程序，注册会计师也不能保证信息的完整性。(2)舞弊可能涉及精心策划和蓄意实施以进行隐瞒。因此，用以收集审计证据的审计程序可能对于发现舞弊是无效的。注册会计师没有接受文件真伪鉴定方面的培训，不应被期望成为鉴定文件真伪的专家；(3)审计不是对涉嫌违法行为的官方调查。因此，注册会计师没有被授予特定的法律权利(如搜查权)，而这种权利对于调查是必要的。

(三)财务报告的及时性和成本效益的权衡

审计中的困难、时间或成本等事项本身，不能作为注册会计师省略不可替代的审计程序或满足于说服力不足的审计证据的正当理由。制订适当的审计计划有助于保证执行审计工作需要的充分的时间和资源。尽管如此，信息的相关性及其价值会随着时间的推移而降低，所以需在信息的可靠性和成本之间进行权衡。这在某些财务报告编制基础中得到认可。要求注册会计师处理所有可能存在的信息是不切实际的，基于信息存在的错误或舞弊，除非能够提供反证的假设而竭尽可能地追查每一个事项也是不切实际的。正是因为认识到这一点，财务报表使用者的期望是，注册会计师在合理的时间内以合理的成本对财务报表形成审计意见。为了在合理的时间内以合理的成本对财务报表形成审计意见，注册会计师有必要做到以下几点：(1)计划审计工作，以便审计工作以有效的方式得到执行；(2)将审计资源投向最可能存在重大错报风险的领域，并相应地在其他领域减少审计资源；(3)运用测试和其他方法检查总体中存在的错报。

由于审计的固有限制，即使按照审计准则的规定适当地计划和执行审计工作，也不可避免地存在财务报表的某些重大错报可能未被发现的风险。相应地，完成审计工作后发现由于舞弊或错误导致的财务报表重大错报,其本身并不表明注册会计师没有按照审计准则的规定执行审计工作。尽管如此,审计的固有限制并不能作为注册会计师满足于说服力不足的审计证据的理由。注册会计师是否按照审计准则的规定执行审计工作,取决于注册会计师在具体情况下实施的审计程序,由此获取审计证据的充分性和适当性,以及根据总体目标和对审计证据的评价结果而出具审计报告的恰当性。

五、重要性、审计风险、审计证据的关系

重要性是注册会计师对财务报表能容忍的最大错报。如果重要性水平定得较低(指金额的大小),表明审计对象重要,注册会计师在审计过程中就必须执行较多的测试,获取较多的证据。可见,重要性与审计证据之间成反向变动关系。

审计风险与审计证据之间成反向变动关系,重要性与审计证据之间成反向变动关系,那么,审计风险和重要性之间成正向关系。这可就错了,这不是"负负得正"的关系。

审计风险和重要性成反向关系,审计风险越大,重要性数额就得越小。如果注册会计师通过初步分析,认为客户财务报表中出现错报可能性较大,注册会计师难以将报表中重要错报的查出的可能性也就越大,即"存在的审计风险"较大,注册会计师应采用较低的重要性水平,以获取充分的审计证据,降低审计风险至可接受水平。

三者的关系如图 7-6 所示:如果 a 线顺时针转动,表明重要性水平越高,所需审计证据的数量就越少。同样,可将 b、c 线做顺时针、逆时针转动分析其他关系。如果 b 或 c 都表示审计风险的话,c 线表示存在的审计风险,b 线表示可接受的审计风险。

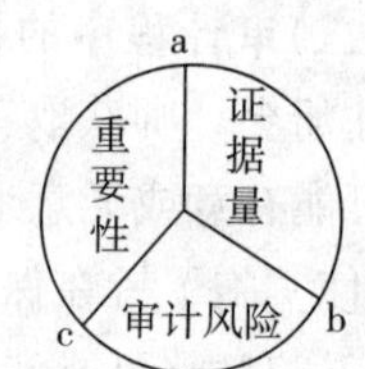

图 7-6 重要性、审计风险、审计证据的关系

【小提示 7-3】

注册会计师不能为了使审计风险达到可接受的低水平,便将重要性水平定得很高,因为审计风险不是决定重要性水平的唯一要素。从本质上看,重要性水平的确定与错报是否会影响财务报表使用者的判断或决策密切等因素相关。

【附录】

总体审计策略参考格式

被审计单位:________	索引号:________
项目:总体审计策略	财务报表截止日/时间:________
编制:________	复核:________
日期:________	日期

一、审计范围

报告要求	
适用的财务报告编制基础(包括是否需要将财务信息按照其他财务报告编制基础进行转换)	
适用的审计准则	
与财务报告相关的行业特别规定	例如：监督机构发布的有关信息披露的法规、特定行业主管部门发布的与财务报告相关的法规等
由组成部分注册会计师审计的组成部分的范围	
……	

二、审计时间安排

(一)报告时间要求

审计工作	时间
1. 提交审计报告草稿	
2. 签署正式审计报告	
3. 公布已审计报表和审计报告	
……	

(二)执行审计工作的时间安排

审计工作	时间
1. 制定总体审计策略	
2. 制订具体审计计划	
3. 执行存货监盘	
……	

(三)沟通的时间安排

与管理层的沟通	
与治理层的沟通	
项目组会议(包括预备会和总结会)	
与注册会计师的专家的沟通	
与组成部分注册会计师的沟通	
与前任注册会计师的沟通	

三、影响审计业务的重要因素

(一)重要性

重要性	索引号
财务报表整体重要性	
特定类别的交易、账户余额或披露的一个或多个重要性水平(如适用)	
实际执行的重要性	
明显微小错报的临界值	

(二)可能存在较高重大错报风险的领域

可能存在较高重大错报风险的领域	索引号

(三)识别重要组成部分

(四)识别重要的交易、账户余额和披露

四、人员安排

(一)项目组主要成员

姓名	职级	主要期货

(注:在分配职责时可以根据被审计单位的不同情况按会计科目划分,或按交易类别划分。)

(二)质量控制复核人员

姓名	职级	主要职责

五、对专家或其他第三方工作的利用

(一)对专家工作的利用

主要报表项目	专家名称	主要职责及工作范围	索引号

(二)对内部审计工作的利用

主要流程/报表项目	拟利用的内部审计工作	索引号
……		

(三)对组成部分注册会计师的工作的利用

组成部分注册会计师名称	利用其工作范围及程度	索引号

(四)对被审计单位使用服务机构的考虑

主要报表项目	服务机构名称	服务机构提供的相关服务及其注册会计师出具的审计报告意见及日期(如有)	索引号

六、其他事项

本章小结

在做出接受或保持客户关系及具体审计业务的决策后，审计业务开始前，注册会计师应与被审计单位就审计业务约定条款达成一致意见，签订或修改审计业务约定书，以避免双方对审计业务的理解产生分歧。

充分的审计计划可以帮助注册会计师对项目组成员进行恰当分工和指导监督，并复核其工作，有助于协调其他注册会计师和专家的工作。审计计划分为总体审计策略和具体审计计划两个层次。总体审计策略用以确定审计范围、时间和方向，并指导制订具体审计计划。具体审计计划比总体审计策略更加详细，其内容包括：为获取充分、适当的审计证据以便将审计风险降至可接受的低水平，项目组成员拟实施的审计程序的性质、时间和范围。

审计重要性概念的运用贯穿于整个审计过程。在计划审计工作时，注册会计师应当考虑导致财务报表发生重大错报的原因，并应当在了解被审计单位及其环境的基础上，确定一个可接受的重要性水平，即首先为财务报表层次确定重要性水平，以发现在金额上重大的错报。同时，注册会计师还应当评估各类交易、账户余额及列报认定层次的重要性，以便确定进一步审计程序的性质、时间和范围，将审计风险降至可接受的低水平。重要性与审计风险之间存在反向关系。

审计风险是指财务报表存在重大错报而注册会计师发表不恰当审计意见的可能性。审计风险包括固有风险、控制风险和检查风险。审计风险与审计证据之间成反向变动关系；重要性与审计证据之间成反向变动关系；重要性与审计风险之间成反向变动关系。

【复习思考题】

1. 签订审计业务约定书前的准备工作有哪些？
2. 简述审计业务约定书的内容与作用。
3. 如何理解审计重要性的概念？
4. 计划阶段对重要性进行初步判断应考虑哪些因素？
5. 简述重要性与审计风险的关系。
6. 计划阶段如何确定会计报表层和账户余额层的重要性水平？
7. 简述总体审计策略的内容和作用。
8. 评价审计结果时对重要性如何考虑？

【案例分析题】

注册会计师对ABC股份有限公司×年度会计报表进行审计，其未经审计的有关会计报表项目金额如下表所示(单位：人民币元)

ABC股份有限公司×年度其未经审计的金额

总资产	净资产	主营业务收入	净利润
9500000	3100000	20000000	20

要求：

1. 如果以资产总额、净资产、主营业务收入和净利润作为判断基础，采用固定比率法，并假定资产总额、净资产、主营业务收入和净利润的固定百分比数值分别为0.5%、1%、0.5%和10%，请代为计算确定ABC股份有限公司×年度会计报表层次的重要性水平(请列示计算过程)。

2. 简要说明重要性水平与审计风险之间的关系。

第八章　重大错报风险评估及其应对

【本章提示】

学习目标：

通过本章的学习，学生在知识方面应能理解与掌握风险评估的含义，被审计单位的内部控制及其环境，重大错报风险的评估；在技能方面要掌握针对财务报表层次重大错报风险的总体应对措施与认定层次重大错报风险的进一步审计程序，控制测试，实质性程序；在能力方面要求能对列报和审计证据的评价与审计工作记录。

重要概念：

风险评估；内部控制；重大错报风险；审计程序；控制测试；实质性程序；审计工作记录

【引例】

米特公司审计风险案[①]

约翰同托尼洽谈了审计米特公司 1995 年度财务报表的有关事项。米特公司在南佛罗里达建造和销售度假房，公司已成立 5 年，最近，又买断了一个充满竞争和风险的开发项目。

约翰拥有米特公司 51％的股份，其余股份由米特公司的多位管理人员、约翰的家人和朋友持有，并且他们所持股份都不超过 8％。董事会由 9 名成员组成，他们中有房地产代理、银行总裁、家庭主妇，也有大学教授和律师。

公司设有审计委员会，由董事会成员中股份最少的 4 位组成。公司打算在不久后再发放普通股。公司高级管理人员有购股权，购股权只能在 3 年内有效，而且购股价要高于现在股价。公司通过两种方式来融通项目所需资金，对于在开发项目建设过程中能在很短时间内(1 年以下)可以售出的住房所需资金，公司从南佛罗里达的一家专业银行提供的贷款额度内获取。该贷款最高额度为 27500000 美元，贷款利率为基准利率加 3％。贷款条件每年根据实际情况复核和调整，贷款者在贷款额度内贷款以已设立抵押，权的房地产为抵押。对于公司所需的长期资金，公司以其他财产为抵押从同一家银行获取抵押贷款。1995 会计年度，公司以取得的财产做抵押，为开发项目融资。

约翰还是太平公司的主要股东，太平公司是一家经营人寿、健康和债务保险的私营保险公司。太平公司鼓励购买度假住房者购买太平的人寿保险。托尼通过向州保险委

① 宛燕如．审计学[M]．武汉：武汉大学出版社，2013：91.

员会查询后发现，在过去 3 年内，米特公司曾因向顾客宣传不恰当的保险政策、违反储备金条例和未及时提交报告而受到处罚。该保险公司由一家小型会计师事务所审计。

托尼与有生意往来的熟人谈论米特公司，他们认为约翰性格浮华，涉及多起官司（包括悬而未决的和已经结束的），并喜欢大手大脚地花钱。托尼的一位在银行工作的朋友把约翰描述成一个素质很低的人，但托尼并不如此认为。不过，托尼也注意到约翰有许多高档时髦的服装和许多首饰。另一个生意场上的熟人告诉托尼，约翰常去大赌场，但是约翰自己不愿意公开这些事情。在当地，约翰有着成功地完成很多开发项目并获得丰厚利润的经历。

托尼事务所也为米特公司提供纳税服务。托尼事务所税务服务部告诉托尼，约翰对纳税申报是非常积极的，定期接受税务局的审计。只要事务所可以让他们在与税务局的商议中赚的比支付的多，他从不拖欠事务所的账单。审计收费要比纳税服务收费多很多，而且可以在夏季完成，这个季节对审计人员来说是淡季。

米特公司以前由一个很小的当地独立执业的会计师事务所的注册会计师审计，现在这位注册会计师已退休。托尼从别的途径得知，米特公司同多家会计师事务所接触过。托尼的高尔夫球伴还听说，一家全国性大型会计师事务所已拒绝了其审计委托事项，但也有一家事务所正考虑与其达成协议。

会计主管和大多数高级管理人员从米特公司成立起就一直没有离开过公司。但下层职员有很大的变动，市场销售部门尤为如此。听说部分原因在于约翰在不开心时会疯狂炒人。公司现在的律师以前独立执业，直到 6 个月前被米特公司聘为律师，并负责处理公司大部分房地产交易。公司在聘用内部律师后就更换了外部律师咨询机构。

通过询问会计主管一些基本的问题，托尼发现公司的会计系统和会计软件相对比较简单，它由前任会计设计安装的。米特公司目前的财务状况如表8－1和表 8－2 所列。

在分析米特公司情况的最后阶段，托尼打电话联系了该公司的前任审计人员。对托尼提出的问题，他的回答是：米特公司在选择会计处理方法和会计程序以及决定会计估计政策时总是非常积极的，也就是说，该公司倾向选择增加收入确认和减少费用确认的会计方法。他对在自己的帮助下设计的会计系统表示满意，但是他指出，3 年来他一直没有真正检验过这些系统。最后他暗示，尽管约翰给事务所的费用很合理，但约翰喜欢优秀的人，不喜欢与从事大量外勤工作的那些刚合格的助理审计人员打交道。

表 8－1　米特公司资产负债表

（单位：千美元）

项　目	1995－06－30（未审）	1994－06－30（已审）	1993－06－30（已审）
现金	78	1247	902
应收账款（净值）	7968	9060	5168
在建房地产	34538	26359	23346
为投资而持有的房地产	6538	5524	5744
经营性财产	27381	13241	11045

（续表）

项　目	1995-06-30(未审)	1994-06-30(已审)	1993-06-30(已审)
财产和设置(净值)	10977	9077	9357
待摊费用	4033	3429	3506
总资产	91513	67937	59068
应付账款	9957	7881	7098
贷款额度内借款	24653	20396	15455
应付抵押贷款	40088	18717	13612
递延所得税	2866	1947	1780
其他应付款	1077	903	1411
股本	6103	6103	6103
国存收益	7334	11990	13609
库职股票	－565	0	0
负伤和股本总额	91513	67937	59068

表 8-2　米特公司资产损益表　　（单位：千美元）

项　目	1995 年 6 月 30 日(末审)	1994 年 6 月 30 日(已审)
房地产收入	20226	26235
租金和其他收入	9351	7276
总收入	29577	33511
房地产成本	15538	18393
开办费	6045	5852
管理费用	3004	3270
房产税	1452	1256
折旧和摊销	3989	3966
利息费用(扣除资本化后利息)	3705	1893
总费用	33733	34630
净利润(损失)	－4156	－1119
期初留存收益	11990	13609
已宣布股利	－500	－500
期末留存收益	7334	11990

思考：

1. 以上哪些迹象使托尼把接受委托的审计风险定得比较高？

2. 哪些因素能弥补问题1中的不足？

3. 如果托尼打算接受委托，他将设法取得哪些资料？

环境的变化，尤其是20世纪60年代针对注册会计师职业界的“诉讼爆炸”的发生，引发并推动了审计技术的革命，审计模式已从最初的账项导向审计发展到现在的风险导向审计。风险导向审计的基本理念，就是审计的实施要以评估风险为切入点，将对审计风险的识别评估和应对贯穿于整个审计过程，将审计风险降低至可接受的水平，为经审计的财务报表不存在重大错报提供合理保证，可见，风险评估是现代审计的一项重要程序。

《中国注册会计师审计准则第1101号——注册会计师的总体目标和审计工作的基本要求》要求注册会计师在审计过程中贯彻风险导向审计的理念，围绕重大错报风险的识别、评估和应对，计划和实施审计工作。其中，如何识别和评估重大错报风险，构成了注册会计师应对重大错报风险的前提；《中国注册会计师审计准则第1211号——通过了解被审计单位及其环境识别和评估重大错报风险》指出，注册会计师应当了解被审计单位及其环境，以足够识别和评估财务报表重大错报风险，设计和实施进一步审计程序，该准则为注册会计师如何识别和评估财务报表重大错报风险提供了规范性的指导。

第一节　重大错报风险评估

一、风险评估的概念及其程序

（一）风险评估的含义

风险评估是指以了解被审计单位及其环境为内容，以识别和评估财务报表重大错报风险为目的，在设计和实施进一步审计程序之前实施的程序。

风险评估过程是从了解被审计单位及其环境开始的，在此过程中，注册会计师要通过一定的程序，对被审计单位及其环境进行全面细致的了解，目的是识别和评估财务报表层次和认定层次的重大错报风险。了解的内容包括被审计单位所在行业的状况、法律环境与监管环境以及其他外部因素、被审计单位的性质、被审计单位对会计政策的选择和运用、被审计单位的目标、战略以及相关经营风险、被审计单位财务业绩的衡量和评价以及被审计单位的内部控制等。

（二）风险评估程序和信息来源

为了解被审计单位及其环境而实施的程序称为“风险评估程序”。注册会计师应当依据实施风险评估程序所获取的信息，评估重大错报风险，以了解被审计单位及其环境。相关内容参见本教材有关章节。

二、了解被审计单位及其环境

注册会计师在了解被审计单位及其环境时，先要明确应从哪些方面进行了解。《中国注册会计师审计准则第1211号——通过了解被审计单位及其环境识别和评估重大错报风险》所称了解被审计单位基本情况及其环境，是指行业状况、法律环境与监管环境以及其他外部因素；被审计单位的性质；被审计单位对会计政策的选择和运用；被审计单位的经营目标、战略及相关经营风险；被审计单位财务业绩的衡量和评价；被审计单位的内部控制。

(一)行业状况、法律环境与监管环境以及其他外部因素

被审计单位所处的行业状况、法律环境与监管环境以及其他外部因素可能会对被审计单位的经营活动乃至财务报表产生影响，注册会计师应当对这些外部因素进行了解。具体包括以下内容：

1. 行业状况

了解行业状况有助于注册会计师识别与被审计单位所处行业有关的重大错报风险。《中国注册会计师审计准则第1211号——通过了解被审计单位及其环境识别和评估重大错报风险》规定，注册会计师应当了解被审计单位的行业状况，主要包括：(1)所处行业的市场供求与竞争；(2)生产经营的季节性和周期性；(3)产品生产技术的变化；(4)能源供应与成本；(5)行业的关键指标和统计数据。

【小提示8-1】

具体而言，注册会计师可能需要了解以下情况：

(1)被审计单位所处行业的总体发展趋势是什么？

(2)处于哪一发展阶段，如起步、快速成长、成熟/产生现金流入或衰退阶段？

(3)所处市场的需求、市场容量和价格竞争如何？

(4)该行业是否受经济周期波动的影响，以及采取了什么行动使波动产生的影响最小化？

(5)该行业受技术发展影响的程度如何？

(6)是否开发了新的技术？

(7)能源消耗在成本中所占比重，能源价格的变化对成本的影响？

(8)谁是被审计单位最重要的竞争者，他们各自所占的市场份额是多少？

(9)被审计单位与其竞争者相比主要的竞争优势是什么？

(10)被审计单位业务的增长率和财务业绩与行业的平均水平及主要竞争者相比如何，存在重大差异的原因是什么？

(11)竞争者是否采取了某些行动，如并购活动、降低销售价格、开发新技术等，从而对被审计单位的经营活动产生影响？

2. 法律环境及监管环境

了解法律环境及监管环境的主要原因在于以下几方面：

(1)某些法律法规或监管要求可能对审计单位经营活动有重大影响，如不遵守将导

致停业等严重后果；

(2)某些法律法或监管要求(如环保法规等)规定了被审计单位某些方面的责任和义务；

(3)某些法律法规或监管要求决定了被审计单位需要遵循的行业惯例和核算要求。

《中国注册会计师审计准则第1211号——通过了解被审计单位及其环境识别和评估重大错报风险》规定，注册会计师应当了解被审计单位所处的法律环境及监管环境，主要包括以下几项：

(1)适用的会计准则、会计制度和行业特定惯例；

(2)对经营活动产生重大影响的法律法规及监管活动；

(3)对开展业务产生重大影响的政府政策，包括货币、财政、税收和贸易等政策；

(4)与被审计单位所处行业和所从事经营活动相关的环保要求。

具体而言，注册会计师可能需要了解以下情况：

(1)国家对某一行业的企业是否有特殊的监管要求(如对银行、保险等行业的特殊监管要求)；

(2)是否存在新出台的法律法规(如新出台的有关产品责任、劳动安全或环境保护的法律法规等)，对被审计单位有何影响；

(3)国家货币、财政、税收和贸易等方面政策的变化是否会对被审计单位的经营活动产生影响；

(4)与被审计单位相关的税务法规是否发生变化。

3. 其他外部因素

除了被审计单位的行业状况、法律环境和监管环境外，其他外部因素也可能对被审计单位的财务报告产生影响，因此，注册会计师还应当了解影响被审计单位经营活动的其他外部因素，这些因素主要包括：(1)宏观经济的景气度；(2)利率和资金供求状况；(3)通货膨胀水平及币值变动；(4)国际经济环境和利率变动。

具体而言，注册会计师可能需要了解以下情况：

(1)当前的宏观经济状况以及未来的发展趋势如何？

(2)目前国内或本地区的经济状况(如增长率、通货膨胀、失业率、利率等)怎样影响被审计单位的经营活动？

(3)被审计单位的经营活动是否受到汇率波动或全球市场力量的影响。

(二)被审计单位的性质

了解被审计单位的性质有助于注册会计师理解预期在财务报表中反映的各类交易、账户余额和列报。注册会计师应当主要从下列方面了解被审计单位的性质：(1)所有权结构；(2)治理结构；(3)组织结构；(4)经营活动；(5)投资活动；(6)筹资活动。

1. 所有权结构

对被审计单位所有权结构的了解有助于注册会计师识别关联方关系并了解被审计单位的决策过程。

《中国注册会计师审计准则第1211号——通过了解被审计单位及其环境识别和评估重大错报风险》规定，注册会计师应当了解所有权结构以及所有者与其他人员或单位

之间的关系，考虑关联方关系是否已经得到识别，以及关联方交易是否得到恰当核算。例如，注册会计师应当了解被审计单位是属于国有企业、外商投资企业、民营企业；还是属于其他类型的企业；还应当了解其直接控股母公司、间接控股母公司、最终控股母公司和其他股东的构成，以及所有者与其他人员或单位（如控股母公司控制的其他企业）之间的关系。注册会计师应当按照《中国注册会计师审计准则第 1323 号——关联方》的规定，了解被审计单位识别关联方的程序，获取被审计单位提供的所有关联方信息，并考虑关联方关系是否已经得到识别，关联方交易是否得到恰当记录和充分披露。

同时，注册会计师可能需要对其控股母公司（股东）的情况做进一步的了解，包括控股母公司的所有权性质，管理风格及其对被审计单位经营活动及财务报表可能产生的影响；控股母公司与被审计单位在资产、业务、人员、机构、财务等方面是否分开，是否存在占用资金等情况；控股母公司是否施加压力，要求被审计单位达到其设定的财务业绩目标。

2. 治理结构

良好的治理结构可以对被审计单位的经营和财务运作实施有效的监督，从而降低财务报表发生重大错报的风险。

注册会计师应当了解被审计单位的治理结构。例如，董事会的构成情况、董事会内部是否有独立董事；治理结构中是否设有审计委员会或监事会及其运作情况。注册会计师还应当考虑治理层是否能够在独立于管理层的情况下对被审计单位事务（包括财务报告）做出客观判断。

3. 组织结构

复杂的组织结构可能导致某些特定的重大错报风险。注册会计师应当了解被审计单位的组织结构，考虑复杂组织结构可能导致的重大错报风险，包括财务报表合并、商誉摊销和减值、长期股权投资核算以及特殊目的实体核算等问题。例如，对于在多个地区拥有子公司、合营企业、联营企业或其他成员机构，或者存在多个业务分部和地区分部的被审计单位，不仅编制合并财务报表的难度增加，而且存在其他可能导致重大错报风险的复杂事项，包括：对于子公司、合营企业、联营企业和其他股权投资类别的判断及其会计处理；商誉在不同业务分部间的摊销及减值；对特殊目的实体是否进行了适当的会计处理等。

4. 经营活动

了解被审计单位经营活动有助于注册会计师识别预期在财务报表中反映的主要交易类别、重要账户余额和列报。

注册会计师应当从以下几方面来了解被审计单位的经营活动：

（1）主营业务的性质。例如，主营业务是制造业还是商品批发与零售；是银行、保险还是其他金融服务；是公用事业、交通运输还是提供技术产品和服务等。

（2）与生产产品或提供劳务相关的市场信息。例如，主要客户和合同、付款条件、利润率、市场份额、竞争者、出口、定价政策、产品声誉、质量保证、营销策略和目标等。

（3）业务的开展情况。例如，业务分部的设立情况、产品和服务的交付、衰退或扩展的经营活动的详情等。

(4)联盟、合营与外包情况。

(5)从事电子商务的情况。例如，是否通过互联网销售产品和提供服务以及从事营销活动。

(6)地区与行业分布。例如，是否涉及跨地区经营和多种经营，各个地区和各行业分布的相对规模以及相互之间是否存在依赖关系。

(7)生产设施、仓库的地理位置及办公地点。

(8)关键客户。例如，销售对象是少量的大客户还是众多的小客户；是否有被审计单位高度依赖的特定客户(如超过销售总额10%的顾客)；是否有造成高回收性风险的若干客户或客户类别(如正处在一个衰退市场中的客户)；是否与某些客户订立了不寻常的销售条款或条件。

(9)重要供应商。例如，是否签订长期供应合同；原材料供应的可靠性和稳定性；付款条件；原材料是否受重大价格变动的影响。

(10)劳动用工情况。例如，分地区用工情况、劳动力供应情况、工资水平、退休金和其他福利、股权激励或其他奖金安排以及与劳动用工事项相关的政府法规。

(11)研究与开发活动及其支出。

(12)关联方交易。例如，有些客户或供应商是否为关联方；对关联方和非关联方是否采用不同的销售和采购条款。此外，还存在哪些关联方交易，对这些交易采用怎样的定价政策。

5. 投资活动

了解被审计单位投资活动，有助于注册会计师关注被审计单位在经营策略和方向上的重大变化。注册会计师应当了解被审计单位的投资活动主要包括以下内容：

(1)近期拟实施或已实施的并购活动与资产处置情况，包括业务重组或某些业务的终止。注册会计师应当了解并购活动如何与被审计单位目前的经营业务相协调，并考虑他们是否会引发进一步的经营风险。例如，被审计单位并购了一个新的业务部门，注册会计师需要了解管理层如何管理这一新业务，而新业务又如何与现有业务相结合，发挥协同优势，如何解决原有经营业务与新业务在信息系统、企业文化等各方面的不一致。

(2)证券投资、委托贷款的发生与处置。

(3)资本性投资活动，包括固定资产和无形资产投资，近期或计划发生的变动，以及重大的资本承诺等。

(4)不纳入合并范围的投资。例如，联营、合营或其他投资，包括近期计划的投资项目。

6. 筹资活动

了解被审计单位筹资活动，有助于注册会计师评估被审计单位在融资方面的压力，并进一步考虑被审计单位在可预见未来的持续经营能力。注册会计师应当了解被审计单位的筹资活动主要包括以下内容：

(1)债务结构和相关条款，包括担保情况及表外融资。例如，获得的信贷额度是否可以满足营运需要；得到的融资条件及利率是否与竞争对手相似，如不相似，原因何在；是

否存在违反借款合同中限制性条款的情况;是否承受重大的汇率与利率风险。

(2)固定资产的租赁,包括通过融资租赁方式进行的筹资活动。

(3)关联方融资。例如,关联方融资的特殊条款。

(4)实际受益股东。例如,实际受益股东是国内的,还是国外的,其商业声誉和经验可能对被审计单位产生的影响。

(5)衍生金融工具的运用。例如,衍生金融工具是用于交易目的还是套期目的,以及运用的种类、范围和交易对手等。

(三)被审计单位对会计政策的选择和运用

注册会计师应当了解被审计单位对会计政策的选择和运用,是否符合适用的会计准则和相关会计制度,是否符合被审计单位的具体情况。在了解被审计单位对会计政策的选择和运用是否适当时,注册会计师应当关注下列事项:

1. 重要项目的会计政策和行业惯例

重要项目的会计政策包括,收入确认、存货的计价方法、投资的核算、固定资产的折旧方法、坏账准备、存货跌价准备和其他资产减值准备的确定、借款费用资本化方法、合并财务报表的编制方法等。除会计政策以外,某些行业可能还存在一些行业惯例,注册会计师应当熟悉这些行业惯例。当被审计单位采用与行业惯例不同的会计处理方法时,注册会计师应当了解其原因,并考虑采用与行业惯例不同的会计处理方法是否适当。

2. 重大和异常交易的会计处理方法

例如,本期发生的企业合并的会计处理方法。某些被审计单位可能存在与其所处行业相关的重大交易。例如,银行向客户发放贷款、证券公司对外投资、医药企业的研究与开发活动等,注册会计师应当考虑对重大的和不经常发生的交易的会计处理方法是否适当。

3. 在新领域和缺乏权威性标准或共识的领域,采用重要会计政策产生的影响

在新领域和缺乏权威性标准或共识的领域,注册会计师应当关注被审计单位选用了哪些会计政策,为什么选用这些会计政策以及选用这些会计政策产生的影响。

4. 会计政策的变更

如果被审计单位变更了重要的会计政策,注册会计师应当考虑变更的原因及其适当性,即考虑:(1)会计政策变更是不是法律、行政法规或者适用的会计准则和相关会计制度要求的变更;(2)会计政策变更是否能够提供更可靠、更相关的会计信息。除此之外,注册会计师还应当关注会计政策的变更是否得到充分披露。

5. 被审计单位何时采用以及如何采用新颁布的会计准则和相关会计制度

例如,新的企业会计准则自2007年1月1日起在上市公司施行,并鼓励其他企业执行。注册会计师应考虑被审计的上市公司是否已按照新会计准则的要求,做好衔接调整工作,并收集执行新会计准则需要的信息资料。

【小提示8-2】

除上述与会计政策的选择和运用相关的事项外,注册会计师还应对被审计单位下列与会计政策运用相关的情况予以关注:(1)是否采用激进的会计政策、方法、估计和判断;

(2)财会人员是否拥有足够的运用会计准则的知识、经验和能力;(3)是否拥有足够的资源支持会计政策的运用,如人力资源及培训、信息技术的采用、数据和信息的采集等。

此外,注册会计师还应当考虑,被审计单位是否按照适用的会计准则和相关会计制度的规定恰当地进行了列报,并披露了重要事项。

(四)被审计单位的经营目标、战略及相关经营风险

注册会计师应了解被审计单位是否存在与下列方面有关的目标和战略,以及可能导致财务报表重大错报的相关经营风险:

(1)行业发展及其可能导致的被审计单位不具备足以应对行业变化的人力资源和业务专长等风险;

(2)开发新产品或提供新服务及其可能导致的被审计单位产品责任增加等风险;

(3)业务扩张及其可能导致的被审计单位对市场需求的估计不准确等风险;

(4)新颁布的会计法规及其可能导致的被审计单位执行法规不当或不完整,或会计处理成本增加等风险;

(5)监管要求及其可能导致的被审计单位法律责任增加等风险;

(6)本期及未来的融资条件及其可能导致的被审计单位由于无法满足融资条件而失去融资机会等风险;

(7)信息技术的运用及其可能导致的被审计单位信息系统与业务流程难以融合等风险。

多数经营风险最终都会产生财务后果,从而影响财务报表。注册会计师应当根据被审计单位的具体情况,考虑经营风险是否可能导致财务报表发生重大错报。

管理层通常制定识别和应对经营风险的策略,注册会计师应当了解被审计单位的风险评估过程。

【小提示 8-3】

经营风险对重大错报风险的影响

经营风险与财务报表重大错报风险是既有联系又相互区别的两个概念。前者比后者范围更广。注册会计师了解被审计单位的经营风险,有助于其识别财务报表重大错报风险。但并非所有的经营风险都与财务报表相关,注册会计师没有责任识别或评估对财务报表没有影响的经营风险。

多数经营风险最终都会产生财务后果,从而影响财务报表。但并非所有经营风险都会导致重大错报风险。经营风险可能对各类交易、账户余额以及列报认定层次或财务报表层次产生直接影响。例如,企业合并导致银行客户群减少,使银行信贷风险集中,由此产生的经营风险可能增加与贷款计价认定有关的重大错报风险。同样的风险,尤其是在经济紧缩时,可能具有更为长期的后果,注册会计师在评估持续经营假设的适当性时需要考虑这一问题。为此,《中国注册会计师审计准则第 1211 号——了解被审计单位及其环境并评估重大错报风险》的第三十七条规定,注册会计师应当根据被审计单位的具体情况,考虑经营风险是否可能导致财务报表发生重大错报。

目标、战略、经营风险和重大错报风险之间的相互联系可举一例予以说明。例如，企业当前的目标是在某一特定期间内进入某一新的海外市场，企业选择的战略是在当地成立合资公司。从该战略本身来看，是可以实现这一目标的。但是，成立合资公司可能会带来很多的经营风险，例如，企业如何与当地合资方在经营活动、企业文化等各方面协调，如何在合资公司中获得控制权或共同控制权，当地市场情况是否会发生变化，当地对合资公司的税收和外汇管理方面的政策是否稳定，合资公司的利润是否可以汇回，是否存在汇率风险等。这些经营风险反映到财务报表中，可能会因对合资公司是属于子公司、合营企业或联营企业的判断问题，投资核算问题，包括是否存在减值问题、对当地税收规定的理解，以及外币折算等问题而导致财务报表出现重大错报风险。

(五)被审计单位财务业绩的衡量和评价

被审计单位管理层经常会衡量和评价关键业绩指标(包括财务和非财务的)、预算及差异分析、分部信息和分支机构、部门或其他层次的业绩报告以及与竞争对手的业绩比较。此外，外部机构也会衡量和评价被审计单位的财务业绩，如分析师的报告和信用评级机构的报告。

《中国注册会计师审计准则第 1211 号——通过了解被审计单位及其环境识别和评估重大错报风险》指出，被审计单位内部或外部对财务业绩的衡量和评价可能对管理层产生压力，促使其采取行动改善财务业绩或歪曲财务报表。因此，注册会计师应当了解被审计单位财务业绩的衡量和评价情况，考虑这种压力是否可能导致管理层采取行动，以至于增加财务报表发生重大错报的风险。

在了解被审计单位财务业绩衡量和评价情况时，注册会计师应当关注下列信息：(1)关键业绩指标；(2)业绩趋势；(3)预测、预算和差异分析；(4)管理层和员工业绩考核与激励性报酬政策；(5)分部信息与不同层次部门的业绩报告；(6)与竞争对手的业绩比较；(7)外部机构提出的报告。

三、了解被审计单位的内部控制

注册会计师在进行审计时，必须了解、研究、评价和把握被审计单位的内部控制，并对拟信赖的内部控制进行测试，据以设计和实施进一步审计程序的性质、时间和范围，以便合理、准确地编制审计计划。

(一)内部控制的含义及其目标

1. 内部控制的含义

内部控制是被审计单位为了合理保证财务报告的可靠性、经营的效率和效果以及对法律法规的遵守，由治理层、管理层和其他人员设计和执行的政策和程序。

【小提示 8 - 4】

对于内部控制的概念可以两方面理解。

(1)内部控制的目标是保证做到三点：

①财务报告的可靠性，这一目标与管理层履行财务报告编制责任密切相关；

②经营的效率和效果，即经济有效地使用企业资源，以最优方式实现企业的目标；

③在所有经营活动中遵守法律法规的要求，即在法律法规的框架下从事经营活动。

(2)设计和实施内部控制的责任主体是治理层、管理层和其他人员，组织中的每一个人都对内部控制负有责任。

2. 内部控制的总目标与具体目标

内部控制的总目标是建立和维持一个决策科学、运营规范、管理高效和持续、稳定、协调、健康发展的经营实体。内部控制一般应实现以下具体目标：

(1)确保业务活动按照适当的授权进行；

(2)确保所有交易和事项以正确的金额在恰当的会计期间及时记录于适当的账户；

(3)财务报表的编制符合会计准则的相关要求；

(4)确保对资产和记录的接触、处理均经过适当的授权；

(5)确保账面资产与实存资产定期核对相符。

(二)内部控制的构成要素

《中国注册会计师审计准则第1211号——通过了解被审计单位及其环境识别和评估重大错报风险》指出，内部控制包括下列要素：控制环境、风险评估、信息系统与沟通、控制活动、监控。

这五个要素间有着严密的逻辑关系，即以控制环境为基础，风险评估为依据，控制活动为手段，信息与沟通为载体，监控为保证，从而使内部控制成为一个有机的整体框架。

1. 控制环境

控制环境包括治理职能和管理职能，以及治理层和管理层对内部控制及其重要性的态度、认识和措施。主要包括以下因素：

(1)对诚信和道德价值观念的沟通与落实

诚信和道德观念是企业道德和行为标准的产物，是在实际中得以传递和增强的结果，是内部控制环境必备的子要素。它们包括管理部门用以消除和减少公司内的其他成员不诚实、不合法或不道德行为的动机和欲望的措施，还包括政策公告、道德规范和典型事例等形式传递给其他成员的有关道德观念和行为标准的信息。

(2)对胜任能力的重视

能力是完成工作范围内的任务所需要的知识和技能。管理当局必须重视对员工能力的培养与评定。对能力的培养包括管理当局对具体工作岗位所需要能力水平的确定，以及为达到并保持这种能力水平而对员工进行相应知识和技能的培训。企业面临的环境不断变化，要求员工有足够能力适应这种变化，因此企业对员工能力的培养应是一种长期的活动。胜任能力要由有效的人事政策做保证，如果企业缺乏良好的人力资源管理以进行有效的员工招聘和训练，可能导致把控制职责分配给无法胜任的人，而这种情况反过来通常又会导致财务报表重大错报的发生。

(3)治理层的参与程度

董事会及审计委员会必须在企业运营过程中发挥积极有效的作用。董事会应独立于企业的管理部门，并且能定期检查管理部门的活动。审计委员会负责监督企业的财务报告编报进程，并且经常和企业外部审计人员及内部审计人员沟通。内部审计是控制环境的一个正面因素，它有助于防止错报和发现错报，并估计错误金额。定期对交易和事项进行复核、检查原始凭证、核对实物与记录,有助于内部审计人员发现交易处理和记录过程中的错误。意识到内部审计人员将对交易进行复核,将促使员工更认真工作,从而减少错误和舞弊的发生。内部审计部门应当向组织中足够高层的人员报告(如直接向CEO、审计委员会报告),以保证他们的结论和建议得到执行。

(4)管理层的理念和经营风格

管理当局在经营中表现的管理哲学理念及行动能够清楚地把内部控制是否重要的信号传递给员工,从而对企业的控制环境产生深刻的影响。例如,管理当局在经营中是否具有冒险的倾向以及有多大的冒险倾向,管理当局对财务报表的态度如何,管理当局是否为了预算目标的实现而采用激进的会计政策,管理当局的工作作风是拖沓、官僚或是高效、精干,管理当局在企业管理中是采用权力集中的独裁制还是采用权力相对分散的分权等等。这些方面以及类似的其他方面都反映了管理当局的管理哲学及经营模式,这就使审计人员可以了解到管理当局对内部控制的态度。

(5)组织结构

企业的组织结构确定了现有的责任和权力的等级及划分,如企业在计划、指挥、控制方面是否有合适的组织结构,权力及责任的划分是否清晰等。审计人员在了解组织结构之后,就能明白企业管理部门及其他职能部门的作用及相应的控制政策程序是如何执行的。

(6)职权与责任的分配

管理当局对权责的分配要考虑如何以适当的方式传达给各层次员工。传达权责分配的方式要考虑该企业的企业文化及现存的报告关系和责任。同时必须考虑企业的道德责任、社会责任及企业目标。管理当局传递权责分配的方法包括:最高管理当局以备忘录的形式将控制及与控制相关的事项的重要性记录下来;正式的组织和经营计划;员工岗位责任说明书及有关政策等。

(7)人力资源政策与实务

内部控制最重要的因素是人。只要员工有胜任能力并值得信赖,即使缺少其他控制措施,也能编制出可靠的财务报表。诚实、高效的员工即使在缺少其他控制配合的情况下,也能够高水平地工作;反之,即使存在大量的控制措施,员工缺乏能力或不诚实也会使内部控制变得乱七八糟。即使员工是诚实的和胜任的,但人总会有一些缺点,例如,可能变得烦躁不满,或由于个人问题影响其业绩,他们的目标也可能改变等。由于胜任、诚实的员工在提供有效控制方面的重要性,招聘、评估、激励员工的政策、程序和方法是控制环境的重要组成部分。

2. 风险评估

企业风险是指由于外部和内部的因素或压力使得企业目标无法实现,并最终影响企业生存和盈利性的风险。

风险评估则是指企业为达到目标而对相关的风险进行确认和分析,以构成风险管理的基础。

【小提示 8-5】

管理部门的风险评估和审计人员对审计风险的评价是不同的,管理当局的风险评估是设计和执行内部控制以减少错误和舞弊活动的一部分。而审计人员的审计风险评价则是为了确定审计过程中所要收集的审计证据。

3. 信息与沟通

信息与沟通是指管理当局通过所建立的对经济活动数据进行加工处理的信息系统为经营管理提供信息，并通过该系统实现信息传递的内部控制措施。与审计人员相关的信息系统就是会计信息系统。

信息是控制的依据和基础，控制离不开信息的交换和反馈，没有信息，控制就失去依据。而信息的真实性和及时性，又决定了控制的有效性。只要企业的生产经营活动正常进行，就会不断产生各种经济信息。

一个良好的信息和沟通系统可以使企业及时掌握营运状况和组织中发生的各种情况，可以及时地为企业的员工提供履行职责所需的各种信息，从而使企业的经营和管理流畅地进行下去。为此，一个有效的内部控制系统必须能够提供相关、及时的信息与沟通。系统必须确定信息的需求，以形成一个能提供所需的数据和报告的信息系统。在评价信息系统的适当性时，企业必须考虑下列问题：(1)系统能获取内外部信息，并向管理当局提供有关企业与既定目标相关的绩效情况的报告；(2)系统能及时地向相关人员提供足够详细的信息，从而使得他们能够高效地履行其职责；(3)系统在必要时能升级或修改；(4)管理当局会提供必要的资源以支持信息系统的建立。

由于财务报表由信息系统产生，信息系统的不同构造会影响与财务报告认定相关的控制目标。良好的信息系统必须包含以下基本要素：(1)信息的确认；(2)信息的获取；(3)信息的处理；(4)信息的报告。

【小提示 8-6】

计算机化的记录和过账，通常加强了程序化的控制设置，极大地提高了可靠性，从而加强了对交易处理的内部控制。对在每月月底重复发生的交易和事项制定一套标准的日记账分录，能够合理保证在编制月报、季报、年报时没有遗漏重要调整，从而加强内部控制。这些分录可以预先编号(例如：第 1 号标准分录是固定资产月折旧，第 2 号标准分录是计提坏账准备)，除了金额之外，可以事先写好。每月的应交税金、产品保证、应计利息、产品成本结转、销售成本结转等均可以纳入上述标准分录。

4. 控制活动

控制活动是保证管理当局指令被执行的政策和程序，它们有助于保证已经采取了必要的行动或措施，以关注会影响企业实现其目标的相关风险；用于防止和发现会计数据错误或舞弊的控制活动，有助于会计信息系统编制出可靠的财务报告。这类控制活动一般可归结为以下五种内容：

(1)不相容职责的分离

不相容职责是指一项经济业务中的授权、批准、执行、记录等完全由一个人或者一个部门办理时，发生错误和舞弊的概率就会增大的两项或两项以上职务。对于这些不相容职责应该加以分离，由两个或两个以上的人或部门来承担。审计人员应该特别注意以下不相容职责是否分离：

①资产的保管与会计分离；

②交易的批准与交易的执行以及相关资产的保管三者相分离；

③经营责任与会计责任的分离；

④电子数据处理环境中的职责的分离。

(2)适当的交易授权

企业中的每一笔经济业务都要求经过适当的授权。授权可以保证企业中的每一个人都不能随意取得消耗资产。授权包括一般授权和特殊授权两种。

(3)文档记录、批准、验证和对账控制

文档记录、批准、验证和对账控制的物质载体是凭证和记录，凭证和记录包括的内容很广泛，如销售发票、请购单、采购单、明细账、总账等。所有这些凭证和记录都非常重要，如果凭证和记录不充分，会带来很大的控制问题。凭证的功能是在企业内部不同部门之间或不同企业之间传递信息。凭证必须足以合理地保证所有的资产都得到适当控制，所有的业务都得到正确记录。

文档记录、批准、验证和对账的一系列控制活动用于防止和发现有关完整性和存在性方面的错误，并保证交易能够根据会计准则正确记录。

(4)报告控制

支持会计信息系统报告的内部控制活动主要包括以下内容：

①账户清单，列示所有账户和账户编码；

②会计手册，定义账户和交易，说明财务报表中正确的计价和分类，说明附注披露的必要性；

③一套包含例行调整的标准日记账分录，对期末未调整试算金额和支持文件进行分析的规定，以确定额外的调整或重分类；

④为确定财务报表所包含的管理当局估计提供合理方法的政策；

⑤文档和记录保存政策，将记录保存到外部审计人员审计之后。

(5)资产保护控制

资产保护控制用于保护企业的资产，通过保证所记录的资产没有被非法占用，从而支持存在性认定。如果资产得不到适当的保护，任何人都可以随意接近资产，就可能发生失窃。保护控制可以进一步划分为接近控制和经管控制。

接近控制限制接近存放诸如存货、小工具、可转让证券和现金收据等便携和贵重资产的地方，以及限制接近资产使用或处置的授权文档；经管控制将这些资产的保管责任分配到具体的人员。

5. 监控

监控是管理当局对内部控制质量进行持续或定期的评价，以确定各项控制是否按照意图运行，是否针对情况变化进行修正。监控可以有多种渠道，例如，对现有内部控制的专门调查、内部审计人员的报告、控制活动的例外报告、操作人员的反馈、顾客的投诉等。

在监控这一内部控制成分中发挥较大作用的是企业的内部审计职能。对于许多企业特别是大型企业而言，内部审计部门在有效发挥监控作用的方面是非常关键的。内部审计职能得以有效发挥的前提是内部审计部门的独立性。内部审计部门应该独立于其所要检查、监督的经营部门及会计部门，并直接将结果报告给企业董事会或其审计委员会。

内部审计部门的工作还能够协助外部审计人员的工作，这样可以在一定程度上降低外部审计成本。

【小提示 8－7】

对于小型企业而言，充分的职责分工以及独立的内部审计部门的设置是不现实的。在小型企业中，监控职能主要通过所有者亲自参与管理经营并实施适当的监督措施而实现。所有者的监控再加上员工之间的密切关系，使其有可能认真地评价员工的胜任能力以及整个内部控制的有效性。

(三)内部控制的固有局限性

无论内部控制的设计和运行多么严密，也不能认为它是完全有效的。因此，对于任何一个内部控制系统来说，它总是存在着一些固有的局限性。由于内部控制存在固有的局限性，同时，内部控制为财务报表公允反映只能提供合理的保证，因此在审计中，审计人员面临的控制风险总是存在的。这就要求审计人员在审计过程中，无论被审计单位的内部控制设计及运行得多么有效，都必须对财务报表的重要账户或交易类别执行最低限度的实质性测试。

内部控制的固有局限性之所以存在，是基于以下原因：

(1)内部控制的设计和运行受制于成本效益原则，因此在实务中，管理当局采用的内部控制往往不是最理想的；

(2)内部控制的设计一般仅针对常规交易与业务进行，对于非常规交易或业务，现有的内部控制往往无法起到约束控制作用；

(3)即使企业管理当局设计出一个理想的内部控制，这一制度也可能因为执行制度的人员粗心大意、判断失误或对管理当局指令的误解而失效；

(4)内部控制可能因为执行人员滥用职权，超越内控，或是两个不同岗位职责的人员相互勾结、串通而失效；

(5)企业面临的经营环境或业务性质的改变会让现有的内部控制不再适合，从而削弱内部控制的作用，甚至引起内部控制失效。

【小提示 8－8】

对于审计人员来说，要特别关注企业内部控制在以下几个方面的局限性：

(1)共谋而避开控制　适当的职责分离可以防止单一人员非法侵占资产后又掩盖其非法行为，但这种控制可以通过共谋而避开。例如：负责保管现金收入的人员，可能与负责处理和记录这些现金收入的人员共谋非法侵占现金收入，同时掩盖其行为。他们可能通过不记录现金收入、高估折扣、记录虚假的退货、冲销应收账款或上述方法的混合以及其他一些可能的方法来掩盖其侵占行为。

(2)管理当局超越控制　会计信息系统和相应的内部控制活动可以视为管理当局的一种“武器”，控制的有效与否取决于管理当局的意愿。因此，不能指望内部控制能够防止或发现负责监督内部控制的管理人员的舞弊。管理当局超越控制可能造成舞弊财务报告和侵占资产。

(3)系统暂时失效 内部控制系统和相关的内部控制活动只有在管理这些控制的人员执行时才有效。不可能期望相关的人员在所有的时间都能以一致的态度履行控制职能。误解、错误判断、粗心、不注意和疲劳都可能造成系统的暂时性失效,如供应商发票上的错误可能未被发现,商品的装运单可能没有寄给客户,由于支票签发人没有仔细复核相关的文档可能签发未授权的付款支票等等。无论什么时候,这些控制失败都是有可能发生的。

内部控制的暂时性失效也可能发生于环境发生变化,而控制没有相应及时变化的情况下。值得注意的是:无论对内部控制要素如何进行分类,注册会计师都应当重点考虑被审计单位的某项控制,是否能够防止以及如何防止或发现并纠正各类交易、账户余额、列报存在的重大错报。

(四)与审计相关的控制

内部控制的目标既包括财务报告的可靠性,也包括经营的效率和效果以及对法律法规的遵守,但注册会计师审计的目标是对财务报表是否存在重大错报发表审计意见,所以,注册会计师考虑的并非被审计单位整体的内部控制,而只是与财务报表审计相关的内部控制,即与审计相关的控制。

1. 为实现财务报告可靠性目标设计和实施的控制

与审计相关的控制,包括被审计单位为实现财务报告可靠性目标设计和实施的控制。注册会计师应当运用职业判断,考虑一项控制单独或连同其他控制是否与评估重大错报风险以及针对评估的风险设计和实施进一步审计程序有关。

【小提示8-9】

在运用职业判断时,注册会计师应当考虑下列因素:

(1)注册会计师确定的重要性水平;

(2)被审计单位的性质;

(3)被审计单位的规模;

(4)被审计单位经营的多样性和复杂性;

(5)法律法规和监管要求;

(6)作为内部控制组成部分的系统的性质和复杂性。

2. 其他与审计相关的控制

(1)如果在设计和实施进一步审计程序时拟利用被审计单位内部生成的信息,注册会计师应当考虑用以保证该信息完整性和准确性的控制可能与审计相关。

(2)如果用以保证经营效率、效果的控制以及对法律法规遵守的控制与实施审计程序时评价或使用的数据相关,注册会计师应当考虑这些控制可能与审计相关。

(3)用以保护资产的内部控制可能包括与实现财务报告可靠性和经营效率、效果目标相关的控制。注册会计师在了解保护资产的内部控制各项要素时,可仅考虑其中与财务报告可靠性目标相关的控制。例如,保护存货安全的控制可能与审计相关,但在生产中防止材料浪费的控制通常就与审计不相关,只有所用材料的成本没有在财务报表中如实反映，才会影响财务报表的可靠性。

(五)内部控制的了解与记录

了解内部控制通常是将企业经济业务分成若干业务循环，再了解各循环内的内部控制，并将了解的情况做相应记录。

1. 了解与把握内部控制的程序

注册会计师在合理利用以往审计经验的基础上，对于内部控制的要点可实施以下程序：

(1)审阅内部控制生成的文件和记录，首先了解与审计相关的内部控制。

(2)询问被审计单位的有关人员，并查核相关的内部控制文件。

(3)观察被审计单位的业务活动和内部控制的运行情况。

(4)对一些有代表性的交易和事项进行"穿行测试"。

注册会计师要检查与内部控制有关的凭证和记录，如内部控制政策和程序手册、流程图、原始凭证、账表会计记录等，通过检查这些书面资料和询问被审计单位的有关人员，对内部控制就有了足够的了解。

通过询问被审计单位的有关人员，也能获悉企业新情况或新变化，如经营范围、项目的变化、引进了新的产品生产线等。

注册会计师在进行这些了解时，一般要借助"穿行测试"和"交易轨迹"来追查重要交易中的某笔交易或某几笔交易，同时确认与评估有关的控制政策和程序。

2. 记录对内部控制了解和对控制风险初步评价的方法

内部控制了解调查记录的方法一般有三种，即调查表(问卷)法、文字说明法、流程图法。在工作底稿中记录对内部控制评价的基本要求是：当控制风险评价为最高水平时，只需记录这一评价结论；当控制风险评价低于最高水平时，还必须记录评价的依据。注册会计师可运用专业经验来选择特定的记录技术。

(1)调查表法

调查表法(questionnaires)就是将那些与保证会计记录的正确性和可靠性以及与保护资产的完整性有密切关系的事项列为调查对象，制成标准化的调查表，由企业有关人员填写或由审计人员根据调查的结果自行填写。调查表大多采用问卷式，一般针对企业各交易循环或生产经营环节的关键控制点提出问题，用"是"，或"否"或"不适用"来回答。另外，通常还设一个空白栏，记录有关评论。

调查表的主要优点是能对被审计单位的内部控制提供一个概括性说明，从而成为一种对审计人员十分有用的分析评价工具。例如，表中列示的"否"专栏，即内部控制的弱点，可以引起审计人员的关注。另外，编制调查表简便易行，省时省力，可在审计项目初期就较快地编制好。但这种方法的主要缺点是，由于被审计单位的内部控制只能按部分分别进行考察，往往不能提供一个完整的看法。此外，由于调查表格式固定，缺乏弹性，遇到特殊情况，往往因"不适用"栏填得过多而作用不大。因此，对于不同行业的企业或是小企业，标准型的调查表常常显得不太适用。以销售与收款业务循环为例，调查表的格式见表 8-3 所示。

表8-3 销售与收款业务内部控制调查表

客 户：__________ 调查人：__________ 日期：

结账日：__________ 复核人：__________ 日期：

调查问题(举例)	是	否		不适用	备注
		轻微	严重		
1、接受客户订单					
(1)是否将顾客订单和顾客一览表对照？					
(2)对每张已接受的订单是否都编制销货通知单？					
(3)销货通知单是否连续编号？					
2. 批准信用					
(1)是否对所有新客户实行独立的信用审查？					
(2)是否在每次销售前审查顾客的信用额度？					
3. 发运商品					
(1)每次发货是否都编制了发运凭证？					
(2)发运凭证是否与销售通知单核对？					
(3)仓库发运货物是否与发运凭证核对？					
4. 开具发票					
(1)每次开具发票是否有相应的发运凭证和经批准的销货通知单？					
(2)是否复核销售发票的计价和加总的正确性？					
5. 销售的记录					
(1)销售明细账与销售汇总表是否一致？					
(2)销售发票是否按连续编号记入销售明细账？					
(3)是否定期与顾客核对应收账款明细账？					
6. 坏账处理					
(1)所有的坏账冲销是否都有书面批准单？					
(2)坏账的批准与账款的收取两种职责是否实行分离？					
7. 销售退回与折让					
(1)现金折扣是否经有关销售人员批准？					
(2)销售退回和折让是否经有关销售人员批准？					
(3)销售退回和折让是否采用预先连续编号的贷项通知单？					
(4)销售退回和折让的批准与贷项通知单的职责是否实行分离？					
问题与评价：					

(2)文字说明法

文字说明法(narrative memoranda)是指审计人员书面描述被审计单位内部控制的建立和执行情况。审计人员描述时，应按不同的交易循环，阐明各个岗位的职责或程序的工作内容，指出各项工作的负责人、经办人及其编写和记录的文件凭证等。具体描述的内容应包括以下几点：

①控制系统中每种凭证和记录的来龙去脉，如销货发票如何开出，如何归档，送交顾客或销毁等。

②经济业务发生的全部处理过程，即每一项经济业务所有有关凭证传递，会计记录和资产收发等。

③指出重要内部控制及程序，如销货业务的审批和批准等。

文字说明法最适用于内部控制比较简单、比较容易描述的小型企业。它的优点是可以对调查对象做出比较深入和具体的描述，弥补了调查表只能做出简单肯定或否定的不足，几乎适用于任何类型、任何规模的单位。它的缺点在于有时很难用简明易懂的语言来描述内部控制要素的细节，不利于为有效地进行内部控制分析和控制风险评估提供依据。表 8-4 是有关销售与收款循环内部控制的文字说明。

表 8-4　内部控制文字说明

被审计单位：甲公司	财务报表日：12/31/2006　　索引号：9—2
	编制人：　　日期：
交易循环：销售和收款	复核人：　　日期：
销售部门与顾客签订托收承付购销合同。当销售部收到顾客订货单一式两联后，林民负责登记，刘伟负责审查订货单上的商品、种类、质量要求、数量、价格、交货日期和付款方式，并在订货单上签署意见，将其中一联留存，另一联送交会计部李明。在经过会计部门批准之后，销售部编制提货单和一式三联的销售单，提货单送交顾客，销售单一联保存，另外两联分别送仓管部和会计部。顾客凭提货单到仓管部提货，仓管部在核对销售单与提货单相符后，编制一式四联装运凭证，一联留存，一联用于编制产品发出汇总表，另外两联分别报送会计部和销售部。会计部根据产品发出汇总表登记库存商品明细账，并与库存商品总账核对。会计部李明核对装运凭证、销售单和顾客订货单相符后，开出一式四联的销售发票，一联留存、两联用于登记销售收入明细账，并与总账核对，一联会同销售单、装运凭证以及其他一些文件交与开户银行办理托收承付收款手续	

(3)流程图法

流程图法是指用特定的符号和图形来描述被审计单位各项业务的处理手续以及文件或凭证的传递流程的一种方法。

流程图可以由审计人员自己编制，也可以利用被审计单位的流程图，根据其繁简程度可分为总体流程图和系统流程图。

总体流程图是简要绘制的完整业务处理过程，也是概要性的图表。

系统流程图是对每一重要交易事项自发生到记录总账所进行的内部控制的轨迹，复杂详细，以提供更多的信息。

流程图的绘制方式有多种，常用的方式是以每个业务环节为单元，在图内分栏表示不同部门或人员的职责，并用流程线将整个业务处理程序所设计的部门与人员顺序连接起来。流程图绘制时应注意以下几点：①充分了解交易和事项的处理程序，熟悉每个环节的业务内容、与其他环节的联系，以及需要填制的凭单种类和传递步骤；②使用规定的符号与连线；③按各职能部门或经办人员设置专栏，栏内从上到下反映其经办业务的先后顺序，各栏从左到右反映各部门或经办人员之间的相互关系；④要注明每种账证单表的来源和去向；⑤附加必要的图解注释。⑥遵照一般惯例，所使用的符号尽量做到规范化、标准化。

流程图法是目前各国普遍使用的一种描述内部控制制度的方法。流程图的优点是形象直观，应用灵活，不仅便于审计人员审阅和评价，而且在日后的再度审计或对同类型的客户进行审计时，只需要做少量的修改就可以绘制出一张新的流程图。因而重复发生和经常发生的业务尤其适合用流程图描述。但流程图的绘制有一定的技术难度，特别是复杂业务对绘制技术要求更高，不易掌握，因此审计人员必须有较高的素质。

流程图法的具体形式如图 8-1 所示。

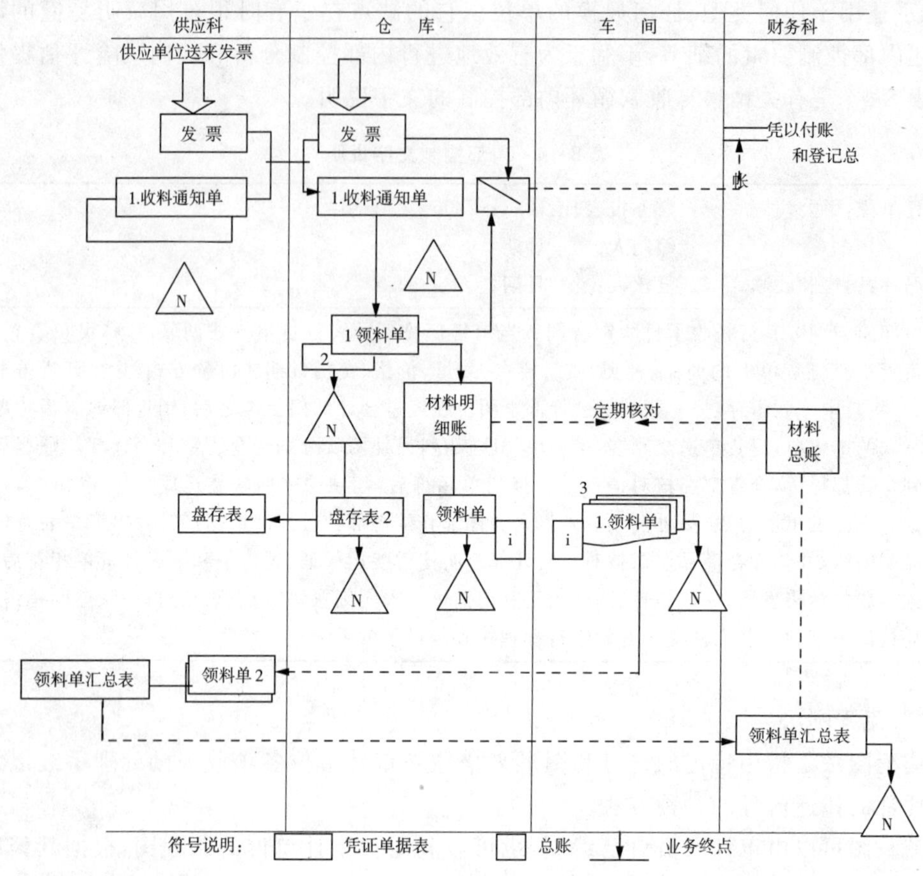

图 8-1　材料收发业务流程图

【小提示 8-10】

内部控制的三种描述方法是相互补充、相互依存的，并不相互排斥。在使用时，应结合被审计单位或被审计事项的实际情况，合理选择恰当的描述方法进行有机的组合，才能达到良好的描述效果。

四、评估重大错报风险

（一）识别和评估财务报表层次和认定层次的重大错报风险

了解被审计单位的目的之一就是评估重大错报风险。注册会计师应当识别和评估财务报表层次以及各类交易、账户余额、列报认定层次的重大错报风险。

1. 识别和评估重大错报风险的审计程序

在识别和评估重大错报风险时，注册会计师应当实施下列审计程序：

（1）在了解被审计单位及其环境的整个过程中识别风险，并考虑各类交易、账户余额、列报

注册会计师应当运用各项风险评估程序，在了解被审计单位及其环境的整个过程中

识别风险，并将识别的风险与各类交易、账户余额和列报相联系。例如，被审计单位因相关环境法规的实施需要更新设备，可能面临原有设备闲置或贬值的风险；宏观经济的低迷可能预示应收账款的回收存在问题；竞争者开发的新产品上市，可能导致被审计单位的主要产品在短期内过时，预示将出现存货跌价和长期资产（如固定资产等）的减值。

(2)将识别的风险与认定层次可能发生错报的领域相联系

注册会计师应当将识别的风险与认定层次可能发生错报的领域相联系。例如，销售困难使产品的市场价格下降，可能导致年末存货成本高于其可变现净值而需要计提存货跌价准备，这显示存货的计价认定可能发生错报。

(3)考虑识别的风险是否重大

风险是否重大是指风险造成后果的严重程度。除考虑产品市场价格下降因素外，注册会计师还应当考虑产品市场价格下降的幅度、该产品在被审计单位产品中的比重等，以确定识别的风险对财务报表的影响是否重大。假如产品市场价格大幅下降，导致产品销售收入不能补偿成本，毛利率为负，那么年末存货跌价问题严重，存货计价认定发生错报的风险重大；假如价格下降的产品在被审计单位销售收入中所占比例很小，被审计单位其他产品销售毛利率很高，尽管该产品的毛利率为负，但可能不会使年末存货发生重大跌价问题。

(4)考虑识别的风险导致财务报表发生重大错报的可能性

注册会计师还需要考虑上述识别的风险是否会导致财务报表发生重大错报。例如，考虑存货的账面余额是否重大，是否已适当计提存货跌价准备等。在某些情况下，尽管识别的风险重大，但仍不至于导致财务报表发生重大错报。例如，期末财务报表中存货的余额较低，尽管识别的风险重大，但不至于导致存货的计价认定发生重大错报。又如，被审计单位对于存货跌价准备的计提实施了比较有效的内部控制，管理层已根据存货的可变现净值，计提了相应的跌价准备。在这种情况下，财务报表发生重大错报的可能性将相应降低。

注册会计师应当利用实施风险评估程序获取的信息，包括在评价控制设计和确定其是否得到执行时获取的审计证据，作为支持风险评估结果的审计证据。注册会计师应当根据风险评估结果，确定实施进一步审计程序的性质、时间和范围。

2. 可能表明被审计单位存在重大错报风险的事项和情况

注册会计师应当关注下列事项和情况可能表明被审计单位存在重大错报风险：(1)在经济不稳定的国家或地区开展业务；(2)在高度波动的市场开展业务；(3)在严厉、复杂的监管环境中开展业务；(4)持续经营和资产流动性出现问题，包括重要客户流失；(5)融资能力受到限制；(6)行业环境发生变化；(7)供应链发生变化；(8)开发新产品或提供新服务，或进入新的业务领域；(9)开辟新的经营场所；(10)发生重大收购、重组或其他非经常性事项；(11)拟出售分支机构或业务分部；(12)复杂的联营或合资；(13)运用表外融资、特殊目的实体以及其他复杂的融资协议；(14)重大的关联方交易；(15)缺乏具备胜任能力的会计人员；(16)关键人员变动；(17)内部控制薄弱；(18)信息技术战略与经营战略不协调；(19)信息技术环境发生变化；(20)安装新的与财务报告有关的重大信息技术系统；(21)经营活动或财务报告受到监管机构的调查；(22)以往存在重大错报或本期期末出现重大会计调整；(23)发生重大的非常规交易；(24)按照管理层特定意图记录的交易；

(25)应用新颁布的会计准则或相关会计制度;(26)会计计量过程复杂;(27)事项或交易在计量时存在重大不确定性;(28)存在未决诉讼或有负债。

注册会计师应当充分关注可能表明被审计单位存在重大错报风险的上述事项和情况,并考虑由于上述事项和情况导致的风险是否重大,以及该风险导致财务报表发生重大错报的可能性。

3. 两个层次的重大错报风险

在对重大错报风险进行识别和评估后,注册会计师应当确定,识别的重大错报风险是与特定的某类交易、账户余额、列报的认定相关,还是与财务报表整体广泛相关,进而影响多项认定。

某些重大错报风险可能与特定的某类交易、账户余额、列报的认定相关。例如,被审计单位存在复杂的联营或合资,这一事项表明长期股权投资账户的认定可能存在重大错报风险。又如,被审计单位存在重大的关联方交易,该事项表明关联方及关联方交易的披露认定可能存在重大错报风险。

某些重大错报风险可能与财务报表整体广泛相关,进而影响多项认定。例如,在经济不稳定的国家和地区开展业务、资产的流动性出现问题、重要客户流失、融资能力受到限制等,可能导致注册会计师对被审计单位的持续经营能力产生重大疑虑。又如,管理层缺乏诚信或承受异常的压力可能引发舞弊风险,这些风险与财务报表整体相关。

4. 控制环境对评估财务报表层次重大错报风险的影响

财务报表层次的重大错报风险很可能源于薄弱的控制环境。薄弱的控制环境带来的风险可能对财务报表产生广泛影响,难以限于某类交易、账户余额、列报,注册会计师应当采取总体应对措施。例如,被审计单位治理层、管理层对内部控制的重要性缺乏认识,没有建立必要的制度和程序;或管理层经营理念偏于激进,又缺乏实现激进目标的人力资源等,这些缺陷源于薄弱的控制环境,可能对财务报表产生广泛影响,需要注册会计师采取总体应对措施。

5. 控制对评估认定层次重大错报风险的影响

在评估重大错报风险时,注册会计师应当将所了解的控制与特定认定相联系。这是由于控制有助于防止或发现并纠正认定层次的重大错报。在评估重大错报发生的可能性时,除了考虑可能的风险外,还要考虑控制对风险的抵消和遏制作用。有效的控制会减少错报发生的可能性,而控制不当或缺乏控制,错报就会有可能变成现实。

控制可能与某一认定直接相关,也可能与某一认定间接相关。关系越间接,控制在防止或发现并纠正认定中错报的作用越小。例如,销售经理对分地区的销售网点的销售情况进行复核,与销售收入完整性的认定只是间接相关。相应地,该项控制在降低销售收入完整性认定中的错报风险方面的效果,要比与该认定直接相关的控制(例如,将发货单与开具的销售发票相核对)的效果差。因此,控制与认定直接或间接相关;关系越间接,控制对防止或发现并纠正认定错报的效果越小。

注册会计师可能识别出有助于防止或发现并纠正特定认定发生重大错报的控制。在确定这些控制是否能够实现上述目标时,注册会计师应当将控制活动和其他要素综合考虑。如将销售和收款的控制置于其所在的流程和系统中考虑,以确定其能否实现控制目标。因为单个的控制活动(如将发货单与销售发票相核对)本身并不足以控制重大错报风险,只有多种控制活动和内部控制的其他要素综合作用才足以控制重大错报风险。

【小提示 8-11】

有某些控制活动可能专门针对某类交易或账户余额的个别认定。例如,被审计单位建立的、以确保盘点工作人员能够正确地盘点和记录存货的控制活动,直接与存货账户余额的存在性和完整性认定相关。注册会计师只需要对盘点过程和程序进行了解,就可以确定控制是否能够实现目标。

注册会计师应当考虑对识别的各类交易、账户余额和列报认定层次的重大错报风险予以汇总和评估,以确定进一步审计程序的性质、时间和范围。

(二)需要特别考虑的重大错报风险

作为风险评估的一部分,注册会计师应当运用职业判断,确定识别的风险哪些是需要特别考虑的重大错报风险(以下简称特别风险)。

在确定哪些风险是特别风险时,注册会计师应当在考虑识别出的控制对相关风险的抵消效果前,根据风险的性质、潜在错报的重要程度(包括该风险是否可能导致多项错报)和发生的可能性,判断风险是否属于特别风险。

特别风险通常与重大的非常规交易和判断事项有关,而日常的、不复杂的、经正规处理的交易不太可能产生特别风险。

非常规交易是指由于金额或性质异常而不经常发生的交易。例如,企业并购、债务重组、重大或有事项等。

由于下列原因,与重大判断事项相关的特别风险可能导致更高的重大错报风险:一是对涉及会计估计、收入确认等方面的会计原则存在不同的理解;二是所要求的判断可能是主观和复杂的,或需要对未来事项做出假设。

与重大非常规交易相关的特别风险可能导致更高的重大错报风险:(1)管理层更多地介入会计处理;(2)数据收集和处理涉及更多的人工成分;(3)复杂的计算或会计处理方法;(4)非常规交易的性质可能使被审计单位难以对由此产生的特别风险实施有效控制。

在确定风险的性质时,注册会计师应当考虑下列事项:

(1)风险是否属于舞弊风险;(2)风险是否与近期经济环境、会计处理方法和其他方面的重大变化有关;(3)交易的复杂程度;(4)风险是否涉及重大的关联方交易;(5)财务信息计量的主观程度,特别是对不确定事项的计量存在较大区间;(6)风险是否涉及异常或超出正常经营过程的重大交易。

(三)仅通过实质性程序无法应对的重大错报风险

作为风险评估的一部分,如果认为仅通过实质性程序获取的审计证据无法将认定层次的重大错报风险降至可接受的低水平,注册会计师应当评价被审计单位针对这些风险设计的控制,并确定其执行情况。

在被审计单位对日常交易采用高度自动化处理的情况下,审计证据可能仅以电子形式存在,其充分性和适当性通常取决于自动化信息系统相关控制的有效性,注册会计师应当考虑仅通过实施实质性程序不能获取充分、适当审计证据的可能性。例如,某企业

通过高度自动化的系统确定采购品种和数量，生成采购订单，并通过系统中设定的收货确认和付款条件进行付款。除了系统中的相关信息以外，该企业没有其他有关订单和收货的记录。在这种情况下，如果认为仅通过实施实质性程序不能获取充分、适当的审计证据，注册会计师应当考虑依赖的相关控制的有效性，并对其进行了解、评估和测试。

（四）对风险评估的修正

注册会计师对认定层次重大错报风险的评估应以获取的审计证据为基础，并可能随着不断获取审计证据而做出相应的变化。如果通过实施进一步审计程序获取的审计证据与初始评估获取的审计证据相矛盾，注册会计师应当修正风险评估结果，并相应修改原计划实施的进一步审计程序。例如，注册会计师对重大错报风险的评估可能基于预期控制运行有效这一判断，即相关控制可以防止或发现并纠正认定层次的重大错报。但在测试控制运行的有效性时，注册会计师获取的证据可能表明相关控制在被审计期间并未有效运行。同样，在实施实质性程序后，注册会计师可能发现错报的金额和频率比在风险评估时预计的金额和频率要高。因此，如果通过实施进一步审计程序获取的审计证据与初始评估获取的审计证据相矛盾，注册会计师应当修正风险评估结果，并相应修改原计划实施的进一步审计程序。

因此，评估重大错报风险与了解被审计单位及其环境一样，也是一个连续和动态地收集、更新与分析信息的过程，贯穿于整个审计过程的始终。

第二节　重大错报风险应对

一、针对财务报表层次重大错报风险的总体应对措施

（一）总体应对措施

按照《中国注册会计师审计准则第 1211 号——通过了解被审计单位及其环境识别和评估重大错报风险》与《中国注册会计师审计准则第 1231 号——针对评估的重大错报风险采取的应对措施》的相关规定，注册会计师应当针对评估的财务报表层次重大错报风险确定下列总体应对措施：

其一，向项目组强调在收集和评价审计证据过程中保持职业怀疑态度的必要性。所谓职业怀疑态度，是指注册会计师以质疑的思维方式评价所获取审计证据的有效性，并对相互矛盾的审计证据，以及引起对文件记录或管理层和治理层提供的信息的可靠性产生怀疑的审计证据保持警觉。

其二，分派更有经验或具有特殊技能的审计人员，或利用专家的工作。由于各行业在经营业务、经营风险、财务报告、法规要求等方面具有特殊性，审计人员的专业分工细化成为一种趋势。审计项目组成员中应有一定比例的人员曾经参与过被审计单位以前年度的审计，或具有被审计单位所处特定行业的相关审计经验。必要时，要考虑利用信息技术、税务、评估、精算师等方面的专家的工作。

其三，提供更多的督导。对于财务报表层次重大错报风险较高的审计项目，项目组的高级别成员，如项目负责人、项目经理等经验较丰富的人员，要对其他成员提供更详

细、更经常、更及时的指导和监督并加强项目质量复核。

其四，在选择进一步审计程序时，应当注意使某些程序不被管理层预见或事先了解。被审计单位人员尤其是管理层，如果熟悉注册会计师的审计套路，就可能采取种种规避手段，掩盖财务报告中的舞弊行为。因此，在设计拟实施审计程序的性质、时间和范围时，为了避免既定思维对审计方案的限制，避免对审计效果的人为干涉，从而使得针对重大错报风险的进一步审计程序更加有效，注册会计师要考虑使某些程序不被被审计单位管理层预见或事先了解。

在实务中，注册会计师可以通过以下方式提高审计程序的不可预见性：(1)对某些未测试过的低于设定的重要性水平或风险较小的账户余额和认定实施实质性程序；(2)调整实施审计程序的时间，使被审计单位不可预期；(3)采取不同的审计抽样方法，使当期抽取的测试样本与以前有所不同；(4)选取不同的地点实施审计程序，或预先不告知被审计单位所选定的测试地点。

其五，对拟实施审计程序的性质、时间和范围做出总体修改。注册会计师根据对控制环境的了解，评估财务报表层次重大错报风险的有效的控制环境，可以使注册会计师增强对内部控制和被审计单位内部产生的证据的信赖程度。如果控制环境存在缺陷，注册会计师在对拟实施审计程序的性质、时间和范围做出总体修改时应当考虑以下因素：

(1)在期末而非期中实施更多的审计程序。控制环境的缺陷通常会削弱期中获得的审计证据的可信赖程度；

(2)通过实质性程序获取更多的审计证据。良好的控制环境是其他控制要素发挥作用的基础。控制环境存在缺陷通常会削弱其他控制要素的作用，导致注册会计师可能无法信赖内部控制，而主要依赖实施实质性程序获取审计证据。

(3)修改审计程序的性质，获取更具说服力的审计证据。修改审计程序的性质主要是指调整拟实施审计程序的类别及组合，比如原先可能主要限于检查某项资产的账面记录或相关文件，而调整审计程序的性质后可能意味着更加重视实地检查该项资产。

(4)扩大审计程序的范围。例如扩大样本规模，或采用更详细的数据实施分析程序。

(二)总体应对措施对拟实施进一步审计程序的总体方案的影响

财务报表层次重大错报风险难以限于某类交易、账户余额、列报的特点，意味着此类风险可能对财务报表的多项认定产生广泛影响，并相应增加注册会计师对认定层次重大错报风险的评估难度。因此，注册会计师评估的财务报表层次重大错报风险以及采取的总体应对措施，对拟实施进一步审计程序的总体方案具有重大影响。

进一步审计程序的总体方案包括实质性方案和综合性方案。其中，实质性方案是指注册会计师实施的进一步审计程序以实质性程序为主；综合性方案是指注册会计师在实施进一步审计程序时，将控制测试与实质性程序结合使用。当评估的财务报表层次重大错报风险属于高风险水平(并相应采取更强调审计程序不可预见性、重视调整审计程序的性质、时间和范围等总体应对措施)时，拟实施进一步审计程序的总体方案往往更倾向于实质性方案。

二、针对认定层次重大错报风险的进一步审计程序

(一)进一步审计程序的含义和要求

进一步审计程序相对于风险评估程序而言，是指注册会计师针对评估的各类交易、

账户余额、列报(包括披露,下同)认定层次重大错报风险实施的审计程序,包括控制测试和实质性程序。

注册会计师应当针对评估的认定层次重大错报风险设计和实施进一步审计程序,包括审计程序的性质、时间和范围。本准则第九条则进一步强调,注册会计师设计和实施的进一步审计程序的性质、时间和范围,应当与评估的认定层次重大错报风险具备明确的对应关系。这些条款的实质是要求注册会计师实施的审计程序具有目的性和针对性,有的放矢地配置审计资源,提高审计效率和效果。

需要说明的是,尽管在应对评估的认定层次重大错报风险时,拟实施的进一步审计程序的性质、时间和范围都应当确保其具有针对性,但其中进一步审计程序的性质是最重要的。例如,注册会计师评估的重大错报风险越高,实施进一步审计程序的范围通常越大;但是只有首先确保进一步审计程序的性质与特定风险相关时,扩大审计程序的范围才是有效的。

(二)设计进一步审计程序时的考虑因素

在设计进一步审计程序时,注册会计师应当考虑下列因素:

其一,风险的重要性。风险的重要性是指风险造成的后果的严重程度。风险的后果越严重,就越需要注册会计师关注和重视,越需要精心设计有针对性的进一步审计程序。

其二,重大错报发生的可能性。重大错报发生的可能性越大,同样越需要注册会计师精心设计进一步审计程序。

其三,涉及的各类交易、账户余额和列报的特征。不同的交易、账户余额和列报,产生的认定层次的重大错报风险也会存在差异,适用的审计程序也有差别,需要注册会计师区别对待,并设计有针对性的进一步审计程序予以应对。

其四,被审计单位采用的特定控制的性质。不同性质的控制(尤其是人工控制还是自动化控制)对注册会计师设计进一步的审计程序具有重要影响。

其五,注册会计师是否拟获取审计证据,以确定内部控制在防止或发现并纠正重大错报方面的有效性。如果注册会计师在风险评估时预期内部控制运行有效,随后拟实施的进一步审计程序必须包括控制测试,且实质性程序自然会受到之前控制测试结果的影响。

综合上述几方面因素,注册会计师对认定层次重大错报风险的评估为确定进一步审计程序的总体方案奠定了基础。因此,注册会计师应当根据对认定层次重大错报风险的评估结果,恰当选用实质性方案或综合性方案。通常情况下,注册会计师出于成本效益的考虑,可以采用综合性方案设计进一步审计程序,即将测试控制运行的有效性与实质性程序结合使用。但在某些情况下,注册会计师必须通过实施控制测试,才可能有效应对评估出的某一认定的重大错报风险;而在另一些情况下(如注册会计师的风险评估程序未能识别出与认定相关的任何控制,或注册会计师认为控制测试很可能不符合成本效益原则),注册会计师可能认为仅实施实质性程序就是适当的。

还需要特别说明的是,注册会计师对重大错报风险的评估毕竟是一种主观判断,可能无法充分识别所有的重大错报风险,同时内部控制存在固有局限性(特别是存在管理层凌驾于内部控制之上的可能性),因此,无论选择何种方案,注册会计师都应当对所有重大的各类交易、账户余额、列报设计和实施实质性程序。

(三)进一步审计程序的性质及选择

进一步审计程序的性质是指进一步审计程序的目的和类型。其中:进一步审计程序的目的包括通过实施控制测试以确定内部控制运行的有效性,通过实施实质性程序以发现认定层次的重大错报;进一步审计程序的类型包括检查、观察、询问、函证、重新计算、重新执行和分析程序。

不同的审计程序应对特定认定错报风险的效力不同。例如,对于与收入完整性认定相关的重大错报风险,控制测试通常更能有效应对;对于与收入发生认定相关的重大错报风险,实质性程序通常更能有效应对。所以,在应对评估的风险时,合理确定审计程序的性质是非常重要的。

注册会计师应当根据认定层次重大错报风险的评估结果选择审计程序。

评估的认定层次重大错报风险越高,对通过实质性程序获取的审计证据的相关性和可靠性的要求越高,从而可能影响进一步审计程序的类型及其综合运用。例如,当注册会计师判断某类交易协议的完整性存在更高的重大错报风险时,除了检查文件以外,注册会计师还可能决定向第三方询问或函证协议条款的完整性。

在确定拟实施的审计程序时,注册会计师应当考虑评估的认定层次重大错报风险产生的原因,包括考虑各类交易、账户余额、列报的具体特征以及内部控制。例如,注册会计师可能判断某特定类别的交易即使在不存在相关控制的情况下发生重大错报的风险仍较低,此时注册会计师可能认为仅实施实质性程序就可以获取充分、适当的审计证据。

如果在实施进一步审计程序时拟利用被审计单位信息系统生成的信息,注册会计师应当就信息的准确性和完整性获取审计证据。例如,注册会计师在执行实质性分析程序时,使用了被审计单位生成的非财务信息或预算数据,注册会计师应当获取关于这些信息的准确性和完整性的审计证据。

(四)进一步审计程序的时间及选择

进一步审计程序的时间是指注册会计师何时实施进一步审计程序,或审计证据适用的期间或时点。因此,当提及进一步审计程序的时间时,在某些情况下指的是审计程序的实施时间,在另一些情况下是指需要获取的审计证据适用的期间或时点。

注册会计师在确定何时实施审计程序时应当考虑的几项重要因素:

其一,控制环境。良好的控制环境可以抵消在期中实施进一步审计程序的局限性,使注册会计师在确定实施进一步审计程序的时间时有更大的灵活性。

其二,何时能得到相关信息。例如,某些控制活动可能仅在期中(或期中以前)发生,而之后可能难以再被观察到;再如,某些电子化的交易和账户文档如未能及时取得,可能被覆盖。在这些情况下,注册会计师如果希望获取相关信息,则需要考虑能够获取相关信息的时间。

其三,错报风险的性质。例如,被审计单位可能为了保证盈利目标的实现,而在会计期末以后伪造销售合同以虚增收入,此时注册会计师需要考虑在期末(即资产负债表日)这个特定时点获取被审计单位截至期末所能提供的所有销售合同及相关资料,以防范被审计单位在资产负债表日后伪造销售合同虚增收入的做法。

其四,审计证据适用的期间或时点。注册会计师应当根据需要获取的特定审计证据确定何时实施进一步审计程序。例如，为了获取资产负债表日的存货余额证据，显然不宜在与资产负债表日间隔过长的期中时点或期末以后时点实施存货监盘等相关审计程序。

需要说明的是，虽然注册会计师在很多情况下可以根据具体情况选择实施进一步审计程序的时间，但也存在着一些限制选择的情况。某些审计程序只能在期末或期末以后实施，包括将财务报表与会计记录相核对，检查财务报表编制过程中所做的会计调整等。如果被审计单位在期末或接近期末发生了重大交易，或重大交易在期末尚未完成，注册会计师应当考虑交易的发生或截止等认定可能存在的重大错报风险，并在期末或期末以后检查此类交易。

(五)进一步审计程序的范围及确定

进一步审计程序的范围是指实施进一步审计程序的数量，包括抽取的样本量，对某项控制活动的观察次数等。

在确定审计程序的范围时，注册会计师应当考虑下列因素：

其一，确定的重要性水平。确定的重要性水平越低，注册会计师实施进一步审计程序的范围越广。

其二，评估的重大错报风险。评估的重大错报风险越高，对拟获取审计证据的相关性、可靠性的要求越高，因此注册会计师实施的进一步审计程序的范围也越广。

其三，计划获取的保证程度。计划获取的保证程度，是指注册会计师计划通过所实施的审计程序对测试结果可靠性所获取的信心。计划获取的保证程度越高，对测试结果可靠性要求越高，注册会计师实施的进一步审计程序的范围越广。例如，注册会计师对财务报表是否不存在重大错报的信心可能来自控制测试和实质性程序。如果注册会计师计划从控制测试中获取更高的保证程度，则控制测试的范围就更广。

需要说明的是，随着重大错报风险的增加，注册会计师应当考虑扩大审计程序的范围。但是，只有当审计程序本身与特定风险相关时，扩大审计程序的范围才是有效的。

鉴于进一步审计程序的范围往往是通过一定的抽样方法加以确定的，因此，注册会计师需要慎重考虑抽样过程对审计程序范围的影响是否能够有效实现审计目的。注册会计师使用恰当的抽样方法通常可以得出有效结论。但如果存在下列情形，注册会计师依据样本得出的结论可能与对总体实施同样的审计程序得出的结论不同，出现不可接受的风险：(1)从总体中选择的样本量过小；(2)选择的抽样方法对实现特定目标不适当；(3)未对发现的例外事项进行恰当的追查。

此外，注册会计师在综合运用不同审计程序时，除了面临各类审计程序的性质选择问题，还面临如何权衡各类程序的范围问题。因此，注册会计师在综合运用不同审计程序时，不仅应当考虑各类审计程序的性质，还应当考虑测试的范围是否适当。

三、对列报和审计证据的评价与审计工作记录

(一)评价列报的适当性

《企业会计准则第 30 号——财务报表列报》规范了财务报表的列报，提出了财务报表列报的一致性、可比性等总体要求，并就财务报表各组成部分(如资产负债表、利润表)的列报提出了具体要求。因此，注册会计师应当实施审计程序，以评价财务报表总体列

报是否符合适用的会计准则和相关会计制度的规定。

在评价财务报表总体列报时，注册会计师应当考虑评估的认定层次重大错报风险。

注册会计师应当考虑财务报表是否正确反映财务信息及其分类，以及对重大事项的披露是否充分。在评价财务报表列报时，注册会计师通常考虑财务报表各组成部分的格式、内容、报表项目的分类、所使用术语的可理解性、所披露金额或其他信息的详细程度等方面。

（二）评价审计证据的充分性和适当性

1. 完成审计工作前对进一步审计程序所获取审计证据的评价

在完成审计工作前对进一步审计程序所获取审计证据的评价，主要体现在根据发现的错报或控制执行偏差考虑修正重大错报风险的评估结果。

通过实施进一步审计程序，注册会计师首先需要考虑获取的审计证据是否可能影响此前对认定层次的重大错报风险的评估结果。因此，注册会计师应当根据实施的审计程序和获取的审计证据，评价对认定层次重大错报风险的评估是否仍然适当。

财务报表审计是一个累积和不断修正的过程。随着计划的审计程序的实施，如果获取的信息与风险评估时依据的信息有重大差异，注册会计师应当考虑修正风险评估结果，并据以修改原计划的其他审计程序的性质、时间和范围。

在实施控制测试时，如果发现被审计单位控制运行出现偏差，注册会计师应当了解这些偏差及其潜在后果（如询问某项控制活动中关键人员发生变动的时间），并确定已实施的控制测试是否为信赖控制提供了充分、适当的审计证据，是否需要实施进一步的控制测试或实质性程序，以应对潜在的错报风险。

注册会计师不应将审计中发现的舞弊或错误视为孤立发生的事项，而应当考虑其对评估的重大错报风险的影响。

在完成审计工作前，注册会计师应当评价是否已将审计风险降至可接受的低水平，是否需要重新考虑已实施审计程序的性质、时间和范围。

2. 形成审计意见时对审计证据的综合评价

在形成审计意见时，注册会计师应当从总体上评价是否已经获取充分、适当的审计证据，以将审计风险降至可接受的低水平。注册会计师应当考虑所有相关的审计证据，包括能够印证财务报表认定的审计证据和与之相矛盾的审计证据。

对于整个审计过程中做出的各项审计结论，注册会计师均应当评价相关审计证据的充分性和适当性。评价审计证据的充分性和适当性需要注册会计师运用职业判断，在评价审计证据的充分性和适当性时，注册会计师应当考虑下列因素：

（1）认定发生潜在错报的重要程度，以及潜在错报单独或连同其他潜在错报对财务报表产生重大影响的可能性；

（2）管理层应对和控制风险的有效性；

（3）在以前审计中获取的关于类似潜在错报的经验；

（4）实施审计程序的结果，包括审计程序是否识别出舞弊或错误的具体情形；

（5）可获得信息的来源和可靠性；

（6）审计证据的说服力；

(7)对被审计单位及其环境的了解。

如果对重大的财务报表认定没有获取充分、适当的审计证据，注册会计师应当尽可能获取进一步的审计证据。如果不能获取充分、适当的审计证据，注册会计师应当出具保留意见或无法表示意见的审计报告。

(三)审计工作记录

注册会计师应当就下列事项形成审计工作记录：

(1)对评估的财务报表层次重大错报风险采取的总体应对措施；

(2)实施进一步审计程序的性质、时间和范围；

(3)实施的进一步审计程序与评估的认定层次重大错报风险的联系；

(4)实施进一步审计程序的结果。

如果拟利用在以前审计中获取的有关控制运行有效性的审计证据，注册会计师应当记录信赖这些控制的理由和结论。

本章小结

审计准则要求注册会计师在审计过程中贯彻风险导向审计的理念，围绕重大错报风险的识别、评估和应对，计划和实施审计工作。

注册会计师应当了解被审计单位及其环境，以足够识别和评估财务报表重大错报风险，设计和实施进一步审计程序。注册会计师应当实施风险评估程序来了解被审计单位及其环境。风险评估是指以了解被审计单位及其环境为内容，以识别和评估财务报表重大错报风险为目的，在设计和实施进一步审计程序之前实施的程序。风险评估程序包括询问被审计单位治理层、管理层和内部其他相关人员；与前任注册会计师沟通；执行分析程序；观察和检查。

注册会计师在进行审计时，必须了解、研究、评价和把握被审计单位的内部控制，并对拟信赖的内部控制进行测试，据以设计和实施进一步审计程序的性质、时间和范围，以便合理、准确编制审计计划。内部控制由控制环境、风险评估、信息系统与沟通、控制活动、监控五要素构成。

了解被审计单位及其环境以及内部控制的目的是识别和评估财务报表层次与认定层次的重大错报风险。此外，注册会计师还要考虑特别风险的影响以及仅通过实质性程序无法应对的重大错报风险的影响，并对风险评估进行修订。

注册会计师应当针对财务报表层次重大错报风险确定总体应对措施，并针对评估的认定层次重大错报风险设计和实施进一步程序，以将审计风险降至可接受的低水平。

在确定总体应对措施以及设计和实施进一步审计程序的性质、时间和范围时，注册会计师应当运用职业判断。

进一步审计程序相对风险评估程序而言，是指注册会计师针对评估的各类交易、账户余额、列报(包括披露)认定层次重大错报风险实施的审计程序，包括控制测试和实质性程序。

进一步审计程序的性质是指进一步审计程序的目的和类别。进一步审计程序的时间是指注册会计师何时实施进一步审计程序,或审计程序适用的期间或时点。

进一步审计程序的范围是指实施进一步审计程序的数量,包括抽取的样本量,对某项控制活动的观察次数等。

控制测试是指测试控制运行的有效性。注册会计师应当从下列方面获取关于控制是否有效运行的审计证据:(1)控制在所审计期间的不同时点是如何运行的;(2)控制是否得到一贯执行;(3)控制由谁执行;(4)控制以何种方式运行。

实质性程序是指注册会计师针对评估的重大错报风险实施的直接用以发现认定层次重大错报的审计程序。实质性程序包括对各类交易、账户余额、列报的细节测试以及实质性分析程序。

注册会计师在完成审计工作前需要对进一步审计程序所获取审计证据进行评价,在形成审计意见时需要对审计证据进行综合评价。最后,针对评估的重大错报风险实施的程序形成审计工作记录。

【复习思考题】

1. 什么是风险评估? 风险评估程序的主要内容是什么? 为什么要进行风险评估?
2. 简述了解被审计单位及其环境的程序。
3. 简述内部控制的五项要素各自的内容。
4. 简述评估重大错报风险的审计程序。
5. 了解内部控制的目的与控制测试的目的有什么区别?
6. 怎样理解针对财务报表重大错报风险所采取的总体应对措施? 它对实施进一步审计程序的总体方案有什么影响?
7. 进一步审计程序的总体方案包括哪些具体内容?
8. 怎样设计进一步审计程序?
9. 举例说明如何选择不同性质的进一步审计程序?
10. 如何运用实质性分析程序和细节测试程序?

【案例分析题】

李注册会计师接受长城会计师事务所的指派,于 2012 年 11 月底对公开发行股票的 AB 公司进行预审,以便为审计项目小组编制 AB 公司 2012 年度财务报表的审计计划提供依据。李注册会计师承担的预审工作主要包括两个方面:对部分业务的内部控制实施控制测试,对部分交易、活动实施实质性测试。在预审过程中,他发现了以下情况:

(1)为使采购业务的不相容职务彻底分离,AB 公司规定采购人员不得参与验收。每次收到供应商发来的货物后,必须由财会部门负责采购业务会计记录的人员进行验收登记,只有当所收货物与订购单一致后,采购部门才能开具付款凭单。

(2)财务部门在办理付款业务时,对请购单、购货发票、结算凭证的签字、盖章、日期、数量、金额等进行严格审核。

(3)按照 AB 公司与甲公司签署的购货合同,自收到 E 材料起 10 日内向甲公司付清款项者,AB 公司可自动获得 10%的现金折扣。在审查 10 月份发生的一笔购货业务的会计资料时,李注册会计师发现AB公司在2012年10月16日收到E材料,于18日按购货发票所列金额(30万元)的90%向甲公司支付了27万元的货款。财务人员对此笔付款做了借记原材料27万元、贷记银行存款27万元的记录。

(4)在选择AB公司的债权人作为应付账款的函证对象时,李注册会计师按照应付金额的大小,选取了金额最大的10个客户采用积极式函证方式发函询证。

(5)AB公司2012年7月15日购入并安装价值50万元、预计使用期限为3年、预计残值率为1%的生产用机械设备1台,当日投入生产。由于设备的特殊性质,在使用后的前3个月内,随时可能需要进行调试。根据这一情况,AB公司决定从2007年11月起对此设备开始计提折旧。据了解,该设备所生产的W产品均已入库但尚未销售。

(6)AB公司自2008年起以融资租赁方式租入H公司一座原值600万元、2007年末完工、预计使用年限为15年、预计净残值为10万元的小型写字楼,作为本公司的实验楼。合同显示的融资租赁期限为2008年1月1日至2023年12月31日。2012年1月,为适应实验的特殊需要,AB公司在继续使用情况下耗资200万元对该实验楼进行了装修,并已于2012年6月末装修完毕。由于此次装修可以满足未来10年的实验需要,AB公司自7月开始按预计使用年限为10年、预计净残值8万元对此项固定资产装修计提折旧。

(7)AB公司于2011年7月对其产品展厅进行了装修,装修费用为60万元,装修的预计净残值为0,预计下次装修时间为2016年。由于生产经营的需要,AB公司决定将该展厅改造成职工宿舍,相关改造工程于2012年7月开工。AB公司于7月份将尚未计提折旧的装修费用54万元计入管理费用。

(8)AB公司于2012年初以经营租赁的方式租入丙公司的尚可使用期限为20年的成品仓库一座,租赁期限到2022年为止。AB公司在租入该仓库后,立即按照8年使用期的标准进行了装修,支付的装修费用为80万元。此项固定资产装修的预计净残值为零,AB公司当年采用直线法计提了10万元的折旧。

(9)AB公司2012年11月份因一项债务重组导致了20万元的固定资产清理净损失,财务人员对此做了冲减资本公积的会计处理。

要求:

逐一针对上述情况,按下列要求回答问题:

1. 凡属于内部控制方面的情况,请根据财政部内部会计控制规范的相关规定,逐一判断X公司的相关内部控制是否存在缺陷。你认为是存在缺陷的,请具体指明。

2. 凡属于业务、交易的会计处理方面的情况,请根据企业会计准则与会计制度的相关规定,指出所述经营活动及会计处理是否符合规定,简要说明原因。需要x公司进行调整的,请直接列出相应的调整分录。

3. 凡属于审计策略或审计程序方面的问题,请根据中国注册会计师独立审计准则的相关规定,指出注册会计师做出的审计决策是否存在缺陷或不足之处,如存在,请具体说明。

第九章　审计抽样

【本章提示】

学习目标：

通过本章学习，学生应该掌握审计抽样的概念和分类；审计抽样的判断及其各类型的关系；审计抽样的基本程序；控制测试中审计抽样方法的运用；细节测试中审计抽样方法的运用。

重要概念：

审计抽样；统计抽样；非统计抽样；抽样风险；非抽样风险；总体；分层；样本规模；随机选样；固定样本量抽样；概率比例规模抽样

【引例】

一、法尔莫公司简介

从孩提时代开始，米奇・莫纳斯就喜欢几乎所有的运动，尤其是篮球。但是因天资及身高所限，他没有机会到职业球队打球。然而，莫纳斯确实拥有一个所有顶级球员共有的特征，那就是他有一种无法抑制的求胜欲望。

莫纳斯把他无穷的精力从球场上转移到他的董事长办公室里。他首先设法获得了位于(美)俄亥俄州阳土敦市的一家药店，在随后的十年中他又收购了另外299家药店，从而组建了全国连锁的法尔莫公司。不幸的是，这一切辉煌都是建立在资产造假——未检查出来的存货高估和虚假利润的基础上的，这些舞弊行为最终导致了莫纳斯及其公司的破产。同时也使为其提供审计服务的“五大”事务所损失了数百万美元。

二、案例始末

自获得第一家药店开始，莫纳斯就梦想着把他的小店发展成一个庞大的药品帝国。其所实施的策略就是他所谓的“强力购买”，即通过提供大比例折扣来销售商品。莫纳斯首先做的就是把实际上并不盈利且未经审计的药店报表拿来，用自己的笔为其加上并不存在的存货和利润。然后，凭着自己空谈的天分及一套夸大了的报表，在一年之内骗得了足够的投资，用以收购8家药店，奠定了他的小型药品帝国的基础。这个“药品帝国”后来发展到了拥有300家连锁店的规模。一时间，莫纳斯成为金融领域的风云人物，他的公司则在阳土敦市赢得了令人崇拜的地位。

一个偶然的机会，这个精心设计的、至少引起5亿美元损失的财务舞弊事件浮出水面之时，莫纳斯和他的公司炮制虚假利润已达10年之久。这实在不是一件容易的事。当时法尔莫公司的财务总监认为，因公司以低于成本出售商品而招致了严重的损失，但是莫纳斯认为通过“强力购买”，公司完全可以发展得足够大，使得它能顺利地坚持它的销售方式。最终在莫纳斯的强大压力下，这位财务总监卷入了这起舞弊案件。在随后的数年之中，他和他的几位下属保持了两套账簿：一套用以应付注册会计师的审计，一套反映糟糕的现实。

他们先将所有的损失归入一个所谓的“水桶账户”，再将该账户的金额通过虚增存货的方式重新分配到公司的数百家成员药店中。他们仿造购货发票，制造增加存货并减少销售成本的虚假记账凭证，确认购货却不同时确认负债，多计或加倍计算存货的数量。财务部门之所以可以隐瞒存货短缺，是因为注册会计师只对300家药店中的4家进行存货监盘，而且他们会提前数月通知法尔莫公司将检查哪些药店。管理人员随之将那4家药店堆满实物存货，而把那些虚增的部分分配到其余的296家药店。如果不考虑其会计造假，法尔莫公司实际已濒临破产。在最近一次审计中，其现金已紧缺到供应商因其未能及时支付购货款而威胁取消对其供货的地步。

注册会计师们一直未能发现这起舞弊，他们为此付出了昂贵的代价。这项审计失败使得会计师事务所在民事诉讼中损失了3亿美元。那位财务总监被判33个月的监禁，莫纳斯本人则被判刑5年。

三、案例思考与讨论

1. 审计抽样的基本程序有哪些？应该如何确认审计样本？

2. 对于审计抽样的样本结果，应该如何评价？

3. 结合本案例，应该采用怎样的审计抽样方法？

在早期的审计实务中，注册会计师一般要对被审计单位全部的会计和其他资料进行审查。随着现代企业内部控制理论和实践的不断发展以及概率和数理统计理论向审计领域的渗透，审计技术已经扬弃了传统的详细审计模式，转而采用审计抽样。例如在收集审计证据的过程中，注册会计师通常会采用抽样的方法，通过样本的特征来推断总体特征，并进而得出审计结论。抽样技术和方法运用于审计工作，是审计理论和实践的重大突破，实现了审计工作从详细审计到抽样审计的历史性飞跃。

第一节　审计抽样概述

一、审计抽样的概念

在设计审计程序时，注册会计师应当确定选取测试项目的适当方法。注册会计师可以使用的方法，包括选取全部项目、选取特定项目和审计抽样。注册会计师可以根据具体情况，单独或综合使用选取测试项目的方法，但所使用的方法应当能够有效地提供充分、适当的审计证据，以实现审计程序的目标。

（一）选取全部项目

当存在下列情形之一时，注册会计师应当考虑选取全部项目进行测试：(1)总体由少量的大额项目构成；(2)存在特别风险且其他方法未提供充分、适当的审计证据；(3)由于信息系统自动执行的计算或其他程序具有重复性，对全部项目进行检查符合成本效益原则。一般情况下,对于全部项目进行检查,通常更适用于细节测试。

(二)选取特定项目

根据对被审计单位的了解、评估的重大错报风险以及所测试总体的特征等,注册会计师可以确定从总体中选取特定项目进行测试。选取的特定项目可能包括:(1)大额或关键项目;(2)超过某一金额的全部项目;(3)被用于获取某些信息的项目;(4)被用于测试控制活动的项目。根据判断选取特定项目,一般容易产生非抽样风险。

选取特定项目实施检查,通常是获取审计证据的有效手段,但并不构成审计抽样。对按照这种方法所选取的项目实施审计程序的结果,不能推断全部项目的结果。当未被选取的项目重大时,注册会计师应当考虑是否需要对未被选取部分获取充分、适当的审计证据。

(三)审计抽样

审计抽样是指注册会计师对某类交易或账户余额中低于百分之百的项目实施审计程序,使所有抽样单元都有被选取的机会。所谓抽样单元,是指构成总体的个体项目。而总体是指注册会计师从中选取样本并据此得出结论的整套数据。它可以分为多个层或子总体,注册会计师对每一层或子总体予以分别检查。

在实施审计程序过程中,注册会计师从审计对象总体中选取一定数量的样本进行测试,并根据测试结果推断总体特征。对于审计抽样,应当具备三个基本特征:(1)对某类交易或账户余额中低于百分之百的项目实施审计程序;(2)所有抽样单元都有被选取的机会;(3)审计测试的目的是评价该账户余额或交易类型的某一特征。此外,对于审计抽样,需要注意以下几点:(1)审计抽样不同于详细审计。详细审计是指全面地审查审计对象总体中的全部项目,并根据审计结果形成审计意见。但是,如果从审计对象总体中选取部分项目或有特殊重要性的全部项目进行审计,并对所选项目本身发表审计意见,则不是审计抽样。(2)审计抽样不能完全等同于抽查。广义的抽查作为一种技术,可以用来了解情况,确定审计重点、获取审计证据,使用中并无严格要求。审计抽样作为一种方法,需要运用抽查技术,但更重要的是要根据审计目的及具体环境的要求做出科学的抽样决策。审计抽样工作要严格按照规定的程序和方法去完成。审计抽样的基本目标是在有限审计资源条件的限制下,收集充分、适当的审计证据,以形成和支持审计结论。

注册会计师从运用审计程序收集审计证据的整个过程中,始终离不开审计抽样的运用,而所运用的审计程序也将对运用的审计抽样产生重要影响。有些审计程序可以使用审计抽样,有些审计程序则不宜使用审计抽样。注册会计师获取审计证据时可能使用三种目的的审计程序:风险评估、控制测试和实质性程序。风险评估程序通常不涉及审计抽样,如果注册会计师在了解控制的设计和确定控制是否得到执行的同时计划和实施控制测试,则会涉及审计抽样,但此时审计抽样是针对控制测试进行的。当控制的运行留下轨迹时,注册会计师可以考虑使用审计抽样实施控制测试;对于未留下运行轨迹的控制,注册会计师通常实施询问、观察等审计程序,以获取有关控制运行有效性的审计证据,此时不涉及审计抽样。实质性程序包括对各类交易、账户余额、列报的细节测试,以及实质性分析程序,在实施细节测试时,注册会计师可以使用审计抽样获取;在实施实质性分析程序时,注册会计师不宜使用审计抽样。

二、审计抽样的分类

随着审计的外部和内部环境的不断变化和发展，审计抽样技术也是不断发展的，从其产生到现在共经历了三个典型阶段，表现为由初级迈向高级的演进过程：任意抽样阶段（产生阶段）→判断抽样阶段（发展阶段）→统计抽样阶段（成熟阶段）。任意抽样阶段是抽样审计的最初阶段，注册会计师通常较为主观地抽取样本进行测试。为了克服主观性和盲目性，保证审计质量，审计实践和审计理论研究开始逐渐以判断抽样代替任意抽样。在判断抽样阶段，注册会计师按照被审计单位的实际情况，对被审计项目总体先进行分析判断，根据判断结果，有侧重地抽取样本进行测试。目前，在审计实践中仍旧可以看到判断抽样的应用。随着概率论和数理统计学的研究领域的扩展，统计抽样逐渐应用于审计抽样中，使得抽取的样本数量和质量更具有科学性，能够以一定的可靠程度满足评价被审计项目的需要。

审计抽样的种类很多，我们可以按照一定的标准将其划分为不同的类别，展开分析和比较，进而理解和掌握审计抽样基本原理和方法。按照抽样决策的依据，可以将审计抽样划分为统计抽样和非统计抽样；按照审计抽样所了解的总体特征不同，可以将审计抽样划分为属性抽样和变量抽样。

（一）统计抽样和非统计抽样

统计抽样和非统计抽样都是注册会计师在执行审计测试中可以选择的抽样方法，注册会计师在对某类交易或账户余额使用审计抽样时，应当根据具体情况并运用职业判断，确定使用这两种抽样方法，以最有效率地获取审计证据。统计抽样和非统计抽样可以单独使用，也可以结合使用。

统计抽样是指同时具备以下特征的抽样方法：(1)随机选取样本；(2)运用概率论评价样本结果，包括计量抽样风险。而不同时具备上述两个特征的抽样方法为非统计抽样。对于上述的概念特征，可以从两个方面加以理解：一方面，即使注册会计师严格按照随机原则选取样本，如果没有对样本结果进行统计评估，就不能认为使用了统计抽样；另一方面，基于非随机选取样本的统计评估也是无效的。

统计抽样最主要的优点是运用数学方法使抽样风险定量化。该抽样方法运用数量统计技术确定样本的数量与构成分布，随机抽样有效样本进行测试并评价抽样结果，可以合理保证总体中每一项都有抽选的机会，使样本特征尽可能地接近总体的特征。它有利于对注册会计师合理、有效地完成抽样审计工作，处于审计抽样发展的成熟阶段。

现代审计广泛采用统计抽样具有合理的依据，主要表现在：(1)有充分的数学方法做保障。统计抽样主要运用高等数学的方法。抽样时，如果样本选择适当，那么根据测试样本的结果，运用概率论的原理，可以合理地推断出总体。(2)有健全的内部控制做基础。企业具有健全的内部控制，会计核算方面出现错误和舞弊的可能性就会减少，即使发生了某些错误和舞弊也能迅速发现。因此，运用统计抽样技术必须以被审计单位有健全的内部控制为基础。(3)有合理的经济成本做依据。现代企业机构庞大，业务频繁，在这种情况下，如果采用全面测试，进行详细审计，不仅企业要支付大量的审计费用，而且会计师事务所和企业都需要为本次审计耗费大量的时间和人力。因此，从节约审计资源的角度来说，也需要以抽样审计代替详细审计。

虽然统计抽样有上述优点，并解决了非统计抽样难以解决的问题，但是，统计抽样的产生并不意味着非统计抽样的消亡，在一定的条件下，非统计抽样仍然具有应用的价值。非统计抽样主要是指，注册会计师不能将抽样风险定量化，主要运用专业经验和主观判断，从特定对象总体中抽取部分样本进行测试，并以样本的测试结果来推断总体特征的抽样审计方法。显然，任意抽取或判断抽取的样本往往代表性不强，很难保证它能否反映总体的真实情况，按照对这种样本的测试结果来推断总体，审计结论的可靠性难以保证，而且其结果在很大程度上取决于注册会计师的经验水平的高低和判断能力的强弱。但是，非统计抽样只要设计得当，也能够获得与统计抽样相同的效果。统计抽样和非统计抽样的关系如图 9－1 所示①。

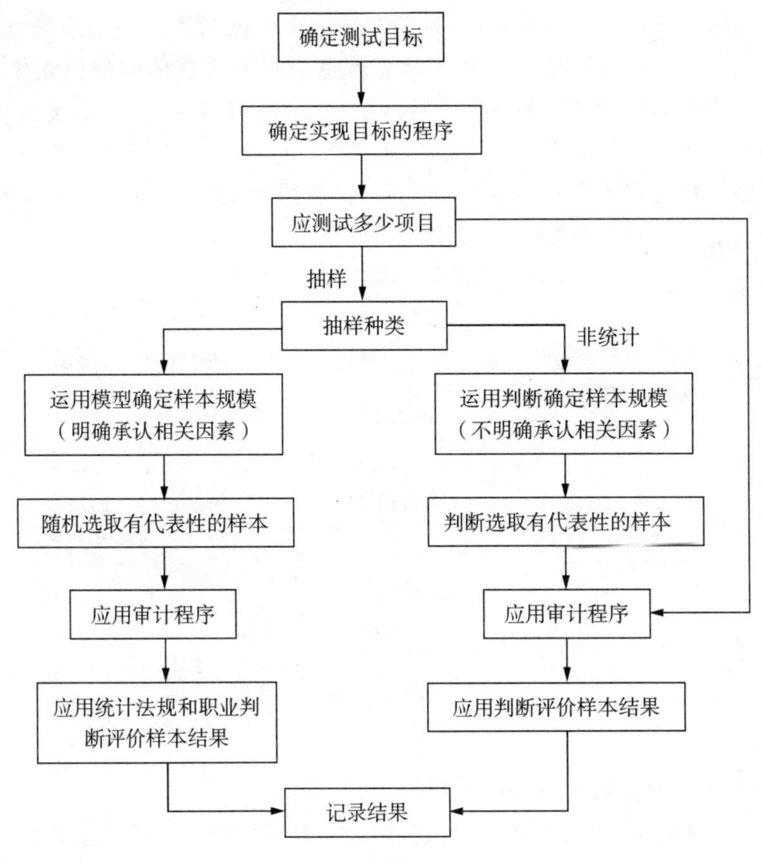

图 9－1　统计抽样与非统计抽样

应该强调，统计抽样和非统计抽样的选用，主要涉及审计程序实施的范围问题，并不影响运用样本程序的选择和获取单个样本项目证据的适当性及审计人员对发现样本错误的适当反应。

① 刘明辉，孙坤，徐平．审计[M]．东北财经大学出版社，2001：312.

【小提示】

对于上述的统计抽样和非统计抽样，在其应用过程中，通常都包含三个阶段：计划样本、选择样本及完成审计程序、评估结果。计划样本的目的是确保审计程序在愿意接受的抽样风险且最小化非抽样误差情况下完成。样本的选择包括如何从总体中选择样本项目。而结果的评估则涉及如何根据审计测试得出结论。例如，假定一位审计人员从总体中选择100张销货发票副本作为样本，逐一测试，看它们是否已附有发货单，最后，确定有三张例外。决定从总体中选取哪100个项目，是一个样本的选择问题。在样本例外的比例为3%时对整个总体可能发生例外的比例做出结论，则是一个评估问题。

(二)属性抽样和变量抽样

属性抽样是指在精确度界限和可靠程度一定的条件下，为了测定总体特征的发生频率而采用的抽样审计方法。也就是说，按照测试的样本推断控制差错或舞弊发生频率而采用的审计抽样。变量抽样是指用来估计总体总金额或者总体中的错误金额而采用的一种方法。按照内部控制测试的目的和特点所采用的审计抽样通常是属性测试；按照实质性程序的目的和特点所采用的审计抽样通常是变量抽样。在审计实务中，经常存在同时进行控制测试和实质性程序的情况，这个时候所采用的审计抽样称为双重目的的抽样。属性抽样和变量抽样的关系如图9-2所示。

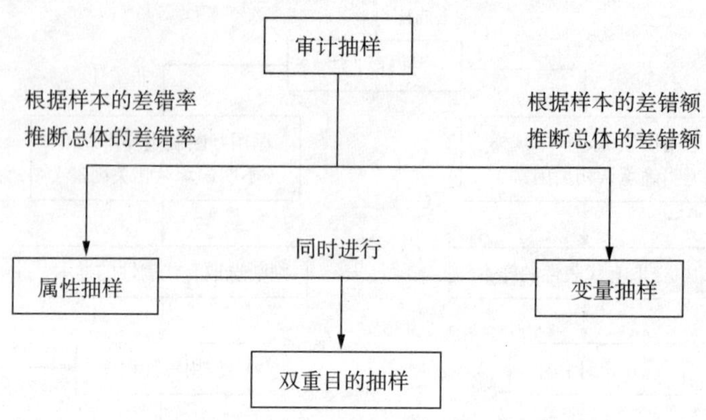

图9-2　属性抽样和变量抽样

三、抽样风险和非抽样风险

在获取审计证据时，注册会计师应当运用职业判断，评估重大错报风险，并设计进一步审计程序，以确保将审计风险降至可接受的低水平。在审计抽样时，抽样风险和非抽样风险可能影响重大错报风险的评估和检查风险的确定。

(一)抽样风险

抽样风险是指注册会计师根据样本得出的结论，与对总体全部项目实施与样本同样的审计程序得出的结论存在的差异的可能性。按照抽样风险的概念，可以将其分为两种类型：第一种类型的抽样风险，可能会影响到审计的效果，并可能导致注册会计师发表不恰当的审计意见。在实施控制测试时，注册会计师推断的控制有效性高于其实际有效性的风险;或在实施细节测试时,注册会计师推断某一重大错报不存在而实际上存在的风险。第二种类型的抽样风险,可能会影响到审计的效率。在实施控制测试时,注册会计师推断的控制有效性低于其实际有效性的风险;或在实施细节测试时,注册会计师推断某一重大错报存在而实际上不存在的风险。

由此可见,无论是在控制测试还是在细节测试中,都可能存在影响审计效果的抽样风险和影响审计效率的抽样风险。但在控制测试和细节测试中,这两类抽样风险的表现形式有所不同。控制测试中的抽样风险包括信赖过度风险和信赖不足风险。对于注册会计师而言,信赖过度风险更容易导致注册会计师发表不恰当的审计意见,因而更应予以关注。相反,信赖不足风险与审计的效率有关,注册会计师可能会增加不必要的实质性程序,降低审计效率。在实施细节测试时,注册会计师也要关注两类抽样风险:误受风险和误拒风险。与信赖过度风险类似,误受风险影响审计效果,容易导致注册会计师发表不恰当的审计意见,因而注册会计师更应予以关注。与信赖不足风险类似,误拒风险影响审计效率,注册会计师会扩大不必要的细节测试范围并考虑获取其他审计证据,虽然最终注册会计师会得出恰当的结论,但降低了审计效率。对于抽样风险各类型的关系如表 9-1 所例。

注册会计师在审计实务中,只要使用了审计抽样,就一定会存在抽样风险。在使用统计抽样时,注册会计师可以准确地计量和控制抽样风险;在使用非统计抽样时,注册会计师无法量化抽样风险,只能根据职业判断对其进行定性的评价和控制。对特定样本而言,抽样风险与样本规模成反比:样本规模越小,抽样风险越大;样本规模越大,抽样风险越小。按照抽样风险与样本规模的关系,控制抽样风险的唯一途径就是控制样本规模。无论是控制测试还是细节测试,注册会计师都可以通过扩大样本规模降低抽样风险。如果对总体中的所有项目都实施检查,就不存在抽样风险,此时审计风险则有非抽样风险产生。

表 9-1　抽样风险各类型的关系

抽样风险	影响审计效果	影响审计效率
控制测试	信赖过度风险 表现:推断的控制有效性高于其实际有效性	信赖不足风险 表现:推断的控制有效性低于其实际有效性
细节测试	误受风险 表现:推断某一重大错报不存在而实际上存在	误拒风险 表现:推断某一重大错报存在而实际上不存在

(二)非抽样风险

非抽样风险是指由于某些与样本规模无关的因素而导致注册会计师得出错误结论的可能性。注册会计师采用不适当的审计程序,或者误解审计证据而没有发现误差等,均可能导致非抽样风险。注册会计师即使对某类交易或账户余额的所有项目实施某项审计程序,也可能仍未能发现重大错报或控制失效。

在审计过程中,可能导致非抽样风险的原因包括下列情况:(1)注册会计师选择的总体不适合测试目标；(2)注册会计师未能适当地定义控制偏差或错报，导致注册会计师未能发现样本中存在的偏差或错报；(3)注册会计师选择了不适合于实现特定目标的审计程序；(4)注册会计师未能适当地评价审计发现的情况；(5)其他一些导致非抽样风险的原因。

非抽样风险一般是由人为错误造成的，因而可以降低、消除或防范。无论是控制测试还是细节测试，注册会计师都可以通过对业务的指导、监督与复核降低非抽样风险，也可以通过仔细设计其审计程序尽量降低非抽样风险，还可以对注册会计师实务的适当改进，将非抽样风险降低至可接受的水平。

第二节　审计抽样的基本程序

一、样本设计

(一)基本要求

样本设计是审计抽样的计划工作，是注册会计师围绕样本的性质、样本量、抽样组织方式及抽样工作质量的要求对抽样工作进行全面系统的规划。其要解决的核心问题是在确定的抽样组织方式下如何确定样本量。在设计审计样本时，注册会计师应当考虑审计程序的目标和抽样总体的属性。

1. 明确审计目标

注册会计师在设计样本时应当根据具体审计目标，考虑其所要获取的审计证据的性质，以及与该审计证据相关的可能的误差情况或其他特征，以正确地界定误差构成条件和抽样总体，来确定采用的审计抽样方法，并据此明确样本的性质、规模等要素。如具体审计目标若为验证账户余额估价的正确性，则需要采用统计抽样和概率方法选取样本的抽样测试。

2. 界定抽样总体

抽样总体就是注册会计师为形成审计结论，拟采用抽样方法审计的经济业务以及有关会计或其他资料的全部项目。注册会计师通过界定抽样总体，归纳具有其特性的数据体，以期获取迎合测试需要的数据。

此外，对总体的预计误差率或误差额的评估，也有助于设计审计样本和确定样本规模。在实施控制测试时，注册会计师通常根据对相关控制的设计和执行情况的了解，或根据从总体中抽取少量项目进行检查的结果，对拟测试总体的预计误差率进行评估。在实施细节测试时，注册会计师通常对总体的预计误差额进行评估。

(二)总体

如前所述，总体是指注册会计师从中选取样本并据此得出结论的整套数据。注册会计师在实施审计抽样时，应当确保总体的适当性和完整性。

1. 适当性

注册会计师应当确定总体适合于特定的审计目标，包括适合于测试的方向。例如在细节测试中，如果注册会计师的目标是测试应收账款的低估，总体可以定义为应收账款清单;但在测试应付账款的高估时,总体就不是应收账款清单,而是后来收款的证明、未收款的发票、购货方的对账单、没有销售发票对应的发货报告,或能提供高估应收账款的审计证据的其他总体。

2. 完整性

注册会计师应当从总体项目内容和涉及时间等方面确定总体的完整性。如注册会计师从档案中选取收款证明,除非有充足的证据证实所有的收款证明已经归档,否则注册会计师不能对该期间的所有收款证明做出审计结论。

如果在实施审计程序时,使用被审计单位信息系统生成的信息,注册会计师应当获取与该信息的准确性和完整性有关的审计证据。同时,在实施审计抽样时,注册会计师应当实施相应的审计程序,以确保实施审计抽样所依据的全部信息足够完整和准确。

(三)分层

分层是指将一个总体划分为多个子总体的过程,每个子总体由一组具有相同特征(通常为货币金额)的抽样单元组成。一般在总体项目存在重大的变异性时,注册会计师应考虑分层。分层可以降低每一层中项目的变异性,从而在抽样风险没有成比例增加的前提下减小样本规模。注册会计师可以考虑将总体分为若干个离散的具有识别特征的子总体(层),以提高审计效率。注册会计师还应当仔细界定子总体,以使每一抽样单元只能属于一个层。

当实施细节测试时,注册会计师通常按照货币金额对某类交易或账户余额进行分层,以将更多的审计资源投入大额项目中,如表 9-2 所示。注册会计师也可以按照显示较高误差风险的某一特定特征对总体进行分层。对某一层中的样本项目实施审计程序的结果,只能用于推断构成该层的项目。如果对整个总体做出结论,注册会计师应当考虑与构成整个总体的其他层有关的重大错报风险。

表 9-2 应收账款分层示例

明细账余额	该层明细账户数量	该层余额合计	准备测试的明细账户数量
100 万以上	20	3500 万	20
50 万~100 万	80	6000 万	70
10 万~50 万	320	8000 万	100
1 万~10 万	1200	7500 万	120
1 万以下	2000	1800 万	125
合计	3620	26800 万	435

(四)定义误差构成条件

注册会计师必须实现准确定义构成误差的条件,否则执行审计程序时就没有识别误差的标准。在控制测试中,误差是指控制偏差,注册会计师要仔细定义所要测试的控制及可能出现偏差的情况;在细节测试中,误差是指错报,注册会计师要确定哪些情况构成错报。

注册会计师定义误差构成条件时要考虑审计程序的目标,清楚地了解误差构成条

件，对于确保在界定误差时将所有与审计目标相关的条件包括在内至关重要。

(五)确定审计程序

注册会计师必须确定能够最好地实现测试目标的审计程序组合。例如，如果注册会计师的审计目标是通过测试某一阶段的适当授权证实交易的有效性，审计程序就是检查特定人员已在某文件上签字以示授权的书面证据。注册会计师预计样本中每一张该文件上都有适当的签名。

二、样本选取

(一)确定样本规模

样本规模是指从总体中选取样本项目的数量。在确定样本规模时，注册会计师应当考虑能否将抽样风险降至可接受的低水平。在实施审计抽样过程中，影响样本规模的因素主要包括以下五种：

1. 可接受的抽样风险

样本规模受注册会计师可接受的抽样风险水平的影响，可接受的抽样风险水平越低，需要的样本规模越大；愿意接受的抽样风险水平越高，需要的样本规模就越小。也就是说，可接受的抽样风险与需要的样本规模成反比。

2. 可容忍误差

可容忍误差是注册会计师认为抽样结果可以达到审计目的而可以接受的审计对象总体的最大误差。在审计计划阶段，注册会计师应当根据重要性原则合理地确定可容忍误差。在其他因素既定的条件下，可容忍误差越大，需要的样本规模越小，即可容忍误差与需要的样本规模成反比。

3. 预计总体误差

预计总体误差也是规划恰当的样本规模的重要程序，它是注册会计师预期在审计过程中发现的误差。在既定的可容忍误差下，当预计总体误差越大，所需的样本规模就越大，即预计总体误差与需要的样本规模成正比。

4. 总体变异性

总体变异性是指总体的某一特征在各项目之间的变异程度。在控制测试中，注册会计师在确定样本规模时一般不考虑总体变异性。在细节测试中，注册会计师确定适当的样本规模时要考虑特征的变异性。总体项目的变异性越低，通常样本规模越小，即总体变异性与需要的样本规模成正比。

5. 总体规模

注册会计师通常将抽样单位超过5000个的总体视为大规模总体。对于大规模总体而言，总体的实际容量对样本规模几乎没有影响。而对于小规模总体而言，审计抽样比其他选择项目的方法的效率低。

根据上述影响样本规模的因素，可以分别总结出这些影响因素在控制测试和细节测试中的表现形式，如表9-3所示[①]。

---

① 中国注册会计师协会．审计[M]．北京：经济科学出版社，2013：145.

使用统计抽样方法时，注册会计师必须对影响样本规模的因素进行量化，并利用根据统计公式开发的专门的计算机程序或专门的样本量表来确定样本规模。在非统计抽样中，注册会计师可以只对影响样本规模的因素进行定性的估计，并运用职业判断确定样本规模。

表 9-3 影响样本规模的因素

影响因素	控制测试	细节测试	与样本规模的关系
可接受的抽样风险	可接受的信赖过度风险	可接受的误受风险	反向变动
可容忍误差	可容忍偏差率	可容忍错报	反向变动
预计总体误差	预计总体偏差率	预计总体错报	同向变动
总体变异性	—	总体变异性	同向变动
总体规模	总体规模	总体规模	影响很小

(二)选取样本

在选取样本项目时，注册会计师应当使总体中的所有抽样单元均有被选取的机会。对于统计抽样，注册会计师应当随机选取样本项目，以便使每一抽样单元以已知的机会被选中。抽样单元可能是实物项目(如发票)或货币单位。而对于非统计抽样，注册会计师应当运用职业判断选取样本项目。由于抽样的目的是对整个总体得出结论，注册会计师应当尽量选取具有总体典型特征的样本项目，并在选取样本时避免偏见。

选取样本的方法主要包括：随机选样、系统选样、随意选样、金额加权选样等。

1. 随机选样

随机选样是指对审计对象总体的所有项目，按照随机规则选取样本。在审计实务中，注册会计师一般通过使用随机数表或计算机辅助审计技术选样。采用随机选样，要求总体中的每一项都有不同的编号，最好是连续编号，然后利用随机数表或计算机乱数表随机选取样本。

随机数表也称乱数表，是一组从长期看出现概率相同的数码，且不会产生可识别的模式。它是由随机生成的从 0～9 共 10 个数字所组成的数表，每个数字在表中出现的次数是大致相同的，它们出现在表上的顺序是随机的。表 9-4 所列的是 5 位随机数表的一部分。

表 9-4 随机数表(部分)

随机数 列号 行号	1	2	3	4	5
1	99557	21091	63788	67237	53780
2	78946	47892	14322	52357	12427
3	72729	33780	30988	35806	34894
4	62762	36098	90223	43801	64821

（续表）

随机数 列号 / 行号	1	2	3	4	5
5	68635	94117	01942	13347	09215
6	78904	65754	22438	35890	84692
7	57901	42389	76280	45724	34315
8	48381	02591	11635	37583	67901
9	60719	67201	18543	11021	35675
10	07159	54363	42718	62789	15802
11	90321	32780	56952	16042	34167
12	17875	10984	52609	03276	41789
13	02874	42544	70456	89361	67098
14	76543	21789	66110	75521	53908
15	45678	80211	32890	51279	76598

使用随机数表时，首先应建立表中数字与总体中项目的一一对应关系。一般情况下，编号可利用总体项目中原有的某些编号，如凭证号、支票号、发票号；但有时也可以用账页的页码、金额在明细表中的行数等编号；甚至在某些情况下还可以考虑替换编号，如某些经济业务事项编号是 A1001，B2003 等，可指定 1 代替 A，2 代替 B 等。其次应选择一个随机起点和一个选号路线，随机起点和选号路线可以任意选择，但一经选定就不得改变，应从随机起点开始，按照选号路线依次选样。

随机数选样是科学的样本选取方法，应优先考虑使用。它不仅使总体中每个抽样单元被选取的概率相等，而且使相同数量的抽样单元组成的每种组合被选取的概率相等。这种方法在统计抽样和非统计抽样中均可使用。由于统计抽样要求注册会计师能够计量实际样本被选取的概率，这种方法尤其适合于在统计抽样中使用。

【小案例 9－1】

随机数表的使用：

2007 年，诚信会计师事务所对远华公司进行独立审计。在对销售业务审计过程中，注册会计师准备对该公司本年的 2000 张销售发票进行随机选样的方法，决定选取 20 个样本。该批销售发票上的号码是一组连续编号的 8 位数号码，且前四位表示属地，均相同，后四位为 2210～4210。

所以，注册会计师决定采用随机选样法（随机数表参见表 9－4），确定只用随机数表所列数字的后 4 位数来与销售发票上的号码后 4 位一一对应，确定第二行第一列为随机起点，选号路线为第二行、第三行……依次进行。最后按照规定的一一对应关系和随机起点及选号路线，在随机数表中选出数码，分别为：52357，12427，72729，33780，62762，

43801,94117,13347,22438,42389,02591,42718,62789,32780,34167,52609,03276,02874,42544,53908。选出 20 个号码后，按此数码后四位选取与其对应的 20 张销售发票作为选定样本。

2. 系统选样

系统选样又称为等距选样，是指按照相同的间隔从审计对象总体中等距离地选取样本的一种选样方法。使用系统选样，首先须确定选择间距，一般按总体规模除以样本量求得。然后随机确定选样起点，再按间距顺序选取样本。

仍以上述 2000 张销售发票（后四位发票号码为 2210～4210）为例，注册会计师准备选取 20 个样本。首先计算选样间隔为 100（2000÷20），注册会计再从 0～99 中选取一个随机数作为抽样起点，假设选择了 37，那么第一个样本项目是后四位发票号码为 2247（2210＋37）的那一张，其余的 19 个项目分别是 2347（2247＋100），2447（2347＋100），……依次类推直至 4147。

系统选样方法的主要优点是使用方便，比其他选样方法节省时间，对总体的项目不需要编号，注册会计师只要简单数出每个间距即可。该方法一般适用于随机排列的总体，尤其是无限总体。但是，如果总体不是随机排列，就有可能产生非随机的、不具有代表性的样本，容易使测试和推断产生较大的偏差。为了克服系统选样法的这一缺点，取样时可以多设立几个随机起点，以减少这种可能性；或者在确定选样方法之前对总体特征的分布进行观察，若发现总体特征分布呈随机分布，则采用系统选样，否则可考虑使用其他选样方法。

3. 随意选样

随意选样又称为任意选样，是指注册会计师不带任何偏见地选取样本，即注册会计师不考虑样本项目的性质、大小、外观位置或其他特征而选取总体项目。随意选样的主要缺点在于很难完全无偏见地选取样本项目，即这种方法难以彻底排除注册会计师的个人偏好对选取样本的影响，因而很可能使样本失去代表性。由于文化背景和所受训练等的不同，每个注册会计师都可能无意识地带有某种偏好。因此，在运用随意选样方法时，注册会计师要避免由于项目性质、大小、外观和位置等的不同所引起的偏见，尽量使所选取的样本具有代表性。虽然，随意选样也可以选出代表性的样本，但它属于非随机基础选样方法，因而不能在统计抽样中使用，只能在非统计抽样中使用。

4. 金额加权选样

在实施细节测试时，特别是测试高估时，将以某类交易或账户余额的每一货币单位作为抽样单位，通常效率很高。金额加权选样的基本特点是每一元钱都有均等被抽样的机会。注册会计师通常从总体中选取特定货币单位，然后检查包含这些货币单位的特定项目。这种方法可以与系统选样方法结合使用，且在使用计算机辅助审计技术选取项目时效率最高。

如表 9-5 所列，假定某被审计单位在 2007 年度共有 6 张购货发票，注册会计师希望抽查第 2500 元、5000 元、10000 元钱的购货业务。考虑到单独测试每一元钱是不现实的，所以注册会计师最后选中的是包含第 2500 元、5000 元、10000 元钱的三张发票进行测试，即编号为 2072、2073、2076 的购货发票。

表 9-5 金额加权选样举例

发票编号	发票金额	累计金额	选中的测试项目
2071	1354	1354	
2072	1288	2642	√
2073	2946	5588	√
2074	3093	8681	
2075	965	9646	
2076	4567	14213	√

按照上述方法选出代表性的样本后，注册会计师应当针对选取的每个项目，实施适合于具体审计目标的审计程序。如果选取的项目不适合实施审计程序，注册会计师通常使用代替项目。如果因凭证缺失等原因导致注册会计师无法对所选取的项目实施已设计的审计程序，且不能针对该项目实施适当的替代审计程序，注册会计师通常考虑将该项目视作误差。

(三)对样本实施审计程序

注册会计师应当针对选取的每个项目，实施适当具体目的的审计程序。对选取的样本项目实施审计程序旨在发现并记录样本中存在的误差。

如果审计程序不适用于选取的项目，注册会计师应当针对替代项目实施该审计程序。例如，如果在测试付款授权时选取了一张作废的支票，并确信支票已经按照适当程序作废因而不构成偏差，注册会计师需要适当选择一个替代项目进行检查。

注册会计师通常对每一样本项目实施适合于特定审计目标的审计程序。有时，注册会计师可能无法对选取的抽样单位实施计划的审计程序。注册会计师对未检查项目的处理取决于未检查项目对评价样本结果的影响。如果注册会计师对样本结果的评价不会因为未检查项目可能存在错报而改变，就无须对这些项目进行检查。如果未检查项目可能存在的错报会导致该类交易或账户余额存在重大错报，注册会计师就要考虑实施替代程序，为形成结论提供充分的证据。注册会计师也要考虑无法对这些项目实施检查的原因是否会影响计划的重大错报风险评估水平或对舞弊风险的评估。如果未能对某个选取的项目实施设计的审计程序或适当的替代程序，注册会计师应当将该项目视为控制测试中对规定的控制的一项偏差，或细节测试中的一项错报。

三、样本结果评价

(一)误差的性质和原因

注册会计师应当考虑样本的结果、已识别的所有误差的性质和原因，及其对具体审计目标和审计的其他方面可能产生的影响。

无论是统计抽样还是非统计抽样，对样本结果的定性评估和定量评估一样重要。即使样本的统计评价结果在可以接受的范围内，注册会计师也应对样本中的所有误差进行定性分析。

当实施控制测试时，注册会计师应当获取控制在整个拟信赖的期间有效运行的充分、适当的审计证据。当识别出控制的运行存在误差时，注册会计师应当进行专门调查，并考虑下列事项：已识别的误差对财务报表的直接影响；内部控制的有效性及其对审计方法的影响。在上述情况下，注册会计师应当确定实施的控制测试能否提供适当的审计证据，是否需要增加控制测试，或是否需要使用实质性程序应对潜在的错报风险。

在分析发现的样本误差时，注册会计师可能注意到许多误差具有共同的特征。在这种情况下，注册会计师应当考虑识别出总体中具有共同特征的全部项目，并将审计程序延伸至所有这些项目。这些误差可能是故意的，并显示可能存在舞弊。

如果将某一误差视为异常误差①，注册会计师应当实施追加的审计程序，以高度确信该误差对总体误差不具有代表性。追加的审计程序取决于具体情况，但应能为注册会计师提供充分、适当的审计证据，以证明该误差并不影响总体的剩余部分。

（二）推断总体误差

在实施控制测试时，由于样本的误差率就是整个总体的推断误差率，注册会计师无须推断总体误差率。

但当实施细节测试时，注册会计师应当根据样本中发现的误差金额推断总体误差金额，并考虑推断误差对特定审计目标及审计的其他方面的影响。此外，注册会计师应当将推断的总体误差金额与可容忍误差比较，在细节测试中，可容忍误差即可容忍错报，其金额小于或等于注册会计师针对所审计的某类交易或账户余额而使用的重要性水平。

在根据样本误差推断总体时，如果将某一误差确定为异常误差，注册会计师可以将其排除在外。如果异常误差未得到更正，注册会计师除需推断非异常误差外，还需考虑异常误差的影响。

如果某类交易或账户余额已经分层，注册会计师应当在每一层分别推断误差。在考虑误差对某类交易或账户余额的总额可能有影响时，注册会计师应当将每一层的推断误差与异常误差汇总起来考虑。

（三）评价样本结果

注册会计师应当评价样本结果，以确定对总体相关特征的评估是否得到证实或需要修正。

1. 控制测试中的样本结果评价

在实施控制测试时，如果样本的误差率超出预期，注册会计师应当修正评估的重大错报风险，或获取进一步审计证据，以支持初始评估结果。

(1)统计抽样

在统计抽样中，注册会计师通常使用表格或计算机程序计算抽样风险。并根据由样本误差率估计推断的总体偏差率与抽样风险允许限度之和，来确定信赖过度风险条件下

① 异常误差是指由某一孤立事件引起的误差，该事件只有在特定条件下才会重复发生，因而异常误差对总体误差不具有代表性。

可能发生的偏差率上限的估计值。

如果估计的总体偏差率上限大于或等于可容忍偏差率，则总体不能接受。此时注册会计师对总体做出结论，样本结果则不支持计划评估的控制有效性，也不支持计划的重大错报风险评估水平。因此，注册会计师应当修正重大错报风险评估水平，并增加实质性程序的数量，也可以对影响重大错报风险评估水平的其他控制进行测试，以支持计划的重大错报风险评估水平。

如果估计的总体偏差率上限小于可容忍偏差率，注册会计师应当在综合考虑其他审计程序结果的基础上，考虑是否接受总体。如果需要，注册会计师还应该考虑是否扩大测试范围，以进一步证实计划评估的控制有效性和重大错报风险水平。

(2)非统计抽样

在非统计抽样中，抽样风险一般无法直接计量。注册会计师通常是将样本偏差率与可容忍偏差率相比较，以判断总体是否可以接受。

如果样本偏差率大于可容忍偏差率，则总体不能接受。此时注册会计师对总体做出结论，样本结果则不支持计划评估的控制有效性，也不支持计划的重大错报风险评估水平。因此，注册会计师应当修正重大错报风险评估水平，并增加实质性程序的数量，并且也可以对影响重大错报风险评估水平的其他控制进行测试，以支持计划的重大错报风险评估水平。

当样本偏差率小于总体的可容忍偏差率时，注册会计师要考虑总体实际偏差率与可容忍偏差率之间的差额水平。如果样本偏差率小于但接近可容忍偏差率，注册会计师通常认为，可能会存在总体实际偏差率高于可容忍偏差率的抽样风险，因而总体不可接受。如果样本偏差率大大小于可容忍偏差率，注册会计师通常认为总体可以接受。如果样本偏差率与可容忍偏差率之间的差距介于上述两种情况之间，既不很大也不很小，以至于不能认定总体是否可以接受时，注册会计师则要考虑扩大样本规模，增加样本数量，以进一步搜集证据。

2. 细节测试中的样本结果评价

在实施细节测试时，如果样本的误差额超出预期，除非有进一步的证据证明不存在重大错报，注册会计师应当认为所测试的交易或账户余额存在重大错报。

(1)统计抽样

在统计抽样中，注册会计师通常会利用数学公式或计算机程序计算出总体错报上限，然后将计算的总体错报上限与可容忍错报额相互比较，其中总体错报上限等于推断的总体错报与抽样风险允许限度之和。

如果计算的总体错报上限大于或等于可容忍错报，则一般认为总体不能接受。此时，注册会计师在对总体做出结论时，所测试的交易或账户余额可能会存在重大错报。在评估财务报表整体是否存在重大错报时，注册会计师不应只考虑该类交易或账户余额的错报，而应该将其与其他审计证据一并考虑。在这种情况下，注册会计师一般会提出建议，要求被审计单位对错报进行调查，并且在必要时调整账面记录。如果计算的总体错报上限小于可容忍错报，则一般认为总体可以接受。此时，注册会计师应当对总体做出相应的结论，而所测试的交易或账户余额一般认为不存在重大错报。

(2)非统计抽样

在非统计抽样中，注册会计师通常会运用其经验和职业判断评价抽样结果。

如果调整后的总体错报大于可容忍错报，或者虽小于可容忍错报但两者很接近，注册会计师通常会做出总体实际错报大于可容忍错报的结论，即该类交易或账户余额存在重大错报，因而总体不能接受。如果对样本结果的评价显示，对总体相关特征的评估需要修正，注册会计师可以单独或综合采取下列措施：①提请管理层对已识别的误差和存在更多误差的可能性进行调查，并在必要时予以调整；②修改进一步审计程序的性质、时间和范围；③考虑对审计报告的影响。

如果调整后的总体错报大大小于可容忍错报，注册会计师可以做出总体实际错报小于可容忍错报的结论，即该类交易或账户余额不存在重大错报，因而总体可以接受。如果调整后的总体错报与可容忍错报之间的差距介于上述这种情况之间，既不很大也不很小，注册会计师应该仔细地考虑总体实际错报超过可容忍错报的风险是否能够接受，并考虑是否需要扩大细节的范围，以获取进一步的证据。

第三节　抽样方法的运用

审计抽样方法在控制测试和细节测试运用过程中有不同的表现形式。根据影响样本规模的因素，在控制测试中，可接受的抽样风险主要是指可接受的信赖过度风险[①]，可容忍误差主要是指可容忍偏差率，预计总体误差主要是指预计总体偏差率；在细节测试中，审计抽样只能在实施细节测试时使用，因此，可接受的抽样风险主要是指抽样风险中的误受风险，可容忍误差主要是指可容忍错报，预计总体误差主要是指预计总体错报金额。

一、控制测试中抽样方法的运用

在实施控制测试过程中，注册会计师可能使用统计抽样方法，也可能使用非统计抽样方法。在使用统计抽样方法时，通常有三种，包括：固定样本量抽样、停-走抽样和发现抽样。

(一)固定样本量抽样

固定样本量抽样是一种使用最为广泛的抽样方法，常用于估计审计对象总体中某种误差发生的比例。在固定样本量抽样中，注册会计师对一个确定规模的样本实施检查，并且等到某一确定规模的样本全部选取、审查完以后，才做出审计结论。因此，首先应按照一定的方法确定样本规模，然后根据样本的测试结果推断总体误差。

1. 确定样本规模

注册会计师在使用固定样本量抽样时，一般可以选用统计公式计算样本规模，或者

① 由于控制测试主要是控制是否有效运行的主要证据来源，因此，可接受的信赖过度风险应确定在相对较低的水平上。通常，相对较低的水平在数量上是指5%～10%的信赖过度风险。在实务中，一般的测试是将信赖过度风险确定为10%。

选用样本量表确定样本规模。

(1)统计公式计算样本规模　在此，将会引用概率论中的泊松(Poisson)分布的统计模型，样本量的计算公式如下：

$$样本量(n)=\frac{可接受的信赖过度风险系数(R)}{可容忍偏差率(TR)}$$

在公式中，分子"可接受的信赖过度风险系数"主要取决于特定的信赖过度风险和预期将出现的偏差的个数，它可以在泊松分布表中查出。如表 9-6 所列，是以泊松分布表为基础，在控制测试中常用的可接受信赖过度风险系数表。

假设注册会计师确定的可接受的信赖过度风险为 10%，预计总体偏差率为 1%，可容忍偏差率为 3%，并估计预期将最多发现 2 例偏差，则注册会计师可以使用统计公式计算出样本规模为 177，计算过程如下：

$$n=\frac{R}{TR}=\frac{可接受的信赖过度风险系数}{可容忍偏差率}=\frac{5.3}{0.03}=177$$

计算式中的风险系数 5.3 是根据预期偏差数量 2、可接受的信赖过度风险 10%，从表 9-6 中查出的。

表 9-6　可接受的信赖过度风险系数表

预期发生偏差的数量	信赖过度风险	
	5%	10%
0	3.0	2.3
1	4.8	3.9
2	6.3	5.3
3	7.8	6.7
4	9.2	8.0
5	10.5	9.3
6	11.9	10.6
7	13.2	11.8
8	14.5	13.0
9	15.7	14.2
10	17.0	15.4

(2)使用样本量表确定样本规模　在控制测试中，注册会计师可以根据信赖过度风险水平，通过使用统计抽样参数资料中的相关表格或计算机程序，来确定抽样样本规模。如表 9-7 和表 9-8 所列，是当可接受的信赖过度风险为 5% 和 10% 时所使用的样本量确定表。

表 9－7 样本量确定表——可接受的信赖过度风险为 5%

预计总体偏差率 \ 可容忍偏差率	2%	3%	4%	5%	6%	7%	8%	9%	10%	15%	20%
0.00%	149(0)	99(0)	74(0)	59(0)	49(0)	42(0)	36(0)	32(0)	29(0)	19(0)	14(0)
0.25%	236(1)	157(1)	117(1)	93(1)	78(1)	66(1)	58(1)	51(1)	46(1)	30(1)	22(1)
0.50%	—	157(1)	117(1)	93(1)	78(1)	66(1)	58(1)	51(1)	46(1)	30(1)	22(1)
0.75%	—	208(2)	117(2)	93(1)	78(1)	66(1)	58(1)	51(1)	46(1)	30(1)	22(1)
1.00%	—	—	156(1)	93(1)	78(1)	66(1)	58(1)	51(1)	46(1)	30(1)	22(1)
1.25%	—	—	156(2)	124(2)	78(1)	66(1)	58(1)	51(1)	46(1)	30(1)	22(1)
1.50%	—	—	192(3)	124(2)	103(2)	66(1)	58(1)	51(1)	46(1)	30(1)	22(1)
1.75%	—	—	227(4)	153(3)	103(2)	88(2)	77(2)	51(1)	46(1)	30(1)	22(1)
2.00%	—	—	—	181(4)	127(3)	88(2)	77(2)	68(2)	46(1)	30(1)	22(1)
2.25%	—	—	—	208(5)	127(3)	88(2)	77(2)	68(2)	61(2)	30(1)	22(1)
2.50%	—	—	—	—	150(4)	109(3)	77(2)	68(2)	61(2)	30(1)	22(1)
2.75%	—	—	—	—	173(5)	109(3)	95(3)	68(2)	61(2)	30(1)	22(1)
3.00%	—	—	—	—	195(6)	129(4)	95(3)	84(3)	61(2)	30(1)	22(1)
3.25%	—	—	—	—	—	148(5)	112(4)	84(3)	61(2)	30(1)	22(1)
3.50%	—	—	—	—	—	167(6)	112(4)	84(3)	76(3)	40(2)	22(1)
3.75%	—	—	—	—	—	185(7)	129(5)	100(4)	76(3)	40(2)	22(1)
4.00%	—	—	—	—	—	—	146(6)	100(4)	89(4)	40(2)	22(1)
5.00%	—	—	—	—	—	—	—	158(8)	116(6)	40(2)	30(2)
6.00%	—	—	—	—	—	—	—	—	179(11)	50(3)	30(2)
7.00%	—	—	—	—	—	—	—	—	—	68(5)	37(3)

资料来源：AICPA Audit and Accounting Guide：Audit Sampling ，2005，括号内为可接受的偏差数。

首先按照可接受的信赖过度风险确定选择相应的样本量确定表，然后注册会计师在参考前期审计工作底稿等历史资料并运用其专业判断的基础上，确定预计总体偏差率和可容忍偏差率，最后将可容忍偏差率所在列与预计总体偏差率所在行的交点确认为所需的样本量。如上例所述，可接受的信赖过度风险为 10%，预计总体偏差率为 1%，可容忍偏差率为 3%，则根据样本量确定表，查出所需的样本量为 176。与前面所计算出来的样本量大体相当。

2. 推断总体误差

(1)计算总体偏差率　注册会计师在确定了样本规模以后，首先应准确计算出总体偏差率，其方法即为，将样本中发现的偏差数量除以样本规模，就可以计算出样本偏差率。但是，在控制测试中，样本偏差率就是注册会计师对总体偏差率的最佳估计，因而无须再推断总体偏差率，同时，注册会计师必须注意考虑抽样风险。

(2)考虑抽样风险　在审计实务中，注册会计师在使用统计抽样方法时，应当充分考虑抽样风险。通常情况下，注册会计师在计算出样本规模，确定了总体偏差率以后，会在

确定的信赖过度风险水平下，通过使用公式、表格或计算机程序直接计算可能发生的偏差率上限，即估计的总体偏差率与抽样风险允许限度之和。

表 9-8　样本量确定表——可接受的信赖过度风险为 10%

预计总体偏差率 \ 可容忍偏差率	2%	3%	4%	5%	6%	7%	8%	9%	10%	15%	20%
0.00%	114(0)	76(0)	57(0)	45(0)	38(0)	32(0)	28(0)	25(0)	22(0)	15(0)	11(0)
0.25%	194(1)	129(1)	96(1)	77(1)	64(1)	55(1)	48(1)	42(1)	38(1)	25(1)	18(1)
0.50%	194(1)	129(1)	96(1)	77(1)	64(1)	55(1)	48(1)	42(1)	38(1)	25(1)	18(1)
0.75%	265(2)	129(1)	96(1)	77(1)	64(1)	55(1)	48(1)	42(1)	38(1)	25(1)	18(1)
1.00%	—	176(2)	96(1)	77(1)	64(1)	55(1)	48(1)	42(1)	38(1)	25(1)	18(1)
1.25%	—	221(3)	132(2)	77(1)	64(1)	55(1)	48(1)	42(1)	38(1)	25(1)	18(1)
1.50%	—	—	132(2)	105(2)	64(1)	55(1)	48(1)	42(1)	38(1)	25(1)	18(1)
1.75%	—	—	166(3)	105(2)	88(2)	55(1)	48(1)	42(1)	38(1)	25(1)	18(1)
2.00%	—	—	198(4)	132(3)	88(2)	75(2)	48(1)	42(1)	38(1)	25(1)	18(1)
2.25%	—	—	—	132(3)	88(2)	75(2)	65(2)	42(2)	38(2)	25(1)	18(1)
2.50%	—	—	—	158(4)	110(3)	75(2)	65(2)	58(2)	38(2)	25(1)	18(1)
2.75%	—	—	—	209(6)	132(4)	94(3)	65(2)	58(2)	52(2)	25(1)	18(1)
3.00%	—	—	—	—	132(4)	94(3)	65(2)	58(2)	52(2)	25(1)	18(1)
3.25%	—	—	—	—	153(5)	113(4)	82(3)	58(2)	52(2)	25(1)	18(1)
3.50%	—	—	—	—	194(7)	113(4)	82(3)	73(3)	52(2)	25(1)	18(1)
3.75%	—	—	—	—	—	131(5)	98(4)	73(3)	52(2)	25(1)	18(1)
4.00%	—	—	—	—	—	149(6)	98(4)	73(3)	65(3)	25(1)	18(1)
5.00%	—	—	—	—	—	—	160(8)	115(6)	78(4)	34(2)	18(1)
6.00%	—	—	—	—	—	—	—	182(11)	116(7)	43(3)	25(2)
7.00%	—	—	—	—	—	—	—	—	199(14)	52(4)	25(2)

（资料来源：AICPA Audit and Accounting Guide：Audit Sampling，2005，括号内为可接受的偏差数。

如果注册会计师使用统计公式评价样本结果，则首先应根据可接受的信赖过度风险和样本实施审计程序中实际发现的偏差数量，通过查询可接受的信赖过度风险系数表（表 9-6）确定风险系数，再将风险系数除以样本量，最终计算出总体偏差率上限，总体偏差率上限的计算公式如下：

$$总体偏差率上限(MDR)=\frac{可接受的信赖过度风险系数(R)}{样本量(n)}$$

如果注册会计师使用样本结果评价表评价样本结果，则在确定了样本规模和样本实际发现的偏差数量后，就可以根据样本结果评价表直接查询出总体偏差率上限。如表 9-9 和表 9-10 所列，是当可接受的信赖过度风险为 5% 和 10% 时所使用的样本结果评价表。

表 9-9　样本结果评价表(总体偏差率上限表)——可接受的信赖过度风险为 5%

样本规模 \ 偏差数量	0	1	2	3	4	5	6	7	8	9	10
25	11.3	17.6	—	—	—	—	—	—	—	—	—
30	9.5	14.9	19.6	—	—	—	—	—	—	—	—
35	8.3	12.9	17.0	—	—	—	—	—	—	—	—
40	7.3	11.4	15.0	18.3	—	—	—	—	—	—	—
45	6.5	10.2	13.4	16.4	19.2	—	—	—	—	—	—
50	5.9	9.2	12.1	14.8	17.4	19.9	—	—	—	—	—
55	5.4	8.4	11.1	13.5	15.9	18.2	—	—	—	—	—
60	4.9	7.7	10.2	12.5	14.7	16.8	18.8	—	—	—	—
65	4.6	7.1	9.4	11.5	13.6	15.5	17.4	19.3	—	—	—
70	4.2	6.6	8.8	10.8	12.6	14.5	16.3	18.0	19.7	—	—
75	4.0	6.2	8.2	10.1	11.8	13.6	15.2	16.9	18.5	20.0	—
80	3.7	5.8	7.7	9.5	11.1	12.7	14.3	15.9	17.4	18.9	—
90	3.3	5.2	6.9	8.4	9.9	11.4	12.8	14.2	15.5	16.8	18.2
100	3.0	4.7	6.2	7.6	9.0	10.3	11.5	12.8	14.0	15.2	16.4
125	2.4	3.8	5.0	6.1	7.2	8.3	9.3	10.3	11.3	12.3	13.2
150	2.0	3.2	4.2	5.1	6.0	6.9	7.8	8.6	9.5	10.3	11.1
200	1.5	2.4	3.2	3.9	4.6	5.2	5.9	6.5	7.2	7.8	8.4

资料来源：AICPA Audit and Accounting Guide: Audit Sampling ,2005。

表 9-9　样本结果评价表(总体偏差率上限表)——可接受的信赖过度风险为 10%

样本规模 \ 偏差数量	0	1	2	3	4	5	6	7	8	9	10
20	10.9	18.1	—	—	—	—	—	—	—	—	—
25	8.8	14.7	19.9	—	—	—	—	—	—	—	—
30	7.4	12.4	16.8	—	—	—	—	—	—	—	—
35	6.4	10.7	14.5	18.1	—	—	—	—	—	—	—
40	5.6	9.4	12.8	16.0	19.0	—	—	—	—	—	—
45	5.0	8.4	11.4	14.3	17.0	19.7	—	—	—	—	—
50	4.6	7.6	10.3	12.9	15.4	17.8	—	—	—	—	—
55	4.1	6.9	9.4	11.8	14.1	16.3	18.4	—	—	—	—
60	3.8	6.4	8.7	10.8	12.9	15.0	16.9	18.9	—	—	—
70	3.3	5.5	7.5	9.3	11.1	12.9	14.6	16.3	17.9	19.6	—

（续表）

样本规模 \ 偏差数量	0	1	2	3	4	5	6	7	8	9	10
80	2.9	4.8	6.6	8.2	9.8	11.3	12.8	14.3	15.8	17.2	18.6
90	2.6	4.3	5.9	7.3	8.7	10.1	11.5	12.8	14.1	15.4	16.6
100	2.3	3.9	5.3	6.6	7.9	9.1	10.3	11.5	12.7	13.9	15.0
120	2.0	3.3	4.4	5.5	6.6	7.6	8.7	9.7	10.7	11.6	12.6
160	1.5	2.5	3.3	4.2	5.0	5.8	6.5	7.3	8.0	8.8	9.5
200	1.2	2.0	2.7	3.4	4.0	4.6	5.3	5.9	6.5	7.1	7.6

资料来源：AICPA Audit and Accounting Guide：Audit Sampling ,2005。

通过上述方法，注册会计师就可以确定总体偏差率上限，在分析样本偏差的性质和原因的基础上得出结论。当确定的总体偏差率上限小于可容忍偏差率时，则总体可以接受，也就是说，样本结果证实注册会计师对控制运行有效性的估计和评价的重大错报风险水平是适当的；当确定的总体偏差率上限大于可容忍偏差率时，则总体不能接受，也就是说，样本结果不支持注册会计师对控制运行有效性的估计和评估的重大错报风险水平。注册会计师应当扩大控制测试的范围，以证实初步评估结果，或提高重大错报风险评估水平，并适当增加实质性程序的数量，或者对影响重大错报风险评估水平的其他控制进行测试，以支持计划的重大错报风险评估水平。

（二）停-走抽样

停-走抽样是固定样本量抽样的一种修正形式，它是从预计总体误差为零开始，通过边抽样边评估来完成审计工作的一种抽样方法。采用这种抽样方法能够较为有效地提高工作效率，降低审计工作成本。与固定样本量抽样相比，停-走抽样不一定要把样本全部抽出，注册会计师一般先抽取一定量的样本进行审查，如果结果可以接受，就停止抽样得出结论；如果结果不能接受，就扩大样本量，继续审查直至得出结论。一般情况下，所抽出的样本量不超过所确定的初始样本量的3倍。

在这种抽样方法下，抽样工作要经过几个步骤，每一步骤完成后，注册会计师都需要确定是继续下一步，还是停止抽样。在采用停-走抽样时，一般要进行下列基本步骤：①确定本次抽样的抽样单元组成数量（通常由2～4组抽样单元组成）；②根据可接受的信赖过度风险、可容忍偏差率和预计总体偏差率，确定每组抽样单元的规模（通常使用表格查询或计算机程序计算）；③进行停-走抽样决策。

注册会计师在确定了抽样单元组成数量和每组抽样单元的规模之后，应首先对第一组抽样单元实施检查，然后按照检查结果，即实际发现的偏差数与抽样计划累计偏差数范围的关系，进行决策。在决策时，注册会计师主要有三种可能的决策结果：其一，当实际发现的偏差数等于抽样计划累计偏差数范围的最小值时，则在不扩大检查范围的情况下，接受计划的重大错报风险评估水平；其二，当实际发现的偏差数等于抽样计划累计偏差数范围的最大值时，则在不扩大检查范围的情况下，提高计划的重大错报风险评估水平；其三，当实际发现的偏差数在抽样计划累计偏差数范围之间时，则需要扩大检查范围，以获取充分的信息确定计划的重大错报风险评估水平。当出现第三种决策结果时，注册会计师要继续对第二组抽样单元实施检查，并同样进行决策判断，直至得出结论。

但是，如果在停-走抽样中需要对所有抽样单元都进行检查，其审计成本可能大大高于控制测试所减少的实质性程序的成本。因此，在审计实务中，注册会计师在预见到可能要对所有抽样单元都进行检查，并同时考虑到相关成本因素时，可以决定停止停—走抽样。

（三）发现抽样

发现抽样一般又称为显示抽样，它是固定样本量抽样的另一种特殊形式，与固定样本量抽样的不同之处在于发现抽样将预计总体偏差率直接定为零，并根据可接受信赖过度风险和可容忍偏差率一起确定样本量。在对选出的样本进行审查时，一旦发现一个偏差就立即停止抽样。也就是说，只要总体中存在着一定发生率的舞弊事件，则当样本量为一定容量时，至少可以发现一个舞弊事项。如果在样本中没有发现偏差，则可以得出总体可以接受的结论。因此，发现抽样适合于查找重大舞弊或非法行为。

在使用发现抽样的过程中，注册会计师首先仍需利用前述的“样本量确定表”，根据预计总体偏差率和可容忍偏差率来确定样本量，然后，再将总体预计偏差率确定为零，按照发现抽样的特点来进行审查。

（四）非统计抽样

在实施控制测试的过程中，注册会计师除了可以使用上述的统计抽样方法以外，还可以使用非统计抽样方法。使用非统计抽样方法，其基本步骤和所需考虑的因素与前面的统计抽样方法基本相同。主要的区别在于，以统计为基础的抽样方法是根据统计概率分布编制的“样本量确定表”来确定初始样本量，以及利用类似的“样本结果评价表”估计偏差率上限。而以非统计为基础的抽样方法却不是如此，首先，由于它无须量化影响确定样本量的因素，审计人员只根据职业经验，主观判断各个因素对样本量的影响，综合考虑来确定初始的样本量。其次，选取样本的方法不受限制，概率性和非概率性选样均适用。再次，从抽样结果推断总体特征时，无法确认偏差率上限，一般只能依据职业经验和主观判断，将样本偏差率与可容忍偏差率进行比较、分析，形成审计结论。

二、细节测试中抽样方法的运用

按照《中国注册会计师审计准则第 1314 号——审计抽样和其他选取测试项目的方法》中的相关规定：实质性程序包括对各类交易、账户余额、列报的细节测试，以及实质性分析程序。在实施细节测试时，注册会计师可以使用审计抽样和其他选取测试项目的方法获取审计证据，以验证有关财务报表金额的一项或多项认定，或对某些金额做出独立估计；在实施实质性分析程序时，注册会计师不宜使用审计抽样和其他选取测试项目的方法。因此，在实质性程序中，审计抽样只能在实施细节测试时使用。注册会计师在实施细节测试时，可以使用统计抽样方法，也可以使用非统计抽样方法。统计抽样和非统计抽样的流程和步骤完全一样，只是在确定样本规模、选取样本和推断总体的具体方法上有所差别。为此，以下将重点介绍统计抽样方法。

在细节测试中使用的统计抽样方法主要包括传统变量抽样和概率比例规模抽样法。两种统计抽样方法的区别主要体现在确定样本规模和推断总体的具体方法两个方面。

(一)变量抽样

注册会计师在实施细节测试时,采用的变量抽样方法主要包括:均值估计抽样、差额估计抽样和比率估计抽样三种方法。

1. 均值估计抽样

均值估计抽样是指通过抽样审查确定样本的平均值,再按照样本平均值推断总体的平均值和总值的一种变量抽样方法。注册会计师在使用这种方法时,首先应计算样本中所有项目审定金额的平均值,然后用这个样本平均值乘以总体规模,得出总体金额的估计值。总体估计金额和总体账面金额之间的差额就是推断的总体错报。

现假定注册会计师欲测试某被审计单位应收账款总账余额的正确性。该被审计单位应收账款余额为2144000元,由4800位客户的账户余额组成。注册会计师选择了200位客户的应收账款作为样本,并决定采用均值估计抽样。在对200个样本项目确定了正确的采购价格并重新计算了价格与数量的乘积之后,注册会计师需要将200个样本项目的审定金额加总,假设加总后的总额为84000元,则样本项目的平均审定金额为420元(84000÷200),然后计算该单位应收账款账户总体金额的估计值为2016000元(420×4800),所以,推断的总体错报金额为128000元(2144000−2016000)。

2. 差额估计抽样

差额估计抽样是以样本账面价值与实际金额的平均差额来估计总体账面价值与实际金额的平均差额,然后再以该平均差额乘以总体项目个数,从而估计出总体账面价值与实际金额之间差额(即总体错报)的一种抽样方法。

在采用差额估计抽样时,注册会计师通常运用下列公式:

$$平均错报=\frac{样本实际金额与账面价值的差额}{样本量}$$

$$估计的总体错报=平均错报差额\times 总体规模$$

仍用上例,被审计单位的应收账款余额为2144000元,由4800位客户的账户余额组成,注册会计师选择了200位客户的应收账款作为样本,经审核后的200个样本的实际金额为84000元,而其账面价值为85500元。运用差额估计抽样可以推算:

$$平均错报=\frac{84000-85500}{200}=-7.5$$

$$估计的总体错报=4800\times(-7.5)=-36000(元)$$

则:被审计单位应收账款余额估计的总体错报为36000元。

通过上述的计算不难看出,注册会计师在采用差额估计抽样时,只要先计算样本项目的平均错报差额,然后根据平均错报差额推断出总体的错报金额。一般来说,差额估计抽样适用于能获得书面记录值(如账面价值),且被审计单位总体中存在较大的误差、而误差与账面价值又不成比例的情况。

3. 比率估计抽样

比率估计抽样是以样本账面价值与其实际金额之间的比率关系来估计总体账面价值与实际金额之间的比率关系,然后再以该比率乘以总体账面价值,从而估计出总体实际金额的一种抽样方法。

在采用差额估计抽样时，注册会计师通常运用下列公式：

$$比率=\frac{样本实际金额之和}{样本账面价值之和}$$

估计的总体实际金额＝总体账面价值×比率

估计的总体错报＝估计的总体实际金额－总体账面金额

承上例，运用比率估计抽样可以推算：

$$比率=\frac{84000}{85500}\approx 0.982$$

估计的总体实际金额＝2144000×0.982＝2105408(元)

估计的总体错报＝2105408－2144000＝－38592(元)

则：被审计单位应收账款余额估计的总体错报为38592元。

显然，比率估计抽样也适用于能获得书面记录值(如账面价值)，且被审计单位总体中存在较大的误差，并且误差与账面价值成比例的情况。

(二)概率比例规模抽样

在细节测试中，注册会计师除了能采用传统变量抽样方法外，还能够选用概率比例规模抽样法(PPS)，为其实现审计目标提供充分的证据。PPS抽样是一种运用属性抽样原理对货币金额而不是发生率得出结论的统计抽样方法。在某些情况下，PPS抽样比传统变量抽样更实用。

PPS抽样是以货币单位作为抽样单位进行选样的一种方法，有时也被称为金额加权抽样、货币单位抽样、累计货币金额抽样或是综合属性变量抽样等。在该方法下总体中的每个货币单位被选中的机会相同，所以总体中某一项目被选中的概率等于该项目金额与总体金额的比率。项目金额越大，被选中的概率就越大。但实际上注册会计师并不是对总体中的货币单位实施检查，而是对包含被选取货币单位的余额或交易实施检查。通常，注册会计师检查的余额或交易被称为逻辑单元。

PPS抽样有助于注册会计师将审计重点放在较大的余额或交易上面，并且总体中每一余额或交易被选取的概率与其账面金额成一定的比例。但同时，PPS抽样也有自身的一些优缺点。其优点主要表现在：其一，PPS抽样相比传统变量抽样更易使用；其二，PPS抽样的样本更容易设计，且可在能够获得完整的总体之前开始选取样本；其三，PPS抽样的样本规模无须考虑被审计金额的预计变异性；其四，PPS抽样中项目被选取的概率与其金额大小成比例；其五，如果注册会计师预计没有错报，PPS抽样的样本规模通常比传统变量抽样方法更小；其六，PPS抽样中如果项目金额超过选样间距，PPS抽样将会自动识别所有单个重大项目。其缺点主要包括：其一，使用PPS抽样时通常假设抽样单元的审定金额不应小于零或大于账面金额；其二，如果注册会计师在PPS抽样的样本中发现低估，在评价样本时需要特别考虑；其三，对零余额或负余额的选取需要在设计时特别考虑；其四，当发现错报时，如果风险水平一定，PPS抽样在评价样本时可能高估抽样风险的影响，从而导致注册会计师更可能拒绝一个可接受的总体账面金额；其五，在 PPS 抽样中注册会计师通常需要逐个累计总体金额；其六，当预计总体错报金额增加时，PPS 抽样所需的样本规模也会增加。

当注册会计师采用 PPS 抽样时，选取样本的方法就是前面所介绍的"金额加权选样"，在此就不赘述。但当样本的规模确定后，注册会计师便需要根据样本结果来推断总体的错报，确定相应的抽样误差。在审计实务中，当样本中存在错报和不存在错报时，注册会计师的推断是不同的，以下将分别进行介绍。

1. 未发现错报时总体的推断

在审计的过程中，如果样本中没有发现错报，注册会计师也要确定总体中可能存在的高估和低估的最大数额，也就是分别确定错报上限和错报下限。所采用的方法与控制测试相同，都是使用"样本结果评价表"，只不过其中实际发现的偏差数均为 0，并且查询出的总体偏差率上限，既代表错报上限也代表错报下限。由于错报上限和错报下限均用百分数表示，所以注册会计师必须按照错报的总体金额转换为绝对数表示，即根据高估错报额和低估错报额确定错报的上下限额。

2. 发现错报的总体推断

如果样本中发现错报，注册会计师首先应分别计算出高估额和低估额的初始错报上限和错报下限。其次，计算高估和低估的点估计值。初始错报上限减去低估的点估计值，得出调整后的错报上限；初始错报下限减去高估的点估计值，得出调整后的错报下限。对包括零错报在内的每项错报，分别做出不同的错报假定。当样本中没有发现错报时，还需要为总体错报项目估计一个错报平均百分比，错报界限的计算反映了几种不同的假定[①]。若已经发现了错报，就可利用样本信息确定错报界限。但仍需要错报假定，只不过此时可以对实际错报数据加以修改而得。在各层计算时，注册会计师应首先根据"样本结果评价表"确定每项错报的计算的偏差率上限，然后再计算出各层，从而使每项错报都有不同的错报假定，并且将各个层与错报假定相互联系起来。

【小案例 9-2】

差额估计抽样的应用[②]

XYZ 公司的背景资料如下：在账龄试算表中总共列示了 4000 笔应收账款，账面价值合计为 600000 元。注册会计师认为该公司的内部控制存在薄弱环节，并预期审计中还将会在账面金额中发现大量的小额错报。其总资产为 2500000 元，税前净收益为 400000 元。由于财务报表的使用者有限，并且 XYZ 公司的财务状况良好，因此可接受的审计风险较高，分析程序的结果表明没有重大问题。并且在整个过程中，所有的函证都有答复或都已执行了有效的替代程序。因此样本规模就是寄出的积极函证的数量。

注册会计师对 XYZ 公司进行审计测试的目标是确定在考虑坏账准备之前的应收账

---

① 在实际工作中常用的假定，就是假定实际的样本错报是总体错报的代表。这一假定要求注册会计师计算每个样本项目被错报的百分比（错报额 / 账面金额），然后把这一百分比应用于总体。

② 中国注册会计师协会．审计[M]．北京：经济科学出版社，2013：168 - 171.

款是否存在重要错报。由于应收账款数目较大，注册会计师决定采用审计抽样。XYZ公司应收账款的总体容量为4000笔。注册会计师确定的可容忍错报额为21000元。

在XYZ公司应收账款审计中，注册会计师要确定两类风险：一类是可接受的误受风险，在XYZ公司审计中，采用10%的可接受误受风险；另一类是可接受的误据风险，由于进行第二次函证的成本很高，因此采用25%的可接受的误据风险。

注册会计师根据以前年度的审计测试结果，确定XYZ公司的预期总体错报的点估计为1500元。由于在确定初始样本规模时，需要预先估计总体中个别错报的变动程度，它是以总体标准差来衡量的，因此注册会计师根据以前年度的审计测试结果，估计XYZ公司的总体标准差为20元。

现在，XYZ公司的初始样本规模可用下列公式计算：

$$n=\left[\frac{SD^{*}(Z_A+Z_R)N}{TM-E^{*}}\right]^2$$

其中：n——初始样本规模；

SD^*——预先估计的标准差；

Z_A——可接受的误受风险的置信系数（见附表1）；

Z_R——可接受的误据风向的置信系数（见附表1）；

N——总体容量；

TM——总体可容忍错报；

E^*——估计的总体错报点估计值。

将该公式应用于XYZ公司，得：

$$n=\left[\frac{20\times(1.28+1.15)\times4000}{21000-1500}\right]^2=(9.97)^2\approx100$$

附表1　置信度、可接受的误受风险、可接受的误据风险的置信系数表

置信度(%)	可接受的误受风险(%)	可接受的误据风险(%)	置信系数
99	0.5	1	2.58
95	2.5	5	1.96
90	5	10	1.64
80	10	20	1.28
75	12.5	25	1.15
70	15	30	1.04
60	20	40	0.84
50	25	50	0.67
40	30	60	0.52
30	35	70	0.39
20	40	80	0.25
10	45	90	0.13
0	50	100	0

注册会计师运用本章中所讨论的选样方法之一随机选取了100个样本项目进行函证。附表2列示了注册会计师计算总体错报上限的过程。

附表2　总体错报界限的计算表

<table>
<tr><th>步骤</th><th>统计公式</th><th colspan="2">以XYZ公司为例</th></tr>
<tr><td>(1)取得样本规模</td><td>n=样本规模</td><td colspan="2">$n=100$</td></tr>
<tr><td>(2)确定样本中的每项错报值</td><td></td><td colspan="2">75个账户经顾客证实，其余25个账户采用替代程序验证。在调整了时间性差异和顾客的错误后，确定了下列12个项目是客户的错误(低估)(1)12.75；(2)－69.46；(3)85.28；(4)100；(5)－27.30；(6)41.06；(7)－0.87；(8)24.32；(9)36.59；(10)－102.16；(11)54.71；(12)71.56。合计＝226.48</td></tr>
<tr><td>(3)计算错报总额的点估计</td><td>$\bar{e}=\frac{\sum e_j}{n}$；$\hat{E}=N\bar{e}$
其中：$\bar{e}$——样本中的平均错报额
e_j——样本中的个别错报
n——样本规模
$\hat{E}$——错报总额的点估计值
N——总体容量</td><td colspan="2">$\bar{e}=222.48\div 100\approx 2.26$
$\hat{E}=4000\times 2.26=9040$(元)</td></tr>
<tr><td>(4)根据样本计算错报的总体标准差</td><td>$ED=\sqrt{\frac{\sum(e_j)^2-n(\bar{e})^2}{n-1}}$
其中：SD——标准差
e_j——样本中的个别错报
n——样本规模
$\bar{e}$——样本中的平均错报额</td><td>e_j(四舍五入至整元)
(1)　13
(2)　－69
(3)　85
(4)　100
(5)　－27
(6)　41
(7)　－1
(8)　24
(9)　37
(10)　－102
(11)　55
(12)　72
$SD=\sqrt{\frac{15124-100\times(2.26)^2}{100-1}}=21.2$</td><td>$(e_j)^2$
169
4761
7225
10000
729
1681
1
576
1369
10404
3025
5184</td></tr>
</table>

（续表）

步骤	统计公式	以 XYZ 公司为例
（5）计算期望置信度的总体错报总额估计值的抽样风险允许限度	$CSR = NZ_A \frac{SD}{\sqrt{n}}\sqrt{\frac{N-n}{N}}$ 其中： CSR——计算的抽样风险允许限度 Z_A——可接受的误受风险的置信系数 $\sqrt{\frac{N-n}{N}}$——有限修正系数	$CSR = 4000 \times 1.28 \times \frac{2.12}{\sqrt{100}} \times \sqrt{\frac{4000-100}{4000}}$ $= 4000 \times 1.28 \times 2.12 \times 0.99$ ≈ 10800
（6）计算期望置信度的总体错报界限	$UCL = \hat{E} + CSR$ $LCL = \hat{E} - CSR$ UCL——计算的总体错报上限 LCL——计算的总体错报下限	$UCL = 9040 + 10800 = 19840$ $LCL = 9040 - 10800 = -1760$ 故，总体错报的金额在 0～19840元之间

本章小结

1．在设计审计程序时，注册会计师应当确定选取测试项目的适当方法。注册会计师可以使用的方法，包括选取全部项目、选取特定项目和审计抽样。注册会计师可以根据具体情况，单独或综合使用选取测试项目的方法，但所使用的方法应当能够有效地提供充分、适当的审计证据，以实现审计程序的目标。

2．审计抽样是注册会计师在实施审计程序时，从审计对象总体中选取一定数量的样本进行测试，并根据测试结果推断总体。按照抽样决策的依据不同，审计抽样可分为统计抽样和非统计抽样，两种审计抽样的选用主要涉及审计程序实施的范围，并不涉及运用于样本的审计程序的选择，也不影响获取单个样本项目证据的适当性，以及审计人员对发现的样本错误所做的适当反应。

3．在获取审计证据时，注册会计师应当运用职业判断，评估重大错报风险，并设计进一步审计程序，以确保将审计风险降至可接受的低水平。在审计抽样时，抽样风险和非抽样风险可能影响重大错报风险的评估和检查风险的确定。

4．在审计抽样的基本程序中，设计审计样本时，注册会计师应当考虑审计程序的目标、抽样总体的属性以及分层和样本规模的影响因素。在选取样本项目时，注册会计师应当使总体中的所有抽样单元均有被选取的机会，选取样本的方法主要包括：随机选样、系统选样、随意选样和金额加权选样等。样本结果的评估，应充分考虑误差的性质和原因、推断总体误差等。

5．审计抽样方法在控制测试和细节测试运用过程中有不同的表现形式。在实施控制测试过程中，注册会计师可能使用统计抽样方法（包括：固定样本量抽样、停—走抽样和发现抽样)，也可能使用非统计抽样方法。在细节测试中使用的统计抽样方法主要包括传统变量抽样(包括:均值估计抽样、差额估计抽样和比率估计抽样)和概率比例规模抽样法。

【复习思考题】

1. 何谓审计抽样？试述其适用范围。
2. 统计抽样与非统计抽样有何异同？实务中如何决策统计和非统计抽样方法？
3. 何谓属性抽样和变量抽样？二者有何区别？分别适用于何种审计测试？
5. 试述审计抽样的基本程序。
7. 注册会计师在设计样本时需要考虑哪些因素？
6. 试述影响样本规模确定的因素及其影响方式。
7. 样本选取的方式以及样本结果的评价方式。
8. 简述控制测试中抽样方法的运用。
9. 简述细节测试中抽样方法的运用。

【案例分析题】

厄特马斯公司对道奇与尼文会计师事务所的诉讼案

1. 案例简介[①]

1924年3月，斯特公司向厄特马斯公司贷入一笔10万美元的贷款，厄特马斯公司是一家主要从事应收账款业务的金融公司。厄特马斯公司过去曾和斯特公司发生过几笔小额业务往来，所以对斯特公司比较熟悉。但这次鉴于贷款数额较大，厄特马斯公司要求斯特公司的管理当局出具一份经过审计的资产负债表，以决定是否同意发放这笔贷款给他们。事实上，几个月前，斯特公司已经请了著名的道奇与尼文会计师事务所，对该公司1923年的资产负债表进行了审计。该事务所在伦敦和纽约均有分支经营机构。纽约的分支机构对斯特公司1923年12月31日的资产负债表审计后，签署了无保留审计意见审计报告，并应斯特公司的要求，向它提供32份联号的审计报告副本。斯特公司出具的经审计过的资产负债表显示，它的总资产已超过了250万美元，且有近100万美元的净资产。在看了这份资产负债表和审计报告后，厄特马斯公司向斯特公司提供了10万美元的贷款。随后，厄特马斯公司又向其发放了两笔总计6.5万美元的贷款。在同一时间内，斯特公司还以同样的手法，从其他两家当地银行，得到了超过30万美元的贷款。

对厄特马斯公司和这两家贷款给斯特公司的银行来说，不幸的事终于发生了:1925年1月，斯特公司宣告破产，随之而来的法庭证词表明，就在资产负债表报告斯特公司拥有100万美元净资产的1923年年底，公司已处于资不抵债的无望状态。斯特公司的一名会计，以虚构公司巨额会计分录的方法，向审计人员隐瞒了公司濒临破产的事实。其中虚构最大一笔的会计分录:是将超过70万美元的虚假销售收入，记入应收账款账户

① 李若山，刘大贤．审计学——案例与教学[M]．北京:经济科学出版社，2000:187-188.

借方。

在斯特公司破产后，厄特马斯公司为追回经济损失，起诉了道奇与尼文会计师事务所。厄特马斯公司宣称：事务所在对斯特公司进行审计时，不仅麻痹大意，而且还具有欺诈行为。

厄特马斯公司对道奇与尼文会计师事务所的诉讼案在纽约地方法院进行审计。厄特马斯公司的律师，陈述了道奇与尼文会计师事务所的审计人员，应该很轻易地查出斯特公司在1923年12月31日的资产负债表中，虚增了70多万美元应收账款项目这一事实。这个虚构事项如果被纠正的话，将使斯特公司报告的净资产减少近70%。那么厄特马斯公司也就不可能贷给它如此大额的款项了。

道奇与尼文会计师事务所的律师为此项疏忽辩护说，审计主要是"抽样测试"，而不是对所有账目进行详细检查。随后又辩解说，这17张假发票并未包含在被检查的200多张发票之内是不足为奇的。

最终，法庭对此裁决指出：虽然通常审计工作是建立在以抽样为基础的原则上的，但鉴于12月份大额销售收入性质可疑，道奇与尼文会计师事务所有责任对其进行特别检查。……

2. 案例分析与思考

从抽样测试的角度而言，道奇与尼文会计师事务所的律师的辩护不无道理，但是法庭最终还是做出了正确的裁定。那么，作为注册会计师在进行审计抽样时，又应该如何控制抽样风险、正确地运用抽样方法呢？

第十章 计算机审计

【本章提示】

学习目标：

通过本章学习，学生应能够了解计算机审计一般知识及其相关基础理论，明确计算机审计的难点与重点，掌握审计软件与计算机审计过程。

重要概念：

计算机审计；审计软件；计算机过程

【引言】

信息技术的发展使人们对信息的捕捉、获取、处理、存储、发送等发生了重大变化。在会计领域，信息技术极大地促进了会计信息系统的发展，同时也带来了计算机审计的同步发展问题。审计电算化作为一种提高审计效率和审计质量的重要方法，其应用的范围越来越广泛，正所谓"审计对象在信息化方面的迅速发展变化，客观上要求在审计领域进行一场深刻的革命"。

第一节 计算机审计概述

一、计算机审计及其一般方法

（一）计算机审计的概念

计算机审计在国内发展时间不太长，各类研究也不系统，更不完善，不同研究者对计算机审计的认识也存在不同程度的差异。就其概念来说，有人认为应该称作计算机审计，有人认为应该叫审计电算化……凡此种种，不一而足。然而也就是各类概念名称的差异导致了关于计算机审计概念表述上的观点分歧：有人认为，计算机审计"是指用计算机手段所进行的审计工作"。也有人认为，"是指审计的对象是计算机信息系统"；还有人认为，计算机审计"是指对计算机信息系统所作的审计工作，包括手工审计方法和计算机辅助审计方法的应用"。

我们赞同计算机审计这一提法，不过，要准确理解和把握这个概念，需要以信息系统审计为基础。对于信息系统审计，国内外学者已经有大量研究。美国信息系统审计与控制协会（Information System Audit and Control Association，简称 ISACA）的定义是："信息系统审计是一个收集、评估证据的过程，以决定信息系统及相关的资源、数据维护和系统的完整性，是否有合适的安全保护，能否为有效地实现组织机构的目标提供可靠的信息，能否有效地利用资源，是否有一个有效的内部控制，能否为实现运作和控制目标提供合理的保障。”在日本，人们把信息系统审计(Information System Audit)称作信息技术审计(Information Technology Audit)。1985 年，日本通产省情报处理开发协会 IT 审计委员会所给的定义为：“所谓 IT 审计是指由独立于审计对象的 IT 审计师站在客观的立场，对以计算机为核心的信息系统进行综合的检查、评价，向有关人员提出问题和劝告，追求系统的有效利用和故障排除，使系统更加健全。”审计署审计干部培训中心的李丹先生在《信息系统审计与鉴证》一书中的“译者序”写道：信息系统审计“也称为 IT 审计，是指对信息系统的规划、开发、实施、运行和维护等各个环节进行评价，确保其符合企业经营目标的过程”。中国同济大学博士生导师胡克瑾教授在《IT 审计》一书中也给出了关于 IT 审计的定义：“IT 审计是一个获取并评价证据，以判断计算机系统是否能够保证资产的安全、数据的完整以及有效率地利用组织的资源并有效果地实现组织目标的过程。”

综合上述关于 IS 审计或 IT 审计的定义，我们认为可以这样来理解计算机审计，它涉及信息系统的整个生命周期，不仅是一个技术问题，更是一个管理问题。我们认为计算机审计是一项以管理为核心、以法律法规为保障、以技术为支撑的系统综合工程。

【小资料】

我国开展计算机审计的依据

国家审计机关开展计算机审计，可依据《中华人民共和国审计法实施条例》和《国务院办公厅关于利用计算机信息系统开展审计工作的有关问题的通知》(国办发〔2001〕88号)的规定进行：审计机关有权检查被审计单位运用计算机管理财政收支、财务收支的信息系统(简称计算机信息系统)。被审计单位应当按照审计机关的要求，提供与财政收支、财务收支有关的电子数据和必要的计算机技术文档等资料。审计机关在对计算机信息系统实施审计时，被审计单位应当配合审计机关的工作，并提供必要的工作条件。注册会计师开展计算机审计可以依据《中国注册会计师审计准则第 1633 号——电子商务对财务报表审计的影响》进行，该准则第四条规定，广泛使用互联网从事电子商务，产生了新的风险因素，需要被审计单位有效应对。注册会计师应当考虑电子商务在被审计单位业务活动中的重要性，以及对重大错报风险评估的影响。

(二)计算机审计的一般方法介绍与评价

计算机在审计工作中应用的过程中，审计方法一直不断发展与更新，虽然具体方法的应用因人而异，理论上的总结也总是赶不上审计实务的发展，但基本上可以划分为三种：绕过计算机审计(Audit Around the Computer)、通过计算机审计(Audit through the computer)和利用计算机审计(Audit with the Computer)。

1. 绕过计算机审计

绕过计算机审计是指审计人员在审计过程中只需对计算机输入和输出资料加以检查核对，而将电算化会计系统中的计算机系统作为一个“黑箱”看待，不对其处理过程做详细了解的一种审计方法。这种方法产生于计算机应用初期，审计人员的计算机知识比较匮乏，因而根据“若系统的输入输出是正确的，则可以认为数据处理的过程也正确”的

假设，不得已而选择了这种方法。从风险导向的视角看，这种审计方法的风险是令人后怕的。为此，该方法使用需要特定的适用环境，比如审计线索完整可见；系统处理过程相对简单；审计人员可以得到完整的系统文档；系统应用软件被广泛使用且经过严格测试。

2. 通过计算机审计

通过计算机审计是指审计人员将计算机的输入、输出和数据处理过程本身均作为审计的直接对象的一种审计方法。人们在评价这种审计方法时，认为其能够解释审查工作中所出现问题的原因、审查结论较能令人信服。但是，在审计实践中，还是需要根据具体的审计环境来选择，有学者总结这种审计方法的适用环境为：计算机系统的输入（出）量非常大，难以对它们的正确性一一测试；计算机系统内包含了重要的控制功能；计算机系统的逻辑结构比较复杂；系统中可见的审计线索不够。

3. 利用计算机审计

利用计算机审计泛指利用计算机设备和软件完成审计工作。人们总结这种方法的优势主要有以下四点：(1)提高审计程序在取证方面的效率和效果；(2)可以实行附加的实质性测试程序，提高其有效性；(3)可以测试被审计单位应用软件的正确性和适当性。(4)为今后的审计服务提供方便。从上述的总结中，可以看出，利用计算机审计这种方法可以在审计过程中“全程”使用，审计师只要在相关软件的支持下即可以完成所有审计工作。当然，要完全实现“利用计算机审计”是非常困难的，在某种程度上是不可能的。也只是在当明显的审计轨迹丢失或要取得证明应用控制有效性的审计证据的唯一方法，是通过客户计算机系统或一个类似的系统工程来处理数据时，利用计算机审计才是必需的。

在风险导向审计模式下，审计人员的核心竞争力是其自身拥有的职业判断，无论是评估重大错报风险还是审计计划的各个环节，离开了职业判断，仅凭借软件来完成，至少当前还没有那个水平，充其量只能实现利用计算机实现辅助审计工作。要是审计人员的计算机及其网络知识和技能丰富，将可更加积极、主动而又充分地发挥网络和审计软件的功能，实现辅助审计，将审计风险降低到可接受水平。在这个层面上，我们更主张审计人员丰富自身的知识和技能，将计算机及其网络作为审计工作中不可或缺的工具。

二、计算机审计的缘起背景与理论基础

(一)计算机审计的缘起背景

会计信息系统的发展改变了财务资料的处理和存储，使得审计人员在对会计制度和有关的内部控制的研究和评价中所遵循的程序以及其他审计程序的性质、时间和范围可能受到相应的影响，在一定程度上有利于促进计算机审计的缘起与发展。

1. 审计线索的变化

手工会计环境下的“证、账、表、单”都以肉眼可读的形式反映在纸质介质上，审计人员在审计过程中能够轻松自如地从会计报表入手，进行分析和挖掘，追踪到账簿、记账凭证直至原始凭证；即使对报表内部和表间关系的审查也是存在明显可查的线索。我们把这些可察觉的关系称作审计线索。审计人员就是通过审计线索来检查证、账、表数据所反映的经济业务的合法性，还可以通过对书写笔迹的查询来确认每位会计人员完成业务

的正确性。在电算化环境下，审计线索发生了较大变化，主要表现在以下几方面：(1)输入机内的会计凭证以文件形式存储；在ERP(Enterprise Resource Planning，企业资源计划)集成环境下，很多业务的记账凭证编制工作可以由计算机"自动"完成，会计人员只要根据业务资料进行"确认"或"审核"。(2)账簿也是以数据文件形式存放。其中明细分类账采用满页方式打印，使得总分类账和明细分类账的日常核对只能在机内进行。记账过程由专用的登账程序自动执行。(3)报表的编制由预先定义好的取数公式自动完成，因而对公式的审核非常重要。

2. 内部控制上的相应变化

(1)会计人员的工作任务及其对所承担任务的监控发生了变化　电算化使会计人员日常核算工作的大部分交由计算机完成，手工方式下的工作程序控制、对每项业务的监督、审核以及账务处理程序的分段控制等，有的由计算机替代了，有的简化了；同时又增加了一些手工情况下所没有的监控和管理，如机制记账凭证和手工记账凭证的核对。这样不仅会计人员的工作任务发生变化，而且对完成各项任务所应实施的内部控制程序、要求、方法和手段等也发生相应的变化。

(2)会计工作的组织方式及人员配置发生了变化　从组织方式看，影响主要表现在分权控制与授权控制的内容和方式的变化，即在电算化方式下，按核算工作内容划分工作小组已失去本质上的意义，不相容职务的内涵发生了变化；授权和控权不仅要用岗位责任制，而且要以密码(口令)管理方式加以控制；岗位轮换制度一般不容许实施。从人员配置看：原来会计部门的人员均是财会专业人员，电算化后，还要根据需要增加操作员、数据审核员、系统管理员等。不同的工作性质要求有不同专业的专门人员，而这又要求有不同的内部控制和内部牵制方法。

(3)会计核算的软件和硬件发生了变化　手工方式下，财会人员的全部硬件为一把算盘一支笔；电算化后，要购置计算机硬件设备和相应的软件系统，在日常工作中如何管理或控制，都要制定一整套的控制制度。

3. 审计内容的改变

会计信息化的发展拓展了审计内容，例如会计信息系统的开发与设计、会计软件与数据文件、会计信息系统内部控制等都对审计提出了新的要求。

审计人员要在会计信息系统的设计之初就参与系统开发的过程，以审计的视角来观察会计信息系统的合法合规性、可审性，还要注意会计信息系统在审计线索的设置方面是否给予足够的考虑，并及时提出审计建议。

对于用于会计数据处理的软件程序也需要进行审计，毕竟软件程序的正确与否直接影响会计信息系统的处理质量和处理结果的正确性、有效性。当然，这一过程的繁简还取决于被审计单位所用会计软件的来源。由于会计软件所处理的数据和信息都直接存放在计算机内，直接或间接地反映着软件程序执行的正确性，为此对这些数据的审计也自然成为计算机审计所关注的重点内容之一。

此外，会计信息系统的发展对于审计人员在审计过程中所用审计技术的改变和对审计人员要求的提高方面都有着重要影响。

(二)计算机审计的理论基础

计算机审计的形成与发展是来自多方面力量推动的结果，其中两股最为重要的力量

表现在以下两个方面:一方面,审计人员逐渐认识到会计信息系统的发展对其审计业务的具体执行已经越来越产生着重大的影响;另一方面,企业信息系统建设过程中也已经逐渐品尝到信息系统投资的甜头,逐步形成了"计算机技术是很有价值的资源"的认识,同时,企业计算机系统的管理部门出于自身职责的考虑,自然也会千方百计地推动信息系统建设的深化和改革,而且出于安全角度考虑,他们一般会及时提出"与其他有价值的资源一样,信息系统资源也需要严格控制"的建议。在这两股主要力量的作用下,计算机审计不断从传统审计、信息系统管理、计算机科学和行为科学四门学科中吸取理论和实用方法,基本形成了快速发展的态势。为此,我们有必要在此简要介绍一下计算机审计与以上诸学科之间的联系。

1. 传统审计成为计算机审计架构理论框架和基本方法的基础

传统审计在漫长的发展进程中积累了丰富的内部控制技术经验和知识,为计算机审计的发展打下了坚实的基础。我们知道,计算机系统是由人、计算机硬件和软件三大要素组成的,计算机处理数据时,必须有原始数据,许多原始数据要由人工准备并输入到计算机,然后由计算机"自动"转换成其可识别的数据形式。正是这种"人—机"互动模式决定了许多在手工会计环境下形成和发展的内部控制基本原理在计算机信息系统中还具有高度适用性,如人员的职责分离原理就可被计算机系统环境下的一般控制所利用,计算机系统中人员的职责分开,对保护资产和数据以及防止计算机舞弊能够起很大的作用。

传统审计还对会计信息系统的软件设计产生极大的影响,许多传统审计所用的控制方法可间接应用于计算机数据处理的活动中。特别是已被广泛用于计算机系统中数据更新和修改的总额控制方法,可以确保数据处理的准确性。

计算机审计的证据收集和评价的一般方法也是来自传统审计的证据收集和评价的基本方法。传统审计经过长期发展和经验积累揭示出的审计目标、可验证证据和独立的评价制度是计算机审计的重要概念。也许,最重要的是传统审计带给计算机审计一个控制理论框架。限于篇幅,我们就不在这里对于这个理论框架的本质进行阐述。有兴趣的读者可通过阅读审计专业文章或者在考察审计人员的实际工作中得到这一理论框架的要素。比如全面审查数据处理,寻找系统保护资产和数据的弱点,以及评价系统是否高效地达到组织的目标等等。

【小资料】

关于计算机审计证据

计算机审计证据,也称电子数据系统审计证据,是指在电算化系统审计和计算机辅助审计过程中产生的,以其记录的内容与有关既定标准相符程度并作为审计结论基础的电磁记录物(凭据)。计算机审计证据与传统审计证据存在一些区别,主要表现在以下三方面:

一是安全程度不同。计算机审计证据虽然具有较高的精密性,但也有较强的脆弱性。

二是表现形式不同。计算机审计证据表现形式多样,尤其是多媒体技术综合了文本、数据、图像、图形、动画、音频及视频等多种媒体信息，这种以多媒体形式存在的计算机审计证据几乎涵盖了所有的传统证据。

三是显现程度不同。计算机审计证据必须用特定的二进制编码表示，具有较强的隐蔽性，存储于磁性载体中的多头数据文件，只有采用计算机并利用计算机程序才能阅读。传统审计证据，如实物证据、书面证据、言词证据等则一目了然。

计算机证据归入"视听证据"类。但在具体操作中，应注意到，计算机接收到的电子信息是计算机系统重新显示或复制出来的，只能是原件的副本，不可能是传统意义上的有形"原件"，所以计算机审计证据中的"原件"概念等同于复制品和副本。考虑到计算机审计证据容易被伪造、篡改，而且更改、伪造后不留痕迹，再加上计算机审计证据由于人为的因素或环境技术条件的影响容易出错，因此，在某种意义上来说，计算机审计证据应属于间接证据。

2. 信息系统管理科学形成计算机审计创新的方法论基础

在计算机产生和发展的早期，数据处理效率低下，导致处理成本非常昂贵，为此，人们一直把研究和发掘新的数据处理方法作为研究重点之一。经过近半个世纪的发展和创新，信息系统开发和管理技术日趋成熟，信息管理学科也逐渐成熟，许多研究成果和新方法被直接用于各种信息系统的开发和实施，成为一门热门学科。任何一门学科的发展都离不开对其他学科理论与方法的借鉴，计算机审计也不例外。从当前计算机审计实践来看，信息管理学科所积累的一整套研究和开发方法俨然已经成为计算机审计的方法论基础，对计算机审计有着重大的影响。一个典型的事例就是结构化程序设计技术已被审计软件设计人员广泛采用，使得审计软件的开发更快、更少出错和更易于维护。此外，在计算机审计的数据库安全审查、实质性测试、应用控制审查和测试上都用到信息系统管理的技术和方法。

3. 计算机科学成为计算机审计应用技术的源泉

计算机科学的研究所取得的重大进步，研究范围不断深化和拓展。比如计算机系统安全也已成为计算机科学研究的一个重要方面，特别是对计算机病毒和数据文件加密的研究、网络防火墙的构筑等，这些新的研究成果普遍用于数据和软件系统的安全保护。再比如计算机科学研究中的软件质量评价和控制研究，近年来也取得新的进展，这使计算机系统更加可靠有效。值得注意的是对软件质量的评价也正成为计算机审计的主要关注点。一个基本理念是没有高质量的会计或审计软件，就难以提供高质量的会计或审计信息。虽然计算机审计人员不必关心硬件和基础软件的可靠性，但是不可不关注会计信息系统应用软件的开发，否则审计人员要想查出他人是否利用计算机技术进行的舞弊，会相当困难。试想一个高级编程人员若是利用修改程序进行贪污舞弊，要是没有同样水平的计算机审计人员，想查出这一类的舞弊只能"靠运气"了。当然，虽然二者都关注软件质量，但计算机审计和计算机科学所关注的侧重点是各不相同的。特别是计算机审计以第三方身份，强调独立性，必将在软件质量管理和控制方面取得重大的研究成果。

4. 行为科学成为计算机审计的行为基础

近年来，行为科学在社会经济生活中的应用研究取得了重大发展。毕竟各个学科的理论研究和实际应用几乎都不可避免地要涉及人的行为。在审计研究的过程中，早就应

用行为理论激励审计人员，从而提高审计效率。依据动机理论，在计算机审计的过程中，审计人员也要了解被审计单位的电算化会计信息系统的岗位人员的需求和动机，融洽被审计单位的管理当局和会计电算化人员的关系，从而减少审计阻力，提高计算机审计效率；还可应用行为科学理论分析评价计算机信息系统内部控制制度对人的志气、性格和能力的要求，对被审计单位的计算机系统各个有关岗位设置和所安排人员的合理性提出建议。“行为科学家曾经对一些计算机系统应用失败的企业进行研究，发现大多数企业失败的原因是系统的组织行为不当或是信息系统的开发和实施的人员行为不当。因此在计算机审计上把这种行为性的问题也列作主要的审计节点。分析电算化系统的职员行为方式是否与系统内控制度相吻合，也是计算机内控评价审查的重点”。

此外，计算机审计领导人应当了解审计人员的需要，并根据各人的性格、业务水平和特长合理安排审计小组；应用团体行为理论，使审计小组各人员之间相互配合和协调，向一个确定的审计目标努力工作。计算机审计小组也应当善于利用领导行为科学，审查和评价计算机系统领导者的经验、能力、需要、动机和上进心等。

三、计算机审计的目标与任务

目标指明方向。计算机审计作为一项有目的的人类活动，存在时间和经费资源的限制，明智的审计人员必须明确目标，以便采取最有效的方式完成最重要的任务。计算机审计的目标和任务分别是什么呢？我们有必要先从理论上进行探讨，然后再在实践中给予检验，以便更好地指导实际工作。

（一）计算机审计的目标

在某种程度上，企业的会计信息（或数据）是一项重要资产，它不仅描述着企业自身的形象和环境，而且还记录着企业的历史，昭示着企业的未来。会计信息系统作为企业唯一正式的信息系统，所提供的数据既可以用作认定受托责任，又在一定意义上具有决策有用性。如果会计信息真实而可靠，那么，它不仅能有效地支持企业决策和经营控制，而且能真实而可靠地描述企业的财务状况和经营成果，从而为企业创造良好的形象，并因此而不断增强企业的生存和适应能力。果真如此吗？为了更好地说明这个问题，下面举个简单的例子。

比方说，记录某企业应收账款的数据文件遭到毁损，那么，除非顾客是诚实的，而且还要记得他们各自对该企业所应承担的责任——所欠货物价款，否则该企业就将会遭受严重损失以致影响它将来的发展，所以企业会计信息系统的安全比较重要。当然，我们还可以想象，如果企业应付账款有关的文件被毁坏，可能导致企业无法及时支付应该支付的到期货款，那么，也极有可能导致企业声誉的损害，从而失去来自供货方的优惠条件，遭到损失。另一种情况是企业的重要商业秘密数据失窃，被竞争对手所获悉，这样就会直接毁掉企业的有利竞争条件，造成巨大的损失。因而从这个角度看，计算机审计的主要目标就要向保证会计信息系统的数据安全、有效、可靠等方面努力，为此，我们确定计算机审计的目标为以下方面：

一是系统的效率性。计算机审计必须能够提高审计工作效率。一个没有效率的计算机审计系统，不是一个完善的审计系统。

二是系统的经济性和效益性。审计工作是必须讲究效益的，如何充分利用审计资源，降低审计成本，始终都是审计工作特别关心的要旨。因而计算机审计需要将系统的经济性和效益性作为其目标之一。

三是系统的可靠性。审计是要讲究证据的，审计系统必须讲究可靠性，依据不可靠的审计系统所下的审计结论必然是错误的。

四是系统的安全性。计算机环境的系统安全，已经引起世界范围的普遍关注。对于计算机审计系统来说，不仅要讲究效率和效益，更要讲究安全，没有了安全保证，任何系统都无所谓可靠性、效率和效益性。

五是系统的合法、合规性。审计工作必须有法可依，有法必依，因而计算机审计系统是否合法、合规必须引起人们的重视。

实事求是地说，计算机审计目标不仅仅是局限于以上方面，毕竟计算机审计是分阶段来实施的，因而在不同的实施阶段都有具体的目标，以便更好地指导当前的工作。换句话说，就是上述审计目标只是一个总体上的笼统目标，具体到计算机审计的具体阶段，还存在具体的审计目标，如系统购置阶段的审计目标、系统开发阶段的审计目标、系统操作和维护阶段的审计目标。

（二）计算机审计的任务

在某种程度上，任务是与目标相关联的，计算机审计的上述目标，决定了计算机审计的任务。

我们把这些任务概括为以下要点：

（1）评价企业预防数据被毁损和被偷窃的控制措施；

（2）评价企业会计信息的公允性和真实性；

（3）审查计算机舞弊的可能性；

（4）评价计算机系统防错控制是否有效；

（5）评价数据的保密性；

（6）审查和评价会计电算化系统的效率性和效益性；

四、计算机审计的难点与重点

面对正在发展中的计算机审计工作，对其中的一些重点和难点问题的把握，有利于更好地促进其发展。为此，我们结合相关的文献资料，将要点总结如下：

（一）会计软件的多样化

在会计信息系统的初级培训课程中我们就已经知道，会计软件是会计信息系统的“灵魂”。中国会计电算化在通用化、商品化思想的指引下，经过近 30 年的发展，涌现出大量的会计软件，这些会计软件正发挥巨大的作用，为众多的基层企业单位服务。发展初期，各级财政部门为了把好会计软件质量关，保证会计信息质量，专门组织相关评审工作。资料显示，截至 2004 年年底，通过财政部评审的会计软件有 38 个，通过各省市财政厅、局评审的会计核算软件有几百个之多。通常，通过评审的会计软件基本上符合财政部发布的《会计核算软件基本功能规范》的要求，但是毕竟不同的会计软件代表了不同软件开发主体所拥有的知识产权，虽然基本功能大致相同，而其他方面的差异还是巨大的。

"从系统的功能模块的划分到数据库文件的设置,从采用的工作平台到使用的计算机语言,从单项的开发到完善的全系统,从单机到网络环境,从单纯使用关系型数据库到应用大型数据库资源等,千姿百态,十分复杂"。正是各种会计软件中的数据结构不尽相同,缺乏标准化、规范化,增加了审计的难度。为了切实解决这个问题,2004 年 12 月 21 日中华人民共和国审计署以审办计发〔2004〕168 号文件的形式,颁发了《信息技术 会计核算软件数据接口》,从执行情况来看,较为有效地解决了不同会计软件之间的数据兼容问题。

当前,随着会计电算化的发展,会计软件从核算型向管理型方向发展的趋势较为明显,市场上流行的会计软件版本不断更新,适应不同行业管理模式差异的"行业版会计软件"成为管理型会计软件的主流,它们不仅具备会计核算的基本功能,更重要的是设置了许多为管理服务的数据库、知识库、模型库、方法库和用户接口等管理型功能。这些软件中的各种数据错综复杂,难免使得审计人员在通过会计软件索取电子审计证据时感到有些棘手。

同时,我们还应该注意到,随着企业信息化的发展,众多大中型企业纷纷投巨资打造 ERP(Enterprise Resources Planning)系统,而在 ERP 系统中一般将会计核算融入其中,与企业计划预算、劳动人事、物资供应、生产管理、销售管理等交织在一起,使得原来为保证会计软件质量而采取的评审方法逐渐失效。在这种状况下,财政部已明确表示不再组织会计软件评审,这在一定程度上给审计人员带来了负担。况且,在 ERP 环境下,多个信息管理子系统并存,某一系统的输出结果,可能成为另一系统的输入数据。在审计过程中,审计人员发现某一核算环节数据有误,可能要追溯到会计子系统外的其他各系统,其工作量势必增大,技术性也进一步增强。

(二)信息技术发展中的审计困扰

信息技术的发展为审计工作提供了极大的便利,也带来了新的业务空间,但同时也伴随着一定程度的困扰,毕竟"一枚硬币总是有着两面的"。我们认为,关键在于我们的学习和认识,以及对这些困扰的研究。为此,下面我们将集中对信息技术发展中的审计困扰做简要介绍,使得我们能够及早准备或防范,变被动为主动。

1. 会计信息多样化的审计困扰

信息技术的发展、国际互联网络的通畅,为满足用户对会计信息的需求提供了极好的条件。原来受信息传输条件和信息披露成本等条件的限制,有些信息需求只能是"海市蜃楼"式的想象,而今,网络环境的极大改善,使得一些想法有了实现的可能,也就在一定程度上刺激着用户的信息需求。而信息需求又在某种程度上直接决定着信息传递的内容,出现会计信息多样化趋势,主要表现为:(1)在提供历史信息的基础上增加管理当局对企业未来的预测信息,诸如企业所面临的机遇与风险、企业管理部门的计划、企业实际经营业绩与先前所披露的机会和风险的比较等有关企业未来经济活动以及有助于预测、评估企业未来财务状况和经营成果的经济指标和相关信息。这些预测信息,在信息技术条件下不仅传输成本降低,而且在计算机环境下这些信息更容易给人以直观的示意,提高信息使用的可信度。(2)为满足用户对分部信息的关注,企业按行业或按地区提供分部信息,以反映当前所面临的机会和风险;(3)既披露财务信息,又披露非财务信息;

(4)强调会计信息的相关性、可靠性、可比性、一贯性和时效性，并具有反馈价值和预测价值，不断提高会计信息质量。

所有这些多样化会计信息的提供，都要求审计进行审计鉴证，而其中的有些信息在审计鉴证过程中又存在不同程度的风险，甚至难以把握，这就在一定程度上考验着审计师的智慧，所以我们这里称作审计困扰。

2. 信息新技术挑战审计人员的学识和毅力

我们知道，技术是中性的，但对技术的利用可产生许许多多社会问题。Internet 技术的使用，使集成了 LAN、WAN 和高速数据服务的“企业网”迅速形成，与此相联系的其他网络也在迅速发展。这些信息网络不仅使信息流呈几何级数增长，也将引起整个社会活动的深刻变化。因此，当前计算机技术应当怎样利用仍然是我们面临的一个重要问题。一方面，政府有关的职能部门、专业协会、监督机构（审计机构）应怎样评价计算机技术应用的效果；另一方面，社会独立审计机构应当为计算机应用单位提出怎样的合理化建议。这些都在某种程度上挑战着审计人员的学识和毅力。应该说在计算机应用技术不断发展的同时，对计算机上用系统的内部控制和审计就要有相应的发展，这样才能促使计算机技术应用朝着有利方面不断发展。但是审计人员有这样的学识吗？若是没有这样的学识，他们有毅力去完成“继续教育”吗？这些都构成了对审计人员的挑战。

特别是近年企业的无纸贸易（电子数据传递）和会计记录的计算机化，使审计对电子资金传递的表达比较困难。而且无纸交易业务的记录缺乏审计线索，又将是审计的最大问题。例如，许多企业通过计算机采购商品和原材料，购买合同仅仅是电子数据，付款往往也通过电子转账支票实现，这些电子交易在一定程度上都是缺乏审计线索的范例。这种无纸化数据结合团队交流、集成应用，以及外部数据通信和内部交流革新，给审计人员提出了更多的挑战。

（三）明细信息成为未来审计的重点

信息技术的发展促进了会计学科的进步。为适应信息技术的发展而提出并逐渐趋于完善的事项会计理论，奠定了信息时代会计发展的理论基础。事项会计理论所提出的“事项”[①]概念，进一步揭明了未来疾驰在信息高速公路上的会计明细信息，将作为企业所提供的最主要的会计信息。为此，审计工作的重点落在验证企业内部形成的明细信息的真实可靠性，以及审核进入外部网络的明细信息的安全性。而在企业同时向用户报送综合信息的情况下，审计人员仍然必须对会计报表的合法性、公允性及会计处理方法的一贯性发表审计意见。

1. 企业内部形成的明细信息的审计

企业内部信息系统环境的改善，ERP 系统的建设和发展，将企业原有的一个个“信息孤岛”，连接成一个“大陆”，内部信息相互关联，互相牵制，使得内部控制问题的重要性显得更加突出。甚至有人认为，企业内部形成的明细信息的真实可靠性如何，取决于企业

① 一般观点认为“事项”(event)是指对一项活动(action)的特征的可行观察结果，也就是说这项活动的特征能被直接观察到，并对信息使用者具有经济含义。——宋献中，谭小平：《关于事项会计的探讨》，《当代财经》，2003 年第 10 期。

会计电算化内部控制强弱程度。当然，人们为保证会计信息质量，已经在审计实践中发展出各种方法，以减少审计风险。然而，尽管人们可采用各种各样的审计测试，但不管是符合性测试还是实质性测试，都存在抽样误差，而健全的内部控制制度，可保证审计测试的质量，使其得出的审计结论风险较小，已成为审计理论与实务界的一项共识。

随着信息新技术的广泛应用，企业越来越多的交易事项将由"自动化"的数据管理系统处理，从而使得部分交易事项的书面记录逐渐消失；会计数据的输入、处理和输出，又均以数据库文件为载体，其书面记录也在日渐减少，数据库文件俨然已经成为未来会计系统"账、证、表"的代名词。可以预见，未来审计将是数据库的审计。专门为审计人员设计的审计软件，使得审计人员可望计算机在瞬间生成自己所需的信息，因此，根据凭证库文件所生成的账簿、报表资料已不会太多地引起审计人员的重视，而控制输入口、审查输入数据库，才是他们关注的"焦点"所在。首先，他们要验证记账凭证库文件是否真实、可靠；尔后，随着科技的进步和原始凭证数据全部进入电算化系统，记账凭证由系统软件自动形成可望实现，他们又应当侧重于验证机内原始凭证数据是否真实、可靠，会计凭证数据库的存取是否得当，以及这些凭证数据被不留痕迹修改的风险有多大等问题。

2. 进入外部网络系统的明细信息的审计

尽管人们千方百计地构筑防火墙来对付来自外部的攻击，设置扼制点以允许从机构内部访问 Internet 上的资源，而对从(外界)Internet 上对机构内部专用网络上主机的访问加以控制，然而，一个连向远程系统的用户可能在无意间将该系统置于一个危险境地，使监视该远程系统网络传输的闯入者可以攻击该系统。在未来审计中，只要是采用实时报告，就必须对会计信息进行连续审计。这种连续审计应当延伸到进入外部网络系统的明细信息。利用传统的计算机审计实务中已有的内置审计器，以便在数据被改动或更新之际，对其自动进行审核，将是日后一种可行的审计方法。

当然，在未来的审计过程中，人仍然是第一因素。任何一种信息来源和与之相对应的一种可能暴露的问题，大都有相应的安全控制措施供审计人员参考。审计人员在对它们进行评价时，应对数据通信网进行全面预查，检查每个信息来源的安全控制，进行必要的数据处理测试，但这种测试必须在不改变数据库或记录的条件下设计业务事项的测试，否则，就可能给整个系统带来差错。

3. 综合信息的审计

企业送入网络上的综合信息，是在其明细信息的基础上形成的。因此，对综合信息的审计，往往采用重生成的方式，即审计人员根据已经被证实是可靠的明细信息，运行审计软件的综合信息生成模块，再由该核对模块将其与原已存放在网络上的综合信息进行核对。随着企业报告需求的多样化，综合信息审计也将日趋复杂。

第二节　审计软件与计算机审计过程

一、审计软件及其分类

审计软件是为利用计算机辅助审计而编写的计算机程序及其相关文档。一般来说，审计软件应当具备以下功能:(1)资料管理的功能;(2)文档编辑的功能;(3)表格处理的功能;(4)读取和组织数据的功能;(5)验证的功能;(6)绘图的功能;(7)抽样的功能;(8)专家系统的功能。在这些功能中,可能会因软件不同而产生功能上的差异。

从来源上看,审计软件可以有购买通用软件、自行开发或购买专用软件等形式,也可以借用会计软件辅助审计,即审计人员借用被审计企业的会计软件中的查询、打印功能。这些功能方便易得,但所提供的功能并不能使审计人员获取所要的全部资料。

通常,人们根据审计软件的通用程度不同,将其划分为通用审计软件和专用审计软件。其中通用审计软件是根据经济业务的共性设计的适用于对多类或多数计算机信息系统审计的计算机程序,一般是由大型的会计师事务所或软件公司开发的,功能齐全,成本也较高。专用审计软件是指为特定被审计的信息系统或为执行特定审计任务而设计的计算机程序,在某些方面挖掘得更深入,但不同的专用软件可能存在着兼容问题。审计署审批过一批审计软件(如表 10－1 所列)。

表 10－1　审计署审批的审计软件一览表

应用系统	软件名称		软件名称
计算机审计子系统	通用审计软件		审计数据库采集分析软件
	专业审计软件	财政审计软件	海关业务审计软件、金剑审计软件——行政事业版、中央部门预算执行审计软件、通用审计系统、财政总预算会计计算机辅助审计软件
		金融审计软件	外资审计管理信息软件
		企业审计软件	经贸审计软件
审计支持子系统	常用财经审计法规计算机检索软件、审计档案信息管理软件、审计人事信息管理软件		
审计决策子系统	审计统计抽样软件、审计统计报表软件、审计项目计划管理软件		
审计办公子系统	机关辅助办公系统、审计信息管理软件(山东厅)、审计信息管理软件(南京局)		
审计财务子系统			

二、计算机审计过程

从现有文献和我们所调查的审计实践来看,审计人员所进行的计算机审计工作的基本程序与普通审计的过程并无明显差异,基本上也可以将整个过程概括为准备、实施和总结三个主要阶段。为了便于会计人员了解审计人员在进行计算机审计过程中所经历的基本过程,发现其中的细微差异,以便更好地配合审计人员工作,我们这里对计算机审计过程或步骤做了粗略的整理,以简略的图表述,如图 10－1 所示。

(一)计算机审计准备

计算机审计的准备阶段是整个审计程序的重要环节,也是整个审计过程的基础阶段,全面、具体、细致的准备工作不仅为实施阶段创造了一个良好的开端,而且也为整个

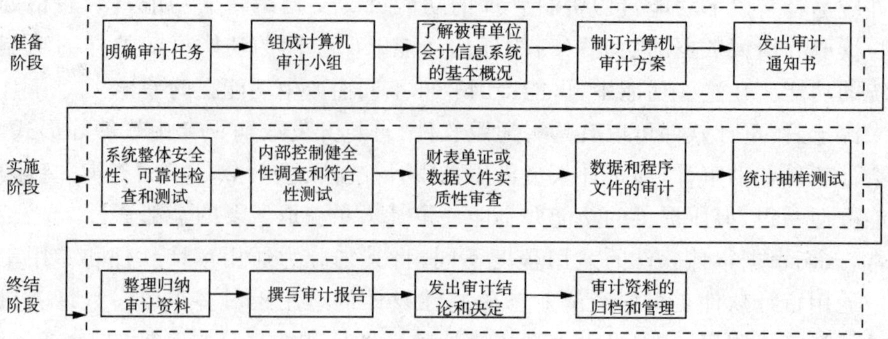

准备阶段：明确审计任务 → 组成计算机审计小组 → 了解被审单位会计信息系统的基本概况 → 制订计算机审计方案 → 发出审计通知书

实施阶段：系统整体安全性、可靠性检查和测试 → 内部控制健全性调查和符合性测试 → 财表单证或数据文件实质性审查 → 数据和程序文件的审计 → 统计抽样测试

终结阶段：整理归纳审计资料 → 撰写审计报告 → 发出审计结论和决定 → 审计资料的归档和管理

图 10-1

计算机审计阶段奠定了基础。

(1)明确审计任务:每次审计都应该明确具体的任务,以便有一个目标,完成的过程中也便于检查和考核。计算机审计过程也不例外,每次都要有明确而又具体的审计任务。

(2)组成计算机审计小组:人员是完成审计任务的保障,计算机审计的专业性和技术性都比较强,为此,需要抽调懂技术的专业人员组成审计小组。在这个过程中需要考虑小组成员的特长,进行合理的人员配备,以达到良好的实际效果。比如有的审计人员对某种特定的会计信息系统软件较为熟悉,有的审计人员对某种特定的审计软件较为熟练等。

(3)了解被审计单位会计信息系统的基本概况:在审计小组成立以后,需要指派专人对被审计单位的会计信息系统基本概况做粗略的了解,比如当前所使用的软件的版本,系统的集成状况,具体模块的使用情况,所采取的安全、备份等保障措施。

(4)制订计算机审计方案:根据具体了解的会计信息系统基本情况和被审计单位其他信息资料,组织人员进行讨论,归纳出被审计系统的特点和重点,制订较为切实可行的计算机审计方案,形成对具体审计过程的指导。

(5)发出审计通知书。

(二)计算机审计实施

在完成了所有准备阶段工作之后,就要进入具体的审计实施过程。应该说,有些过程与手工审计过程极为类似,其主要差别就在于计算机审计需要充分考虑计算机会计信息系统的特点,强调内部控制的审查和评价。在这个过程中所要做的具体工作主要包括:

1. 对被审计单位电算化系统整体安全性、可靠性检查和测试

审计人员在准备阶段只是粗略了解了被审计单位的电算化系统,在具体实施审计的过程中还需要对系统的整体安全性、可靠性进行具体检查和测试,包括以下内容:了解机房管理的安全措施;管理人员的基本概况;会计信息系统应用程度的评估;会计信息系统的文档资料和系统使用手册的查阅;具体业务流程和数据处理过程等。

2. 对被审计系统的内部控制制度进行健全性调查和符合性测试

受审计资源的限制,从事计算机审计的专业审计人员,不可能完全重复式验证被审

计单位的所有会计资料,而是在很大程度上要依赖于对内部控制的测试和评价。一般来说,被审计单位良好的内部控制是审计人员从事计算机审计的基础,因而在实施审计的过程中,一个重要步骤就是对被审计系统的内部控制制度进行健全性调查和符合性测试。其中健全性调查主要包括与被审计单位人员的应用面谈和交流;实地检查观察单位内部控制制度及其监督执行情况;发放内部控制情况调查表,进行书面调查。深入审查确定哪些一般控制和应用控制在实际工作中发挥着作用,因而是可以依赖的;揭示出一般控制的弱点和对应用控制的影响;考虑应用控制的弱点和对符合性测试的影响;确定需要进行符合性测试的一般控制点和应用控制点;

在这些测试点被确定以后,就需要具体开展符合性测试工作。所谓符合性测试是在对被审计企业的电算化会计信息系统的内部控制制度进行初步了解和评价以后,如果审计人员认为所评价的内部控制制度良好,或者尽管存在一些弱点但总体上尚好、可以依赖时,审计人员应该进一步对内部控制制度的执行情况进行评价。这项工作的目标是寻找证据,确定计算机会计信息系统内部控制制度是否在发挥作用,以及实际存在的控制制度是否可以信赖。在测试过程中,审计人员除了可以继续使用前述手工审查中获得的资料外,要将工作的重点放在使用计算机辅助收集证据和验证在审计计划中已经提出的各项控制制度是否可以依赖。比如可以利用计算机开展会计软件的维护控制测试、数据输入的有效性测试、数据输入的准确性测试等。在测试过程中可以采用的测试方法很多,有模拟数据测试法,审计软件重新处理业务法,随机抽样测试法等。这些方法的具体应用情况我们将在后面章节择其要者进行介绍。

3. 对账表单证或数据文件进行实质性审查和测试

在完成了前述工作以后,审计人员还需要根据计算机审计方案对账表单证或数据文件进行实质性审查和测试。测试的目的是取得充分的证据,使审计人员能够判断出会计信息系统在一些重大方面是否偏离了公允性目标,还存在哪些弱点?从理论上看,这种实质性测试主要包括以下几种类型:出错处理测试;数据质量测试;数据一致性测试;实物盘点与会计信息系统中的数据比较测试;利用外部数据资源对会计信息系统内的数据进行测试;分析性检查测试。审查和测试的内容主要包括以下方面:

(1)检查电算化系统的输入环节,数据是否真实、完整、正确、可靠,有无必要的校验措施;

(2)检查电算化系统的处理环节,数据的来源是否正确,处理的逻辑是否正确、有效,处理的结果是否符合要求;

(3)检查电算化系统的输出环节,输出的内容是否正确,形式是否满足要求,输出信息的传送是否有必要的控制措施。

4. 利用计算机辅助的方式参与对数据和程序文件的审计

计算机审计与手工审计不同的是被审计单位大量数据资料是存放在磁性载体之上的,虽然作为会计档案管理来讲,最终要求保存磁性和纸质打印共套资料,但磁性信息的特殊性还是值得人们重视的,主要是所有磁性信息必须通过计算机才可读,而且打印在纸质介质之上的会计资料的数据来源是基于存放在磁性介质之上的会计信息系统。为此,我们把利用计算机辅助的方式参与对数据和程序文件的审计作为计算机审计重要步骤之一，还考虑到计算机处理速度快，可以在一定程度上节约审计资源。

5. 利用计算机辅助的方式进行统计抽样等方法的使用

抽样的方法是审计工作中的重要方法之一，在计算机审计过程中，恰当利用计算机辅助方式进行统计抽样，可以使审计工作的效率更高、效果更好。当然，这对审计人员的要求更高一些，需要能够熟练操作那些具有统计功能的审计软件或专用统计抽样软件。

(三)计算机审计终结

(1)整理归纳审计资料　在完成了实际的计算机审计实施阶段的工作之后，需要对整个审计过程中涉及的资料做必要的整理和归纳，以形成一份详细的审计资料。这项工作既是对审计工作的检查也是必要的总结，为以后的审计工作提供必要的指导和借鉴。

(2)撰写审计报告　和手工审计一样，撰写审计报告也是计算机审计的一个关键阶段。在经历了上述审计过程之后，审计小组已经获取了相关的审计证据，形成了对各个审计子项目的初步评价，但这些证据和评价基本上还是比较分散的，不能系统地反映审计项目的全貌。为此，还需要将各个审计小组成员所收集的审计证据和初步评价结果进行综合，筛选出其中的重要证据和主要问题，并将这些问题和证据作为重点进行综合评价，在与被审计单位沟通的基础上，根据委托人的要求编制客观、公正的审计报告和管理建议书。

(3)发出审计结论和决定　根据审计报告内容，给被审计单位发出审计结论和决定。

(4)审计资料的归档和管理　审计档案建设是审计管理的重要环节，及时进行审计资料的归档和管理，不仅是档案建设的需要，而且也是为今后审计工作提供一份可以借鉴或参考的资料。审计档案提供的信息不仅有利于跟踪检查审计决定的执行、进行复审、开展后续审计或再次审计工作，而且对汇总、分析和及时提供审计信息以便为宏观管理服务，总结和推广审计经验，对在诉讼或争议中证实审计人员的工作合法、合规性都起着重要作用。

本章小结

信息技术的发展对审计有着深刻的影响。计算机审计涉及信息系统的整个生命周期，不仅是一个技术问题，更是一个管理问题。计算机审计是一项以管理为核心、以法律法规为保障、以技术为支撑的系统综合工程。计算机审计的一般方法主要有绕过计算机审计、通过计算机审计、利用计算机审计。我们主张审计人员丰富自身的知识和技能，将计算机及其网络作为审计工作中不可或缺的工具。

从缘起背景看，审计线索的变化、内部控制上的相应变化、审计内容的改变等对计算机审计的产生有着直接而重要的影响。从理论基础看，传统审计成为计算机审计架构理论框架和基本方法的基础，信息系统管理科学形成计算机审计创新的方法论基础，计算机科学成为计算机审计应用技术的源泉，行为科学成为计算机审计的行为基础。

计算机审计的主要目标就要向保证会计信息系统的数据安全、有效、可靠等方面努力。在审计实务中，计算机审计存在诸多难点与重点，如会计软件的多样化，信息技术发展又增加了审计困扰，明细和综合信息成为未来审计的重点。

审计软件是为利用计算机辅助审计而编写的计算机程序及其相关文档。从来源上看，有购买通用软件、自行开发或购买专用软件等形式，也可以借用会计软件辅助审计，即审计人员借用被审计企业的会计软件中的查询、打印功能。

计算机审计过程包括准备、实施和总结三个主要阶段。其中计算机审计的准备阶段是整个审计程序的重要环节，也是整个审计过程的基础阶段。

【复习思考题】

1. 你认为计算机审计策略有哪些？

2. 你对计算机审计的重点与难点怎么看？

3. 谈谈你对计算机审计的理论基础的认识。

4. 你是如何理解“计算机审计”这个概念的？

5. 什么是审计软件？常见的审计软件有哪些？以一个审计软件为例谈谈你对审计软件基本功能的认识。

6. 你认为会计信息系统与审计信息系统的关系如何？

7. 你认为信息技术的发展对审计方法有哪些影响？

8. 审计员小李在运用 EXCEL 进行辅助审计时，一个单元格中出现了这样的提示“＃value!”，他不知表示什么意思，前来请教你，你该怎么回答？

9. 黎明有限公司近几年来发展十分迅速。为了与此相适应，公司刚刚改手工会计系统为会计电算化系统。请问：(1)这种改变对审计人员的工作方式有何影响？(2)哪些控制是你希望在计算机控制的系统中看到的？

10. 金光有限公司是一家大型的批发和零售企业，拥有近千种不同的存货项目。为改进控制程序，公司选用计算机来执行存货控制，并将所有存货记录存储在磁盘上。该系统有 12 个分布在公司各处的远程终端，员工可以使用这些终端读取有关存货现状的数据。当存货发生流动时，存货记录的更新也同样通过这些远程终端操作执行。请问：(1)如果你是金光有限公司的审计人员，应用新的计算机系统会对你审计存货的方法产生何种影响？(2)请简要列出在开发出新的审计电算化存货控制系统的程序之前，你会采取的措施。

11. 现在的财务软件，有很多建立了往来、固定资产、存货、成本、工资等模块，这样有利于财务的使用和管理，但是对于审计软件来说，这些好像都是弱点，这部分内容如何利用计算机进行辅助审计呢？（提示：①应该利用会计软件数据库，通过数据接口提取所需数据。②提取后台数据库，转换成电子表格文件，利用电子表格的分类筛选以及审计人员的经验和分析能力，共同完成审计项目。）

【案例分析题】

利用计算机审计发现 14 家关联企业联合骗贷

审计署驻 GZ 特派员办事处(以下简称特派办)在对某国有商业银行 YY 省分行进行年度资产负债表及信贷资产质量审计工作中，利用计算机辅助审计，发现了 14 家关联企业联合骗贷3亿多元。在现场审计前，审计组就将准备工作重点放在计算机审计审前准备上，专门成立由审计人员与计算机专业人员组成的工作小组，负责数据采集转换的各项工作。

1. 审前准备工作

(1)数据采集　根据审计署有关审计人员不得亲自操作被审计单位的计算机的规定，特派办的数据采集工作，主要按以下步骤：①首先对省分行系统的计算机信息系统进行调查了解，包括系统平台、开发语言、数据库等技术方面的情况，以及核算、数据处理、备份规程等制度方面的情况，了解该行各种应用系统及其子系统基本情况。取得该行应用系统设计的电子文档。②了解应用系统数据库结构。根据该行数据的情况和审计方案的要求，确定数据采集方案。工作小组根据"全面与效率相统一"的原则确定数据提取量，确定提取数据的关键时点与合理时段，向该行提交数据需求，明确数据转换的格式和数据移交的时间与方式，并对安全保密问题做出具体规定。③在13天的时间里，工作小组实际共采集数据量达1万兆，为今后的数据转换和数据分析提供了更多的选择余地和更为充分的依据。

(2)数据转换与整理　审计人员使用《通用审计系统》软件本身提供的功能，将采集来的大量的不能直接使用的文本文件数据，转换成.DBF文件，形成可读的原始电子账本。在数据转换完成后，工作小组按照审计人员的要求，利用《通用审计系统》中的快速编程工具，对数据进行预处理，并采用关联、合并、分解、增加等方法对原始电子账本进行数据变形，使原始的电子账本变为更为直观、审计人员更为熟悉、更近似于真实账本的电子账本，以方便审计人员在下一步审计工作中进行检索和分析。

(3)预审分析　预审分析的主要工作是对采集和转换的数据进行归纳整理，进行研究分析，目的是确定审计重点，发现审计线索，寻找审计突破口。在预审分析工作中，特派办根据审计方案提出的要求和审计人员的经验，充分考虑此次银行审计的特点，将金融风险程度较高的信贷资产等情况列为分析的重点。通过预审分析，审计人员明确了下一步现场审计的重点以及需进一步核实的疑点线索。

2. 关联企业审计过程与方法

(1)发现审计线索　审计小组经反复论证，决定从信贷管理数据库入手，将最能体现电子数据相关性的关联企业相互担保、借贷情况，作为寻找审计线索的突破口。他们利用《通用审计系统》软件的排序功能，将"借款人基本情况表"这个账本按"法人代表"关键字进行排序(排序可以将法人代表相同的记录排列在一起)。经过排序，他们发现该行营业部存在一个法人对应多家不同公司的关联借贷情况，并从中筛选出5条关联企业相关担保、借贷的线索。

(2)开展互动审计，核实审计线索　根据审前准备情况，审计小组一进点即把重点放在银行对关联企业的贷款业务上。在调阅相关资料后，审计小组将其中4个国有企业的线索排除，而将疑点锁定在一家名为"广东省CC发展公司"的贷款企业上。

在审计过程中，审计人员提出疑问：该笔贷款的担保企业与贷款企业之间是什么关系？两家担保企业自身在该行还有无贷款？审计小组利用计算机辅助审计技术继续追查，查出何某4家企业在该省分行所属营业部某市支行相互担保、借贷的情况，通过《通用审计软件》提供的汉化编程功能，重新进行组合，很快查出了该行营业部辖内的19家支行中，有9家支行向14家关联企业发放了贷款。

（案例来源：资料来源于审计署驻GZ特派员办事处的计算机审计案例材料，陈婉玲教授主编的《计算机审计》第171页有介绍。这里有删节和修改。）

讨论题：

1. 计算机审计的审前准备工作主要有哪些？

2. 在电子商务环境下，在审计人员职业技能和修养上有什么特别要求？

第三篇

审计循环与报告

第十一章　销售与收款循环审计

【本章提示】

学习目标：

本章是审计实务中非常重要的内容。通过本章学习，学生应当了解和识别销售与收款循环相关的会计凭证、账户、主要经济业务活动，掌握销售与收款循环中内部控制的要点以及控制测试，掌握销售与收款循环审计的主要实质性程序及相关会计报表认定。

重要概念：

销售与收款循环；内部控制；控制测试；实质性程序；积极式函证；消极式函证

【引例】

菲菲审计失败案例起因

北京京都会计师事务所有限责任公司是新中国本土执业最早和最具影响力的会计师事务所之一，它为中国主板市场30余家知名上市公司以及上千家大型国有企业、民营企业和外商投资企业提供了会计、审计、税务、资产评估和咨询服务。然而，这样一家"重量级"的会计师事务所，在对资产置入方菲菲农业进行审计时，却出现审计失败，受到中国证监会的行政处罚。

2002年1月22日，盛道包装（证券代码000769，2002年4月5日起公司名称更改为"菲菲农业"，2005年9月退市进入三板后证券代码为400046）发布公告称，拟以净值共计45389.09万元的资产，与沈阳菲菲企业集团有限公司的相关资产置换，置入资产包括沈阳菲菲澳家房屋开发有限公司75%股权、沈阳菲菲澳家温室工程公司的全部资产和负债以及菲菲集团的四宗土地等，资产净值共计41956.45万元。北京京都会计师事务所有限责任公司为该资产置换进行审计并出具了无保留意见审计报告。直到2003年1月中国证监会对菲菲农业违反证券法律、法规行为进行立案调查后，投资者才得知该资产置换存在惊人的舞弊行为。

第一，在2001年有关资产置换的关联交易公告及2002年定期报告中虚假披露资产4774.09万元，净资产2519.71万元。置入的农业公司的主要资产为在建工程，其中最大项目为人工湖。据农业公司账面记载，该公司共向沈阳通力达土石方工程处支付人工湖等项目的工程款4340.56万元，均计入了"在建工程"，其中2519.71万元由菲菲集团代付。但在菲菲集团账面上并没有相对应的付款记录，而且公司也未能提供任何付款凭证。可见，农业公司在缺乏记账依据的情况下，记录增加"在建工程"账面价值2519.71万元。2001年6月，农业公司将包括上述款项在内的欠菲菲集团垫付的工程款又转增为菲菲集团对农业公司的投资,从而增加了实收资本。由此,公司在置换公告及2002年第一季度报告、半年度报告、第三季度报告和年度报告中虚增净资产(实收资本)2519.71万元。

第二,在2001年有关资产置换的关联交易公告中虚假披露收入7227.22万元、利润2324.71万元。经查,置入的房屋公司的主营业务收入均来自南园康居楼项目,主要以个人按揭贷款的方式销售。房屋公司采用虚假按揭贷款方式销售房屋76套(包括5个车库),2000—2001年9月累积虚增收入4972.84万元,虚增利润1818.12万元。另经查,农业公司主营业务收入主要来源于为房屋公司、温室公司进行大小配套和土地平整的工程施工。截至2001年9月30日,农业公司为房屋公司施工的澳家庄园别墅小配套工程并未完工,实际成本发生额为1080.73万元,但农业公司却按全部完工确认营业收入3648.36万元,结转营业成本2828.52万元。经计算,其虚列主营业务收入2254.38万元,虚增利润总额506.59万元,占所披露的该公司利润总额的93.74%,导致在置换公告中虚假披露收入2254.38万元,利润506.59万元。

第三,在2002年第一季度报告、半年度报告、第三季度报告及年度报告中虚假披露无形资产。盛道包装在置换公告中披露,置入资产中的四宗土地总地价26018.11万元,其中1号地菲菲集团于2000年8月14日取得国有土地使用证,2号、3号、4号三块土地菲菲集团仅取得土地权属证明。菲菲农业于2002年3月29日将上述土地使用权全部作为无形资产入账,在2002年第一季度报告、半年度报告、第三季度报告及年度报告中均将其作为该公司的无形资产披露。因此,菲菲农业在2002年第一季度报告中虚假披露无形资产26018.11万元,在2002年半年度、第三季度和年度报告中虚假披露无形资产17707.31万元(即三宗土地的土地使用权)。

(案例来源:《河南财政税务高等专科学校学报》,2011年第8期)

讨论题:

1. 在本案例中注册会计师审计存在哪些过失?

2. 在销售与收款循环审计中有哪些环节存在失误?

对交易和账户余额的实质性程序既可按财务报表项目,也可按业务循环组织实施。按财务报表项目组织实施的称为分项审计方法,按业务循环组织实施的称为循环审计方法。长期以来,审计人员对财务报告的审计常常是采取分项审计方法,一部分人员负责资产类账户,一部分人员负责负债和所有者权益账户,另一部分人员负责利润表项目。这种分工方式对于熟悉财务报表的人员来讲,分工十分清楚,便于对中小企业的审计。但其缺点是在企业组织越来越庞大、结构越来越复杂的情况下,这种审核方式容易使审计人员只见树木不见森林,且存在重复劳动,不利于提高工作效率和节约审计成本。因此,有必要采取按业务循环组织实施的循环审计方法。循环审计方法不仅可与按业务循环进行的控制测试直接联系,加深审计人员对被审计单位经济业务的理解,而且便于审计人员的合理分工。将特定业务循环所涉及的财务报表项目分配给一个或数个审计人员,能够提高审计工作的效率与效果。一般而言,企业的经营活动可以划分为下列循环:销售和收款循环、采购和支出循环、生产和服务循环、投资和筹资循环。本章要讨论的内容是销售和收款循环的审计。销售与收款循环审计是四个业务循环审计中最为重要的一个环节,也是最容易出现错误和舞弊的环节。上述案例中,北京京都会计师事务所对非非集团的销售与收款循环审计到底存在哪些过失,导致审计失败呢?

第一节　销售与收款循环概述

销售和收款循环是指企业以提供货物、服务或让渡资产使用权等来交换并收取经济利益的日常经营活动。对于制造业而言,其销售活动主要是提供货物,服务业等第三产业则主要提供服务。根据财务报表项目与业务循环的相关程度,销售与收款循环涉及的资产负债表项目主要包括应收票据、应收账款、长期应收款、预收账款、应交税费;所涉及的利润表项目主要包括营业收入、营业税金及附加、销售费用等。

一、销售与收款循环涉及的主要业务活动

了解企业在销售与收款循环中的典型活动,对该业务循环的审计非常必要。这里我们简单地介绍一下销售与收款循环所涉及的主要业务活动。

(一)收到客户订单

收到客户订货要求是整个销售与收款循环的起点。若是现销业务,企业在批准顾客订单之后,通常均与该顾客签订一式多联的销售合同。销售合同是证明管理当局对有关销售交易的"存在或发生"认定的原始凭证,也是此笔销售和收款交易轨迹的起点。同时,销售部门开出用于企业内部协调销售活动的销售单(多联)。销售单是证明管理层有关销售交易的"发生"认定的凭据之一,也是此笔销售的交易轨迹的起点。

(二)批准赊销信用

若是赊销业务,赊销批准是由信用管理部门根据管理层的赊销政策在每个顾客的已授权的信用额度内进行的。信用管理部门的职员在收到销售单管理部门的销售单后,应将销售单与该顾客已被授权的赊销信用额度以及至今尚欠的账款余额加以比较。执行人工赊销信用检查时还应合理划分工作职责,以切实避免销售人员为扩大销售而使企业承受不适当的信用风险。对于新顾客,企业应当进行信用调查,包括获取信用评审机构对顾客信用等级的评定报告。无论批准赊销与否,都要求被授权的信用管理部门人员在销售单上签署意见,然后再将已签署意见的销售单送回销售单管理部门。赊销方式下的销售合同除了和现销方式相同的内容外,还需要体现赊销的信用额度和赊销期限、现金折扣期限。

(三)按销售单供货

企业管理层通常要求商品仓库只有在收到经过批准的销售单时才能供货。设立这项控制程序的目的是防止仓库在未经授权的情况下擅自发货。因此,已批准销售单一联,通常应送达仓库。作为仓库按销售单供货和发货给装运部门的授权依据。

(四)按销售单装运货物

将按经批准的销售单供货与按销售单装运货物职责相分离,有助于避免负责装运货物的职员在未经授权的情况下装运产品。此外,装运部门职员在装运之前,还必须进行

独立验证，以确定从仓库提取的商品都附有经批准的销售单，并且，所提取商品的内容与销售单一致。

装运凭证是指一式多联的、连续编号的提货单，可由电脑或人工编制。按序归档的装运凭证通常由装运部门保管。装运凭证提供了商品确实已装运的证据，因此，它是证实销售交易"发生"认定的另一种形式的凭据。而定期检查以确定在编制的每张装运凭证后均已附有相应的销售发票，则有助于保证销售交易"完整性"认定的正确性。

(五)向顾客开具账单

在发出货物的同时，企业会计部门需开具一式多联的事先连续编号的销售发票给顾客。这项功能所针对的主要问题是：(1)是否对所有装运的货物都开具了账单(即"完整性"认定问题)；(2)是否只对实际装运的货物才开具账单，有无重复开具账单或虚构交易(即"发生"认定问题)；(3)是否按已授权批准的商品价目表所列价格计价开具账单(即"准确性"认定问题)。

为了降低开具账单过程中出现遗漏、重复、错误计价或其他差错的风险，应设立以下的控制程序：

(1)开具账单部门职员在编制每张销售发票之前，独立检查是否存在装运凭证和相应的经批准的销售单；

(2)依据已授权批准的商品价目表编制销售发票；

(3)独立检查销售发票计价和计算的正确性；

(4)将装运凭证上的商品总数与相对应的销售发票上的商品总数进行比较。

上述的控制程序有助于确保用于记录销售交易的销售发票的正确性。因此，这些控制与销售交易的"发生""完整性""准确性"认定有关。销售发票副联通常由开具账单部门保管。

(六)记录销售

销售业务按销售发票及货运单编制记账凭证，再据以登记销售明细账和应收账款明细账(赊销)或库存现金、银行存款日记账(现销)。

记录销售的控制程序包括以下内容：

(1)只依据附有有效装运凭证和销售单的销售发票记录销售。这些装运凭证和销售单应能证明销售交易的发生及其发生的日期。

(2)控制所有事先连续编号的销售发票。

(3)独立检查已处理销售发票上的销售金额同会计记录金额的一致性。

(4)记录销售的职责应与处理销售交易的其他功能相分离。

(5)对记录过程中所涉及的有关记录的接触予以限制，以减少未经授权批准的记录发生。

(6)定期独立检查应收账款的明细账与总账的一致性。

(7)定期向顾客寄送对账单，并要求顾客将任何例外情况直接向指定的未执行或记录销售交易的会计主管报告。

以上这些控制与"发生""完整性""准确性""计价和分摊"认定有关。这里主要关心的问题是销售发票是否记录正确，并归属适当的会计期间。

(七)办理和记录现金、银行存款收入

这项功能涉及的是有关货款收回,现金、银行存款增加以及应收账款减少的活动。赊销款项收回时需登记货币资金日记账。若在折扣期内收回款项则需要处理现金折扣。在办理和记录现金、银行存款收入时,最应关心的是货币资金失窃的可能性。货币资金失窃可能发生在货币资金收入登记入账之前或登记入账之后。处理货币资金收入时最重要的是要保证全部货币资金都必须如数、及时地记入库存现金、银行存款日记账或应收账款明细账,并如数、及时地将现金存入银行。在这方面,汇款通知单起着很重要的作用。

(八)办理和记录销售退回、销售折扣与折让

顾客如果对商品不满意,销售企业一般都会同意接受退货,或给予一定的销售折让;顾客如果提前支付货款,销售企业则可能会给予一定的销售折扣。发生此类事项时,必须经销售部门授权批准并应确保办理此事有关的部门和职员各司其职,分别控制实物流和会计处理。

(九)注销坏账

赊销方式下存在着货物发出、款项无法收回的可能性。无法收回的款项称为坏账。发生坏账时,相关部门如销售和会计部门需对该款项做出说明,并提出注销申请,经董事会等管理部门批准后,会计上注销坏账。

(十)提取坏账准备

坏账准备提取的数额必须能够弥补企业以后无法收回的本期销货额。

二、涉及的主要凭证和会计记录

在内部控制比较健全的企业,处理销售与收款业务通常需要使用很多凭证和会计记录。典型的销售与收款循环所涉及的主要凭证和会计记录有以下几种:

(1)顾客订货单　顾客订货单即顾客提出的书面购货要求。实际工作中,企业经常没有规定格式的统一订货单,而是通过非正式的传真、电话或电子邮件说明购货意图。

(2)信用核准单据　企业信用部门(良好的内部控制要求该部门与销售部门分离)经过调查对顾客的信用做出评价,决定是否给予该顾客赊销信用以及给予多少赊销信用。其评价过程与相关资料应形成顾客档案,评价的结果填写在信用核准单据中。有的企业直接将信用核准过程体现在销售单中。

(3)销售单　销售单是列示顾客所订商品的名称、规格、数量以及其他与顾客订货单有关信息的凭证,作为销售方内部处理顾客订货单的依据。

(4)出库单　仓库部门根据销售部门发出的销售通知单,在发出货物时需要填写出库单(多联),分别作为顾客提货、会计部门记录和仓库留存备查的依据。

(5)发运凭证　如顾客自行提取货物,销售企业则没有货运单据;如销售企业负责发货至购货单位,则销售方手中留存承运货物单位出具的承运单据。

(6)销售发票　销售发票是一种用来表明已销售商品的规格、数量、价格、销售金额、运费和保险费、开票日期、付款条件等内容的凭证,通常一式多联。销售发票是在会计账簿中登记销售交易的基本凭证。

(7)现金解款单、进账单等银行收款单据　按照货币资金管理条例的要求,企业收到的货币资金应全部存入银行。如现金存入银行,需填制现金解款单;若支票存入银行,需填制进账单;若购货方直接将货款汇至销售方银行账户,则银行以收款通知单的形式告知销售方。这些单据均来自银行,销售方据此登记相关货币资金日记账。

(8)贷项通知单　贷项通知单是一种用来表示由于销售退回或经批准的折让而引起的应收销货款减少的凭证。在会计上确认退回和折让主要是依据销售方开出的红字发票。

(9)坏账审批表　坏账审批表是一种用来批准将某些应收款项注销为坏账的、仅在企业内部使用的凭证。这种事项属于不经常发生的业务,通常不设固定格式的单据。

(10)顾客月末对账单　顾客月末对账单是一种按月定期寄送给顾客的用于购销双方定期核对账目的凭证。顾客月末对账单上要注明应收账款的月初余额、本月各项销售交易的金额、本月已收到的货款、各贷项通知单的数额以及月末余额等内容。

(11)相关的记账凭证、明细账与总账　包括转账凭证、收款凭证、库存现金日记账和银行存款日记账、应收账款明细账、主营业务收入明细账、折扣与折让明细账以及总账等。企业也可以不设置折扣与折让明细账,而将该类业务记录于主营业务收入明细账。

第二节　销售与收款循环的控制测试与实质性程序

一、销售与收款循环的控制测试

销售与收款循环的控制测试分为四个阶段:了解销售与收款循环的内部控制、销售与收款循环控制风险的初步评估、控制测试的成本效益估计、实施控制测试,并根据测试结果修正具体审计计划。这四个阶段的关系如图 11-1 所示。

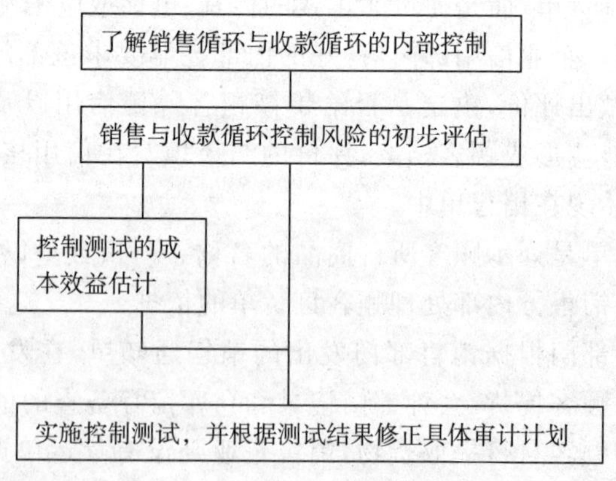

图 11-1　销售与收款循环的控制测试流程图

(一)了解销售和收款循环的内部控制

在接受审计委托之初,审计人员已经对被审计单位内部控制情况进行了初步调查了解，以决定是否信赖内部控制。了解的方法可以是询问、观察以及查阅内部控制生成的文件。一般来说，该了解过程是按照内部控制要素分别进行，了解的结果需采用填写调查问卷、绘制系统流程图或文字说明的方式予以记录。为防止记录过程中出现偏差，审计人员还应当抽取若干笔交易，按照所描述的控制过程进行穿行测试。

企业销售与收款循环通常包括多个业务环节，其中存在的重要风险主要有：销售政策和策略不当，市场预测不准确，销售渠道管理不当等，导致销售不畅、库存积压、经营难以为继；客户信用管理不到位，结算方式选择不当，账款回收不力等，造成销售款项不能收回或遭受欺诈；销售过程存在舞弊行为，可能导致企业利益受损。企业内部控制规范及配套指引就此提出了相应的管控措施：一是要求企业加强市场调查，合理确定定价机制和信用方式，根据市场的变化及时调整销售策略，灵活运用多种策略和营销方式，促进销售目标实现，不断提高市场占有率。二是要求企业与客户进行业务洽谈、磋商或谈判，关注客户信用状况、销售定价、结算方式等相关内容，并签署销售合同，明确双方的权利和义务。三是要求企业销售部门按照经批准的销售合同开具相关销售通知，发货和仓储部门严格按照销售通知所列项目组织发货，确保货物的安全发运。四是完善客户服务制度，加强客户服务和跟踪，提升客户满意度和忠诚度，不断提高产品质量和服务水平。五是完善应收款项管理制度，明确销售、财会等部门的职责，并严格考核，实行奖惩。六是要求企业加强应收款项坏账的管理；应收款项全部或部分无法收回的，应当查明原因，明确责任。企业应当建立销售与收款的评估制度，加强对销售与收款的过程控制及跟踪管理，发现异常情况，应当及时报告，采取措施妥善处理。企业应当披露销售策略、销售渠道、信用政策、主要客户情况、收款情况以及销售过程中的主要风险等内容。

1. 销售与收款内部控制的目标

企业内部控制规范及配套指引中明确提出销售与收款内部控制的目标：

(1)保证销售收入的真实性和合理性

销售获得的收入是对企业生产经营中发生耗费的补偿，为企业未来的发展提供资金来源。通过加强对销售业务的控制，保证企业所发生的所有销售收入都及时、准确地加以记录，完整地反映企业的销售全过程，防止少记、不记或漏记实现的销售收入或虚增销售收入，防止销售收入的货款被挪用或贪污。

(2)保证产品的安全、完整

交付已销售的产品应该数量准确，出库货物应同对方购买货物的订单或合同要求一致，运送产品应该保证产品在运输途中的安全，保证质量不变，数量完整。

(3)保证销售折扣的适度性

销售折扣是企业信用政策中的一个重要组成部分，它是企业在得到一定利益的情况下放弃部分销售收入，是信用经济条件下的必然产物。通过加强对销售折扣的内部控制，主要是确定销售折扣的“度”，使销售折扣政策达到促进销售、及时收回货款的目的，防止销售折扣中以权谋私行为的发生。

(4)保证销售折让和退回的合理性与正确性

销售中可能由于货物在运输中损坏、变质，或装运中出现数量或品种错误等情况，因而要给予客户一定的折让或将货物退回。当这些情况发生时，企业要加强控制，检查其

理由是否恰当,金额是否正确,保证折让和退回的手续完备,并在相关会计资料上予以体现。

(5)保证货款及时、足额收回

货款收回的控制,是销售控制中最关键的一点,如果货款无法及时收回,就会形成大批坏账,导致企业盈利的目标难以实现。企业只有加强对货款结算的控制,做好事前客户的信用调查和事后应收账款的催收工作,才能保证货款及时、足额收回。

2. 销售与收款内部控制要点

为了实现销售与收款内部控制的目标,要注重以下几个要点:

(1)职责分工与授权批准

企业的销售与收款应当实行岗位分工,销售部门负责货款的催收,财会部门负责办理资金结算并监督货款回收。企业应当建立销售与收款业务的岗位责任制,明确相关部门和岗位的职责权限,确保办理销售与收款业务的不相容岗位相互分离、制约和监督。销售与收款不相容岗位至少应当包括:客户信用管理与销售合同协议的审批、签订;销售合同协议的审批、签订与办理发货;销售货款的确认、回收与相关会计记录;销售退回货品的验收、处置与相关会计记录;销售业务经办与发票开具、管理;坏账准备的计提与审批、坏账的核销与审批。

赊销信用的管理包括两部分内容,一是制定赊销额度,即根据对客户的调查,针对每个客户制定赊销额度;二是日常赊销管理,包括对销售业务赊销额度的比较和超出赊销额度的销售的特殊批准。为了降低坏账风险,应明确各部门、人员的职责分工:其一,销售业务与信用检查、信用额度确定是不相容业务,不能由同一人负责,以切实避免销售人员为扩大销售而使企业承受不适当的信用风险;其二,应分级设置批准赊销信用的权限,并在程序中设置操作权限,不同信用额度的赊销由不同层次的管理人员审批。企业应当建立销售业务授权制度和审核批准制度,并按照规定的权限和程序办理销售业务,应当根据具体情况对办理销售业务的人员进行岗位轮换或者管区、管户调整。有条件的企业可以设立专门的信用管理部门或岗位,负责制定企业信用政策,监督各部门信用政策执行情况。信用政策应当明确规定定期(或至少每年)对客户资信情况进行评估。

(2)销售与发货控制

企业应当按照规定的程序办理销售和发货业务。

①销售谈判。企业在销售合同协议订立前,应当指定专门人员就销售价格、信用政策、发货及收款方式等具体事项与客户进行谈判。对谈判中涉及的重要事项,应当有完整的书面记录。谈判人员一般可由销售部门负责人指定一名销售业务员和一名销售内勤(设立法律部门的单位可由法律服务部派出一名谈判人员)参加与客户的谈判。如果在谈判过程中客户要求单位提供信用,销售部门和信用管理部门需要协助谈判人员展开对客户的信用调查,包括获取信用评估机构对客户信用等级的评估报告。

②合同协议审批。审批人员应当对销售合同协议草案中提出的销售价格、信用政策、发货及收款方式等进行严格审查并建立客户信息档案。重要的销售合同协议,应当征询法律顾问或专家的意见。

③合同协议订立。销售合同协议草案经审批同意后，企业应当授权有关人员与客户签订正式销售合同协议。签订合同协议应当符合《中华人民共和国合同法》的规定。

销售部门与客户协商后草签购销合同，并编制购销合同审批单，与草签的购销合同一起转到信用管理部门，由信用管理部门对授信额度和授信期进行审核，并在审批单上签署意见。将草签的合同转到法律部门，由法律部门审核合同条款的合法性和合同条款的严密性，并在合同审批单上签署意见。

企业根据实际情况划分合同等级，不同等级的合同，由不同级别的领导审批并在合同审批单上签署意见。经相关部门和领导审批后，确认购销合同正式生效，销售部门留存合同审批单和一份购销合同，其余交客户、信用管理部门和财会部门等。

对于长期稳定供货的老客户，可以不进行销售谈判和签订合同而直接接受客户的销售订单，但销售订单的接受仍需要得到销售部门负责人或其他授权批准人的签字同意。

④组织销售。企业销售部门应当按照经批准的销售合同协议编制销售计划，向发货部门下达销售通知单。

销售部门应当设置销售台账，及时反映各种商品、劳务等销售的开单、发货、收款情况，并由相关人员对销售合同协议执行情况进行定期跟踪审阅。销售台账应当附有客户订单、销售合同协议、客户签收回执等相关购货单据。

⑤组织发货。企业发货部门应当对销售发货单据进行审核，严格按照销售通知单所列的发货品种和规格、发货数量、发货时间、发货方式、接货地点组织发货，并建立货物出库、发运等环节的岗位责任制，以确保货物的安全发运。为了防止仓库保管人员未经授权私自发货，企业应要求仓库保管人员只有在收到经批准的出库单时才能发货。对于本环节的控制，理想的控制程序是：全部销售出库单均由系统根据完整的销售单生成，并对出库单设置内部追踪制度，从根本上避免存货管理人员自行发货的可能性。

(3)收款控制

企业应当建立应收账款账龄分析制度和逾期应收账款催收制度。销售部门应当负责应收账款的催收，催收记录（包括往来函电）要妥善保存，财会部门应当督促销售部门加紧催收。对催收无效的逾期应收账款可通过法律程序予以解决。

应收账款应分类管理，针对不同性质的应收款项，采取不同方法和程序。应严格区分并明确收款责任，建立科学、合理的清收奖励制度以及责任追究和处罚制度，以有利于及时清理催收欠款，保证企业营运资产的周转效率。企业应当按客户设置应收账款台账，及时登记并评估每一客户应收账款余额增减变动情况和信用额度使用情况。

企业对于可能成为坏账的应收账款，应当按照国家统一的会计准则制度的规定计提坏账准备，并按照权限范围和审批程序进行审批。对确定发生的各项坏账，应当查明原因，明确责任，并在履行规定的审批程序后做出会计处理。企业核销的坏账应当进行备查登记，做到账销案存。已核销的坏账又收回时应当及时入账，防止形成账外款。

为确保应收账款账户数据的真实性、及时性，对于信用期内收回的款项应重点检查款项到账后是否立即对应收账款清账，同时记录客户资信情况、调整客户赊销额度；对于确实无法收回的坏账，应获取货款无法收回的确凿证据，经适当审批后再及时注销；对于会计期末未收回的款项，企业应将对客户的风险评估纳入客户管理内容，在此基础上制定针对该客户的信用政策和坏账预期。为应对坏账风险的冲击，在控制程序上应充分利用系统的信息处理能力，分别对客户制定坏账准备提取方案，提高坏账准备提取的准确性。坏账政策的制定要经过适当的授权，符合企业会计制度，并与坏账提取进行职责分离。

企业应当结合销售政策和信用政策，明确应收票据的受理范围和管理措施，应当加强对应收票据合法性、真实性的审查，防止购货方以虚假票据进行欺诈。应收票据的贴现必须经由保管票据以外的主管人员的书面批准，应当有专人保管应收票据，对于即将到期的应收票据，应当及时向付款人提示付款；已贴现但仍承担收款风险的票据应当在备查簿中登记，以便日后追踪管理。企业应当制定逾期票据追索监控和冲销管理制度。

企业应当定期抽查、核对销售业务记录、销售收款会计记录、商品出库记录和库存商品实物记录，及时发现并处理销售与收款中存在的问题；同时，还应定期对库存商品进行盘点。

企业应当定期与往来客户通过函证等方式，核对应收账款、应收票据、预收账款等往来款项；如有不符，应当查明原因，及时处理。

(4)销售退回控制

在正常情况下，退货环节不应当很多，但由于其对企业的信誉有较大的影响，退货审核的控制仍非常重要。

企业的销售退回必须经销售主管审批后方可执行。要求退货的批准、退货货物的接收和开具贷项通知单、应收账款的冲减应分别由不同人员负责，并确保与此业务有关的部门和人员各司其职，分别控制实物流和会计处理。销售退回的货物应当由质检部门检验和仓储部门清点后方可入库。质检部门应当对客户退回的货物进行检验并出具检验证明；仓储部门应当在清点货物、注明退回货物的品种和数量后填制退货接收报告；财会部门应当对检验证明、退货接收报告以及退货方出具的退货凭证等进行审核，然后办理相应的退款事宜；企业应对退货原因进行分析并明确有关部门和人员的责任。

①验收客户退回的货物。客户退回的货物应由验收部门来验收，验收时应清点、检验和注明退回货物的数量和质量情况，为日后确定给予客户退货金额和确定退货是否需要修理和再存放提供依据。

②填制退货接收报告。退货接收报告是对退回货物进行文件记录和进行控制的重要方法。它应事先加以编号，在发生退货时填制，填制该报告的人员不应同时从事货物发运业务。一切有关的资料，例如，客户名称、退货名称、数量、日期、退货性质、原始发票号及价格以及一般情况的说明的退款理由等，必须记录在该报告上。填制后的退货接收报告应受到独立于发货和收货职能的人员的检查。

③调查退货索赔。收货部门收到和清点检验退回货物后，客户的退货要求应由客户服务部门进行调查。这一程序的目的在于确定对退回货物索赔的有效性，以及如果索赔有效应给予客户的金额。客户服务部门应将调查结果和意见记录在退货接收报告上，并

交信贷、会计、销售部门作为最后的审核。

④核准退货。退货的最终核准应由销售部门决定。这一批准只有在对退回货物仔细调查和以退货接收报告为依据的基础上才有效，批准意见应签署在退货接收报告上。

⑤填制和邮寄贷项通知单。贷项通知单应由销售部门中的职员在得到批准的退货接收报告的基础上编制。贷项通知单事先应编号加以控制。其表明的数量、价格和其他内容在邮寄该贷项通知单前经其他人员复核。贷项通知单和其他相应的资料应附在有关分录凭证上，作为应收账款明细分类账的附件。退货批准后应及时入账，以便修正营业收入和应收账款的余额。

(二)控制风险的初步评估

对计划的销售和收款循环控制风险的初步评估可以分为四个步骤：其一，审计人员首先需要建立评估控制风险的框架。各类业务的评估框架都与财务报表审计的具体目标相联系。其二，识别销售和收款循环的关键控制点与薄弱环节。不同的审计项目，控制点与薄弱环节是不同的。其识别方法是检查销售和收款循环基本活动是否在交易流程及会计处理上存在发生错误和舞弊的潜在可能性，如果存在这种可能性，需要辨明可能发生哪一种类型的错弊形态。然后审计人员需根据经验来确定，有哪些必要的内部控制措施能够预防和发现这种潜在错弊，这些必要的措施就是控制点。最后，将必要的内部控制措施与调查所了解到的被审计单位现有内部控制措施相比较，后者的不足就是其薄弱之处。其三，在识别控制点与薄弱环节后，审计人员需要将他们与控制目标联系起来。其四，审计人员根据评价各目标的控制点和薄弱环节来估计各目标的控制风险水平。这一估计过程十分关键，影响着审计人员对该循环采取何种审计策略做出的决策。但它又是非常主观的判断过程，判断结论恰当与否取决于审计人员的经验。

(三)控制测试的成本效益估计

在确定了被审计单位的内部控制中可能存在的薄弱环节，并且对计划的销售和收款循环控制风险进行初步评估后，审计人员应当判断继续实施控制测试的成本是否会低于因此而减少对交易、账户余额的实质性程序所需的成本。如果被审计单位的相关内部控制不存在，或被审计单位的相关内部控制未得到有效执行，则审计人员不应再继续实施控制测试，而应直接实施实质性程序。

控制测试并非在任何情况下都需要实施。但当存在下列情形之一时，审计人员应当实施控制测试：(1)在评估认定层次重大错报风险时，预期控制的运行是有效的；(2)仅实施实质性程序不足以提供认定层次充分、适当的审计证据。

(四)实施控制测试，并根据测试结果修正具体的审计计划

销售与收款循环包含了销售与收款两个方面，两者的内部控制与相应的内部控制测试程序都是不一样的，因此，我们对两者分别讨论。表 11-1 中列示了销售业务的各控制点以及常用控制测试程序。由于控制测试往往和业务交易实质性测试的对象相同，即可针对同一凭证或账簿资料同时进行控制测试和业务交易实质性测试，为避免重复，我们在表 11-1 中也同时列示出常用的销售业务的实质性程序。

表 11－1　销售业务的内部控制目标、关键内部控制、常用控制测试、实质性程序一览表

内部控制目标	关键内部控制	常用的控制测试	常用的交易实质性程序
登记入账的销售交易确系已经发货给真实的顾客（发生）	销售交易是以经过审核的发运凭证及经过批准的顾客订货单为依据登记入账的	检查销售发票副联是否附有发运凭证（或提货单）及顾客订货单	复核主营业务收入总账、明细账以及应收账款明细账中的大额或异常项目
	在发货前，顾客的赊购已经被授权批准	检查顾客的赊购是否经授权批准	追查主营业务收入明细账中的分录至销售单、销售发票副联及发运凭证
	销售发票均经事先编号并已恰当地登记入账	检查销售发票连续编号的完整性	将发运凭证与存货永续记录中的发运分录进行核对
	每月向顾客寄送对账单，对顾客提出的意见做专门追查	观察是否寄发对账单并检查顾客回函档案	将主营业务收入明细账中的分录与销售单中的赊销审批和发运审批进行核对
所有销售交易均已登记入账（完整性）	发运凭证（或提货单）均经事先编号并已经登记入账	检查发运凭证连续编号的完整性	将发运凭证与相关的销售发票和主营业务收入明细账及应收账款明细账中的分录进行核对
	销售发票均经事先编号并已登记入账	检查销售发票连续编号的完整性	
登记入账的销售数量确系已发货的数量，已正确开具账单并登记入账（计价和分摊）	销售价格、付款条件、运费和销售折扣的确定已经适当的授权批准	检查销售发票是否经适当的授权批准	复算销售发票上的数据，追查主营业务收入明细账中的分录至销售发票
	由独立人员对销售发票的编制作内部核查	检查有关凭证上的内部核查标记	追查销售发票上的详细信息至发运凭证、经批准的商品价目表和顾客订货单
销货业务的分类正确（分类）	采用适当的会计科目表	检查会计科目表是否适当	检查证明销售交易分类正确的原始证据
	内部复核和核查	检查有关凭证上内部复核和核查的标记	
销售交易的记录及时（截止）	采用尽量能在销售发生时开具收款账单和登记入账的控制方法	检查尚未开具收款账单的发货和尚未登记入账的销售交易	将销售交易登记入账的日期与发运凭证的日期比较核对
	内部核查	检查有关凭证上内部核查的标记	
销售交易已经正确地记入明细账并经正确汇总（准确性、计价和分摊）	每月定期给顾客寄送对账单	观察对账单是否已经寄出	将主营业务收入明细账加总，追查其至总账的过账
	由独立人员对应收账款明细账作内部核查	检查内部核查标记	
	将应收款明细账余额合计数与其总账余额进行比较	检查将应收账款明细账余额合计数与其总账余额进行比较的标记	

审计人员应当针对每个具体的内部控制目标确定关键的内部控制，并对其实施相应的控制测试。

在控制测试完成之后，审计人员应当依据执行控制测试程序后的结果，对销售和收款循环的内部控制做出全面评估。若评估结果认为某一环节内部控制无法信赖或不健全，则说明该环节的控制风险高，在固有风险不变的情况下，为保证最终审计风险处于可以接受水平内，审计人员需要修改已经制订的审计计划中与此会计科目相关的具体审计程序，扩大审计范围，增加审计测试的样本量。当然，若评估结果良好，则可以适当地缩小审计范围，减少测试的样本量。

二、销售与收款循环的实质性程序

在审计过程中，很多实质性程序实施的目标与控制测试是一致的，因此，有的程序是否实施要取决于内部控制的健全程度和控制测试的结果。在审计过程中确定恰当的销售循环交易实质性程序是比较困难的，因为它总是随着不同的审计项目而改变。以下我们按照表 11 - 1 中的顺序介绍一些常用的交易实质性测试程序。需要说明的是，有些测试程序可以实现多项审计目标。如果我们将同一审计目标下的控制测试与交易业务实质性测试程序相比较，可以清楚地发现，控制测试比较容易进行，花费时间较少，成本较低，而业务实质性测试所花费时间则明显增加。因此，如果内部控制有效，可以减少业务实质性测试的样本量，即降低了审计成本。我们同样分别对销售业务与收款业务的实质性程序进行介绍。

（一）销售业务的实质性程序

1. 登记入账的销售交易是真实的

对这一目标，审计人员一般关心三类错误的可能性：一是未曾发货却已将销售交易登记账；二是销售交易重复入账；三是向虚构的顾客发货，并作为销售交易登记入账。前两类错误可能是有意的，也可能是无意的，而第三类错误肯定是有意的。不难想象，将不真实的销售登记入账的情况虽然极少，但其后果却很严重，因为这会导致高估资产和收入。

鉴别高估销售究竟是有意还是无意的，这一点非常关键。尽管无意的高估也会导致应收账款的明显增多，但审计人员通常可以通过函证轻易发觉。对于有意的高估就不同了，由于造假者试图加以隐瞒，审计人员较难发现。在这种情况下，审计人员就有必要制定并实施适当的实质性程序以发现这种有意的高估。

如何以恰当的实质性程序来发现不真实的销售，取决于审计人员认为可能在何处发生错误。对“发生”这一目标而言，审计人员通常只在认为内部控制有弱点时，才实施实质性程序。因此，测试的性质取决于潜在的控制弱点的性质：

(1)针对未曾发货却已将销售交易登记入账这类错误的可能性，审计人员可以从主营业务收入明细账中抽取若干笔分录，追查有无发运凭证及其他佐证，借以查明有无事实上没有发货却已登记入账的销售交易。如果审计人员对发运凭证等的真实性也有怀疑，就可能有必要再进一步追查存货的永续盘存记录，测试存货余额有无减少。

(2)针对销售交易重复入账这类错误的可能性，审计人员可以通过检查企业的销售交易记录清单以确定是否存在重号、缺号。

(3)针对向虚构的顾客发货并作为销售交易登记入账这类错误发生的可能性，审计人员应当检查主营业务收入明细账中与销售分录相应的销货单。以确定销售是否履行赊销批准手续和发货审批手续。

检查上述三类高估销售错误的可能性的另一有效的办法是追查应收账款明细账中贷方发生额的记录。如果应收账款最终得以收回货款或者由于合理的原因收到退货，则记录入账的销售交易一开始通常是真实的；如果贷方发生额是注销坏账，或者直到审计时所欠货款仍未收回，就必须详细追查相应的发运凭证和顾客订货单等，因为这些迹象都说明可能存在虚构的销售交易。

当然，只有在审计人员认为由于缺乏足够的内部控制而可能出现舞弊时，才有必要实施上述实质性程序。

2. 已发生的销售交易均已登记入账

销售交易的审计一般偏重于检查高估资产与收入的问题，因此，通常无须对完整性目标实施交易实质性程序。但是。如果内部控制不健全，比如被审计单位没有由发运凭证追查至主营业务收入明细账这一独立内部核查程序，就有必要实施交易实质性程序。

从发货部门的档案中选取部分发运凭证，并追查至有关的销售发票副本和主营业务收入明细账，是测试未开票的发货的一种有效程序。为使这一程序成为一项有意义的测试，审计人员必须能够确信全部发运凭证均已归档，这一点可以通过检查凭证的编号顺序来查明。

由原始凭证追查至明细账与从明细账追查至原始凭证是有区别的：前者用来测试遗漏的交易（"完整性"目标），后者用来测试不真实的交易（"发生"目标）。

测试发生目标时，起点是明细账，即从主营业务收入明细账中抽取一个发票号码样本，追查至销售发票存根、发运凭证以及顾客订货单；测试完整性目标时，起点应是发货凭证，即从发运凭证中选取样本，追查至销售发票存根和主营业务收入明细账，以测试是否存在遗漏事项。

设计发生目标和完整性目标的审计程序时，确定追查凭证的起点即测试的方向很重要。例如，审计人员如果关心的是发生目标，但弄错了追查的方向（即由发运凭证追查至明细账），就属于严重的审计缺陷。这一点在后面营业收入的实质性程序中还将进一步介绍。

在测试其他目标时，方向一般无关紧要。例如，测试交易业务计价的准确性时，可以由销售发票追查发运凭证，也可以反向追查。

3. 登记入账的销售交易均经正确计价

销售交易计价的准确性包括：按订货数量发货，按发货数量准确地开具账单以及将账单上的数额准确地记入会计账簿。对这三个方面，每次审计中一般都要实施实质性程序，以确保其准确无误。

典型的实质性程序包括复算会计记录中的数据。通常的做法是，以主营业务收入明细账中的会计分录为起点，将所选择的交易业务的合计数与应收账款明细账和销售发票存根进行比较核对。销售发票存根上所列的单价，通常还要与经过批准的商品价目表进行比较核对，其金额小计和合计数也要进行复算。发票中列出的商品的规格、数量和顾客代号等，则应与发运凭证进行比较核对。另外，往往还要审核顾客订货单和销售单中的同类数据。

将计价准确性目标中的控制测试和实质性程序做比较，便可作为例证来说明有效的内部控制如何节约了审计时间。很明显，计价目标的控制测试几乎不花多少时间，因为只需审核一下签字或者其他内部核查的证据即可。内部控制如果有效，实质性程序的样本量便可以减少，审计成本也因控制测试的成本较低而将大为降低。

4. 登记入账的销售交易分类恰当

如果销售分为现销和赊销两种，应注意不要在现销时借记应收账款，也不要在收回应收账款时贷记主营业务收入，同样不要将营业资产的销售(例如固定资产销售)混作正常销售。对那些采用不止一种销售分类的企业，例如需要编制分部报表的企业来说，正确的分类极其重要。

销售分类恰当的测试一般可与计价准确性测试一并进行。审计人员可以通过审核原始凭证确定具体交易业务的类别是否恰当，并以此与账簿的实际记录做比较。

5. 销售交易的记录及时

发货后应尽快开具账单并登记入账，以防止无意漏记销货业务，确保它们记入正确的会计期间。在执行计价准确性实质性测试程序的同时，一般要将所选取的提货单或其他发运凭证的日期与相应的销售发票存根、主营业务收入明细账和应收账款明细账上的日期做比较，如有重大差异，就可能存在销售截止期限上的错误。

6. 销售交易已经正确地记入明细账并经正确汇总

应收账款明细账的记录若不正确，将影响被审计单位收回应收账款的能力，因此，将全部赊销业务正确地记入应收账款明细账极为重要。同理，为保证财务报表准确，主营业务收入明细账必须正确地加总并过入总账。在多数审计中，通常都要加总主营业务收入明细账数，并将加总数和一些具体内容分别追查至主营业务收入总账和应收账款明细账或现金、银行存款日记账等测试方法，以检查在销货过程中是否存在有意或无意的错报问题。不过这一测试的样本量要受内部控制的影响。从主营业务收入明细账追查至应收账款明细账，一般与为实现其他审计目标所做的测试一并进行；而将主营业务收入明细账加总，并追查、核对加总数至其总账，则应作为单独的一项测试程序来执行。

(二)收款业务的实质性程序

与销售交易测试一样，收款交易的实质性程序的范围，在一定程度上要取决于关键控制是否存在以及控制测试的结果。由于销售与收款业务同属一个循环，在经济活动中密切相连，因此，收款交易的一部分测试可与销售交易的测试一并执行，但收款交易的特殊性又决定了其另一部分测试仍需单独实施。我们将在后续的报表项目审计中深入讨论。

第三节 营业收入审计

一、营业收入的审计目标

营业收入项目核算企业在销售商品、提供劳务等主营业务活动中所产生的收入，以及企业确认的除主营业务活动以外的其他经营活动实现的收入，包括出租固定资产、出

租无形资产、出租包装物和商品、销售材料、用材料进行非货币性交换（非货币性资产交换具有商业实质且公允价值能够可靠计量）或债务重组等实现的收入。其审计目标一般包括：确定记录的营业收入是否已发生，且与被审计单位有关；确定营业收入记录是否完整；确定与营业收入有关的金额及其他数据是否已恰当记录，包括对销售退回、销售折扣与折让的处理是否适当；确定营业收入是否已记录于正确的会计期间；确定营业收入的内容是否正确；确定营业收入的披露是否恰当。

需要强调的是，这些审计目标以及我们以下要讨论的实质性程序并不是一成不变的。审计人员在审计过程中应当视具体情况，运用专业判断进行增删。

二、营业收入的实质性程序

（1）核对营业收入明细账、总账、报表是否相符。

（2）取得或编制营业收入明细表，复核其数字是否正确。

（3）选择运用以下实质性分析程序：

一是将本期与上期的主营业务收入进行比较，分析产品销售的结构和价格的变动是否正常，并分析异常变动的原因。

二是比较本期各月各种主营业务收入的波动情况，分析其变动趋势是否正常；是否符合被审计单位季节性、周期性的经营规律，并查明异常现象和重大波动的原因。

三是计算本期重要产品的毛利率，分析比较本期与上期同类产品毛利率变化情况，注意收入与成本是否配比，并查清重大波动和异常情况的原因。

四是计算对重要客户的销售额及产品毛利率，分析比较本期与上期有无异常变化。

五是将上述分析结果与同行业企业本期相关资料进行对比分析，检查是否存在异常。

（4）查明营业收入的确认原则、方法，注意是否符合会计准则和会计制度规定的收入实现条件，前后期是否一致，周期性、偶然性的收入是否符合既定的收入确认原则和方法；

按照《企业会计准则第 14 号——收入》的要求，企业销售商品收入，应在下列条件均满足时予以确认：一是企业已将商品所有权上的主要风险和报酬转移给购货方；二是企业既没有保留通常与所有权相联系的继续管理权，也没有对已售出的商品实施有效控制；三是收入的金额能够可靠地计量；四是相关的经济利益很可能流入企业；五是相关的已发生或将发生的成本能够可靠地计量。因此，对主营业务收入的实质性程序，主要测试企业是否依据上述五个条件确认产品销售收入。

（5）对采用分期收款销售方式进行销售的，应结合“分期收款发出商品”科目，检查是否按合同约定日期结转销售收入。

（6）对重大代销业务，检查其会计处理是否符合有关规定，并与代销合同相符。如果代销单位采用视同买断方式，应于代销商品已经销售并收到代销单位代销清单时，按企业与代销单位确定的协议价确认收入的实现。对此，应注意查明有无商品未销售、编制虚假代销清单、虚增本期收入的现象；如果代销单位采用收取手续费方式，应在代销单位将商品销售、企业已收到代销单位代销清单时确认收入的实现。

(7)委托外贸企业代理出口、实行代理制方式的,应在收到外贸企业代办的发运凭证和银行交款凭证时确认收入。对此,审计人员应重点检查代办发运凭证和银行交款单是否真实,注意有无内外勾结、出具虚假发运凭证或虚假银行交款凭证的情况。

(8)长期劳务合同收入。如果合同的结果能够可靠估计,应当根据完工百分比法确认合同收入。审计人员应重点检查收入的计算、确认方法是否合乎规定,并核对应计收入与实际收入是否一致,注意查明有无随意确认收入、虚增或虚减本期收入的情况。

(9)对外转让土地使用权和销售商品房的,通常应在土地使用权和商品房已经移交并将发票结算账单提交对方时确认收入。对此,审计人员应重点检查已办理的移交手续是否符合规定要求,发票账单是否已交对方。注意查明被审计单位有无编造虚假移交手续、"分层套写"、开具虚假发票等行为,防止其高价出售、低价入账,从中贪污货款。如果企业事先与买方签订了不可撤销合同,按合同的要求开发房地产,则应按建造合同的处理原则处理。

(10)检查有无其他特殊的销售行为,如附有销售退回条件的商品销售、售后回购、以旧换新销售、出口销售、销后租回等,检查其收入确认的原则、方法,注意是否符合会计准则和会计制度规定的收入实现条件:

一是附有销售退回条件的商品销售,如果对退货部分能做合理估计的,确定其是否按估计不会退货部分确认收入;如果对退货部分不能做合理估计的,确定其是否在退货期满时确认收入。

二是售后回购,分析特定销售回购的实质,判断其是属于真正的销售交易,还是属于融资行为。

三是以旧换新销售,确定销售的商品是否按照商品销售的方法确认收入,回收的商品是否作为购进商品处理。

四是出口销售,确定其是否按离岸价格、到岸价格或成本加运费价格等不同的成交方式,确认收入的时点和金额。

五是售后租回,若售后租回形成一项融资租赁,检查是否对售价与资产账面价值之间的差额予以递延,并按该项租赁资产的折旧进度进行分摊,作为折旧费用的调整;若售后租回形成一项经营租赁,检查是否也对售价与资产账面价值之间的差额予以递延,并在租赁期内按照与确认租金费用相一致的方法进行分摊,作为租金费用的调整。但对有确凿证据表明售后租回交易是按照公允价值达成的,检查对售价与资产账面价值之间的差额是否已经计入当期损益。

(11)根据普通发票或增值税发票申报表,估算全年收入,与实际入账收入金额核对,并检查是否存在虚开发票或已销售但未开发票的情况。

(12)获取产品价格目录,抽查售价是否符合定价政策,并注意销售给关联方或关系密切的重要客户的产品价格是否合理、公允,有无低价或高价结算以转移收入的现象。

(13)抽查本期一定数量的营业业务,检查记账凭证及原始凭证(销售合同、订单、发票、运货单据)和有关的销售合同,确定主营收入是否真实,交易价格是否公允,销售记录是否完整。

(14)对销售合同或协议明确销售价款的收取采用递延方式的,实质上是具有融资性

质的。应当按照应收的合同或协议价款的公允价值确定销售商品收入金额。应收的合同或协议价款与其公允价值之间的差额,应当在合同或协议期间内采用实际利率法进行摊销,计入当期损益。

(15)实施截止测试,抽查资产负债表日前天若干天的销售收入与退货记录,检查销售业务的会计处理应记入本期或下期的营业收入有无被推延至下期或提前至本期,对跨年度的重大销售项目应予以调整。

我国《企业会计准则——基本准则》规定:"企业对于已经发生的交易或者事项,应当及时进行会计确认、计量和报告,不得提前或者延后",并规定"收入只有在经济利益很可能流入从而导致企业资产增加或者负债减少、且经济利益的流入能够可靠计量时才能予以确认"。据此,审计人员在审计中应该注意把握三个与主营业务收入确认有着密切关系的日期:一是发票开具日期或者收款日期;二是记账日期;三是发货日期(服务业则是提供劳务的日期)。这里的发票开具日期是指开具增值税专用发票或普通发票的日期;记账日期是指被审计单位确认主营业务收入实现并将该笔经济业务记入主营业务收入账户的日期;发货日期是指仓库开具出库单并发出库存商品的日期。检查三者是否归属于同一适当会计期间,是主营业务收入截止测试的关键所在。

围绕上述三个重要日期,在审计实务中,审计人员可以考虑选择三条审计路线实施主营业务收入的截止测试。

一是以账簿记录为起点。从资产负债表日前后若干天的账簿记录查至记账凭证,检查发票存根与发运凭证,目的是证实已入账收入是否在同一期间已开具发票并发货,有无多记收入。这种方法的优点是比较直观,容易追查至相关凭证记录,以确定其是否应在本期确认收入,特别是在连续审计两个以上会计期间时,检查跨期收入十分便捷,可以提高审计效率。其缺点是缺乏全面性和连贯性,只能查多记,无法查漏记,尤其是当本期漏记收入延至下期,而审计时被审计单位尚未及时登账时,不易发现应记入而未记入报告期收入的情况。因此,使用这种方法主要是为了防止多计收入。

二是以销售发票为起点。从资产负债表日前后若干天的发票存根查至发运凭证与账簿记录,确定已开具发票的货物是否已发货并于同一会计期间确认收入。具体做法是抽取若干张在资产负债表日前后开具的销售发票的存根,追查至发运凭证和账簿记录,查明有无漏记收入现象。这种方法也有其优缺点,优点是较全面、连贯,容易发现漏记的收入;缺点是较费时费力,有时难以查找相应的发货及账簿记录,而且不易发现多记的收入。使用该方法时应注意两点:①相应的发运凭证是否齐全,特别应注意有无报告期内已作收入而下期初用红字冲回,并且无发货、收货记录,以此来调节前后期利润的情况;②被审计单位的发票存根是否已全部提供,有无隐瞒。为此,审计人员应查看被审计单位的发票领购簿,尤其应关注普通发票的领购和使用情况。因此。使用这种方法主要是为了防止少计收入。

三是以发运凭证为起点。从资产负债表日前后若干天的发运凭证查发票开具情况与账簿记录,确定主营业务收入是否已记入恰当的会计期间。该方法的优缺点与方法二类似,具体操作中还应考虑被审计单位的会计政策才能做出恰如其分的处理。因此,使用这种方法主要也是为了防止少计收入。

上述三条审计路线在审计实务中均被广泛采用，它们并不是孤立的，审计人员可以考虑在同一被审计单位财务报表审计中并用这三条路线，甚至可以在同一主营业务收入科目审计中并用。实际上，由于被审计单位的具体情况各异，管理层意图各不相同，有的为了想办法完成利润目标、承包指标，更多地享受税收等优惠政策，便于筹资等目的，可能会多计收入；有的则为了以丰补歉、留有余地、推迟缴税时间等目的而少计收入。因此，为提高审计效率，审计人员应当凭借专业经验和所掌握的信息、资料做出正确判断，选择其中的一条或两条审计路线实施更有效的收入截止测试。

(16)结合对资产负债表日应收账款的函证程序，查明有无未经认可的大额销售。

(17)检查金额较大的销售退回与折让业务的手续是否符合规定，销售退回的产品是否验收入库并登记入账，销售折让与折扣是否及时、足额提交对方。

折扣与折让的实质性程序主要包括：

其一，获取或编制折扣与折让明细表，复核加计正确，并与明细账合计数核对相符。

其二，取得被审计单位有关折扣与折让的具体规定和其他文件资料，并抽查较大的折扣与折让发生额的授权批准情况，与实际执行情况进行核对，检查其是否经授权批准，是否合法、真实。

其三，检查销售退回的产品是否已验收入库并登记入账，有无形成账外物资情况；销售折让与折扣是否及时、足额提交对方，有无虚设中介、转移收入、私设账外“小金库”等情况。

其四，检查折扣与折让的会计处理是否正确。

(18)检查外币收入折算汇率是否正确。

(19)调查向关联方销售的情况，记录其交易品种、数量、价格、金额以及占营业收入总额的比例。

(20)调查集团内部销售的情况，记录其交易价格、数量和金额，并追查在编制合并报表时是否予以抵销。

(21)验明营业收入是否在损益表上恰当披露。

第四节　应收账款和坏账准备审计

一、应收账款的审计目标

应收账款的审计目标一般包括：确定应收账款是否已存在；确定应收账款是否归被审计单位所有；确定应收账款及其坏账准备的记录是否完整；确定应收账款是否可回收，坏账准备的计提方法和比例是否恰当，计提是否充分；确定应收账款及其坏账准备期末余额是否正确；确定应收账款及其坏账准备的列报是否恰当。

二、应收账款的实质性程序

第一，核对应收账款明细账和总账的余额与报表是否相符。应当注意，应收账款报表数反映企业因销售商品、提供劳务等应向购货单位收取的各种款项，减去已计提的相

应的坏账准备后的净额。因此，其报表数应同应收账款总账数和明细账数分别减去与应收账款相应的坏账准备总账数和明细账数后的余额核对相符。

第二，取得或编制应收账款余额及账龄明细表，复核账龄及加计正确，并标出截止审计日已收回或转销的项目，做相应核查。一个典型的应收账款明细表格式见表 11－2。

表 11－2　应收账款明细表

被审计单位名称							编制人				日期			索引号		
会计期间或截止日							复核人				日期			页次		
索引号	对方单位	款项内容	期初余额	本期增加	本期减少	期末余额	审计调整		审定数	账龄分析				收款情况	是否涉及诉讼	备注
							借方	贷方		1年以内	1—2年	2—3年	3年以上			
合计																

注：本表格式适用于所有应收款项科目（如：应收账款、预付账款、其他应收款、长期应收款等等），审计调整及审定数由审计人员填列，其余各项以及对账面余额的账龄分析由企业财务人员完成。

第三，选取账龄长、金额大的应收款项向债务人进行函证，并根据回函情况编制函证结果汇总表。回函金额不符的，要查明原因做出记录或适当调整；未回函的，可再次复询，如不复询可采用替代审计程序进行检查，根据替代检查结果判断其债权的真实性与可收回性。

函证（即外部函证），是指审计人员直接从第三方（被询证者）获取书面答复作为审计证据的过程，书面答复可以采用纸质、电子或其他介质等形式（见表 11－3）。函证应收账款的目的在于证实应收账款账户余额的真实性、正确性，防止或发现被审计单位及其有关人员在销售交易中发生的错误或舞弊行为。通过函证应收账款，可以比较有效地证明被询证者（即债务人）的存在和被审计单位记录的可靠性。

表 11－3　应收账款函证控制表

<table>
<tr><td colspan="2">被审计
单位名称：</td><td></td><td colspan="2">编制人：</td><td></td><td colspan="2">日期：</td><td></td><td colspan="2">索引号</td><td></td></tr>
<tr><td colspan="2">会计期间
或截止日：</td><td></td><td colspan="2">复核人：</td><td></td><td colspan="2">日期：</td><td></td><td colspan="2">页次</td><td></td></tr>
<tr><td rowspan="2">询证函
编号</td><td rowspan="2">债务人
名称</td><td rowspan="2">债务人
地址</td><td rowspan="2">账面
金额</td><td rowspan="2">函证
方式</td><td colspan="2">函证日期</td><td rowspan="2">回函
日期</td><td rowspan="2">替代
程序</td><td rowspan="2">确认
余额</td><td rowspan="2">差异
金额
及说明</td><td rowspan="2">备注</td></tr>
<tr><td>第一次</td><td>第二次</td></tr>
<tr><td></td><td></td><td></td><td></td><td></td><td></td><td></td><td></td><td></td><td></td><td></td><td></td></tr>
<tr><td></td><td></td><td></td><td></td><td></td><td></td><td></td><td></td><td></td><td></td><td></td><td></td></tr>
<tr><td></td><td></td><td></td><td></td><td></td><td></td><td></td><td></td><td></td><td></td><td></td><td></td></tr>
<tr><td>审计
说明：</td><td></td><td></td><td></td><td></td><td></td><td></td><td></td><td></td><td></td><td></td><td></td></tr>
</table>

《中国注册会计师审计准则第 1312 号——函证》指出，注册会计师应当确定是否有必要实施函证程序以获取认定层次的相关、可靠的审计证据。在做出决策时，注册会计师应当考虑评估的认定层次重大错报风险，以及通过实施其他审计程序获取的审计证据如何将检查风险降至可接受的水平。注册会计师应当对银行存款、借款（包括零余额账户和在本期内注销的账户）、借款、与金融机构往来的其他重要信息以及应收账款实施函证程序，除非有充分证据表明某一银行存款、借款及与金融机构往来的其他重要信息对财务报表不重要且与之相关的重大错报风险很低。如果不对这些项目实施函证程序，注册会计师应当在审计工作底稿中说明理由。

（一）实施函证程序

当实施函证程序时，审计人员应当对询证函保持控制，包括以下三方面：

一是确定需要确认或填列的信息。

二是选择适当的被询证者，例如，一位了解函证交易或安排的金融机构职员可能是该金融机构回函的最佳人选。

三是设计询证函，包括正确填列被询证者的姓名和地址，以及被询证者直接向审计人员回函的地址等信息。询证函的设计可能直接影响回函率和性质，以及从回函中获取的审计证据的可靠性和性质。在设计询证函时，审计人员需要考虑以下因素：

（1）函证针对的认定；（2）识别出的重大错报风险，包括舞弊风险；（3）询证函的版面设计和表述方式；（4）以往审计或类似业务的经验；（5）沟通的方式（如以纸质、电子或其他介质等形式）；（6）管理层对被询证者的授权或是否鼓励被询证者向注册会计师回函，只有询证函包含管理层授权时，被询证者可能才愿意回函；（7）预期的被询证者确认或提供信息金额（如被询证者能够提供的信息是单张发票还是总额）的能力。

积极式函证要求被询证者在所有情况下都必须回函，确认所列示的信息是否正确或填列询证函要求的信息。通常认为对积极式询证函的回函能够提供可靠的审计证据。

但存在被询证者对所列示的信息不验证是否正确就予以回函确认的风险。为了降低这种风险，审计人员可以采用另外一种形式的询证函，即在询证函中不列明账户余额（或其他信息），而是要求被询证者填列有关信息或进一步提供信息。但是，采用这种空白式询证函要求被询证者做更多的工作，可能导致回函率降低。

审计人员要确认询证函寄发的姓名、单位名称和地址是否正确，包括在寄发前检查部分或全部姓名、单位名称和地址的真实性。

四是发出询证函并予以跟进，必要时再次向被询证者寄发询证函。例如，在重新核实原地址的准确性后，审计人员再次发出询证函并予以跟进。

（二）管理层不允许寄发函证

如果管理层不允许寄发询证函，审计人应当做好以下工作：

一是询问管理层不允许寄发询证函的原因，并就其原因的正当性及合理性收集审计证据。管理层不允许寄发询证函是对审计人员希望获取的审计证据的限制，审计人员需要询问这项限制的原因。常见理由是被询证者与被审计单位之间存在争议或正在进行谈判。函证有可能影响争议或谈判的结果。由于管理层可能妨碍审计人员获取可能显示存在舞弊或错误的审计证据，审计人员需要针对管理层理由的正当性和合理性获取审计证据。

二是评价管理层不允许寄发询证函对评估的相关重大错报风险（包括舞弊风险），以及其他审计程序的性质、时间安排和范围的影响。根据《中国注册会计师审计准则第1211号——通过了解被审计单位及其环境识别和评估重大错报风险》的规定，审计人员基于评估的结果，可能认为需要修正认定层次重大错报风险的评估结果并相应地修改计划的审计程序。例如，如果认为管理层不允许实施函证程序不合理，可能表明存在《中国注册会计师审计准则第1141号——财务报表审计中与舞弊相关的责任》要求评价的舞弊风险因素。

三是实施替代审计程序。当被审计单位的管理层不允许审计人员实施函证程序时，审计人员实施的替代审计程序与未回函时实施的替代审计程序类似。如果认为管理层不允许寄发询证函的原因不合理，或实施替代程序无法获取相关、可靠的审计证据，审计人员应当按照《中国注册会计师审计准则第1151号——与治理层的沟通》的规定，与治理层进行沟通。审计人员还应当按照《中国注册会计师审计准则第1502号——在审计报告中发表非无保留意见》的规定，确定其对审计工作和审计意见的影响。

（三）实施函证程序的结果

第一，如果存在对询证函回函的可靠性产生疑虑的因素，审计人员应当进一步获取审计证据以消除这些疑虑。

《〈中国注册会计师审计准则第1301号—审计证据〉应用指南》指出，即使用作审计证据的信息从独立于被审计单位的外部来源获得，某些情况也会影响其可靠性。所有回函都存在被拦截、更改或其他舞弊风险。无论该回函采用纸质、电子还是其他介质等形式，这种风险都会存在。显示回函的可靠性可能存在疑问的因素包括：注册会计师间接收到回函；回函看起来不是来自于预期的被询证者。

对以电子形式收到的回函（如传真或电子邮件），由于回函者的身份及其授权情况很难确定，对回函的更改也难以发觉，因此可靠性存在风险。审计人员和回函者采用一定的程序为电子形式的回函创造安全环境，可以降低该风险。如果审计人员确信这种程序安全并得到适当控制，则会提高相关回函的可靠性。电子函证程序涉及多种确认发件人身份的技术，如加密技术、电子数码签名技术、网页真实性认证程序。

如果被询证者利用第三方协调和提供回函，审计人员可以实施审计程序以应对下列风险：(1)回函来源不合适；(2)回函者未经授权；(3)信息传输的安全性遭到破坏。

《中国注册会计师审计准则第1301号——审计证据》规定，当审计人员对用作审计证据的信息的可靠性存有疑虑时，应当确定是否需要修改或追加审计程序以消除疑虑。审计人员可以与被询证者联系以核实回函的来源及内容。例如，当被询证者通过电子邮件回函时，审计人员可以通过电话联系被询证者，确认被询证者发送了回函。如果回函间接寄送给审计人员(例如，被询证者错将回函寄给了被审计单位而非审计人员)，审计人员可以要求被询证者直接书面回复。

只对询证函进行口头回复不符合函证的要求，因为它不是对审计人员的直接书面回复。当收到口头回复后，审计人员可以根据情况要求被询证者提供直接书面回复。如果未收到回函，审计人员需要通过实施替代程序，寻找其他审计证据以支持口头回复中的信息。另外，询证函的回函可能包括对其使用做出限制的措辞，这种限制不一定使作为审计证据的回函失去可靠性。

第二，如果认为询证函回函不可靠，审计人员应当评价其对评估的相关重大错报风险(包括舞弊风险)，以及其他审计程序的性质、时间安排和范围的影响。根据《中国注册会计师审计准则第1211号——通过了解被审计单位及其环境识别和评估重大错报风险》的规定，审计人员可能需要修正认定层次重大错报风险评估结果并相应地修改计划的审计程序。例如，回函不可靠可能表明存在《中国注册会计师审计准则第1141号——财务报表审计中与舞弊相关的责任》要求审计人员评价的舞弊风险因素。

第三，在未回函的情况下，审计人员应当实施替代程序以获取相关、可靠的审计证据。替代审计程序举例如下：(1)对应收账款，检查期后收款、货运单据及临近期末的销售；(2)对应付账款，检查期后付款或与供应商的往来函件、其他记录，如货物收讫凭证。

替代审计程序的性质和范围受所涉及账户和认定的影响。未回函可能表明存在以前未识别的重大错报风险。在这种情况下，按照《中国注册会计师审计准则第1211号——通过了解被审计单位及其环境识别和评估重大错报风险》的规定，注册会计师可能需要修正认定层次重大错报风险评估结果并相应地修改计划的审计程序。例如，回函数量比预期少或多，可能表明存在以前未识别的、《中国注册会计师审计准则第1141号——财务报表审计中与舞弊相关的责任》要求注册会计师评价的舞弊风险因素。

第四，取得积极式询证函回函是获取充分、适当的审计证据的必要程序。在某些情况下，审计人员可能识别出认定层次重大错报风险，且取得积极式询证函回函是获取充分、适当的审计证据的必要程序。这些情况可能包括：(1)可获取的佐证管理层认定的信息只能从被审计单位外部获得；(2)存在特定舞弊风险因素，例如，管理层凌驾于内部控制之上，员工和管理层串通使审计人员不能信赖从被审计单位获取的审计证据。

第五，审计人员应当调查不符事项，以确定是否表明存在错报。询证函回函中指出的不符事项可能显示财务报表存在错报或潜在错报。当识别出错报时，审计人员需要根据《中国注册会计师审计准则第1141号—财务报表审计中与舞弊相关的责任》的规定，评价该错报是否表明存在舞弊。不符事项可以为审计人员判断来自类似的被询证者回函的质量及类似账户回函质量提供依据。不符事项还可能显示被审计单位与财务报告相关的内部控制存在缺陷。某些不符事项并不表明存在错报。例如，审计人员可能认为询证函回函的差异是由于函证程序的时间安排、计量或书写错误造成的。

（四）消极式函证

对消极式询证函而言，未收到回函并不能明确表明预期的被询证者已经收到询证函或已经核实了询证函中包含的信息的准确性。因此，未收到消极式询证函的回函提供的审计证据，远不如积极式询证函的回函提供的审计证据有说服力。

除非同时满足下列条件，审计人员不得将消极式函证作为唯一实质性程序，以应对评估的认定层次重大错报风险：审计人员将重大错报风险评估为低水平，并已就与认定相关的控制运行的有效性获取充分、适当的审计证据；需要实施消极式函证程序的总体由大量的小额、同质的账户余额、交易或事项构成；预期不符事项的发生率很低；没有迹象表明接收询证函的人员或机构不认真对待函证。

如果询证函中的信息对被询证者不利，则被询证者更有可能回函表示其不同意；相反，如果询证函中的信息对被询证者有利，回函的可能性就会相对较小。例如，被审计单位的供应商如果认为询证函低估了被审计单位的应付账款余额，则其更有可能回函；如果高估了该余额，则回函的可能性很小。因此，审计人员在考虑这些余额是否可能低估时，向供应商发出消极式询证函可能是有用的程序，但是，利用这种程序收集该余额高估的证据就未必有效。

（五）评价获取的审计证据

审计人员应当评价实施函证程序的结果是否提供了相关、可靠的审计证据，或是否有必要进一步获取审计证据。在评价某项函证程序的结果时，审计人员可以将结果分为以下几类：(1)询证函由适当的被询证者回复，回函同意询证函中包含的信息或提供了不存在不符事项的信息；(2)回函被认为不可靠；(3)未问函；(4)回函显示存在不符事项。当结合其他审计程序时，注册会计师的评价可以有助于判断是否获取了《中国注册会计师审计准则第1231号——针对评估的重大错报风险采取的应对措施》要求的充分、适当的审计证据或是否有必要进一步获取审计证据。

（六）实施函证程序需要进一步考虑的事项

第一，审计人员可以在考虑被审计单位的经营环境、内部控制的有效性、账户或交易的性质、被询证者处理询证函的习惯做法及回函的可能性等基础上，确定函证的内容、范围、时间安排和方式。

函证的内容一般涉及下列账户余额或其他信息：(1)银行存款；(2)交易性金融资产；(3)应收账款；(4)应收票据；(5)其他应收款；(6)预付账款；(7)由其他单位代为保管、加工或销售的存货；(8)长期股权投资；(9)短期借款；(10)委托贷款；(11)应付账款；(12)预收账款；(13)长期借款；(14)保证、抵押或质押；(15)或有事项；(16)重大或异常的交易。

第二，审计人员可以采用审计抽样或其他选取测试项目的方法选择函证样本。为保证样本代表总体,样本通常包括:(1)金额较大的项目;(2)账龄较长的项目;(3)交易频繁但期末余额较小的项目;(4)重大关联方交易;(5)重大或异常的交易;(6)可能存在争议、舞弊或错误的交易。

第三,审计人员通常以资产负债表日为截止日,在资产负债表日后适当日期为截止日实施函证。如果重大错报风险评估为低水平,审计人员可选择资产负债表日前适当日期为截止日实施函证,并对所函证项目自该截止日起至资产负债表日止发生的变动实施实质性程序。

第四,审计人员可以采取下列措施对函证实施过程进行控制:(1)将被询证者的姓名、单位名称和地址与被审计单位有关记录核对;(2)将询证函中列示的账户余额或其他信息与被审计单位有关资料核对;(3)在询证函中指明直接向接受审计业务委托的会计师事务所回函;(4)询证函经被审计单位盖章后,由审计人员直接发出;(5)将发出询证函的情况形成审计工作底稿;(6)将收到的回函形成审计工作底稿,并汇总统计函证结果。

第五,可能影响函证可靠性的因素主要包括:(1)函证的方式,包括对询证函的设计、寄发及收回的控制情况;(2)以往审计或类似业务的经验;(3)拟函证信息的性质;(4)选择被询证者的适当性,包括被询证者的胜任能力、独立性、授权回函情况以及对函证项目的了解及其客观性;(5)被询证者易于回函的信息类型;(6)被审计单位施加的限制或回函中的限制。

第六,在评价通过函证程序获取的审计证据时,注册会计师通常考虑:(1)函证和替代审计程序的可靠性;(2)不符事项的原因、频率、性质和金额;(3)实施其他审计程序获取的审计证据。

三、坏账准备的实质性程序

企业会计准则规定,企业应当在期末对应收款项进行检查,并预计可能产生的坏账损失。应收款项包括应收票据、应收账款、预付款项、其他应收款和长期应收款等。下面,我们以应收账款相关的坏账准备为例,阐述坏账准备审计常用的实质性程序。

第一,编制或取得坏账准备明细表表,核对坏账准备明细账和总账的余额与报表是否相符。

第二,通过计算坏账准备余额占应收账款比例并和以前期间的相关比例核对,检查分析其重大差异。

第三,获取应收账款发生减值的客观证据,审核其计提减值的证据是否充分;复核测算单项资产或资产组未来现金流量的确定是否合理。

在确定坏账准备的计提比例时,企业应当根据以往的经验、债务单位的实际财务状况和现金流量的情况,以及对其他相关信息合理的估计,除有确凿证据表明该项应收账款不能收回,或收回的可能性不大时(如债务单位撤销、破产、资不抵债、现金流量严重不足、发生严重的自然灾害等导致停产而在短时间内无法偿付债务等,以及应收款项逾期3年以上),下列各种情况一般不能全额计提坏账准备:

(1)当年发生的应收账款,以及未到期的应收账款;

(2)计划对应收账款进行重组;

(3)与关联方发生的应收账款；

(4)其他已逾期、但无确凿证据证明不能收回的应收账款。

这一规定并不意味着企业对于与关联方之间发生的应收账款可以不计提坏账准备。企业与关联方之间发生的应收账款与其他的应收账款一样，也应当在期末时分析其可收回性，并预计可能发生的坏账损失。对预计可能发生的坏账损失，计提相应的坏账准备。企业与关联方之间发生的应收账款一般不能全额计提坏账准备，但如果有确凿证据表明关联方(债务单位)已撤销、破产、资不抵债、现金流量严重不足等，并且不准备对应收账款进行重组或无其他收回方式的，则对预计无法收回的应收关联方的款项也可以全额计提坏账准备。

第四，对有确凿证据表明该项应收款项不能够收回或收回的可能性不大的应收款项，检查是否全额计提坏账准备。

第五，检查坏账准备计提和转销的计算是否正确，记录是否完整。

企业通常应采用备抵法核算坏账损失，计提坏账损失的具体方法由企业自行确定。企业应当列出目录，具体注明计提坏账准备的范围、提取方法、账龄的划分和提取比例，按照管理权限，经股东大会、董事会、经理(厂长)会议或类似机构批准，并且按照法律、行政法规的规定报有关各方备案，同时，备置于公司所在地，以供投资者查阅。坏账准备提取方法一经确定，一般不得随意变更；如需变更，仍然应按上述程序经批准后报有关各方备案，并在财务报表附注中说明变更的内容和理由、变更的影响数等。

用备抵法核算坏账，首先要按期估计坏账损失。估计坏账损失主要有账龄分析法、余额百分比法等方法。采用账龄分析法计提坏账准备时，收到债务单位当期偿还的部分债务后，剩余的应收账款，不应改变其账龄，仍应按原账龄加上本期应增加的账龄确定；在存在多笔应收账款、且各笔应收账款账龄不同的情况下，收到债务单位当期偿还的部分债务，应当逐笔认定收到的是哪一笔应收账款；如果确实无法认定，按照先发生先收回的原则确定，剩余应收账款的账龄按上述同一原则确定。

在采用账龄分析法、余额百分比法等方法的同时，能否采用个别认定法，应当视具体情况而定。如果某项应收账款的可收回性与其他各项应收账款存在明显的差别(例如，债务单位所处的特定地区等)，导致该项应收账款如果按照与其他应收账款同样的方法计提坏账准备，将无法真实地反映其可收回金额的，可对该项应收账款采用个别认定法计提坏账准备。企业应根据所持应收账款的实际可收回情况，合理计提坏账准备，不得多提或少提，否则应视为滥用会计估计，按照重大会计差错更正的方法进行会计处理。

第六，对于被审计单位在被审期间发生的坏账损失，检查其原因是否清楚，核销证据是否符合有关规定，有无授权批准，有无已做坏账处理后又重新收回的应收款项，相应的会计处理是否正确。

第七，检查应收款项明细账及相关原始凭证，查找有无应做坏账核销的长期挂账应收款项，如有，应提请被审计单位做适当处理。

第八，对债务人回函中反映的例外事项及存在争议的余额，应查明原因并做记录。必要时，应建议被审计单位做相应的调整。

第九，验明坏账准备是否已恰当披露。企业应当在财务报表附注中清晰地说明坏账的确认标准、坏账准备的计提方法和计提比例。并且，上市公司还应在财务报表附注中分项披露以下事项：

(1)本期全额计提坏账准备，或计提坏账准备的比例较大的(计提比例一般超过40%及以上的，下同)应说明计提的比例以及理由；

(2)以前期间已全额计提坏账准备，或计提坏账准备的比例较大但在本期又全额或部分收回的，或通过重组等其他方式收回的，应说明其原因、原估计计提比例的理由以及原估计计提比例的合理性；

(3)对某些金额较大的应收账款不计提坏账准备或计提坏账准备比例较低(一般为5%或低于5%)的理由。

(4)本期实际冲销的应收账款及其理由，其中，实际冲销的关联交易产生的应收账款应单独披露。

【案例分析题】

菲菲审计失败案例分析

北京京都会计师事务所有限责任公司及相关注册会计师在对菲菲集团审计中没有勤勉尽责，主要问题包括以下几个方面：

首先，2001年农业公司在毫无记账依据的情况下，凭空增加在建工程账面价值219.71万元。农业公司反映这笔款项由菲菲集团代付。但是，在菲菲集团的账面上并没有相对应的付款记录，而农业公司又无法提供任何付款凭证。在这种情况下，作为审计师应该通过函证菲菲集团，实施检查农业公司相关付款凭证等必要的审计程序。农业公司的造假方法并不复杂，一般来说，只要履行了函证、检查等基本审计程序就能够查出来。但北京京都会计师事务所有限责任公司没有这么做，因而未能发现农业公司虚增在建工程的情况。

其次，农业公司对未完工的澳家庄园别墅小配套工程按全部完工确认营业收入，从而虚增施工收入2254.38万元，导致农业公司相应多结转配套开发成本2254.38万元。对于长期工程，一般应按照完工百分比确认收入，重点检查收入的计算和确认方法是否合乎规定，核对应计收入与实际收入是否一致。如果本案的相关注册会计师确实认真检查了农业公司对该配套工程收入的计算，实地考察澳家庄园别墅小配套工程的真实完工情况，那么这种通过完工百分比法虚增工程收入的情况也是不难发现的。

再次，房屋公司采用虚假按揭贷款方式销售房屋76套，从而导致在2000—2001年9月累计虚增收入4972.84万元，虚增利润1818.12万元。一般来说，房地产类公司多采用虚假按揭贷款销售房屋的方式来虚增收入。因此，注册会计师在审计此类公司时，应该在这方面提高职业谨慎，通过向银行及房屋买方函证，检查房屋销售合同、银行按揭合同、还款凭证等文件，来确认房屋销售的真实性和合法性。

最后，本次资产置换中，菲菲集团置入的四宗土地中就有三宗未办理过户手续。然而，农业公司将以上四宗土地使用权全部作为无形资产入账，负责资产置换审计的注册会计师竟然没有发现。

以上分析表明，北京京都会计师事务所有限责任公司的相关注册会计师在这次置换审计中，没有认真履行查询、函证、分析性复核等必要的审计程序，未能获取充分、适当的支持审计意见的审计证据。在这种情况下，却出具了无保留意见的审计报告。应该说，农业公司和房屋公司的造假方法并不高明，不难发现。所以出现这种审计失败，难免让人怀疑注册会计师有与审计客户同流合污之嫌。

请思考：

1. 讨论审计人员在对菲菲集团的收入与循环审计中，哪些环节存在过失？我们在审计时应当采用什么程序避免这些过失？

2. 查找相关资料，分析本案例中审计人员承担的审计法律责任。

第五节　其他相关账户审计

在销售与收款循环中，除了以上介绍的营业收入、应收账款及坏账准备之外，还有应收票据、其他应收款、长期应收款、预收账款、应交税费、营业税金及附加和销售费用等报表项目。这些项目的重要性通常小于营业收入、应收账款等项目。我们对此简要阐述。

一、应收票据审计

如果企业销售实现时没有收到现款，而是收到客户的商业汇票，包括商业承兑汇票和银行承兑汇票，便产生了应收票据。应收票据是以书面形式表现的债权资产，其款项具有一定的保证，经持有人背书后可以提交银行贴现，具有较大的灵活性。由于应收票据是企业赊销业务中产生的，因此对应收票据的审计也必须结合赊销业务一起进行。

企业以收取客户商业汇票方式进行赊销时，一般要进行销货、收取票据、计息、贴现、收款等活动，在此过程中要涉及一些凭证和账簿，这些都是应收票据的审计范围。

（一）应收票据的审计目标

应收票据的审计目标一般包括：确定应收票据是否存在；确定应收票据是否归被审计单位所有；确定应收票据及其坏账准备增减变动的记录是否完整；确定应收票据可否收回，坏账准备的计提方法和比例是否恰当，计提是否充分；检查应收票据及其坏账准备期末余额是否正确；确定应收票据及其坏账准备的披露是否恰当。

（二）应收票据的实质性程序

（1）核对应收票据明细账和总账的余额与报表是否相符。

（2）取得或编制应收票据明细表，列示票据的类别、出票人、金额、出票日、到期日、利率及付息条件、有无抵押等情况，复核加计正确，并与明细账核对相符。

审计人员应抽查部分票据，并追查至相关文件资料，判断其内容是否正确，有无应转应收账款的逾期应收票据，以及虽未逾期但有确凿证据表明不能够收回或收回可能性不大的应收票据。

（3）监盘库存票据，注意票据的种类、号数、签收的日期、到期日、票面金额、合同交易号、付款人、承兑人、背书人姓名或单位名称，以及利率、贴现率、收款日期、收回金额等是否与应收票据登记簿的记录相符，是否存在已作质押的票据和银行退回的票据。将盘点结果形成账面记录，并追溯至报表日账面金额。

(4)必要时，抽取部分票据向出票人函证，以证实其存在性和可收回性；检查有疑问的商业票据是否曾经更换或转期，或向出票人函证以确定其兑现能力，并编制函证情况控制表。

(5)抽查金额重大的票据，追查相关的文件资料，对已交银行托收的应收票据，应检查银行托收凭证；对于逾期未兑回的票据，应查明原因，并判断是否应转作应收账款。

(6)验明应收票据的利息收入是否均已正确入账，注意逾期应收票据是否已按规定停止计提利息。如果审计人员复算得出的应计利息金额与账面所列金额不符，应加以分析，特别要对"财务费用—利息收入"账户中那些与应收票据账户中所列任何票据均不相关的贷方金额加以注意，因为这些贷项可能代表据以收取利息的票据未曾入账。

(7)对于已贴现的应收票据，检查其贴现额与利息额的计算是否准确，贴现净额是否足额入账，会计处理方法是否恰当；复核、统计已贴现以及已转让但未到期的应收票据的金额。

企业以应收票据向银行等金融机构贴现，应比照应收账款等应收债权贴现的有关规定。即根据实质重于形式的原则，如果与所贴现应收票据有关的风险和报酬并未转移，申请贴现的企业应按照以应收票据为质押取得借款的规定进行会计处理；如果有关的风险和报酬业已转移，应视同应收票据出售进行会计处理。

(8)请被审计单位协助，在应收票据明细表上标出至外勤审计时已兑现或已贴现的应收票据，核对收款凭证等资料，以确认其资产负债表日的真实性。

(9)对以非记账本位币结算的应收票据，应检查其采用的折算汇率和汇兑损益处理的正确性。

(10)上年度审计调整是否做了适当的账务处理，并在会计报表上做了恰当的披露。

(11)验明应收票据是否已在会计报表上恰当披露。

审计人员应检查被审计单位资产负债表中应收票据项目的数额是否与审定数相符，是否剔除了有关的风险和报酬业已转移的已贴现票据。如果被审计单位是一般企业，其已贴现的商业承兑汇票应在报表下端补充资料内的"已贴现的商业承兑汇票"项目中加以反映；如果被审计单位是上市公司，其财务报表附注通常应披露贴现或用作抵押的应收票据的情况和原因说明，以及持有其5%以上(含5%)股份的股东单位欠款情况。

二、其他应收款审计

其他应收款及其坏账准备的审计与应收账款及其坏账准备的审计目标与实质性程序是非相类似的，以下我们简要介绍其他应收款的审计目标与实质性程序，而对于其函证、坏账准备的审计，可参见应收账款审计的相关内容。

(一)其他应收款的审计目标

其他应收款的审计目标一般包括：确定其他应收款是否已存在；确定其他应收款是否归被审计单位所有；确定其他应收款及其坏账准备的记录是否完整；确定其他应收款是否可回收，坏账准备的计提方法和比例是否恰当，计提是否充分；确定其他应收款及其坏账准备期末余额是否正确；确定其他应收款及其坏账准备的列报是否恰当。

(二)其他应收款的实质性程序

(1)核对其他应收款明细账和总账的余额与报表是否相符,编制其他应收款导引表。

(2)取得或编制其他应收款账龄及余额明细表,复核账龄及加计准确,标出应收关联方的款项,并标明截止审计日已收回或转销的项目,做相应的核查。

(3)选取账龄长、金额大的其他应收款向债务人进行函证,并根据回函情况编制函证结果汇总表。回函金额不符的,要查明原因做出记录或适当调整;未回函的,可再次复询,如不复询可采用替代审计程序进行检查,根据替代检查结果判断其债权的真实性与可收回性。

(4)选取余额较大和异常的其他应收账款,检查有关原始凭证,包括检查截止审计日该其他应收款收回的情况,或追踪至其他应收款发生时的付款凭证,特别注意是否存在抽逃资金、隐藏费用的现象,此项程序在未收到其他应收款函证信时可作为替代审计程序。

(5)对于长期未能收回的项目,应查明原因,确定是否可能发生坏账损失。

(6)审查转作坏账损失的项目,是否符合规定并办妥审批手续。

(7)与债务人进行债务重组的,账务处理是否正确,是否正确的披露。

(8)分析明细账余额,对于出现贷方余额的项目,应查明原因,必要时做重分类调整。同时,分析有无挂账潜盈潜亏。

(9)上年度审计调整是否已做适当的账务处理,并在会计报表做了恰当的披露。

(10)对于用非记账本位币结算的其他应收款,检查其采用的汇率及折算方法是否正确。

(11)验明其他应收款已在资产负债表上恰当披露。

三、长期应收款审计

长期应收款是指企业融资租赁产生的应收款项和采用递延方式分期收款、实质上具有融资性质的销售商品和提供劳务等经营活动产生的应收款项。与长期应收款科目密切相关的是"未实现融资收益"科目,在报表中长期应收款金额以"长期应收款"账户余额减去"未实现融资收益"账户余额来列示。

(一)长期应收款的审计目标

长期应收款的审计目标一般包括:确定长期应收款和未实现融资收益是否存在;确定长期应收款和未实现融资收益是否归被审计单位所有;确定长期应收款的发生、收回和未实现融资收益的入账、摊销的记录是否完整;确定长期应收款可否收回,坏账准备的计提方法和比例是否恰当,计提是否充分,其坏账准备增减变动的记录是否完整;确定长期应收款及其坏账准备和未实现融资收益期末余额是否正确;确定长期应收款和未实现融资收益的披露是否恰当。

(二)长期应收款的实质性程序

1. 获取或编制长期应收款明细表:

(1)复核加计正确,并与总账数和明细账合计数核对相符,结合未实现融资收益科目与报表数核对相符。

(2)检查长期应收款的内容,确定款项性质是否符合规定。

2. 对于融资租赁产生的长期应收款项,取得相关的合同和契约,进行检查:

(1)关注租赁合同主要条款,检查是否满足企业会计准则对于融资租赁的相关规定,检查授权批准手续是否齐全。

(2)根据合同及协议,检查最低租赁收款额、每期租金、担保余值和未担保余值等项目的金额是否正确;检查初始直接费用及其相关的会计处理是否正确。

(3)检查租赁资产在租赁期开始日的公允价值。如与账面价值有差额,会计处理是否正确;

(4)检查应收租赁款项的收回情况,了解有无未能按合同规定收款或延期收款现象,并查明原因,检查坏账准备的计提是否恰当。

3. 对于采用递延方式、有融资性质的销售形成的长期应收款项,取得相关的销售合同或协议进行检查:

(1)根据合同及协议,检查是否已满足确认销售的条件;检查合同规定的售价、每期租金、收款期等要素;检查所销售资产在销售确认日的公允价值;检查会计处理是否正确。

(2)检查应收款项的收回情况,了解有无未能按合同规定收款或延期收款现象,并查明原因。

(3)如果应收款项的收回存在问题,检查相关坏账准备的计提是否恰当。

4. 向债务人函证重大的长期应收款。

5. 对长期应收款相关的坏账准备进行审计(审计程序参见与应收账款相关坏账准备的审计程序)。

6. 如果被审计单位为上市公司,应标明应收关联方(包括持股5%以上的股东)的款项,执行关联方及其交易审计程序,并注明合并报表时应予抵销的金额。

7. 对于以非记账本位币结算的长期应收款,检查其采用的折算汇率是否正确。

8. 确定长期应收款的披露是否恰当,注意一年内到期的长期应收款是否在编制报表时已重分类至一年内到期的非流动资产。

(三)未实现融资收益实质性程序

1. 获取或编制未实现融资收益明细表,复核加计正确,并与总账数和明细账合计数核对相符。

2. 对于融资租赁产生的未实现融资收益,根据合同,进行以下检查:

(1)结合长期应收款科目,检查未实现融资收益的入账金额是否正确,摊销年限是否恰当,会计处理是否正确;

(2)检查未实现融资收益本期是否按实际利率摊销,复核摊销金额是否正确,相关的会计处理是否正确;

(3)检查期末租赁资产的未担保余值是否发生变动,若有证据表明未担保余值减少的,相应的租赁内含利率是否已做正确调整,并将由此引起的租赁投资净额的减少计入当期损益。

3. 对于有融资性质的销售形成的长期应收款项,取得相关的销售合同或协议,检查未实现融资收益的入账金额是否正确，其摊销年限的确定是否恰当，是否按实际利率摊销，复核摊销金额是否正确，相关的会计处理是否正确。

4．如果未实现融资收益对应的应收款项的收回存在问题，检查未实现融资收益的会计处理是否恰当。

5．确定未实现融资收益的披露是否恰当。

四、预收款项审计

预收款项是在企业销售交易成立以前，预先收取的部分货款。由于预收款项是随着企业销售交易的发生而发生的，审计人员应结合企业销售交易对预收款项进行审计。

（一）预收款项审计目标

预收款项的审计目标一般包括：确定期末预收款项是否存在；确定期末预收款项是否为被审计单位应履行的偿还义务；确定预收款项的发生及偿还记录是否完整；确定预收款项的期末余额是否正确；确定预收款项的披露是否恰当。

（二）预收款项的实质性程序

（1）核对预收款项明细账和总账的余额与报表核对相符。

（2）取得或编制预收款项明细表，复核其数字是否正确。

（3）选择大额或账龄较长的项目、关联方项目及主要客户项目进行函证。根据回函情况，编制与分析函证结果汇总表。对于回函金额不符的，应查明原因并做出记录或建议做适当调整。对未回函的，决定是否再次函证或通过检查资产负债表日后已转销的预收款项是否与仓库发运凭证、销售发票相一致等替代程序，确定其是否真实、正确。

（4）抽查预收款项余额较大的项目，检查有关原始凭证，核实交易事项的真实性，检查决算日至审计日已转销的预收款项是否与仓库发货单、销售发票等相一致，确定其是否真实、正确；

（5）检查预收款项是否存在借方余额，确定是否进行重分类。

（6）检查预收款项长期挂账的原因，并做出记录，必要时予以调整。

（7）检查非记账本位币折合记账本位币采用的折算汇率，折算差额是否按规定进行会计处理。

（8）对税法规定应予纳税的预收销售货款，结合应交税金项目，检查是否及时、足额计缴有关税金。

（9）上年度审计调整是否已做了恰当的账务处理，并在会计报表上做了恰当的披露。

（10）验明预收款项是否已在资产负债表上充分披露。如果被审计单位是上市公司，其财务报表附注通常应披露持有其5%以上（含5%）股份的股东单位账款情况，并说明账龄超过1年的预收款项未结转的原因。

五、应交税费审计

企业在一定时期内取得的营业收入和实现的利润，要按规定向国家缴纳相应的税费。这些应交的税费通常应按权责发生制原则预提计入有关账户，在尚未缴纳前就形成了企业的一项负债。

(一)应交税费的审计目标

应交税费的审计目标一般包括:确定期末应交税费是否存在;确定期末应交税费是否为被审计单位应履行的义务;确定应计和已交税费的记录是否完整;确定应交税费的期末余额是否正确;确定应交税费的披露是否恰当。

(二)应交税费的实质性程序

(1)核对应交税费明细账和总账余额与报表是否相符,编制应交税费导引表。

(2)取得或编制应交税费明细表,复核其数字是否正确及资料来源。

(3)查阅被审计单位纳税鉴定或纳税通知及征、免、减税的批准文件,了解被审计单位适用的税种、计税基础、税率,以及征、免、减税的范围与期限,确认其年度内应纳税项的内容。

(4)核对年初应交税费与税务机关的认定数是否一致,如有差额,应查明原因并做出记录,必要时做适当调整。

(5)取得税务部门汇算清缴或其他确认文件、有关政府部门的专项检查报告、税务代理机构的专业报告、企业纳税申报有关资料等,分析其有效性,并与上述明细表及账面情况进行核对。

(6)检查应缴增值税的计算是否正确,根据与增值税进项税额相关账户审定的有关数据,检查国内采购货物、进口货物、购进的免税农产品、接受投资或捐赠、接受应税劳务等应计的进项税额是否按规定进行了会计处理;根据与增值税销项税额相关账户审定的有关数据,复核存货销售,或将存货用于投资、无偿馈赠他人、分配给股东(或投资者)应计的销项税额,以及将自产、委托加工的产品用于非应税项目应计的销项税额是否正确计算,是否按规定进行会计处理;根据与增值税进项税额转出相关账户审定的有关数据,检查因存货改变用途或发生非常损失应计的进项税额转出数是否正确计算,是否按规定进行了会计处理;检查出口货物退税的计算是否正确,是否按规定进行了会计处理。

(7)检查应缴营业税、应缴城建税和其他各种税金计算是否正确,是否按规定进行了会计处理。

(8)确定应纳税所得额及企业所得税税率,复核应缴企业所得税的计算是否正确,是否按规定进行了会计处理。

(9)确定本年度应缴纳的税款,检查有关账簿记录和缴税凭证,确认本年度已缴税款和期末未缴税款。

(10)检查教育费附加、矿产资源补偿费、保险保障基金的计算是否正确,是否按规定进行了会计处理。

(11)验明应交税费是否已在资产负债表上充分披露。

六、营业税金及附加审计

营业税金及附加是指企业由于销售产品、提供劳务等负担的税金及附加,包括营业税、消费税、城市维护建设税、资源税和教育费附加,以及与投资性房地产相关的房产税、土地使用税等。对营业税金及附加的实质性程序。应在查明被审计单位应缴纳的税种基础上结合“营业税金及附加”总账、明细账与有关原始凭证,以及与该账户对应的“应交

税费”等账户实施，必要时，应向有关部门、单位和人员进行查询。

(一)营业税金及附加的审计目标

营业税金及附加的审计目标一般包括：确定记录的营业税金及附加是否已发生，且与被审计单位有关；确定营业税金及附加记录是否完整；确定与营业税金及附加有关的金额及其他数据是否已恰当记录；确定营业税金及附加是否已记录于正确的会计期间；确定营业税金及附加的内容是否正确；确定营业税金及附加的披露是否恰当。

(二)营业税金及附加的实质性程序

(1)获取或编制营业税金及附加明细表，复核加计正确，并与报表数、总账数和明细账合计数核对相符。

(2)确定被审计单位的纳税范围与税种是否符合国家规定。

(3)根据审定的当期应纳营业税的主营业务收入，按规定的税率，分项计算、复核本期应纳营业税税额。

(4)根据审定的应税消费品销售额(或数量)，按规定适用的税率，分项计算、复核本期应纳消费税税额。

(5)根据审定的应税资源税产品的课税数量，按规定适用的单位税额，计算、复核本期应纳资源税税额。

(6)检查城市维护建设税、教育费附加等项目的计算依据是否和本期应纳增值税、营业税、消费税合计数一致，并按规定适用的税率或费率计算、复核本期应交纳的城市维护建设税、教育费附加等。

(7)复核各项税费与应交税金、其他应交款等项目的钩稽关系。

(8)确定被审计单位减免税的项目是否真实，理由是否充分，手续是否完备。

(9)检查城市维护建设税、教育费附加的计算是否正确。

(10)确定营业税金及附加是否已在利润表上做恰当的披露。如果被审计单位是上市公司，在其会计报表附注中应分项列示本期营业税金及附加的计缴标准及金额。

七、销售费用审计

销售费用是指企业在销售商品过程中发生的费用。

(一)销售费用审计目标

销售费用的审计目标一般包括：确定记录的销售费用是否已发生，且与被审计单位有关；确定销售费用记录是否完整；确定与销售费用有关的金额及其他数据是否准确；确定销售费用是否已记录于正确的会计期间；确定销售费用的内容是否正确；确定销售费用的列报是否恰当。

(二)销售费用的实质性程序

(1)获取或编制销售费用明细表，复核加计正确，并与报表数、总账数和明细账合计数核对相符，并检查其明细项目的设置是否符合规定的核算内容与范围，是否划清了销售费用和其他费用的界限。

(2)检查销售费用各项目开支标准是否符合有关规定，开支内容是否与被审计单位的产品销售等活动有关，计算是否正确。

(3)将本期、上期销售费用各明细项目做比较分析，必要时比较本期各月的营业费用，如有重大波动和异常情况，应查明原因，并做适当的处理。

(4)选择重要或异常的销售费用，检查原始凭证是否合法，会计处理是否正确，必要时实施截止性测试，检查有无跨期入账的现象，对于重大跨期项目应建议做必要的调整。

(5)核对销售费用有关项目金额与累计折旧、应付工资、预提费用等项目相关金额的钩稽关系，如有不符，应查明原因并做适当的处理。

(6)检查销售费用的结转是否正确、合规，查明有无多转、少转或不转，人为调节利润的情况。

(7)确定销售费用是否已在利润表上恰当披露。

本章小结

企业的销售与收款循环是企业的主要业务循环之一，对其审计在对企业报表审计过程中也占有重要地位。为了销售与收款循环业务的各环节能正常有序运行，并防止和揭露错误与舞弊，保证相关记录的真实、可靠，企业需要建立健全相关内部控制制度。审计人员在了解和初步评估内部控制的基础上，执行相关控制测试，并根据测试结果修正具体的审计计划。审计人员可以运用检查、盘存、观察、询问、函证和分析性测试等方法，对销售和收款循环中相关账户进行测试，以实现特定的审计目标。审计人员应当重视盘存、分析性测试以及函证在销售与收款循环时执行程序中的重要作用。

【复习思考题】

1. 销售和收款循环的主要业务活动有哪些？主要涉及哪些原始凭单？

2. 建立销售和收款循环内部控制的目标有哪些？

3. 销售和收款循环内部控制的关键控制点有哪些？如何对这些关键控制点进行控制测试？

4. 如何进行销售和收款循环的交易业务的实质性程序？

5. 在实施对应收账款发函询证程序时，审计人员应注意哪些具体事项？

6. 函证有哪些形式？各有什么优缺点？分别适用什么情况？

7. 当函证应收账款没有得到答复的情况下，应采用哪些替代的审计程序？如何确定应收账款函证的样本量？

8. 审计人员为什么要对销售业务的期末截止期进行审查？审查的具体方法是什么？

【案例分析题】

Y公司的主要业务是中、小型机电类产品的生产和销售，采用手工会计系统，产品销售以Y公司仓库为交货地点。C和D注册会计师负责审计Y公司2013年度财务报表，于2013年12月1日至12月15日对Y公司的购货与付款循环、销售与收款循环的内部控制进行了解、测试与评价。

资料一　C和D注册会计师在审计工作底稿中记录了所了解的有关销售与收款循

环的控制程序，部分内容摘录如下：

(1)销售的产品发出前，信用审核部门检查经授权的相关客户剩余赊销信用额度，并在销售部门编制的销售单上签字。在剩余销售信用额度内的销售，由信用审核部门职员E审批；超过剩余赊销信用额度的销售，在职员E审批后，还需获得经授权的信用审核部门经理F的批准。

(2)仓库开具预先连续编号的出货单，并在销售的产品装运后，将相关副本分送开具账单部门、运输单位和顾客。开具账单部门审核发货单和销售单后开具销售发票，在保留副本后将相关单据送交会计部门职员G审核。G核对无误后登记主营业务收入明细账和应收账款明细账。

资料二　D注册会计师负责对销售与收款循环的内部控制实施测试，并在审计工作底稿中记录了测试的情况，部分内容摘录如下：

(1)D注册会计师选取了填制日期为6月25日至26日的4张发货单，编号为3076号至3079号，购货单位均为V公司。D注册会计师在6月份的主营业务收入明细账和相关原始凭证找到了相应的记录，与上述发货单对应的销售发票填制日期为6月26日。

(2)W公司是Y公司2013年7月新发展的客户。Y公司信用审核部门批准W公司的赊销信用额度为500000元。在收到W公司于7月5日预付的100000元后，Y公司以每件117元的价格(含增值税)分别于7月10日和12日向W公司发出3500件和1800件产品，并于7月30日收到剩余款项。D注册会计师检查了以上两次发货的销售单和发货单，销售单的信用审核记录显示，上述两批产品均经信用审核部门职员E批准即予发货。D注册会计师检查了相关的银行收款单据，没有发现异常。

(3)D注册会计师从Y公司主营业务收入明细账中选取了10月31日最后一笔交易和11月1日第一笔交易，他注意到：10月31日最后一笔交易的发货单和销售发票的填制日期均为10月31日，发货单编号为6256号；11月1日第一笔交易的发货单和销售发票的填制日期均为11月1日，发货单编号为6255号。财务人员解释，由于Y公司运输安排的原因，上述两笔交易的相关产品均在11月1日发出，但由于10月31日最后一笔交易的客户要求的发货时间是10月31日，故将6256号发货单和相关销售发票日期填制为10月31日。

要求：

(1)针对资料一，假定不考虑其他条件，请逐项判断Y公司上述控制程序在设计上是否存在缺陷；如果存在缺陷，请分别予以指出，并简要说明理由，提出改进建议。

(2)针对资料二，假定不考虑其他条件，请逐项指出上述事项是否表明相关的内部控制得到有效执行；如果表明相关的内部控制未能得到有效执行，请简要说明理由，并提出改进建议。

第十二章　采购与付款循环审计

【本章提示】

学习目标：

通过本章学习，学生应能了解采购与付款循环所涉及的主要凭证与会计记录，领会购货与付款循环的内部控制要点；掌握购货业务、应付账款内部控制测试的要领；深刻领会采购交易的内部控制目标与常用的交易实质性程序之间的对应关系，熟练掌握采购与付款循环所涉及的主要财务报表项目审计的实质性程序要点。

重要概念：

采购与付款循环；内部控制测试；实质性审计程序

【引言】

考虑财务报表项目与业务循环的相关程度，采购与付款循环所涉及的财务报表项目主要是资产负债表项目，按其在财务报表中的列示顺序通常应为预付款项、固定资产、在建工程、工程物资、固定资产清理、无形资产、开发支出、商誉、长期待摊费用、应付票据、应付账款和长期应付款等；所涉及的利润表项目通常为管理费用。限于篇幅，本教材并未对上述项目的审计逐一阐述，对代表性项目审计的阐述一般只直接列示其审计目标和相应的实质性程序，甚至对有些项目的审计目标亦从略，如固定资产清理等，而仅列示其实质性审计程序。当然，对其中某些必须做出解释的审计程序，本教材也将进行必要的解释。

应当强调，这些审计目标和实质性审计程序并非一成不变的，也可能不是完整无缺的。注册会计师在审计时，应视具体情况，运用审计专业判断进行合理增删。

本章内容包括：(1)采购与付款循环概述；(2)采购与付款循环的内部控制测试；(3)采购与付款循环审计的实质性程序。

第一节　采购与付款循环概述

一、主要凭证与会计记录

采购与付款交易通常要经过请购—订货—验收—付款等程序，因而典型的采购与付款循环所涉及的主要凭证与会计记录一般包括以下八种：

(1)请购单　它是送交采购部门据以申请购买商品、劳务或其他资产的书面凭证，由产品制造、资产使用等部门的有关人员填写。

(2)订购单　它是向另一企业购买所指定商品、劳务或其他资产的书面凭证，由采购部门填写。

(3)验收单　它是列示从供应商处收到商品、资产的种类和数量等内容的书面凭证，由验收部门在收到商品、资产时编制。

(4)卖方发票　它是供应商开具的，交给买方以载明发运的货物或提供的劳务、应付款金额和付款条件等事项的凭证。

(5)付款凭单　它是载明已收到商品、资产或接受的劳务、应付款金额和付款日期的企业内部记录和支付负债的授权证明文件，由采购方企业的付款凭单部门编制。

(6)记账凭证　包括转账凭证和付款凭证。

(7)应付账款明细账、库存现金日记账和银行存款日记账。

(8)供应商对账单　它是由供货方按月编制的，标明期初余额、本期购买、本期支付给供应商的款项和期末余额的凭证，其期末余额通常应与采购方相应的应付账款期末余额相一致。

二、内部控制要点

采购与付款循环涉及企业采购、验收、储存、会计与财务等部门，企业应当建立、健全相应的内部控制。一般来说，一个健全、有效的购货与付款循环的内部控制要点应包括：

(1)职责分离与授权　采购、验收、储存、会计及财务部门在人员安排及职责分工等方面应相互独立，以防止职责不清，出现错弊不易查找，偿还债务也应经上述部门进行相应的确认或批准。

(2)请购　请购单应适应不同的情况灵活编制。一般可根据生产计划和生产过程所需材料及提货时间编制。有时可设计自动请购程序，一旦存货水平降到某一点，即可请购，有时可由库管人员依实际情况而定。

(3)编制订购单　采购部门根据计划、授权或存储部门填制的请购单进行采购。购货之前均须填写顺序编号的正式订货单，并将订单副本分送会计部门和验收部门。对于采购大宗商品、物资，应实行采购合同控制，并运用一定的技术与经验对请购单做有效的归类、分析，采用集中订货等措施，以获得合适的价格优惠。对于超过预定采购金额的情况，应按公开招标方式进行。填制订购单时应注意三点：一是确定所需存货的项目类别，二是要取得竞价估价单，三是在发出订单之前应取得财会部门对合约的核准。

(4)验收商品　采购的货物运达后，均应由独立于采购、存储等部门以外的其他部门负责验收。验收部门应根据运单、发票、合同及产品说明书等检查货物的数量和质量，并据实填制验收单。验收单必须按顺序编号，验收完毕应立即将验收的货物转运存储部门，并将验收单副本分送采购部门、存储部门和会计部门。对于不经过验收部门而直接送交使用部门的商品和劳务，可以使用内部收货的承认手续，直接验证购货发票；对于过期交货商品，应建立特种批准程序；对于未入账的收货，应依据供应商的发票和收货报告的对比来进行差异控制。

(5)存储已验收的商品存货　为保证存货的安全及合理使用，应建立储存管理责任制。对各项存货的收、发、存，都由专人负责，严格各项手续制度：①货物入库，须由存储部门先行点验和检查，然后签收；②签收后，根据实际入库货物的数量，填制入库单，及时通知会计部门。据此，存储部门确立了本身应负的责任，并对验收部门的工作进行再验证；③负责存货的安全。一方面要创造安全条件，即库房应具有防火、防盗、防潮、防鼠等具体措施，以保证存货的安全完整；另一方面要规范存货存放秩序，即应根据存货的品质特征分类存放，并填制标签，妥善保管。

(6)领料与发货　此项控制包含两项内容：一是原材料、商品物资发出的授权批准控制；二是发出的手续控制。存储部门须根据预先编号并经批准的领料单、发货单发货。领料单通常一式三份，一份存领料部门，一份作为存储部门的收据，另一份作为会计部门记账的依据。为防止任意填写用途不当的领料单，企业可规定领料单必须根据用料单、工程通知单或销货单来填制，商业企业则可凭出货通知单作为向仓库提货的依据。

(7)付款与会计处理　具体包括：①复核。财务部门收到购货发票后，应立即送交采购部门将购货发票、订货单及验收单进行比较，确定货物种类、数量、价格、折扣条件、付款金额及方式是否相符。②付款。有关现金支出须经采购部门填制应付凭单，并经有关部门批准后方可支付货款，采购部门应对所收各种单据、文件加盖收件日期时刻章。③记账。会计部门收到有关单据后应及时编制记账凭证，登记账簿，应付账款总分类账和明细分类账应按月结账，并相互核对；对于现金折扣，应采用总价法记录，并制定严格的复核制度，审查是否发生折扣损失。④对账。会计部门应按月向供货方取得对账单，并将其与应付账款明细分类账和未付凭单明细表相互调节，如有差异，应查明发生差异的原因。

第二节　采购与付款循环的内部控制测试

一、购货业务测试

购货是存货流动的起点。购货记录是整个存货记录是否适当的基础。购货业务测试(见表 12 - 1)则是存货审计中的关键一环，测试的主要内容及步骤如下：

(1)从采购部门的业务档案中抽取订货单(购货合同)样本；

(2)审核订货单样本是否附有请购单或其他授权文件；

(3)审核与订货单样本相对应的验收报告、卖方发票、已付讫支票存根和货物入库单，顺查有关的购货记录和现金日记账、银行存款日记账；

(4)将订货单、发票与请购单相比较，了解它们在数量、价格和型号规格等方面是否一致；

(5)检查相关的记账凭证及账务处理，复核相关的材料运杂费在不同货物之间的分配；若材料是按计划成本核算的，还应注意材料成本差异的处理。

表 12-1　购货业务内部控制测试表

被审计单位名称：　　　　　　　年度：　　　　索引号：

序号	购货合同或请购单编号	供货单位	购货合同								购货发票				会计凭证						入库单				备注
			日期	规格	品名	数量	单价	金额	核对		日期	编号	核对		日期	编号	核对				日期	编号	核对		
									1	2			3	4			5	6	7	8			9	10	

核对说明：	有关测试说明及结论：
(1)采购合同经授权批准 (2)采购金额未超过采购限量、限价 (3)购货发票的单价、金额与购货合同一致 (4)购货发票的品名、数量与购货合同一致 (5)入库单的品名与发票内容一致 (6)入库单有保管员和经手人签名 (7)发票购货额与付款结算凭证一致 (8)付款凭证有经手人和主管签名 (9)发票购货额已正确记入材料采购和应付账款账户 (10)进项税账务处理正确	

测试人：　　　　日期：　　　　复核人：　　　　日期：

二、应付账款测试

应付账款内部控制测试的内容与方法一般包括以下几项：

(1)审查预算制度　即是否实行费用预算，是否明确款项支付权限。

(2)审查款项支付　即款项支付凭证是否及时入账，货款支出与记账的职责是否相分离。

(3)审查应付账款凭证的编制　即编制付款凭证时，是否与订购合同、预算计划、验收单和发票相核对。

(4)抽样检查应付账款账户的过账　即在应付账款明细表中选取一定数量的样本，

并按所选样本审查应付凭单登记簿和银行存款日记账的过账，以及各明细账户向总分类账的过账，以证实应付账款会计记录的内部控制是否有效。

(5)核对检查所选各明细账户各笔过账所附的原始凭证　这些原始凭证有订货单、验收单、购货发票和已付发票等，注册会计师既要审查这些原始凭证的正确性、合法性，又要核对有关原始凭证所载金额是否同相关明细账户相一致，以证实各有关部门的内部控制是否有效。

(6)审查现金折扣　审查现金折扣时，注册会计师应重点注意审查两类事项：一是有关人员在现金折扣期限内按发票原价支付货款，然后从供货方收取退款支票和现金；二是企业丧失了本应获得的折扣，如果企业的现金折扣单独记账，注册会计师可以通过计算当期所获现金折扣与进货金额的比率，然后与以前各期相比较的方法审查现金折扣。

三、分析评价控制测试结果

注册会计师在完成控制测试程序之后，应根据所收集的证据，结合自己的专业分析与职业判断，对购货与付款循环的内部控制进行评价。评价的主要内容包括以下几方面：

(1)购货与付款循环的内部控制是否健全完善；

(2)购货与付款循环的内部控制是否得到有效执行；

(3)购货与付款循环的内部控制的整体强弱及各个部分的强弱；

(4)购货与付款循环内部控制的可依赖性及内部控制风险。

通过评价，了解哪些属于控制较强的部分，哪些属于控制较弱的部分，进而依据对内部控制的可信赖程度，确立购货与付款循环审计的实质性程序和审计重点，并针对薄弱环节提出改进建议。

第三节　采购与付款循环审计的实质性程序

【小案例 12－1】

2005 年 3 月 25 日，西安达尔曼实业股份有限公司（以下简称达尔曼）成为中国第一个因无法披露定期报告而遭退市的上市公司。从上市到退市，在长达八年的时间里，达尔曼竭尽造假之能事，通过一系列精心策划的系统性舞弊手段，制造出具有欺骗性的发展轨迹，从股市和银行骗取资金高达 30 多亿元，给投资者和债权人造成严重的损失。

一、案例简介

达尔曼于 1993 年以定向募集方式设立，主要从事珠宝，玉器的加工和销售。公司经营范围：珠宝、玉器、工艺美术品（不含金银饰品）、包装礼品盒、机械设备、电子产品加工、销售；非专项审批的天然食品色素、活性蛋白和多肽、葡萄糖酸内脂加工制造；现代陶瓷材料制品的研制、开发、加工；花卉种植、非专项审批的农副产品种植、畜牧水产养殖；分支机构旅游度假服务；金属材料、建筑材料和非专项审批的化工原料、化工产品、矿产品销售。

1996 年 12 月，达尔曼在上海证券交易所（以下简称上交所）挂牌上市，并于 1998 年、

2001年两次配股，在股市募集资金共7.17亿元。西安翠宝首饰集团公司一直是达尔曼的第一大股东，翠宝集团名为集体企业，实际上完全由许宗林一手控制。从公司报表数据看，1997—2003年间，达尔曼销售收入合计18亿元，净利润合计4.12亿元，资产总额比上市时增长5倍，达到22亿元；净资产增长4倍，达到12亿元。在2003年之前，公司各项财务数据呈现均衡增长态势，然而，2003年公司首次出现净利润亏损，主营业务收入由2002年的3.16亿元下降到2.14亿元，亏损达1.4亿元，每股收益为－0.49元。

2004年5月10日，达尔曼被上交所实行特别处理，变更为"ST达尔曼"，同时证监会对公司涉嫌虚假陈述行为立案调查。2004年9月，公司公告显示，截至2004年6月30日，公司总资产锐减为13亿元，净资产为－3.46亿元，仅半年时间亏损高达14亿元，不仅抵销了上市以来大部分业绩，而且濒临退市破产。此后，达尔曼股价一路狂跌，2004年12月30日跌破一元面值。2005年3月25日，达尔曼被终止上市。2004年6月7日，ST达尔曼董事长人间"蒸发"，证监会正式立案，此后，达尔曼的股价一路狂跌，最低为0.86元

2005年5月17日，证监会公布了对达尔曼及相关人员的行政处罚决定书，指控达尔曼进行财务舞弊；同时，证监会还处罚了担任达尔曼审计工作的三名注册会计师，理由是注册会计师在审计过程中，未能充分勤勉尽责。

调查表明，达尔曼从上市到退市，在长达八年的时间里都是靠造假过日子的，这场造假圈钱骗局的"导演"就是公司原董事长许宗林。经查明，1996—2004年，许宗林等人以多种手段，将十几亿元的上市公司资金腾挪转移，其中有将近6亿元的资金被转移至国外隐藏。监守自盗了大量公司资产后，许宗林携妻儿等移民加拿大，到2004年年初，公司显现败落时，许宗林以出国探亲和治病的借口出国到加拿大，从此一去不回。2004年12月1日，西安市人民检察院认定，许宗林涉嫌职务侵占罪和挪用资金罪，应依法逮捕。2005年2月，证监会对许宗林开出"罚单"：给予警告和罚款30万元，并对其实施永久性市场禁入的处罚。但直到今天，达尔曼退市了，许宗林依然在国外逍遥。

二、达尔曼造假的主要手法

达尔曼虚假陈述、欺诈发行、银行骗贷、转移资金等行为是一系列有计划、有组织的系统性财务舞弊和证券违法行为。在上市的八年时间里，达尔曼不断变换造假手法，持续地编造公司经营业绩和生产记录。

1. 虚增销售收入，虚构公司经营业绩和生产记录

达尔曼所有的采购、生产、销售基本上是在一种虚拟的状态下进行的，是不折不扣的"皇帝的新装"。每年，公司都会制订一些所谓的经营计划，然后组织有关部门和一些核心人员根据"指标"，按照生产、销售的各个环节，制作虚假的原料入库单、生产进度报表和销售合同等。为了做得天衣无缝，公司对相关销售发票、增值税发票的税款也照章缴纳，还因此被评为当地的先进纳税户。

公司在不同年度虚构销售和业绩的具体手法也不断变化：1997—2000年度主要通过与大股东翠宝集团及其下属子公司之间的关联交易虚构业绩，2000年仅向翠宝集团的关联销售就占到了当年销售总额的42.4%。2001年，由于关联交易受阻，公司开始向其他公司借用账户，通过自有资金的转入转出，假作租金或其他收入及相关费用，虚构经营业

绩。2002—2003 年，公司开始利用自行设立的大批“壳公司”进行“自我交易”，达到虚增业绩的目的。年报显示，这两年公司前五名销售商大多是来自深圳的新增交易客户，而且基本上采用赊销挂账的方式，使得达尔曼的赊销比例由 2000 年的 24%上升到 2003 年的 55%。经查明，这些公司均是许宗林设立的“壳公司”，通过这种手法两年共虚构销售收入 4.06 亿元，占这两年全部收入的 70%以上，虚增利润 1.52 亿元。

2. 虚假采购、虚增存货

虚假采购，一方面是为了配合公司虚构业绩的需要，另一方面是为达到转移资金的目的。达尔曼虚假采购主要是通过关联公司和形式上无关联的“壳公司”来实现的。从年报可以看出，公司对大股东翠宝集团的原材料采购在 1997—2001 年呈现递增趋势，至 2001 年占到了全年购货额的 26%。2002 年年报显示，公司当年期末存货增加了 8641 万元，增幅达 86.15%，系年末从西安达福工贸有限公司购进估价 1.06 亿元的钻石毛坯所致，该笔采购数额巨大且未取得购货发票。后经查明，该批存货实际上是从“壳公司”购入的价格非常低廉的锆石。注册会计师也因未能识别该批虚假存货而受处罚。从 2001 年公司开始披露的应付账款前五名的供货商名单可以看出，公司的采购过于集中，而且呈加剧状态。到 2003 年，前五位供货商的应付账款占到全部应付账款的 91%。

3. 虚构往来，虚增在建工程、固定资产和对外投资

为了伪造公司盈利的假象，公司销售收入大大高于销售成本与费用，对这部分差额，除了虚构往来外，公司大量采用虚增在建工程和固定资产、伪造对外投资等手法来转出资金，使公司造假现金得以循环使用。此外，公司还通过这种手段掩盖公司资金真实流向，将上市公司资金转匿到个人账户，占为己有。据统计，从上市以来达尔曼共有大约 15 个主要投资项目，支出总金额约 10.6 亿元。然而无论是 1997 年的“扩建珠宝首饰加工生产线”项目，还是 2003 年的“珠宝一条街”项目，大都被许宗林用来作为转移资金的手段。2002 年年报中的“在建工程附表”显示，公司有很多已开工两年以上的项目以进口设备未到或未安装为借口挂账；而 2003 年年报的审计意见中更是点明“珠宝一条街”“都江堰钻石加工中心”“蓝田林木种苗”等许多项目在投入巨额资金后未见到实物形态，而公司也无法给出合理的解释。证监会的处罚决定指控达尔曼 2003 年年报虚增在建工程约 2.16 亿元。

4. 伪造与公司业绩相关的资金流，并大量融资

为了使公司虚构业绩看起来更真实，达尔曼配合虚构业务，伪造相应的资金流，从形式上看，公司的购销业务都有资金流转轨迹和银行单据。为此，达尔曼设立大量的“壳公司”，并通过大量融资来支持造假所需资金。在虚假业绩支撑下，达尔曼得以在 1998 年和 2001 年两次配股融资。同时达尔曼利用上市公司信用，为“壳公司”贷款提供担保，通过“壳公司”从银行大量融资作为收入注入上市公司，再通过支出成本的方式将部分资金转出，伪造与业绩相关的资金收付款痕迹。

（资料来源：《会计数字游戏——美国十大财务舞弊案例剖析》，葛家澍著，中国财经政治出版社，2003）

讨论题：请结合该案例，谈谈审计师应如何实施实质性程序，发现公司舞弊行为。

一、采购交易的控制目标和交易的实质性审计程序

采购与付款循环审计的实质性程序是围绕采购交易的内部控制目标展开的。采购交易的内部控制目标与常用的交易实质性审计程序如表12-2所列。

表12-2　采购交易的控制目标与常用的交易实质性程序表

内部控制目标	常用的交易实质性程序
所记录的采购都已收到物品或已接受劳务，并符合采购方的最大利益（存在）	复核采购明细账、总账及应付账款明细账，注意是否有大额或不正常的金额； 检查卖方发票、验收单、订货单和请购单的合理性和真实性； 追查存货的采购至存货永续盘存记录； 检查取得的固定资产
已发生的采购交易均已记录（完整性）	从验收单追查至采购明细账； 从卖方发票追查至采购明细账
所记录的采购交易估价正确（准确性、计价和分摊）	将采购明细账中记录的交易同卖方发票、验收单和其他证明文件相比较； 复算包括折扣和运费在内的卖方发票编写的准确性
采购交易的分类正确（分类）	参照卖方发票，比较会计科目表上的分类
采购交易按正确的日期记录（截止）	将验收单和卖方发票上的日期与采购明细账中的日期进行比较
采购交易被正确计入应付账款和存货等明细账中，并被正确汇总（准确性、计价和分摊）	通过加计采购明细账，追查过入采购总账和应付账款、存货明细账的数额是否正确，用以测试过账和汇总的正确性

鉴于采购交易与上一章所述的销售交易，二者无论在控制目标、关键内部控制还是在控制测试与交易实质性程序方面，其原理大同小异，且表12-2易于理解，因此，以下仅就采购交易的特殊之处予以说明。

（一）所记录的采购都已收到商品或接受劳务

如果注册会计师对被审计单位在这个目标上的控制的恰当性感到满意，为查找不正确的、未真实发生的交易而执行的测试程序就可大为减少。恰当的控制可以防止那些主要使企业管理层和职员们而非企业本身受益的交易，作为企业的费用支出或资产入账。注册会计师如发觉企业对采购交易的控制不充分，通常就需要对于与这些交易有关的单据进行广泛、深入的检查。

（二）已发生的采购交易均已记录

已经验收的商品和接受的劳务如果未予入账，将直接影响应付账款余额，从而少计企业的负债。如果注册会计师确信被审计单位所有的采购交易均已准确、及时地登记入账，就可以从了解和测试其内部控制入手进行审计，从而减少对固定资产和应付账款等财务报表项目实施实质性程序的工作量，大大降低审计成本。

(三)所记录的采购交易估价正确

由于许多资产、负债和费用项目的估价有赖于相关采购交易在采购明细账上的正确记录,因此,对这些报表项目实施实质性程序的范围,在很大程度上取决于注册会计师对被审计单位采购交易内部控制执行效果的评价。如果注册会计师确信被审计单位永续盘存记录是准确、及时的,存货项目的实质性程序可予以简化;如果永续盘存手续中的采购环节的内部控制能有效运行,且永续盘存记录中又能反映出存货的数量和单位成本,则还可以因此减少存货监盘和存货单位成本测试的工作量。

二、付款交易的控制目标和交易的实质性审计程序

采购与付款循环包括采购和付款两个方面。在内部控制健全的企业,与采购相关的付款交易同样有其内部控制目标和内部控制,注册会计师应针对每个主要的具体内部控制目标确定关键的内部控制,并对此实施相应的控制测试和交易的实质性程序。付款交易中的控制测试的性质取决于内部控制的性质,而付款交易的实质性程序的实施范围,在一定程度上取决于关键控制是否存在以及控制测试的结果。由于采购和付款交易同属一个交易循环,联系紧密,因此,对付款交易的部分测试可与采购交易测试一并实施。当然,另一些付款交易测试仍需单独实施。

对于每个企业而言,由于其性质、所处行业、规模以及内部控制健全程度等方面的不同,而使得其与付款交易相关的内部控制内容可能有所不同,但财政部发布的《内部会计控制规范——采购与付款(试行)》中规定的以下与付款交易相关的内部控制内容是应当共同遵循的:

(1)单位应当按照《现金管理暂行条例》《支付结算办法》《内部会计控制规范——货币资金(试行)》等规定办理采购付款业务。

(2)单位财会部门在办理付款业务时,应当对采购发票、结算凭证、验收证明等相关凭证的真实性、完整性、合法性及合规性进行严格审核。

(3)单位应当建立预付账款和定金的授权批准制度,加强预付账款和定金的管理。

(4)单位应当加强应付账款和应付票据的管理,由专人按照约定的付款日期、折扣条件等管理应付款项。已到期的应付款项需经有关授权人员审批后方可办理结算与支付。

(5)单位应当建立退货管理制度,对退货条件、退货手续、货物出库、退货货款回收等做出明确规定,及时收回退货款。

(6)单位应当定期与供应商核对应付账款、应付票据、预付款项等往来款项。如有不符,应查明原因,及时处理。

三、应付账款①审计的实质性程序

(一)应付账款的审计目标

应付账款的审计目标通常包括:确定期末应付账款是否存在;确定期末应付账款是

① 应付账款是企业在正常经营过程中,因购买材料、商品和接受劳务供应等经营活动而应付给供应单位的款项,是买卖双方在购销活动中由于取得物资与支付贷款在时间上不一致而产生的负债。

否为被审计单位应履行的偿还义务；确定应付账款的发生及偿还记录是否完整；确定应付账款期末余额是否正确；确定应付账款的披露是否恰当。

(二)应付账款审计的实质性程序

(1)获取或编制应付账款明细表，复核加计是否正确，并与报表数、总账数和明细账合计数核对是否相符。

(2)根据被审计单位的实际情况，选择以下方法对应付账款执行实质性分析程序：

① 将期末应付账款余额与期初余额进行比较，分析波动原因。

② 分析长期挂账的应付账款，要求被审计单位做出解释，判断被审计单位是否缺乏偿债能力或利用应付账款隐瞒利润，并注意其是否可能无须支付。对确实无须支付的应付款的会计处理是否正确，依据是否充分；关注账龄超过3年的大额应付账款在资产负债表日后是否偿付，检查偿付记录、单据及披露情况。

③ 计算应付账款与存货的比率，应付账款与流动负债的比率，并与以前年度相关比率进行对比分析，评价应付账款整体的合理性。

④ 分析存货和营业成本等项目的增减变动，判断应付账款增减变动的合理性。

(3)函证应付账款。进行函证时，注册会计师应选择金额较大的债权人，以及那些在资产负债表日金额不大甚至为零、但为企业重要供货人的债权人，作为函证对象。函证最好采用积极函证方式，并具体说明应付金额。同应收账款的函证一样，注册会计师必须对函证的过程进行控制，要求债权人直接回函，并根据回函情况编制与分析函证结果汇总表；对于那些未回函的，应考虑是否再次函证。

(4)检查应付账款是否计入了正确的会计期间，是否存在未入账的应付账款。

(5)针对已偿付的应付账款，追查至银行对账单、银行付款单据和其他原始凭证，检查其是否在资产负债表日前真实支付。

(6)针对异常或大额交易及重大调整事项，检查相关原始凭证和会计分录，以分析交易的真实性、合理性。

(7)被审计单位与债权人进行债务重组的，检查不同债务重组方式下的会计处理是否正确。

(8)标明应付关联方(包括持5%以上表决权股份的股东)的款项，执行关联方及其交易审计程序，并注明合并报表时应予抵销的金额。

(9)检查应付账款是否已按照企业会计准则的规定在财务报表中做出恰当列报。一般来说，“应付账款”项目应根据“应付账款”和“预付账款”科目所属明细科目的期末贷方余额的合计数填列。

四、固定资产审计的实质性程序

固定资产是指同时具有下列两个特征的有形资产：(1)为生产商品、提供劳务、出租或经营管理而持有的；(2)使用寿命超过一个会计年度。固定资产只有同时满足下列两个条件才能予以确认：(1)与该固定资产有关的经济利益很可能流入企业；(2)该固定资产的成本能够可靠地计量。

固定资产折旧则是指在固定资产的使用寿命期内，按照确定的方法对应计折旧额进行系统分摊。

(一)固定资产的审计目标

固定资产的审计目标一般包括:确定资产负债表中记录的固定资产是否存在;确定所有应记录的固定资产是否均已记录;确定记录的固定资产是否归被审计单位所有或控制;确定固定资产以恰当的金额包括在财务报表中,与之相关的计价或分摊已恰当记录;确定固定资产原值、累计折旧和固定资产减值准备是否已按照企业会计准则的规定在财务报表中做出恰当列报。

(二)固定资产——账面余额审计的实质性程序

(1)获取或编制固定资产和累计折旧分类汇总表,检查固定资产的分类是否正确并与总账数和明细账合计数核对是否相符,结合累计折旧、减值准备科目与报表数核对是否相符。

固定资产和累计折旧分类汇总表又称一览表或综合分析表,是审计固定资产和累计折旧的重要工作底稿,其参考格式如表 12-3 所示。

表 12-3　固定资产和累计折旧分类汇总表

年　月　日

编制人:　　　　　　　　　　　　　　　　　　　　　　　日期:

被审计单位:__________复核人:　　　　　　　　　　　　　日期:

固定资产类别	固定资产				累计折旧					
	期初余额	本期增加	本期减少	期末余额	折旧方法	折旧率	期初余额	本期增加	本期减少	期末余额
合计										

(2)根据具体情况,选择以下方法对固定资产实施实质性程序:

① 计算固定资产原值与全年常量的比率,并与以前年度比较,分析其波动原因,可能发现闲置固定资产或已减少固定资产未在账户上注销的问题。

② 计算本期计提折旧额与固定资产总成本的比率,将此比率同上期比较,旨在发现本期折旧额计算上可能存在的错误。

③ 计算累计折旧与固定资产总成本的比率,将此比率同上期比较,旨在发现累计折旧核算上可能存在的错误。

④ 比较本期各月之间、本期与以前各期之间的修理及维护费用,旨在发现资本性支出和收益性支出区分上可能存在的错误。

⑤ 比较本期和以前各期的固定资产的增加和减少。由于被审计单位的生产经营情况不断发生变化,各期之间固定资产增加和减少的数额可能相差很大。注册会计师应当深入分析其差异,并根据被审计单位以往和今后的生产经营趋势,判断差异产生的原因是否合理。

⑥ 分析固定资产的构成及其增减变动情况,与在建工程、现金流量表、生产能力等相

关信息进行交叉复核，检查固定资产相关金额的合理性和准确性。

(3)实地检查重要固定资产，确定其是否存在，关注是否存在已经报废但仍挂账的固定资产。

实施实地检查审计程序时，注册会计师可以以固定资产明细分类账为起点，进行实地追查，以证明会计记录中所列固定资产确实存在，并了解其目前的使用状况；也应考虑以实地为起点，追查至固定资产明细分类账，以获取实际存在的固定资产均已入账的证据。

(4)检查固定资产的所有权或控制权。对各类固定资产，注册会计师应获取、收集不同的证据，以确定其是否确归被审计单位所有。

(5)检查本期固定资产的增加。固定资产的增加有多种途径，测试中应注意：

① 对于外购固定资产，通过核对采购合同、发票、保险单、发运凭证等资料，抽查测试其入账价值是否正确，授权批准手续是否齐备，会计处理是否正确；如果购买的是房屋建筑物，还应检查契税的会计处理是否正确；检查分期付款购买固定资产入账价值及会计处理是否正确。

② 对于在建工程转入的固定资产，应检查在建工程转入固定资产的时点是否符合会计准则的规定，入账价值与在建工程的相关记录核对是否相符，是否与竣工决算、移收和移交报告等一致；对已经达到预定可使用状态、但尚未办理竣工决算手续的固定资产，检查其是否已按估计价值入账，相关估价是否合理，并按规定计提折旧；是否待确定实际成本后再对固定资产原价进行调整。

③ 对于投资者投入的固定资产，检查投资者投入的固定资产是否按投资各方确认的价值入账，并检查确认价值是否公允，交接手续是否齐全；涉及国有资产的，是否有评估报告并经国有资产管理部门评审备案或核准确认。

④ 对于更新改造增加的固定资产，检查通过更新改造而增加的固定资产，增加的原值是否符合资本化条件，是否真实，会计处理是否正确；重新确定的剩余折旧年限是否恰当。

⑤ 对于融资租赁增加的固定资产，获取融资租入固定资产的相关证明文件，检查融资租赁合同的主要内容，并结合长期应付款、未确认融资费用科目检查相关的会计处理是否正确。

⑥ 对于企业合并、债务重组和非货币性资产交换增加的固定资产，检查产权过户手续是否齐备，检查固定资产入账价值及确认的损益和负债是否符合规定。

⑦ 检查固定资产的后续支出是否符合资本化条件，会计处理是否正确。

⑧ 对于通过其他途径增加的固定资产，应检查增加固定资产的原始凭证，核对其计价及会计处理是否正确，法律手续是否齐全。

(6)检查本期固定资产的减少。审计要点主要包括：

① 结合固定资产清理科目，抽查固定资产账面转销额是否正确；

② 检查出售、盘亏、转让、报废或毁损的固定资产是否经过授权批准，会计处理是否正确；

③ 检查因修理、更新改造而停止使用的固定资产的会计处理是否正确；

④ 检查投资转出固定资产的会计处理是否正确；

⑤ 检查债务重组或非货币性资产交换转出固定资产的会计处理是否正确；

⑥ 检查转出的投资性房地产账面价值及会计处理是否正确；

⑦ 检查其他减少固定资产的会计处理是否正确。

(7)检查固定资产后续支出的核算是否符合规定。《企业会计准则第 4 号——固定资产》规定，与固定资产有关的后续支出，如果同时满足下列两个确认条件：一是该固定资产包含的经济利益很可能流入企业，二是该固定资产的成本能够可靠计量，应当将该后续支出计入固定资产成本；否则，应当在该后续支出发生时计入当期损益。

(8)检查固定资产的租赁。租赁一般分为经营租赁和融资租赁两种。

检查经营性租赁时，应查明：

① 固定资产的租赁是否签订了合同、租约，手续是否完备，合同内容是否符合国家规定，是否经相关管理部门的审批。

② 租入的固定资产是否确属企业必需的，或出租的固定资产是否确属企业多余、闲置不用的，双方是否认真履行合同，其中是否存在不正当交易。

③ 租金收取是否签有合同，有无多收、少收现象。

④ 租入的固定资产有无久占不用、浪费损坏的现象；租出的固定资产有无长期不收租金、无人过问，是否有变相馈送、转让等情况。

⑤ 租入的固定资产是否已登入备查簿。

⑥ 必要时，向出租人函证租赁合同及执行情况。

⑦ 租入的固定资产改良支出的核算是否符合规定。

在检查融资租赁固定资产时，除可参照经营租赁固定资产检查要点以外，还应注意融资租入固定资产的计价是否正确，并结合长期应付款、未确认融资费用等科目检查相关的会计处理是否正确。此外还应注意，对于融资租入固定资产发生的固定资产后续支出，应当按照自有固定资产发生的后续支出的处理原则予以处理。

(9)获取暂时闲置固定资产的相关证明文件，并观察其实际状况，检查是否已按规定计提折旧，相关的会计处理是否正确。

(10)获取已提足折旧仍继续使用固定资产的相关证明文件，并做相应的记录。

(11)获取持有待售固定资产的相关证明文件，并做相应的记录，检查对其预计净残值调整是否正确、会计处理是否正确。

(12)检查固定资产保险情况，复核保险范围是否足够。

(13)检查有无与关联方的固定资产购售活动，是否经适当授权，交易价格是否公允。确定关联方关系及其交易是否已按照适用的财务报告编制基础得到恰当识别、会计处理和充分披露。对于合并范围内的购售活动，记录应予合并抵销的金额。

(14)对应计入固定资产的借款费用，应根据企业会计准则的规定，结合长短期借款、应付债券或长期应付款的审计，检查借款费用(借款利息、折溢价摊销、汇兑差额、辅助费用)资本化的计算方法和资本化金额，以及会计处理是否正确。

(15)检查购置固定资产时是否存在与资本性支出有关的财务承诺。

(16)检查固定资产的抵押、担保情况。结合对银行借款等的检查，了解固定资产是

否存在重大的抵押、担保情况;如存在,应取证,并做相应的记录,同时提请被审计单位做恰当披露。

(17)确定固定资产是否已按照企业会计准则的规定在财务报表中做出恰当列报。财务报表附注通常应说明固定资产的标准、分类、计价方法和折旧方法;融资租入固定资产的计价方法;固定资产的预计使用寿命和预计净残值;对固定资产所有权的限制及其金额;已承诺将为购买固定资产支付的金额;暂时闲置的固定资产账面价值;已提足折旧仍继续使用的固定资产账面价值;已报废和准备处置的固定资产账面价值。固定资产因使用磨损或其他原因而需报废时,企业应及时对其处置;如果其已处于处置状态而尚未转销时,企业应披露这些固定资产的账面价值。

(三)固定资产累计折旧审计的实质性程序

累计折旧审计的实质性程序通常包括:

(1)获取或编制累计折旧分类汇总表,复核加计是否正确,并与总账数和明细账合计数核对是否相符。

(2)检查被审计单位制定的折旧政策和方法是否符合相关会计准则的规定,确定其所采用的折旧方法能否在固定资产预计使用寿命期内合理分摊其成本,前后期是否一致,预计使用寿命和预计净残值是否合理。

《企业会计准则第 4 号——固定资产》明确规定:企业应当根据与固定资产有关的经济利益的预期实现方式,合理选择固定资产折旧方法。可选用的折旧方法包括年限平均法、工作量法、双倍余额递减法和年数总和法等;除非由于与固定资产有关的经济利益的预期实现方式有重大改变,应当相应改变固定资产折旧方法,折旧方法一经选定,不得随意调整;企业至少应当于每年年度终了对固定资产的使用寿命、预计净残值和折旧方法进行复核,如果固定资产使用寿命预计数和净残值预计数与原先估计数有差异,应当做相应的调整。

(3)复核本期折旧费用的计提和分配:

① 了解被审计单位的折旧政策是否符合规定,计提折旧范围是否正确,确定的使用寿命、预计净残值和折旧方法是否合理;如采用加速折旧法,是否取得批准文件。

② 检查被审计单位折旧政策前后期是否一致。

③ 复核本期折旧费用的计提是否正确:已计提部分减值准备的固定资产,计提的折旧是否正确;已全额计提减值准备的固定资产,是否已停止计提折旧;因更新改造而停止使用的固定资产是否已停止计提折旧,因大修理而停止使用的固定资产是否照提折旧;对按规定予以资本化的固定资产装修费用,是否在两次装修期间与固定资产尚可使用年限两者中较短的期间内,采用合理的方法单独计提折旧,并在下一次装修时将该项固定资产装修余额一次全部计入了当期营业外支出;对融资租入固定资产发生的、按规定可予资本化的固定资产装修费用,是否在两次装修期间、剩余租赁期与固定资产尚可使用年限三者中较短的期间内,采用合理的方法单独计提折旧;对采用经营租赁方式租入的固定资产发生的改良支出,是否在剩余租赁期与租赁资产尚可使用年限两者中较短的期间内,采用合理的方法单独计提折旧;未使用、不需用和暂时闲置的固定资产是否按规定计提折旧;持有待售的固定资产折旧计提是否符合规定。

④ 检查折旧费用的分配是否合理，是否与上期一致；分配计入各项目的金额占本期全部折旧计提额的比例与上期比较是否有重大差异。

⑤ 注意固定资产增减变动时，有关折旧的会计处理是否符合规定，查明通过更新改造、接受捐赠或融资租入而增加的固定资产的折旧费用计算是否正确。

(4)将“累计折旧”账户贷方的本期计提折旧额与相应的成本费用中的折旧费用明细账户的借方相比较，以查明所计提折旧金额是否已经全部摊入本期产品成本或费用。

(5)检查累计折旧的减少是否合理、会计处理是否正确。

(6)确定累计折旧的披露是否恰当。

【小案例 12－2】

2008 年 1 月，审计人员审查了某企业上年 12 月基本生产车间设备计提折旧情况。在审阅固定资产明细账和制造费用明细账时，发现以下记录：

(1)11 月末该车间设备计提折旧额为 12000 元，年折旧率为 6%；

(2)11 月份购入设备一台，原值 20000 元，已安装完工交付使用；

(3)11 月份将原来未使用的一台设备投入车间使用，原值 10000 元；

(4)11 月份交外单位大修设备一台，原值 50000 元；

(5)11 月份进行技术改造设备一台，当月交付使用，该设备原值为 200000 元，技改支出 50000 元，变价收入 20000 元；

(6)12 月份该车间设备计提折旧 21000 元。

(资料来源：胡中艾《审计技能实验》，第 51—52 页，东北财经大学出版社，2001)

讨论题：

1. 假定该企业 2007 年 11 月末计提折旧数正确，请验证该企业该年 12 月份计提折旧数是否正确。

2. 如计提价旧数不正确，请做出调整分录。

(四)固定资产减值准备审计的实质性程序

固定资产的可收回金额低于其账面价值称为固定资产减值。这里的可收回金额应当根据固定资产的公允价值减去处置费用后的净额与资产预计未来现金流量的现值两者之间的较高者确定。

根据《企业会计准则第 8 号——资产减值》的规定，如存在下列迹象的，表明固定资产可能发生了减值：

(1)固定资产的市价当期大幅度下跌，其跌幅明显高于因时间的推移或正常使用而预计的下跌。

(2)企业经营所处的经济、技术或者法律等环境以及固定资产所处的市场在当期或者将在近期发生重大变化，从而对企业产生不利影响。

(3)市场利率或者其他市场投资回报率在当期已经提高，从而影响企业计算固定资产预计未来现金流量现值的折现率，导致固定资产可收回金额大幅度降低。

(4)有证据表明固定资产陈旧过时或者其实体已经损坏。

(5)固定资产已经或者将被闲置、终止使用或者计划提前处置。

(6)企业内部报告的证据表明固定资产的经济绩效已经低于或者将低于预期，如固定资产所创造的净现金流量或者实现的营业利润（或者损失）远远低于（或者高于）预计金额等。

(7)其他表明固定资产可能已经发生减值的迹象。如果该固定资产存在上述迹象，导致其可收回金额低于账面价值的，应当将固定资产的账面金额减记至可收回金额，将减记的金额确认为固定资产减值损失，计入当期损益，同时计提相应的固定资产减值准备。

固定资产减值准备审计的实质性程序一般包括：

(1)获取或编制固定资产减值准备明细表，复核加计是否正确，并与总账数和明细账合计数核对是否相符。

(2)检查被审计单位计提固定资产减值准备的依据是否充分及会计处理是否正确。

(3)获取闲置固定资产的清单，并观察其实际状况，识别是否存在减值迹象。

(4)检查资产组的认定是否恰当，计提固定资产减值准备的依据是否充分，会计处理是否正确。

(5)实施实质性分析程序，计算本期末固定资产减值准备占期末固定资产原值的比率，并与期初该比率比较，分析固定资产的质量状况。

(6)检查被审计单位处置固定资产时原计提的减值准备是否同时结转，会计处理是否正确。

(7)检查是否存在转回固定资产减值准备的情况。按照《企业会计准则》的规定，固定资产减值损失一经确认，在以后会计期间不得转回。

(8)确定固定资产减值准备的披露是否恰当。

如果企业计提了固定资产减值准备，根据《企业会计准则第 8 号——资产减值》的规定，企业应当在财务报表附注中披露：①当期确认的固定资产减值损失金额。②企业计提的固定资产减值准备累计金额。

五、预付款项审计的实质性程序

预付款项是企业按采购合同的规定，预先支付给供货单位的货款，包括企业进行在建工程预付的工程价款，会计上通过"预付账款"或"应付账款"科目（借方）进行核算。

(一)预付款项账面余额审计的实质性程序

(1)获取或编制预付款项明细表，复核加计是否正确，并与总账数和明细账合计数核对是否相符；结合坏账准备科目与报表数核对是否相符。

(2)分析预付款项账龄及款项构成，关注账龄超过 1 年的款项未结转原因。

(3)检查预付款项是否存在贷方余额，如有贷方余额，应查明原因，必要时建议做重分类调整。

(4)根据被审计单位的具体情况，选择以下方法对预付款项实施实质性分析程序：

① 比较期末余额与期初余额，分析其波动原因；

② 通过了解预付购货款惯例以及收到货物的平均天数，分析其账龄是否合理；

③ 计算预付购货款借方发生额与主营业务成本的比率，与以前各期比较，分析异常变动的原因；

④ 将预付购货款余额的增减幅度与主营业务成本的增减幅度进行比较，分析异常变动的原因；

(5)检查大额预付工程款增加或者结转是否有相应的审批手续，与相关合同、工程进度是否一致。

(6)按照审计策略选择大额或异常的预付款项重要项目(包括零账户)，函证其余额是否正确。

(7)检查预付款项长期挂账的原因。确定是否存在无法收回的预付款项，或者因供货单位破产、撤销等原因已无法再收到所购货物的预付款项。

(8)关注是否存在预付关联方账款，如有此账款，应通过了解关联交易事项目的、价格和条件，检查采购合同等方法确认该预付款项的合法性和合理性；通过向关联方或其他注册会计师查询及函证等方法，以确认交易的真实性。

(9)对于以非记账本位币结算的预付款项，检查其采用的折算汇率是否正确。

(10)确定预付款项的披露是否恰当。

(二)预付款项坏账准备审计的实质性程序

(1)取得或编制坏账准备明细表，复核加计是否正确，与坏账准备总账数、明细账合计数核对是否相符。

(2)将预付款项坏账准备本期计提数与资产减值损失相应明细项目的发生额核对，是否相符。

(3)检查预付款项坏账准备计提和核销的批准程序，取得书面报告等证明文件。

(4)评价坏账准备所依据的资料、假设及计提方法。

(5)复核预付款项坏账准备是否按经股东(大)会或董事会批准的既定方法和比例提取，其计算和会计处理是否正确。

(6)实际发生坏账损失的，检查转销依据是否符合有关规定，会计处理是否正确。

(7)已经确认并转销的坏账重新收回的，检查其会计处理是否正确。

(8)通过比较前期坏账准备计提数和实际发生数，以及检查期后事项，评价预付款项坏账准备计提的合理性。

(9)确定预付款项坏账准备的披露是否恰当。

六、固定资产清理审计的实质性程序

固定资产清理审计的实质性程序通常包括以下内容：

(1)获取或编制固定资产清理明细表，复核加计是否正确，并与报表数、总账数和明细账合计数核对是否相符。

(2)结合固定资产等的审计，检查固定资产、累计折旧和固定资产减值准备等结转是否正确。

(3)检查固定资产清理的原因，如系出售、报废、毁损，应检查是否经有关技术部门鉴定并授权批准，会计处理是否正确；如系对外投资、债务重组或非货币性资产交换转出，应检查有关的合同协议以及股东(大)会或董事会的决议，检查其会计处理是否正确。

(4)检查固定资产清理收入和清理费用的发生是否真实，清理净损益的计算是否正

确，会计处理是否正确。

(5)检查有无长期挂账的固定资产清理余额，如有余额，应查明原因，做出记录，必要时提出调整建议。

(6)确定固定资产清理的披露是否恰当。

七、无形资产审计的实质性程序

无形资产是指企业拥有或者控制的没有实物形态的可辨认非货币性资产，包括专利权、非专利技术、商标权、著作权、土地使用权等。

(一)无形资产的审计目标

无形资产的审计目标一般包括：确定无形资产是否存在；确定无形资产是否归被审计单位所有；确定无形资产增减变动及其摊销的记录是否完整；确定无形资产的使用寿命是否合理；确定无形资产的摊销政策是否恰当；确定无形资产减值准备计提是否充分、完整，方法是否恰当；确定无形资产减值准备发生和转销的记录是否完整；确定无形资产、累计摊销及减值准备的期末余额是否正确；确定无形资产、累计摊销及减值准备的披露是否恰当。

(二)无形资产账面余额审计的实质性程序

(1)获取或编制无形资产明细表，复核加计是否正确，并与总账数和明细账合计数核对是否相符，结合累计摊销、无形资产减值准备科目与报表数核对是否相符。

(2)检查无形资产科目的核算内容是否符合规定，特别关注土地使用权的核算是否正确。

(3)检查无形资产的权属证书原件、非专利技术的持有和保密状况等，并获取有关协议和董事会纪要等文件、资料，检查无形资产的性质、构成内容、计价依据、使用状况和受益期限，确定无形资产的所有权和存在性，并由被审计单位拥有或控制。

(4)检查无形资产的增加：

① 检查投资者投入的无形资产是否按投资各方确认的价值入账，检查确认价值是否公允，并检查交接手续是否齐全。

② 对自行研发取得、购入或接受捐赠的无形资产，检查其原始凭证，确认计价是否正确，法律程序是否完备，会计处理是否正确。

③ 对债务重组或非货币性资产交换取得的无形资产，检查有关协议等资料，确认其计价和会计处理是否正确。

④ 检查本期购入土地使用权相关税费计缴情况，与购入土地使用权相关的会计处理是否正确。

(5)检查无形资产的减少：

① 取得无形资产处置的相关合同、协议，检查其会计处理是否正确。

② 检查房地产开发企业取得的土地用于建造对外出售的房屋建筑物，相关的土地使用权是否转入所建造房屋建筑物的成本。

③ 当土地使用权用于出租或者增值目的时，检查其是否转为投资性房地产核算，会计处理是否正确。

(6)检查被审计单位确定无形资产使用寿命的依据,分析其合理性。

(7)检查无形资产的后续支出是否合理,会计处理是否正确。

(8)对于使用寿命有限的无形资产,应逐项检查是否存在减值迹象,做出详细记录;对于使用寿命不确定的无形资产,无论是否存在减值迹象,都应进行减值测试。若某项无形资产预计不能为审计单位带来经济利益,是否将其账面价值予以转销,计入当期营业外支出。

(9)结合长期、短期借款等项目审计,了解是否存在用于债务担保的无形资产;如有,则应取证和记录,并提请被审计单位做恰当的披露。

(10)确定无形资产的披露是否恰当。

(三)无形资产累计摊销审计的实质性程序

(1)获取或编制无形资产累计摊销明细表,复核加计是否正确,并与总账数和明细账合计数核对是否相符。

(2)检查无形资产各项目的摊销政策是否符合有关规定,是否与上期一致,若改变摊销政策,检查其依据是否充分。

(3)检查被审计单位是否在年度终了,对使用寿命有限的无形资产的使用寿命和摊销方法进行复核,其复核结果是否合理。

(4)检查无形资产的应摊销金额是否为其成本扣除预计残值和减值准备后的余额。检查其预计残值的确定是否合理。

(5)复核本期摊销是否正确,与相关科目核对是否相符。

(6)确定累计摊销的披露是否恰当。

(四)无形资产减值准备审计的实质性程序

(1)获取或编制无形资产减值准备明细表,复核加计是否正确,并与总账数和明细账合计数核对是否相符。

(2)检查无形资产减值准备计提和转销的批准程序,取得书面报告等证明文件。

(3)检查被审计单位计提无形资产减值准备的依据是否充分,计算和会计处理是否正确。

(4)检查无形资产转让时,相应的减值准备是否一并结转,会计处理是否正确。

(5)通过检查期后事项,以及比较前期无形资产减值准备数与实际发生数,评价无形资产减值准备的合理性。

(6)确定无形资产减值准备的披露是否恰当。

八、开发支出审计的实质性程序

(一)开发支出的审计目标

开发支出的审计目标一般包括:确定开发支出是否存在;确定开发支出是否属于被审计单位的项目所发生;确定开发支出增减变动的记录是否完整;确定开发支出的期末余额是否正确;确定开发支出的披露是否恰当。

(二)开发支出审计的实质性程序

(1)获取或编制开发支出明细表,复核加计是否正确,与报表数核对是否相符,并与

研发支出总账数、明细账合计数核对。

(2)检查开发支出明细内容,是否和研发支出项目核对相符。

(3)确定开发支出的披露是否适当。

九、商誉审计的实质性程序

【阅读材料 12-1】

软资产中,刚性最低的当属商誉[①]。2002 年 7 月 21 日世界通信[②]申请破产保护时,申报的账面资产总额尽管高达 1070 亿美元,但《华尔街日报》刊登的一篇报道表明,资产评估专家经过初步测算,这些资产的公允价值仅为 150 亿美元,缩水率近八成五。其中的一个重要原因是账面上体现的 506 亿美元的商誉和其他无形资产已经一文不值了。如果世界通信最终进行破产清算,股东和债权人能够收回的大部分资产就只能是这些"中看不中用"的商誉了。

此外,商誉等无形资产及其减值准备的确定具有很大的主观随意性,特别容易被别有用心的上市公司作为粉饰报表、操纵利润的手段。从这个意义上讲,软资产的确认和计量更应当引起我们的高度重视。

(资料来源:黄世忠《会计数字游戏:美国十大财务舞弊案例剖析》,第 42 页,中国财政经济出版社,2003)

(一)商誉的审计目标

商誉的审计目标一般包括:确定商誉入账记录是否完整;确定商誉金额是否正确;确定商誉的减值准备计提是否充分、完整,方法是否恰当;确定商誉减值准备的记录是否完整;确定商誉及减值准备的期末余额是否正确;确定商誉及减值准备的披露是否恰当。

(二)商誉账面价值审计的实质性程序

(1)获取或编制商誉明细表,复核加计是否正确,并与总账数和明细账合计数核对是否相符,结合商誉减值准备科目与报表数核对是否相符。

(2)结合对企业合并的审计,检查商誉增加是否真实,金额和会计处理是否正确。特别应关注分步实现企业合并时,商誉的计算是否正确。

(3)检查本期商誉减少的原因,分析是否合理,会计处理是否正确。

(4)确定商誉的披露是否恰当。

(三)商誉减值准备审计的实质性程序

(1)获取或编制商誉减值准备明细表,复核加计是否正确,并与总账数和明细账合计数核对是否相符。

(2)检查商誉减值准备计提和转销的批准程序,取得书面报告等证明文件。

---

① 我国《企业会计准则第 20 号——企业合并》规定:"购买方对合并成本大于合并中取得的被购买方可辨认净资产公允价值份额的差额,应当确认为商誉。"

② 美国第二大长途电信营运商,2002 年 7 月 21 日向美国破产法院纽约南区法庭申请破产保护,成为美国有史以来最大的破产案,创下了空前的财务舞弊世界纪录。

(3)检查被审计单位是否在期末结合与商誉相关的资产组或资产组组合对商誉进行了减值测试,计提商誉减值准备的依据是否充分,会计处理是否正确。

(4)检查商誉减值准备的计算和会计处理是否正确。

(5)检查商誉减少时,相应的减值准备是否一并结转,会计处理是否正确。

(6)检查期后事项,评价商誉减值准备的合理性。

(7)确定商誉减值准备的披露是否恰当。

【小提示 12-1】

大量的财务舞弊案表明,审计失败经常是由于注册会计师未能实施一些最基本的实质性测试程序而产生的。事实上,凡是涉及准备金科目,只要注册会计师加强对这些科目的借方发生额进行审计,上市公司利用资产减值准备和合并准备操纵利润的企图就会落空。

十、长期待摊费用审计的实质性程序

长期待摊费用审计的实质性程序通常包括以下内容:

(1)获取或编制长期待摊费用明细表,复核加计是否正确,并与报表数、总账数和明细账合计数核对是否相符。

(2)抽查长期待摊费用的原始凭证,查阅有关合同、协议等资料,检查是否经授权批准,确定其合法性和真实性,会计处理是否正确。

(3)检查摊销政策是否符合会计制度的规定,复核计算摊销额及相关的会计处理是否正确,前后期是否保持一致,是否存在随意调节利润的情况。

(4)检查被审计单位筹建期间发生的开办费是否在发生时直接计入管理费用。

(5)对于经营租赁方式租入的固定资产发生的改良支出,应检查相关原始资料,确定改良支出金额是否正确,摊销期限是否合理,摊销额的计算及会计处理是否正确。

(6)检查被审计单位是否将预期不能为其带来经济利益的长期待摊费用项目的摊余价值转销。

(7)确定长期待摊费用的披露是否恰当。

十一、长期应付款审计的实质性程序

(一)长期应付款账面余额审计的实质性程序

(1)获取或编制长期应付款明细表,复核加计是否正确,并与报表数、总账数和明细账合计数核对是否相符;检查长期应付款的内容是否符合本行业会计制度的规定。

(2)对于融资租入固定资产的应付款,应做好以下工作:

① 取得相关的合同或契约,检查对方是否履行了融资租赁合约规定的义务,授权批准手续是否齐全,有无抵押情况,并做记录。

② 检查最低租赁付款额、每期租金、租赁期和初始直接费用等的确定是否正确,相关会计处理是否正确。

③ 检查应付租赁款的支付情况,有无未按合同的规定付款;如有,应查明原因并记录。

(3)对于购入有关资产超过正常信用条件延期支付价款或分期付款购入长期资产形成的应付款,应做好以下工作:

① 取得相关的销售合同或协议,检查授权批准手续是否齐全,有无抵押情况,并做适当的记录。

② 检查合同规定的售价、收款期和折现率等要素,检查入账价值和会计处理是否正确。

③ 检查支付情况,有无未按合同的规定付款;如有,应查明原因并记录。

(4)必要时,现场查看交易涉及的资产,并向债权人函证长期应付款。

(5)对于非记账本位币的长期应付款,检查其采用的折算汇率及折算是否正确。

(6)确定长期应付款的披露是否恰当,注意一年内到期的长期应付款是否在编制报表时重分类至一年内到期的非流动负债。

(二)长期应付款未确认融资费用审计的实质性程序

(1)获取或编制未确认融资费用明细表,复核加计是否正确,并与总账数和明细账合计数核对是否相符。

(2)检查未确认融资费用的本期增加记录,审阅融资租赁合同及相关资料,结合固定资产等的审计,重新计算实际利率,检查被审计单位是否按照实际利率分摊未确认融资费用,摊销期限是否恰当,会计处理是否正确。

(3)检查未确认融资费用本期摊销额,其摊销政策是否与前期一致,计算和相应的会计处理是否正确。

(4)检查为购建固定资产等而发生的借款费用资本化金额是否正确。

(5)确定未确认融资费用的披露是否恰当。

十二、管理费用审计的实质性程序

(一)管理费用的审计目标

管理费用的审计目标一般包括:确定记录的管理费用是否已发生,且与被审计单位有关;确定管理费用记录是否完整;确定与管理费用有关的金额及其他数据是否已恰当记录;确定管理费用是否已记录于正确的会计期间;确定管理费用的内容是否正确;确定管理费用的披露是否恰当。

(二)管理费用审计的实质性程序

(1)获取或编制管理费用明细表,复核加计是否正确,并与报表数、总账数和明细账合计数核对是否相符。

(2)检查管理费用项目的核算内容与范围是否符合规定。

(3)将本期、上期管理费用各明细项目做比较分析,必要时比较各月份管理费用,对有重大波动和异常情况的项目应查明原因,考虑是否提请被审计单位调整。

(4)将管理费用中列支的职工薪酬、研究费用、折旧费以及无形资产、长期待摊费用、其他长期资产的摊销额等项目与相关科目进行交叉钩稽,并做出相应记录。

(5)选择管理费用中数额较大以及本期与上期相比变化异常的项目追查至原始凭证。

(6)抽取资产负债表日前后一定数量的凭证，实施截止测试，对于重大跨期项目，应建议做必要的调整。

(7)检查管理费用的披露是否恰当。

本章小结

采购与付款交易通常要经过请购—订货—验收—付款等程序，因而典型的采购与付款循环所涉及的主要凭证与会计记录一般包括：请购单、订购单、验收单、卖方发票、付款凭单、记账凭证、应付账款明细账、库存现金日记账和银行存款日记账、卖方对账单。采购与付款循环涉及企业采购、验收、储存、会计与财务等部门，企业应当建立、健全相应的内部控制。一般来说，一个健全、有效的购货与付款循环的内部控制要点应包括：职责分离与授权、请购、编制订购单、验收商品、领料与发货、付款与会计处理。

注册会计师应当运用抽样审计、编制"购货业务内部控制测试表"等方式、方法，进行购货业务、应付账款的内部控制测试，之后根据所收集的证据，结合自己的专业分析与职业判断，对购货与付款循环的内部控制进行评价，并依据对内部控制的可信赖程度，确立购货与付款循环审计的实质性程序和审计重点，针对薄弱环节提出改进建议。

采购与付款循环审计的实质性程序通常是围绕采购交易的内部控制目标展开，本章主要介绍了应付账款、固定资产、预付款项、固定资产清理、无形资产、开发支出、商誉、长期待摊费用、长期应付款、管理费用等项目的审计目标和实质性审计程序。

【复习思考题】

1. 采购与付款循环一般涉及哪些凭证与会计记录？
2. 试述一个健全、有效的购货与付款循环的内部控制要点。
3. 注册会计师如何进行购货业务的内部控制测试？
4. 注册会计师如何进行应付账款的内部控制测试？
5. 试述采购交易的内部控制目标与常用的交易实质性程序之间的对应关系。
6. 试述应付账款的审计目标及其实质性审计程序。
7. 试述固定资产的审计目标及其实质性审计程序。
8. 试述无形资产的审计目标及其实质性审计程序。
9. 试述管理费用的审计目标及其实质性审计程序。
10. 假设审计人员审计一家运输企业，在对其固定资产的存在性实施审计时，由于该企业固定资产在极为广大的区域内流动，给盘点带来困难，审计人员应如何解决这一难题？

【案例分析题 12-1】

菡胭公司购货与付款循环内部控制设计与运行情况如下：

材料采购需要经授权批准后方可进行。采购部根据经批准的请购单发出订购单。货物运达后，验收部根据订购单的要求验收货物，并编制一式多联的未连续编号的验收单。仓库根据验收单验收货物，在验收单上签字后，将货物移入仓库加以保管。验收单上有数量、品名、单价等要素。验收单一联交采购部登记采购明细账和编制付款凭单，付款凭单经批准后，月末交会计部审核，支付采购款项；一联交会计部登记材料明细账；一联由仓库保留并登记材料明细账。会计部根据只附验收单的付款凭单登记有关账簿。

讨论题：

1. 请分析菡胭公司所设计的购货与付款循环内部控制在实际运行中可能存在的缺陷。

2. 假设您是主审该公司财务报表的注册会计师，请针对上述已查明的内部控制缺陷提出相应的改进建议。

【案例分析题 12 - 2】

注册会计师李文在审计 H 公司“应付账款”时，发现该公司存在 3 年以上账龄的应付账款——A 公司 600 万元。通过查阅原始凭证和询问有关业务人员，未能取得充分审计证据可以证明此款项的业务性质，无法判定负债的存在性。

讨论题：

1. 在此情况下应实施什么补充替代审计程序？

2. 如果通过这些程序仍无法获取充分的审计证据，则注册会计师应该怎么办？

【案例分析题 12 - 3】

注册会计师接受委托对河海公司 2007 年财务报表进行审计，在审查“管理费用”明细账时，发现下列事项：

(1)河海公司某职工反映公司领导只抓利润忽视安全，该公司 2007 年木工车间失火，损失巨大。经查，公司为修复厂房及核销火灾损失共付 115000 元，该公司将该项支出列入管理费用——其他管理费用。

(2)该公司技术科 2007 年租入试验设备 4 台，按合同规定每年支付租金 60000 元，并按设备原价 700000 元计提折旧，年折旧率为 5%，年折旧额为 35000 元，两项共计 95000 元，已列入管理费用。

(3)职工宿舍全年生活用水用电共计 85000 元，社会摊派款 30000 元，企业自行组织职工外出休养所开支的车船费、住宿费等共计 8000 元，均已列入管理费用。

(4)为购货单位垫付运杂费 3600 元，列入管理费用。

讨论题：

1. 请指出上列事项中存在的问题。

2. 请提出相应的审计处理意见。

第十三章　生产与存货循环审计

【本章提示】

学习目标：

通过本章学习，学生应了解生产与存货循环审计的目标和范围、生产与存货循环应有的内部控制；掌握生产与存货循环符合性测试的要点、生产与存货循环实质性测试的内容与方法。

重要概念：

生产与存货循环；存货监盘；存货截止测试

【引言】

对于制造业来说，生产与存货循环是其全部经营活动过程中的重要组成内容。生产循环是企业重要的经营环节，不同企业间最大的差别就体现在生产循环之中。本章的介绍依然是围绕着制造业展开，大部分的讨论同样也适用于其他类型的企业。生产循环位于企业各个交易循环的中心，是指从请购原材料开始直到形成完工产品为止的过程。它与采购和支出循环、销售和收款循环密切相关，相互影响。涉及控制各种资产的耗用水平，恰当确认产品成本，存货的管理及销售成本的计算，因而生产与存货环节是企业的一项重要控制内容，经常是审计工作中最重要和最困难的领域，对于审计证实工作而言也是一项重要内容。

【引例】

华锐风电科技（集团）股份有限公司（以下简称锐电）一直被业内誉为风电行业中的翘楚，但是，锐电 2013 年市场份额大幅缩减，大规模的存货和应收账款占用了营运资金，盈利能力下降导致现金流进一步恶化。据中国风能协会数据显示，2013 年国内风电装机前 10 名机组制造商排名中，金风科技以 22.30％的市场份额位居前列，锐电则从 2012 年的 9.30％猛降至 2013 年的 5.6％，排名从第三位落至第七位。如今风电行业已经进入结构调整的关键时期，＊ST 锐电之前过于激进的拓展战略给公司优化调整埋下了重大隐患，2012 年度、2013 年度连续两年经审计的归属于上市公司股东的净利润为负值，已经被特殊处理。

2014 年 4 月 28 日，瑞华会计师事务所对锐电 2013 年财务报告出具保留意见财务报表审计报告，审计报告中和保留意见相关的原文如下：

三、导致保留意见的事项

1. 如 2013 年度财务报表附注七、7、(4)所述，华锐风电公司对 2013 年年末存货进行全面清查后,发现存在账实不符的情形,实物少于账面的差异金额为126853.54万元。

华锐风电科技(集团)股份有限公司2013年年度报告华锐风电公司在存货盘点结果初步清理、核对及收集相关业务证据的基础上,对账实不符的存货按照初步判断形成的原因进行了相应会计处理,并对毁损、报废及待修复物资计提了45698.10万元的存货跌价准备。因存货盘点结果的清理核对尚未完成、相关证据材料正在收集之中、损坏待修复物资的可使用价值或预计修复成本正在核定之中,因此我们未能获取充分、适当的审计证据以实施必要审计程序,对于盘点结果以及基于盘点结果基础上的会计处理所影响的资产减值损失、销售费用、管理费用、营业外支出等科目我们无法确认。"(仅引用与存货相关部分)

2103年度锐电财务报告存货附注如下:附注七、7、(4)本公司对2013年末存货进行全面清查后,在存货盘点结果初步清理、核对及收集相关业务证据的基础上,对账实不符的126853.54万元存货按照初步判断形成的原因进行了相应会计处理,并对毁损、报废及待修复物资计提了69204.66万元的存货跌价准备,具体情况如下:

① 2013年末账实不符存货种类:

存货类别	金　额	备　注
在产品	65190796007	盘点未见实物
原材料	61662747979	盘点未见实物
合　计	126853543986	

② 本公司对账实不符存货会计处理情况:

科　目	金　额	备　注
销售费用	62348654804	现场修配改领用
管理费用	29971348730	盘亏
管理费用	156013996	研发支出领用
主营业成本	88183761	补转成本
营业外支出	34289342695	毁损机组
合　计	126853543986	

③ 华锐本公司对毁损、报废及待修复物资存货跌价准备计提情况:

存货类型	存货价值	存货跌价准备	备　注
损毁、报废物资	23244208913	23244208913	全额计提跌价准备
损坏待修复物资	89815558992	22453889748	根据可使用价值或预计修复成本,按照25%计提存货跌价准备
合　计	113059767905	45698098661	

通过报表附注,可知锐电的存货管理、控制工作比较混乱,实物的丢失、毁坏都很严重,并且影响到报表多项其他项目的认定。注册会计师在存货的审计过程中,通过存货

的监盘、存货的计价审计不能获取足够的审计证据，因此出具了保留意见审计报告。

思考：

1. 华锐风电公司的存货的性质、特点，哪些影响到存货的监盘

2. 存货审计的重要性以及应执行哪些程序和方法？

（资料来源：锐电 2013 年度年度报告）

第一节　生产与存货循环概述

一、生产与存货循环的主要业务活动及凭证

（一）生产与存货循环的主要业务活动

企业的生产循环通常涉及生产计划部门、仓库、生产部门、人事部门、会计部门等。在生产与存货循环中的主要业务活动有以下几项：

1. 计划和安排生产

生产计划部门的职责是根据顾客订单或者对销售预测和产品需求的分析来决定生产授权。如决定授权生产，即签发预先编号的生产通知单。该部门通常将应发出的生产通知单编号并加以记录控制。此外，还需要编制一份材料需求报告，列示所需要的材料和零件及其库存。

2. 发出原材料

仓库部门的责任是根据从生产部门收到的领料单发出原材料。领料单上必须列示所需的材料数量和种类，以及领料部门的名称。领料单可以一料一单，也可以多料一单，通常需一式三联。仓库发料后，将其中一联连同材料交还领料部门，其余两联经仓库登记材料明细账后，送会计部门进行材料收发核算和成本核算。

3. 生产产品

生产部门在收到生产通知单及领取原材料后，便将生产任务分解到每一个生产工人，并将所领取的原材料交给生产工人，据以执行生产任务。生产工人在完成生产任务后，将完成的产品交生产部门查点，然后转交检验员验收并办理入库手续；或是将所完成的产品移交下一个部门，做进一步加工。

4. 核算产品成本

为了正确核算并有效控制产品成本，必须建立健全成本会计制度，将生产控制和成本核算有机地结合在一起。一方面，生产过程中的各种记录、生产通知单、领料单、计工单、入库单等资料都要汇集到会计部门，由会计部门对其进行检查和核对，了解和控制生产过程中存货的实物流转；另一方面，会计部门要设置相应的会计账户，会同有关部门对生产过程中的成本进行核算和控制。成本会计制度可以非常简单，只是在期末记录存货余额；也可以是完善的标准成本制度，它持续地记录所有材料处理、在产品和产成品，并形成对成本差异的分析报告。完善的成本会计制度应该提供原材料转为在产品、在产品转为产成品、以及按成本中心、分批生产任务通知单或生产周期所消耗的材料、人工和间接费用的分配与归集的详细资料。

5. 储存产成品

产成品入库，须由仓库部门先行点验和检查，然后签收。签收后，将实际入库数量通知会计部门。据此，仓库部门确立了本身应承担的责任，并对验收部门的工作进行验证。除此之外，仓库部门还应根据产成品的品质特征分类存放，并填制标签。

6. 发出产成品

产成品的发出须由独立的发运部门进行。装运产成品时必须持有经有关部门核准的发运通知单，并据此编制出库单。出库单至少一式四联：一联交仓库部门；一联发运部门留存；一联送交顾客；一联作为给顾客开发票的依据。

(二)生产与存货循环的主要凭证和会计记录

生产与存货循环所涉及的凭证和记录主要包括以下几种：

(1)生产指令　生产指令又称“生产任务通知单”，是企业下达制造产品等生产任务的书面文件，用以通知供应部门组织材料发放、生产车间组织产品制造、会计部门组织成本计算。广义的生产指令也包括用于指导产品加工的工艺规程，如机械加工企业的“路线图”等。

(2)领发料凭证　领发料凭证是企业为控制材料发出所采用的各种凭证，如材料发出汇总表、领料单、限额领料单、领料登记簿、退料单等。

(3)产量和工时记录　产量和工时记录是登记工人或生产班组在出勤内完成产品数量、质量和生产这些产品所耗费工时数量的原始记录。产量和工时记录的内容与格式是多种多样的，在不同的生产企业中，甚至在同一企业的不同生产车间中，由于生产类型不同而采用不同格式的产量和工时记录。常见的产量和工时记录主要有工作通知单、工序进程单、工作班产量报告、产量通知单、产量明细表、废品通知单等。

(4)工薪汇总表及人工费用分配表　工薪汇总表是为了反映企业全部工薪的结算情况，并据以进行工薪结算总分类核算和汇总整个企业工薪费用而编制的，它是企业进行工薪费用分配的依据。工薪费用分配表反映了各生产车间各产品应负担的生产工人工薪及福利费。

(5)材料费用分配表　材料费用分配表是用来汇总反映各生产车间各产品所耗费的材料费用的原始记录。

(6)制造费用分配汇总表　制造费用分配汇总表是用来汇总反映各生产车间各产品所应负担的制造费用的原始记录。

(7)成本计算单　成本计算单是用来归集某一成本计算对象所应承担的生产费用，计算该成本计算对象的总成本和单位成本的记录。

(8)存货明细账　存货明细账是用来反映各种存货增减变动情况和期末库存数量及相关成本信息的会计记录。

二、生产循环的重要性、主要风险及审计策略

(一)生产循环的重要性

制造业中，最主要的经营活动就是生产制造。生产循环几乎涉及制造业所有的经营活动，其占用的资金量往往较大，交易频繁、交易数量众多。生产循环与所有循环都发生着联系。生产活动中所使用的原材料来自于采购和支出循环，生产成本的归集需要考虑

员工工资、材料的成本以及众多的直接、间接生产费用,这些费用需要采购和支出循环来支付,购置的固定资产通过折旧的形式也要将成本转移到生产成本中。生产完工后的产成品需要通过销售循环售出后取得货币资金,完成整个经营活动的周转。

(二)生产循环的主要风险与审计策略

生产循环中流动着大量实物资产,如原材料、低值易耗品、半成品、在产品、委托加工材料、燃料、产成品等,其收支流转频繁、工作量大,十分容易发生遗失、损坏和盗窃等现象。此外,生产成本的计算过程十分复杂、工作量大,也容易发生无意的计算错误,更容易隐藏有意的成本操纵行为。因此,该循环具有较高的固有风险水平。

为了防范或发现生产循环中可能出现的差错和舞弊行为,被审计单位需要建立良好的内部控制。对审计人员而言,详细测试生产循环的工作量大,审计成本极高。因此,对生产循环的审计大都采取较低的控制风险水平法。这就要求审计人员在审计过程中对内部控制尽可能地了解与评价,进而确定合理的控制风险水平。

三、生产与存货循环审计的目标

(1)存货的存在性　即账面所记存货由被审单位有效控制,所有权属于企业。

(2)存货的完整性　即资产负债表日企业所拥有的各项财产全部反映在资产负债表上,不存在账外存货。

(3)计价与分摊的恰当性　即对此环节计价所选用会计程序是恰当的,生产过程中成本计算方法是恰当的,因而资产负债表上财产选用了恰当的计价基础反映,损益表上成本项目的确认是恰当的。

(4)披露的充分性　即财产在资产负债表上恰当分类反映,如存货代表了为销售或耗用而存置的财产,必要的相关事项已经披露,如存货跌价准备、抵押事项、留置事项等均得到充分解释。

【小提示 13-1】

生产循环的审计测试中,最困难的是把握各循环测试之间的内在联系。

1. 采购和支出测试

审计人员在对采购支出循环的采购业务进行测试时,可以取得除人工工资以外的直接材料和制造费用正确性的审计证据。这些采购成本要么直接转为销售成本,要么成为原材料、在产品和产成品期末存货的重要组成部分。对于按照订货单和不同工序进行分配的制造费用,其测试也是采购和付款循环测试的一部分。

2. 人事和工资循环测试

审计人员验证人工成本,与采购业务的验证基本类似。在绝大多数情况下,在本教材中,我们不单独划分出人事和工资循环,而将其纳入生产的大循环之中。

3. 销售和收款循环测试

尽管销售和收款循环与生产循环的关系不如前面两项密切,但它依然很重要。销售和收款循环中需要对产品入库、发运和销售的记录进行测试。

4. 成本测试

在生产循环的审计测试中,另一个难点是对成本的测试。会计成本测试是针对以上三种测试未能验证的、但却影响存货金额的内部控制进行验证。测试的内容为实物流转的控制与盘点、原材料成本转为在产品、在产品成本转入产成品、永续盘存法下的存货记录,包括总成本和单位成本的记录。

第二节　生产与存货循环的控制测试

一、生产与存货循环的内部控制

生产循环的内部控制几乎影响到企业产品制造过程的一切职能。一般来说,生产与存货循环的内部控制包括两大控制系统:一是生产过程中的实物流转程序控制;二是对产品成本进行记录与控制的成本费用管理控制和成本费用会计控制。

(一)实物流转程序控制

实物流转控制主要依靠不相容职务的分工、严格的授权审批程序以及充分的凭单记录流转程序,对于从生产领料开始到产品完工入库为止的全过程进行有效的控制,以避免生产窝工和在产品积压,减少残次品的发生。

尽管不同的企业对其存货可能采取不同的内部控制,但从根本上说,均可概括为存货的数量和计价两个关键因素的控制,这将在本章第四节中分别予以阐述。

(二)成本费用管理控制

成本费用管理控制是指对成本费用支出业务进行计划、控制和考核的内部控制,具体包括以下内容:

(1)确定成本控制目标和成本计划;

(2)制定各项消耗定额,包括直接材料、人工成本和制造费用定额;

(3)编制成本、费用预算;

(4)对各项成本费用指标进行分解,建立成本费用归口、分级管理责任制;

(5)定期进行成本费用考核与评价。

(三)成本费用会计控制

成本费用会计控制是指对成本费用支出业务进行反映和监督的内部控制。主要包括以下内容:

(1)确定成本费用制度,明确成本费用开支范围、开支标准,制定报销手续,建立各项支出的审核制度;

(2)采用适当的成本核算和费用分配方法,且前后各期保持一致;

(3)建立相应的会计账户;

(4)成本核算要以经过审核的生产通知单、领料单、人工费用分配表和制造费用分配表等原始凭证为依据;

(5)尽可能采取永续盘存制进行存货管理;

(6)领料单、生产通知单、工资费用分配表等应顺序编号。

表 13-1 列示的是成本会计制度的内部控制目标、关键内部控制、常用的控制测试及常用的交易实质性程序。

表 13-1　成本会计制度的目标、内部控制和测试一览表

内部控制目标	关键的内部控制	常用的控制测试	常用的交易实质性程序
生产业务是根据管理层一般或特定的授权进行的(发生)	对以下各个关键点应履行恰当手续,经过特别审批或一般审批:(1)生产指令的授权批准;(2)领料单的授权批准;(3)工薪的授权批准	检查凭证中是否包括这三个关键点恰当审批	检查生产指令、领料单、工薪等是否经过授权
记录的成本为实际发生的而非虚构的(发生)	成本的核算是以经过审核的生产通知单、领发料凭证、产量和工时记录、工薪费用分配表、材料费用分配表、制造费用分配表为依据的	检查有关成本的记账凭证是否附有生产通知单、领发料凭证、产量和工时记录、工薪费用分配表、材料费用分配表、制造费用分配表等,原始凭证的顺序编号是否完整	对成本实施分析程序;将成本明细账与生产通知单、领发料凭证、产量和工时记录、工薪费用分配表、材料费用分配表、制造费用分配表相核对
所有耗费和物化劳动均已反映在成本中(正确)	生产通知单、领发料凭证、产量和工时记录、工薪费用分配表、材料费用分配表、制造费用分配表均事先编号并已经登记入账	检查生产通知单、领发料凭证,产量和工时记录、工薪费用分配表、材料费用分配表、制造费用分配表的顺序编号是否完整	对成本实施分析程序;将生产通知单、领发科凭证、产量和工时记录、工薪费用分配表、材料费用分配表、制造费用分配表与成本明细账相核对
成本以正确的金额,在恰当的会计期间及时记录于适当的账户(发生,完整性、准确性、计价和分摊)	采用适当的成本核算方法。并且前后各期一致;采用适当的费用分配方法,并且前后各期一致;采用适当的成本核算流程和账务处理流程;内部核查	选取样本测试各种费用的归集和分配以及成本的计算;测试是否按照规定的成本核算流程和账务处理流程进行记录和账务处理	对成本实施分析程序;抽查成本计算单检查各种费用的归集和分配以及成本的计算是否正确;对重大在产品项目进行计价测试

（续表）

内部控制目标	关键的内部控制	常用的控制测试	常用的交易实质性程序
对存货实施保护措施，保管人员与记录、批准人员相互独立（完整性）	存货保护人员与记录人员职务相分离	询问和观察存货与记录的接触以及相应的批准程序	
账面存货与实际存货定期核对相符（存在、完整性、计价和分摊）	定期进行存货盘点	询问和观察存货盘点程序	对存货实施监盘程序

表13－2列示的是工薪内部控制的控制目标、关键内部控制、常用的控制测试及常用的交易实质性程序。

表13－2　工薪内部控制的控制目标、内部控制和测试一览表

内部控制目标	关键的内部控制	常用的控制测试	常用的交易实质性程序
工薪账项均经正确批准（发生）	对以下五个关键点应履行恰当手续经过特别审批或一般审批：批准上工；工作时间，特别是加班时间，工资、薪金或佣金；代扣款项；工薪结算表和工薪汇总表	检查人事档案；检查工时卡的有关核准说明；检查工薪记录中有关内部检查标记；检查人事档案中的授权；检查工薪记录中有关核准的标记	将工时卡与工时记录等进行比较
记录的工薪为实际发生的而非虚构的（发生）	工时卡经领班核准；用生产记录钟记录工时	检查工时卡的核准说明；检查工时卡；复核人事政策、组织结构图	对本期工薪费用的发生情况实施分析程序；将有关费用明细账与工薪费用分配表、工薪汇总表、工薪结算表相核对
所有已发生的工薪支出已记录（完整性）	工薪分配表、工薪汇总表完整反映已发的工薪支出	检查工薪分配表、工薪汇总表、工薪结算表并核对员工工薪手册	对本期工薪费用的发生情况实施分折程序；将工薪费用分配表，工薪汇总表、工薪结算表与有关费用明细账核对

（续表）

内部控制目标	关键的内部控制	常用的控制测试	常用的交易实质性程序
工薪以正确的金额在恰当的会计期间及时记录于适当的账户（发生、完整性、准确性、计价和分摊）	采用适当的工薪费用分配方法并且前后各期一致；采用适当的账务处理流程	选取样本测试工薪费用的归集和分配；测试是否按照规定的账务处理流程进行账务处理	对本期工薪费用实施分析程序；检查工薪的计提是否正确，分配方法是否与上期一致
人事、考勤、工薪发放、记录之间相互分离（准确性）	人事、考勤、工薪发放、记录等职务相互分离	询问和观察各项职责执行情况	

二、评估重大错报风险

注册会计师应当清楚了解被审计单位管理层生产与存货交易的关键因素和关键业绩指标，因为这些将为识别潜在的重大错报风险提供线索。当生产流程得到良好控制时，注册会计师可以将重大错报风险评价为中或者低，并且，可以了解不同级别的管理层收到的例外报告的类型、实施的不同的监督活动，以及是否有证据表明所选取的控制的设计和运行是适当的，是否能够保证管理层采取及时有效的措施来识别错误并处理舞弊。

以制造业为例，影响生产与存货交易和余额的重大错报风险还可能包括下面一些因素：

(1)交易数量和复杂性　制造类企业交易的数量庞大，业务复杂，这就增加了错误和舞弊的风险。

(2)成本基础的复杂性　制造类企业的成本基础是复杂的。虽然原材料和直接人工等直接费用的分配比较简单，但间接费用的分配就可能比较复杂；同时，同一行业中的不同企业也可能采用不同的认定和计量基础。

(3)产品的多元化　这可能要求聘请专家来验证其质量、状况或价值。另外，计算库存数量的方法也可能是不同的。例如，计量煤堆、筒仓里的谷物或者糖、钻石或者其他贵重的宝石、化工品和药剂产品的储量的方法可能都不一样。这并不是要求注册会计师每次清点存货都需要专家配合，如果存货容易辨认、存货数量容易清点，就无须专家帮助。

(4)某些存货项目的可变现净值难以确定　例如价格受到全球经济供求关系影响的存货，由于其可变现净值难以确定，会影响存货采购价格和销售价格的确定，并将影响注册会计师对于与存货计价认定有关的风险进行的评估。

(5)将存货存放在很多地点　大型企业可能将存货存放在很多地点，并且可以在不同地点之间配送存货，这将增加商品途中毁损或遗失的风险，或者导致存货在两个地点被重复列示，也可能产生转移定价的错误或者舞弊。

(6)寄存的存货　有时候存货虽然还放在企业，但可能已经不归企业所有；反之，企

业的存货也可能被寄放在其他企业。

注册会计师应当了解被审计单位对生产与存货的管理程度。如果注册会计师认为被审计单位可能存在销售成本和存货的重大错报风险，通常需要考虑对已选取的控制活动的运行有效性进行测试，以证实计划依赖的认定层次上的控制已经在整个期间内运行了。

很显然，控制是否适当直接关乎其预防、发现和纠正错报的能力。预防性的控制经常在交易初期和记录过程中实施。而作为管理层的监督程度的组成部分，检查性控制通常在交易执行和记录过程之后实施，以便检查、纠正错误和舞弊。测试已选取的、涉及几项认定的监督控制，要比测试交易初期的预防性控制更为有效。

注册会计师对于生产过程和存货管理中的控制的了解，来自于观察控制活动执行情况、询问员工以及检查文件和资料。这些文件和资料包括以前年度审计工作底稿，原材料领料单上记录的各个生产流程的制造成本，人工成本记录和间接费用分配表，以及例外报告和所及时采取的纠正行动。

三、控制测试

(一)内部控制

为了做好审计项目的计划，审计人员应该对审计单位的内部控制有充分的了解。审计人员通过询问被审计单位人员、观察其工作、审阅资料，并可选择一至两个产品品种进行测试，以考察其内部控制执行情况和效果调查内容如表 13－3 所列。

表 13－3　生产业务内部控制调查问卷表

被审计单位名称：

注册会计师：　　　　审计日期：　　　　完成日期：

复核人：

问　题	是	否	不适用	备注
(1)在正式接受订单之前，生产部门管理人员是否对订单的要求进行审查？				
(2)生产计划对产品的工艺要求、制造日期、工时、设备、人员和材料的设备是否有详细的说明？				
(3)在产品正式生产前是否对产品成本进行估算？				
(4)生产计划编制是否受到计划部门主管的审查批准？				
(5)生产通知单是否以生产计划为依据加以填制？				
(6)生产通知单是否有适当的被授权人士签发？				
(7)生产通知单是否予以连续编号控制？				
(8)在产品在各生产部门之间的转移是否都予以记录？				
(9)有无成本核算制度，该成本核算制度是否符合生产经营的特点？				
(10)所采用成本计算方法是否在一定时期内严格执行，有无随意变更现象？				
(11)是否制定和执行了先进合理的定额和预算，有无以估代实际的计算成本现象？				

问　题	是	否	不适用	备注
(12)成本开支范围是否符合有关规定？ (13)各成本项目的核算、制造费用的归集、产成品的结转是否严格按规定执行，前后期是否一致？ (14)是否定期盘点产成品？ (15)是否严格执行完工产成品与在产品成本的分配方法？ (16)是否建立并执行成本费用归口分级责任控制制度及其考核评价制度？ (17)产品质量是否有独立于生产部门的职员进行检查？ (18)对各类或各种产品是否分别设置分类账户？				

通过对生产循环内部控制制度的了解，审计人员取得了第一手资料，可据此初步判断可能发生的错报类型及其发生的风险大小，即其是否可以依赖。如果可以初步信赖，则应进一步测试其可靠性，以最终决定是否可以降低控制风险水平，作为设计实质性测试的基础。

(二)控制测试是对风险的考虑

表 13－4 列示了对可能错报的必要控制和可能执行的控制测试的代表项目。

13－4　控制测试的代表项目一览表

主要业务活动	关键控制点	可能的错报	可能的控制测试
(1)计划和控制生产	由生产计划和控制部门批准生产单	生产可能没有计划	询问有关批准生产单的过程
(2)发出原材料	按已批准的生产单和签字的发料单发出原材料	未经授权领用原材料	审查发料单、并将其与生产单比较
(3)加工生产产品	使用记工单记录完成生产单耗用的直接人工小时	直接人工小时可能未计入生产单	观察记工单的使用和计时程序
(4)转移已完工产品到产成品库	(1)仓库加锁并限制只有经过授权的人才能接近 (2)使用签字的转移单控制生产部门之间产品的转移	仓库人员可能声称为从生产部门收到产成品	审查最后一张转移单上的授权签名
(5)成本费用控制	(1)管理层批准制造费用分配率和标准成本；及时报告调整差异 (2)将编制分录所使用的资料，与每日生产活动报告资料相调节 (3)将编制分录所使用的资料，与完工生产报告中的资料相调节	(1)可能使用不适当的制造费用分配率和标准成本 (2)可能未记录制造成本分配给产成品 (3)可能未结转已完工产品的成本到产成品	(1)询问有关确定和批准分配率与标准，以及报告和调整差异的程序 (2)审查调节的情况

(三)生产循环的控制测试

生产循环的控制测试,包括直接材料成本测试、直接人工成本测试、制造费用测试和生产成本在当期完工产品与在产品之间分配的测试四项内容。

1. 直接材料成本测试

(1)按定额成本计算的直接材料成本的控制测试要点

对采用定额单耗的企业,可选择并获取某一成本报告期若干种具有代表性的产品成本计算单,获取样本的生产指令或产量统计记录及其直接材料单位消耗定额,根据材料明细账或采购业务测试工作底稿中各该直接材料的单位实际成本,计算直接材料的总消耗量和总成本,与该样本成本计算单中的直接材料成本核对。并注意下列事项:生产指令是否经过授权批准;单位消耗定额和材料成本计价方法是否适当,在当年度有何重大变更。

(2)按非定额成本计算的直接材料成本的控制测试要点

对非采用定额单耗的企业,可获取材料费用分配汇总表、材料发出汇总表(或领料单)、材料明细账(或采购业务测试工作底稿)中各该直接材料的单位成本,做以下检查:成本计算单中直接材料成本与材料费用分配汇总表中该产品负担的直接材料费用是否相符,分配标准是否合理;将抽取的材料发出汇总表或领料单中若干种直接材料的发出总量和各该种材料的实际单位成本之积,与材料费用分配汇总表中各该种材料费用进行比较,并注意领料单的签发是否经过授权批准,材料发出汇总表是否经过适当的人员复核,材料单位成本计价方法是否适当,在当年有何重大变更。

(3)按标准成本计算的直接材料成本的控制测试要点

对采用标准成本法的企业,获取样本的生产指令或产量统计记录、直接材料单位标准用量、直接材料标准单价以及发出材料汇总表或领料单,检查下列事项:根据生产量、直接材料单位标准用量和标准单价计算的标准成本与成本计算单中的直接材料成本核对是否相符;直接材料成本差异的计算与账务处理是否正确,并注意直接材料的标准成本在当年度内有何重大变更。

2. 直接人工成本测试

(1)计时工资制度下直接人工成本的控制测试要点

对采用计时工资制的企业,审计人员应该获取样本的实际工时统计记录、职员分类表和人工费用分配汇总表,并做以下检查:

① 从成本计算单中抽取样本,核对直接人工成本与人工费用分配汇总表中相应的实际工资费用是否相符;

② 核对实际工时统计记录与人工费用分配汇总表中相应的实际工时是否相符;

③ 抽取并核对生产部门若干期间的工时台账与实际工时统计记录是否相符;

④ 当没有实际工时统计记录时,根据职工工资分类法,计算复核人工费用分配汇总表中相应的直接人工费用是否合理。

(2)计件工资制度下直接人工成本的控制测试要点

对于采用计件工资制计算确定直接人工成本的,审计人员应该抽取产量统计报告,个人(小组)的产量记录,并依据经批准的单位工资标准或计件工资制度,着重进行以下两方面工作:

① 核对按统计产量和单位工资标准计算的人工费用与成本计算单中直接人工成本是否相符；

② 抽取若干直接生产个人(小组)的产量记录，检查是否被汇总计入产量统计报告。

(3)标准成本法下直接人工成本的控制测试要点

对于采用标准成本法计算直接人工成本的，审计人员应该抽取生产通知单或产量统计报告、工时统计报告和经批准的单位标准工时、标准工时工资率、直接人工的工资汇总表等资料，并做以下工作：

① 根据产量和单位标准工时计算标准工时总量，再乘以标准工时工资率，以检查其是否与成本计算单中直接人工成本相符；

② 直接人工成本差异的计算与账务处理是否正确，直接人工的标准成本在年度内有无重大变更。

3. 制造费用控制测试

在对制造费用进行控制测试时，获取样本的制造费用分配汇总表、按项目分列的制造费用明细、与制造费用分配标准有关的统计报告及其相关原始记录，并进行以下工作：

(1)在制造费用分配汇总表中，选择一种或若干种产品，核对其分摊的制造费用与相应的成本计算单的制造费用是否相符；

(2)核对制造费用分配汇总表中的合计数与相关的制造费用明细账合计数是否相符；

(3)制造费用分配汇总表选择的分配标准(机器工时数、直接人工工资、直接人工工时数、产量等)与相关的统计报告或原始记录是否相符，并对费用分配标准的合理性做出评价；

(4)如企业采用预计费用分配率分配制造费用，则应针对制造费用分配过多或过少的差额，检查其是否做了适当的账务处理；

(5)如果企业采用标准成本法，则应检查标准制造费用的确定是否合理，计入成本计算单的数额是否正确，制造费用差异的计算与账务处理是否正确，在年度内有无重大变更。

4. 对生产循环的内部控制进行评价

审计人员在完成上述程序之后，应根据所收集的证据，结合自己的专业分析与职业判断，对生产循环内部控制进行评价，评价的主要内容包括以下几项：

(1)生产循环内部控制是否健全完善；

(2)生产循环内部控制是否得到有效执行；

(3)生产循环内部控制的整体强弱及各部门的强弱；

(4)生产循环内部控制可依赖性及内部控制风险的大小。

通过评价，审计人员应了解哪些属于控制较强的部分，那些属于控制较弱的部分，并依据对内部控制的可信赖程度，确定生产循环实质性程序和重点。一般来说，生产循环内部控制较强，则相应的实质性程序可以适当简化；反之，如果测试结果表明，生产循环内部控制较弱，则控制风险较大，审计人员为了将审计风险降低到可接受水平，必须扩大实质性审计程序。

第三节　生产循环的实质性程序

一、生产循环的实质性测试

生产循环的实质性测试主要由以下几个部分组成：直接材料、直接人工、制造费用以及产成品的实质性测试。由于存货的特殊性质及重要性，关于产成品结存的实质性测试内容将在第四节中进行阐述，本节只是阐述与生产循环直接相关的产成品入库的实质性测试。

（一）直接材料成本的审计

直接材料成本的审计一般应从审阅材料和生产成本明细账人手，抽查有关的费用凭证，验证企业产品直接耗用材料的数量、计价和材料费用分配是否真实、合理。其主要审计程序通常包括以下几项：

（1）检查直接材料耗用数量的真实性。领用材料时，各部门必须根据用途填写领料单，故审查时，可抽查领料凭证，并与有关的发料凭证汇总表相核对，看有无将非生产用材料计入直接材料费用。对耗用量大、单位价值高和各部门共耗的材料可详查。

（2）抽查产品成本计算单。检查直接材料成本的计算是否正确，材料费用的分配标准与计算方法是否合理和适当，是否与材料费用分配汇总表中该产品分摊的直接材料费用相符。

（3）对采用定额成本或标准成本的被审计单位，应检查直接材料成本差异的计算、分配与会计处理是否正确，并查明直接材料的定额成本、标准成本在本年度内有无重大变更。

（4）抽查材料发出及领用的原始凭证，检查领料单的签发是否经过授权，材料发出汇总表是否经过适当的人员复核，材料单位成本计价方法是否适当，是否正确及时入账。

（5）进行分析性复核。分析比较同一产品前后各年度的直接材料成本，如有重大波动应查明原因。

（二）直接人工成本的实质性程序

直接人工成本的主要审计程序通常包括以下几项：

（1）抽查产品成本计算单，检查直接人工成本的计算是否正确，人工费用的分配标准与计算方法是否合理和适当，是否与人工费用分配汇总表中该产品分摊的直接人工费用相符。

（2）将本年度直接人工成本与前期进行比较，查明其异常波动的原因。

（3）分析比较本年度各个月份的人工费用发生额，如有异常波动，应查明原因。

（4）结合应付职工薪酬的检查，抽查人工费用会计记录及会计处理是否正确。

（5）对采用标准成本法的被审计单位，应抽查直接人工成本差异的计算、分配与会计处理是否正确。并查明直接人工的标准成本在本年度内有无重大变更。

（三）制造费用的实质性程序

制造费用是企业为生产产品和提供劳务而发生的各项间接费用，即生产单位为组织和管理生产而发生的费用，包括分厂和车间管理人员的工薪等职工薪酬、折旧费、修理费、办公费、水电费、取暖费、租赁费、机物料消耗、低值易耗品摊销、劳动保护费、保险费、设计制图费、实验检验费、季节性和修理期间的停工损失等。

制造费用的主要审计程序通常包括以下几项：

(1)获取或编制制造费用汇总表，并与明细账、总账核对相符，抽查制造费用中的重大数额项目及例外项目是否合理。

(2)审阅制造费用明细账，检查其核算内容及范围是否正确，并应注意是否存在异常交易事项；如有异常交易事项，则应追查至记账凭证和原始凭证，重点查明被审计单位有无将不应列入成本费用的支出(如投资支出、被没收的财物、支付的罚款、违约金等)计入制造费用。

(3)必要时，对制造费用实施截止测试，即检查资产负债表日前后若干天的制造费用明细账及其凭证，确定有无跨期入账的情况。

(4)检查制造费用的分配是否合理。重点查明制造费用的分配方法是否符合被审计单位自身的生产技术条件，是否体现受益原则；分配方法一经确定，是否在相当时期内保持稳定，有无随意变更的情况；分配率和分配额的计算是否正确，有无以人为估计数代替分配数的情况。对按预定分配率分配费用的企业，还应查明计划与实际差异是否及时调整。

(5)对于采用标准成本法的被审计单位，应抽查标准制造费用的确定是否合理，计入成本计算单的数额是否正确，制造费用的计算、分配与会计处理是否正确，并查明标准制造费用在本年度内有无重大变动。

(四)产成品入库的实质性测试

产成品完工验收入库是生产循环的最后一个环节。在生产循环中，产成品的实质性测试主要是产成品的入库的实质性测试。产成品入库的实质性测试的要点如下：

(1)审查产成品的入库凭证、入库手续的合法性　合法的入库凭证、手续不仅应真实反映入库产成品的名称、规格、数量，还要反映产成品实物从生产部门转至仓库过程中的实物保管与账簿记录的一致性。在审计过程中，应检查生产部门发出的产成品和仓库收入的产成品是否相符，仓库的实物记录和财务部门的产成品收入记录是否相符；检查产成品入库是否经过技术鉴定或质量检验部门认真鉴定或检验，是否有产品合格证，以防止未经检验的产品入库的情况发生。

(2)审查产成品入库数量的真实性　产成品数量是计算产品成本的基础，在审查中，应查证产品验收入库的业务过程以及与此相关的原始凭证是否严密有效，将产品入库凭证与车间完工记录相核对，查明其数量是否相符；审查有无虚报产量，或将废品、半成品顶替入库，或虚减本期产量，将已完工的产品不入库，入库的产成品隐瞒不报，达到人为调节产品成本的目的；有无为了加大本期产量，将未完工的在产品和半成品，按约当产量折算计入本期产量，达到虚降单位产品成本的目的。

(3)审查入库产成品成本结转的真实性　审查入库产品的成本时，一般从审查产成品成本计算单入手，审查基本生产明细账、辅助生产明细账、制造费用明细账和计算底稿，查核成本计算方法的合理性、验证成本计算数据的正确性，并核实产品及工时资料、产品完工记录、产品入库单、产成品入库单、产成品明细账、仓库实物账等。另外，还应对

成本计算基础工作进行审计。

(五)营业成本的实质性程序

营业成本是指企业从事对外销售产品、提供劳务等主营业务活动和销售材料、出租固定资产、出租无形资产、出租包装物、出租包装物等其他经营活动所发生的实际成本。在制造业中,销售产品构成营业成本的主要内容,其计算公式如下:

主营业务成本(营业成本的一部分)=

期初库存产品成本+本期入库产品成本-期末库存产品成本

(1)获取或编制主营业务成本汇总明细表,与明细账和总账核对相符;

(2)复核主营业务成本汇总明细表的正确性,编制生产成本与主营业务成本倒轧表(见表13-5);

(3)检查主营业务成本的内容和计算方法是否符合规定,前后期是否一致,并做出记录;

(4)分析比较本年度与上年度主营业务成本总额,以及本年度各月份的主营业务成本金额,如有重大波动和异常情况,应查明原因;

(5)抽取主营业务成本结转数额的正确性,结合生产成本的审计,检查与主营业务收入的配比性;

(6)检查主营业务成本账户中重大调整事项(如销售退回等)是否有其充分理由;

(7)确定主营业务成本在利润表中是否已恰当披露。

表13-5 生产成本及销售成本倒轧表

项目	未审数	调整或重分类金额借(贷)	审定数
原材料期初余额			
加:本期购进			
减:原材料期末余额			
其他发出额(非生产用)			
直接材料成本			
加:在产品期初余额			
减:在产品期末余额			
产品生产成本			
加:产成品期初余额			
减:产成品期末余额			
销售成本			

第四节 存货审计

《企业会计准则第1号——存货》规定,存货是指企业在日常活动中持有以备出售的产成品和商品、处在生产过程中的在产品、在生产过程或提供劳务过程中耗用的材料和物料等。

在制造业、批发业和零售业以及服务行业中，存货的作用不同但都很重要。存货对企业经营特点的反映能力强于其他资产项目。存货是资产负债表中的主要项目，往往也是流动资产中的最大项目。存货具有流动性强、周转快、变化频繁等特点；核算比较复杂，有多种计价方法可供选择，对应的会计账项很多。通常，存货的重大错报直接影响着流动资产、营运资本、总资产、销售成本、毛利以及净利润，间接影响着利润分配和所得税。因此，对存货进行审计具有十分重要的意义，是现代企业审计的一个难点。

存货审计在整个财务报表审计中占有十分重要的地位。对存货进行审计，需要达到的审计目标是：(1)确定存货是否存在；(2)确定存货是否归被审计单位所有；(3)确定存货增减变动的记录是否完整；(4)确定存货的品质状况，存货跌价准备的计提是否合理；(5)确定存货的计价方法是否恰当；(6)确定存货期末余额是否正确；(7)确定存货在财务报表上的披露是否恰当。

由于与存货有关的购货交易与销货交易已经在前面的章节进行了阐述，存货成本的审计在第三节中已介绍，因此，本节阐述的主要是存货余额的审计，重点包括期末存货结存量的确定与计价测试。

一、确定重大错报风险和检查风险

确定某特定存货余额有关认定的可接受检查风险水平时，首先，审计人员应确认影响账户的交易种类，进行流程环节的分析。影响制造性企业存货的交易种类有生产交易、进货交易和销售交易。商业企业的商品存货则受采购与付款循环的进货交易、收入循环的进货交易和收入循环的销售交易的共同影响。其次，审计人员必须评价与每一项存货余额认定有关的交易种类的重大错报风险。存货通常具有较高的重大错误风险，影响重大错报风险的因素具体包括：存货的数量和种类、成本归集的难易程度、陈旧过时的速度或易损坏的程度、遭受失窃的难易程度等。由于制造过程和成本归集制度的差异，制造企业的存货与其他企业（如批发企业）的存货相比往往具有更高的重大错报风险，对于审计人员的审计工作而言则更具复杂性。外部因素也会对重大错报风险产生影响。例如，技术进步可能导致某些产品过时，从而导致存货价值更容易发生高估。以下类别的存货就可能增加审计的复杂性和风险：

一是具有漫长制造过程的存货。制造过程漫长的企业（如飞机制造企业和酿造企业）的审计重点包括递延成本、预期发生成本以及未来市场波动可能对当期损益的影响等事项。

二是具有固定价格合约的存货。预期发生成本的不确定性是其重大会计问题。

三是商品存货。计价是一个重要的审计问题，因为商品价格容易受到市场波动的影响。许多企业都试图针对未来的价格变动进行套期保值，以便降低有关风险。

四是与时装相关的服装行业。由于服装产品的消费者对服装风格或颜色的偏好容易发生变化，因此，存货是否过时是重要的审计事项。

五是鲜活、易腐商品存货。因为物质特性和保质期短暂，此类存货变质的风险很高。

六是具有高科技含量的存货。由于技术进步，此类存货易于过时。

七是单位价值高昂，容易被盗窃的存货。例如，珠宝存货的错报风险通常高于铁质纽扣之类存货的错报分析。

就存货余额而言，审计人员应特别关注“存在”或“发生”和“估价或者分摊”认定产生错报的风险。在适当确定重大错报风险估计水平之后，审计人员使用审计风险模型和职业判断，就能够确定每项重大存货认定的可接受检查风险水平。根据对存货错报风险的评估结果，审计人员应当合理确定存货项目审计的重要性水平。

二、存货监盘

年末存货的结存数量直接影响会计报表上存货金额。对存货监盘是一项公认的审计程序。存货监盘是指注册会计师现场观察被审计单位存货的盘点，并对已盘点存货进行适当的检查。定期盘点存货，合理确定存货的数量和状况是被审计单位管理层的责任。实施存货监盘，获取有关期末存货数量和状况的充分、适当的审计证据是注册会计师的责任，在每次审计中，注册会计师都必须应用这项程序，以正确验证资产实物实际存在和实际结存数量。

存货监盘的目的是获取有关存货数量和状况的审计证据，存货监盘针对的主要是存货的存在性认定、完整性认定和所有权认定，存货数量的准确性直接影响到这三个认定。通过存货监盘，注册会计师还会获取到有关存货状况（毁损、陈旧等）的审计证据，从而为测试计价认定提供部分审计证据。

（一）存货监盘计划

有效的存货监盘需要制订周密、细致的计划。为了避免误解并有助于有效地实施存货监盘，注册会计师通常需要与被审计单位就存货监盘等问题达成一致意见。因此，注册会计师首先应当充分了解被审计单位存货的特点、盘存制度和存货内部控制的有效性等情况，并考虑获取、审阅和评价被审计单位预定的盘点程序。存货存在与完整性的认定具有较高的重大错报风险，注册会计师通过存货的实地监盘对有关认定做出评价通常只有一次机会。根据计划过程所收集到的信息，注册会计师可以合理确定参与监盘的地点以及存货监盘的程序。

1. 编制存货监盘计划应实施的审计程序

在编制存货监盘计划时，注册会计师应当实施下列审计程序：

(1)了解存货的内容、性质、各存货项目的重要程度及存放场所；(2)了解与存货相关的内部控制；(3)评估与存货相关的重大错报风险和重要性；(4)查阅以前年度的存货监盘工作底稿；(5)考虑实地察看存货的存放场所，特别是金额较大或性质特殊的存货；(6)考虑是否需要利用专家的工作或其他注册会计师的工作；(7)复核或与管理层讨论其存货盘点计划。

2. 在评价存货盘点计划时注册会计师应考虑的因素

在复核或与管理层讨论其存货盘点计划时，注册会计师应当考虑下列主要因素，以评价其能否合理地确定存货的数量和状况：

(1)盘点的时间安排。选择最有利日期或时点进行存货盘点。在可能的情况下，盘点时间应尽量安排在厂休日或接近年终结账日，前者的目的在于使盘点工作在机器停止运转、在产品处于静止状态中无干扰地进行，后者的目的在于使盘点的结果与会计报表日尽量接近。

(2)存货盘点范围和场所的确定。

(3)盘点人员的分工及胜任能力。盘点是整个企业的一件大事，企业各级领导、主管人员，包括供应、存储、财务及生产等部门的有关人员都应参与。

(4)盘点前的会议及任务布置，将盘点计划或指令通知到每一位参与人员。

(5)存货的整理和排列，对毁损、陈旧、过时、残次以及所有权不属于被审计单位的存货的区分。注意是否遗漏本企业存放在外单位的存货。有时需要安排技术专家鉴定某些特殊货物或物品的数量、品质和价值，比如汽油、珠宝。

(6)存货的计量工具和计量方法，要将符合国家标准的计数、计量器具准备齐全。

(7)在产品完工程度的确定方法。如果有关在产品的完工程度未明确列出，注册会计师应当考虑采用其他有助于确定完工程度的措施，如获取零部件明细清单、标准成本表以及作业成本表，与工厂的有关人员进行讨论等，并运用职业判断。注册会计师也可以根据存货生产过程的复杂程度考虑利用专家的工作。

(8)存放在外单位的存货的盘点安排。注意是否遗漏本企业存放在外单位的存货。

(9)存货收发截止的控制，决定某些生产部门停工盘存的可能性，以获得购销业务适当截止的审计证据。

(10)盘点期间存货移动的控制。一般而言，为保证存货清点数量的准确，盘点时，被审计单位的存货必须停止流动，并分类摆放。有时可能由于企业特殊的生产工艺过程，使得停工存在一定的困难，被审计单位需要采取其他方式来测试在产品的数量，控制存货的收发截止及盘点期间存货的移动。

(11)盘点表单的设计、使用与控制，用于控制盘点的存货标签需要连续编号。

(12)盘点结果的汇总以及盘盈或盘亏的分析、调查与处理方法。

注册会计师应当根据被审计单位的存货盘存制度和相关内部控制的有效性，评价其盘点时间是否合理。如果认为被审计单位的存货盘点计划存在缺陷，注册会计师应当提请被审计单位调整。

3. 存货监盘计划的主要内容

考虑到以上因素之后，存货监盘计划应当包括以下主要内容：

(1)存货监盘的目标、范围及时间安排；

(2)存货监盘的要点及关注事项；

(3)参加存货监盘人员的分工；

(4)检查存货的范围。

(二)存货监盘程序

1. 盘点问卷调查

注册会计师在参与实地盘点前，应对企业的盘点组织与准备工作进行调查，以确定企业是否按照盘点计划的要求进行盘点准备工作。若认为企业的盘点准备工作达不到事前规划的要求，注册会计师可以拒绝实地观察存货盘点，并要求企业另定时间，重新准备。

问卷调查中应包括以下内容：

(1)所有存货是否都分类摆放有序，是否停止流动；

(2)是否熟悉存货盘点计划或指令，是否熟悉存货盘点的一般程序和基本要求；

(3)盘点标签或盘点清单是否编制妥当，是否有遗漏的存货或者有外单位的寄存存货，是否将外单位寄存于本企业的存货分开摆放并排除在盘点范围之外；

(4)废品及残次品是否分别摆放并分别列示；

(5)各种计数、计量工具是否符合国家标准，并准备齐全。

2. 实地观察

在被审计单位盘点存货前，注册会计师应当观察盘点现场，观察的目的是确定应纳入盘点范围的存货是否已经适当整理和排列，并附有盘点标识，防止遗漏或重复盘点。对未纳入盘点范围的存货，注册会计师应当查明未纳入的原因。

在盘点人员操作的过程中，注册会计师不是简单的旁观者，应当跟随被审计单位安排的存货盘点人员，注册会计师应当观察以下内容：

(1)被审计单位盘点人员是否遵守盘点计划并准确地记录存货的数量和状况；

(2)被审计单位职员执行盘点计划是否认真；

(3)检查所有商品是否都已贴上标签，同时注意是否有重复贴标签的物品，并观察存货标签编号和汇总表是否经过充分核对；

(4)警惕空箱空地(空间)、货物用坚固包装方法，以虚报实、夸大存货数量；

(5)被审计单位事先制订的存货盘点计划是否得到了贯彻执行；

(6)盘点人员是否准确无误地记录了被盘点存货的数量和状况。

(7)计量器皿是否准确。

如果发现问题，注册会计师应及时指出，并督促企业纠正；如果认为盘点程序和过程有问题，导致盘点结果严重失实，应要求企业组织人员重新盘点。

3. 检查

企业工作人员盘点后，注册会计师应根据观察的情况，在盘点标签尚未取下之前，进行复盘抽查，并将检查结果与被审计单位盘点记录相核对，形成相应的记录。在抽查之时，注册会计师应当从存货盘点记录中选取项目追查至存货实物(抽查的样本不低于存货总量的10%)，以测试盘点记录的准确性；注册会计师还应当从存货实物中选取项目追查至存货盘点记录，以测试存货盘点记录的完整性。在比较抽查结果与盘点单上的记录时，不仅要核对数量，还应关注对其完工程度的估计是否恰当；抽查如发现差异，除应督促企业更改外，还应扩大抽查范围，如发现差错过大，则应要求企业重新盘点。

对所有权不属于被审计单位的存货，注册会计师应当取得其规格、数量等有关资料，并确定这些存货是否已分别存放、标明，且未被纳入盘点范围。

4. 存货监盘结束时的工作

注册会计师再次观察盘点现场，确定所有应纳入盘点范围的存货是否均已盘点，取得并检查已填用、作废及未使用盘点表单的号码记录，确定其是否连续编号，查明已发放的表单是否均已收回，并与存货盘点的汇总记录进行核对注册会计师应当根据自己在存货监盘过程中获取的信息，对被审计单位最终的存货盘点结果汇总记录进行复核，并评估其是否正确地反映了实际盘点结果。如果认为被审计单位的盘点方式及其结果无效，注册会计师应当提请被审计单位重新盘点。

5. 需要特别关注的情况

(1)注册会计师应当特别关注存货的移动情况，防止遗漏或重复盘点。盘点存货时尽量保持存货不发生移动，但在某些情况下存货的移动是难以避免的。如果在盘点过程中被审计单位的生产经营仍将继续进行，审计人员应通过实施必要的检查程序，确定被审计单位是否已经对此设置了相应的控制程序，确保在适当的期间内对存货做出了准确的记录。审计人员应当特别关注存货的移动情况，防止遗漏或重复盘点。

另外，审计失败的大量案例表明，对于相互之间距离较短的仓库的存货，应该安排同一时间进行盘点，以免在盘点完一个仓库之后，客户连夜搬运，移动尚未盘点的仓库，造成存货数量人为虚增。

(2)注册会计师应当特别关注存货的状况，观察被审计单位是否已经恰当区分所有毁损、陈旧、过时及残次的存货。除了保持对存货状况的特别关注外，审计人员还应该把观察到的情况详细记录下来。这既便于进一步追查这些存货的处置情况，也能为测试被审计单位存货跌价准备计提的准确性提供依据。

注册会计师应当获取盘点日前后存货收发及移动的凭证，检查库存记录与会计记录期末截止是否正确。

(3)如果存货盘点日不是资产负债表日，注册会计师应当实施适当的审计程序，确定盘点日与资产负债表日之间存货的变动是否已做出正确的记录。

(4)在永续盘存制下，如果永续盘存记录与存货盘点结果之间出现重大差异，注册会计师应当实施追加的审计程序，查明原因，并检查永续盘存记录是否已做出适当的调整。

6. 特殊情况的处理

(1)由于存货的性质或位置而无法实施监盘程序。如果被审计单位货的性质或位置等原因导致无法实施存货监盘，注册会计师应当考虑能否实施替代审计程序，获取有关期末存货数量和状况的充分、适当的审计证据。注册会计师实施的替代审计程序主要包括：①检查进货交易凭证或生产记录以及其他相关资料；②检查资产负债表日后发生的销货交易凭证；③向顾客或供应商函证。

一是存货的特殊性质。被审计单位存货的性质可能导致注册会计师无法实施存货监盘，这样的情况包括：①存货涉及保密问题，如产品在生产过程中需要利用特殊配方或制造工艺；②存货系危害性物质，如辐射性化学品或气体。

对具有特殊性质的存货实施审计，通常需要依赖内部控制。注册会计师应当复核采购、生产和销售记录，以获取充分、适当的审计证据；在通常情况下，还可以向能够接触到相关存货项目的第三方人员询证。此外，注册会计师还可以实施其他替代审计程序。例如，对于危害性物质，如果被审计单位对其生产、使用和处置存有正式报告，注册会计师可通过追查至有关报告的方式确定此类危害性物质是否存在。

二是存货的特殊位置。被审计单位存货的位置也可能导致注册会计师无法实施监盘程序，如在途存货。如果此类项目仅占存货的一小部分，通常可以通过审查相关凭证加以查验。对于存放在公共仓库中的存货,可通过函证方式查验。

(2)因不可预见的因素导致无法在预定日期实施存货监盘或接受委托时被审计单位的期末存货盘点已经完成。

如果因不可预见的因素导致无法在预定日期实施存货监盘或接受委托时被审计单位的期末存货盘点已经完成,可以考虑利用其他注册会计师的工作。

如果被审计单位将存货存放于其他单位,注册会计师通常需要向该单位获取委托代管存货的书面确认函。如果存货已被质押,注册会计师应当向债权人询证与被质押存货有关的内容。对于此类存货,通常还应当检查被审计单位的相关会计记录和可能设置的备查记录。如果此类存货比较重要,注册会计师应当考虑与被审计单位讨论其对委托代管存货或已作质押存货的控制程序,并考虑对此类存货实施监盘程序,或聘请其他注册会计师实施监盘程序。

(3)首次接受委托的情况。如果已获取有关本期期末存货余额的充分、适当的审计证据,注册会计师应当实施下列一项或多项审计程序,以获取有关本期期初存货余额的充分、适当的审计证据:①查阅前任注册会计师的工作底稿;②复核上期存货盘点记录及文件;③检查上期存货交易记录;④运用毛利百分比法等进行分析。

7. 存货监盘结果对审计报告的影响

注册会计师应当根据已获取的审计证据,形成有关期末存货数量和状况的审计结论并确定对审计报告的影响。

(1)如果无法实施存货监盘,也无法实施替代审计程序以获取有关期末存货数量和状况的充分、适当的审计证据,注册会计师应当考虑出具保留意见或无法表示意见的审计报告。

(2)如果通过实施存货监盘发现被审计单位财务报表存在重大错报,且被审计单位拒绝调整,注册会计师应当考虑出具保留意见或否定意见的审计报告。

(3)如果首次接受委托,仍未能获取有关本期期初存货余额的充分、适当的审计证据,注册会计师应当考虑出具保留意见或无法表示意见的审计报告。

8. 存货质量审计

在存货监盘的过程中,注册会计师必须对存货的质量或其他性能进行适当的调查,以确定存货的质量情况是否符合销售和使用的要求,其质量等级是否与会计账簿上记载的价值相匹配,是否存在陈旧、滞销或毁损现象,因为许多存货可能保管不善造成废损,许多存货可能因长期堆放而失效过时。此外,对于存货明细账上极少变动的项目,应注意查明是否属于退废项目。对于属于精密技术的存货,如黄金、珠宝等,注册会计师还应聘请有关专家协助评定等级或价值。

根据以上审查结果,注册会计师应做适当的记录,必要时还应对被审计单位的存货价值进行调整,以便合理地反映存货的价值。

二、存货计价审计和截止测试

监盘程序只能对存货的结存数量予以确认。为了验证报表上存货项目余额的真实性,还必须对年末存货的计价进行测试。

存货计价测试的主要程序如下：

（一）选择测试成本

用于计价测试的样本，应从存货数量已经盘点、单价和总金额已经记入存货汇总表的结存存货中选择。选择时应着重结存金额大、且价格变化频繁的项目，同时考虑选择的样本具有代表性。

（二）计价方法的确认

存货计价方法多种多样，企业可以结合国家法规的要求，选择适合自身特点的方法。注册会计师除应了解、掌握企业的存货计价方法外，还应对这种计价方法的合理性与一贯性予以关注，没有足够理由，计价方法在同一会计年度内不得变动。对于已变动的计价方法，注册会计师应审查其变动是否在财务报表上予以充分披露。

（三）计价测试

（1）对存货价格的组成内容予以检查；

（2）按照所了解的计价方法对所选择的存货样本进行计价测试。

测试时，注册会计师应排除企业已有计算方法和结果的影响，独立地进行测试。测试结果出来后，应与企业账面价值对比，编制对比分析表，分析形成差异的原因。如果差异过大，应扩大范围继续测试，并根据测试结果做出审计调整。

在存货计价测试中，由于企业对期末存货采用成本与可变现净值孰低的方法计价，所以注册会计师应充分关注企业对存货可变现净值的确定及存货跌价准备的计提。可变现净值是指企业在正常经营过程中，以估计售价减去估计完工成本及销售所必需的估计费用后的价值。存货跌价准备应按单个存货项目的成本与可变现净值计量。如果某些存货具有类似用途并与在同一地区生产和销售的产品系列相关，且实际上难以将其与该产品的其他项目区别开来进行估价，则可以合并计量成本与可变现价值；对于数量繁多、单价较低的存货，可以按存货类别计量成本与可变现净值。当存在以下一项或若干项情况时，应当将存货账面价值全部转入当期损益：

（1）已霉烂变质的存货；

（2）已过期（如食品）且无转让价值的存货；

（3）生产中已不再需要、并且无使用价值和转让价值的存货。

（4）其他足以证明已无使用价值和转让价值的存货。

当存在下列情况之一时，应当计提存货跌价的准备：

（1）市价持续下跌，并且在可预见的未来无回升的希望；

（2）企业使用该项原材料生产的产品的成本大于产品的销售价格；

（3）企业因产品更新换代，原有库存原材料已不适应新产品的需要，而该原材料的市场价格又低于其账面成本；

（4）因企业所提供的商品或劳务过时或消费者偏好改变而使市场的需求发生变化，导致市场价格逐渐下跌；

（5）其他足以证明该项存货实质上已经发生减值的情形。

必须指出，存货的计价测试与存货质量测试的审计密切相关，审计人员在实施审计的过程中应尽可能将二者结合起来，以节约审计时间和审计成本。

二、存货截止测试

(一)存货截止测试的含义

所谓存货截止测试,就是检查已经记录为企业所有,并包括在12月31日存货盘点范围内的存货,是否含有截止到该日尚未购入或已经售出的部分。存货正确截止的关键在于存货实物纳入盘点范围的时间与存货引起的借贷双方会计科目的入账时间都处于同一会计期间。

正确确定存货购入与售出的截止日期,是正确、完整地记录企业年末存货的前提。如果当年12月31日购入货物,并已包括在当年12月31日的实物盘点范围内,而当年12月份账上并无进货和对应的负债记录,这就少记了账面存货和应付账款。这时若将盘盈的存货冲减有关的费用或增加有关收入,就虚增了本年利润;相反,如果当年12月31日收到一张购货发票,并记入当年12月账内,而这张发票所对应的存货实物却在次年1月2日才收到,未包括在当年年度的盘点范围内,如果此时根据盘亏结果增加费用或损失,就会虚减本年的存货和利润。

通常来说,下列情况会导致存货余额的错误:

(1)所有在截止日以前入库的存货项目是否均已包括在盘点范围内,并已反映在截止日以前的会计记录中;任何在截止日以后入库的存货项目是否均未包括在盘点范围内,也未反映在截止日以前的会计记录中。

(2)所有在截止日以前装运出库的存货项目是否均未包括在盘点范围内,且未包括在截止日的存货账目余额中;所有在截止日期以后装运出库的存货项目是否均已包括在盘点范围内,并已包括在截止日的存货账面余额中。

(3)所有已确认为销售但尚未装运出库的商品是否均未包括在盘点范围内,且未包括在截止日的存货账面余额中。

(4)所有已记录为购货但尚未入库的存货是否均已包括在盘点范围内,并已反映在会计记录中

(5)在途存货和客户直接向顾客发运的存货是否均已得到了适当的会计处理。

(二)存货截止测试的方法

1. 检查存货盘点日前后的购货(销售)发票与验收报告、入库单(或出库单)

在一般情况下,档案中的每张发票均附有验收报告和入库单(或出库单),因此,测试购销业务年末截止情况的主要办法是检查存货盘点前后的购货发票、验收报告和入库单(或销售发票与出库单,下同)。如果12月底入账的发票附有12月31日或之前日期的验收报告与入库单,则货物肯定已经入库,并包括在本年的实地盘点存货范围内;如果验收报告日期为1月份的日期,则货物肯定不会列入年底实地盘点的存货中;反之,如果仅有验收报告与入库单而并无购货发票,则应认真审核每一验收报告单上面是否加盖暂估入库印章,并以暂估价记入当年存货账内,待次年初以红字冲销。

2. 查阅验收部门的业务记录

存货截止的另一审核方法是查阅验收部门的业务记录,凡是接近年底(包括次年年初)购入或销售的货物,均必须查明其相应的购货或销售发票是否在同期入账。对于未

收到购货发票的入库存货，应查明是否将入库单分开存放并暂估入账，对已填制出库单而未发出的商品，应查明是否将其单独保管。

对于测试完成以后发现的截止期处理不当的情况，审计人员应提请被审计单位做必要的会计账务调整。

针对截止错误，在存货监盘过程中，审计人员应追加以下程序：

(1)获取存货的验收入库、装运出库以及内部转移截止等信息，以便将来追查至客户的会计记录

(2)观察存货的验收入库地点和装运出库地点，以执行截止测试。

(3)对于在存货入库和装运过程中采用连续编号的凭证，审计人员应当关注截止日期前的最后编号。如果客户没有使用连续编号的凭证，审计人员应当列出截止日期以前的最后几笔装运和入库记录。如果客户使用运货车厢或拖车进行存储、运输或验收入库，审计人员应当详细列出存货地上满载和空载的车厢或拖车，并记录各自的存货状况。

本章小结

生产与存货循环是指从领料生产到加工、销售产成品为止的过程。该循环中所发生的业务活动主要有：计划和安排生产，发出原材料，生产产品，核算产品成本，储存产成品，发出产成品等。生产循环涉及的内容主要是存货的管理及生产成本的计算。

生产循环的内部控制包括两大控制系统：一是生产过程中的实物流转程序控制；二是对产品成本进行记录与控制的成本费用管理控制和成本费用会计控制。

审计人员应通过询问、审阅、观察等方法了解生产循环的内部控制，并结合自身的职业判断，对这些内部控制进行分析说明，或者绘制流程图，最终形成自己的工作底稿。

生产循环的控制测试主要包括：直接材料成本测试，直接人工成本测试，制造费用控制测试、营业成本的测试和对内部控制进行评价等。通过评价，了解哪些属于控制较强的部分，哪些属于控制较弱的部分，并依据对内部控制的可信赖程度，确定生产循环实质性测试的程序和重点。

生产循环的实质性程序包括存货成本的实质性程序、对存货实施分析程序、存货监盘、存货计价审计和截止测试。

【复习思考题】

1. 简述生产循环的重要性、主要风险和主要策略。
2. 简述生产循环审计的主要目标。
3. 简述直接材料成本的实质性程序的要点。
4. 如何制订存货监盘计划，其主要内容是什么？
5. 简述存货的截止测试。

【案例分析题】

ABC会计师事务所的A和B注册会计师负责审计X公司2013年度财务报表。

2013 年 11 月,A 和 B 注册会计师对 X 公司的内部控制进行了初步了解和测试。

通过对 X 公司内部控制的了解,A 和 B 注册会计师注意到下列情况:

(1)X 公司主要生产和销售电视机。

(2)X 公司生产的电视机全部发往各地办事处和境外销售分公司销售。办事处除自行销售外,还将一部分电视机寄销在各商场。每月初,办事处将上月的收、发、存的数量汇总后报 X 公司财务部门和销售部门,财务部门做相应的会计处理;X 公司生产的电视机约有 30%出口,出口的电视机先发往境外销售分公司,再分销到世界各地。境外销售分公司历年未经审计,2008 年度也计划不安排审计。

(3)鉴于各年年末均处于电视机销售旺季,为保证各办事处和境外销售分公司货源,X 公司本部仓库在各年年末不保留产成品。

通过对 X 公司内部控制的测试,A 和 B 注册会计师注意到,除下列情况表明存货相关内部控制可能存在缺陷外,其他内部控制均健全、有效。

(1)X 公司在以前年度未对存货实施盘点,但有完整的存货会计记录和仓库记录;

(2)X 公司发出电视机时未全部按顺序记录;

(3)X 公司生产电视机所需的零星 C 材料由 Y 公司代管,但 X 公司未对 C 材料的变动情况进行会计记录;

(4)X 公司每年 12 月 25 日发出的存货在仓库的明细账上记录,但未在财务部门的会计账上反映;

(5)X 公司发出材料存在不按既定计价方法核算的现象,2008 年 12 月 27 日,X 公司编制了存货盘点计划,并与 A 和 B 注册会计师讨论。

存货盘点计划的部分内容如下:

(1)X 公司本部的存货由采购、生产、销售仓库和财务等部门相关人员组成的盘点小组,在 2008 年 12 月 31 日进行盘点。办事处及境外存货的盘点分别由各办事处和境外销售分公司负责,在 12 月 31 日前后进行,盘点结束后分别将盘点资料报送财务部门和仓库部门。

(2)限于人力,在各商场寄销的电视机以各办事处的账面记录为准,不进行盘点。

(3)由于年底前后是销售旺季,在 2013 年 12 月 31 日,生产 34 英寸背投彩电的生产线不停产,仓库除对外发出的 34 英寸背投彩电外,不再对外发出其他存货。

(4)各盘点单位按存货类别和相关明细记录填写盘点清单、摆放存货,并填写连续编号的盘点标签。

(5)由于 Y 公司寄存的 E 材料与公司自身的 E 材料并无区别,故未单独摆放。E 材料的库存数以盘点数扣除 Y 公司 E 材料的账面数确定。

(6)废品与毁损品不进行盘点,以财务部门和仓库部门的账面记录为准。

根据 X 公司存货的内部控制情况和盘点计划,A 和 B 注册会计师决定实施的监盘计划部分内容如下:

(1)随机选择三分之一的办事处进行存货监盘,其余直接审阅其盘点记录及账面记录。

(2)对在各商场寄销的电视机以经审阅的办事处的账面记录为准。

(3)对境外销售分公司的存货不进行监盘，直接审阅其盘点记录及账面记录。

(4)对Y公司代管的C材料，采取向Y公司函证的方式确认。

(5)在X公司盘点后，注册会计师按存货期末余额的5%复盘。若复盘结果表明误差低于2%，则不要求X公司重新盘点。

(6)注册会计师在复盘结束后，与公司盘点工作人员分别在盘点清单上签字，并视情况考虑是否索取盘点前的最后一张验收报告单(或入库单)和最后一张货运单(出库单)。

在对X公司内部控制了解和测试的基础上，A和B注册会计师于2014年年初编制了总体审计策略和具体审计计划，确定财务报表层次的重要性水平为资产总额的1%，并将其分配至各资产项目，如下表所列(货币单位为人民币万元)。

项　目	年末数 (未经审计)	分配 比例(%)	重要性水平
货币资金	7000	1	70
存货	6200	1	620
其中:原材料	1000	—	—
在产品	12000	—	—
产成品	49000	—	—
固定资产	40000	1	400
在建工程	31000	1	310
资产总计	140000	1	1400

要求：

(1)A和B注册会计师通过内部控制测试所注意到的各种情况是否实际构成存货内部控制缺陷？并简要说明理由。

(2)对于上述情况中确实存在内部控制缺陷的，为了证实其可能导致的财务报表错误，请代A和B注册会计师分别确定一项最主要的实质性程序，并分别说明实施各项程序能够实现的审计目标。

(3)X公司编制的上述盘点计划的相关内容有无不妥当之处，若有，请予以更正。

(4)A和B注册会计师编制的上述监盘计划的相关内容有无不妥当之处，若有，请予以更正。

(5)请评价A和B注册会计师对财务报表层次重要性水平的分配是否恰当。

(6)如果A和B注册会计师以X公司境外销售分公司的存货未经实地监盘为主为由，决定对X公司2013年度财务报表出具无法表示意见的审计报告，请判断是否妥当，并简要说明理由。

第十四章　筹资和投资循环审计

【本章提示】

学习目标：

通过本章学习学生应了解投资和筹资循环审计的基本内容、投资和筹资业务应有的内部控制和控制测试的要点、相关项目的审计内容和方法；掌握投资和筹资业务实质性测试的内容和方法。

重要概念：

投资和筹资循环；应付债券审计；所有者权益审计；长期股权投资审计

【引言】

筹资和投资循环由筹资活动和投资活动的交易事项组成。筹资活动是指企业为了满足生存和发展的需要，通过改变企业资本及债务规模及其构成而筹集资金的活动。主要由借款和股东权益组成。筹资循环十分重要，因为它是大多数企业筹资的主要来源。筹资行为会增加企业信息使用者，一方面，公司采取某种筹资行为会增加企业资产，同时也增加了关注企业经营信息的相关利益主体；另一方面，原来的利益主体也增加了应予关注的事项。“投资”的概念包括对内投资和对外投资。对内投资是指构建固定资产等活动，本章的投资指对外投资。投资活动是指企业为享有被投资单位分配的利润或为谋求其他利益，将资产让渡给其他单位而获得另一项资产的活动。主要由权益性投资交易和债权性投资交易组成。在很多企业中，对外投资所占资产总额的比重日趋上升，这对提高企业收益、降低企业经营风险有十分重要的意义。在目前投资管理的法规尚不健全的情况下，对外投资的审计便显得更加重要。

【引例】

2006年7月3日，天津磁卡发布公告，由原来的天津磁卡更名为*st磁卡，这也就意味着公司经营连续三年亏损，实行退市预警。

天津磁卡戴帽后的经营一直不乐观，2007—2013年天津磁卡营业收入分别为：1亿9780万，2亿2013万，1亿8368万，2亿2092万，2亿3523万，1亿4347万，1亿8161万。2007—2013净利润分别为：109万，1亿8758万，—2亿1323万，937万，—8884万，2184万，—2862万（以上资料来源于CCTV证券资讯节目）。

2014年4月，中审华寅五洲会计师事务所对天津磁卡2013年度财务报告出具保留意见审计报告。

以下为审计报告中和保留意见相关的内容：

天津磁卡2005年年报中披露了因其涉及重大诉讼，深圳中院冻结并拍卖了天津磁卡持有的天津环球化学科技有限公司（以下简称环球化学）73%股权。依据广东省深圳市中级人民法院民事裁定书（〔2004〕深中法执字第942号），王桂林于2005年10月4日通过竞拍，以371.41万元取得了上述股权。2006年7月25日，王桂林与天津磁卡签订了股权转让协议，将其持有的环球化学73%股权（股权转让金作价680万元）转让给天津磁卡。天津磁卡对此收购股权事项一直未予披露，会计账簿中亦未见支付680万元股权收购款的相关原始资料及账务处理，且天津磁卡一直未将环球化学纳入合并财务报表。由于天津磁卡未将环球化学纳入合并财务报表，注册会计师无法确认环球化学截至2013年12月31日的财务状况及2013年度的经营成果。天津磁卡提供的环球化学的财务报表反映，截至2013年12月31日，环球化学的资产总额33023997.28元，负债总额58223601.46元，所有者权益—25199604.18元，2013年度营业成本及费用合计657377.03元，净利润—657377.03元。（资料引自天津磁卡2013年年度报告）

由此推知，如果加上环球化学的净利润，2013年度天津磁卡的亏损将加剧，并且以前年度天津磁卡的财务数据都需要重新计算。

问题：

1. 王桂林将持有的环球化学的股权转让给天津磁卡，那么天津磁卡以前年度的损益如何重新考虑。

2. 长期股权审计的特点，以及如何在本例中影响到注册会计师的意见。

第一节 投资和筹资循环概述

和经营活动产生的业务相比，筹资和投资活动业务具有交易数量少，但每笔交易额往往较大，一旦出现重大错报，将会在很大程度上影响财务报表公允性的特点。因此筹资和投资循环的总目标，是评价该循环各项目余额是否公允表达。

一、投资和筹资的主要业务活动

（一）投资所涉及的主要业务活动

（1）审批授权　投资业务应由企业的高层管理机构进行审批。

（2）取得证券或其他投资　企业可以通过购买股票或债券进行投资，也可以通过与其他单位联合形成投资。

（3）取得投资收益　企业可以取得股权投资的股利收入、债券投资的利息收入和其他投资收益。

（4）转让证券或收回其他投资　企业可以通过转让证券实现投资的收回；其他投资已经投出，除联营合同期满，或由于其他特殊原因联营企业解散外，一般不得抽回投资。

（二）筹资所涉及的主要业务活动

企业生存和发展离不开资金。资金的筹集有两个渠道，即债权人和股东提供的资金。因此，企业筹资业务分为两个交易种类：一是负债交易，如长短期借款、应付债券的取得、计息、偿还等；二是所有者权益交易，包括股票的发行、股利的支付等。

(1)审批授权　企业通过借款筹集资金需经管理层的审批，其中债券的发行每次均要由董事授权；企业发行股票必须依据国家有关法规或企业章程的规定，报经企业最高权力机构(如董事会)及国家有关管理部门批准。

(2)签订合同或协议　企业向银行或其他金融机构融资须签订借款合同，发行债券须签订债券契约和债券承销或包销合同。

(3)取得资金　企业实际取得银行或金融机构划入的款项或债券、股票的融入资金。

(4)计算利息或股利　企业应按有关合同或协议的规定，及时计算利息或股利。

(5)偿还本息或发放股利　银行借款或发行债券应按有关合同或协议的规定偿还本息，融入的股本根据股东大会的决定发放股。

二、投资和筹资循环中主要凭证与会计记录

(1)债券或股票　债券是公司依据法定程序发行、约定在一定期限内还本付息的有价证券。股票是公司签发的证明股东所持股份的凭证。

(2)债券契约　债券契约是明确债券持有人与发行企业双方所拥有的权利与义务的法律性文件，其内容一般包括：债券发行的标准；债券的明确表述；利息或利息率；受托管理认证书；登记和背书；如系抵押证券，其所担保的资产；债券发生拖欠情况如何处理；以及建立偿债基金的承诺、利息支付和本金返还的方式及处理。

(3)股东名册　发行记名股票的公司所记载的内容一般包括：股东的姓名或者名称住所；各股东所持股份数；各股东所持股票的编号；各股东取得其股份的日期。发行无记名股票的公司应当记载其股票数量、编号及发行日期。

(4)公司债券存根簿　记名公司债券应记载的内容一般包括：债券持有人的姓名或职能及住所；债券持有人取得债券的日期及债券的编号；债券总额、债券的票面金额、债券的利率、债券还本付息的期限和方式；债券的发行日期。发行无记名债券的公司应当记载债券总额、利率、偿还期限和方式、发行日期和债券编号。

(5)合同或协议　筹资与投资活动相关的合同或协议主要包括承销或包销协议、借款合同或协议、企业的章程及有关协议、投资协议等。借款合同或协议是向银行或其他金融机构借入款项时与其签订的合同或协议。公司向社会公开发行股票或债券时，应当由依法设立的证券机构承销或包销，公司应与其签订承销或包销协议。

(6)其他文件和凭证　主要包括董事会决议和股东大会决议等重要会议文件，以及相关的会计资料。

三、投资和筹资循环的重要性、主要风险和审计策略

企业是否具有雄厚的实力，主要视其资本结构(自有资金与借入资金的比例)及财务结构(短期资金和长期资金的比例)。倘若企业资本结构和财务结构健全，往往能够承担其经营上、投资上和筹资上的风险，并能应付来自企业内、外的冲击。

筹资交易无论是质还是量对企业及财务报表都属于重要的，它不仅为企业提供资源，而且往往涉及的都是较大资金额。筹资活动的时机选择、作业操作稍有疏忽就可能造成企业的重大损失。因此，筹资交易具有相当高的固有风险。

短期投资活动实质上是另一种形式的货币资金准备。在企业正常的经营活动中，这种短期投资所占比例是比较小的，但是由于该项目极易变现，易于被盗窃。长期投资所运用的资金数量往往较大，其获取长期性利益的效果直接影响企业长远发展的能力。因此，投资交易也具有相当高的固有风险。

与其他循环不同，投资和筹资循环的审计并不依赖于被审计单位内部控制，即使该循环已具有健全的内部控制，审计中依然采用主要证实法进行测试。

这是因为这类交易活动具有以下的特点：

(1)交易风险大，授权级别高　筹资与投资活动不同于一般的生产或购销业务，虽然发生次数少，但对公司财务状况的影响很大。每笔交易的发生都会使企业面临着很大的风险。所以此类业务的授权级别高，一般需要企业的最高权力机构或高级管理层进行审批和管理。注册会计师在审计时要注意查阅相关文件，以证实所有的投资、负债与所有者权益账户的增减变动都是经过适当授权的。

(2)交易金额大，发生频率低　筹资与投资或投资活动相对于购货和生产活动而言，一般在审计年度内发生的交易次数少，但是每笔交易的金额较大，例如发行股票和债券进行的筹资活动。因此，注册会计师通常核实整个年度中发生的每笔交易，作为核实资产负债表的一部分。在审计工作底稿中包括每个相关账户的期初余额且记录该年度中发生的每笔交易，这种情况很常见。

(3)要求会计处理准确度高　由于投资和筹资涉及的金额较大，所以漏记或不恰当地对一笔交易业务进行处理，将会导致重大错误，从而对财务报表的公允性产生较大的影响。因此，审计的首要重点就是债务的完整性和准确性。

(4)交易程序复杂，约束条件多　筹资和投资交易必须遵守国家法律、法规和相关契约的规定。筹资与投资活动应根据有关法律、法规要求履行审批手续，向有关机关递交相关文件，并保证文件的真实和有效，按照有关法律、法规规定的义务进行公告和披露相关信息。在对循环中的交易和余额进行审计时，注册会计师必须注意确定那些影响财务报表的重大法律要求都已经得到了适当的满足，并且在报表上做了充分的表述和披露。

四、投资和筹资循环的审计目标

(一)投资循环的审计目标

(1)对外投资的存在　对外投资资产账面余额是否代表资产负债表日实际存在的投资，投资收益(或损失)是否由被审计期间内实际发生的投资交易或事项引起的。

(2)对外投资的完整性　对外投资是否毫无遗漏全部记录。

(3)对外投资的权利　确定对外投资是否归被审计单位所有。

(4)对外投资的股价或分摊　确定对外投资的计价方法是否正确，确定短期投资、长期投资在资产负债表上年末余额是否正确，确定各项投资减值准备计提的合理性。

(5)对外投资的表达与披露　确定对外投资在资产负债表上的分类是否恰当、披露是否充分。

(二)筹资循环审计目标

(1)证实筹资形成负债、所有者权益的存在性。

(2)证实所有筹资形成的负债项目、所有者权益项目的完整性。

(3)所记录的负债项目是由企业承担的义务,所记录的所有者权益是企业所有者对企业净资产的要求权。

(4)所有负债项目、所有者权益项目均以恰当估价计量。

(5)债务的条件、要求、承诺及其他与负债、所有者权益相关事项均已得到证实,债务进行了恰当分类,并揭示于资产负债表上。尤其是企业的某些长期负债,可能有些特别条款或要求,它们可能导致负债提前到期或加大负债水平,也有可能支持或阻止财务结构的变动、选择会计原则等事项。

第二节　投资和筹资循环的内部控制和控制测试

在讨论内部控制和控制测试之前,给出表 14-1 和表 14-2。表 14-1 和表 14-2 将内部控制目标、关键内部控制、常用控制测试和交易的实质性程序一并列示,现就其中最重要的几点分述如下:

(1)内部控制目标　表 14-1 和表 14-2 所列的目标是审计目标具体运用在筹资和投资循环中。

(2)关键内部控制　关键内部控制应实现其控制目标。任何一个为实现目标所必需的内部控制不健全,都可能出现错误。

(3)常用控制测试　审计人员应了解每一项内部控制并对其执行有关的控制测试,以评价其有效性。

(4)交易的实质性程序　在表 14-1 和表 14-2 中,交易的实质性程序与第一栏所列的内部控制目标直接相关。审计人员在确定交易的实质性程序时,应充分考虑被审计单位关键内部控制及其测试的结果,同时考虑重要性原则、被审计单位上年的审计结果和其他相关的因素。

上述各要点是互相关联的:第一栏是内部控制的目标和交易测试的目标。第二栏列示了针对每项内控控制目标的一项或者几项关键内部控制。第三栏所列的常用控制测试与第二栏中的关键内部控制有直接关系。对第二栏中的每一项内部控制,表 14-1 和 14-2 中的第三栏至少相应地有一项控制测试。第四栏中所列的交易的实质性程序,是证明第一栏中具体审计目标的证据,交易的实质性程序虽然与关键内部控制及常用控制测试栏目没有直接的关系,但交易的实质性程序的范围,在一定程度上要取决于关键内部控制是否存在和常用控制测试的结果。

表 14-1 和表 14-2 中所列示的内容,目的在于帮助审计人员掌握旨在实现审计目标的审计方案的方法。在实际操作中,审计人员应运用这些方法,根据被审计单位的具体情况,设计富有效率和效果的审计方案。如果前一年度该企业的审计工作是由同一会计师事务所进行的,审计人员应将调查重点放在企业内部控制的变动部分,掌握各项变动的原因和影响。如果在上一年度审计中,针对内部控制提出过管理建议,审计人员还应证实各项管理建议是否已落实,如未落实,应弄清楚未予落实的原因。

表 14－1 筹资活动的控制目标、内部控制和测试一览表

内部控制目标	关键内部控制程序	内部控制测试	交易实质性测试
借款和所有者权益账面余额在资产负债表日确定存在，借款利息费用和已支付的股利是由被审计期间实际发生的交易事项引起的（存在或发生）	借款或发行股票经过授权审批 签订借款合同或协议、债券契约、承销或包销协议等相关法律性文件	索取借款或发行股票的授权批准文件，检查权限是否恰当，手续是否齐全； 索取借款合同或协议、债券契约、承销或包销协议	获取或编制借款和股本明细表，复核加计正确，并与报表数、总账数和明细账合计数核对相符； 审计与借款或股票发行有关的原始凭证，确认其真实性，并与会计记录核对； 检查利息计算的依据，复核应计利息的正确性，并确认全部利息计入相关账户
借款和所有者权益的增减变动及其利息和股利已登记入账（完整性）	筹资业务的会计记录与授权和执行等方面明确职责分工；借款合同或协议由专人保管；如保存债券持有人的明细资料，应同总分类账核对相符，如由外部机构保存，需定期同外部机构核对	观察并描述筹资业务的职责分工； 了解债券持有人明细资料的保管制度； 检查被审计单位是否与总账或外部机构核对	检查年度内借款和所有者权益增减变动的原始凭证，核实变动的真实性、合规性，检查授权批准手续是否完备、入账是否及时准确
借款均为被审计单位承担的债务，所有者权益代表所有者的法定求偿权（权利和义务）			向银行或其他金融机构、债券包销人函证，并与账面余额核对； 检查股东是否已按合同、协议、章程约定时间缴付出资额，其出资额是否经注册会计师审验
借款和所有者权益的期末余额正确（估价或分摊）	建立严密完善的账簿体系和记录制度；核算方法符合会计准则和会计制度的规定	抽查筹资业务的会计记录，从明细账抽取部分会计记录，按原始凭证到明细账、总账顺序核对有关数据和情况，判断其会计处理过程是否合规完整	

（续表）

内部控制目标	关键内部控制程序	内部控制测试	交易实质性测试
借款和所有者权益在资产负债表上的披露正确（表达与披露）	筹资业务明细账与总账的登记职务分离； 筹资披露符合会计准则和会计制度的要求	观察职务是否分离	确定借款和所有者权益的披露是否恰当，注意一年内到期的借款是否列入流动负债

表 14-2　投资活动的控制目标、内部控制和测试一览表

内部控制目标	关键内部控制程序	内部控制测试	交易实质性测试
投资账面余额为资产负债表日确实存在的投资，投资收益（或损失）是由被审计期间实际发生的投资交易事项引起（存在或发生）	投资业务经过授权审批，与被投资单位签订合同、协议，并获取被投资单位出具的投资证明	索取投资的授权批准文件，检查权限是否恰当，手续是否齐全； 索取投资合同或协议，检查是否合理有效； 索取被投资单位的投资证明，检查其是否合理有效	获取或编制投资明细表，复核加计正确，并与报表数、总账数和明细账合计数核对相符；向被投资单位函证投资金额、持股比例及发放股利情况
投资增减变动及其收益（或损失）均已登记入账（完整性）	投资业务的会计记录与授权、执行和保管等方面明确职责分工； 健全证券投资资产的保管制度，或者委托专门机构保管，或者在内部建立至少两名人员以上的联合控制制度，证券的存取均需详细记录和签名	观察并描述投资业务的职责分工； 了解证券资产的保管制度，检查被审计单位自行保管时，存取证券是否进行详细的记录并由所有经手人员签字	检查年度内投资增减变动的原始凭证，对于增加项目要核实其入账基础是否符合投资合同、协议的有关规定，会计处理是否正确；对于减少的项目要核实其变动原因及授权批准手续

（续表）

内部控制目标	关键内部控制程序	内部控制测试	交易实质性测试
投资均为被审计单位所有（权利和义务）	内部审计人员或其他不参与投资业务的人员定期盘点证券投资资产，检查是否为企业实际拥有	了解企业是否定期进行证券投资资产的盘点； 审阅盘核报告，检查盘点方法是否恰当、盘点结果与会计记录核对情况以及出现差异的处理是否合规	盘点证券投资资产；向委托的专门保管机构函证，以证实投资证券的真实存在
投资的计价方法正确，期末余额正确（估价或分摊）	建立详尽的会计核算制度，按每一种证券分别设立明细账，详细记录相关资料；核算方法符合会计准则的规定；期末进行成本与市价孰低比较，并正确记录投资跌价准备	抽查投资业务的会计记录，从明细账抽取部分会计记录，按原始凭证到明细账、总账顺序核对有关数据和情况，判断其会计处理过程是否合规完整	检查投资的入账价值是否符合投资合同、协议的规定，会计处理是否正确，重大投资项目，应查阅董事会有关决议，并取证检查长期股权投资的核算是否按规定采用权益法或成本法 检查长期债券投资的溢价或折价，是否按有关规定摊销
投资在资产负债上的披露正确（表达与披露）	投资明细账与总账的登记职务分离 投资披露符合会计准则的要求	观察职务是否分离	查明库存股票是否已提供质押或受到其他约束，应取证并提请被审计单位做恰当披露 验明投资的披露是否恰当，注意一年内到期的长期投资是否列入流动资产

一、投资业务的内部控制和控制测试

(一)投资业务的内部控制

1. 授权审批控制

企业对外的投资业务，首先应该经过适当层次的授权审批。大规模的投资活动，要由董事会决定，然后授权给经理人员执行；小规模的投资活动，如利用闲置资金购入有价证券或出让有价证券，也应由财务主管授权，交由具体财务人员办理。对外投资的授权控制，一是为了保证投资收益，降低投资风险；二是避免个人擅自挪用资金，防止财产流失。

2. 职责分工控制

合理的分工，可以明确责任，相互牵制，避免或减少舞弊的可能性。投资业务的会计记录与授权、执行和保管等方面明确职责分工。比如，投资业务在企业高层管理机构核准后，可有高层负责人员授权签批，由财务经理办理具体的股票或债券的买卖业务，由会计部门负责进行会计记录和财务处理，并由专人保管股票或债券。

3. 投资资产安全保护控制

企业对投资资产(指股票和债券资产)一般有两种保管方式：一种是由独立的专门机构保管，如在企业拥有较大的投资资产的情况下，委托银行、证券公司、信托投资公司等机构进行保管。这些机构拥有专门的保存和保管措施，大大提高了资产的安全性；又可以使保管人和业务的经办人、记录人完全分离，减少了舞弊的可能性。另一种方式是由企业自行保管，在这种方式下，必须建立严格的联合控制制度，即至少要由两名以上人员共同控制，不得一人单独接触证券。对于任何证券的存入或取出，都要将债券名称、数量、价值及存取的日期、数量等详细记录于证券登记簿内，并由所有在场的经手人员签名。

4. 会计控制

合理设置各种投资账簿。应对每一种股票或债券分别设立明细分类账，并详细记录其名称、面值、证书编号、数量、取得日期、经纪人(证券商)名称、购入成本、收取的股息或利息等。

另外，企业应建立严格的记名登记制度。除无记名证券外，企业在购入股票或债券时应在购入的当日登记于企业名下，切忌登记于经办人员名下，防止冒名转移并借其他名义以牟取私利的舞弊行为发生。

5. 盘点制度

由内部审计人员或不参与证券投资业务的人员定期对证券进行盘点，并进行账实核对。

(二)投资业务的控制测试程序

一是了解业务的内部控制。审计人员通过查阅被审计单位的有关规章制度和文件资料，询问有关人员和现场观察，了解被审计单位内部控制及其环境(见表 14－3)。

二是测试投资业务的内部控制(见表 14－4)。

三是评价投资业务的内部控制。审计人员完成上述各步骤后，取得了有关内部控制是否健全、有效的证据，并在审计工作底稿中标明内部控制的强弱点，即可以对内部控制进行评价，确认对投资业务内部控制的可信赖程度，进而确定实质性程序的程序和重点。

二、筹资业务的内部控制和控制测试

(一)筹资业务的内部控制

为了有效开展筹资业务的经济活动，企业建立内部控制的要点如下：

1. 授权审批控制

筹资业务的授权控制，解决的是办理业务的权限。重大的筹资活动，如大额银行贷款、发行债券、发行股票等，应由董事会做出决议或由最高管理层决策，然后由财务人员执行；小规模的筹资活动，如短期借款等，则可由财务部门负责人做出决定。适当的授权控制可明显地提高筹资活动的效率，降低筹资风险，防止由于缺乏授权、审批而出现一系列舞弊现象。

表 14－3　调查问卷:债务

问　题	回　答	备　注
保管、记录、估价 (1)证券和其他投资工具是否由独立的保管人保管？如果不是，那么他们是否得到充分的保护？(例如，锁在保险箱里) (2)是否至少有两位管理人员同时负责内部持有的证券？ (3)证券的详细记录是否由一位与保管职能独立的管理人员负责？ (4)投资清单是否定期与投资记录进行调节？ (5)审核和报告证券价值的变动这一职能是否由独立的管理人员负责？ (6)是否为各种投资类别准备了充分详细的投资记录和各种分类账控制账户？		
购买、出售和收入 (1)投资证券的购买和出售是否得到了董事会或投资委员会的授权？ (2)经纪人、保管人或其他中介是否得到了董事会的授权或者由董事会指定？ (3)经纪人的建议是否迅速地与购买和出售授权进行了比较？ (4)是否进行了独立的核查以确定购买或出售的价格是公平和客观的？ (5)投资收益(例如利息、股利)是否定其重新计算和证实？		
编制人： 日期：		

表 14－4　企业投资业务内部控制测试表

内部控制	控制程序
审批授权	查阅有关计划、文件，或直接向管理层询问来进行观察
职务分离	实地观察、重新执行
盘点制度	应审阅盘点方法是否恰当、盘点结果与会计记录相核对情况以及出现差异的处理是否合规。如果各期盘核报告的结果未发现账实之间存在差异(或差异不大)，说明投资资产的内部控制得到了有效执行
会计记录控制	可以采取重新执行相关内部控制程序的方法，也可以建议抽查投资业务的会计记录。会计处理过程是否合规完整，并据以核实上述了解到的有关内部控制是否得到了有效执行

2. 职责分离控制

职责分离、明确责任是筹资业务内部控制的重要手段，筹资业务的职责分离主要包括以下内容：

(1)筹资计划编制人与审批人适当分离，以利于审批人从独立的立场来评判计划的优劣。

(2)经办人员不能接触会计记录，通常由独立的机构代理发行债券和股票。

(3)会计记录人员同负责收款、付款的人员相分离，有条件的应聘请独立的机构负责

支付业务。

(4)证券保管人员同会计记录人员相分离。例如,办理一项举债业务,应由财务部门根据对资金的需求情况向董事会或管理层提出借款申请,经董事会或管理层审批后,财务部门办理贷款的人员与金融机构商讨借款细节和签订借款合同;取得借款后,由财务部门有关会计人员负责登记记录和监督借款按用途使用;财务部门接到银行转来的结息单后,有关会计人员要核对借款合同并复核利息,再交由出纳员支付款项;出纳员支付利息款后,将凭证交有关会计人员记账;负责该项借款的会计人员定期与金融机构就借款的使用和余额进行核对,保证双方账目相符。再如,发行长期债券的职责分工除了申请、批准(包括得到证券管理部门的批准)、签约分工与借款业务相似外,特别强调:记录应付债券业务的会计人员不得参与债券发行;未发行的债券不得由记录债券的会计人员保管,“债券发行备查簿”应由专人管理并定期与债权人核算;债券的收回要经管理层批准,分别由记录应付债券的会计人员销账,由其他专人销毁收回的债券;负责债券利息支付的人员不得兼做记录。

3. 收入和支出款项的控制

筹资金额大,最好委托独立的代理机构代为发行。因为代理机构本身负有法律责任,立场公正客观,既从外部协助了企业内部控制的有效执行,也从客观、公正的角度证实了公司会计记录的可信性,防止以筹资业务为名进行不正当活动或者以伪造会计记录来掩盖不正当活动的事项发生。

无论采用何种筹资形式,都面临支付款项的问题,主要是利息的支付或股利的发放。支付利息,企业应指派专门人员负责利息的计算工作。应付利息应当在有关人员签字确认后,才能对外偿付。企业可委托有关代理机构代为偿付利息,从而减少支票签发次数,降低舞弊的可能性。除此之外,应定期核对利息支付清单和开出支票总额。股利发放,要以董事会有关发放股利的决议文件为依据,股利的支付可以由企业自行完成或委托代理机构完成。对于无法支付利息或股利的支票要及时注销或加盖作废标记。

4. 实物保管的控制

债券和股票都应设立相应的筹资登记簿,详细登记同转移发行的债券和股票有关事项,如签发日期、到期日期、支付方式、支付利率、当时市场利率、金额等。登记的同时应对不同的筹资项目集中编号,对于增资撤股更要详细登记,可以备注充分说明。相应地,未发行的债券应加强保管,并定期盘点,定期核对筹资登记簿的记录与清点、盘点记录,以及银行或受托公司的相关记录。对于已收回的债券要及时注销或盖章作废,防止不合法地多次使用。

5. 会计记录控制

对筹资业务的会计控制,除了要通过会计系统提供及时、可靠的负债、所有者权益方面的信息外,还要建立严密完善的账簿体系和记录制度,实施对筹资活动的记录控制。如前所述,筹资业务的会计处理较复杂,会计记录的控制就十分重要。必须保证及时地按正确的金额、合理的方法,在适当的账户和合理的会计期间予以正确记录。选用适当的溢价、折价的摊销方法。对发行在外的股票要设置股东明细账加以控制;利息、股利的支付必须计算正确后记入对应账户。对未领利息、股利也必须全面反映,单独列示。

(二)筹资业务的控制测试程序

1. 了解筹资业务的内部控制

针对重要的内部控制要点，审计人员要通过观察和询问相关人员、审阅和检查筹资业务内部控制的文件和记录等方法，对筹资业务的内部控制加以了解，并结合企业的实际情况采用调查表、文字表述或流程图，及时适当地记录了解到的筹资业务的内部控制情况(见表 14-5 的表 14-6)。

表 14-5　调查问卷:债务

问　题	回　答	备　注
(1)是否所有的长期债务和其他借款都经过了董事会的授权? (2)是否有管理人员负责确定遵循了所有的债务协定? (3)未发行的债券和票据是否已经预先连续编号，并且由一位独立于记录职能的管理人员负责控制? (4)是否所有收回的债务工具都被注销或销毁? (5)是否为各种债务类别维持了充分详细的债券和票据登记簿以及总分类账? (6)利息的支付和应计利息是否定期重新计算?		
编制人: 日期:		

表 14-6　调查问卷:权益

问　题	回答	备注
(1)是否所有的股票发行、收回和股利发放都经过了董事会的授权? (2)独立的登记人和过户代理人是否得到了董事会的授权? (3)未发行的股票是否已经预先连续编号，并且采取了充分的保护措施 (4)库藏股是否得到了适当的控制和说明 (5)是否为各种股票维持了充分详细的股票登记簿以及总分类账? (6)股利的支付和应付利息是否定期重新计算? (7)详细的股票记录是否由独立于证券保管的管理人员进行维护? (8)是否确立了程序以确保企业遵循了证券交易的规定和相关法律?		
编制人: 日期:		

2. 测试筹资业务内部控制

审计人员在了解筹资业务的内部控制之后，如果准备信赖相关的内部控制，就要对筹资业务的内部控制的设计是否合理和执行是否有有效进行测试。但是，如果企业筹资业务比较少，审计人员可根据成本效益原则决定直接进行交易的实质性程序(见表 14-7)。

表 14-7 企业筹资业务内部控制测试表

内部控制要点	控制程序
授权审批控制	直接向管理层询问,并检查相关记录和文件
职责分离控制	观察、重新执行
收入和支出款项的控制	结合货币资金业务的内部控制测试进行
实物保管控制	检查
会计记录控制	侧重检查交易和事项的凭证、文件和记录,通过交易轨迹判断相关控制是否有效执行

【小提示 14-1】

筹资循环和投资循环中的常见错弊如表 14-8 和表 14-9 所列。

表 14-8 筹资循环中常见的错弊

筹资环节	错误类型	后 果
筹资计划环节	预算失误	资金流量短缺或冗余,不能满足生产的需求或者增加了筹资的成本
筹资作业环节	未经授权	非法筹资
现金流入环节	未及时注销已回收凭证	造成凭证多次使用
现金流出环节	虚增筹资费用	形成账外资金
会计记录环节	错误或舞弊	筹资记录不真实地反映
借款费用环节	会计处理不恰当	资本化应计入当期损益的借款费用,虚减当期费用,虚增资产
其 他	资金未按规定用途使用,借款的抵押与担保情况未充分披露	

表 14-9 投资循环中常见的错弊

投资环节	错误类型	后 果
投资计划环节	重大投资项目未进行可行性研究	盲目投资造成重大损失浪费
长期股权投资	随意改变会计核算方法	
固定资产	人为虚增或缩小资产价值,虚报固定资产毁损,私下变卖企业财产,固定资产变价收入不入账,存入小金库,随意多提或少提折旧	人为调节利润; 资产的安全性得不到保证; 舞弊行为

（续表）

投资环节	错误类型	后　果
无形资产	随意摊销无形资产，混淆无形资产的使用权和所有权转让	人为调节损益； 账务处理不当
投资收益	投资收益与投资不配比	隐瞒经营信息

3. 评价筹资业务内部控制

审计人员了解内部控制要点后，测试其执行是否有效，从而最终对筹资业务的内部控制进行分析、评价。在评价了解后，应考虑相关的内部控制是否存在，是否完善，能否达到控制的目的，在哪些环节存在缺陷以及可能带来的影响。做了这样的评价之后，找出被审计单位的筹资业务的薄弱环节，以确定其在实质性程序工作中的影响，确定下一步的审查重点。

第三节　借款审计

一、借款的审计目标

借款是被审计单位向银行或金融机构借入资金而承担的一项经济义务，是企业的负债项目。根据还款期限的不同，借款可分为短期负债和长期负债。本节的内容包括短期借款、应付债券和长期借款。在一般情况下。被审计单位不会高估负债，因为这样于自身不利，且难以与债权人的会计记录相互印证。注册会计师对于负债项目的审计，主要是防止企业低估债务。低估债务经常伴随着低估成本费用而高估利润的目的。因此，低估债务不仅影响财务状况的反映，而且还会极大地影响企业财务成果的反映。所以，注册会计师在实施借款业务审计时，应将被审计单位是否低估借款作为一个关注的要点。

银行借款的审计目标：

(1)了解并确定被审计单位有关借款的内部控制是否存在、有效且一贯遵守；

(2)确定被审计单位在特定期间内发生的借款业务是否均已记录完毕，有无遗漏；

(3)确认被审计单位所记录的借款在特定期间是否确实存在，是否为被审计单位所承担；

(4)确认被审计单位所有借款的会计处理是否正确；

(5)确定被审计单位各项借款的发生是否符合有关法律的规定，被审计单位是否遵守了有关债务契约的规定；

(6)确认被审计单位借款余额在有关会计报表上的反映是否恰当。

二、重要性、风险和审计策略

长期负债对财务状况和财务成果的公允表达有着重要影响。在有些大公司里，长期

负债相对于负债总额和股权权益总额来说并不重要，但是在很多公共事业单位，这项负债往往超过公司资产总额的50%以上。在很多公司，这些交易并不是经常发生的。执行和记录借款业务出现错报的风险一般很小。在长期负债审计范围中，重要性不是选择测试的内容、时间和范围经常考虑的因素。尽管利息的支付次数稍多一些，但公司通常是在委托外界代理机构代为处理股利和利息的支付的。此外，绝大多数的交易都要求董事会授权，并由公司主管参与执行。长期负债适用的会计准则多且复杂，所以审计人员应把重点放在有关"表达和披露"的特定审计目标上。因此审计人员往往预期借款交易业务和余额的审计风险保持在一个较低的水平。

借款业务的审计策略的选择主要取决于交易量的多少。借款业务并不经常发生，因此审计人员采用主要证实法进行审计比较合算。特别是在公司利用外界独立代理机构代为支付借款利息时，使用主要证实法就更加合算。

三、长期借款审计的实质性程序

从审计的观点来看，应付票据、长期借款和应付公司债都有类似的特性：(1)涉及付息的合同或者协议；(2)需要经过董事会批准；(3)可能需要抵押品做担保。所以，这些账户的审计，风险不大。

企业通常不经常发生长期负债交易，一旦发生，相对来说金额巨大，年末很少有需要做截止测试。

长期借款的实质性程序通常包括：

(1)获取或编制长期借款明细表，复核其加计数是否正确，并与明细账和总账核对相符。

(2)了解金融机构对被审计单位的授信情况以及被审计单位的信用等级评估情况，了解被审计单位获得短期借款和长期借款的抵押和担保情况，评估被审计单位的信誉和融资能力。

(3)对年度内增加的长期借款，应检查借款合同和授权批准，了解借款数额、借款条件、借款日期、还款期限、借款利率，并与相关会计记录相核对。对年度内减少的长期借款，注册会计师应检查相关记录和原始凭证，核实还款数额。

(4)检查长期借款的使用是否符合借款合同的规定，重点检查长期借款使用的合理性。

(5)向银行或其他债权人函证重大的长期借款。

(6)检查年末有无到期末偿还的借款，逾期借款是否办理了延期手续；分析计算逾期借款的金额、比率和期限，判断被审计单位的资信程度和偿债能力。

(7)计算短期借款、长期借款在各个月份的平均余额，选取适用的利率匡算利息支出总额，并与财务费用的相关记录核对，判断被审计单位是否高估或低估利息支出，必要时进行适当调整。

(8)检查非记账本位币折算为记账本位币时采用的折算汇率，折算差额是否按规定进行会计处理。

(9)检查借款费用[①]的会计处理是否正确。借款费用，指企业因借款而发生的利息及其他相关成本，包括折价或溢价的摊销、辅助费用以及因外币借款而发生的汇兑差额。按照《企业会计准则第17号——借款费用》的规定，企业发生的借款费用，可直接归属于符合资本条件的资产的购建或生产的，应当予以资本化，计入相关资产成本；其他借款费用，应当在发生时根据其发生额确认费用，计入当期损益。

(10)检查企业抵押长期借款的抵押资产的所有权是否属于企业，其价值和实际状况是否与抵押契约中的规定相一致。

(11)检查企业重大的资产租赁合同，判断被审计单位是否存在资产负债表外融资的现象。

(12)检查长期借款是否已在资产负债表上充分披露。

长期借款在资产负债表上列示于长期负债类下，该项目应根据“长期借款”科目的期末余额扣减将于一年内到期的长期借款后的数额填列，该项扣除数应当填列在流动负债类下的“一年内到期的长期负债”项目单独反映。注册会计师应根据审计的结果，确定被审计单位长期借款在资产负债表上的列示是否充分，并注意长期借款的抵押和担保是否已在财务报表附注中做了充分的说明。

【小提示14-2】

银行借款一旦形成，在其偿还期内，除了按规定计提利息外，相关的经济业务一般不会发生。如果注册会计师在上一审计年度已对相关的银行借款进行了审计，本年度的审计程序可以大大简化，有关工作底稿还可以继续利用，审计的侧重点则放在各银行借款本年发生的变动上。

四、应付债券审计的实质性程序

应付债券作为一种筹措长期资金的手段，它与银行借款既有相同的地方(如都必须还本付息)，又有所不同，主要表现在：企业发行债券必须严格遵守国家有关债券管理的规定；债券能在市场上流通转让等。

应付债券的实质性程序一般包括以下几项：

(1)取得或编制应付债券明细表[②]。同其他负债项目的实质性程序一样，注册会计师应首先取得或编制应付债券明细表，并同有关的明细分类账和总分类账核对相符。

(2)检查债券交易的有关原始凭证。检查债券交易的各项原始凭证，是确定应付债券金额及其合法性的重要程序，注册会计师应做好以下工作：

一是检查企业现有债券副本，确定其发行是否合法，各项内容是否同相关的会计记录保持一致；

二是检查企业发行债券所收入现金的收据、汇款通知单、送款登记簿及相关的银行

---

① 借款费用，是指企业因借款而发生的利息及其他相关成本，包括折价或溢价的摊销、辅助费用以及因外币借款而发生的汇兑差额。

② 应付债券明细账通常都包括债券名称、承销机构、发行日、到期日、债券总额(面值)、实收金额、折价和溢价及其摊销、应付利息、担保情况等内容。

对账单；

三是检查用以偿还债券的支票存根，并检查利息费用的计算；

四是检查已偿还债券数额同应付债券借方发生额是否相符；

五是如果企业发行债券时已做抵押或担保，注册会计师还应检查相关契约的履行情况。

(3)检查应计利息、债券折(溢)价摊销及其会计处理是否正确。此项工作一般可通过检查债券利息、溢价、折价等账户分析表来进行。该表可让企业代为编制，注册会计师加以检查，也可由注册会计师自己编制。

(4)函证"应付债券"账户期末余额。为了确定"应付债券"账户期末余额的真实性，注册会计师如果认为必要，可以直接向债权人及债券的承销人或包销人进行函证。函证内容应包括应付债券的名称、发行日、到期日、利率、已付利息期间、年内偿还的债券、资产负债表日尚未偿还的债券以及注册会计师认为应包括的其他重要事项。

(5)检查到期债券的偿还。对到期债券的偿还，注册会计师应检查相关会计记录，检查其会计处理是否正确。对可转换公司债券持有人行使转换权利，将其持有的债券转换为股票，则应检查其转股的会计处理是否正确。

(6)检查借款费用的会计处理是否正确。

(7)检查应付债券是否已在资产负债表上充分披露。注册会计师应根据审计的结果，确定被审计单位应付债券在财务报表上的披露是否充分，应注意有关应付债券的类别是否已在财务报表附注中做了充分的说明。

第四节　所有者权益审计

一、所有者权益审计的目标

所有者权益交易业务较少，金额虽然较大，但是并不经常发生。通常根据会计恒等式，可以在证明资产和负债的基础上从侧面证实所有者权益的正确性，所以审计所有者权益一般需要的时间较少，但是对所有者权益审计的实质性程序仍然十分必要。所有者权益的审计目标主要包括以下四个方面：

(1)评价企业有关股本交易和利润分配的内部控制的适当性和真实性，并为被审计单位改善内部控制提供意见；

(2)确认是否将在被审计期间发生的所有关于所有者权益的经济业务都已记录入账，并已在会计账簿上正确、公允地加以反映；

(3)查明被审计期间发生的所有者权益项目的增减变动是否均经过审核，是否符合有关法律、法规的规定；

(4)确认所有者权益在财务报表上是否得以恰当的反映。

二、重要性、风险和审计策略

所有者权益是资产负债表的一个重要组成部分。对制造公司而言，所有者权益业务对利润表的影响通常并不重要，但股利对利润分配表的影响则往往是很重要的。由于股东权益业务并不是经常发生，审计人员往往预期所有者权益交易和余额的审计风险保持在一个较低的水平。

同长期负债一样，所有者权益的审计策略主要取决于交易量的多少。由于其业务并不经常发生，因此审计人员主要采用证实法进行审计比较合适。所有者权益的测试也可以在资产负债表日前或者日后执行。

三、实收资本(股本)审计的实质性程序

实收资本(股本)审计的实质性程序通常包括以下内容：

(1)获取或编制实收资本(股本)增减变动情况明细表，复核加计正确，与报表数、总账数和明细账合计数核对相符。

(2)查阅公司章程、股东大会、董事会会议记录中有关实收资本(股本)的规定。收集与实收资本(股本)变动有关的董事会会议纪要、合同、协议、公司章程及营业执照。公司设立批文、验资报告等法律性文件，并更新永久性档案。

(3)检查实收资本(股本)增减变动的原因，查阅其是否与董事会纪要、补充合同、协议及其他有关法律性文件的规定一致，逐笔追查至原始凭证，检查其会计处理是否正确。注意有无抽资或变相抽资的情况，如有，应取证核实，做恰当的处理。对首次接受委托的客户，除取得验资报告外，还应检查并复印记账凭证及进账单。

(4)对于以资本公积、盈余公积和未分配利润转增资本的，应取得股东(大)会等资料，并审核是否符合国家有的关规定。

(5)以权益结算的股份支付，取得相关资料，检查是否符合相关规定。

(6)根据证券登记公司提供的股东名录，检查被审计单位及其子公司、合营企业与联营企业有无违反规定的持股情况。

(7)以非记账本位币出资的，检查其折算汇率是否符合规定。

(8)检查认股权证及其有关交易，确定委托人及认股人是否遵守认股合约或认股权证中的有关规定。

(9)确认实收资本(股本)的披露是否恰当。

四、资本公积审计的实质性程序

资本公积审计的实质性程序通常包括以下内容：

(1)获取或编制资本公积明细表，复核加计正确，并与报表数、总账数和明细账合计数核对相符。

(2)收集与资本公积变动有关的股东(大)会决议、董事会会议纪要、资产评估报告等文件资料，更新永久性档案。首次接受委托的，应检查期初资本供给的原始发生依据。

(3)根据资本公积明细账，对股本溢价、其他资本公积各明细发生额逐项审查。

对资本溢价应检查是否在企业吸收新投资时形成，资本溢价的确定是否按实际出资额扣除其投资比例所占的资本额计算，其投资是否经过董事会决定，并已报原审批机关批准；对股本溢价应检查发行是否合法，是否经过有关部门批准，股票发行价格与其面值

的差额是否全部计入资本公积，发行股票支付的手续费或佣金、股票印制成本等减去发行股票冻结期间所产生的利息收入后的余额是否已从溢价中扣除。对于其他资本公积，审计人员还应检查这些业务的处理是否符合会计准则和相关法规的规定，以及会计记录是否准确。

（4）检查资本公积各项目，考虑对所得税的影响。

（5）记录资本公积中不能转增资本的项目。

（6）确定资本公积的披露是否恰当，应审查资本公积是否在资产负债表上单独列示。

五、盈余公积的审计实质性程序

盈余公积审计的实质性程序通常包括以下内容：

（1）取得或编制盈余公积明细表，复核加计，并与报表数、总账数和明细账合计数核对相符。

（2）收集与盈余公积变动有关的董事会会议纪要、股东（大）会决议以及政府主管部门、财政部门批复等文件资料，进行审阅，并更新永久性档案。

（3）对法定盈余公积和任意盈余公积的发生额逐项审查至原始凭证：

一是审查法定盈余公积和任意盈余公积的计提顺序、计提基数、计提比例是否符合有关规定，会计处理是否正确；

二是审查盈余公积的减少是否符合有关规定，并取得董事会会议纪要、股东（大）会决议，予以核实，检查有关会计处理是否正确。

（4）如系外商投资企业，应对储备基金、企业发展基金的发生额逐项审查至原始凭证。

（5）如系中外合作经营企业，应对利润归还投资的发生额审查至原始凭证，并与“实收资本-已归还投资”科目的发生金额核对。

（6）确定盈余公积的披露是否恰当，各项变动是否已在附注中说明。

六、未分配利润的审计实质性程序

未分配利润审计的实质性程序通常包括以下内容：

（1）获取或编制利润分配明细表，复核加计正确，与报表数、总账数及明细账合计数核对相符。

（2）检查未分配利润期初数与上期审定数是否相符，涉及损益的上期审计调整是否正确入账。

（3）收集和检查与利润分配有关的董事会会议纪要、股东（大）会决议、政府部门批文，以及有关合同、协议、公司章程等文件资料更新永久性档案。对照有关规定确认利润分配的合法性。检查对资产负债表日后至财务报告批准报出日之间由董事会或类似机构所制订利润分配方案中拟分配的股利，是否在财务报表附注中单独披露。要注意当境内与境外会计师事务所审定的可供分配利润不同时，被审计单位进行利润分配的基数是否正确。

（4）检查本期未分配利润变动除净利润转入以外的全部相关凭证，结合所获取的文件资料，确定其会计处理是否正确。

(5)了解本年利润弥补以前年度亏损的情况，如果已超过弥补期限，且已因为抵扣亏损而确认递延所得税资产的，应当进行调整。

(6)结合以前年度损益调整科目的审计，检查以前年度损益调整的内容是否真实、合理，注意对以前年度所得税的影响。对重大调整事项应逐项核实其发生的原因、依据和有关资料，复核数据的正确性。

(7)确定未分配利润的披露是否恰当。

七、应付股利审计的实质性程序

应付股利审计的实质性程序通常包括以下内容：

(1)获取或编制应付股利明细表，复核加计是否正确，并与报表数、总账数和明细账合计数核对相符。

(2)审阅公司章程和股东(大)会决议中有关股利的规定，了解股利分配标准和发放方式是否符合有关规定并经法定程序批准。若被审计单位董事会或类似机构通过利润分配方案拟分配现金股利或利润，应注意是否披露。

(3)检查应付股利的发生额。是否根据股东(大)会决定的利润分配方案，从可供分配的利润中计算确定，并复核应付股利计算和会计处理的正确性。

(4)检查股利支付的原始凭证的内容、金额和会计处理是否正确。

(5)现金股利是否按公告规定的时间、金额予以发放结算，非标准手之零星股东股利有否采用适当方法结算，对无法结算及委托发放而长期未结的股利是否做出适当处理。

(6)确定应付股利的披露是否恰当。

第五节　投资审计

一、投资审计的目标

投资审计的目标一般包括：确认投资是否存在；确定投资是否确是属于被审计单位的权利；确定投资在报告期内的增减变动及收益或损失是否全部登记入账，确定投资的计量标准和核算方法是否恰当；确定投资的期末余额是否正确；确定投资在资产负债表上的列报是否恰当。

二、重要性、风险与审计策略

作为短期投资持有的有价证券，对公司的短期清偿能力可能有重要的影响，但是这种投资的收入对公司经营成果的影响通常不大；而作为长期投资持有的证券，对资产负债表、利润表的影响则可能较大。由于投资交易一般发生得并不多，因此，错报的风险往往很低。

对投资交易的执行和有价证券的保管，客户一般都派一位或者多位主管参加。与投资业务有关的良好的控制环境极有利于强化其内部控制。大多数公司都指派财务总监直接负责投资交易的授权，并要求财务总监不仅熟悉公司的政策和程序，而且具有丰富的经验。另外，还要求财务总监意识到观察所有既定控制程序的重要性。因此，投资交易的内部控制大多是有效的，投资交易的控制风险很低。

投资循环的审计策略，主要取决于投资交易发生次数的多少，在客户的投资交易比较少时，审计人员采用主要证实法，而不用执行控制测试，以寻求较低的检查风险水平。相反，在客户的投资交易比较多时，审计人员执行控制测试以取得支持较低控制风险估计水平法的证据，可能更加好。

三、交易性金融资产

(1)获取或编制交易性金融资产明细表，复核加计正确，并与报表数、总账数和明细账合计数核对相符。

(2)对期末结存的相关交易性金融资产，向被审计单位核实其持有目的，检查本科目核算范围是否恰当。

(3)获取股票、债券及基金等交易流水单以及被审计单位证券投资部门的交易记录，与明细账核对，检查会计记录是否完整、会计处理是否正确。

(4)监盘库存交易性金融资产，并与相关账户余额进行核对，如有差异，而应查明原因，并做出记录或进行适当的调整。

(5)向相关金融机构发函询证交易性金融资产期末数量以及是否存在变现限制(与存-投资款一并函证)，并记录函证过程。取得回函时应检查相关签章是否符合要求。

(6)抽取交易性金融资产增减变动的相关凭证，检查其原始凭证是否完整合法，会计处理是否正确：

一是抽取交易性金融资产增加的记账凭证，注意其原始凭证是否完整合法，成本、交易费用和相关利息或股利的会计处理是否符合规定。

二是抽取交易性金融资产减少的记账凭证，检查其原始凭证是否完整合法，会计处理是否正确；注意出售交易性金融资产时其成本结转是否正确。原计入的公允价值变动损益有无调整至投资收益。

(7)复核与交易性金融资产相关的损益计算是否准确，并与公允价值变动损益及投资收益等有关数据核对。

(8)复核股票、债券及基金等交易性金融资产的期末公允价值是否合理，相关会计处理是否正确。

(9)关注交易性金融资产是否存在重大的变现限制。

(10)确定交易性金融资产的披露是否恰当。

四、检查持有至到期投资

持有至到期投资的实质性程序通常包括以下内容：

(1)获取或编制持有至到期投资明细表，复核加计正确，并与总账数和明细账合计数核对相符。

(2)获取持有至到期投资对账单，与明细账核对，并检查其会计处理是否正确。

(3)检查库存持有至到期投资并与账面余额进行核对，如有差异，应查明原因，并做出记录或进行适当调整。

(4)向相关金融机构发函询证持有至到期投资期末数量，并记录函证过程。取得回函时应检查相关签章是否符合要求。

(5)对期末结存的持有至到期投资资产，核实被审计单位持有的目的和能力，检查本科目核算范围是否恰当。

(6)抽取持有至到期投资增加的记账凭证，注意其原始凭证是否完整合法，成本、交易费用和相关利息的会计处理是否符合规定。

(7)抽取持有至到期投资减少的记账凭证，检查其原始凭证是否完整合法，会计处理是否正确。

(8)根据相关资料，确定债券投资的计息类型。结合投资收益科目，复核计算利息采用的利率是否恰当，相关会计处理是否正确，检查持有至到期投资持有期间收到的利息会计处理是否正确。检查债券投资票面利率和实际利率有较大差异时被审计单位采用的利率及其计算方法是否正确。

(9)结合投资收益科目，复核处置持有至到期投资的损益计算是否准确，已计提的减值准备是否同时结转。

(10)检查当期持有至到期投资是否正确，持有至到期投资划转为可供出售金融资产的会计处理是否正确。

(11)结合银行借款等科目，了解是否存在已有债务担保的持有至到期投资；如有，则应取证并做相应的记录，同时提请被审计单位做恰当的披露。

(12)当有客观证据表明持有至到期投资发生减值的，应当复核相关资产项目的预计未来现金流量现值，并与其账面价值进行比较，检查相关准备计提是否充分。

(13)若发生减值，检查相关利息的计算及处理是否正确。

(14)确定持有至到期投资的披露是否恰当，注意一年内到期的持有至到期投资是否已重分类至一年内到期的非流动资产。

五、检查可供出售金融资产

(1)获取或编制可供出售金融资产明细表，复核加计正确，并与总账数和明细账合计数核对相符。

(2)获取可供出售金融资产对账单，与明细账核对，并检查其会计处理是否正确。

(3)检查库存可供出售金融资产，并与相关账户余额进行核对，如有差异，应查明原因，并做出记录或进行适当的调整。

(4)向相关金融机构发函询证可供出售资产期末数量，并记录函证过程。取得回函时应检查相关签章是否符合要求。

(5)对期末结存的可供出售的金融资产，向被审计单位核实其持有目的。检查本科目核对范围是否恰当。

(6)抽取可供出售金融资产增减变动的相关凭证，检查其原始凭证是否完整合法，会计处理是否正确：

一是抽取可供出售金融资产增加的记账凭证，注意其原始凭证是否完整合法，成本、交易费用和相关利息或股利的会计处理是否符合规定。

二是抽取可供出售金融资产减少的记账凭证，检查其原始凭证是否完整合法，会计处理是否正确。注意出售可供出售金融资产时相应的资本公积有无调整。

(7)复核可供出售金融资产的期末公允价值是否合理，检查会计处理是否正确。

(8)如果可供出售金融资产的公允价值发生较大幅度下降，并且预期这种下降趋势属于非暂时性的，应当检查被审计单位是否计提资产减值准备，计提金额和相关会计处理是否正确。

(9)已确认减值损失的可供出售金融资产，当公允价值回升时检查其相关会计处理是否正确。注意债券等债务工具应从资产减值损失科目转回；股票等权益工具则应从资本公积转回，不得从当期损益转回。

(10)若债券等债务工具类可供出售金融资产发生减值，检查相关利息的计算和会计处理是否正确。

(11)检查可供出售金融资产出售时，其相关损益计算及会计处理是否正确，已计入资本公积的公允价值累计变动额是否转入投资收益科目。

(12)复核可供出售金融资产划转为持有至到期投资的依据是否充分，会计处理是否正确。

(13)检查债券投资计入损益的利息收入计算所采用的利率是否正确。

(14)结合银行借款等科目，了解是否存在已用于债务担保的可供出售金融资产；如有，则应取证并做相应的记录。同时提请被审计单位作恰当披露。

(15)确定可供出售金融资产的披露是否恰当。

六、长期股权投资的实质性程序

(1)获取或编制长期股权投资明细表，复核加计正确，并与总账数和明细账合计数核对相符；结合长期股权投资减值准备科目与报表数核对相符。

(2)根据有关合同和文件，确认股权投资的股权比例和持有时间，检查股权投资核算方法是否正确。

(3)对于重大的投资，向被投资单位函证被审计单位的投资额、持股比例以及被投资单位发放股利等情况。

(4)对于应采用权益法核算的长期股权投资，获取被投资单位已经注册会计师审计的年度财务报表。如果未经注册会计师审计，则应考虑对被投资单位的财务报表实施适当的审计或审阅程序：

一是复核投资收益时，应以取得投资时被投资单位各项可辨认资产等的公允价值为基础，对被投资单位的净利润进行调整后加以确认；被投资单位采用的会计政策及会计期间与被审计单位不一致的，应当按照被审计单位的会计政策及会计期间对被投资单位的财务报表进行调整，据以确认投资损益。

二是将重新计算的投资收益与被审计单位所计算的投资收益相核对，如有重大差异，则查明原因，并做适当的调整。

三是检查被审计单位按权益法核算长期股权投资，在确认应分担被投资单位发生的净亏损时，应首先冲减长期股权投资的账面价值，其次冲减其他实质上构成对被投资单位净投资的长期权益账面价值(如长期应收款等)；如果按照投资合同和协议约定被审计单位仍需承担额外损失义务的，应按预计承担的义务确认预计负债，并与预计负债中的相应数字核对无误；被投资单位以后期间实现盈利的，被审计单位在其收益分享额弥补未确认的亏损分担额后，恢复确认收益分享额。审计时，应检查被审计单位会计处理是否正确。

四是检查除净损益以外被投资单位所有者权益的其他变动，是否调整计入所有者权益。

(5)对于采用成本法核算的长期股权投资，检查股利分配的原始凭证以及分配决议等资料确定会计处理是否正确；对被审计单位实施控制而采用成本法核算的长期股权投资，比照权益法编制变动明细表，以备合并报表使用。

(6)对于成本法和权益法相互转换的，检查其投资成本的确定是否正确。

(7)确定长期股权投资的增减变动的记录是否完整：

一是检查本期增加的长期股权投资，追查至原始凭证及相关的文件或决议以及被投资单位验资报告或财务资料等，确认长期股权投资是否符合投资合同、协议的规定，并已确实投资，会计处理是否正确。

二是检查本期减少的长期股权投资，追查至原始凭证，确认长期股权投资的收回有合理的理由及授权批准手续，并已确实收回投资，会计处理是否正确。

(8)期末对长期股权投资进行逐项检查，以确定长期股权投资是否已经发生减值：

一是核对长期股权投资减值准备本期与以前年度计提方法是否一致；如有差异，查明政策调整的原因，并确定政策改变对本期损益的影响，提请被审计单位做适当的披露。

二是对长期股权投资逐项进行检查，根据被投资单位经营政策、法律环境的变化、市场需求的变化、行业的变化、盈利能力等各种情形，予以判断长期股权投资是否存在减值迹象。确有出现导致长期股权投资可收回金额低于账面价值的，将可收回金额低于账面价值的差额作为长期股权投资减值准备予以计提，并与被审计单位已计提数相核对，如有差异，应查明原因。

三是将本期减值准备计提金额与利润表资产减值损失中的相应数字核对无误。

四是长期股权投资减值准备按单项资产计提，计提依据充分，得到适当批准。减值损失一经确认，在以后会计期间不得转回。

(9)结合银行借款等的检查，了解长期股权投资是否存在质押、担保情况；如有，则应详细记录，并提请被审计单位进行充分的披露。

(10)确定长期股权投资在资产负债表上已恰当列报。与被审计单位人员讨论确定是否存在被投资单位由于所在国家和地区及其他方面的影响，其向被审计单位转移资金的能力受到限制的情况；如存在，应详细记录受限情况，并提请被审计单位充分披露。

七、应收利息审计

应收利息审计的实质性程序通常包括以下内容：

(1)获取或编制应收利息明细表,复核加计正确,并与总账数和明细账合计数核对相符,结合坏账准备科目与报表数核对相符。

(2)实质性分析程序。按照不同借款类别,将借款平均余额与平均利率的乘积,与账面利息收入相比较,确定两者差异额是否合理。

(3)与长期股权投资、交易性金融资产、可供出售金融资产、持有至到期投资等相关项目的审计结合,验证确定应收利息的计算是否充分、正确,检查会计处理是否正确。

(4)对于重大的应收利息项目,审阅相关文件,复核其计算的准确性;必要时,向有关单位函证并记录。

(5)检查应收利息减少有无异常。

(6)检查期后收款情况,对于至审计时已收回金额较大的款项进行常规检查,如核对收款凭证、银行对账单、发票等。

(7)关注长期未收回及金额较大的应收利息,询问被审计单位管理人员及相关职员,确定应收利息的可收回性;必要时,向被投资单位函证利息支付情况,复核并记录函证结果。

(8)确定应收利息已恰当披露。

八、投资收益审计实质性程序

(1)获取或编制投资收益分类明细表,复核加计正确,并与总账数和明细账合计数核对相符,与报表数核对相符。

(2)与长期股权投资、交易性金融资产、可供出售金融资产等相关项目的审计结合,验证确定应收股利的计算是否正确,检查会计处理是否正确。

(3)对于重大的应收股利项目,审阅相关文件,测试其计算的准确性;必要时,向被投资单位函证并记录。

(4)检查应收股利减少有无异常。

(5)检查期后收款情况,对于至审计时已收回金额较大的款项进行常规检查,如核对收款凭证、银行对账单、股利分配方案等。

(6)关注长期未收回且金额较大的应收股利,询问被审计单位管理人员及相关职员或者查询被投资单位的情况,确定应收股利的可收回性;必要时,向被投资单位函证股利支付情况,复核并记录函证结果。

(7)确定应收股利已恰当列报,确定境外投资应收股利汇回是否存在重大限制,如果存在,应该已充分披露。

第六节　其他相关账户审计

一、其他应收款审计

(一)其他应收款审计目标一般包括以下内容

(1)确定其他应收款是否存在;

(2)确定其他应收款是否归被审计单位所有；

(3)确定其他应收款增减变动的记录是否完整；

(4)确定其他应收款是否可收回；

(5)确定其他应收款期末余额是否正确；

(6)确定其他应收款的披露是否恰当。

(二)其他应收款的实质性程序

(1)获取或编制其他应收款明细表，复核加计正确，并与报表数、总账数和明细账合计数核对相符；检查其他应收款的账龄分析是否正确；分析有贷方余额的项目，查明原因，必要时做重新分类调整；结合应收账款明细余额，查验是否有双方同时挂账的项目，核算内容是否重复，必要时做出适当调整；标明应收关联方(包括持股5%以上的股东)的款项，并注明合并报表时应予抵销的数字。

(2)判断选择一定金额以上、账龄较长或异常的明细账户余额发函询证，编制函证结果汇总表。

(3)对发出询证函未能收到回函的样本，采用替代审计程序，如查核下期明细账，或追踪至其他应收款发生时的原始凭证。特别要注意是否存在抽逃资金、隐藏费用的现象。

(4)审核资产负债表日后的收款事项，确定有无未及时入账的债权。

(5)分析明细账户，对于长期未能收回的项目，应查明原因，确定是否可能发生坏账损失。

(6)对非记账本位币结算的其他应收款，检查其采用的折算汇率是否正确。

(7)检查转作坏账损失项目，是否符合规定并办妥审批手续。

(8)验明其他应收款的披露是否恰当。

二、预计负债审计

(一)预计负债的审计目标

预计负债主要因企业确认的对外担保、未决诉讼、产品质盘保证、重组义务、亏损性合同等形成。预计负债的审计是或有事项审计的一部分内容。预计负债的审计目标一般包括以下内容：

(1)确定预计负债的确认是否完整；

(2)预计负债的计量是否符合规定；

(3)预计负债的会计处理是否正确；

(4)预计负债的披露是否恰当。

(二)预计负债的实质性程序

预计负债的实质性程序通常包括以下内容：

(1)获取或编制预计负债明细表，复核加计正确，并与报表数、总账数和明细账合计数核对相符；

(2)向相关银行函证担保事项；

(3)对已涉诉并已判决的对外担保,取得并审阅相关法院判决书;

(4)对已涉诉但尚未判决的对外担保,取得被审计单位律师或法律顾问的法律意见;

(5)检查预计负债的估计是否准确。会计处理是否正确;

(6)检查预计负债的披露是否恰当。

三、所得税费用审计

(一)所得税费用的审计目标

(1)确定记录的所得税费用是否已发生,且与被审计单位有关;

(2)确定所得税费用记录是否完整;

(3)确定与所得税费用有关的金额及其他数据是否已恰当记录;

(4)确定所得税费用是否已记录于正确的会计期间;

(5)确定所得税费用的内容是否正确;

(6)确定所得税费用的披露是否恰当。

(二)所得税费用审计的实质性程序

(1)获取或编制所得税费用明细表、递延所得税资产明细表、递延所得税负债明细表,核对与明细账合计数、总账及报表数是否相符。

(2)根据审计结果和税法的规定,核实当期的纳税调整事项,确定应纳税所得额,计算当期所得税费用。

(3)根据期末资产及负债的账面价值与其计税基础之间的差异,以及未作为资产和负债确认的项目的账面价值与按照税法的规定确定的计税基础的差异,计算递延所得税资产、递延所得税负债期末应有余额,并根据递延所得税资产、递延所得税负债期初余额,倒轧出递延所得税费用(收益)。

(4)将当期所得税费用与递延所得税费用之和与利润表上的"所得税"项目金额相核对。

(5)确定所得税费用、递延所得税资产、递延所得税负债是否已在财务报表中恰当列报。

四、资产减值准备

资产减值准备包括坏账准备、存货跌价准备、长期投资减值准备、可供出售金融资产减值准备、持有至到期减值准备、投资性房地产减值准备、固定资产减值准备、工程物资减值准备、在建工程减值准备、无形资产减值准备、商誉减值准备等项目。根据企业会计准则的规定,不同类别资产的减值,适用于不同的准则。

对资产减值准备的审计是与相关资产的审计一并进行的、作为测试相关资产计价认定的一项重要内容。

(一)资产减值准备的审计目标

(1)确定记录是否完整;

(2)确定与资产减值损失有关的金额及其他数据是否已恰当记录;

(3)确定资产减值损失是否已记录于正确的会计期间；

(4)确定资产减值损失的内容是否正确；

(5)确定资产减值损失的披露是否恰当。

(二)资产减值准备的实质性程序

(1)获取或编制资产减值损失明细表，复核加计正确，并与报表数、总账数及明细账合计数核对相符。

(2)检查资产减值损失核算的内容是否符合规定。

(3)对本期增减变动情况检查如下：

一是对本期增加及转回的资产减值损失，与坏账准备等科目进行交叉钩稽。

二是对本期转销的资产减值损失，结合相关资产科目的审计，检查会计处理是否正确。

(4)确定资产减值损失的披露是否恰当。

五、公允价值变动收益

公允价值变动收益包括交易性金融资产、交易性金融负债，以及采用公允价值模式计量的投资性房地产、衍生金融工具、套期保值业务等公允价值变动形成的应计入当期损益的利得或损失。同样，公允价值变动收益审计是与相关资产、负债的审计一并进行的。作为测试相关资产、负债计价认定的一项重要内容，在审计公允价值变动收益时，公允价值的确定是关键。

(一)公允价值变动收益的审计目标

(1)确定已记录的公允价值变动收益是否已发生，且与被审计单位有关；

(2)确定公允价值变动收益记录是否完整；

(3)确定与公允价值变动收益有关的金额及其他数据是否已恰当记录；

(4)确定公允价值变动收益是否已记录于正确的会计期间；

(5)确定公允价值变动收益的内容是否正确；

(6)确定公允价值变动收益的披露是否恰当。

(二)公允价值变动收益审计的实质性程序

(1)获取或编制公允价值变动收益明细表，复核加计正确，与报表数、总账数及明细账合计数核对相符。

(2)根据公允价值变动收益明细账，对交易性金融资产(负债)、衍生工具、套期保值业务和投资性房地产等各明细发生额逐项检查：

一是在资产负债表日，被审计单位是否将交易性金融资产(负债)的公允价值与其账面价值的差额记入本科目；处置交易性金融资产(负债)时，是否将原已记入本科目的公允价值变动金额转入投资收益。

二是在资产负债表日，被审计单位是否将衍生金融工具的公允价值与其账面价值的差额记入本科目；终止确认衍生金融工具时，其会计处理是否正确。

三是对于在资产负债表日，满足运用套期会计方法条件的现金流量套期和境外经营

净投资套期产生的利得和损失，是否进行了正确的会计处理。

四是以公允价值模式计量的投资性房地产的公允价值变动收益，应结合对应科目检查其初始成本确定是否正确，期末公允价值确定是否合理；处置时原公允价值变动（含记入本科目和资本公积）有无正确结转至其他业务成本。

(3)确定公允价值变动收益的披露是否恰当。

本章小结

筹资和投资循环由筹资和投资活动的交易事项构成。对该循环的审计包括了对内部控制的控制测试和各项交易实施的实质性程序。

该循环的控制测试包括：(1)筹资活动的控制测试：即审查筹资活动是否经过授权批准；筹资活动的授权、执行、记录和实物保管等是否严格分工；筹资活动是否建立了严密的账簿体系和记录制度，并定期检查。(2)投资活动的控制测试：即审查投资项目是否经授权批准；投资项目的授权、执行、保管和记录是否严格分工；有无健全的有价证券保管制度；投资活动的核算方式是否符合有关财务制度的规定，相关投资收益的会计处理是否正确；对投资收益的监控是否恰当。

通过了解、评价该循环哪些属于控制较强的部分，哪些属于控制较弱的部分，并依据对内部控制的可信赖程度，确定该循环实质性程序和重点。对该循环实质性程序主要包括评审各项目账户的真实性、正确性以及在会计报表上披露的恰当性。

【复习思考题】

1. 投资和筹资的主要业务活动有哪些？主要涉及哪些原始凭单？
2. 投资和筹资循环内部控制的主要特点有哪些？
3. 审查短期借款时应注意把握哪些要点？
4. 审查长期借款业务的合法性与合规性时，审计人员应采取哪些审计程序？
5. 所有者权益审计主要包括哪些内容？其审计程序有哪些？
6. 怎样审查资本公积、盈余公积？

【案例分析题】

甲公司主要从事小型电子消费品的生产和销售。A注册会计师负责审计甲公司2013年度财务报表。

资料一：A注册会计师在审计工作底稿中记录了所了解的甲公司情况及其环境，部分内容摘录如下：

经董事会批准，甲公司于2013年12月1日与丙公司股东达成协议，以1800万元受让丙公司20%股权（很可能是成本法），并付讫股权受让款。2014年1月25日，甲公司向丙公司派出1名董事（丙公司共有5名董事）参与其生产经营决策。

资料二：A注册会计师在审计工作底稿中记录了所获取的甲公司财务数据，部分内容摘录如下表所列（金额单位：万元）：

年　份	2013年未审数	2012年已审数
长期股权投资—联营公司—丙公司		
年初余额	0	0
加:增加投资	1800	0
加:按权益法调整数(表明上期采用权益法核算)	20	0
年末余额	1820	0

资料三:A注册会计师在审计工作底稿中记录了已实施的相关实质性程序,部分内容摘录如下:

根据有关合同和文件,确认长期股权投资的股权比例和持有时间,检查股权投资的核算方法是否正确。要求:

(1)针对资料一,结合资料二,假定不考虑其他条件,指出资料一所述事项是否可能表明存在重大错报风险;如果认为存在,简要说明理由,并分别说明该风险主要与哪些财务报表项目的哪些认定相关。

(2)针对资料三给出的实质性程序,假定不考虑其他条件,指出上述实质性程序与根据资料一(结合资料二)识别的重大错报风险是否直接相关;如果直接相关,指出对应的是哪一项(或者哪几项)识别的重大错报风险,并简要说明理由。

第十五章 货币资金审计

【本章提示】

学习目标：

货币资金是企业资金运动的起点和终点，其增减变动与企业的供应、生产、销售等经济活动密切相关；而且货币资金本身就是充当一般等价物的特殊商品，在企业资产类型中，其流动性最强，因而货币资金容易发生舞弊等行为，所以加强对货币资金的审计意义重大。通过对本章的学习，学生应着重掌握货币资金的内部控制、库存现金内部控制测试与实质性程序的方法、银行存款内部控制测试与实质性程序的方法、其他货币资金内部控制测试与实质性程序的方法。

重要概念：

货币资金内部控制；库存现金内部控制测试；库存现金实质性程序；银行存款内部控制测试；银行存款实质性程序；其他货币资金内部控制测试；其他货币资金实质性程序

【引例】

社会对审计寄予很大期望

伯特·桑普森是帕迪制造公司的主计长，从1989年至1994年，他给自己多支了200万美元“奖金”。其做法是将资金从普通银行账户转入工资账户，然后给自己开支票，在收到支票后再将支票毁掉。同时，伯特进入公司计算机文件，通过做虚假的会计分录来掩盖欺诈；由于伯特几乎负责公司的全部会计工作控制，因此他有这样做的便利条件。

杰克·贝克是特拉米尼和贝克会计师事务所的合伙人，他自帕迪制造公司成立起就负责其审计业务。尽管该公司较小且职责分工有限，但贝克根据严格的管理、有能力的雇员、良好的预算和报告系统和以前年度审计中审计调节较少等情况，认为该公司具有良好的内部控制环境。贝克对控制风险估定为最高，在审计时使用了“实质性”方法。他对期末财务报表进行了详细的余额测试和分析性测试，但没有做控制点测试和业务的实质性测试。

由于桑普森已经将所得赃款挥霍殆尽，且公司没有为雇员上忠诚险，为弥补损失，帕迪制造公司以违反合同为由起诉特拉米尼和贝克会计师事务所。而贝克的辩词是，他已经按照公认审计准则的要求实施了审计。

审判围绕着两位专家证人的证词进行。公司的证人认为，尽管审计师做了实质性测试，但他本应发现桑普森有机会舞弊，如果在此基础上扩大了审计，该项欺诈应该能够被发现。

被告方的专家认为，审计师已经按照公认审计准则的要求做了实质性测试，但由于桑普森非常仔细地篡改了记录，因此对工资账户展开的实质性测试没有能发现该项舞弊。由于没有“明显”证据，审计师当然没有扩大审计的必要，所以说，审计是充分的。

在法庭辩护期间，两位专家引用了大量的公认审计准则，在某些方面，两人引用相同的准则进行辩论。另外，还有几位审计人员出庭做证，他们都受过良好的教育，聪明而且有知识，给人留下的印象深刻。

最终陪审团认为，审计师及特拉米尼和贝克会计师事务所应赔偿帕迪制造公司 230 万美元。他们的理由是，尽管他们不能准确领会两位专家争论的技术性，但很明显，参加审计的人员都是聪明能干的。所以，陪审团认为审计师应该能够发现该项舞弊。

（引自 Arens and Loebbecke. Auditing—An Integrated Approach. pp699）

讨论题：

1. 本案例中现金内部控制主要存在什么缺陷？

2. 审计师所采用的审计程序是否存在问题？

第一节　货币资金审计概述

一、货币资金与交易循环

货币资金与交易循环关系密切，企业从筹集资金开始，把筹集到的资金用于对内对外投资，购买各种生产所要的生产原料，形成企业的生产能力，在此基础上把产品对外销售并收回货款，至此才完成了货币资金的一次循环。货币资金与其他各交易循环的关系如图 15－1 所示，图中只是列示了各交易循环中与货币资金相关的、有代表性的会计科目或者是财务报表项目，并非涉及所有相关的会计科目或是报表项目。

二、货币资金的内部控制原则

货币资金是企业流动性最强的资产，虽然货币资金的收益率最低，但是出于支付动机、预防动机、投资动机，各个企业必须持一定的货币资金以进行生产或是以防不测。由于货币资金是流动性最强的资产，最容易发生偷盗等不法行为以及其他舞弊行为，因此企业必须根据自身生产经营的特点，设置运行良好的货币资金内部控制，以加强对货币资金的管理。一般来说，良好的货币资金的内部控制一般遵循以下一些原则：

(1)岗位分工和职务分离。办理货币资金业务，必须做到不相容岗位相互分离、制约和监督，任何一个人都不得从头到尾包办一切货币资金业务。

(2)货币资金收支要有合理、合法的凭据。对于不真实、不合法的原始凭证，不予受理。对于弄虚作假、涂改或者经济业务严重违法的凭证，在拒绝受理的同时，应当予以扣留，并及时向单位领导人报告，请求查明原因，追究当事人的责任。

(3)不得“坐支”现金。现金收入和现金支出应该两条线进行，不得直接从现金收入中支付现金，也就是不得“坐支”现金，因特殊情况需要坐支现金，必须先报经开户银行批准；除按规定支付现金外，企业一律通过银行转账进行资金支付与结算；全部资金应及时

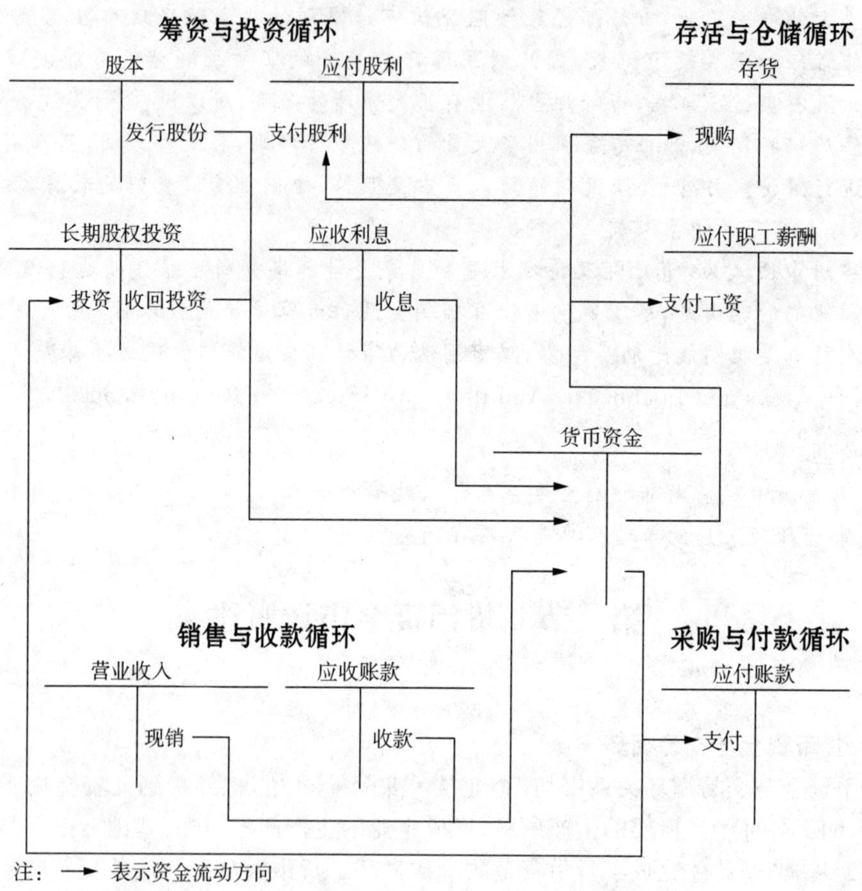

图 15－1　货币资金与其他交易循环关系图

入账，不得拖拉，做到日清月结。

(4)严格支出授权审批制度。企业应当按照支付申请、支付审批、支付复核、支付办理等规定程序办理货币资金的支出业务；对于一些重要的货币资金支付业务，应实行集体决策办法；严禁未经授权的机构或人员办理货币资金业务或直接接触货币子资金。

(5)实行岗位轮换制度。实行这一制度可以减少人为舞弊行为的发生，保护货币资金的完整。

(6)加强货币资金的内部审计。货币资金内审可以有针对性地发现货币资金在内部控制方面的不足，为改进货币资金内部控制提供有效的手段。

第二节　库存现金审计

一、库存现金的审计目标

库存现金包括人民币现金和外币现金。库存现金是企业流动性最强的现金，所以容易发生舞弊行为，发生错报的可能性较大。即使库存现金发生错报金额不大，但其性质可能很严重，因此注册会计师应重视对库存现金的审计。库存现金的审计一般包括以下目标：

(1)确定被审计单位资产负债表日报表上货币资金中包括的库存现金是否确实存在，是否为被审计单位所有；

(2)确定被审计单位库存现金的收支业务记录是否完整，有无遗漏；

(3)确定被审计单位库存现金的余额是否正确；

(4)确定被审计单位库存现金在报表上的披露是否恰当。

二、库存现金的内部控制

1. 岗位分工和授权批准

(1)企业应当建立库存现金业务的岗位责任制，明确相关部门和岗位的职责权限，确保办理库存现金业务的不相容岗位相互分离、制约和监督。库存现金业务的不相容岗位至少应当包括：

① 库存现金支付的审批与执行；

② 库存现金的保管与盘点清查；

③ 库存现金的会计记录与内部审计监督。

同时，出纳人员不得兼任稽核、会计档案保管和收入、支出、费用、债权债务账目的登记工作。

(2)企业应当配备合格的人员办理库存现金业务，并结合企业的实际情况，对办理库存现金业务的人员定期进行岗位轮换。办理库存现金业务的人员应当具备良好的职业道德，忠于职守，廉洁奉公，遵纪守法，客观公正，不断提高会计业务素质和职业道德水平。

(3)单位应当对库存现金业务建立严格的授权批准制度，明确审批人对库存现金业务的授权批准方式、权限、程序、责任和相关控制措施，规定经办人办理库存现金业务的职责范围和工作要求。

(4)审批人应当根据库存现金授权批准制度的规定，在授权范围内进行审批，不得超越审批权限。经办人应当在职责范围内，按照审批人的批准意见办理库存现金业务。对于审批人超越授权范围审批的库存现金业务，经办人员有权拒绝办理，并及时向审批人的上级授权部门报告。

(5)单位应当按照规定的程序办理库存现金支付业务：

① 支付申请。单位有关部门或个人用款时，应当提前向审批人提交库存现金支付申请，注明款项的用途、金额、预算、支付方式等内容，并附有效经济合同或相关证明。

② 支付审批。审批人根据其职责、权限和相应程序对支付申请进行审批。对不符合规定的库存现金支付申请，审批人应当拒绝批准。

③ 支付复核。复核人应当对批准后的库存现金支付申请进行复核，复核库存现金支付申请的批准范围、权限、程序是否正确，手续及相关单证是否齐备，金额计算是否准确，支付方式、支付单位是否妥当等。复核无误后，交由出纳人员办理支付手续。

④ 办理支付。出纳人员应当根据复核无误的支付申请，按规定办理库存现金支付手续，及时登记现金日记账。

(6)单位对于重要库存现金支付业务，应当实行集体决策和审批，并建立责任追究制度，防范贪污、侵占、挪用库存现金等行为。

(7)严禁未经授权的机构或人员办理库存现金业务或直接接触库存现金。

2. 库存现金的管理

(1)单位应当加强现金库存限额的管理，超过库存限额的现金应及时存入银行。

(2)单位必须根据《现金管理暂行条例》的规定，结合本单位的实际情况，确定本单位现金的开支范围。不属于现金开支范围的业务应当通过银行办理转账结算。

(3)单位现金收入应当及时存入银行，不得用于直接支付单位自身的支出。因特殊情况需坐支现金的，应事先报经开户银行审查批准。

单位借出款项必须执行严格的授权批准程序，严禁擅自挪用、借出库存现金。

(4)单位取得的库存现金收入必须及时入账，不得私设“小金库”，不得账外设账，严禁收款不入账。

(5)单位应当定期和不定期地进行现金盘点，确保现金账面余额与实际库存相符。发现不符，应及时查明原因，做出处理。

3. 票据及有关印章的管理

(1)单位应当加强与银行存款相关的票据的管理，明确各种票据的购买、保管、领用、背书转让、注销等环节的职责权限和程序，并专设登记簿进行记录，防止空白票据的遗失和被盗用。

(2)单位应当加强银行预留印鉴的管理。财务专用章应由专人保管，个人名章必须由本人或其授权人员保管。严禁一人保管支付款项所需的全部印章。

按规定需要有关负责人签字或盖章的经济业务，必须严格履行签字或盖章手续。

4. 监督检查

(1)单位应当建立对库存现金业务的监督检查制度，明确监督检查机构或人员的职责权限，定期和不定期地进行检查。

(2)库存现金监督检查的内容主要包括：

① 库存现金业务相关岗位及人员的设置情况。重点检查是否存在库存现金业务不相容职务混岗的现象。

② 库存现金授权批准制度的执行情况。重点检查库存现金支出的授权批准手续是否健全，是否存在越权审批行为。

③ 支付款项印章的保管情况。重点检查是否存在办理付款业务所需的全部印章交由一人保管的现象。

(3)对监督检查过程中发现的库存现金内部控制中的薄弱环节，应当及时采取措施，加以纠正和完善。

三、库存现金的内部控制测试

(1)了解库存现金内部控制。了解库存现金内部控制是审计库存现金的必经程序。库存现金是企业中流动性最强的资产，容易发生舞弊行为，因此加强库存现金的内部控制对维护资产安全、完整意义重大。一般来说，注册会计可以通过询问被审计单位管理层和内部相关人员、观察和检查等程序来了解被审计单位库存现金的内部控制状况，并通过编制流程图来描述库存现金内部控制。了解库存现金内部控制，应重点关注以下几点：①出纳与会计岗位分离；②库存现金收支要有合理、合法的凭据；③不得“坐支”现金；④严格支出受权审批制度；⑤库存现金收入应及时入账，不得拖拉；⑥定期与不定期盘点库存现金，保证账实相符；⑦加强库存现金的内部审计。

(2)抽取部分收款凭证，查明以下项目：①核对收款凭证与库存现金日记账的入账金额和日期是否相符；②与应收账款明细账记录是否一致；③核对收款凭证与银行对账单是否相符；④核对收款凭证与应收账款等相关明细账的有关记录是否相符；⑤核对实收金额与销货发票等相关凭证是否一致；等等。

(3)抽取部分付款凭证并检查。为了测试货币资金付款的内部控制，注册会计师可以选取部分收款凭证样本，进行以下检查：①检查付款的授权批准手续是否符合规定；②核对库存现金、银行存款日记账的付出金额是否正确；③核对付款凭证与应付账款等相关明细账的有关记录是否相符；④核对实付金额与购货发票等相关凭证是否一致；等等。

(4)抽取一定期间的库存现金日记账与总账核对是否相符，查明计算、加总是否正确，账账是否相符。

(5)对于有外币收支业务的企业，注册会计师应检查外币库存现金的折算方法是否符合规定，重点检查其外币折算采用的是否业务发生时的即期汇率，期末折算差额处理是否正确，所采用的折算汇率各期是否一致。

(6)评价库存资金的内部控制。在对库存现金内部控制进行上述测试的基础上，注册会计师应该对库存现金内部控制整体运行状况做出评价，以确定哪些控制运行良好，哪些控制存在薄弱之处，为注册会计师在实质性测试中有的放矢地进行库存现金审计做好铺垫。

四、库存现金的实质性程序

(1)核对库存现金日记账与总账余额是否相符，如不相符，应查明原因，并做出记录或进行适当的调整。

(2)监盘库存现金，查明库存现金是否存在、账实是否相符。这是检查库存现金是否存在的一条非常有效的途径。库存现金盘点范围包括被审计单位已经收到但尚未存入银行的库存现金、零用金、找换金，库存其他有价物品等。盘点的基本思路是：以实际盘点数为基础，进行调节后与账面数核对，用公式表示为：

实际库存现金余额+已经付款未入账金额－已经收款未入账金额＝账面结存数

盘点和监盘库存现金的步骤和方法主要有：①制定合理的库存现金盘点程序。②选择恰当的盘点时间。最好选择上午上班或下午下班前，不用预先通知，而要采取突击检查。③盘点人员必须有出纳、会计主管人员和注册会计师。④盘点的范围一般包括企业各部门经管的现金；如企业库存现金存放部门有两处或两处以上，应同时进行盘点，如不能同时监盘，则应对监盘后的库存现金实施封存。⑤检查现金日记账，确定库存现金余额，并同时与现金收付款凭证核对，查明二者的内容、金额、日期等是否相符。⑥盘点库存现金余额，编制库存现金盘点余额表(格式参见表 15-1)，并由参加盘点人员共同签字确认。⑦盘点后立即与现金日记账核对是否相符，查明是否存在现金短缺情况。⑧审查

库存现金收入、支出及留存的合法性，检查有无白条抵库等不合规行为。

表 15-1　库存现金盘点余额表

客　　户＿＿＿＿＿　　编制人：　　日期：　　索引号：

项　　目＿＿＿＿＿　　复核人：　　日期：　　页　次：

会计期间＿＿＿＿＿

盘点日期：　年　月　日

检查盘点记录					实有现金盘点记录						
项　目	项　次	人民币	美元	某外币	面额	人民币		美　元		某外币	
						张	金额	张	金额	张	金额
上一日账面库存余额	1				1000 元						
盘点日未记账传票收入金额	2				500 元						
盘点日未记账传票支出金额	3										
盘点日账面应有余额	4＝1＋2－3				100 元						
盘点实有现金数额	5				50 元						
盘点日应有与实有差异	6＝4－5				10 元						
差异原因分析：白条抵库（张）					5 元						
					2 元						
					1 元						
					0.5 元						
					0.2 元						
					0.1 元						
					合计						
追溯调整：报表日至审计日现金付出总额					情况说明及审计结论						
报表日至审计日现金收入总额											
报表日库存现金应有余额											
报表日账面汇率											
报表日余额折算本位币金额											
本位币合计											

盘点人：　　　　监盘人：　　　　复核人：

（3）审查大额现金收支的真实性、合理性和合法性。具体方法是：①抽取部分现金原始凭证与记账凭证，核对其是否一致、真实；应重点检查现金支付原始凭证是否经过适当授权。②抽取部分现金日记账记录，并结合现金记账凭证与原始凭证，审查其是否及时登记入账；是否存在隐瞒现金收入和虚列现金支出等情况；企业有无“坐支”现金的现象发生；是否按照有关规定使用现金。

(4)审查外币库存现金的折算是否正确。对于有外币收支业务的企业，注册会计师应重点审查其是否采用了规定的折算汇率折算，期末折算的应有余额与企业账面余额是否一致，且折算损益处理是否正确。

(5)确定现金收支的截止日期是否正确。为了使库存现金收付业务记入恰当的会计期间，注册会计师应该对资产负债表日的银行存款余额实施截止测试。

(6)确定库存现金在资产负债表上是否恰当披露。注册会计师经过审计以后确定被审计单位银行存款账面余额与应有余额是否一致，进而确定银行存款在资产负债表上的披露是否恰当。

第三节　银行存款审计

一、银行存款的审计目标

企业按规定必须在银行开户，按中国人民银行规定的结算办法办理结算。除国家另有规定以外，企业的一切收入款项都得当日解送银行，不得"坐支"现金，因特殊情况需要坐支现金，必须先报经开户银行批准；企业的一切支出，除按规定可以用现金结算以外，都必须通过银行办理转账进行结算，而且都应该在"银行存款日记账"和"银行存款"总账中核算。银行存款的审计目标一般包括以下内容：

(1)确定被审计单位资产负债表日报表上货币资金中包括的银行存款是否确实存在，是否为被审计单位所有；

(2)确定被审计单位银行存款的收支业务记录是否完整，有无遗漏；

(3)确定被审计单位银行存款的余额是否正确；

(4)确定被审计单位银行存款在报表上的披露是否恰当。

二、银行存款的内部控制

1. 岗位分工和授权批准

(1)企业应当建立银行存款业务的岗位责任制，明确相关部门和岗位的职责权限，确保办理银行存款业务的不相容岗位相互分离、制约和监督。银行存款业务的不相容岗位至少应当包括：①银行存款支付的审批与执行；②银行存款的保管与盘点清查；③银行存款的会计记录与审计监督。

(2)企业应当配备合格的人员办理银行存款业务。办理银行存款业务的人员应当具备良好的职业道德，忠于职守，廉洁奉公，遵纪守法，客观公正，不断提高会计业务素质和职业道德水平。

(3)单位应当对银行存款业务建立严格的授权批准制度，明确审批人对银行存款业务的授权批准方式、权限、程序、责任和相关控制措施，规定经办人办理银行存款业务的职责范围和工作要求。

(4)审批人应当根据银行存款授权批准制度的规定，在授权范围内进行审批，不得超

越审批权限。经办人应当在职责范围内，按照审批人的批准意见办理银行存款业务。对于审批人超越授权范围审批的银行存款业务，经办人员有权拒绝办理，并及时向审批人的上级授权部门报告。

(5)单位应当按照规定的程序办理银行存款支付业务：

① 支付申请。单位有关部门或个人用款时，应当提前向审批人提交银行存款支付申请，注明款项的用途、金额、预算、支付方式等内容，并附有效经济合同或相关证明。

② 支付审批。审批人根据其职责、权限和相应程序对支付申请进行审批。对不符合规定的银行存款支付申请，审批人应当拒绝批准。

③ 支付复核。复核人应当对批准后的银行存款支付申请进行复核，复核银行存款支付申请的批准范围、权限、程序是否正确，手续及相关单证是否齐备，金额计算是否准确，支付方式、支付单位是否妥当等。复核无误后，交由出纳人员办理支付手续。

④ 办理支付。出纳人员应当根据复核无误的支付申请，按规定办理银行存款支付手续，及时登记银行存款日记账。

(6)单位对于重要银行存款支付业务，应当进行集体决策和审批，并建立责任追究制度，防范贪污、侵占、挪用银行存款等行为。

(7)严禁未经授权的机构或人员办理银行存款业务或直接接触银行存款。

2. 银行存款的管理

(1)单位应当严格按照《支付结算办法》等国家的有关规定，加强银行账户的管理，严格按照规定开立账户，办理存款、取款和结算。单位应当定期检查、清理银行账户的开立及使用情况，发现问题，及时处理。单位应当加强对银行结算凭证的填制、传递及保管等环节的管理与控制。

(2)单位应当严格遵守银行结算纪律，不准签发没有资金保证的票据或远期支票，套取银行信用；不准签发、取得和转让没有真实交易和债权债务的票据，套取银行和他人资金；不准无理拒绝付款，任意占用他人资金；不准违反规定开立和使用银行账户。

(3)单位应当指定专人定期核对银行账户，每月至少核对一次，编制银行存款余额调节表，使银行存款账面余额与银行对账单调节相符；如调节不符，应查明原因，及时处理。

3. 票据及有关印章的管理

(1)单位应当加强与银行存款相关的票据的管理，明确各种票据的购买、保管、领用、背书转让、注销等环节的职责权限和程序，并专设登记簿进行记录，防止空白票据的遗失和被盗用。

(2)单位应当加强银行预留印鉴的管理。财务专用章应由专人保管，个人名章必须由本人或其授权人员保管。严禁一人保管支付款项所需的全部印章。按规定需要有关负责人签字或盖章的经济业务，必须严格履行签字或盖章手续。

4. 监督检查

(1)单位应当建立对银行存款业务的监督检查制度，明确监督检查机构或人员的职责权限，定期和不定期地进行检查。

(2)银行存款监督检查的内容主要包括以下几项：

① 银行存款业务相关岗位及人员的设置情况。重点检查是否存在银行存款业务不

相容职务混岗的现象。

② 银行存款授权批准制度的执行情况。重点检查银行存款支出的授权批准手续是否健全,是否存在越权审批行为。

③ 支付款项印章的保管情况。重点检查是否存在办理付款业务所需的全部印章交由一人保管的现象。

④ 票据的保管情况。重点检查票据的购买、领用、保管手续是否健全,票据保管是否存在漏洞。

(3)对监督检查过程中发现的银行存款内部控制中的薄弱环节,应当及时采取措施,加以纠正和完善。

三、银行存款的内部控制测试

(1)了解银行存款内部控制。了解银行存款内部控制是审计银行存款的必经程序。银行存款也是企业中流动性较强的资产,也容易发生舞弊行为,因此加强银行存款的内部控制对维护资产安全、完整意义重大。一般来说,注册会计可以通过询问被审计单位管理层和内部相关人员、观察和检查等程序来了解被审计单位银行存款的内部控制状况,并通过编制流程图来描述银行存款内部控制。了解银行存款内部控制,应重点关注以下几点:①银行存款收支与记账岗位分离;②货币资金收支要有合理、合法的凭据;③严格支出受权审批制度;④银行存款收入应及时入账,不得拖拉;⑤定期取得银行存款对账单并编制银行存款余额调节表,做到账实相符。⑥加强银行存款的内部审计。

(2)抽取部分收款凭证,查明以下项目:①核对收款凭证与银行存款日记账的入账金额、日期是否相符;②与应收账款明细账记录是否一致;③核对收款凭证与银行对账单是否相符;④核对收款凭证与应收账款等相关明细账的有关记录是否相符;⑤核对实收金额与销货发票等相关凭证是否一致;等等。

(3)抽取部分付款凭证并检查。为了测试货币资金付款的内部控制,注册会计师可以选取部分收款凭证样本,进行以下检查:①检查付款的授批准手续是否符合规定;②核对银行存款日记账的付出金额是否正确;③核对付款凭证与应付账款等相关明细账的有关记录是否相符;④核对实付金额与购货发票等相关凭证是否一致;等等。

(4)抽取一定期间的银行存款日记账与总账核对是否相符,查明计算、加总是否正确,账账是否相符。

(5)对于有外币收支业务的企业,注册会计师应检查外币银行存款的折算方法是否符合规定,重点检查其外币折算采用的是否业务发生时的即期汇率,期末折算差额处理是否正确,所采用的折算汇率各期是否一致。

(6)评价库存资金的内部控制。在对银行存款内部控制进行上述测试的基础上,注册会计应该对银行存款内部控制整体运行状况做出评价,以确定哪些控制运行良好,哪些控制存在薄弱之处,从而在实质性测试中有的放矢地进行银行存款审计做好铺垫。

四、银行存款的实质性程序

(1)审查银行存款日记账与其总账是否相符,如果不相符,应查明原因,并做出记录

或适当调整。

(2)实施实质性分析程序,确定是否存在不合理情况,如是否存在高利借贷现象。

(3)审查银行存款对账单和银行存款余额调节表。检查银行存款余额调节表是证实资产负债表中所列示货币资金项目中银行存款是否存在的重要程序。银行存款余额调节表通常应由被审计单位会计人员根据不同的银行账户及货币种类分别编制。但是会计人员编制的银行存款余额调节表的内容,只包括未达账项,而审计人员编制的银行存款余额调节表的内容较多,它应包括未达账项、记账错误和其他应予纠正的错误。银行存款余额调节表的格式如表15-2所示。审计时应关注:①银行存款对账单是否真实,有无银行人员签字或盖章,编号是否齐全衔接,数字有无涂改和伪造,如有必要,可由审计人员亲自到银行复核、查阅;②逐笔核对银行对账单与银行存款日记账,追查在途存款,并查明是否存在非法经营行为;③对未达账项应分析其原因,对超过一个月的未达账项应重点审查,查明其是否存在舞弊行为;④审查未提现支票是否真实;⑤检查银行存款的截止日期是否正确。银行存款余额经调节后,如果仍有差额,则无论其差额大小,均属于性质严重的问题,应该追踪审查。

表15-2 银行存款余额调节表

年 月 日

编制人:	日期:	索引号:
复核人:	日期:	页 次:
户 别:		币 别:

项 目	
银行对账单余额(年 月 日)	
加:企业已收、银行尚未入账金额	
其中:1. ______元	
2. ______元	
减:企业已付、银行尚未入账金额	
其中:1. ______元	
2. ______元	
调整后银行对账单金额	
企业银行存款日记账金额(年 月 日)	
加:银行已收、企业尚未入账金额	
其中:1. ______元	
2. ______元	
减:银行已付、企业尚未入账金额	
其中:1. ______元	
2. ______元	
调整后企业银行存款日记账金额	
经办会计人员:(签字)	会计主管:(签字)

(4)函证银行存款余额。银行存款函证是指注册会计师在执行审计业务的过程中，需要以被审计单位名义向有关单位发函询证，以验证被审计单位的银行存款是否真实、合法、完整。函证银行存款余额是证实资产负债表上所列示货币资金项目中银行存款是否存在的重要程序。通过向往来银行函证，注册会计师不仅可以了解企业资产的存在，还可以了解企业账面反映所欠银行负债的情况，并有助于发现企业未入账的银行借款和未披露的或有负债。

注册会计师向被审计单位在本年度存过款(含外埠存款、银行汇票存款、银行本票存款、信用证保证金存款、信用卡存款)的所有银行发函，其中包括企业存款账户已结清的银行，因为有可能存款账户已结清，但仍有银行借款或其他负债存在。并且，虽然注册会计师从某一银行取得了银行对账单和所有已付支票，但仍应向这一银行进行函证。

(5)抽查大额的银行存款收付业务，查明这些业务登记入账是否有合法的原始凭证，注册会计师应特别关注银行存款付款是否经有权机构授权批准。银行存款收付业务涉及多方面的关系，注册会计师必须从银行存款日记账、收付凭证以及有关账户记录中核对落实，必要时，还应到外单位调查取证才能下结论。

(6)审查银行存款收付的截止日期是否正确。为了使银行存款收付业务记入恰当的会计期间，注册会计师应该对资产负债表日的银行存款余额实施截止测试。

(7)对外汇收支业务，应查明外币银行存款的折算是否正确，有无套汇、逃汇、私自或变相买卖外汇和倒卖外汇的现象。

(8)审查银行存款在资产负债表上的披露是否恰当。注册会计师经过审计以后确定被审单位银行存款账面余额与应有余额是否一致，进而确定银行存款在资产负债表上的披露是否恰当。

第四节　其他货币资金审计

一、其他货币资金的审计目标

在企业的经营资金中，有些货币资金的存款地点和用途与库存现金和银行存款不同，如外埠存款、银行汇票存款、银行本票存款、信用证保证金存款、信用卡存款、存出投资款等，这些资金在会计核算上统称为“其他货币资金”。除设置“其他货币资金”总账外，企业还应按照上述内容设置明细账核算其他货币资金。其他货币资金的审计目标与库存现金以及银行存款的审计目标类似，包括以下几项：

(1)确定被审计单位资产负债表日报表上货币资金中包括的其他货币资金是否确实存在，是否为被审计单位所有。

(2)确定被审计单位其他货币资金的收支业务记录是否完整，有无遗漏。

(3)确定被审计单位其他货币资金的余额是否正确。

(4)确定被审计单位其他货币资金在报表上的披露是否恰当。

二、其他货币资金的内部控制测试

其他货币资金的内部控制测试包括以下几项：

（1）了解其他货币资金的内部控制。了解其他货币资金内部控制是审计其他货币资金的必经程序。一般来说，了解其他货币资金的内部控制，应重点关注以下几点：①其他货币资金收支与记账岗位分离；②其他货币资金收支要有合理、合法的凭据；③严格支出授权审批制度；④其他货币资金收入应及时入账，不得拖拉；⑤加强其他货币资金业务的内部审计。

（2）抽取部分收款凭证，查明：①核对收款凭证与其他货币资金的入账金额、日期是否相符；②原始凭证是否充分、合法。

（3）抽取部分付款凭证，查明：①检查付款的授权批准手续是否符合规定；②核对付款凭证与其他货币资金的入账金额、日期是否相符；③原始凭证是否充分、合法。

（4）抽取一定期间的其他货币资金明细账与其总账核对，应检查计算、加总是否正确，账账是否相符。

（5）对于有外币收支业务的企业，注册会计师应检查外币银行存款的折算方法是否符合规定，重点检查其外币折算采用的是否为业务发生时的即期汇率，期末折算差额处理是否正确，所采用的折算汇率各期是否一致。

（6）评价其他货币资金的内部控制。在对其他货币资金内部控制进行上述测试的基础上，注册会计应该对其他货币资金内部控制整体运行状况做出评价，以确定哪些控制运行良好，哪些控制存在薄弱之处，为注册会计师在实质性测试中有的放矢地进行其他货币资金审计做好铺垫。

三、其他货币资金的实质性程序

其他货币资金审计的实质性程序包括以下几项：

（1）核对其他货币资金明细账与总账期末余额是否一致，如不一致，应该查明原因，作出适当记录或适当调整。

（2）函证外埠存款、银行汇票存款、银行本票存款、信用证保证金存款、信用卡存款、存出投资款等，查明被审计单位的其他货币资金、借款及往来是否真实、合法和完整。

（3）抽取大额收付款原始凭证、记账凭证以及相关账户，审查其他货币资金业务的合法性，应重点审查其他货币资金支出业务是否经过授权批准。

（4）审查外币其他货币资金的折算是否正确。对于有外币其他货币资金收支业务的企业，注册会计师应重点审查其是否采用了规定的折算汇率折算，期末折算的应有余额与企业账面余额是否一致，且折算损益处理是否正确。

（5）确定其他货币资金收支的截止日期是否正确。

（6）确定其他货币资金在资产负债表上是否恰当披露。

本章小结

货币资金是企业资金运动的起点和终点，其增减变动与企业的供应、生产、销售等经济活动密切相关；而且货币资金本身就是充当一般等价物的特殊商品，在企业资产类型中，其流动性最强，容易发生舞弊等行为，因而加强对货币资金的审计意义重大。企业的货币资金根据其存放地点和用途，可以分为库存现金、银行存款以及其他货币资金，一个良好的货币资金内部控制应满足以下要求：(1)岗位分工和职务分离；(2)货币资金收支要有合理、合法的凭据；(3)不得“坐支”现金；(4)严格支出受权审批制度；(5)实行岗位轮换制度；(6)加强货币资金内部审计。企业应据此原则，根据自身的实际情况设置相应的货币资金内部控制制度。

货币资金的审计目标一般包括：(1)确定被审计单位资产负债表日报表上货币资金余额是否确实存在，是否为被审计单位所有；(2)确定被审计单位货币资金的收支业务记录是否完整，有无遗漏；(3)确定被审计单位货币资金的余额是否正确；(4)确定被审计单位货币资金在报表上的披露是否恰当。在此前提下，注册会计师根据企业的实际情况以及自身的职业判断，确定采用相应的内部控制测试和实质性程序类型以完成货币资金的审计目标。

【复习思考题】

1. 一个良好的货币资金内部控制应该遵循哪些原则？
2. 货币资金的审计目标一般包括哪些？
3. 盘点和监盘库存现金的步骤和方法主要有哪些？
4. 编制银行存款余额调节表应关注哪些重点问题？
5. 什么是银行存款函证？银行存款函证的范围？

【案例分析题】

山东“票据诈骗案”始末，交行被骗 9000 万元

2002 年 7 月 8 日《21 世纪经济报道》披露，发生于 2001 年的山东首例假汇票巨额诈骗案，最近终于有了结果。公安机关查明，自 2000 年 10 月至 2001 年 1 月，山东省丹侬泰德公司法定代表人王某(在逃)，将假银行承兑汇票在交通银行济南分行营业部贴现，扣除银行利息，共骗走 8938 万余元。其中仅在 2001 年 1 月，王某就一次性用 6 张票面 500 万元的假汇票从该行骗走现金 2950 万元。

经查，王某的 15 张银行承兑汇票，均买自江苏常州的一个团伙。该团伙包括樊福海(化名范拂明)等六人，现已被抓，并于 2002 年 6 月在济南市中级人民法院进行公审，不日还要继续审理。王某以票面价值的 7%从这个团伙购得假汇票，先后购买四次：第一次 2 张，第二次 3 张，第三次 6 张，第四次 4 张。这些假汇票中，有的是伪造的票据，有的则是旧版本的已废弃不用的真票据。

银行承兑汇票的原理是这样的：比如，甲企业从乙企业购买一批货物，金额 10 万元。按理，甲须向乙支付 10 万元的货款，这时甲可以考虑向银行申请开具 10 万元的银行承兑汇票，支付给乙。于乙而言，收货款有了银行信用做保证，一旦银行承兑汇票到期，银行必须向乙付款；于甲而言，则可以不必立即支付货款，而是在银行承兑汇票到期时再付。因此，这实际上是为企业的货款往来加上了银行信用的担保。在此过程中，银行规定，开具银行承兑汇票必须基于真实的贸易合同。因此，无论是在申请开具票据还是申

请向银行贴现时,企业均须出具发票、购货合同等文件。

犯罪团伙显然这对些流程非常熟悉,其作案手法亦相当老练。樊福海等人从一名姓朱的女子处购得盖有假银行公章的空白银行承兑汇票(每张价格在5000～7000元之间),并伪造了购货合同、发票、增值税发票等,还伪造和加盖了江苏某企业的印章。他们在提供假银行承兑汇票的同时,也把假合同、假发票、假增值税发票等材料交给了王,以供后者在向交通银行济南分行申请贴现时出具。

有关方面介绍,前几年,常州专门有一些团伙伪造银行承兑汇票。以朱为首的一个团伙,曾在全国各地作案好几起,包括包头和呼和浩特等。朱现被包头公安机关抓住,但拒不交代假汇票的来源。

假票是由人民银行发现的。2001年1月份,时值春节前夕,交通银行济南市分行将贴现的银行承兑汇票交由人民银行再贴现。人民银行得到银票后,经查询认定是伪造的票据。此时,相隔最后一批银票贴现不过几天。得知此消息后,交通银行济南分行立即着手调查,并发现同类的银票贴现业务共计15笔,票面总价值为9090万元,申请贴现的均为王某所在公司,出票银行为常州的三家银行,但均属伪造。其后,济南市公安局介入此案,共追回赃款5598.5万元,尚有3000余万元追回希望不大。

对银行业来说,最值得思考的是:既然是假票,为什么没有查出来?其实在银行内部,有一种审查票据是否真实的制度,称为核票。核票有两种方式:最保险的方式是实地核票,即贴现行的工作人员带着查询查复书,亲自去签发银票的银行,若对方银行在核对金额、企业名称等诸多要素后,确认签发过这样的票据,就会在查询查复书上盖章确认。另一种方式是邮寄查询查复书至对方银行,但邮寄在途环节多,容易造假。以前还有一种查询方式,是通过K类电报查询,这种电报是银行间专用的,但也出现过邮局的人与外面勾结、造假的情况,现在邮局已取消了这种服务。然而,在本案中,恰恰是被认为最保险的实地核票出了问题。"其中的几个环节被人控制了",交通银行济南分行办公室的郭主任说。

办案人员介绍,主要负责前去核票的银行人员,是该行营业部主任唐某。此人现在已因违法票据支付罪,被判处8年有期徒刑。这个罪名的性质是失职,而非内外勾结。据唐某说,是樊福海等人以假扮银行工作人员的方式骗了他。在常州对方银行的营业大厅附近,唐被樊福海等人截住。樊福海等人亦身穿银行人员的工作制服,并互相以银行内部工作人员的职位相称,比如主任、处长等。樊福海等人将唐某邀至银行办公室,问明票据的金额等各项要素后,拿起电话,叫假装的营业柜台的工作人员过来,拿了唐所带的查询查复书,到另外一个地方盖上伪造的银行确认章(银行一般内部规定,这个确认章不能离开柜面盖,只能在柜面处盖,所以不能当着唐的面盖章)。如此一来,唐认为票据属实,于是返回济南办理银票贴现。除了唐黎明,交行济南分行营业部还有一位工作人员去过常州核票。该工作人员到常州后,樊福海等人让他等等,一等就是半天,再等还是不行,没查成。但据郭主任介绍,他回到济南后,认为"暂不能确认票据",但营业部主任唐某却表示"出了事,我负责",还是兑现了。

(资料来源:上海财税 http://www.csj.sh.gov.cn/作者:朱荣恩《内部控制案例》系列连载二十七——货币资金)

试分析上面材料中所述交通银行济南市分行的内部控制存在的问题。

第十六章　完成审计

【本章提示】

学习目标：

通过本章学习，学生应该掌握期初余额的含义、审计程序及其审计对审计报告的影响；期后事项的含义和种类；注册会计师对各时段期后事项的责任及知悉该期后事项时的考虑；或有事项的审计；持续经营的审计；理解获取管理层声明以及编制差异调整表和试算平衡表。

重要概念：

期初余额；期后事项；或有事项；持续经营；管理层声明；与治理层沟通；核算错误；重分类错误；差异调整表；试算平衡表

【引例】

华光公司期后事项审计案例

华光股份有限公司属旅游企业。公司主营项目投资与管理；饭店经营与管理；旅游服务；旅游产品开发、销售；出租汽车客运；承办展览展示活动；餐饮服务；设计、制作、代理、发布国内及外商来华广告；技术开发、技术服务、技术咨询。其中饭店经营与管理、展览展示业务和旅行社业务的经营规模及经济效益在全国同行业中都处于较为领先的地位。公司在报告期内实现主营业务收入64972万元，比上年增长71.45%；实现主营业务利润19286万元，比上年增长11.31%。

该公司在董事会下设有审计委员会，在总经理下设有审计部，审计委员会和审计部在业务上是指导与被指导关系。注册会计师的审计工作得到了该公司内部审计部门的协助。

根据审计约定书，天宇会计师事务所派以郑新为组长及以江芳、张海、赵明为组员的项目组于2012年2月1日开始对该公司2011年度的会计报表进行了审计。审计项目小组对《企业会计准则——资产负债表日后事项》予以了特别关注。

项目组首先对有关人员进行调查询问，了解资产负债表日后的一些异常项目；其次审阅华光公司的资产负债表日后编制的内部报表、会计记录日记账、分类账、会计凭证和会议记录，以掌握影响2011年度的会计报表的重大期后事项。

审计发现华光公司存在与期后事项有关的下列问题：

(1)华光公司应收天力玻璃有限公司结算款342万元，于2012年1月经公司董事会决议，将该债权按每股3.42元共折合100万股，增加公司对天力玻璃有限公司的投资。

有关的工商登记手续尚在办理过程中。该事项虽然与华光公司资产负债表日存在状况无关，但属于对一个企业的重大投资。

(2)华光公司的一笔销售退回业务，是资产负债表日之前售出的商品在资产负债表日至财务会计报告批准报出日之间发生退回的，按照企业会计制度的规定，应当作为资产负债表日后事项的调整事项处理，调整2011年度资产负债表项目的有关内容，调减应收账款1638万元；调减坏账准备81.9万元等；调整利润表及利润分配表项目的有关内容，如调减主营业务收入1400万元，调减主营业务成本1000万元等。但华光公司却没对其进行日后调整。

(3)天宇会计师事务所在2012年2月15日完成了外勤工作，预计2月25日可签发无保留意见的审计报告。然而，2月22日，当尚未完成审计报告时，江芳得知以下事项：华光公司于2月16日购买了另一家公司。在这种情况下，审计人员江芳认为该购买事项对华光公司2011年度会计报表的可靠性有重要影响，需要扩大对该期后事项的审计。

(资料来源：《审计案例研究》赵保卿，有改动)

讨论题：

1. 什么是期后事项？如何审计期后事项？

2. 区分案例中期后事项(1)和(2)的种类，并讨论如何正确处理？

3. 针对案例中期后事项(3)，天宇会计师事务所项目组应如何确定审计报告的日期？分析不同签署日期对其审计责任的影响。

第一节　完成外勤审计工作

一、期初余额审计

(一)期初余额的含义

期初余额是指期初已存在的账户余额。期初余额以上期期末余额为基础，反映了以前期间的交易和上期采用的会计政策的结果。正确理解期初余额的含义，需要把握以下三点：

(1)期初余额是期初已存在的账户余额。期初已存在的账户余额是由上期结转至本期的金额，或是上期期末余额调整后的金额。

(2)期初余额反映了以前期间的交易和上期采用的会计政策的结果。

(3)期初余额与注册会计师首次接受委托相联系。

(二)期初余额的审计目标

对首次接受委托业务，注册会计师审计期初余额，应当获取充分、适当的审计证据，以确定：(1)期初余额不存在对本期财务报表产生重大影响的错报。(2)上期期末余额已正确结转至本期，或在适当的情况下已做出重新表述。(3)被审计单位一贯运用恰当的会计政策，或对会计政策的变更做出正确的会计处理和恰当的列报。

(三)期初余额的审计程序

为达成上述期初余额的审计目标，注册会计师对期初余额的审计程序通常包括以下几项：

其一，考虑被审计单位运用会计政策的恰当性和一贯性。

其二，如果被审计单位上期适用的会计政策不恰当或与本期不一致，注册会计师在实施期初余额审计时应提请被审计单位进行调整或予以披露。

其三，上期财务报表由前任注册会计师审计情况下的审计程序。如果上期财务报表由前任注册会计师审计，注册会计师应当考虑通过查阅前任注册会计师的工作底稿获取有关期初余额的充分、适当的审计证据，并考虑前任注册会计师的独立性和专业胜任能力。

(1)查阅前任注册会计师的工作底稿。

(2)考虑前任注册会计师的独立性和专业胜任能力。在与前任注册会计师沟通时，注册会计师应当考虑前任注册会计师的独立性和专业胜任能力。

(3)与前任注册会计师沟通时的考虑。

其四，上期财务报表未经审计或审计结论不满意时的审计程序。如果上期财务报表未经审计，或者上期财务报表虽经前任注册会计师审计，但在查阅前任注册会计师的工作底稿后未能获取有关期初余额的充分、适当的审计证据，未能对期初余额得出满意结论，注册会计师应当根据期初余额有关账户的不同性质，实施相应的审计程序。账户的性质主要按照账户属于资产类还是负债类、属于流动性还是非流动性等标准加以区分。

(1)对流动资产和流动负债的审计程序。

(2)对流动资产和流动负债，注册会计师通常可以通过本期实施的审计程序获取部分审计证据。

期初流动资产和流动负债在本期的交易事项中通常会有所反映，因此，通过本期实施的审计程序有时可以印证期初流动资产和流动负债的存在性和金额。

(3)对非流动资产和非流动负债的审计程序。对非流动资产和非流动负债，注册会计师通常检查形成期初余额的会计记录和其他信息。在某些情况下，注册会计师可向第三方函证期初余额，或实施追加的审计程序。

非流动资产和非流动负债比较稳定，变动较少，因此，通过检查形成期初非流动资产和非流动负债的会计记录和其他信息，可以获取较充分、适当的审计证据。

此外，在某些情况下，注册会计师向第三方函证也是确认非流动资产类账户和非流动负债类账户期初余额的有效审计程序。

其五，考虑账户的性质和本期财务报表中的重大错报风险。

其六，考虑期初余额对于本期财务报表的重要程度。在审计期初余额时，无论是考虑被审计单位运用的会计政策，还是上期财务报表是否经过审计，或者是考虑期初余额相关账户的性质，都应该同时考虑期初余额对于本期财务报表而言是否重要。如果期初余额本身并不重要，或者虽然对于上期财务报表是重要的，但由于本期被审计单位资产规模和经营规模的迅速扩大，期初余额对于本期财务报表而言已经变得不重要，则注册会计师无须对其予以特别关注。只有当期初余额对于本期财务报表重要时，注册会计师才需要对其予以特别关注并实施专门的审计程序。

(四)期初余额审计对审计报告的影响

在对期初余额实施审计程序后，注册会计师应当分析已获取的审计证据，区分不同

情况形成对被审计单位期初余额的审计结论，在此基础上确定其对本期财务报表出具审计报告的影响：

(1)审计后无法获取有关期初余额的充分、适当的审计证据。如果实施相关审计程序后无法获取有关期初余额的充分、适当的审计证据，注册会计师应当出具保留意见或无法表示意见的审计报告。

(2)期初余额存在重大错报对审计报告的影响。如果期初余额存在对本期财务报表产生重大影响的错报，注册会计师应当告知管理层；如果上期财务报表由前任注册会计师审计，注册会计师还应当考虑提请管理层告知前任注册会计师。如果错报的影响未能得到正确的会计处理和恰当的列报，注册会计师应当出具保留意见或否定意见的审计报告。

(3)会计政策变更对审计报告的影响。如果与期初余额相关的会计政策未能在本期得到一贯运用，并且会计政策的变更未能得到正确的会计处理和恰当的列报，注册会计师应当出具保留意见或否定意见的审计报告。

(4)前任注册会计师对上期财务报表出具了非标准审计报告，如果前任注册会计师对上期财务报表出具了非标准审计报告，注册会计师应当考虑该审计报告对本期财务报表的影响。如果导致出具非标准审计报告的事项对本期财务报表仍然相关和重大，注册会计师应当对本期财务报表出具非标准审计报告。

二、期后事项审计

(一)期后事项的种类

期后事项是指资产负债表日至审计报告日之间发生的事项以及审计报告日后发现的事实(如图 16－1 所示)。

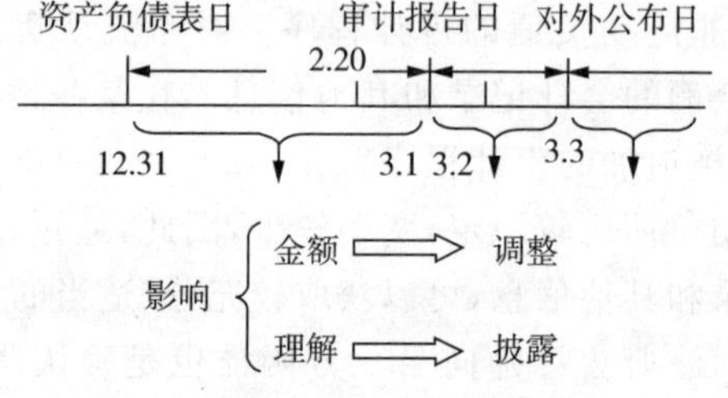

图 16－1 期后事项的种类示意图

为了确定期后事项对被审计单位财务报表公允性的影响，有两类期后事项需要被审计单位管理层考虑，并需要注册会计师审计：一类是资产负债表日后调整事项，即对资产负债表日已经存在的情况提供了新的或进一步证据的事项。这类事项影响财务报表金额，需提请被审计单位管理层调整财务报表以及与之相关的披露信息。另一类是资产负债表日后非调整事项，即表明资产负债表日后发生的情况的事项。这类事项虽不影响财务报表金额，但可能影响财务报表的正确理解，需提请被审计单位管理层在财务报表的附注中做适当披露。

1. 财务报表日后调整事项

这类事项既为被审计单位管理层确定财务报表日账户余额提供信息，也为注册会计师核实这些余额提供补充证据。如果这类期后事项的金额重大，应提请被审计单位对本期财务报表及相关的账户金额进行调整。主要有以下几种情况：

(1)财务报表日后诉讼案件结案，法院判决证实了企业在财务报表日已经存在现时义务，需要调整原先确认的与该诉讼案件相关的预计负债，或确认一项新负债。例如，被审计单位由于某种原因在财务报表日前被起诉，法院于财务报表日后判决被审计单位应赔偿对方损失。因这一负债实际上在财务报表日之前就已存在，所以，如果赔偿数额比较大，注册会计师应考虑提请被审计单位调整或增加财务报表有关负债项目的金额，并加以说明。

(2)财务报表日后取得确凿证据，表明某项资产在财务报表日发生了减值或者需要调整该项资产原先确认的减值金额。例如，财务报表日被审计单位认为可以收回的大额应收款项，因财务报表日后债务人突然破产而无法收回。在这种情况下，债务人财务状况显然早已恶化，所以注册会计师应考虑提请被审计单位计提坏账准备或增加计提坏账准备，调整财务报表有关项目的金额。

(3)财务报表日后进一步确定了财务报表日前购入资产的成本或售出资产的收入。例如，被审计单位在财务报表日前购入一项固定资产，并投入使用。由于购入时尚未确定准确的购买价款，故先以估计的价格考虑其达到预定可使用状态前所发生的可归属于该项固定资产的运输费、装卸费、安装费和专业人员服务费等因素暂估入账，并按规定计提固定资产折旧。如果在财务报表日后商定了购买价款，取得了采购发票，被审计单位就应该据此调整该固定资产原值。

(4)财务报表日后发现了财务报表舞弊或差错。例如，在财务报表日以前，被审计单位根据合同规定所销售的商品已经发出，当时认为与该项商品所有权相关的风险和报酬已经转移，货款能够收回，按照收入确认原则确认了收入并结转了相关成本，即在财务报表日被审计单位确认为销售实现，并在财务报表上反映。但在财务报表日后至审计报告日之间所取得的证据证明该批已确认为销售的商品确实已经退回。如果金额较大，注册会计师应考虑提请被审计单位调整财务报表有关项目的金额。

利用期后事项审计以确认被审计单位财务报表所列金额时，应对财务报表日已经存在的事项和财务报表日后出现的事项严加区分，不能混淆。如果确认发生变化的事项直到财务报表日后才发生，就不应将财务报表日后的信息并入财务报表中去。

2. 财务报表日后非调整事项

这类事项因不影响财务报表日财务状况，而不需要调整被审计单位的本期财务报表。但如果被审计单位的财务报表因此可能受到误解，就应在财务报表中以附注的形式予以适当披露。

被审计单位在财务报表日后发生的，需要在财务报表中披露而非调整的事项通常包括：

(1)财务报表日后发生重大诉讼、仲裁、承诺；

(2)财务报表日后资产价格、税收政策、外汇汇率发生重大变化；

(3)财务报表日后因自然灾害导致资产发生重大损失；

(4)财务报表日后发行股票和债券以及其他巨额举债；

(5)财务报表日后资本公积转增资本；

(6)财务报表日后发生巨额亏损；

(7)财务报表日后发生企业合并或处置子公司；

(8)财务报表日后企业利润分配方案中拟分配的以及经审议批准宣告发放的股利或利润。

如图 16-2 所示：期后事项可以划分为三个时段：第一个时段是资产负债表日后至审计报告日，我们可以把在这一期间发生的事项称为“第一时段期后事项”；第二个时段是审计报告日后至财务报表报出日，我们可以把这一期间发现的事实称为“第二时段期后事项”；第三个时段是财务报表报出日后，我们可以把这一期间发现的事实称为“第三时段期后事项”。

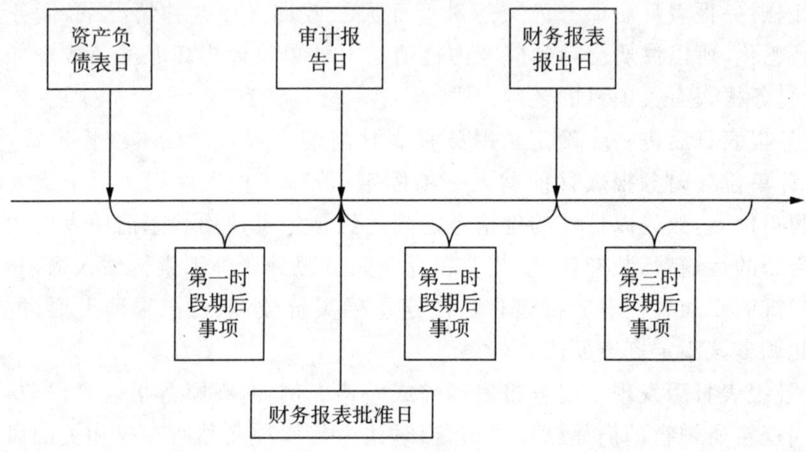

图 16-2 期后事项分段示意图

(二)财务报表日至审计报告日之间发生的事项

1. 主动识别第一时段期后事项

资产负债表日至审计报告日之间发生的期后事项属于第一时段期后事项。对于这一时段的期后事项，注册会计师负有主动识别的义务，应当设计专门的审计程序来识别这些期后事项，并根据这些事项的性质判断其对财务报表的影响，进而确定是进行调整，还是披露。

2. 用以识别期后事项的审计程序

注册会计师应当按照审计准则的规定实施审计程序，以使审计程序能够涵盖财务报表日至审计报告日(或尽可能接近审计报告日)之间的期间。

通常情况下，针对期后事项的专门审计程序，其实施时间越接近审计报告日越好。越接近审计报告日，也就意味着离财务报表日越远，被审计单位这段时间内累积的对财务报表日已经存在的情况提供的进一步证据也就越多；越接近审计报告日，注册会计师遗漏期后事项的可能性也就越小。

在确定审计程序的性质和范围时，注册会计师应当考虑风险评估的结果。用以识别第一时段期后事项的审计程序通常包括以下几项：

(1)了解管理层为确保识别期后事项而建立的程序。

(2)询问管理层和治理层(如适用),确定是否已发生可能影响财务报表的期后事项。注册会计师可以询问根据初步或尚无定论的数据做出会计处理的项目的现状,以及是否已发生新的承诺、借款或担保,是否计划出售或购置资产等。

(3)查阅被审计单位的所有者、管理层和治理层在财务报表日后举行会议的纪要,在不能获取会议纪要的情况下,询问此类会议讨论的事项。

(4)查阅被审计单位最近的中期财务报表(如有)。

除这些审计程序外,注册会计师可能认为实施下列一项或多项审计程序是必要和适当的:

(1)查阅被审计单位在财务报表日后最近期间内的预算、现金流量预测和其他相关的管理报告;

(2)就诉讼和索赔事项询问被审计单位的法律顾问,或扩大之前口头或书面查询的范围;

(3)考虑是否有必要获取涵盖特定期后事项的书面声明以支持其他审计证据,从而获取充分、适当的审计证据。

3. 知悉对财务报表有重大影响的期后事项时的考虑

在实施了上述用以识别期后事项的审计程序后,如果知悉对财务报表有重大影响的期后事项,注册会计师应当考虑这些事项在财务报表中是否得到恰当的会计处理或予以充分披露。

如果所知悉的期后事项属于调整事项,注册会计师应当考虑被审计单位是否已对财务报表做出适当的调整。如果所知悉的期后事项属于非调整事项,注册会计师应当考虑被审计单位是否在财务报表附注中予以充分披露。

(三)注册会计师在审计报告日后至财务报表报出日前知悉的事实

1. 被动识别第二时段期后事项

在审计报告日后,注册会计师没有责任针对财务报表实施审计程序或进行专门查询。审计报告日后至财务报表报出日前发现的事实属于"第二时段期后事项",注册会计师针对被审计单位的审计业务已经结束,要识别可能存在的期后事项比较困难,因而无法承担主动识别第二时段期后事项的审计责任。但是,在这一阶段,被审计单位的财务报表并未报出,管理层有责任将发现的可能影响财务报表的事实告知注册会计师。当然,注册会计师还可能从媒体报道、举报信或者证券监管部门告知等途径获悉影响财务报表的期后事项。

2. 知悉第二时段期后事项时的考虑

在审计报告日后至财务报表报出日前,如果知悉了某事实,且若在审计报告日知悉可能导致修改审计报告,注册会计师应当与管理层和治理层(如适用)讨论该事项;确定财务报表是否需要修改;如果需要修改,询问管理层将如何在财务报表中处理该事项。

(1)管理层修改财务报表时的处理

如果管理层修改财务报表,注册会计师应当根据具体情况对有关修改实施必要的审计程序;同时,除非下面述及的特殊情况适用,注册会计师应当将用以识别期后事项的上述审计程序延伸至新的审计报告日，并针对修改后的财务报表出具新的审计报告。新的审计报告日不应早于修改后的财务报表被批准的日期。

此时，注册会计师需要获取充分、适当的审计证据，以验证管理层根据期后事项所做出的财务报表调整或披露是否符合适用的财务报告编制基础的规定。

特殊情况是，在有关法律法规或适用的财务报告编制基础未禁止的情况下，如果管理层对财务报表的修改仅限于反映导致修改的期后事项的影响，被审计单位的董事会、管理层或类似机构也仅对有关修改进行批准，注册会计师可以仅针对有关修改将用以识别期后事项的上述审计程序延伸至新的审计报告日。在这种情况下，注册会计师应当选用下列处理方式之一：

① 修改审计报告，针对财务报表修改部分增加补充报告日期，从而表明注册会计师对期后事项实施的审计程序仅限于财务报表相关附注所述的修改。

在这种处理方式下，注册会计师修改审计报告，针对财务报表修改部分增加补充报告日期，而对管理层做出修改前的财务报表出具的原审计报告日期保持不变。之所以这样处理，是因为原审计报告日期告知财务报表使用者针对该财务报表的审计工作何时完成；补充报告日期告知财务报表使用者自原审计报告日之后实施的审计程序仅针对财务报表的后续修改。有关补充报告日期的示例如下："除附注×所述事项的日期为(仅针对附注×所述修改的审计程序完成日期)之外。(原审计报告日)。"

② 出具新的或经修改的审计报告，在强调事项段或其他事项段中说明注册会计师对期后事项实施的审计程序仅限于财务报表相关附注所述的修改。

(2)管理层不修改财务报表且审计报告未提交时的处理

如果认为管理层应当修改财务报表而没有修改，并且审计报告尚未提交给被审计单位，注册会计师应当按照《中国注册会计师审计准则第 1502 号——在审计报告中发表非无保留意见》的规定发表非无保留意见，然后再提交审计报告。

(3)管理层不修改财务报表且审计报告已提交时的处理

如果认为管理层应当修改财务报表而没有修改，并且审计报告已经提交给被审计单位，注册会计师应当通知管理层和治理层(除非治理层全部成员参与管理被审计单位)在财务报表做出必要修改前不要向第三方报出。如果财务报表在未经必要修改的情况下仍被报出，注册会计师应当采取适当的措施，以设法防止财务报表使用者信赖该审计报告。例如，针对上市公司，注册会计师可以利用证券传媒等刊登必要的声明，防止使用者信赖审计报告。注册会计师采取的措施取决于自身的权利和义务以及所征询的法律意见。

(四)注册会计师在财务报表报出后知悉的事实

1. 没有义务识别第三时段的期后事项

在财务报表报出后，注册会计师没有义务针对财务报表做出查询。财务报表报出日后发现的事实属于第三时段期后事项，注册会计师没有义务针对财务报表做出查询。但是，并不排除注册会计师通过媒体等其他途径获悉可能对财务报表产生重大影响的期后事项的可能性。

2. 知悉第三时段期后事项时的考虑

在财务报表报出后，如果知悉在审计报告日已存在的、可能导致修改审计报告的事实，注册会计师应当做以下工作：一是与管理层和治理层(如适用)讨论该事项；二是确定财务报表是否需要修改；三是如果需要修改，询问管理层将如何在财务报表中处理该事项。

应当指出的是，需要注册会计师在知悉后采取行动的第三时段期后事项是有严格限制的：其一，这类期后事项应当是在审计报告日已经存在的事实。其二，该事实如果被注册会计师在审计报告日前获知，可能影响审计报告。只有同时满足这两个条件，注册会计师才需要采取行动。

(1)管理层修改财务报表时的处理

如果管理层修改了财务报表，注册会计师应当采取以下必要的措施：

① 根据具体情况对有关修改实施必要的审计程序。例如，查阅法院判决文件、复核会计处理或披露事项，确定管理层对财务报表的修改是否恰当。

② 复核管理层采取的措施能否确保所有收到原财务报表和审计报告的人士了解这一情况。在修改了财务报表的情况下，管理层应当采取恰当措施(如上市公司可以在证券类报纸、网站刊登公告，重新公布财务报表和审计报告)，让所有收到原财务报表和审计报告的人士了解这一情况。注册会计师需要对这些措施进行复核，判断它们是否能达到这样的目标。例如，上市公司管理层刊登公告的媒体是否中国证券监督管理委员会指定的媒体，若仅刊登在其注册地的媒体上则异地的使用者可能无法了解这一情况。

③ 延伸实施审计程序，并针对修改后的财务报表出具新的审计报告。除非以上所述的特殊情形适用，将用以识别期后事项的上述审计程序延伸至新的审计报告日，并针对修改后的财务报表出具新的审计报告，新的审计报告日不应早于修改后的财务报表被批准的日期。

④ 在特殊情况下，修改审计报告或提供新的审计报告。这里的特殊情况就是以上所指的特殊情况。需要提醒的是，注册会计师应当在新的或经修改的审计报告中增加强调事项段或其他事项段，提醒财务报表使用者关注财务报表附注中有关修改原财务报表的详细原因和注册会计师提供的原审计报告。

(2)管理层未采取任何行动时的处理

如果管理层没有采取必要措施确保所有收到原财务报表的人士了解这一情况，也没有在注册会计师认为需要修改的情况下修改财务报表，注册会计师应当通知管理层和治理层(除非治理层全部成员参与管理被审计单位)，注册会计师将设法防止财务报表使用者信赖该审计报告。

如果注册会计师已经通知管理层或治理层，而管理层或治理层没有采取必要措施，注册会计师应当采取适当措施，以设法防止财务报表使用者信赖该审计报告。注册会计师采取的措施取决于自身的权利和义务。因此，注册会计师可能认为寻求法律意见是适当的。

三、或有事项审计

(一)或有事项的含义

或有事是指过去的交易或事项形成的，其结果须由某些未来事项的发生或不发生时才能决定的不确定事项。常见的或有事项主要包括：未决诉讼或仲裁、债务担保、产品质量保证（含产品安全保证）、承诺、亏损合同、重组义务、环境污染整治等。

由于或有事项具有不确定性这一重要特征，其结果只能由未来发生的事项确定，需要注册会计师具备相当程度的专业判断能力。

（二）或有事项的审计

在审计或有事项时，注册会计师尤其要关注财务报表反映的或有事项的完整性。

针对或有事项的审计程序通常包括以下几项：

（1）向被审计单位管理层询问其确定、评价与控制或有事项方面的有关方针政策和工作程序。

（2）向被审计单位管理层索取下列资料，做必要的审核和评价。

（3）向被审计单位的法律顾问和律师进行函证，以获取法律顾问和律师对被审计单位资产负债表日业已存在的，以及资产负债日至复函日期间存在的或有事项的确认证据。分析被审计单位在审计期间所发生的法律费用，从法律顾问和律师处复核发票，视其是否足以说明存在或有事项，特别是未决诉讼或未决税款估价等方面的问题。

（4）复核上期和税务机构的税收结算报告。从报告中或许能发现被审期间有关纳税方面可能发生的争执之处。如果税款拖延时间较久，发生税务纠纷的可能性就较大。

（三）获取律师声明书

在对被审计单位期后事项和或有事项等进行审计时，注册会计师往往要向被审计单位的法律顾问和律师进行函证，以获取其对资产负债表日业已存在的，以及资产负债表日至他们复函日这一时期内存在的期后事项和或有事项等的确认证据。被审计单位律师对函证问题的答复和说明，就是律师声明书。律师声明书通常可提供有力的证据，帮助注册会计师解释并报告有关的期后事项和或有事项，从而减少注册会计师误解上述事项的可能性，但其本身不足以对注册会计师形成审计意见提供基本理由。

对于律师声明书应从整体上分析，以便确定它对审计询证函的总体反应，确定它与注册会计师所知的情况是否矛盾。倘若律师声明书表明或暗示律师拒绝提供信息，或隐瞒信息，或对被审计单位叙述的情况应予修正而不加修正，注册会计师一般应认为审计范围受到限制，就不能出具无保留意见的审计报告。

四、持续经营审计

（一）管理层的责任和注册会计师的责任

1. 管理层的责任

某些适用的财务报告编制基础明确要求管理层对持续经营能力做出评估，并规定了与此相关的需要考虑的事项和做出的披露。相关法律法规还可能对管理层评估持续经营能力的责任和相关财务报表披露做出具体规定。

而其他财务报告编制基础可能没有明确要求管理层对持续经营能力做出评估。但由于持续经营假设是编制财务报表的基本原则，即使其他财务报告编制基础没有对此做出明确规定，管理层也需要在编制财务报表时评估持续经营能力。

管理层对持续经营能力的评估涉及在特定时点对事项或情况的未来结果做出判断，

这些事项或情况的未来结果具有固有不确定性。下列因素与管理层的判断相关：

(1)某一事项或情况或其结果出现的时点距离管理层做出评估的时点越远，与事项或情况的结果相关的不确定性程度将显著增加。因此，明确要求管理层对持续经营能力做出评估的大多数财务报告编制基础可能规定了管理层应当考虑所有可获得信息的期间。

(2)被审计单位的规模和复杂程度、经营活动的性质和状况以及被审计单位受外部因素影响的程度，将影响对事项或情况的结果做出的判断。

(3)对未来的所有判断都以做出判断时可获得的信息为基础。管理层做出的判断在当时情况下可能是合理的，但之后发生的事项可能导致事项或情况的结果与做出的判断不一致。

2. 注册会计师的责任

在执行财务报表审计业务时，注册会计师的责任是考虑管理层运用持续经营假设的适当性和披露的充分性。注册会计师应当按照审计准则的要求，实施必要的审计程序，获取充分、适当的审计证据，确定可能导致对持续经营能力产生重大疑虑的事项或情况是否存在重大不确定性，并考虑对审计报告的影响。

财务报表审计的目标，是注册会计师对被审计单位财务报表的合法性和公允性发表意见，注册会计师的审计意见旨在提高财务报表的可信赖程度。因此，未提及持续经营能力存在重大不确定性的审计报告，不应被视为注册会计师对被审计单位能够持续经营做出的保证。

持续经营审计的基本思路如图 16 - 3 所示。

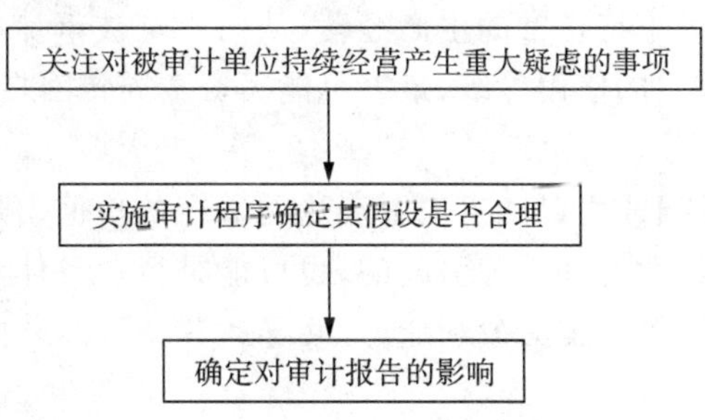

图 16 - 3　持续经营审计的基本思路

(二)风险评估程序和相关活动

在按照《中国注册会计师审计准则第 1211 号——通过了解被审计单位及其环境识别和评估重大错报风险》的规定实施风险评估程序时，注册会计师应当考虑是否存在可能导致对被审计单位持续经营能力产生重大疑虑的事项或情况，并确定管理层是否已对被审计单位持续经营能力做出初步评估。

如果管理层已对持续经营能力做出初步评估，注册会计师应当与管理层进行讨论，并确定管理层是否已识别出单独或汇总起来可能导致对被审计单位持续经营能力产生重大疑虑的事项或情况；如果管理层已识别出这些事项或情况，注册会计师应当与其讨论应对计划；如果管理层未对持续经营能力做出初步评估，注册会计师应当与管理层讨论其拟运用持续经营假设的基础,询问管理层是否存在单独或汇总起来可能导致对被审计单位持续经营能力产生重大疑虑的事项或情况。

在计划审计工作和实施风险评估程序时,注册会计师应当考虑是否存在可能导致对持续经营能力产生重大疑虑的事项或情况及相关的经营风险,评价管理层对持续经营能力做出的评估,并考虑已识别的事项或情况对重大错报风险评估的影响。

被审计单位在财务、经营以及其他方面存在的某些事项或情况可能导致经营风险,这些事项或情况单独或连同其他事项或情况可能导致对持续经营假设产生重大的疑虑。

1. 财务方面

被审计单位在财务方面存在的可能导致对持续经营假设产生重大疑虑的事项或情况主要包括以下几种:

(1)净资产为负或营运资金出现负数。资不抵债有可能使被审计单位在近期内无法偿还到期债务,从而引发债务危机。

(2)定期借款即将到期,但预期不能展期或偿还,或过度依赖短期借款为长期资产筹资。过度依赖短期借款为长期资产筹资,将使被审计单位长期面临巨大的短期偿债压力,如果无法及时偿还到期债务,将陷入财务困境。

(3)存在债权人撤销财务支持的迹象。如果被审计单位不再能够获得供应商正常的商业信用,就意味着无法通过赊购取得生产经营所必需的原材料或其他物资,现金偿付压力巨大。一旦资金短缺,生产经营就有可能中断。

(4)历史财务报表或预测性财务报表表明经营活动产生的现金流量净额为负数。如果被审计单位的营运资金以及经营活动产生的现金流量净额出现负数,表明被审计单位的现金流量可能不能有效维持正常的生产经营,从而影响被审计单位的盈利能力和偿债能力,降低其在市场竞争中的信用等级,最终可能因资金周转困难而导致破产。

(5)关键财务比率不佳。

(6)发生重大经营亏损或用以产生现金流量的资产的价值出现大幅下跌。经营亏损可能是由于被审计单位经营管理不善引起的,也可能是行业整体不景气造成的。巨额经营亏损可能意味着被审计单位丧失盈利能力,并导致其持续经营能力存在着重大的不确定性。

(7)拖欠或停止发放股利。

(8)在到期日无法偿还债务。

(9)无法履行借款合同的条款。为了保证贷款的安全,银行往往在借款合同中订有诸如流动资金保持量、资本支出的限制等条款。一旦被审计单位无法履行这些条款,银行为保全其债权,就有可能要求被审计单位提前偿还借款,从而导致被审计单位的资金周转出现困难。

(10)与供应商由赊购变为货到付款。

(11)无法获得开发必要的新产品或进行其他必要的投资所需的资金。被审计单位无法获得必需的资金,则没有能力在盈利前景良好的项目上进行投资并获取未来收益。当现有产品失去市场竞争力时,将直接影响到被审计单位的盈利能力,从而对被审计单位的持续经营能力产生重大影响。

2. 经营方面

被审计单位在经营方面存在的可能导致对持续经营假设产生重大疑虑的事项或情况主要包括以下几种：

(1)管理层计划清算被审计单位或终止经营。

(2)关键管理人员离职且无人替代。通常，关键管理人员负责管理企业的日常经营活动，在被审计单位中起着重要作用。如果关键管理人员离职且无人替代，则会对被审计单位的经营活动产生重大不利影响，从而使持续经营能力存在重大的不确定性。

(3)失去主要市场、关键客户、特许权、执照或主要供应商。如果被审计单位失去主要市场、关键客户、特许权、执照或主要供应商，表明其在销售、经营和采购方面将面临极大的困境，从而影响其持续经营能力。

(4)出现用工困难问题。一些企业的生产经营高度依赖于科技研发人员、技术熟练工人等，比如软件开发公司从事软件设计的关键人员。如果企业缺乏这些对持续经营具有决定性影响的人力资源，将可能无法持续经营。

(5)重要供应短缺。一些企业的生产经营高度依赖于重要原材料供应，一旦短缺，企业将可能无法持续经营。

(6)出现非常成功的竞争者。一旦出现非常成功的竞争者，将可能对企业产品市场、原材料供应、关键管理人员和重要员工的稳定性等诸多方面产生影响，进而可能影响企业的持续经营能力。

3. 其他方面

被审计单位在其他方面存在的可能导致对持续经营假设产生重大疑虑的事项或情况主要包括以下几种：

(1)违反有关资本或其他法定要求。被审计单位在生产经营过程中如果严重违反有关法律法规或政策，则有可能被有关部门撤销或责令关闭，或被处以较大数额的罚款。这将导致被审计单位无法持续经营或对其持续经营能力产生重大影响。

(2)未决诉讼或监管程序，可能导致其无法支付索赔金额。未决诉讼或监管程序可能导致企业财产被冻结或被有关部门责令停产整改，也可能导致其无法支付索赔金额，从而影响其持续经营。

(3)法律法规或政府政策的变化预期会产生不利影响。例如，被审计单位的利润和现金流量主要来自于对境外子公司的投资分得的红利。如果该子公司所在国家加强了外汇管制，被审计单位能否收到红利存在重大的不确定性，就可能影响其持续经营。

(4)对发生的灾害未购买保险或保额不足。不可抗力因素超出了企业可控制和预测的范围，企业可能因此无法开展正常的经营活动，从而导致无法持续经营。

需要说明的是，以上是单独或汇总起来可能导致对持续经营假设产生重大疑虑的事项或情况的示例。这些示例并不能涵盖所有事项或情况，也不意味着存在其中一个或多个项目就一定表明存在重大的不确定性，就必然导致被审计单位无法持续经营。某些措施通常可以减轻这些事项或情况的严重性，注册会计师对此应做出职业判断。例如，被审计单位无法正常偿还债务的影响，可能被管理层通过替代方法(如处置资产、重新安排贷款偿还或获得额外资本金计划)保持足够的现金流量所抵消。与此类似，主要供应商

的流失也可以通过寻找适当的替代供应来源以降低损失。在这种情况下，注册会计师不一定会得出被审计单位无法持续经营的结论。

针对有关可能导致对被审计单位持续经营能力产生重大疑虑的事项或情况的审计证据，注册会计师应当在整个审计过程中保持警觉。注册会计师对此类事项或情况的考虑应当随着审计工作的开展而不断深入。如果被审计单位存在资不抵债、无法偿还到期债务等事项或情况，这可能表明被审计单位存在因持续经营问题导致的重大错报风险，该项风险与财务报表整体广泛相关，从而会影响多项认定。

（三）评价管理层对持续经营能力做出的评估

管理层应当定期对其持续经营能力做出分析和判断，确定以持续经营假设为基础编制财务报表的适当性。管理层对持续经营能力的评估是注册会计师考虑持续经营假设的一个重要组成部分。注册会计师应当评价管理层对持续经营能力做出的评估。

1. 管理层评估涵盖的期间

在评价管理层对被审计单位持续经营能力做出评估时，注册会计师的评价期间应当与管理层按照适用的财务报告编制基础或法律法规（如果法律法规要求的期间更长）的规定做出评估的涵盖期间相同。

大多数明确要求管理层做出评估的财务报告编制基础都详细规定了管理层需要在多长期间考虑所有可获得的信息。持续经营假设是指被审计单位在编制财务报表时，假定其经营活动在可预见的将来会继续下去，而可预见的将来通常是指财务报表日后12个月。因此，管理层对持续经营能力的合理评估期间应是自财务报表日起的下一个会计期间。如果管理层评估持续经营能力涵盖的期间短于自财务报表日起的12个月，注册会计师应当提请管理层将其至少延长至自财务报表日起的12个月。

2. 管理层的评估、支持性分析和注册会计师的评价

纠正管理层缺乏分析的错误不是注册会计师的责任。在某些情况下，管理层缺乏详细分析以支持其评估，可能不妨碍注册会计师确定管理层运用持续经营假设是否适合具体情况。例如，如果被审计单位具有盈利经营的记录并很容易获得财务支持，管理层可能不需要进行详细分析就能做出评估。在这种情况下，如果其他审计程序足以使注册会计师认为管理层在编制财务报表时运用的持续经营假设适合具体情况，注册会计师可能无须实施详细的评价程序，就可以对管理层评估的适当性得出结论。

在其他情况下，注册会计师评价管理层对被审计单位持续经营能力所做的评估，可能包括评价管理层做出评估时遵循的程序、评估依据的假设、管理层的未来应对计划以及管理层的计划在当前情况下是否可行。

在评价管理层做出的评估时，注册会计师应当考虑管理层做出评估的过程、依据的假设以及应对计划。注册会计师应当考虑管理层做出的评估是否已考虑所有相关信息，其中包括注册会计师实施审计程序获取的信息。

管理层的评估所遵循的程序包括对可能导致对其持续经营能力产生重大疑虑的事项或情况的识别、对相关事项或情况结果的预测、对拟采取改善措施的考虑和计划以及最终的评估结论。在考虑管理层的评估程序时，注册会计师应当关注管理层是如何识别可能导致对其持续经营能力产生重大疑虑的事项或情况的，所识别的事项或情况是否完

整，是否已经对注册会计师在实施审计程序过程中发现的所有相关信息进行了充分考虑。

在考虑管理层做出的评估所依据的假设时，注册会计师应当考虑管理层对相关事项或情况结果的预测所依据的假设是否合理，并特别关注具有以下几类特征的假设：(1)对预测性信息具有重大影响的假设；(2)特别敏感的或容易发生变动的假设；(3)与历史趋势不一致的假设。注册会计师应当基于对被审计单位的了解，比较以前年度的预测与实际结果、本期的预测和截至目前的实际结果。如果发现某些因素的影响尚未反映在相关预测中，注册会计师应当与管理层讨论这些因素，必要时，要求管理层对相关预测所依据的假设做出修正。

(四)超出管理层评估期间的事项或情况

可能存在着已知的事项(预定的或非预定的)或情况，是超出管理层评估期间发生的，可能导致注册会计师对管理层编制财务报表时运用持续经营假设的适当性产生怀疑。注册会计师需要对存在这些事项或情况的可能性保持警觉。由于事项或情况发生的时点距离做出评估的时点越远，与事项或情况的结果相关的不确定性的程度也相应增加，因此在考虑更远期间发生的事项或情况时，只有持续经营事项的迹象达到重大时，注册会计师才需要考虑采取进一步措施。如果识别出这些事项或情况，注册会计师可能需要提请管理层评价这些事项或情况对于其评估被审计单位持续经营能力的潜在重要性。

除询问管理层外，注册会计师没有责任实施其他任何审计程序，以识别超出管理层评估期间并可能导致对被审计单位持续经营能力产生重大疑虑的事项或情况。

(五)识别出事项或情况时实施追加的审计程序

如果识别出可能导致对持续经营能力产生重大疑虑的事项或情况，注册会计师应当通过实施追加的审计程序(包括考虑缓解因素)，获取充分、适当的审计证据，以确定是否存在重大的不确定性。

这些程序应当包括以下几项：

(1)如果管理层尚未对被审计单位持续经营能力做出评估，应提请其进行评估。

如果管理层没有对持续经营能力做出初步评估，注册会计师应当与管理层讨论运用持续经营假设的理由，询问是否存在导致对持续经营能力产生重大疑虑的事项或情况，并提请管理层对持续经营能力做出评估。

(2)评价管理层与持续经营能力评估相关的未来应对计划，这些计划的结果是否可能改善目前的状况，以及管理层的计划对于具体情况是否可行。

评价管理层未来应对计划可能包括向管理层询问该计划。管理层的应对计划可能包括管理层变卖资产、对外借款、重组债务、削减或延缓开支或者获得新的资本。

(3)如果被审计单位已编制现金流量预测，且对预测的分析是评价管理层未来应对计划时所考虑的事项或情况的未来结果的重要因素，评价用于编制预测的基础数据的可靠性，并确定预测所基于的假设是否具有充分的支持。

此外，注册会计师还可能做的工作：其一，将最近若干期间的预测性财务信息与实际结果相比较；其二，将本期预测性财务信息与截至目前的实际结果相比较。

如果管理层的假设包括第三方通过放弃贷款优先求偿权、承诺保持或提供补充资金

或担保等方式向被审计单位提供持续的支持，且这种支持对于被审计单位的持续经营能力很重要，注册会计师可能需要考虑要求该第三方提供书面确认（包括条款和条件），并获得有关该第三方有能力提供这种支持的证据。

(4)考虑自管理层做出评估后是否存在其他可获得的事实或信息。

(5)要求管理层和治理层（如适用）提供有关未来应对计划及其可行性的书面声明。

如果合理预期不存在其他充分、适当的审计证据，注册会计师应当就对财务报表有重大影响的事项向管理层和治理层（如适用）获取书面声明。

由于管理层就持续经营能力而提出的应对计划和其他缓解措施通常基于假设基础之上，注册会计师在进行评价时，取得的审计证据多为说服性而非结论性的，因此，注册会计师应当向管理层获取有关应对计划的书面声明。

此外，尽管被审计单位当前可能是盈利的，但一些特殊的事项或情况可能导致被审计单位发生重大损失。为避免诸如诉讼事项可能发生的巨额赔偿支出，管理层将会考虑主动寻求破产保护。在这种情况下，获取管理层和治理层（如适用）声明是非常有必要的。注册会计师可以要求管理层和治理层（如适用）做出以下声明："在财务报表日起的12个月内，管理层和治理层（如适用）没有申请破产保护的计划。"

(六)审计结论与报告

注册会计师应当根据获取的审计证据，运用职业判断，确定是否存在与事项或情况相关的重大不确定性（且这些事项或情况单独或汇总起来可能导致对被审计单位持续经营能力产生重大的疑虑）并考虑对审计意见的影响（如图16-4所示）。

如果注册会计师根据职业判断认为，鉴于不确定性潜在影响的重要程度和发生的可能性，为了使财务报表做到公允反映，有必要适当披露该不确定性的性质和影响，则表明存在重大的不确定性。

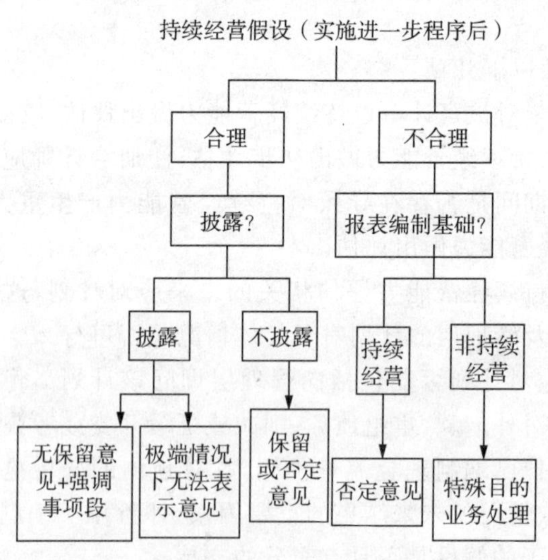

图16-4 持续经营假设对审计报告的影响

1. 被审计单位运用持续经营假设适当但存在重大的不确定性

如果认为运用持续经营假设适合具体情况，但存在重大不确定性，注册会计师应当确定：

(1)财务报表是否已充分描述可能导致对持续经营能力产生重大疑虑的主要事项或情况，以及管理层针对这些事项或情况的应对计划；

(2)财务报表是否已清楚披露可能导致对持续经营能力产生重大疑虑的事项或情况存在重大的不确定性，并由此导致被审计单位可能无法在正常的经营过程中变现资产和清偿债务。

如果财务报表已做出充分披露，注册会计师应当发表无保留意见，并在审计报告中增加强调事项段，强调可能导致对持续经营能力产生重大疑虑的事项或情况存在重大不确定性的事实，提醒财务报表使用者关注财务报表附注中对有关事项的披露。例如：

强调事项：

我们提醒财务报表使用者关注，如财务报表附注×所述，截至20×1年12月31日，该公司当年发生净亏损×元，在20×1年12月31日，该公司流动负债高于资产总额×元。这些情况连同附注×所示的其他事项，表明存在可能导致对该公司持续经营能力产生重大疑虑的重大不确定性。本段内容不影响已发表的审计意见。

在极少数情况下，当存在多项对财务报表整体具有重要影响的重大不确定性时，注册会计师可能认为发表无法表示意见而非增加强调事项段是适当的。原因在于，当被审计单位存在多项可能导致对其持续经营能力产生重大疑虑的事项或情况存在重大不确定性时，如果注册会计师难以判断财务报表的编制基础是否适合继续采用持续经营假设，应将其视为对审计范围构成重大限制，注册会计师应当考虑出具无法表示意见的审计报告，而不是在意见段之后增加强调事项段。例如：

导致无法表示意见的事项：

ABC公司已连续三个会计年度发生巨额亏损，主要财务指标显示其财务状况严重恶化，巨额逾期债务无法偿还，且存在巨额对外担保。截至审计报告日，ABC公司管理层在其书面评价中表示已开始采取包括债务重组、资产置换在内的多项措施；但由于该项措施正处于实施初期，我们无法获取充分、适当的审计证据以确证其能否有效改善ABC公司的持续经营能力，因此，无法判断ABC公司继续按照持续经营假设编制20×1年度财务报表是否适当。

无法表示意见：

由于“导致无法表示意见的事项”段所述事项的重要性，我们无法获取充分、适当的审计证据以为发表审计意见提供基础，因此，我们不对ABC公司财务报表发表审计意见。

如果财务报表未做出充分披露，注册会计师应当发表保留意见或否定意见。注册会计师应当在审计报告中说明，存在可能导致对被审计单位持续经营能力产生重大疑虑的重大不确定性。以下是注册会计师发表保留意见时相关段落的举例：

导致保留意见的事项：

该公司融资协议期满，且未偿付余额将于20×1年3月19日到期。该公司未能重新商定协议或获取替代性融资。这种情况表明存在可能导致对该公司持续经营能力产生重大疑虑的重大不确定性。因此,该公司可能无法在正常经营过程中变现资产、清偿债务。财务报表(及其附注)并未对这一事实做出全面披露。

保留意见:

我们认为,除"导致保留意见的事项"段所述事项产生的影响外,财务报表在所有重大方面按照企业会计准则的规定编制,公允反映了该公司20×0年12月31日的财务状况以及20×0年度的经营成果和现金流量。

以下是注册会计师发表否定意见时相关段落的举例:

导致否定意见的事项:

该公司融资协议期满,且未偿付余额于20×0年12月31日到期。该公司未能重新商定协议或获取替代性融资,正在考虑申请破产。这些情况表明存在可能导致对该公司持续经营能力产生重大疑虑的重大不确定性,因此,该公司可能无法在正常经营过程中变现资产、清偿债务。财务报表(及其附注)并未披露这一事实。

否定意见:

我们认为,由于"导致否定意见的事项"段所述事项的重要性,财务报表没有在所有重大方面按照企业会计准则的规定编制,未能公允反映该公司20×0年12月31日的财务状况以及20×0年度的经营成果和现金流量。

2. 运用持续经营假设不适当

如果财务报表按照持续经营基础编制,而注册会计师运用职业判断认为,管理层在编制财务报表时运用持续经营假设是不适当的,则无论财务报表中对管理层运用持续经营假设的不适当性是否做出披露,注册会计师均应发表否定意见。

如果在具体情况下运用持续经营假设是不适当的,但管理层被要求或自愿选择编制财务报表,则可以采用替代基础(如清算基础)编制财务报表。注册会计师可以对财务报表进行审计,前提是注册会计师确定替代基础在具体情况下是可接受的编制基础。如果财务报表对此做出了充分披露,注册会计师可以发表无保留意见,但也可能认为在审计报告中增加强调事项段是适当或必要的,以提醒财务报表使用者注意替代基础及其使用理由。

3. 严重拖延对财务报表的批准

如果管理层或治理层在财务报表日后严重拖延对财务报表的批准,注册会计师应当询问拖延的原因。如果认为拖延可能涉及与持续经营评估相关的事项或情况,注册会计师有必要实施前述识别出可能导致对持续经营能力产生重大疑虑的事项或情况时追加的审计程序,并就存在的重大不确定性考虑对审计结论的影响。

4. 管理层对持续经营能力拒绝评估

对持续经营能力做出适当评估是管理层的责任。注册会计师应当提请管理层对持续经营能力做出评估或将评估期间延伸至自资产负债表日起的十二个月。

如果管理层拒绝注册会计师的要求,注册会计师应评价在管理层拒绝评估或延伸评估期间的情况下所取得的审计证据的充分性和适当性，判断审计范围受到限制的程度，并考虑出具保留意见或无法表示意见的审计报告。

第二节　书面声明

书面声明，是指管理层向注册会计师提供的书面陈述，用以确认某些事项或支持其他审计证据。书面声明不包括财务报表及其认定，以及支持性账簿和相关记录。在本节中单独提及管理层时，应当理解为管理层和治理层(如适用)。管理层负责按照适用的财务报告编制基础编制财务报表并使其做到公允反映。

书面声明是注册会计师在财务报表审计中需要获取的必要信息，是审计证据的重要来源。如果管理层修改书面声明的内容或不提供注册会计师要求的书面声明，可能使注册会计师警觉存在重大问题的可能性。而且在很多情况下，要求管理层提供书面声明而非口头声明，可以促使管理层更加认真地考虑声明所涉及的事项，从而提高声明的质量。

尽管书面声明提供必要的审计证据，但其本身并不为所涉及的任何事项提供充分、适当的审计证据。而且管理层已提供可靠书面声明的事实，并不影响注册会计师就管理层责任履行情况或具体认定获取的其他审计证据的性质和范围。

一、针对管理层责任的书面声明

针对财务报表的编制，注册会计师应当要求管理层提供书面声明，确认其根据审计业务约定条款，履行了按照适用的财务报告编制基础编制财务报表并使其做到公允反映(如适用)的责任。

针对提供的信息和交易的完整性，注册会计师应当要求管理层就下列事项提供书面声明：(1)按照审计业务约定条款，已向注册会计师提供所有相关信息，并允许注册会计师不受限制地接触所有相关信息以及被审计单位内部人员和其他相关人员；(2)所有交易均已记录并反映在财务报表中。

如果未从管理层获取其确认已履行的责任，注册会计师在审计过程中获取的有关管理层已履行这些责任的其他审计证据是不充分的。这是因为，仅凭其他审计证据不能判断管理层是否在认可并理解其责任的基础上，编制和列报财务报表并向注册会计师提供了相关信息。例如，如果未向管理层询问其是否提供了审计业务约定条款中要求提供的所有相关信息，没有获得管理层的确认，注册会计师就不能认为管理层已提供了这些信息。

上述书面声明，基于管理层认可并理解在审计业务约定条款中提及的管理层的责任，注册会计师要求管理层通过声明确认其已履行这些责任。注册会计师可能还要求管理层在书面声明中再次确认其对自身责任的认可与理解。当存在下列情况时，这种确认尤为适当：

(1)代表被审计单位签订审计业务约定条款的人员不再承担相关责任；

(2)审计业务约定条款是在以前年度签订的；

(3)有迹象表明管理层误解了其责任；

(4)情况的改变需要管理层再次确认其责任。

当然,再次确认管理层对自身责任的认可与理解,并不限于管理层已知的全部事项。

二、其他书面声明

除《中国注册会计师审计准则第 1341 号——书面声明》和其他审计准则要求的书面声明外,如果注册会计师认为有必要获取一项或多项其他书面声明,以支持与财务报表一项或多项具体认定相关的其他审计证据,注册会计师应当要求管理层提供这些书面声明。

(一)关于财务报表的额外书面声明

除了针对财务报表的编制,注册会计师应当要求管理层提供基本书面声明以确认其履行了责任外,注册会计师可能认为有必要获取有关财务报表的其他书面声明。其他书面声明可能是对基本书面声明的补充,但不构成其组成部分。其他书面声明可能包括针对下列事项做出的声明:

一是会计政策的选择和运用是否适当。

二是是否按照适用的财务报告编制基础对下列事项(如相关)进行了确认、计量、列报或披露:

(1)可能影响资产和负债账面价值或分类的计划或意图;

(2)负债(包括实际负债和或有负债);

(3)资产的所有权或控制权,资产的留置权或其他物权,用于担保的抵押资产;

(4)可能影响财务报表的法律法规及合同(包括违反法律法规及合同的行为)。

(二)与向注册会计师提供信息有关的额外书面声明

除了针对管理层提供的信息和交易的完整性的书面声明外,注册会计师可能认为有必要要求管理层提供书面声明,确认其已将注意到的所有内部控制缺陷向注册会计师通报。

(三)关于特定认定的书面声明

在获取有关管理层的判断和意图的证据时,或在对判断和意图进行评价时,注册会计师可能考虑下列一项或多项事项:

(1)被审计单位以前对声明的意图的实际实施情况;

(2)被审计单位选取特定措施的理由;

(3)被审计单位实施特定措施的能力;

(4)是否存在审计过程中已获取的、可能与管理层判断或意图不一致的任何其他信息。

此外,注册会计师可能认为有必要要求管理层提供有关财务报表特定认定的书面声明,尤其是支持注册会计师就管理层的判断或意图或者完整性认定从其他审计证据中获取的了解。例如,如果管理层的意图对投资的计价基础非常重要,但若不能从管理层获取有关该项投资意图的书面声明,注册会计师就不可能获取充分、适当的审计证据。尽管这些书面声明能够提供必要的审计证据,但其本身并不能为财务报表特定认定提供充分、适当的审计证据。

三、书面声明的日期和涵盖的期间

书面声明的日期应当尽量接近对财务报表出具审计报告的日期，但不得在审计报告日后。书面声明应当涵盖审计报告针对的所有财务报表和期间。

由于书面声明是必要的审计证据，在管理层签署书面声明前，注册会计师不能发表审计意见，也不能签署审计报告。而且，由于注册会计师关注截至审计报告日发生的、可能需要在财务报表中做出相应调整或披露的事项，书面声明的日期应当尽量接近对财务报表出具审计报告的日期，但不得在其之后。

在某些情况下，注册会计师在审计过程中获取有关财务报表特定认定的书面声明可能是适当的。此时，可能有必要要求管理层更新书面声明。管理层有时需要再次确认以前期间做出的书面声明是否依然适当，因此，书面声明需要涵盖审计报告中提及的所有期间。注册会计师和管理层可能认可某种形式的书面声明，以更新以前期间所做的书面声明。更新后的书面声明需要表明，以前期间所做的声明是否发生了变化，以及发生了什么变化（如有）。

在审计实务中可能会出现这样的情况，即在审计报告中提及的所有期间内，现任管理层均尚未就任。他们可能由此声称无法就上述期间提供部分或全部书面声明。然而，这一事实并不能减轻现任管理层对财务报表整体的责任。相应地，注册会计师仍然需要向现任管理层获取涵盖整个相关期间的书面声明。

四、书面声明的形式

书面声明应当以声明书的形式致送注册会计师。

下面列示了一种声明书的范例。有必要先介绍一下与该声明书相关的几点背景信息：(1)被审计单位采用企业会计准则编制财务报表。(2)《中国注册会计师审计准则第1324号——持续经营》中有关就被审计单位持续经营能力获取书面声明的要求不相关。(3)所要求的书面声明不存在例外情况；如果存在例外情况，则需要对本参考格式列示的书面声明的内容予以调整，以反映这些例外情况。

致（注册会计师）：

本声明书是针对你们审计ABC公司截至20×1年12月31日的年度财务报表而提供的。审计的目的是对财务报表发表意见，以确定财务报表是否在所有重大方面已按照企业会计准则的规定编制，并实现公允反映。

尽我们所知，并在做出了必要的查询和了解后，我们确认：

一、财务报表

1. 我们已履行[插入日期]签署的审计业务约定书中提及的责任，即根据企业会计准则的规定编制财务报表，并对财务报表进行公允反映；

2. 在做出会计估计时使用的重大假设（包括与公允价值计量相关的假设）是合理的；

3. 已按照企业会计准则的规定对关联方关系及其交易做出了恰当的会计处理和披露；

4. 根据企业会计准则的规定，所有需要调整或披露的资产负债表日后事项都已得到调整或披露；

5. 未更正错报，无论是单独还是汇总起来，对财务报表整体的影响均不重大。未更正错报汇总表附在本声明书后；

6. [插入注册会计师可能认为适当的其他任何事项]。

二、提供的信息

7. 我们已向你们提供下列工作条件：

(1)允许接触我们注意到的、与财务报表编制相关的所有信息(如记录、文件和其他事项)。

(2)提供你们基于审计目的要求我们提供的其他信息。

(3)允许在获取审计证据时不受限制地接触你们认为必要的本公司内部人员和其他相关人员。

8. 所有交易均已记录并反映在财务报表中。

9. 我们已向你们披露了由于舞弊可能导致的财务报表重大错报风险的评估结果。

10. 我们已向你们披露了我们注意到的、可能影响本公司的与舞弊或舞弊嫌疑相关的所有信息，这些信息涉及本公司的：

(1)管理层；

(2)在内部控制中承担重要职责的员工；

(3)其他人员(在舞弊行为导致财务报表重大错报的情况下)。

11. 我们已向你们披露了从现任和前任员工、分析师、监管机构等方面获知的、影响财务报表的舞弊指控或舞弊嫌疑的所有信息。

12. 我们已向你们披露了所有已知的、在编制财务报表时应当考虑其影响的违反或涉嫌违反法律法规的行为。

13. 我们已向你们披露了我们注意到的关联方的名称和特征、所有关联方关系及其交易。

14. [插入注册会计师可能认为必要的其他任何事项]。

附：未更正错报汇总表

ABC 公司	ABC 公司管理层
(盖章)	(签名并盖章)
中国××市	二〇×二年×月×日

五、对书面声明可靠性的疑虑以及管理层不提供要求的书面声明

(一)对书面声明可靠性的疑虑

1. 对管理层的胜任能力、诚信、道德价值观或勤勉尽责存在疑虑

如果对管理层的胜任能力、诚信、道德价值观或勤勉尽责存在疑虑，或者对管理层在这些方面的承诺或贯彻执行存在疑虑，注册会计师应当确定这些疑虑对书面或口头声明

和审计证据总体的可靠性可能产生的影响。注册会计师可能认为，管理层在财务报表中做出不实陈述的风险很大，以至于审计工作无法进行。在这种情况下，除非治理层采取适当的纠正措施，否则注册会计师可能需要考虑解除业务约定（如果法律法规允许）。很多时候，治理层采取的纠正措施可能并不足以使注册会计师发表无保留意见。

2. 书面声明与其他审计证据不一致

如果书面声明与其他审计证据不一致，注册会计师应当实施审计程序以设法解决这些问题。注册会计师可能需要考虑风险评估结果是否仍然适当。如果认为不适当，注册会计师需要修正风险评估结果，并确定进一步审计程序的性质、时间安排和范围，以应对评估的风险。如果问题仍未解决，注册会计师应当重新考虑对管理层的胜任能力、诚信、道德价值观或勤勉尽责的评估，或者重新考虑对管理层在这些方面的承诺或贯彻执行的评估，并确定书面声明与其他审计证据的不一致对书面或口头声明和审计证据总体的可靠性可能产生的影响。

如果认为书面声明不可靠，注册会计师应当采取适当的措施，包括确定其对审计意见可能产生的影响。

（二）管理层不提供要求的书面声明

如果管理层不提供要求的一项或多项书面声明，注册会计师应当做以下工作：

一是与管理层讨论该事项；

二是重新评价管理层的诚信，并评价该事项对书面或口头声明和审计证据总体的可靠性可能产生的影响；

三是采取适当措施，包括确定该事项对审计意见可能产生的影响。

如果存在下列情形之一，注册会计师应当对财务报表发表无法表示意见：

（1）注册会计师对管理层的诚信产生重大疑虑，以至于认为其做出的书面声明不可靠；

（2）管理层不提供审计准则要求的书面声明。

这是因为，如果注册会计师认为有关这些事项的书面声明不可靠，或者管理层不提供有关这些事项的书面声明，则注册会计师无法获取充分、适当的审计证据，这对财务报表的影响可能是广泛的，并不局限于财务报表的特定要素、账户或项目。在这种情况下，注册会计师需要对财务报表发表无法表示意见。

另外，管理层对注册会计师所要求的书面声明的内容做出调整，并不一定意味着管理层不提供书面声明。然而，做出调整的真正原因可能影响审计意见的类型。例如，可能出现以下情况：

（1）有关管理层财务报表编制责任履行情况的书面声明可能声称，除了与适用的财务报告编制基础的某一要求有重大不符外，管理层认为财务报表已按照适用的财务报告编制基础编制。由于注册会计师认为管理层已提供可靠的书面声明，需要按照《中国注册会计师审计准则第 1502 号——在审计报告中发表非无保留意见》的规定，考虑不符事项对审计意见的影响。

（2）有关管理层向注册会计师提供审计业务约定条款中要求提供的所有相关信息的责任的书面声明，可能声称除火灾中毁损的信息外，管理层认为其已向注册会计师提供

了所有相关信息。由于注册会计师认为管理层已提供了可靠的书面声明，需要按照《中国注册会计师审计准则第1502号——在审计报告中发表非无保留意见》的规定，考虑火灾中毁损信息对财务报表产生影响的广泛性，进而确定其对审计意见的影响。

第三节 终结审计

一、编制审计差异调整表和试算平衡表

在完成按业务循环进行的内部控制测试、会计报表项目的实质性测试和特殊项目的审计后，对审计项目组成员在审计中发现的被审计单位的会计处理方法与有关会计准则、会计制度的不一致，即审计差异内容，审计项目经理应根据审计重要性原则予以初步确定并汇总，并建议被审计单位进行调整，使经审计的会计报表所载信息能够真实反映被审计单位的财务状况、经营成果和现金流量。这一对审计差异内容的“初步确定并汇总”直至形成“经审计的会计报表”的过程，主要是通过编制审计差异调整表和试算平衡表得以完成的。

（一）编制审计差异调整表

审计差异按是否需要调整账户记录可分为核算错误和重分类错误。核算错误是因被审计单位对经济业务进行了不正确的会计核算而引起的错误，用重要性原则来衡量核算错误，又可把核算错误区分为建议调整的不符事项和不建议调整的不符事项（即未调整不符事项）；重分类错误是因被审计单位未按适用的财务报告编制基础列报财务报表而引起的错误，例如，被审计单位在应付账款项目中反映的预付款项、在应收账款项目中反映的预收款项等。

无论是建议调整的不符事项、重分类错误还是未调整不符事项，在审计工作底稿中通常都是以会计分录的形式反映的。由于审计中发现的错误往往不止一两项，为便于审计项目的各级负责人综合判断、分析和决定，也为了便于有效编制试算平衡表以评价经审计的财务报表，通常需要将这些建议调整的不符事项、重分类错误以及未调整不符事项分别汇总至“账项调整分录汇总表”“重分类调整分录汇总表”“未更正错报汇总表”。三张汇总表的参考格式分别见表16-1、表16-2和表16-3。

16-1 账项调整分录汇总表

序号	内容及说明	索引号	调整内容				影响利润表+(-)	影响资产负债表+(-)
			借方项目	借方金额	贷方项目	贷方金额		

与被审计单位的沟通：

参加人员：

被审计单位：________________

审计项目组：________________

被审计单位的意见：

____

____

____

____

结论：

是否同意上述审计调整：________________

被审计单位授权代表签字：______________________ 日期：______________________

16-2　重分类调整分录汇总表

序号	内容及说明	索引号	调整内容			
			借方项目	借方金额	贷方项目	贷方金额

与被审计单位的沟通：

参加人员：

被审计单位：________________

审计项目组：________________

被审计单位的意见：

____

____

____

____

结论：

是否同意上述审计调整：________________

被审计单位授权代表签字：______________________ 日期：______________________

16-3　未更正错报汇总表

序号	内容及说明	索引号	调整内容				备注
			借方项目	借方金额	贷方项目	贷方金额	

（续表）

序号	内容及说明	索引号	调整内容				备注
			借方项目	借方金额	贷方项目	贷方金额	

未更正错误的影响：

项目	金额	百分比	计划百分比
1. 总资产	________	________	________
2. 净资产	________	________	________
3. 销售收入	________	________	________
4. 费用总额	________	________	________
5. 毛利	________	________	________
6. 净利润	________	________	________

结论：

被审计单位授权代表签字：________________ 日期：________________

注册会计师确定了建议调整的不符事项和重分类错误后，应以书面方式及时征求被审计单位对需要调整财务报表事项的意见。若被审计单位予以采纳，应取得被审计单位同意调整的书面确认；若被审计单位不予采纳，应分析原因，并根据未调整不符事项的性质和重要程度，确定是否在审计报告中予以反映，以及如何反映。

（二）编制试算平衡表

试算平衡表是注册会计师在被审计单位提供的未审财务报表的基础上，考虑调整分录、重分类分录等内容以确定已审数与报表披露数的表式。有关资产负债表和利润表的试算平衡表的参考格式分别见表 16－4 和表 16－5。需要说明以下几点：

(1)试算平衡表中的“期末未审数”和“未审金额”列，应根据被审计单位提供的未审计财务报表填列。

(2)试算平衡表中的“账项调整”和“调整金额”列，应根据经被审计单位同意的“账项调整分录汇总表”填列。

(3)试算平衡表中的“重分类调整”列，应根据经被审计单位同意的“重分类调整分录汇总表”填列。

(4)在编制完试算平衡表后，应注意核对相应的钩稽关系。例如，资产负债表试算平衡表左边的“期末未审数”列合计数、“期末审定数”列合计数应分别等于其右边相应各列合计数；资产负债表试算平衡表左边的“账项调整”列中的借方合计数与贷方合计数之差应等于右边的“账项调整”列中的贷方合计数与借方合计数之差；资产负债表试算平衡表左边的“重分类调整”列中的借方合计数与贷方合计数之差应等于右边的“重分类调整”列中的贷方合计数与借方合计数之差等。

表 16-4　资产负债表试算平衡表

项目	期末未审数	账项调整		重分类调整		期末审定数	项目	期末未审数	账项调整		重分类调整		期末审定数
		借方	贷方	借方	贷方				借方	贷方	借方	贷方	
货币资金							短期借款						
交易性金融资产							交易性金融负债						
应收票据							应付票据						
应收账款							应付账款						
预付款项							预收款项						
应收利息							应付职工薪酬						
应收股利							应交税费						
其他应付款							应付利息						
存货							应付股利						
一年内到期的非流动资产							其他应会款						
其他流动资产							一年内到期的非流动负债						
可供出售金融资产							其他流动负债						
持有至到期投资							长期借款						
长期应收款							应付债券						
长期股权投资							长期应付款						
投资性房地产							专项庆付款						
固定资产							预计负债						
在建工程							递延所得税负债						
工程物资							其他非流动负债						
固定资产清理							实收资本（或股本）						
无形资产							资本公积						

（续表）

项目	期末未审数	账项调整		重分类调整		期末审定数	项目	期末未审数	账项调整		重分类调整		期末审定数
		借方	贷方	借方	贷方				借方	贷方	借方	贷方	
开发支出							盈余公积						
商誉							未分配利润						
长期待摊费用													
递延所得税资产													
其他非流动资产													
合计							合计						

表 16－5　利润表试算平衡表工作底稿

被审计单位：＿＿＿＿＿＿　索引号：＿＿＿＿＿＿
项目：＿＿＿＿＿＿　财务报表截止日/期间：＿＿＿＿＿＿
编制：＿＿＿＿＿＿　复核：＿＿＿＿＿＿
日期：＿＿＿＿＿＿　日期：＿＿＿＿＿＿

项目		未审金额	调整金额		审定金额
			借方	贷方	
1.	营业收入				
	减:营业成本				
	营业税金及附加				
	销售费用				
	管理费用				
	财务费用				
	资产减值损失				
	加:公允价值变动损益				
	投资收益				
2.	营业利润				
	加:营业外收入				
	减:营业外支出				
3.	利润总额				
	减:所得税费用				
4.	净利润				

【小提示】

调整分录汇总表和重分类分录汇总表编制完成后，再据以编制资产负债表试算平衡表工作底稿和利润表试算平衡表工作底稿。注册会计师认可的财务报表最终反映的数额应以试算平衡表调整后数额为准。

二、对财务报表总体合理性实施分析程序

在审计结束或临近结束时，注册会计师运用分析程序的目的是确定审计调整后的财务报表整体是否与其对被审计单位的了解一致。这时运用分析程序是强制要求，注册会计师在这个阶段应当运用分析程序。

在运用分析程序进行总体复核时，如果识别出以前未识别的重大错报风险，注册会计师应当重新考虑对全部或部分各类交易、账户余额、列报评估的风险是否恰当，并在此基础上重新评价之前计划的审计程序是否充分，是否有必要追加审计程序。

三、评价审计中的重大发现

在审计完成阶段，项目合伙人和审计项目组考虑的重大发现和事项的例子包括以下内容：

(1)期中复核中的重大发现及其对审计方法的影响；

(2)涉及会计政策的选择、运用和一贯性的重大事项，包括相关披露；

(3)就识别出的重大风险，对审计策略和计划的审计程序所做的重大修正；

(4)在与管理层和其他人员讨论重大发现和事项时得到的信息；

(5)与注册会计师的最终审计结论相矛盾或不一致的信息。

对实施的审计程序的结果进行评价，可能全部或部分地揭示出以下事项：

(1)为了实现计划的审计目标，是否有必要对重要性进行修订；

(2)对审计策略和计划的审计程序的重大修正，包括对重大错报风险评估结果的重要变动；

(3)对审计方法有重要影响的值得关注的内部控制缺陷和其他缺陷；

(4)财务报表中存在的重大错报或漏报，包括相关披露和其他审计调整；

(5)项目组成员内部，或项目组与项目质量控制复核人员或提供咨询的其他人员之间，就重大会计和审计事项达成最终结论所存在的意见分歧；

(6)在实施审计程序时遇到的重大困难；

(7)向会计师事务所内部有经验的专业人士或外部专业顾问咨询的事项；

(8)与管理层或其他人员就重大发现以及与注册会计师的最终审计结论相矛盾或不一致的信息进行的讨论。

注册会计师在审计计划阶段对重要性的判断，与其在评估审计差异时对重要性的判断是不同的。如果在审计完成阶段修订后的重要性水平远远低于在计划阶段确定的重要性水平，注册会计师应重新评估已经获得的审计证据的充分性和适当性。重要性的任何变化都要求注册会计师重新评估重大错报上限和审计策略。

如果审计项目组内部、项目组与被咨询者之间以及项目合伙人与项目质量控制复核

人员之间存在意见分歧，审计项目组应当遵循会计师事务所的政策和程序予以妥善处理。

四、与治理层沟通

（一）沟通的目的

注册会计师与治理层沟通的主要目的是：

（1）就审计范围和时间以及注册会计师、治理层和管理层各方在财务报表审计和沟通中的责任，取得相互了解；

（2）及时向治理层告知审计中发现的与治理层责任相关的事项；

（3）共享有助于注册会计师获取审计证据和治理层履行责任的其他信息。

（二）沟通的内容

注册会计师应当直接与治理层沟通的主要事项如下：

1. 注册会计师的责任

注册会计师应当就其责任直接与治理层沟通。注册会计师通常考虑将该沟通事项包含在审计业务约定书中。注册会计师应当向治理层说明，注册会计师的责任是对管理层在治理层监督下编制的财务报表发表审计意见，对财务报表的审计并不能减轻管理层和治理层的责任。主要应当与治理层沟通下列事项：

（1）注册会计师有责任按照审计准则的规定执行审计业务，发表审计意见；审计准则要求沟通的事项包括财务报表审计中发现的、且与治理层履行对财务报告过程监督职责相关的重大事项。

（2）审计准则并不要求注册会计师专门为识别与治理层沟通的补充事项设计程序，但如果注册会计师注意到根据其职业判断认为重大且与治理层责任相关的补充事项，并且这些事项没有通过其他渠道与治理层做过有效的沟通，注册会计师应当就这些事项与治理层沟通。

（3）如果存在要求和商定沟通的其他事项，注册会计师还有责任就这些事项与治理层沟通。

2. 计划的审计范围和时间

注册会计师应当就计划的审计范围和时间直接与治理层做简要的沟通。当与治理层沟通计划的审计范围和时间时，注册会计师应当保持职业谨慎，以防止由于具体审计程序易于被治理层尤其是承担管理责任的治理层所预见等原因而损害审计工作的有效性。主要应当考虑与治理层沟通下列事项：

（1）注册会计师拟如何应对由于舞弊或错误导致的重大错报风险；

（2）注册会计师对与审计相关的内部控制采取的方案；

（3）重要性的概念，但不宜涉及重要性的具体底线或金额；

（4）审计业务受到的限制或法律法规对审计业务的特定要求；

（5）注册会计师与治理层商定的沟通事项的性质。

3. 审计工作中发现的问题

注册会计师应当就审计工作中发现的问题与治理层直接沟通下列事项：

(1)注册会计师对被审计单位会计处理质量的看法；

(2)审计工作中遇到的重大困难；

(3)尚未更正的错报，除非注册会计师认为这些错报明显不重要；

(4)审计中发现的、根据职业判断认为重大且与治理层履行财务报告过程监督责任直接相关的其他事项。

4. 注册会计师的独立性

如果被审计单位是上市公司，注册会计师应当就独立性问题与治理层直接沟通下列内容：

(1)就审计项目组成员、会计师事务所其他相关人员以及会计师事务所按照法律法规和职业道德规范的规定保持独立性做出声明；

(2)根据职业判断，注册会计师认为会计师事务所与被审计单位之间存在的可能影响独立性的所有关系和其他事项，其中包括会计师事务所在财务报表涵盖期间为被审计单位和受被审计单位控制的组成部分提供审计、非审计服务的收费总额；

(3)为消除对独立性的威胁或将其降至可接受的水平，已经采取的相关防护措施。

五、复核审计工作底稿和财务报表

(一)对财务报表总体合理性进行总体复核

在审计结束或临近结束时，注册会计师需要运用分析程序的目的是确定经审计调整后的财务报表整体是否与对被审计单位的了解一致，是否具有合理性。注册会计师应当围绕这一目的运用分析程序。

在运用分析程序进行总体复核时，如果识别出以前未识别的重大错报风险，注册会计师应当重新考虑对全部或部分各类别的交易、账户余额、披露评估的风险是否恰当，并在此基础上重新评价之前计划的审计程序是否充分，是否有必要追加审计程序。

(二)评价审计结果

注册会计师评价审计结果，主要是为了确定审计意见的类型以及在整个审计工作中是否遵循了审计准则。为此，注册会计师必须完成两项工作：一是对重要性和审计风险进行最终的评价；二是对财务报表形成审计意见并草拟审计报告。

1. 对重要性和审计风险进行最终的评价

对重要性和审计风险进行最终评价，是注册会计师决定发表何种类型审计意见的必要过程。该过程可通过以下两个步骤来完成：

(1)确定可能的错报金额。可能的错报金额包括已经识别的具体错报和推断误差，详见本教材第七章有关内容。

(2)根据财务报表层次重要性水平，确定可能的错报金额的汇总数(即可能错报总额)对整个财务报表的影响程度。应当注意以下因素：

① 这里的“财务报表层次重要性水平”是指审计计划阶段确定的重要性水平，如果该重要性水平在审计过程中已做过修正，则应当按修正后的财务报表层次重要性水平进行比较。

② 这里的可能错报总额一般是指各财务报表项目可能的错报金额的汇总数，也包括上一期间的任何未更正可能错报对本期财务报表的影响。上一期间的未更正可能错报

与本期未更正可能错报累计起来，可能会导致本期财务报表产生重大错报。因此，注册会计师估计本期的可能错报总额时，应当包括上一期间的未更正可能错报。

注册会计师在审计计划阶段已确定了审计风险的可接受水平。随着可能错报总额的增加，财务报表可能发生重大错报的风险也会增加。如果注册会计师得出结论，审计风险处在一个可接受的水平，则可以直接根据审计结果发表意见；如果注册会计师认为审计风险不能接受，则应追加审计测试或者说服被审计单位做必要的调整，以便将重大错报的风险降低到可接受的水平。否则，注册会计师应慎重考虑该审计风险对审计报告的影响。

2. 对财务报表形成审计意见并草拟审计报告

在审计过程中，要实施各种测试。这些测试通常是由参与本次审计工作的审计项目组成员来执行的，而每个成员所执行的测试可能只限于某几个领域或账项，所以，在每个业务循环或报表项目的测试都完成之后，审计项目经理应汇总所有成员的审计结果。

在完成审计工作阶段，为了对财务报表整体发表适当的意见，必须将这些分散的审计结果加以汇总和评价，综合考虑在审计过程中收集到的全部证据。项目合伙人对这些工作负有最终责任。在有些情况下，这些工作可以先由审计项目经理初步完成，然后再逐级交给部门经理和项目合伙人认真复核。

在对审计意见形成最后决定之前，会计师事务所通常要与被审计单位召开沟通会。在沟通会上，注册会计师可口头报告本次审计所发现的问题，并说明建议被审计单位做必要的调整或表外披露的理由。当然，管理层也可以在会上申辩其立场。最后，双方达成一致意见。如果达成一致意见，注册会计师一般即可签发标准审计报告；否则，注册会计师则可能不得不发表其他类型的审计意见。注册会计师的审计意见是通过审计报告来反映的，下一章将介绍不同类型的审计报告。

（三）复核审计工作底稿

《质量控制准则第 5101 号——会计师事务所对执行财务报表审计和审阅、其他鉴证和相关服务业务实施的质量控制》对会计师事务所业务复核与项目质量控制复核的质量控制制度做出了规定。《中国注册会计师审计准则第 1121 号——对财务报表审计实施的质量控制》对注册会计师执行财务报表审计的复核与审计项目质量控制复核的质量控制程序做出了规定。

遵循准则的要求执行复核，是确保注册会计师执业质量的重要手段之一。会计师事务所需要按照《质量控制准则第 5101 号——会计师事务所对执行财务报表审计和审阅、其他鉴证和相关服务业务实施的质量控制》和《中国注册会计师审计准则第 1121 号——对财务报表审计实施的质量控制》的相关规定，结合会计师事务所自身组织架构特点和质量控制体系建设的需要，制定相关的质量控制政策和程序，对审计项目复核（包括项目内部复核和项目质量控制复核）的级次以及人员、时间、范围和工作底稿记录等做出规定。

1. 项目组内部复核

(1)复核人员

《质量控制准则第 5101 号——会计师事务所对执行财务报表审计和审阅、其他鉴证和相关服务业务实施的质量控制》规定，会计师事务所在安排复核工作时，应当由项目组内经验较多的人员复核经验较少的人员的工作。会计师事务所应当根据这一原则，确定有关复核责任的政策和程序。项目组需要在制订审计计划时确定复核人员的指派，以确定所有工作底稿均得到适当层级人员的复核。

对一些较为复杂、审计风险较高的领域，例如：舞弊风险的评估与应对、重大会计估计及其他复杂的会计问题、审核会议记录和重大合同、关联方关系和交易、持续经营存在的问题等，需要指派经验丰富的项目组成员（如项目负责经理）进行复核，必要时可以由项目合伙人执行复核。

（2）复核范围

所有的审计工作底稿至少要经过一级复核。

执行复核时，复核人员需要考虑的事项如下：

① 审计工作是否已按照执业准则和适当的法律法规的规定执行；

② 重大事项是否提请进一步考虑；

③ 相关事项是否进行适当的咨询，由此形成的结论是否得到记录和执行；

④ 是否需要修改已执行审计工作的性质、时间安排和范围；

⑤ 已执行的审计工作是否支持形成的审计结论，并已得到适当记录；

⑥ 已获取的审计证据是否充分、适当；

⑦ 审计程序的目标是否实现。

（3）复核时间

审计项目复核贯穿于审计工作的全过程，随着审计工作的开展，复核人员在审计计划阶段、执行阶段和完成阶段应及时复核相应的工作底稿，例如：在审计计划阶段复核记录审计策略和审计计划的工作底稿，在审计执行阶段复核记录控制测试和实质性程序的工作底稿，在审计完成阶段复核记录重大事项、审计调整以及未更正错报的工作底稿等。

（4）项目合伙人复核

根据审计准则的规定：项目合伙人应当对会计师事务所分派的每项审计业务的总体质量负责；项目合伙人应当对项目组按照会计师事务所复核政策和程序实施的复核负责。

《中国注册会计师审计准则第 1121 号——对财务报表审计实施的质量控制》应用指南指出，项目合伙人在审计过程的适当阶段及时实施复核，有助于重大事项在审计报告之前得到及时满意的解决。项目合伙人复核的内容包括：①对关键领域所做的判断，尤其是执行业务过程中识别出的疑难问题或争议事项；②特别风险；③项目合伙人认为重要的其他领域。项目合伙人无须复核所有审计工作底稿。《中国注册会计师审计准则第 1131 号——审计工作底稿》要求合伙人记录复核的范围和时间。在审计报告日或审计报告日之前，项目合伙人应当通过复核审计工作底稿与项目组讨论，确信已获取充分、适当的审计证据，支持得出的结论和拟出具的审计报告。

2. 项目质量控制复核

根据《质量控制准则第 5101 号——会计师事务所对执行财务报表审计和审阅、其他鉴证和相关服务业务实施的质量控制》的规定，会计师事务所应当制定政策和程序，要求对特定业务（包括所有上市实体财务报表审计）实施项目质量控制复核，以客观评价项目组做出的重大判断以及在编制报告时得出的结论。

会计师事务所应当制定政策和程序，以确定项目质量控制复核的性质、时间安排和范围。这些政策和程序应当要求，只有完成项目质量控制复核，才可以签署业务报告。

(1)质量控制复核人员

《质量控制准则第 5101 号——会计师事务所对执行财务报表审计和审阅、其他鉴证和相关服务业务实施的质量控制》规定，会计师事务所应当制定政策和程序，解决项目质量控制复核人员的委派问题，明确项目质量控制复核人员的资格要求：

① 履行职责需要的技术资格，包括必要的经验和权限；

② 在不损害客观性的前提下，项目质量控制复核人员能够提供业务咨询的程度。

会计师事务所在确定项目质量控制复核人员的资格要求时，需要充分考虑质量控制复核工作的重要性和复杂性，安排经验丰富的注册会计师担任项目质量控制复核人员，例如有一定执业经验的合伙人，或专门负责质量控制复核的注册会计师等。

(2)质量控制复核范围

《中国注册会计师审计准则第 1121 号——对财务报表审计实施的质量控制》规定，项目质量控制复核人员应当客观地评价项目组做出的重大判断，以及在编制审计报告时得出的结论。

评价工作应当涉及下列内容：

① 与项目组合伙人讨论重大事项；

② 复核财务报表和拟出具的审计报告；

③ 复核选取的与项目组做出的重大判断和得出的结论相关的审计工作底稿；

④ 评价在编制审计报告时得出的结论，并考虑拟出具审计报告的恰当性。

对于上市实体的财务报表审计，项目质量控制复核人员在实施项目质量控制复核时，还应当考虑以下内容：

① 项目组就具体审计业务对会计师事务所独立性做出的评价；

② 项目组是否已就涉及意见分歧的事项，或者其他疑难问题或争议事项进行适当咨询，以及咨询得出的结论；

③ 选取的用于复核的审计工作底稿，是否反映了项目组针对重大判断执行的工作，以及是否支持得出的结论。

(3)质量控制复核时间

《中国注册会计师审计准则第 1121 号——对财务报表审计实施的质量控制》规定，只有完成了项目质量控制复核，才能签署审计报告。

按照《质量控制准则第 5101 号——会计师事务所对执行财务报表审计和审阅、其他鉴证和相关服务业务实施的质量控制》的规定，审计报告的日期不得早于注册会计师获取充分、适当的审计证据，并在此基础上对财务报表形成审计意见的日期。对于上市实体财务报表审计业务或符合标准需要实施项目质量控制复核的其他业务，这种复核有助于注册会计师确定是否已获取充分、适当的审计证据。

项目质量控制复核人员在业务过程中的适当阶段及时实施项目质量控制复核，有助于重大事项在审计报告日之前得到迅速、满意的解决。

注册会计师要考虑在审计过程与项目质量控制复核人员积极配合，使其能够及时实施质量控制复核，而非在出具审计报告前才实施复核。例如：在审计计划阶段，项目质量控制复核人员复核项目组对会计师事务所独立性做出的评价、项目组在制定审计策略和审计计划时做出的重大判断及发现的重大事项等。

针对项目组内部复核以及项目质量控制复核，很多会计师事务所都备有详细的业务执行复核工作核对表，项目复核可以通过填列业务执行复核工作核对表的方式来进行，这样，不仅可对那些经常容易被忽视的审计方面起到提醒作用，还有利于检查审计证据的充分性和适当性。表 16－6 是业务执行复核工作核对表的一个范例，供参考。

表 16－6 业务执行复核工作核对表

一、项目负责经理复核

复核事项	是/否/不适用	备 注
1. 是否已复核已完成的审计计划，以及导致对审计计划做出重大修改的事项？ 2. 是否已复核重要的财务报表项目？ 3. 是否已复核特殊交易或事项、包括债务重组、关联方交易、非货币性交易、或有事项、期后事项、持续经营能力等？ 4. 是否已复核重要会计政策、会计估计的变更？ 5. 是否已复核重大事项概要？ 6. 是否已复核建议调整事项？ 7. 是否已复核管理层声明书，股东大会、董事会相关会议纪要，与客户的沟通记录及重要会议记录，律师询证函复函？ 8. 是否已复核审计总结？ 9. 是否已复核已审计财务报表的拟出其的审计报告？ 10. 实施上述复核后，是否可以确定下列事项： (1)审计工作底稿提供了充分、适当的记录，作为审计报告的基础； (2)已按照中国注册会计师审计准则的规定执行了审计工作； (3)对重大错报风险的评估及采取的应对措施是恰当的，针对存在特别风险的审计领域，设计并实施了有针对性的审计程序，且得出了恰当的审计结论； (4)做出的重大判断恰当合理； (5)提出的建议调整事项恰当，相关调整分录正确； (6)未更正错报无论是单独还是汇总起来对财务报表整体均不具有重大影响； (7)已审计财务报表的编制符合企业会计准则的规定，在所有重大方面公允反映了被审计单位的财务状况，经营成果和现金流量； (8)拟出具的审计报告措辞恰当，已按照中国注册会计师审计准则的规定发表了恰当的审计意见。		

签字：____________ 日期：____________

二、项目合伙人复核

复核事项	是/否/不适用	备注
1. 是否已复核已完成的审计计划，以及导致对审计计划做出重大修改的事项？		
2. 是否已复核重大事项概要？		
3. 是否已复核存在特别风险的审计领域，以及项目组采取的应对措施？		
4. 是否已复核项目组做出的重大判断？		
5. 是否已复核建议调整事项？		
6. 是否已复核管理层声明书，股东大会、董事会相关会议纪要，与客户的沟通记录及重要会议记录，律师询证函复函？		
7. 是否已复核审计总结？		
8. 是否已复核已审计财务报表的拟出其的审计报告？		
9. 实施上述复核后，是否可以确定： (1)对项目负责经理实施的复核结果满意； (2)对重大错报风险的评估及采取的应对措施是恰当的，针对存在特别风险的审计领域，设计并实施了有针对性的审计程序，且得出了恰当的审计结论； (3)项目组做出的重大判断恰当合理： (4)提出的建议调整事项恰当合理，未更正错报无论是单独还是汇总起来对财务报表整体均不具有重大影响； (5)已审计财务报表的编制符合企业会计准则的规定，在所有重大方面公允反映了被审计单位的财务状况，经营成果和现金流量； (6)拟出具的审计报告措辞恰当，已按照中国注册会计师审计准则的规定发表了恰当的审计意见。		

签字：________________ 日期：________________

三、项目质量控制复核

复核事项 （由独立的项目质量控制复核人员进行复核，项目质量控制复核适用于上市实体财务报表审计或会计事务所按有关规定确定的其他类型审计业务。）	是/否/不适用	备　注
1. 项目质量控制复核之前进行的复核是否均已得到满意的执行？		
2. 是否已复核项目组针对本业务对本所独立性做出的评价，并认为该评价是恰当的？		
3. 是否已复核项目组在审计过程中识别的特别风险以及采取的应对措施，包括项目组做出的判断的和应对措施是恰当的？		
4. 是否已复核项目组做出的判断，包括关于重要性和特别风险的判断，认为这些判断恰当合理？		
5. 是否确定项目组已就存在的意见分歧、其他疑难问题或争议事项进行适当咨询、且咨询得出的结论是恰当的？		
6. 是否已复核审计过程中识别的已更正和未更正措报的重要程度及处理情况？		
7. 是否已复核项目组与管理层和治理层沟通的记录以及拟与其沟通的事项，对沟通情况表示满意？		
8. 是否认为复核的审计工作底稿映了项目针对重大判断执行的工作能够支持得出的结论？		
9. 是否已复核已审计财务报表的拟出具有审计报告，认为已审计财务报表符合企业会计准则的规定，拟出具的审计报告已按照中国注册会计师审计准则的规定发表了恰当的审计意见？		

签字：________________　　　　　　　　日期：________________

本章小结

出具审计报告之前，注册会计师必须完成各项外勤审计工作、获取书面声明及终结审计。

外勤审计工作包括期初余额审计、期后事项审计、或有事项审计、持续经营审计等。各种审计结果都会对审计报告产生不同的影响。

书面声明，是指被审计单位管理层向注册会计师提供的关于财务报表的各项陈述，也称管理层声明。管理层声明具有以下两个基本作用：一是明确管理层对财务报表的责任。被审计单位管理层在声明书中对提供给注册会计师的有关资料的真实性、合法性和完整性做出正面陈述，并明确承认对财务报表负责。二是提供审计证据。如果管理层拒绝提供注册会计师认为必要的声明，注册会计师应当将其视为审计范围受到限制，出具保留意见或无法表示意见的审计报告。

终结审计包括编制审计差异调整表和试算平衡表、对财务报表总体合理性实施分析程序、评价审计结果、与治理层沟通、完成质量控制复核工作。

【复习思考题】

1. 如何根据期初余额的审计结论确定其对本期审计意见类型的影响?

2. 什么是期后事项? 期后事项分为哪两种类型? 各自对会计报表有何影响?

3. 持续经营假设对审计意见有何影响?

4. 什么是书面声明? 它对注册会计师收集审计证据、发表审计意见有何影响?

5. 审计差异包括哪几种类型? 汇总审计差异以后如何进行评价和处理?

6. 对审计中发现的核算错误,如何运用审计重要性原则来划分建议调整的不符事项与未调整的不符事项?

7. 签发审计报告前如何完成项目质量控制复核?

【案例分析题】

1. 注册会计师在M公司审计时,发现下列或有事项:

(1)基于合理的判断,M公司对某项可能发生的担保损失于2013年确认预计负债1550万元。2013年12月法院做出终审判决,M公司实际发生担保损失1500万元。因此,M公司于2013年确认营业外收入50万元。

(2)2013年12月31日,法院尚未对M公司被起诉的一起合同纠纷案做出判决。基于合理的判断,M公司胜诉的可能性为40%,因此,M公司没有确认预计负债。

(3)2013年12月31日,法院尚未对M公司涉及的一起三方合同纠纷案做出判决。M公司的律师认为,M公司很可能需要向合同一方支付违约金500万元,同时也基本确定可以从合同的另一方获得赔偿400万元。因此,M公司确认负债100万元。

(4)2013年11月法院判决M公司败诉,要求其偿付某银行担保责任款300万元。M公司于2013年12月提起上诉,其律师认为上诉获胜的可能性很大,且截至2013年度会计报表签署日法院尚未做出判决。因此,M公司没有确认预计负债。

要求:请分析针对上述情况,注册会计师应提出审计调整建议的有哪几项?

2. 广东省某厂生产的燃气热水器,消费者在使用过程中发生了中毒事件,其家属已提起控诉,向厂家索赔100万元。注册会计师正在对该厂2012年的年度会计报表进行审计,其净资产共500万元。注册会计师于2013年2月25日完成了全部的审计工作。假设可能出现以下几种情况:

(1)若厂家于2012年11月被起诉,该案也于2013年2月10日审理完毕,法院认为,其中毒原因是热水器质量问题造成的,应赔偿消费者100万元。

(2)若厂家于2013年1月被起诉,该案也于2013年2月10日审理完毕,法院认为,其中毒原因是由于热水器质量问题造成的,应赔偿消费者100万元。

(3)若厂家于2012年12月被起诉,该案在审计结束前,还未审理完毕。

要求:1. 请分析上述三种事项的性质类型。

2. 属于期后事项的进一步判断其类型。

第十七章　审计报告

【本章提示】

学习目标：

通过本章的学习，学生能够掌握审计报告的基本内容；审计报告类型的确定；比较信息的含义及注册会计师的责任；比较数据的报告；含有已审财务报表文件中的其他信息。

重要概念：

审计报告；特殊目的审计报告；无保留意见；保留意见；否定意见的审计报告；无法表示意见；强调事项；比较数据；重大不一致；重大错报

【引例】

迅捷公司审计报告案例

迅捷股份有限公司（以下简称"迅捷公司"）属于轻工业类纸浆制造企业，公司主营业务为纸、纸板、纸箱制品。迅捷公司是某省重点扶持的骨干企业之一，国家火炬计划重点高新技术企业，经过不断的产品结构调整与优化，产品质量和技术装备均达到国内先进水平，主导产品可替代进口。迅捷公司目前的生产规模和经济效益连续多年居某省造纸业首位，全国同行业前列。迅捷公司坚持以废纸为主要原料，辅以商品木浆，减少污染，实现经济与环保的双赢发展。该公司在董事会下设有审计委员会，在总经理下设有审计部，审计委员会和审计部在业务上是指导与被指导关系。注册会计师的审计工作得到了该公司内部审计的协助。

康泰会计师事务所自2005年开始接受迅捷公司董事会的委托，对迅捷公司进行年度会计报表审计。根据双方所签订的审计业务约定书，由以王栋为项目组长及以李晓璐、张恒、刘秋雨为组员的项目组于2008年2月15至3月6日对该公司2007年度的会计报表进行了审计。注册会计师收集到以下证据：

(1)迅捷公司本年度内以协议价格从其控股股东处采购材料1600000元；销售给其控股股东货物21189000元，经审计确认以上关联交易事项属于正常的生产经营业务往来。

(2)截至2007年12月31日，迅捷公司原第一大股东某省华强实业集团公司（以下简称"该公司"）累计拖欠迅捷公司往来款1178000元，其中有1004100元的债权该公司以相应资产提供了抵押保证；同时迅捷公司账面净值30491800元的房产亦被该公司用于借款抵押。由于受权责范围的限制，审计人员无法合理估计该往来及被抵押资产可能形成的损失及其对上述会计报表的影响。

(3)迅捷公司对应收飞亚公司在资产、债务承接过程中于2007年11月20日重大资产出售所产生的其他应收款未计提坏账准备，若根据迅捷公司会计政策与会计估计，对一年以内的应收款项按10%计提坏账准备，应计提坏账准备156540元。

(4)期末存货原按实际成本计价，现改为按成本与可变现净值孰低计价，迅捷公司期末存货实际成本高于可变现净值，未计提存货跌价准备，审计人员已做了调整分录，建议被审计单位调整。

(资料来源：审计案例研究，深圳广播电视大学，有改动)

讨论题：

1. 针对迅捷公司存在的上述每一种情况，分析注册会计师应当发表何种意见类型？简要说明理由。

2. 若要撰写说明段，请代注册会计师王栋、李晓璐编制审计报告中的说明段。

第一节　审计报告概述

一、审计报告的含义

审计报告是指注册会计师根据审计准则的规定，在执行审计工作的基础上，对财务报表发表审计意见的书面文件。

审计报告是注册会计师在完成审计工作后向委托人提交的最终产品，具有以下特征：

(1)注册会计师应当按照审计准则的规定执行审计工作；

(2)注册会计师在实施审计工作的基础上才能出具审计报告；

(3)注册会计师通过对财务报表发表意见履行业务约定书约定的责任；

(4)注册会计师应当以书面形式出具审计报告。

注册会计师应当根据由审计证据得出的结论，清楚表达对财务报表的意见。无论是出具标准审计报告，还是非标准审计报告，注册会计师一旦在审计报告上签名并盖章，就表明对其出具的审计报告负责。

审计报告是注册会计师对财务报表是否在所有重大方面按照财务报告编制基础编制并实现公允反映发表审计意见的书面文件，因此，注册会计师应当将已审计的财务报表附于审计报告之后，以便于财务报表使用者正确理解和使用审计报告，并防止被审计单位替换、更改已审计的财务报表。

二、审计报告的作用

注册会计师签发的审计报告，主要具有鉴证、保护和证明三方面的作用。

(一)鉴证作用

注册会计师签发的审计报告，不同于政府审计和内部审计的审计报告，是以超然独立的第三者身份，对被审计单位财务报表合法性、公允性发表意见。这种意见，具有鉴证作用，得到了政府及其各部门和社会各界的普遍认可。政府有关部门，如财政部门、税务部门等了解、掌握企业的财务状况和经营成果的主要依据是企业提供的财务报表。财务报表是否合法、公允，主要依据注册会计师的审计报告做出判断。股份制企业的股东，主要依据注册会计师的审计报告来判断被投资企业的财务报表是否公允地反映了财务状况和经营成果，以进行投资决策等。

(二)保护作用

注册会计师通过审计，可以对被审计单位财务报表出具不同类型审计意见的审计报告，以提高或降低财务报表使用者对财务报表的信赖程度，能够在一定程度上对被审计单位的财产、债权人和股东的权益及企业利害关系人的利益起到保护作用。如投资者为了减少投资风险，在进行投资之前，需要查阅被投资企业的财务报表和注册会计师的审计报告，了解被投资企业的经营情况和财务状况。投资者根据注册会计师的审计报告做出投资决策，可以降低其投资风险。

(三)证明作用

审计报告是对注册会计师审计任务完成情况及其结果所做的总结，它可以表明审计工作的质量并明确注册会计师的审计责任。因此，审计报告可以对审计工作质量和注册会计师的审计责任起证明作用。审计报告可以证明注册会计师在审计过程中是否实施了必要的审计程序，是否以审计工作底稿为依据发表审计意见，发表的审计意见是否与被审计单位的实际情况相一致，审计工作的质量是否符合要求；审计报告可以证明注册会计师对审计责任的履行情况。

三、审计意见的形成

注册会计师应当就财务报表是否在所有重大方面按照适用的财务报告编制基础编制并实现公允反映形成审计意见。为了形成审计意见，针对财务报表整体是否不存在由于舞弊或错误导致的重大错报，注册会计师应当得出结论，确定是否已就此获取合理保证。

在得出结论时，注册会计师应当考虑下列几方面：

1. 是否已获取充分适当的审计证据

按照《中国注册会计师审计准则第 1231 号——针对评估的重大错报风险采取的应对措施》的规定，是否已获取充分、适当的审计证据。

在得出总体结论之前，注册会计师应当根据实施的审计程序和获取的审计证据，评价对认定层次重大错报风险的评估是否仍然适当。在形成审计意见时，注册会计师应当考虑所有相关的审计证据，无论该证据与财务报表认定相互印证还是相互矛盾。

如果对重大的财务报表认定没有获取充分、适当的审计证据，注册会计师应当尽可能获取进一步的审计证据。

2. 未更正错报单独或汇总起来是否构成重大错报

按照《中国注册会计师审计准则第 1251 号——评价审计过程中识别出的错报》的规定，未更正错报单独或汇总起来是否构成重大错报。

在确定时，注册会计师应当考虑：

(1)相对特定类别的交易、账户余额或披露以及财务报表整体而言,错报的金额和性质以及错报发生的特定环境;

(2)与以前期间相关的未更正错报对相关类别的交易、账户余额或披露以及财务报表整体的影响。

3. 评价财务报表是否在所有重大方面按照适用的财务报告编制基础编制

注册会计师应当依据适用的财务报告编制基础特别评价下列内容:

(1)财务报表是否充分披露了选择和运用的重要会计政策。

(2)选择和运用的会计政策是否符合适用的财务报告编制基础,并适合被审计单位的具体情况。会计政策是被审计单位在会计确认、计量和报告中采用的原则、基础和会计处理方法。被审计单位选择和运用的会计政策既应符合适用的财务报告编制基础,也应适合被审计单位的具体情况。在考虑被审计单位选用的会计政策是否适当时,注册会计师还应当关注重要的事项。重要事项包括重要项目的会计政策和行业惯例、重大和异常交易的会计处理方法、在新领域和缺乏权威性标准或共识的领域采用重要会计政策产生的影响、会计政策的变更等。

(3)管理层做出的会计估计是否合理。会计估计通常是指被审计单位以最近可利用的信息为基础对结果不确定的交易或事项所做的判断。由于会计估计的主观性、复杂性和不确定性,管理层做出的会计估计发生重大错报的可能性较大。因此,注册会计师应当判断管理层做出的会计估计是否合理,确定会计估计的重大错报风险是否是特别风险,是否采取了有效的措施予以应对。

(4)财务报表列报的信息是否具有相关性、可靠性、可比性和可理解性。财务报表反映的信息应当符合信息质量特征,具有相关性、可靠性、可比性和可理解性。注册会计师应当根据适用的财务报告编制基础的规定,考虑财务报表反映的信息是否符合信息质量特征。

(5)财务报表是否做出充分披露,使财务报表预期使用者能够理解重大交易和事项对财务报表所传递的信息的影响。按照通用目的编制基础编制的财务报表通常反映被审计单位的财务状况、经营成果和现金流量。对于通用目的财务报表,注册会计师需要评价财务报表是否做出充分披露,以便使财务报表预期使用者能够理解重大交易和事项对被审计单位财务状况、经营成果和现金流量的影响。

(6)财务报表使用的术语(包括每一财务报表的标题)是否适当。

在评价财务报表是否在所有重大方面按照适用的财务报告编制基础编制时,注册会计师还应当考虑被审计单位会计实务的质量,包括表明管理层的判断可能出现偏向的迹象。

管理层需要对财务报表中的金额和披露做出大量判断。在考虑被审计单位会计实务的质量时,注册会计师可能注意到管理层判断中可能存在的偏向。注册会计师可能认为缺乏中立性产生的累积影响,连同未更正错报的影响,导致财务报表整体存在重大错报。管理层缺乏中立性可能影响注册会计师对财务报表整体是否存在重大错报的评价。缺乏中立性的迹象包括下列情形:

(1)管理层对注册会计师在审计期间提请其注意的错报进行选择性更正。例如,如果更正某一错报将增加盈利，则对该错报予以更正；反之，如果更正某一错报将减少盈利，则对该错报不予更正。

(2)管理层在做出会计估计时可能存在偏向。《中国注册会计师审计准则第1321号——审计会计估计(包括公允价值会计估计)和相关披露》涉及管理层在做出会计估计时可能存在的偏向。在得出某项会计估计是否合理的结论时，可能存在管理层偏向的迹象本身并不构成错报。然而，这些迹象可能影响注册会计师对财务报表整体是否不存在重大错报的评价。

4. 评价财务报表是否实现公允反映

在评价财务报表是否实现公允反映时，注册会计师应当考虑下列内容：(1)财务报表的整体列报、结构和内容是否合理；(2)财务报表(包括相关附注)是否公允地反映了相关交易和事项。

5. 评价财务报表是否恰当提及或说明适用的财务报告编制基础

管理层和治理层(如适用)编制的财务报表需要恰当说明适用的财务报告编制基础。由于这种说明向财务报表使用者告知编制财务报表所依据的编制基础，因此非常重要。但只有财务报表符合适用的财务报告编制基础(在财务报表所涵盖的期间内有效)的所有要求，声明财务报表按照该编制基础编制才是恰当的。在对适用的财务报告编制基础的说明中使用不严密的修饰语或限定性的语言(如“财务报表实质上符合国际财务报告准则的要求”)是不恰当的，因为这可能误导财务报表使用者。

在某些情况下，财务报表可能声明按照两个财务报告编制基础(如某一国家或地区的财务报告编制基础和国际财务报告准则)编制。这可能是因为管理层被要求或自愿选择同时按照两个编制基础的规定编制财务报表，在这种情况下，两个财务报告编制基础都是适用的财务报告编制基础。只有当财务报表分别符合每个财务报告编制基础的所有要求时，声明财务报表按照这两个编制基础编制才是恰当的。财务报表需要同时符合两个编制基础的要求并且不需要调节，才能被视为按照两个财务报告编制基础编制。在实务中，同时遵守两个编制基础的可能性很小，除非某一国家或地区采用另一财务报告编制基础(如国际财务报告准则)作为本国或地区的财务报告编制基础，或者已消除遵守另一财务报告编制基础的所有障碍。

四、审计报告的类型

审计报告分为标准审计报告和非标准审计报告。当注册会计师出具的无保留意见的审计报告不附加说明段、强调事项段或任何修饰性用语时，该报告称为标准审计报告。标准审计包含的审计报告要素齐全，属于无保留意见，且不附加说明段、强调事项段或任何修饰性用语。否则，不能称为标准审计报告。

非标准审计报告，是指标准审计报告以外的其他审计报告，包括带强调事项段的无保留意见的审计报告和非无保留意见的审计报告。非无保留意见的审计报告包括保留意见的审计报告、否定意见的审计报告和无法表示意见的审计报告。

审计报告的类型总结如图17-1所示。

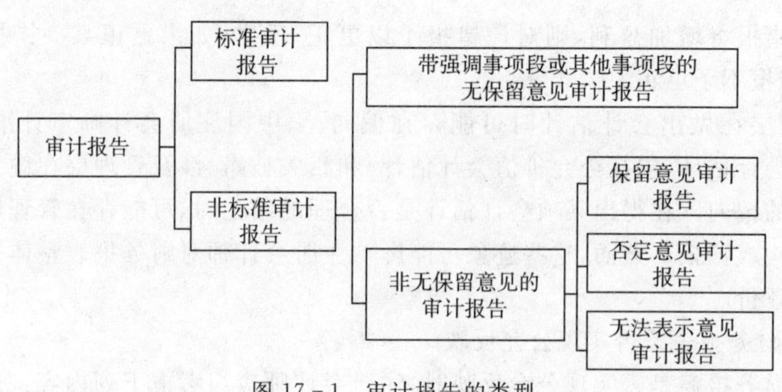

图 17-1　审计报告的类型

五、审计报告的内容

(一)审计报告的内容

审计报告应当包括下列内容:(1)标题;(2)收件人;(3)引言段;(4)管理层对财务报表的责任段;(5)注册会计师的责任段;(6)审计意见段;(7)注册会计师的签名和盖章;(8)会计师事务所的名称、地址及盖章;(9)报告日期。

1. 标题

审计报告的标题应当统一规范为"审计报告"。

考虑到这一标题已广为社会公众所接受,因此,我国注册会计师出具的审计报告中标题没有包含"独立"两个字,但注册会计师在执行财务报表审计业务时,应当遵守独立性的要求。

2. 收件人

审计报告的收件人是指注册会计师按照业务约定书的要求致送审计报告的对象,一般是指审计业务的委托人。审计报告应当载明收件人的全称。

注册会计师应当与委托人在业务约定书中约定致送审计报告的对象,以防止在此问题上发生分歧或审计报告被委托人滥用。针对整套通用目的财务报表出具的审计报告,审计报告的致送对象通常为被审计单位的全体股东或董事会。

3. 引言段

审计报告的引言段应当说明被审计单位的名称和财务报表已经过审计,并包括下列内容:

(1)指出构成整套财务报表的每张财务报表的名称;

(2)提及财务报表附注;

(3)指明财务报表的日期和涵盖的期间。

根据企业会计准则的规定,整套财务报表的每张财务报表的名称分别为资产负债表、利润表、所有者(股东)权益变动表和现金流量表。此外,由于附注是财务报表不可或缺的重要组成部分,因此,也应提及财务报表附注。财务报表有反映时点的,有反映期间的,注册会计师应在引言段中指明财务报表的日期和涵盖的期间。

4. 管理层对财务报表的责任段

管理层对财务报表的责任段应当说明,按照适用的会计准则和相关会计制度的规定编制财务报表是管理层的责任，这种责任包括：

(1)设计、实施和维护与财务报表编制相关的内部控制，以使财务报表不存在由于舞弊或错误而导致的重大错报；

(2)选择和运用恰当的会计政策；

(3)做出合理的会计估计。

在审计报告中指明管理层的责任，有利于区分管理层和注册会计师的责任，降低财务报表使用者误解注册会计师责任的可能性。

5. 注册会计师的责任段

注册会计师的责任段应当说明下列内容：

(1)注册会计师的责任是在实施审计工作的基础上对财务报表发表审计意见。注册会计师按照中国注册会计师审计准则的规定执行了审计工作。中国注册会计师审计准则要求注册会计师遵守职业道德规范，计划和实施审计工作，以对财务报表是否不存在重大错报获取合理保证。

(2)审计工作涉及实施审计程序，以获取有关财务报表金额和披露的审计证据。选择的审计程序取决于注册会计师的判断，包括对由于舞弊或错误导致的财务报表重大错报风险的评估。在进行风险评估时，注册会计师考虑与财务报表编制相关的内部控制，以设计恰当的审计程序，但目的并非对内部控制的有效性发表意见。审计工作还包括评价管理层选用会计政策的恰当性和做出会计估计的合理性，以及评价财务报表的总体列报。

(3)注册会计师相信已获取的审计证据是充分、适当的，为其发表审计意见提供了基础。

如果接受委托，结合财务报表审计对内部控制有效性发表意见，注册会计师应当省略第(2)项中“但目的并非对内部控制的有效性发表意见”的术语。

6. 审计意见段

审计意见段应当说明，财务报表是否按照适用的会计准则和相关会计制度的规定编制，是否在所有重大方面公允反映了被审计单位的财务状况、经营成果和现金流量。

7. 注册会计师的签名和盖章

审计报告应当由注册会计师签名并盖章。注册会计师在审计报告上签名并盖章，有利于明确法律责任。合伙会计师事务所出具的审计报告，应当由一名对审计项目负最终复核责任的合伙人和一名负责该项目的注册会计师签名盖章。有限责任会计师事务所出具的审计报告，应当由会计师事务所主任会计师或其授权的副主任会计师和一名负责该项目的注册会计师签名盖章。

8. 会计师事务所的名称、地址和盖章

审计报告应当载明会计师事务所的名称和地址，并加盖会计师事务所公章。

9. 报告日期

审计报告应当注明报告日期。审计报告的日期不应早于注册会计师获取充分、适当的审计证据(包括管理层认可对财务报表的责任且已批准财务报表的证据)，并在此基础上对财务报表形成审计意见的日期。

注册会计师在确定审计报告日期时，应当考虑：(1)应当实施的审计程序已经完成。(2)应当提请被审计单位调整的事项已经提出，被审计单位已经做出调整或拒绝做出调整。(3)管理层已经正式签署财务报表。

【小提示 17-1】

第一，如果出具非无保留意见的审计报告，还应在审计意见段之前增加导致非无保留意见的说明段，用于描述注册会计师对财务报表发表保留意见、否定意见或无法表示意见的理由，并在可能情况下，指出其对财务报表的影响程度。

第二，在符合出具强调事项段的情况下，应在审计报告的审计意见段之后增加强调事项段。

(二)无保留意见审计报告

如果认为财务报表符合下列所有条件，注册会计师应当出具无保留意见的审计报告：

(1)财务报表已经按照适用的会计准则和相关会计制度的规定编制，在所有重大方面公允反映了被审计单位的财务状况、经营成果和现金流量。

(2)注册会计师已经按照中国注册会计师审计准则的规定计划和实施审计工作，在审计过程中未受限制。

当出具无保留意见的审计报告时，注册会计师应当以"我们认为"作为意见段的开头，并使用"在所有重大方面"和"公允反映"等术语。

无保留意见的审计报告意味着，注册会计师通过实施审计工作，认为被审计单位财务报表的编制符合合法性和公允性的要求，合理保证财务报表不存在重大错报。

1. 标准审计报告

当注册会计师出具的无保留意见的审计报告不附加说明段、强调事项段或任何修饰性用语时，该报告称为标准审计报告。

假定不包含"按照相关法律法规的要求报告的事项"情形下，审计报告的具体格式如下：

审计报告(1—标题)

ABC股份有限公司全体股东：(2—收件人)

我们审计了后附的ABC股份有限公司(以下简称甲公司)财务报表，包括20×1年12月31日的资产负债表，20×1年度的利润表、现金流量表和股东权益变动表以及财务报表附注。(3—引言段)

一、管理层对财务报表的责任(4—责任段)

编制和公允列报财务报表是甲公司管理层的责任，这种责任包括：(1)按照企业会计准则的规定编制财务报表，并使其实现公允反映；(2)设计、执行和维护必要的内部控制，以使财务报表不存在由于舞弊或错误导致的重大错报。

二、注册会计师的责任(5—责任段)

我们的责任是在执行审计工作的基础上对财务报表发表审计意见。我们按照中国注册会计师审计准则的规定执行了审计工作。中国注册会计师审计准则要求我们遵守中国注册会计师职业道德守则，计划和执行审计工作，以对财务报表是否不存在重大错报获取合理保证。

审计工作涉及实施审计程序，以获取有关财务报表金额和披露的审计证据。选择的审计程序取决于注册会计师的判断，包括对由于舞弊或错误导致的财务报表重大错报风险的评估。在进行风险评估时，注册会计师考虑与财务报表编制和公允列报相关的内部控制，以设计恰当的审计程序，但目的并非对内部控制的有效性发表意见。审计工作还包括评价管理层选用会计政策的恰当性和做出会计估计的合理性，以及评价财务报表的总体列报。

我们相信，我们获取的审计证据是充分、适当的，为发表审计意见提供了基础。

三、审计意见(6—审计意见段)

我们认为，甲公司财务报表在所有重大方面按照企业会计准则的规定编制，公允反映了甲公司20×1年12月31日的财务状况以及20×1年度的经营成果和现金流量。

××会计师事务所　　　　　　　　　　中国注册会计师：×××
(盖章)　　　　　　　　　　　　　　　(签名并盖章)
　　　　　　　　　　　　　　　　　　中国注册会计师：×××
　　　　　　　　　　　　　　　　　　(签名并盖章)
　　　　　　　　　　　　　　　　　　(7—签名和盖章)
中国××市　　　　　　　　　　　　　二〇×二年×月×日
(8—名称、地址和盖章)　　　　　　　　(9—报告日期)

2. 带强调事项段的无保留意见审计报告

审计报告的强调事项段是指注册会计师在审计意见段之后增加的对重大事项予以强调的段落。增加强调事项段包括以下情形：

(1)对持续经营能力产生重大疑虑

如果认为被审计单位在编制财务报表时运用持续经营假设是适当的，但可能导致对持续经营能力产生重大疑虑的事项或情况存在重大不确定性，注册会计师应当考虑以下因素：

① 财务报表是否已充分描述导致对持续经营能力产生重大疑虑的主要事项或情况，以及管理层针对这些事项或情况提出的应对计划；

② 财务报表是否已清楚指明可能导致对持续经营能力产生重大疑虑的事项或情况存在重大不确定性，被审计单位可能无法在正常的经营过程中变现资产、清偿债务。

如果财务报表已做出充分披露，注册会计师应当出具无保留意见的审计报告，并在审计意见段之后增加强调事项段，强调可能导致对持续经营能力产生重大疑虑的事项或情况存在重大不确定性的事实，并提醒财务报表使用者注意财务报表附注中对有关事项的披露。

(2)重大不确定事项

当存在可能对财务报表产生重大影响的不确定事项(持续经营问题除外)、但不影响已发表的审计意见时，注册会计师应当考虑在审计意见段之后增加强调事项段，对此予

以强调。

(3)审计准则规定增加强调事项段的其他情形

① 持续经营:如果认为管理层所选用的其他编制基础是适当的,且财务报表已做出充分披露,注册会计师可以出具无保留意见的审计报告,并考虑在审计意见段之后增加强调事项段,提醒财务报表使用者关注管理层选用的其他编制基础。

② 期后事项:如果管理层修改了财务报表,注册会计师应当根据对修改后的财务报表出具新的审计报告。新的审计报告应当增加强调事项段,提请财务报表使用者注意财务报表附注中对修改原财务报表原因的详细说明,以及注册会计师出具的原审计报告。

③ 比较数据:当以前针对上期财务报表出具的审计报告为非无保留意见的审计报告时,如果导致非无保留意见的事项虽已解决,但对本期仍很重要,注册会计师可在审计报告中增加强调事项段提及这一情况。

④ 比较数据:注册会计师在对本期财务报表进行审计时,可能注意到影响上期财务报表的重大错报,而以前未就该重大错报出具非无保留意见的审计报告。如果上期财务报表未经更正,也未重新出具审计报告,但比较数据已在财务报表中恰当重述和充分披露,注册会计师可以在审计报告中增加强调事项段,说明这一情况。

⑤ 其他信息:如果需要修改其他信息而被审计单位拒绝修改,注册会计师应当考虑在审计报告中增加强调事项段说明该重大不一致,或采取其他措施。

具体格式如下:

审计报告

ABC 股份有限公司全体股东:

我们审计了后附的 ABC 股份有限公司(以下简称 ABC 公司)财务报表,包括 20×1 年 12 月 31 日的资产负债表,20×1 年度的利润表、股东权益变动表和现金流量表以及财务报表附注。

一、管理层对财务报表的责任

编制和公允列报财务报表是甲公司管理层的责任,这种责任包括:(1)按照企业会计准则的规定编制财务报表,并使其实现公允反映;(2)设计、执行和维护必要的内部控制,以使财务报表不存在由于舞弊或错误导致的重大错报。

二、注册会计师的责任

我们的责任是在实施审计工作的基础上对财务报表发表审计意见。我们按照中国注册会计师审计准则的规定执行了审计工作。中国注册会计师审计准则求我们遵守职业道德规范,计划和实施审计工作,以对财务报表是否不存在重大错报获取合理保证。

审计工作涉及实施审计程序,以获取有关财务报表金额和披露的审计证据。选择的审计程序取决于注册会计师的判断,包括对由于舞弊或错误导致的财务报表重大错报风险的评估。在进行风险评估时,我们考虑与财务报表编制相关的内部控制,以设计恰当的审计程序,但目的并非对内部控制的有效性发表意见。审计工作还包括评价管理层选用会计政策的恰当性和做出会计估计的合理性,以及评价财务报表的总体列报。

我们相信,我们获取的审计证据是充分、适当的,为发表审计意见提供了基础。

三、审计意见

我们认为，ABC公司财务报表已经按照企业会计准则和《××会计制度》的规定编制，在所有重大方面公允反映了ABC公司20×1年12月31日的财务状况以及20×1年度的经营成果和现金流量。

四、强调事项

我们提醒财务报表使用者关注，如财务报表附注×所述，ABC公司在20×1年发生亏损××万元，在20×1年12月31日，流动负债高于资产总额××万元。ABC公司已在财务报表附注×充分披露了拟采取的改善措施，但其持续经营能力仍然存在重大不确定性。本段内容不影响已发表的审计意见。

××会计师事务所　　　　　　　　　　中国注册会计师：×××

(盖章)　　　　　　　　　　　　　　(签名并盖章)

中国注册会计师：×××

中国××市　　　　　　　　　　　　　二〇×二年×月×日

【小提示17-2】

由于增加强调事项段是为了提醒财务报表使用者关注某些事项，并不影响注册会计师的审计意见，为了使财务报表使用者明确这一点，注册会计师应当在强调事项段中指明，该段内容仅用于提醒财务报表使用者关注，并不影响已发表的审计意见。

第二节　非无保留意见的审计报告

一、发表非无保留意见的情形

(一)非无保留意见的含义

非无保留意见是指保留意见、否定意见或无法表示意见，具体情形如表17-1所列。

表17-1　非无保留意见的具体情形

导致发生非无保留意见的事项的性质	这些事项对财务报表产生或可能产生影响的广泛性	
	重大但不具有广泛性	重大且具有广泛性
财务报表存在重大错报	保留意见	否定意见
无法获取充分、适当的审计证据	保留意见	无法表示意见

当存在下列情形之一时，注册会计师应当在审计报告中发表非无保留意见：

第一，根据获取的审计证据，得出财务报表整体存在重大错报的结论。

为了形成审计意见，针对财务报表整体是否不存在由于舞弊或错误导致的重大错报，注册会计师应当得出结论，确定是否已就此获取合理保证。在得出结论时，注册会计师需要评价为更正错报对财务报表的影响。

错报是指某一财务报表项目的金额、分类、列报或披露，与按照适用的财务报告编制基础应当列示的金额、分类、列报或披露之间存在的差异。财务报表的重大错报可能源于以下因素：

(1)选择会计政策的恰当性

在选择的会计政策的恰当性方面，当出现下列情形时，财务报表可能存在重大错报：

① 选择的会计政策与适用的财务报告编制基础不一致；

② 财务报表(包括相关附注)没有按照公允列报的方式反映交易和事项。

财务报告编制基础通常包括对会计处理、披露和会计政策变更的要求。如果被审计单位变更了重大会计政策，且没有遵守这些要求，财务报表可能存在重大错报。

(2)对所选择的会计政策的运用

在对所选择的会计政策的运用方面，当出现下列情形时，财务报表可能存在重大错报：

① 管理层没有按照适用的财务报告编制基础的要求一贯运用所选择的会计政策，包括管理层未在不同会计期间或相似的交易和事项一贯运用所选择的会计政策(运用的一致性)；

② 不当运用所选择的会计政策(如运用中的无意错误)。

(3)财务报表披露的恰当性或充分性

在财务报表披露的恰当性或充分性方面，当出现下列情形时，财务报表可能存在重大错报：

① 财务报表没有包括适用的财务报告编制基础要求的所有披露；

② 财务报表的披露没有按照适用的财务报告编制基础列报；

③ 财务报表没有做出必要的披露以实现公允反映。

第二，无法获取充分、适当的审计证据，不能得出财务报表整体不存在重大错报的结论。

如果注册会计师能够通过实施替代程序获取充分、适当的审计证据，则无法实施特定的程序并不构成对审计范围的限制。

下列情形可能导致注册会计师无法获取充分、适当的审计证据(也称为审计范围受到限制)：

(1)超出被审计单位控制的情形

超出被审计单位控制的情形如下：

① 被审计单位的会计记录已被毁坏；

② 重要组成部分的会计记录已被政府有关机构无限期地查封。

(2)与注册会计师工作的性质或时间安排相关的情形

与注册会计师工作的性质或时间安排相关的情形如下：

① 被审计单位需要使用权益法对联营企业进行核算，注册会计师无法获取有关联营企业财务信息的充分、适当的审计证据以评价是否恰当运用了权益法；

② 注册会计师接受审计委托的时间安排，使注册会计师无法实施存货监盘；

③ 注册会计师确定仅实施实质性程序是不充分的，但被审计单位的控制是无效的。

(3)管理层施加限制的情形

管理层对审计范围施加的限制致使注册会计师无法获取充分、适当的审计证据的情形如下：

① 管理层阻止注册会计师实施存货监盘；

② 管理层阻止注册会计师对特定账户余额实施函证。

管理层施加的限制可能对审计产生其他影响，如注册会计师对舞弊风险的评估和对业务保持的考虑。

(2)确定非无保留意见的类型

注册会计师确定恰当的非无保留意见类型，取决于下列事项：

一是导致非无保留意见的事项的性质，是财务报表存在重大错报，还是在无法获取充分、适当的审计证据的情况下，财务报表可能存在重大错报；

二是注册会计师就导致非无保留意见的事项对财务报表产生或可能产生影响的广泛性做出的判断。

广泛性是描述错报影响的术语，用于说明错报对财务报表的影响，或者由于无法获取充分、适当的审计证据而未发现的错报(如存在)对财务报表可能产生的影响。根据注册会计师的判断，对财务报表的影响具有广泛性的情形包括：

(1)不限于对财务报表的特定要素、账户或项目产生影响；

(2)虽然仅对财务报表的特定要素、账户或项目产生影响，但这些要素、账户或项目是或可能是财务报表的主要组成部分；

(3)当与披露相关时，产生的影响对财务报表使用者理解财务报表至关重要。

非无保留意见的类型的判断如表 17－2 所列。

表 17－2 非无保留意见的类型及其判断依据

情形	意见类型	判断意见类型的依据
1	保留意见	(1)在获取充分、适当的审计证据后，注册会计师认为错报单独或汇总起来对财务报表影响重大，但不具有广泛性。 (2)注册会计师无法获取充分、适当的审计证据以作为形成审计意见的基础，但认为未发现的错报(如存在)对财务报表可能产生的影响重大，但不具有广泛性。
2	否定意见	在获取充分、适当的审计证据后，如果认为错报单独或汇总起来对财务报表的影响重大且具有广泛性。
3	无法表示意见	如果无法获取充分、适当的审计证据以作为形成审计意见的基础，但认为未发现的错报对财务报表可能产生的影响重大且具有广泛性。

【小案例 17－1】

非标准审计报告与暂停上市公司

2004 年 2 月至 6 月，深沪两市对 20 家 A 股*ST 公司予以暂停上市，其中沪市 10 家，深市 10 家。

(一)上市公司被冠以 ST 或*ST 的原因

上市公司被冠以ST或*ST，目的是向投资者发出风险警示信号。《上海证券交易所股票上市规则》规定，上市公司出现财务状况或其他状况异常，导致投资者难于判断公司前景，权益可能受到损害的，将对公司股票交易实行特别处理。特别处理包括以下措施：一是在公司股票简称前冠以"ST"字样；二是股票报价的日涨跌幅限制为5%。上市公司出现以下情形之一的，为财务状况异常：(1)最近两个会计年度的审计结果显示的净利润均为负值；(2)最近一个会计年度的审计结果显示其股东权益低于注册资本，即每股净资产低于股票面值；(3)最近一个年度的财务报告被注册会计师出具无法表示意见或否定意见的审计报告；(4)最近一个会计年度经审计的股东权益扣除注册会计师、有关部门不予确认的部分，低于注册资本；(5)最近一份经审计的财务报告对上年利润进行调整，导致连续两个会计年度亏损。

深圳证券交易所《关于对存在股票终止上市风险的公司加强风险警示等有关问题的通知》规定：存在股票终止上市风险的公司，对其股票交易实行"警示存在终止上市风险特别处理"，即在公司股票简称前冠以"*ST"字样，并将股票报价的日涨跌幅限制为5%。有下列情况之一的，为存在股票终止上市风险的公司：(1)最近两年连续亏损的(以最近两年年度报告披露的当年经审计净利润为依据)；(2)因财务会计报告存在重大会计差错或虚假记载，被中国证监会责令改正或公司主动改正，对以前年度财务报告进行追溯调整，导致最近两年连续亏损的；(3)因财务会计报告存在重大会计差错或虚假记载，中国证监会责令其改正，在规定期限内未对虚假财务会计报告进行改正的；(4)在法定期限内未依法披露年度报告或半年度报告的；(5)处于股票恢复上市交易后至其披露恢复上市后的第一个年度报告期间的。

(二)上市公司被暂停上市的原因

上市公司为何被暂停上市？根据中国证监会《亏损上市公司暂停上市和终止上市实施办法(修订)》和《关于执行〈亏损上市公司暂停上市和终止上市实施办法(修订)〉修订的补充通知》的规定，公司出现最近3年连续亏损的情形，证券交易所应自公司公布年度报告之日起10个工作日内做出暂停其股票上市的决定；因财务会计报告存在重大会计差错或虚假记载，公司主动改正或被责令改正，对以前年度财务会计报告进行追溯调整，导致最近两年连续亏损的，如公司追溯调整行为导致当年继续亏损，证券交易所应自公司公布年度报告之日起10个工作日内做出暂停其股票上市的决定。

(三)*ST上市公司审计报告存在的问题

上市公司股票简称前冠以"*ST"字样，表明上市公司存在股票终止上市的风险。那么20家*ST上市公司被出具何种意见类型的审计报告？审计报告是否警示使用者关注公司持续经营能力存在重大不确定性呢？

对20家已连续出现3年亏损的*ST上市公司，注册会计师出具标准审计报告为4家，所占比例为20%；出具带强调事项段无保留意见审计报告9家，所占比例为45%；出具保留意见审计报告2家，所占比例为10%；出具无法表示意见审计报告有5家，所占比例为25%。

由于20家*ST上市公司存在即将暂停上市乃至退市的风险，注册会计师应当考虑对审计报告的影响，以提醒会计报表使用人关注。但从审计报告来看，注册会计师对4

家*ST上市公司出了标准审计报告，未对会计报表使用人起到提醒关注的作用；在出具的16份非标准审计报告中，有4份审计报告没有对*ST上市公司持续经营能力存在的重大不确定性提出警示。例如对1家*ST上市公司描述了导致持续经营能力产生重大疑虑的主要事项或情况，但没有说明持续经营能力存在重大不确定性的事实；对1家*ST上市公司描述子公司亏损和为子公司提供担保对会计报表的影响，以及受到中国证监会稽查的情况，但没有对上市公司持续经营能力存在的问题提出警示；对1家*ST上市公司的应收关联方欠款、土地转让等事项进行强调，但未描述导致持续经营能力产生重大疑虑的主要事项或情况，以及持续经营能力存在重大不确定性的事实；对1家*ST上市公司因无法判断应收款项的存在性及计提的坏账准备的恰当性而出具无法表示意见的审计报告，但没有描述导致持续经营能力产生重大疑虑的主要事项或情况，以及持续经营能力存在重大不确定性的事实。

（资料来源：http://www.cpa007.com/research/67/，节选中注协对2003年上市公司非标准意见审计报告分析）

讨论题：

不同意见类型的审计报告对上市公司有何影响？

二、保留意见的审计报告

当存在下列情形之一，注册会计师应当发表保留意见的审计报告：

第一，在获取充分、适当的审计证据后，注册会计师认为错报单独或汇总起来对财务报表影响重大，但不具有广泛性。

注册会计师在获取充分、适当的审计证据后，只有当认为财务报表就整体而言是公允的，但还存在对财务报表产生重大影响的错报时，才能发表保留意见。如果注册会计师认为错报对财务报表产生的影响极为严重且具有广泛性，则应发表否定意见。因此，保留意见被视为注册会计师在不能发表无保留意见情况下最不严厉的审计意见。

第二，注册会计师无法获取充分、适当的审计证据以作为形成审计意见的基础，但认为未发现的错报（如存在）对财务报表产生的影响重大，但不具有广泛性。

注册会计师因审计范围受到限制而发表保留意见还是无法表示意见，取决于无法获得的审计证据对形成审计意见的重要性。注册会计师在判断重要性时，应当考虑有关事项潜在影响的性质和范围以及在财务报表中的重要程度。只有当未发现的错报（如存在）对财务报表可能产生的影响重大但不具有广泛性时，才发表保留意见。

当出具保留意见的审计报告时，注册会计师应当在审计意见段中使用“除……的影响外”等术语。如果因审计范围受到限制，注册会计师还应当在注册会计师的责任段中提及这一情况。

【小提示17-3】

注册会计师因审计范围受到限制而出具保留意见的审计报告，取决于无法实施的审计程序对形成审计意见的重要性。注册会计师在判断重要性时，应当考虑有关事项潜在影响的性质和范围以及在财务报表中的重要程度。当注册会计师因审计范围受到限制

而出具保留意见的审计报告时，意见段的措辞应当表明保留意见是针对审计范围对财务报表可能产生的影响而不是针对审计范围限制本身。

保留意见审计报告具体格式如下（以审计范围受到限制为例）：

审计报告

ABC股份有限公司全体股东：

我们审计了后附的ABC股份有限公司（以下简称ABC公司）财务报表，包括20×1年12月31日的资产负债表，20×1年度的利润表、股东权益变动表和现金流量表以及财务报表附注。

一、管理层对财务报表的责任

按照企业会计准则和《××会计制度》的规定编制财务报表是ABC公司管理层的责任。这种责任包括：(1)设计、实施和维护与财务报表编制相关的内部控制，以使财务报表不存在由于舞弊或错误而导致的重大错报；(2)选择和运用恰当的会计政策；(3)做出合理的会计估计。

二、注册会计师的责任

我们的责任是在实施审计工作的基础上对财务报表发表审计意见。除了报告“三、导致保留意见的事项”所述事项外，我们按照中国注册会计师审计准则的规定执行了审计工作。中国注册会计师审计准则要求我们遵守职业道德规范，计划和实施审计工作，以对财务报表是否不存在重大错报获取合理保证。

审计工作涉及实施审计程序，以获取有关财务报表金额和披露的审计证据。选择的审计程序取决于注册会计师的判断，包括对由于舞弊或错误导致的财务报表重大错报风险的评估。在进行风险评估时，我们考虑与财务报表编制相关的内部控制，以设计恰当的审计程序，但目的并非对内部控制的有效性发表意见。审计工作还包括评价管理层选用会计政策的恰当性和做出会计估计的合理性，以及评价财务报表的总体列报。

我们相信，我们获取的审计证据是充分、适当的，为发表审计意见提供了基础。

三、导致保留意见的事项

ABC公司20×1年12月31日的应收账款余额××万元，占资产总额的×%。由于ABC公司未能提供债务人地址，我们无法实施函证以及其他审计程序，以获取充分、适当的审计证据。

四、审计意见

我们认为，除“三、导致保留意见的事项”段所述事项可能产生的影响外，ABC公司财务报表已经按照企业会计准则和《××会计制度》的规定编制，在所有重大方面公允反映了ABC公司20×1年12月31日的财务状况以及20×1年度的经营成果和现金流量。

××会计师事务所	中国注册会计师：×××
（盖章）	（签名并盖章）
中国注册会计师：×××	
中国××市	二〇×二年×月×日

三、否定意见的审计报告

在获取充分、适当的审计证据后，注册会计师如果认为错报单独或汇总起来对财务报表影响重大且具有广泛性时，应当发表否定意见的审计报告。

当出具否定意见的审计报告时，注册会计师应当在审计意见段中使用“由于上述问题造成的重大影响”或“由于受到前段所述事项的重大影响”等术语。

【小提示 17－4】

只有当注册会计师认为财务报表存在重大错报会误导使用者，以至于财务报表的编制不符合适用的会计准则和相关会计制度的规定，未能从整体上公允反映被审计单位的财务状况、经营成果和现金流量，注册会计师才出具否定意见的审计报告。

否定意见审计报告具体格式如下：

审计报告

ABC股份有限公司全体股东：

我们审计了后附的ABC股份有限公司(以下简称ABC公司)财务报表，包括20×1年12月31日的资产负债表，20×1年度的利润表、股东权益变动表和现金流量表以及财务报表附注。

一、管理层对财务报表的责任

按照企业会计准则和《××会计制度》的规定编制财务报表是ABC公司管理层的责任。这种责任包括：(1)设计、实施和维护与财务报表编制相关的内部控制，以使财务报表不存在由于舞弊或错误而导致的重大错报；(2)选择和运用恰当的会计政策；(3)做出合理的会计估计。

二、注册会计师的责任

我们的责任是在实施审计工作的基础上对财务报表发表审计意见。除了报告“三、导致保留意见的事项”所述事项外，我们按照中国注册会计师审计准则的规定执行了审计工作。中国注册会计师审计准则要求我们遵守职业道德规范，计划和实施审计工作以对财务报表是否不存在重大错报获取合理保证。

审计工作涉及实施审计程序，以获取有关财务报表金额和披露的审计证据。选择的审计程序取决于注册会计师的判断，包括对由于舞弊或错误导致的财务报表重大错报风险的评估。在进行风险评估时，我们考虑与财务报表编制相关的内部控制，以设计恰当的审计程序，但目的并非对内部控制的有效性发表意见。审计工作还包括评价管理层选用会计政策的恰当性和做出会计估计的合理性，以及评价财务报表的总体列报。

我们相信，我们获取的审计证据是充分、适当的，为发表审计意见提供了基础。

三、导致否定意见的事项

如财务报表附注×所述，ABC公司的长期股权投资未按企业会计准则的规定采用权益法核算。如果按权益法核算，ABC公司的长期投资账面价值将减少××万元，净利润将减少××万元，从而导致ABC公司由盈利××万元变为亏损××万元。

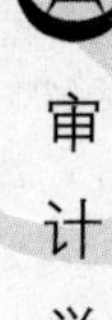

四、审计意见

我们认为，由于“三、导致否定意见的事项”段所述事项的重要性，ABC 公司财务报表没有按照企业会计准则和《××会计制度》的规定编制，未能在所有重大方面公允反映 ABC 公司 20×1 年 12 月 31 日的财务状况以及 20×1 年度的经营成果和现金流量。

××会计师事务所　　　　　　　　中国注册会计师：×××

（盖章）　　　　　　　　　　　　（签名并盖章）

中国注册会计师：×××

中国××市　　　　　　　　　　　二〇×二年×月×日

四、无法表示意见的审计报告

如果无法获取充分、适当的审计证据以作为形成审计意见的基础，但认为未发现的错报（如存在）对财务报表产生的影响重大且具有广泛性，注册会计师应当发表无法表示意见的审计报告。

在极其特殊的情况下，可能存在多个不确定事项。即使注册会计师对每个单独的不确定事项获得了充分、适当的审计证据，但由于不确定事项之间可能存在相互影响，以及可能对财务报表产生累积影响，注册会计师不可能对财务报表形成审计意见。在这种情况下，注册会计师应当发表无法表示意见的审计报告。

当出具无法表示意见的审计报告时，注册会计师应当删除注册会计师的责任段，并在审计意见段中使用“由于审计范围受到限制可能产生的影响非常重大和广泛，我们无法对上述财务报告发表意见”等术语。

【小提示 17-5】

只有当审计范围受到限制可能产生的影响非常重大和广泛，不能获取充分、适当的审计证据，以至于无法确定财务报表的合法性与公允性时，注册会计师才应当出具无法表示意见的审计报告。如果注册会计师发表否定意见，必须获得充分、适当的审计证据。无论是无法表示意见还是否定意见，都只有在非常严重的情形下采用。

无法表示意见审计报告具体格式如下：

审计报告

ABC 股份有限公司全体股东：

我们审计了后附的 ABC 股份有限公司（以下简称 ABC 公司）的财务报表，包括 20×1 年 12 月 31 日的资产负债表，20×1 年度的利润表、股东权益变动表和现金流量表以及财务报表附注。

一、管理层对财务报表的责任

编制和公允列报财务报表是甲公司管理层的责任，这种责任包括：(1)按照×财务报告准则的规定编制财务报表，并使其实现公允反映；(2)设计、执行和维护必要的内部控制，以使财务报表不存在由于舞弊或错误导致的重大错报。

二、注册会计师的责任

我们的责任是在按照中国注册会计师审计准则的规定执行审计工作的基础上对财务报表发表审计意见。但由于"三、导致无法表示意见的事项"段中所述的事项，我们无法获取充分、适当的审计证据以为发表审计意见提供基础。

三、导致无法表示意见的事项

我们于20×2年1月接受甲公司的审计委托，因而未能对甲公司20×1年初金额为×万元的存货和年末金额为×万元的存货实施监盘程序。此外，我们也无法实施替代审计程序获取充分、适当的审计证据。并且，甲公司于20×1年9月采用新的应收账款电算化系统，由于存在系统缺陷，应收账款出现大量错误。截至审计报告日，管理层仍在纠正系统缺陷并更正错误，我们也无法实施替代审计程序，以对截至20×1年12月31日的应收账款总额×万元获取充分、适当的审计证据。因此，我们无法确定是否有必要对存货、应收账款以及财务报表其他项目做出调整，也无法确定应调整的金额。

四、无法表示意见

由于"三、导致无法表示意见的事项"段所述事项的重要性，我们无法获取充分、适当的审计证据以为发表审计意见提供基础，因此，我们不对甲公司财务报表发表审计意见。

××会计师事务所　　　　中国注册会计师：×××

（盖章）　　　　（签名并盖章）

中国注册会计师：×××

中国××市　　　　二〇×二年×月×日

五、对确定审计报告类型的进一步讨论

注册会计师在出具保留意见、否定意见和无法表示意见的审计报告时，要判断财务报表错报金额或因审计范围受到限制的影响是否重大，往往离不开重要性水平。在其他条件相同的情况下，重要性水平是考虑审计报告类型的重要依据。如果某项错报金额或审计范围受到限制对被审计单位财务报表并不重要，预计也不会对未来各期财务报表产生重要影响，注册会计师就可出具无保留意见的审计报告。

（一）错报金额与重要性水平的比较

(1)错报金额或审计范围受到限制的影响不重要，出具无保留意见的审计报告。

(2)错报金额或审计范围受到限制的影响重要，但就财务报表整体而言是公允的，出具保留意见的审计报告。

(3)错报金额重要或审计范围受到重要限制且影响广泛，以致财务报表整体公允性存在问题。出具否定意见或无法表示意见的审计报告。

（二）错报的性质

从性质上看，以下列举的错报通常认为是严重的：

(1)非法交易或舞弊；

(2)对当期影响不大，但对将来各期影响重大；

(3)具有心理效应（如小额利润相对于小额亏损）；

(4)根据合同责任判断影响重大（如违反合同某一条款导致银行收回贷款）；

(5)对遵守国家有关法律、法规和规章影响重大。

第三节 特殊目的审计报告

特殊目的业务审计报告,是指注册会计师审计下列会计报表或其他会计信息所出具的审计报告:

(1)按照特殊编制基础编制的会计报表;

(2)会计报表的组成部分,包括会计报表特定项目、特定账户或特定账户的特定内容;

(3)法规、合同所涉及的财务会计规定的遵循情况;

(4)简要会计报表。

一、特殊编制基础会计报表的审计报告

会计报表可能因特殊目的而按照企业会计准则规定以外的编制基础编制。这些编制基础包括:(1)收付实现制基础;(2)计税基础;(3)其他特殊编制基础。

注册会计师应当在审计报告范围段中指明所审计会计报表的特殊编制基础,并在意见段中说明所审计会计报表在所有重大方面是否按照该基础进行了公允反映。

会计报表如按照特殊编制基础编制,被审计单位应当在会计报表标题或其附注中指明该编制基础;如未适当指明,注册会计师应当出具带说明段的审计报告。

二、会计报表组成部分的审计报告

(一)承接业务的要求

注册会计师可以接受委托,对会计报表一个或多个组成部分进行审计。无论该项审计是单独进行还是连同会计报表整体一并进行,注册会计师均应只对已审计的组成部分发表审计意见。

(二)确定审计范围应当考虑的因素

在确定会计报表组成部分的审计范围时,注册会计师应当充分考虑与该组成部分相互关联且可能对其有重大影响的会计报表项目。

(三)重要性概念的应用

在审计会计报表组成部分时,注册会计师应当合理运用重要性原则,适当降低重要性水平,以扩大审计测试范围。

(四)出具审计报告的特殊考虑

注册会计师应当提请被审计单位,不应在会计报表组成部分的审计报告后附送整体会计报表,以避免会计报表使用人误认为审计报告是对会计报表整体发表意见。

注册会计师应当在审计报告范围段中指明会计报表组成部分的编制基础,或提及对编制基础加以限定的协议,并在意见段中说明所审计会计报表组成部分在所有重大方面是否按照该基础进行了公允反映。

如果已对会计报表整体发表否定意见或拒绝表示意见，只要会计报表组成部分不构成会计报表整体的主要部分，注册会计师就应对该组成部分出具审计报告。

三、法规、合同遵循情况的审计报告

注册会计师可以接受委托，就被审计单位对法规、合同所涉及的财务会计规定的遵循情况进行审计。

注册会计师接受委托，对法规、合同所涉及的财务会计规定的遵循情况进行审计时，应当考虑其专业胜任能力。只有注册会计师有能力对法规、合同所涉及的财务会计规定的整体遵循情况进行审计时，才可接受委托。如有个别事项超越其专业胜任能力，注册会计师应当考虑利用专家的工作。

注册会计师应当在审计报告范围段中指明已经对法规、合同所涉及财务会计规定的遵循情况进行了审计，并在意见段中指明是否发现法规、合同所涉及财务会计的规定未得到遵循的情况。

四、简要会计报表的审计报告

注册会计师只有在对会计报表发表审计意见后，才能对根据已审计会计报表编制的简要会计报表出具审计报告。

注册会计师应当提请被审计单位在简要会计报表标题中标明其来源于已审计会计报表。注册会计师应当在审计报告范围段中特别指明下列事项：

一是已按照独立审计准则审计了简要会计报表所依据的会计报表；

二是简要会计报表所依据的会计报表审计报告的意见类型及日期。如对简要会计报表所依据的会计报表出具了带说明段的审计报告，还应指明发表该意见的理由及其影响。

注册会计师应当在审计报告意见段中指明简要会计报表在所有重大方面是否与其所依据的已审计会计报表一致。

注册会计师应当在意见段之后增加说明段，指明了更好地理解被审计单位的财务状况、经营成果和现金流量情况，简要会计报表应当与已审计会计报表一并阅读。

第四节　比较信息

一、比较信息的含义与类别

(一)比较信息的含义

比较信息是指包含于财务报表中的、符合适用的财务报告编制基础的、与一个或多个以前期间相关的金额和披露。

【小提示17-6】

企业会计准则称之为比较数据;如果是首次审计某公司财务报表,比较数据可以理解为"期初余额"。

(二)比较信息的类别

1. 对应数据(本期数据)

属于比较信息,是指作为本期财务报表组成部分的上期金额和相关披露,这些金额和披露只能同与本期相关的金额和披露(称为"本期数据")联系起来阅读。对应数据列报的详细程序主要取决于其与本期数据的相关程度(无须在审计意见中提及对应数据)。

2. 比较财务报表

属于比较信息,是指为了与本期财务报表相比较而包含的上期金额和相关披露。比较财务报表包含信息的详细程度与本期财务报表包含信息的详细程度相似。如果上期金额和相关披露已经审计,则将在审计意见中提及。

二、对比较信息的审计责任

(一)会计准则的要求

一是根据企业会计准则的规定,当期财务报表的列报,至少应当提供所有列报项目上一可比会计期间的比较数据;

二是比较信息是当期财务报表的不可缺少的组成部分;

三是当存在重大会计政策变更、重大会计差错,或者企业执行的会计制度发生变化而引起财务报表格式变化,或者发生共同控制下的企业合并等情形,管理层均要求对比较信息做出相应的调整。

(二)审计准则的要求

(1)注册会计师在对财务报表发表审计意见时,应当考虑比较信息对审计意见的影响。

(2)注册会计师对比较信息的审计目标:一是获取充分、适当的审计证据,确定在财务报表中包含的比较信息是否在所有重大方面按照适用的财务报告编制基础有关比较信息的要求进行列报;二是按照注册会计师的报告责任出具审计报告。

三、比较信息的一般审计程序

(一)总体要求

注册会计师应当确定财务报表中是否包括适用的财务报告编制基础要求的比较信息,以及比较信息是否得到恰当分类。

(二)注册会计师应当评价比较信息的内容

(1)比较信息是否与上期财务报表列报的金额和相关披露一致,如果必要,比较信息是否已经重述;

(2)在比较信息中反映的会计政策是否与本期采用的会计政策一致,如果会计政策已发生变更,这些变更是否得到恰当处理并得到充分列报与披露。

四、注意到比较信息可能存在重大错报时的审计要求

(一)本期财务报表中的比较信息出现重大错报的情形

(1)上期财务报表存在重大错报,该财务报表虽经审计,但注册会计师因未发现而未在针对上期财务报表出具的审计报告中对该事项发表非无保留意见,本期财务报表中的比较信息未做更正;

(2)上期财务报表存在重大错报,该财务报表未经注册会计师审计,比较信息未做更正;

(3)上期财务报表不存在重大错报,但比较信息与上期财务报表存在重大不一致,由此导致重大错报;

(4)上期财务报表不存在重大错报,但在某些特殊情形下,比较信息未按照会计准则和相关会计制度的要求恰当重述。

(二)注意到影响上期财务报表的重大错报的审计程序

如果上期财务报表已经审计,注意到影响上期财务报表的重大错报的审计程序如下:

(1)如果上期财务报表未经更正,也未重新出具审计报告,且比较数据未经恰当重述和充分披露,注册会计师应当对本期财务报表出具非无保留意见的审计报告,说明比较数据对本期财务报表的影响;

(2)如果上期财务报表已经更正,并已重新出具审计报告,注册会计师应当获取充分、适当的审计证据,以确定比较信息与更正的财务报表是否一致。

五、报告

(一)报告的总体要求

由于审计意见是针对包括比较数据在内的本期财务报表整体发表的,注册会计师通常无须在审计报告中特别提及比较数据。只有在特定情形下,注册会计师才应当在审计报告中提及比较数据。

1. 在意见段中提及比较数据

应当在审计报告意见段中提及比较数据的情形:

(1)导致对上期财务报表发表非无保留意见的事项在本期尚未解决,仍对本期财务报表产生重大影响;

(2)上期财务报表存在审计报告未提及的重大错报,该财务报表未经更正,也未重新出具审计报告,并且本期财务报表中的比较数据未经恰当重述和充分披露;

(3)后任注册会计师识别出比较数据存在重大错报,但管理层拒绝更正。

2. 在强调事项段中提及比较数据

可以在审计报告强调事项段中提及比较数据的情形:

(1)导致对上期财务报表发表非无保留意见的事项已经解决,但对本期财务报表仍很重要;

(2)上期财务报表存在审计报告中未提及的重大错报,该财务报表未经更正,也未重

新出具审计报告，但本期财务报表中的比较数据已经恰当重述和充分披露；

3. 在引言段中提及比较数据

应当在引言段中提及比较数据的情形：当存在上期财务报表未经审计的情形时，注册会计师应当在审计报告的引言段中提及比较数据。

需要注意：这种说明并不减轻注册会计师针对本期期初余额实施恰当的审计程序的责任。

（二）对报告的具体影响

上期财务报表的有关事项的处理情形不同，对本期审计报告会产生不同影响。对报告的具体影响如图 17－2 和图 17－3 所示。

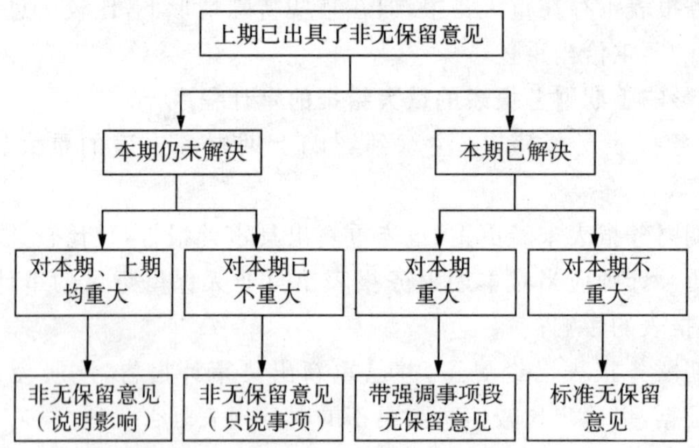

图 17－2　上期已出具了非无保留意见情形

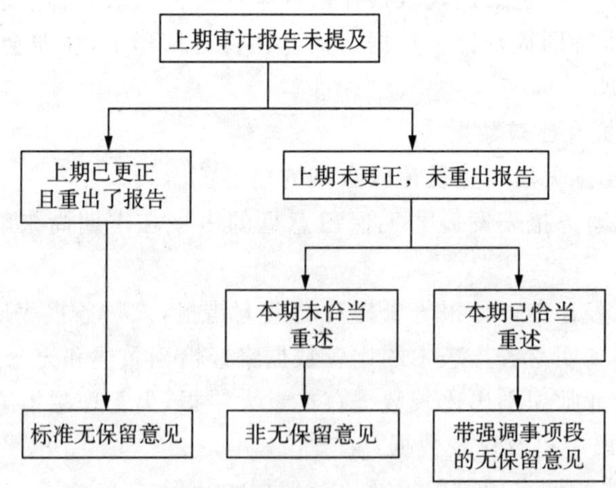

图 17－3　上期审计报告未提及情形

第五节　含有已审计财务报表的文件中的其他信息

一、其他信息

(一)其他信息的含义

其他信息是指根据法律法规的规定或惯例，在被审计单位年度报告、招股说明书等文件中包含的除已审计财务报表和审计报告以外的其他财务信息和非财务信息。其他信息主要包括：(1)被审计单位管理层或治理层的经营报告；(2)财务数据摘要；(3)就业数据；(4)计划的资本性支出；(5)财务比率；(6)董事和高级管理人员的姓名；(7)择要列示的季度数据。

理解其他信息的含义，主要应把握以下几点：

(1)其他信息是根据法律法规的规定或惯例而披露的；

(2)其他信息是相对于已审计财务报表而言的；

(3)其他信息包括财务信息和非财务信息。

(二)注册会计师对于其他信息的责任

被审计单位有责任将其他信息及早提供给注册会计师。注册会计师负有提请义务。注册会计师应当就此事提前与被审计单位沟通，提请被审计单位做出适当安排，在尽可能早的时间内把与已审计财务报表一同披露的其他信息提供给注册会计师，以便注册会计师能够在审计报告日之前获取并阅读其他信息。需要注意以下两点：

第一，注册会计师没有专门责任确定其他信息是否得到适当陈述，但应予以关注，并且在对财务报表出具审计报告时都应当考虑其他信息；

第二，注册会计师应当提请被审计单位做出适当安排，以便在审计报告日前获取其他信息。如果在审计报告日前无法获取所有其他信息，注册会计师应当在审计报告日后尽早阅读其他信息，以识别重大不一致。

二、重大不一致

(一)重大不一致的含义

1. 不一致的含义

不一致是指其他信息与已审计财务报表中的信息相矛盾。

2. 三类不一致事项的举例

(1)其他信息中的数据和文字表述与已审计财务报表相关信息不一致；

(2)其他信息中的项目与已审计财务报表相关项目的编制基础不一致；

(3)其他信息中对数据影响的解释与已审计财务报表相关数据不一致。

(二)发现重大不一致时的措施

1. 确定已审计财务报表或其他信息是否需要修改

(1)一般原则　注册会计师应当提请被审计单位管理层修改财务报表或其他信息。

(2)需要修改重大不一致的情形　有可能需要修改已审计财务报表，有可能需要修

改其他信息，还有可能二者都需要修改。

2. 审计报告日前识别重大不一致的措施

在审计报告日前识别重大不一致时的措施如表 17－3 所列。

表 17－3　审计报告日前识别重大不一致的措施

序　号	情　形	注册会计师的措施
1	需要修改已审计财务报表而管理层拒绝修改时的措施	在审计报告中发表非无保留意见： (1)如果该事项对财务报表虽影响重大，但不至于出具否定意见的审计报告，注册会计师应当出具保留意见的审计报告，将这些对审计意见有较大影响的事项在审计报告中明确提出，并说明其理由，指出该事项对被审计单位财务报表可能产生的影响 (2)如果需要修改已审计财务报表而管理层拒绝修改，并且该事项对财务报表影响程度超出一定范围，以致财务报表不符合会计准则和相关会计制度的规定，不能在所有重大方面公允地反映被审计单位的财务状况、经营成果和现金流量，注册会计师就不能发表保留意见，而只能发表否定意见
2	需要修改其他信息而管理层拒绝修改时的措施	(1)除非治理层的所有成员参与管理被审计单位，注册会计师应当就该事项与治理层进行沟通 (2)在审计报告中增加其他事项段，说明重大不一致 (3)拒绝提交审计报告 (4)解除业务约定 (5)基于谨慎考虑，注册会计师应当征询律师等法律专家的意见

3. 审计报告日后识别重大不一致的措施

在审计报告日后识别重大不一致时的措施如表 17－4 所列。

表 17－4　审计报告日后识别重大不一致的措施

序　号	情　形	注册会计师的措施
1	需要修改已审计财务报表时的措施	(1)审计报告日后至财务报表报出日前识别的事实 (2)财务报表报出后识别的事实，采取相应的措施
2	需要修改其他信息且管理层同意修改时的措施	(1)如果在审计报告日后获取的其他信息中识别出重大不一致，并且需要对其他信息做出修改，同时管理层同意修改，注册会计师应当根据具体情况实施必要的程序 (2)注册会计师实施的程序可能包括评价管理层采取的措施，以确保收到之前公布的财务报表、审计报告和其他信息的人员均被告知做出的修改
3	需要修改其他信息而管理层拒绝修改时的措施	如果在审计报告日后获取的其他信息中识别出重大不一致，并且需要对其他信息做出修改，但管理层拒绝做出修改，除非治理层的所有成员参与管理被审计单位，注册会计师应当将对其他信息的疑虑告知治理层，并采取适当的进一步措施，包括征询法律专家的意见

三、对事实的重大错报

(一)对事实的重大错报的含义及其理解要点

1. 对事实的错报含义

对事实的错报是指在其他信息中,对于与已审计财务报表所反映事项不相关的信息做出的不正确陈述或列报。对事实的重大错报可能损害含有已审计财务报表的文件的可信性。

2. 对事实的错报理解要点

(1)注册会计师对事实的重大错报只不过是在为发现重大不一致而阅读其他信息的过程中可能注意到的,因此,对事实的重大错报的关注责任而言,只要求注册会计师注意明显的对事实的重大错报。

(2)对事实的重大错报的含义应注意把握两个基本特征:

① 其他信息所反映的事项与财务报表所反映的事项不相关;

② 被审计单位对其他信息做出了不正确的陈述或列报。

(二)注意到其他信息存在明显的对事实的重大错报时的措施

1. 与管理层讨论

注册会计师首先要与管理层讨论,主要是基于以下因素:

(1)管理层对其他信息内容的了解与认识通常应当比较全面、深入;

(2)与管理层进行讨论,有助于注册会计师分析、判断其他信息是否确实存在着对事实的重大错报;

(3)讨论的目的在于解除注册会计师对其他信息中可能存在着对事实的重大错报的疑虑。

2. 认为存在明显的对事实的重大错报时的措施

(1)提请管理层咨询被审计单位的法律顾问等有资格的第三方的意见,注册会计师应当考虑管理层收到的咨询意见;

(2)在与管理层讨论后,如果仍然未能消除注册会计师对其他信息中存在明显的对事实的重大错报这一事项的疑虑,注册会计师应当提请管理层向法律顾问等有能力和资格的专业人士进行咨询,以确定其他信息中是否确实存在着对事实的重大错报及其影响程度。

(3)在利用法律顾问等专业人士提供的咨询意见时,注册会计师应当对其意见的依据以及所采用方法的适当性和合理性进行必要的研究和评价,因为这将直接影响到咨询结果的适当性和合理性,进而影响注册会计师的相关判断。

3. 确定其他信息存在对事实的重大错报时的措施

(1)告知治理层。如果认为在其他信息中存在对事实的重大错报,但管理层拒绝做出修改,除非治理层的所有成员参与管理被审计单位,注册会计师应当将对其他信息的疑虑告知治理层,并采取适当的进一步措施。

(2)征询法律意见,是否不出具审计报告或解除业务约定。基于谨慎考虑,注册会计师通常应当同时征询法律意见,了解该项对事实的重大错报的存在是否会使注册会计师陷入法律诉讼事件,是否需要采取不出具审计报告或解除业务约定等措施。

【小提示 17 - 7】

根据准则的规定,重大不一致是指其他信息与已审计财务报表中的信息相矛盾。重大不一致可能会导致注册会计师对根据以前获取的审计证据得出的审计结论产生怀疑,甚至对形成审计意见的基础产生怀疑。对事实的重大错报是指在阅读其他信息以发现重大不一致时,注册会计师可能会注意到明显的对事实的重大错报。对事实的重大错报是指在其他信息中,对于与已审计财务报表所反映事项不相关的重要信息做出了不正确的表述或列报。从上面的定义可以看出,重大的不一致是指该其他信息是与财务报表相关的其他信息,而对于事实的重大错报是指与财务报表不相关的重要信息。

本章小结

审计报告是指注册会计师根据中国注册会计师审计准则的规定,在实施审计工作的基础上对被审计单位财务报表发表审计意见的书面文件。

注册会计师对其出具的审计报告的真实性、合法性负责。

审计报告的意见类型包括无保留意见、保留意见、否定意见和无法表示意见。

特殊目的审计报告主要包括:特殊编制基础会计报表的审计报告、会计报表组成部分的审计报告、法规、合同遵循情况的审计报告和简要会计报表的审计报告。

比较数据是指作为本期报表组成部分的上期对应数和相关披露。比较数据本身不构成完整的财务报表,应当与本期相关的金额和披露联系起来阅读。由于审计意见是针对包括比较数据在内的本期财务报表整体发表的,注册会计师通常无须在审计报告中特别提及比较数据。只有在特定情形下,注册会计师才应当在审计报告中提及比较数据。

【复习思考题】

1. 简述注册会计师对审计报告应承担的责任。

2. 在什么情况下,注册会计师可以在审计报告的意见段之后增加强调事项段?

3. 审计报告与被审计的财务报表的关系。

4. 注册会计师进行审计是对被审计单位会计报表的合法性、公允性发表意见,其中合法性、公允性具体指什么?

5. 特殊目的审计报告包括哪些情形?

6.“任何附有审计报告的财务报表均可视为公正而合理地表达了该公司财务状况、经营成果和现金流量”这种说法是否正确?理由何在?

7. 何为比较信息?注册会计师应如何考虑比较信息对审计意见的影响?

8. 审计报告的意见类型有几种?分别在什么情况下出具?

【案例分析题】

XYZ公司系公开发行A股的股份有限公司,ABC会计师事务所负责对其2012年度会计报表进行审计,于2013年2月20日完成审计工作。XYZ公司于2013年2月22日公布2012年年度报告。公司按净利润的10%和5%提取盈余公积和公益金。XYZ公司未经审计的2012年度会计报表中的部分会计资料如下：

资料一：X公司未经审计的2012年度财务报表部分项目的年末余额或本年发生额如表中所列。

项　目	金额(万元)
资产总额	21000
股本	7500
资本公积—股本溢价	4000
法定盈余公积	1000
未分配利润	900
营业收入	18000
利润总额	300
净利润	200

资料二：在对X公司的审计过程中，A和B注册会计师注意到以下事项：

(1)A和B注册会计师在审计X公司2012年度财务报表时，通过实施销售截止测试发现，X公司2012年1月，主营业务收入明细账和主营业务成本明细账上记载的一批甲产品的销售业务，在2011年12月已收妥款项，并符合销售收入确认条件，但在当月未做任何会计处理，而在2012年1月做了以下会计处理：借记“银行存款”11700000元，贷记“主营业务收入”10000000元、“应交税费——应交增值税(销项税额)”1700000元；同时结转相应的主营业务成本，借记“主营业务成本”8700000元，贷记“存货——甲产品”8700000元。在对2011年度财务报表审计时，A和B注册会计师建议将上述会计处理作为审计调整分录，调整X公司2011年度财务报表。X公司调整了2011年度财务报表，但未调整2012年度相关账户和财务报表。

(2)2012年12月28日，X公司将到期日为2013年4月5日的6000000元商业承兑汇票贴现，贴现利息为180000元，贴现银行保留对X公司的追索权。X公司做了以下会计处理：借记“银行存款”5820000元、“财务费用”180000元，贷记“应收票据”6000000元。

(3)为建造厂房和生产线，X公司于2012年6月1日分别向F银行借入年利率为5%的专项长期借款9000000元，向H银行借入年利率为6%的专项长期借款6000000元。该工程预计建造期为1年6个月，采用出包方式，按照工程进度于每月月初支付当月工程进度款。2012年6月至12月，每月月初实际支付的工程进度款分别为8000000元、2500000元、500000元、500000元、1000000元、200000元和1000000元。X公司2012年12月31日未经审计的该项在建工程余额为14172500元，其中包括利息费用472500元(不考虑专项长期借款闲置部分的利息收入)。

(4)X公司会计政策规定，对应收款项采用账龄分析法计提坏账准备。根据债务单位的财务状况、现金流量等情况，确定坏账准备计提比例分别为：账龄1年以内的(含1年，以下类推)，按其余额的10%计提；账龄1～2年的，按其余额的30%计提；账龄2～3

年的，按其余额的50%计提；账龄3年以上的，按其余额的80%计提。X公司2012年12月31日未经审计的应收账款账面余额为51929000元，相应的坏账准备余额为6364900元。应收账款账面余额明细情况如下表中所列。

账龄 客户名称	1年以内	1～2年	2～3年	3年以上
应收账款－a公司	35150000	500000	932000	
应收账款－b公司	2000000	15100000	54000	
应收账款－c公司	600000		25000	
应收账款－d公司	9500000	－12000000		
应收账款－e公司				68000
小　计	47250000	3600000	1011000	68000

(5)X公司根据企业会计准则的规定，按照“成本与可变现净值孰低”对期末存货进行计价。2012年11月末，X公司持有的500公斤乙产品的账面成本总额为9000000元，由于市场价格下跌，预计可变现净值为8000000元，由此计提了存货跌价准备100000元。2012年12月，乙产品的数量未发生增减变动，但X公司与Z公司于2012年12月5日签订了购销合同，约定于2013年1月以每公斤12400元的价格(不含增值税，下同)向Z公司销售乙产品400公斤。2012年12月31日，由于市场价格上升，乙产品的单位可变现净值为每公斤18500元。对此，X公司未做任何会计处理，仍保留1000000元的存货跌价准备。

(6)2012年1月，X公司为G公司向银行借款40000000元提供信用担保。2012年12月，因G公司未能偿还到期债务，银行向法院起诉，要求X公司承担连带责任，支付借款本息42400000元。2013年1月20日，法院终审判决银行胜诉，并于2013年1月25日执行完毕。考虑到G公司已宣告破产清算，无法向其追偿债务，X公司在2012年度做了以下会计处理：借记“营业外支出”42400000元，贷记“预计负债”42400000元。这一事项使得X公司2012年末的营运资金和2013年1月的经营活动产生的现金流量净额均出现负数。针对可能导致对持续经营能力产生重大疑虑的上述事项，X公司提出了拟采取的改善措施。A和B注册会计师实施了必要的审计程序，认为X公司编制2012年度财务报表所依据的持续经营假设是合理的，但持续经营能力仍存在重大不确定性(针对该事项，X公司已经作为日后事项做出了会计调整)。

要求：

1. 在资料一的基础上，如果不考虑审计重要性水平，针对资料二中事项(1)至事项(6)，请分别回答A和B注册会计师是否需要提出审计处理建议？若需要提出审计调整建议，请直接列示审计调整分录(审计调整分录均不考虑对X公司2012年度的企业所得税、期末结转损益及利润分配的影响，下同)。

2. 在资料一的基础上，如果考虑审计重要性水平，假定X公司分别只存在资料二的6个事项中的1个事项，X公司拒绝接受A和B注册会计师针对事项(1)至事项(5)提出的审计处理建议(如果有),接受针对事项(6)提出的审计处理建议(如果有)。在不考虑其他条件的前提下,请指出A和B注册会计师应当针对该6个独立存在的事项分别出具何种意见类型的审计报告。

3. 在资料一的基础上,如果考虑审计重要性水平,假定X公司同时存在资料二中的事项(5)和事项(6),并且拒绝接受A和B注册会计师对事项(5)提出的审计处理建议(如果有),但接受对事项(6)提出的审计处理建议(如果有)。在不考虑其他条件的前提下,请指出A和B注册会计师应当出具何种意见类型的审计报告,并请代为续编以下审计报告。

审计报告

X股份有限公司全体股东:

我们审计了后附的X股份有限公司(以下简称X公司)财务报表,包括2012年12月31日的资产负债表,2012年度的利润表、股东权益变动表和现金流量表以及财务报表附注。

一、管理层对财务报表的责任

按照企业会计准则的规定,编制财务报表是X公司管理层的责任。这种责任包括:(1)设计、实施和维护与财务报表编制相关的内部控制,以使财务报表不存在由于舞弊或错误而导致的重大错报;(2)选择和运用恰当的会计政策;(3)做出合理的会计估计。

二、注册会计师的责任

我们的责任是在实施审计工作的基础上对财务报表发表审计意见。我们按照中国注册会计师审计准则的规定执行了审计工作。中国注册会计师审计准则要求我们遵守职业道德规范,计划和实施审计工作,以对财务报表是否不存在重大错报获取合理保证。

审计工作涉及实施审计程序,以获取有关财务报表金额和披露的审计证据。选择的审计程序取决于注册会计师的判断,包括对由于舞弊或错误导致的财务报表重大错报风险的评估。在进行风险评估时,我们考虑与财务报表编制相关的内部控制,以设计恰当的审计程序,但目的并非对内部控制的有效性发表意见。审计工作还包括评价管理层选用会计政策的恰当性和做出会计估计的合理性,以及评价财务报表的总体列报。

我们相信,我们获取的审计证据是充分、适当的,为发表审计意见提供了基础。

ABC会计师事务所(盖章)	中国注册会计师:A(签名并盖章)
中国注册会计师:	B(签名并盖章)
中国××市	2013年2月25日

第四篇

其他认证业务及政府审计、内部审计

第十八章　验资、预测性财务信息审核与内部控制审核

【本章提示】

学习目的：

通过本章的学习学生能了解与掌握设立验资与变更验资的审核程序；预测性财务信息的审核与内部控制审核。

重要概念：

验资；设立验资；变更验资；实收资本；注册资本；预测；规划；预测性财务信息；管理层书面声明；审核报告；业务约定书；内部控制

【引例】

评价X股份有限责任公司的内部控制[①]

2004年，ABC会计师事务所接受X股份有限责任公司（以下简称X公司）董事会委托，对X公司2003年6月30日与会计报表相关的内部控制约有效性的认定进行审核。A和B注册会计师接受指派实施该项审核，于2003年8月15日完成审核工作，出具内部控制审核报告。

X公司采用手工会计系统。在审核过程中，A和B注册会计师了解了X公司内部控制的设计。评价了内部控制设计的合理性，测试和评价7内部控制执行的有效性，并编制了相关审核工作底稿。审核工作底镐中记载的有关X公司内部控制设计和运行的部分内容摘录如下；

(1)为加强货币支付管理，货币资金支付审批实行分级管理办法；单笔付款金额在10万元以下的，由财务部经理审批；单笔付款金额在10万元以上、50万元以下的，由财务总监审批；单笔付款金额在50万元以上的，由总经理审批。

(2)为统一财务管理、提高会计核算水平，设置内部审计部，与财务部一并由财务总监分管。内部审计的主要职责是对公司内部控制的健全、有效，会计及相关信息的真实、合法、完整，资产的完全、完整、经营绩效以及经营合规性进行检查、监督和评价。

(3)为保证公司投资业务的不相容岗位相互分离、制约和监督，投资业务分由不同部门或不同职工负责。其中：投资部门的甲职员负责对外投资预算的编制；投资部门的乙职员负责对外投资项目的分析论证及评估；财务部负责对外投资业务的相关会计分录。

---

① 宛燕如．审计学[M]．武汉：武汉大学出版社 2009：78.

(4)在发出原材料的过程中,仓库部门根据生产部门开发的领料单发出原材料。领料单必须列明所需原材料的数量和种类,以及领料部门的名称。领料单可以一料一单,也可以多料一单,通常需一式两联。仓库部门发出原材料后,其中一联领料单连同原材料交还领料部门,一联留仓库部门据以登记原材料明细账。

(5)为加强在建工程项目的管理,要求审批人根据工程项目相关业务授权批准制度的规定,在授权范围内进行审批,不得超过审批权限。经办人在职责范围内,按照审批人的批准意见办理工程项目业务。对于审批人赵越授权范围审批的工程项目业务,经办人员无权拒绝办理,但在办理后,应及时向审批人的上级授权部门报告。

(6)丙职员在核对商品装运凭证和相应的经批准的销售单后,开具销售发票。具体程序为:根据已授权批准的商品价目表填写销售发票的金额,根据商品装运凭证上的数量填写销售发票的数量;销售发票的其中一联交财务部,由丁职员据以登记与销售业务相关的总账和明细账。

思考:

1. 在测试和评价X公司内部控制执行的有效性时,A和B注册会计师通常应当实施哪些审核程序?

2. 假定X公司的其他内部控制不存在缺陷,请指出X公司上述内部控制在设计与运行方面的缺陷,并简要说明理由。

3. 如果A和B注册会计师认为X公司上述内部控制存在重大缺陷,而X公司管理当局未在书面声明中对这类重大缺陷及其对实现控制目标的影响予以说明。

在注册会计师可以提供的审计服务中,有一些业务比较特殊,如验资、商业银行的财务报表审计、小型被审计单位、环境事项、衍生金融工具、电子商务等。除此之外,注册会计师还可以提供财务报表审阅及预测性财务报表审计等其他鉴证服务。本章主要介绍验资、预测性财务信息审核与内部控制审核时需关注的要点与主要内容。

第一节 验 资

某单位或某个人要进入某个市场,必须设立企业。许多社会诚信系统健全的国家规定,企业的设立是简单备案制;我国政府的规定是核准制,核准的手续之一就是验资。

一、验资概述

(一)验资的含义

验资是指注册会计师依法接受委托,对被审验单位注册资本的实收情况或注册资本及实收资本的变更情况进行审验,并出具验资报告。

(二)验资截止日

验资截止日是指注册会计师所验证的注册资本实收情况或注册资本及实收资本变更情况的截止日期,是注册会计师审验结论成立的一个特定时点。

(三)验资类型

《中国注册会计师审计准则第1602号——验资》的第三条第二款指出,验资分为设立验资和变更验资。

1. 设立验资

设立验资是指注册会计师对被审验单位申请设立登记时的注册资本实收情况进行的审验。

通常有以下情况需要注册会计师进行设立验资：

(1)被审验单位向公司登记机关申请设立登记时全体股东的一次性全部出资和分次出资的首次出资；

(2)公司新设合并、分立，新设立的公司向公司登记机关申请设立登记。

2. 变更验资

变更验资是指注册会计师对被审验单位申请变更登记时的注册资本及实收资本的变更情况进行的审验。

当出现以下情况时，需要注册会计师进行变更验资：

(1)被审验单位出资者(包括原出资者和新出资者)新投入资本，增加注册资本及实收资本；

(2)分次出资的非首次出资，增加实收资本，但注册资本不变；

(3)被审验单位以资本公积、盈余公积、未分配利润转增注册资本及实收资本；

(4)被审验单位因吸收合并变更注册资本及实收资本；

(5)被审验单位因派生分立、注销股份或依法收购股东的股权等减少注册资本及实收资本；

(6)被审验单位整体改制，包括由非公司制企业变更为公司制企业或由有限责任公司变更为股份有限公司时，以净资产折合实收资本。

需要指出的是，公司因出资者、出资比例等发生变化，注册资本及实收资本金额不变，需要按照有关规定向公司登记机关申请办理变更登记，但不需要进行变更验资。

二、验资的范围与程序

(一)验资范围

1. 设立验资的审验范围

设立验资的主要目的是验证被审验单位注册资本是否符合法律、法规的要求，各投资方是否按照合同、协议或章程规定的出资比例、出资方式和出资期限足额交缴资本。因此，设立验资的审验范围一般限于与被审验单位注册资本实收情况有关的事项，包括出资者、出资币种、出资金额、出资时间、出资方式和出资比例等。

2. 变更验资的审验范围

变更验资的主要目的是验证被审验单位注册资本的变更事宜是否符合法定程序，注册资本的增减是否真实，相关的会计处理是否正确。因此，变更验资的审验范围一般限于与被审验单位注册资本及实收资本增减变动情况有关的事项。

增加注册资本及实收资本时，审验范围包括与增资相关的出资者、出资币种、出资金额、出资时间、出资方式、出资比例和相关会计处理，以及增资后的出资者、出资金额和出资比例等。

减少注册资本及实收资本时，审验范围包括与减资相关的减资者、减资币种、减资金额、减资时间、减资方式、债务清偿或债务担保情况、相关会计处理，以及减资后的出资者、出资金额和出资比例等。

（二）验资程序

1. 签订验资业务约定书

注册会计师应当了解被审验单位的基本情况，考虑自身独立性和专业胜任能力，初步评估验资风险，以确定是否接受委托。

（1）了解被审验单位的基本情况

了解被审验单位的基本情况，主要是指在接受委托前，注册会计师应当与委托人、被审验单位管理层沟通，实地查看被审验单位的住所和主要经营场所，了解被审验单位的基本情况，获取有关资料，填写被审验单位的基本情况表。

被审验单位的基本情况主要包括：被审验单位的设立审批、变更审批，名称预先核准，经营范围，公司类型，组织机构和人员，申请设立或变更登记的注册资本、实收资本、出资方式、出资时间，全体出资者指定代表或委托代理人等基本情况。

对于变更验资，注册会计师应当查阅被审验单位的前期验资报告、近期财务报表、审计报告和其他与本次验资有关的资料，以了解被审验单位以前注册资本的实收情况。

（2）评估验资风险

验资风险主要源自两个方面：一是被审验单位管理层的诚信程度、所提供验资资料的真实性与完整性；二是注册会计师的专业胜任能力和职业道德水平。

导致注册资本实收情况或注册资本及实收资本变更情况发生重大错报风险的事项通常有以下 9 种：

① 验资业务委托渠道复杂或不正常；

② 验资资料存在涂改、伪造痕迹或验资资料相互矛盾；

③ 被审验单位随意更换或不及时提供验资资料，或只提供复印件不提供原件；

④ 自然人出资、家庭成员共同出资或关联方共同出资；

⑤ 出资人之间存在意见分歧；

⑥ 被审验单位拒绝或阻挠注册会计师实施重要的审验程序，如被审验单位拒绝或阻挠注册会计师实施银行存款函证、实物资产监盘等程序，或不执行法律规定的程序，如非货币财产应当评估而未评估等；

⑦ 被审验单位处在高风险行业；

⑧ 非货币财产计价的主观程度高或其计价需要大量的主观判断；

⑨ 验资付费远远超出规定标准或明显不合理。

（3）与委托人的沟通

注册会计师应当就委托目的、出资者和被审验单位的责任以及注册会计师的责任、审验范围、时间要求、验资收费、报告分发和使用的限制等主要事项与委托人沟通，并达成一致意见。

沟通的目的，是避免双方对验资业务的理解产生分歧。如果委托人不是被审验单位，在签订业务约定书前，注册会计师应当与委托人、被审验单位就验资业务约定相关条款进行充分沟通，并达成一致意见。

(4)签订业务约定书

如果接受委托，注册会计师应当与委托人就双方达成一致的事项签订业务约定书。

验资业务约定书的具体内容可能因被审验单位的不同、验资类型的不同而存在差异，但至少应当包括：业务范围与委托目的、双方的责任与义务、验资收费、验资报告的用途及使用责任、业务约定书的有效期间、约定事项的变更及违约责任等条款。

业务约定书应当由会计师事务所与委托人签订。

2. 编制验资计划，合理安排验资工作

注册会计师执行验资业务，应当编制验资计划，对验资工作做出合理安排。

(1)验资计划的种类

验资计划包括总体验资计划和具体验资计划。总体验资计划是注册会计师对验资业务做出的总体安排；具体验资计划是注册会计师对拟实施审验程序的性质、时间和范围做出的具体安排。

计划验资工作并非验资业务的一个孤立阶段，而是一个持续的、不断修正的过程，贯穿于整个验资业务的始终。由于未预期事项、条件的变化或在实施审验程序中获取的审验证据的变化等原因，注册会计师可以在验资过程中对总体验资计划和具体验资计划做出必要的更新和修改。

(2)验资计划的内容

1)总体验资计划的内容

总体验资计划通常包括下列主要内容：

① 验资类型、委托目的和审验范围；

② 以往的验资和审计情况；

③ 重点审验领域；

④ 验资风险评估；

⑤ 对专家工作的利用；

⑥ 验资工作进度及时间、收费预算；

⑦验资小组组成及人员分工；

⑧ 质量控制安排。

2)具体验资计划的内容

具体验资计划通常包括与各审验项目有关的下列主要内容：

① 审验目标；

② 审验程序；

③ 执行人及完成工作日期。

3. 初步了解和掌握验资的基本情况及做好验资准备工作

这一阶段工作又可分为以下几个环节：

(1)了解和掌握验资前的情况和委托方的要求

对设立验资中的非首期出资或变更验资，注册会计师应当实施下列程序，以关注前期注册资本实收情况和增资前的净资产状况：

① 查阅以前各期验资报告、近期财务报表和审计报告；

② 向被审验单位获取有关前期出资已到位、出资者未抽回资本的书面声明；

③ 检查前期出资的实物，无形资产有关产权转移手续的办理及有关财产权转移手续；

④ 关注被审验单位与关联方往来款项有无明显异常情况；

⑤ 查阅近期财务报表和审计报告，关注被审验单位是否存在由于严重亏损而导致增资前的净资产小于注册资本的情况；

⑥ 如果委托人要求对增资后累计的注册资本实收情况进行审验，注册会计师应当复核以前各期的注册资本实收情况并实施必要的审计程序。

(2)必要时聘请专家协助

注册会计师在审验过程中聘请专家协助工作时，应当考虑其专业胜任能力和独立性，并对专家工作结果所形成的审验结论负责。

注册会计师在执行验资业务时，可在以下方面利用专家的工作：

① 对出资的房屋、建筑物、机器设备、知识产权、非专利技术、土地使用权等非现金资产及工艺品、宝石等特殊类型资产的估价以及该类资产评估报告价值的审查；

② 特定资产数量和物质状况的测定，如地下矿藏储量、成分、等级的测定与估算，房屋、建筑物及设备剩余使用年限的测算等；

③ 需用特殊技术或方法的金额测算；

④ 未完工合同中已完成和未完成工作的计量，如按建造合同进行计量的资产在进行投资时，在未完工状态下的价值确认。

当利用专家的工作结果作为审验证据时，注册会计师应当评价专家所用原始资料的适当性、专家使用的假设和方法的一贯性，并对利用专家工作结果所形成的审验结论负责。

(3)准备好验资工作底稿

验资工作底稿分为综合类工作底稿、业务类工作底稿和备查类工作底稿。注册会计师应当按照《中国注册会计师审计准则第 1131 号——审计工作底稿》的要求，准备、编制、管理、保存好验资工作底稿。

注册会计师在验资工作中，从了解被审验单位基本情况、接受委托，到对各个项目的验证情况、遇到的问题、处理过程、形成的结论等，都应做记录，连同有关审验证据及其文件资料，形成验资工作底稿。

4. 实施审验程序

(1)获取注册资本实收情况明细表或注册资本、实收资本变更情况明细表

注册会计师应当向被审验单位获取注册资本实收情况明细表或注册资本、实收资本变更情况明细表。

注册会计师在验资过程中获取的由被审验单位签署的注册资本实收情况明细表或注册资本、实收资本变更情况明细表，是被审验单位出资者出资情况的总括反映，经被审验单位签署确认后，代表了被审验单位对其出资者出资情况的认定，也是被审验单位的一种书面声明，是注册会计师应当获取的重要证据之一。获取这一证据有助于分清被审

验单位和注册会计师各自的责任。

(2)对出资者投入资本及其相关的资产、负债进行验证

实施对货币、实物、无形资产和净资产出资的具体审验程序,不论上述何种出资形式,都要对出资者投入资本及其相关的资产、负债进行验证。

① 以货币出资的,应当在检查被审验单位开户银行出具的收款凭证、对账单及银行询证函回函等的基础上,审验出资者的实际出资金额,并关注全体股东的货币出资额占注册资本的比例是否符合法定要求。对于股份有限公司向社会公开募集的股本,还应当检查证券公司承销协议、募股清单和股票发行费用清单等。

② 以实物出资的,应当观察、检查实物,审验其权属转移情况,并按照国家有关规定在资产评估的基础上审验其价值。如果被审验单位是外商投资企业,注册会计师应当按照国家有关外商投资企业的规定,审验实物出资的价值。

③ 以知识产权、土地使用权等无形资产出资的,应当审验其权属转移情况,并按照国家有关规定在资产评估的基础上审验其价值。如果被审验单位是外商投资企业,注册会计师应当按照国家有关外商投资企业的规定,审验无形资产出资的价值。

④ 以净资产折合实收资本的,或以资本公积、盈余公积、未分配利润转增注册资本及实收资本的,应当在审计的基础上按照的国家有关规定审验其价值。

⑤ 以货币、实物、知识产权、土地使用权以外的其他财产出资的,注册会计师应当审验出资是否符合国家的有关规定。

⑥ 外商投资企业的外方出资者以本条第 1 项至第 5 项所述方式出资的,注册会计师还应当关注其是否符合国家外汇管理的有关规定,向企业注册地的外汇管理部门发出外方出资情况询证函,并根据外方出资者的出资方式附送银行询证函回函、资本项目外汇业务核准件及进口货物报关单等文件的复印件,以询证上述文件内容的真实性、合规性。

三、验资报告

(一)形成审验意见和出具验资报告的基础

注册会计师应当评价根据审验证据得出的结论,以作为形成审验意见和出具验资报告的基础。

(二)验资报告的要素

验资报告应当包括下列要素:标题、收件人、范围段、意见段、说明段、附件、注册会计师的签名和盖章、会计师事务所的名称和地址及盖章、报告日期。

1. 标题

验资报告的标题应当统一规范为"验资报告"。

2. 收件人

验资报告的收件人是指注册会计师按照业务约定书的要求致送验资报告的对象,一般是指验资业务的委托人。验资报告应当载明收件人的全称。

对拟设立的公司,收件人通常是公司登记机关预先核准的名称并加"(筹)"。

3. 范围段

验资报告的范围段应当说明审验范围、出资者和被审验单位的责任、注册会计师的

责任、审验依据和已实施的主要审验程序等。

(1)审验范围是指注册会计师所验证的被审验单位截至特定日期的注册资本实收情况或注册资本及实收资本变更情况。

(2)出资者和被审验单位的责任是按照法律法规以及协议、合同、章程的要求出资，提供真实、合法、完整的验资资料，保护资产的安全、完整。

(3)注册会计师的责任是按照本准则的规定，对被审验单位注册资本的实收情况或注册资本及实收资本的变更情况进行审验，出具验资报告。

(4)审验依据是《中国注册会计师审计准则第1602号——验资》。

(5)已实施的主要审验程序通常包括检查记录或文件、检查有形资产、观察、询问、函证、重新计算等。

以拟设立有限责任公司股东一次全部出资为例，范围段通常表述为："我们接受委托，审验了贵公司(筹)截至××年×月×日止申请设立登记的注册资本实收情况。按照法律法规以及协议、章程的要求出资，提供真实、合法、完整的验资资料，保护资产的安全、完整是全体股东及贵公司(筹)的责任。我们的责任是对贵公司(筹)注册资本的实收情况发表审验意见。我们的审验是依据《中国注册会计师审计准则第1602号——验资》进行的。在审验过程中，我们结合贵公司(筹)的实际情况，实施了检查等必要的审验程序。"

4. 意见段

验资报告的意见段应当说明已审验的被审验单位注册资本的实收情况或注册资本及实收资本的变更情况。

(1)设立验资报告意见段内容

对于设立验资，注册会计师在意见段中应当说明被审验单位申请登记的注册资本金额、约定的出资时间，并说明截至特定日期止，被审验单位已收到全体出资者缴纳的注册资本情况，包括实收注册资本金额(实收资本)，各种出资方式的出资金额。

(2)注册会计师对变更验资发表审验意见的特殊考虑

对于变更验资，注册会计师仅对本次注册资本及实收资本的变更情况发表审验意见。

这里主要是考虑公司在经营中，其原始资本与现有资产无法一一对应，注册会计师对公司前期已收到的资本无法辨认，也不能对前期注册资本的实收情况发表意见。但注册会计师应当在验资报告说明段中说明对以前注册资本实收情况审验的会计师事务所名称及其审验情况，并说明变更后的累计注册资本实收金额。如果在审验中发现被审验单位由于严重亏损而导致增资前的净资产小于注册资本、实收资本，或发现被审验单位以前收到的注册资本存在不实或有明显抽逃迹象，注册会计师应在验资报告的说明段中予以说明。

(3)变更验资报告意见段内容

注册会计师在意见段中应当说明原注册资本及实收资本金额，增资或减资的依据，申请增加或减少注册资本及实收资本金额，约定的增资或减资的时间，变更后的注册资本金额。并说明截至特定日期止被审验单位注册资本及实收资本变更情况，包括实际收到或实际减少的注册资本及实收资本金额，各种出资方式的增资金额或减资方式的减资金额。

5. 说明段

验资报告的说明段应当说明验资报告的用途、使用责任及注册会计师认为应当说明的其他重要事项。对于变更验资，注册会计师还应当在验资报告说明段中说明对以前注册资本实收情况审验的会计师事务所名称及其审验情况，并说明变更后的累计注册资本实收金额。

(1)验资报告的用途、使用责任

验资报告具有法定证明效力，供被审验单位申请设立登记或变更登记以及据以向出资者签发出资证明时使用。验资报告不应被视为对被审验单位验资报告日后资本保全、偿债能力和持续经营能力等的保证。委托人、被审验单位及其他第三方因使用验资报告不当所造成的后果，与注册会计师及其所在的会计师事务所无关。

(2)注册会计师认为应当说明的其他重要事项

① 注册会计师与被审验单位在注册资本及实收资本的确认方面存在的异议。如果在注册资本及实收资本的确认方面与被审验单位存在异议，且无法协商一致，注册会计师应当在验资报告说明段中清晰地反映有关事项及其差异和理由；

② 已设立公司尚未对注册资本的实收情况或注册资本及实收资本的变更情况做出相关会计处理；

③ 被审验单位由于严重亏损而导致增资前的净资产小于注册资本及实收资本；

④ 验资截止日至验资报告日期间注册会计师发现的影响审验结论的重大事项；

⑤ 注册会计师发现的前期出资不实的情况以及明显的抽逃出资迹象；

⑥ 其他事项。

6. 附件

验资报告的附件应当包括已审验的注册资本实收情况明细表或注册资本、实收资本变更情况明细表和验资事项说明等。

(1)注册资本实收情况明细表或注册资本、实收资本变更情况明细表

附件中的注册资本实收情况明细表或注册资本、实收资本变更情况明细表是验资报告的组成部分，反映了注册会计师验证的结果，而在验资过程中获取的被审验单位签署的注册资本实收情况明细表或注册资本、实收资本变更情况明细表作为被审验单位的一种书面声明，是注册会计师应当获取的重要证据之一。两者之间存在区别，前者是注册会计师的审验结果，后者是审验证据。

(2)设立验资的验资事项说明

① 基本情况。说明公司名称、公司类型、公司组建及审批情况(需要批准的)，以及股东或发起人的名称或者姓名、公司名称预先核准情况等。

② 申请的注册资本及出资规定。说明公司申请的注册资本额、各股东或者发起人的认缴或者认购额、出资时间、出资方式，如果是以募集方式设立的股份有限公司，还应当说明发起人认购的股份和该股份占公司股份总数的比例等。

③ 审验结果。说明公司实收资本额、实收资本占注册资本的比例、各股东或者发起

人实际缴纳出资额、出资时间、出资方式，以货币出资的，还应当说明股东或者发起人的出资额、出资时间、货币资金缴存被审验单位的开户银行、户名及账号；以实物、知识产权、土地使用权等可以用货币估价并可以依法转让的非货币财产作价出资的，应当具体说明其出资方式和内容，并说明非货币出资权属转移情况（股东已办理财产权转移手续的证明文件情况）、评估情况（包括评估结果和确认情况）；全部货币出资占注册资本的比例（对于出资者一次全部出资或分次出资的末次出资的验资时，应当说明全体股东的货币出资额占注册资本的比例是否不低于百分之三十）；对于有限责任公司出资者分次出资的首次验资应当说明全体股东的首次出资额占公司注册资本的比例及该出资额是否不低于法定的注册资本最低限额；对于发起设立的股份有限公司出资者分次出资的首次验资应当说明全体发起人的首次出资额占公司注册资本的比例；出资者的实际出资超过认缴出资的，还应当说明超过部分的处理情况等。

④ 其他事项。注册会计师认为应当说明的其他重要事项，例如，对外商投资企业的验资，应当说明向国家外汇管理局××分（支）局发函询证情况，收到回函情况以及被审验单位的外资外汇登记编号等。

(3)变更验资的验资事项说明

① 基本情况。说明公司名称、公司类型、公司组建及审批情况（需要批准的），变更前后各股东或者发起人的名称或者姓名、出资额和出资方式、出资时间，申请变更前后的注册资本及实收资本金额等。

② 新增资本的出资规定或减资规定。说明申请新增的注册资本数额或实收资本数额，出资者、出资方式、出资时间；或减资数额、减资者、减资方式、减资时间等。

③ 审验结果。增加注册资本或实收资本的，应当说明被审验单位实际收到各出资者的新增注册资本及实收资本，或新增实收资本的情况，包括：以货币出资的，应当说明股东或者发起人的出资额、出资时间、货币资金缴存被审验单位的开户银行和户名及账号；以实物、知识产权、土地使用权以及其他可以用货币估价并可以依法转让的非货币财产作价出资的，应当具体说明其出资方式和内容，并说明股东办理财产权转移手续的情况、评估情况（包括评估结果和确认情况）；以资本公积、盈余公积和未分配利润转增注册资本及实收资本的，应当说明转增的方式、用以转增注册资本的项目和金额、公司实施转增的基准日期、财务报表的调整情况（包括会计处理情况）、留存的法定公积金不少于转增前公司注册资本的百分之二十五、转增前后财务报表相关科目的实际情况、转增后股东的出资额；出资者的实际出资超过认缴出资的还应当说明超过部分的处理情况等。

减少注册资本及实收资本的，除说明减资者、减资币种、减资金额、减资时间、减资方式和减资后的出资者、出资金额、出资比例及减资后的净资产和实收资本（股本）外，还应当说明公司履行公司法规定程序情况和股东或者发起人对公司债务清偿或者债务担保情况。

7. 注册会计师的签名和盖章

验资报告应当由注册会计师签名并盖章。

8. 会计师事务所的名称、地址及盖章

验资报告应当载明会计师事务所的名称和地址，并加盖会计师事务所公章。

验资报告中的会计师事务所地址通常应注明“中国××市”。

9. 报告日期

验资报告日期是指注册会计师完成审验工作的日期。

(三)拒绝出具验资报告并解除业务约定的理由

注册会计师在审验过程中,遇有下列情形之一时,应当拒绝出具验资报告并解除业务约定:

一是被审验单位或出资者不提供真实、合法、完整的验资资料的;

二是被审验单位或出资者对注册会计师应当实施的审验程序不予合作,甚至阻挠审验的;

三是被审验单位或出资者坚持要求注册会计师做不实证明的。

例如,遇有下列情形之一时,注册会计师应当拒绝出具验资报告并解除业务约定:

(1)出资者投入的实物、知识产权、土地使用权等资产的价值难以确定;

(2)被审验单位及其出资者不按国家的有关规定对出资的实物、知识产权、土地使用权等非货币财产进行资产评估或价值鉴定、办理有关财产权转移手续;

(3)被审验单位减少注册资本或合并、分立时,不按国家的有关规定进行公告、债务清偿或提供债务担保;

(4)外汇管理部门在外方出资情况询证函回函中注明附送文件存在虚假、违规等情况;

(5)出资者以法律法规禁止的劳务、信用、自然人姓名、商誉、特许经营权或者设定担保的财产等作价出资;

(6)首次出资额和出资比例不符合国家的有关规定;

(7)全体股东的货币出资比例不符合国家有关法律法规的规定。

(四)验资报告参考格式

1. 适用于拟设立有限责任公司股东分次出资首次验资的验资报告格式

验资报告

××有限责任公司(筹):

我们接受委托,审验了贵公司(筹)截至××年×月×日止申请设立登记的注册资本首次实收情况。按照法律法规以及协议、章程的要求出资,提供真实、合法、完整的验资资料,保护资产的安全、完整是全体股东及贵公司(筹)的责任。我们的责任是对贵公司(筹)注册资本的首次实收情况发表审验意见。我们的审验是依据《中国注册会计师审计准则第 1602 号——验资》进行的。在审验过程中,我们结合贵公司(筹)的实际情况,实施了检查等必要的审验程序。

根据协议、章程的规定,贵公司(筹)申请登记的注册资本为人民币××元,由全体股东分××××期于××××年×月×日之前缴足。本次出资为首次出资,出资额为人民币××元,应由××和××于××年×月×日之前缴纳。经我们审验,截至××年×月×日止,贵公司(筹)已收到××和××首次缴纳的注册资本(实收资本)合计人民币××元(大写)。各股东以货币出资××元,实物出资××元。

(如果存在需要说明的重大事项增加说明段)

本验资报告供贵公司(筹)申请设立登记以及据以向全体股东签发出资证明时使用,

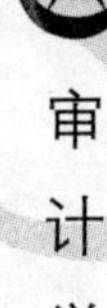

不应被视为是对贵公司（筹）验资报告日后资本保全、偿债能力和持续经营能力等的保证。因使用不当造成的后果，与执行本验资业务的注册会计师及本会计师事务所无关。

附件：1. 本期注册资本实收情况明细表

2. 验资事项说明

××会计师事务所　　　　　　　中国注册会计师：×××

（盖章）　　　　　　　　　　　（主任会计师/副主任会计师）

（签名并盖章）

中国注册会计师：×××

（签名并盖章）

地址：中国××市　　　　　　　报告日期：　　年　月　日

2. 适用于外商投资企业股东一次全部出资的验资报告格式

验资报告

××有限责任公司：

我们接受委托，审验了贵公司截至××年×月×日止设立登记的注册资本实收情况。按照法律法规以及协议、合同、章程的要求出资，提供真实、合法、完整的验资资料，保护资产的安全、完整是全体股东及贵公司的责任。我们的责任是对贵公司注册资本的实收情况发表审验意见。我们的审验是依据《中国注册会计师审计准则第 1602 号——验资》进行的。在审验过程中，我们结合贵公司的实际情况，实施了检查等必要的审验程序。

根据协议、合同、章程的规定，贵公司申请登记的注册资本为（币种）××元，由全体股东于××年×月×日之前一次缴足。经我们审验，截至××年×月×日止，贵公司已收到全体股东缴纳的注册资本合计（币种）××元（大写），贵公司的实收资本为××元（大写）。各股东以货币出资（币种）××元、实物出资（币种）××元、知识产权出资（币种）××元，土地使用权出资（币种）××元。

（如果存在需要说明的重大事项增加说明段）

本验资报告供贵公司申请办理注册资本和实收资本登记以及据以向全体股东签发出资证明时使用，不应被视为是对贵公司验资报告日后资本保全、偿债能力和持续经营能力等的保证。因使用不当造成的后果，与执行本验资业务的注册会计师及本会计师事务所无关。

附件：1. 注册资本实收情况明细表

2. 验资事项说明

××会计师事务所　　　　　　　中国注册会计师：×××

（盖章）　　　　　　　　　　　（主任会计师/副主任会计师）

（签名并盖章）

中国注册会计师：×××

（签名并盖章）

地址：中国××市　　　　　　　报告日期：　　年　月　日

3. 适用于有限责任公司增资的验资报告格式

验资报告

××有限责任公司：

我们接受委托，审验了贵公司截至××年×月×日止新增注册资本及实收资本情况。按照法律法规以及协议、章程的要求出资，提供真实、合法、完整的验资资料，保护资产的安全、完整是全体股东及贵公司的责任。我们的责任是对贵公司新增注册资本及实收资本情况发表审验意见。我们的审验是依据《中国注册会计师审计准则第1602号——验资》进行的。

在审验过程中，我们结合贵公司的实际情况，实施了检查等必要的审验程序。

贵公司原注册资本为人民币××元，实收资本为人民币××元。根据贵公司××股东会决议和修改后的章程规定，贵公司申请增加注册资本人民币××元，由××(以下简称甲方)、××(以下简称乙方)于××年×月×日之前一次缴足，变更后的注册资本为人民币××元。经我们审验，截至××年×月×日止，贵公司已收到甲方、乙方缴纳的新增注册资本(实收资本)合计人民币××元(大写)。各股东以货币出资××元，实物出资××元，知识产权出资××元。

(如果存在需要说明的重大事项增加说明段)

同时我们注意到，贵公司本次增资前的注册资本人民币××元，实收资本人民币××元，已经××会计师事务所审验，并于××年×月×日出具××(文号)验资报告。截至××年×月×日止，变更后的累计注册资本人民币××元，实收资本××元。

本验资报告供贵公司申请办理注册资本及实收资本变更登记及据以向全体股东签发出资证明时使用，不应被视为是对贵公司验资报告日后资本保全、偿债能力和持续经营能力等的保证。因使用不当造成的后果，与执行本验资业务的注册会计师及本会计师事务所无关。

附件：1. 新增注册资本实收情况明细表

2. 注册资本及实收资本变更前后对照表

3. 验资事项说明

××会计师事务所　　　　中国注册会计师：×××
(盖章)　　　　(主任会计师/副主任会计师)
(签名并盖章)
中国注册会计师：×××
(签名并盖章)

地址：中国××市　　　　报告日期：　年　月　日

第二节　预测性财务信息审核

从历史性信息到预测性信息这一变化趋势，在给注册会计师职业带来新的机遇的同时也带来了新的挑战。一方面，预测性财务信息与决策的相关性较强；另一方面，由于它是基于估计和假设之上，因而可靠性不强。只有可靠的预测性财务信息对决策者才是有用的，为了提高预测性财务信息的可信赖程度，注册会计师便接受委托，对预测性财务信息进行审核并出具审核报告。

一、预测性财务信息审核概述

（一）预测性财务信息的含义

《中国注册会计师其他鉴证业务准则第 3111 号——预测性财务信息的审核》的第二条指出，预测性财务信息是指被审核单位依据对未来可能发生的事项或采取的行动的假设而编制的财务信息。

（二）预测性财务信息的种类

预测性财务信息可以表现为预测、规划或两者的结合，可能包括财务报表或财务报表的一项或多项要素。

1. 预测

预测是指管理层在最佳估计假设的基础上编制的预测性财务信息。最佳估计假设是指截至编制预测性财务信息日，管理层对预期未来发生的事项和采取的行动做出的假设。

盈利预测是一种最典型的预测，是指被审核单位（如证券发行人）的管理层在对未来经营业绩所做最佳估计假设的基础上编制的预测性财务信息。

2. 规划

规划是指管理层基于推测性假设或同时基于推测性假设和最佳估计假设编制的预测性财务信息。推测性假设是指管理层对未来事项和采取的行动做出的假设，该事项或行动预期在未来未必发生。

规划信息多见于“如果……那么……”的分析中，即在给定的推测性假设下估算相关财务指标的可能结果。例如，假定市场占有率分别为 5%、10%和 20%，在此基础上分别推算各种情况下可能获得的净利润。这时，假定的市场占有率数据属于推测性假设，所预测的财务信息属于规划。

3. 预测与规划的结合

在很多情况下，预测性财务信息可以表现为预测和规划的结合。例如，管理层可以编制 2007 年度的预测和 2008—2012 年各年度的规划，并在同一份文件中同时列报。

区分预测和规划的标准是其所依据假设的性质，而不是涵盖期间的长短。当然，随着涵盖期间的延长，管理层做出最佳估计假设的能力会逐步减弱，因而涵盖期间长的预测性财务信息被定性为规划的可能性相对较大，但这并不表明涵盖时间长的预测性财务信息必然是规划，涵盖时间短的预测性财务信息必然是预测。

【小提示 18-1】

预测性财务信息所涵盖的期间可以有一部分是历史期间(例如,在 2006 年 4 月编制 2006 年全年的预测性财务报表时,其中 1—3 月份的数据是已实现数),但不能全部是历史期间,必须至少有一部分属于未来期间。

由于预测性财务信息所涉及的是截至目前尚未发生的事项,因此不可避免地带有高度的主观性,并且在编制过程中需要做出大量的估计和判断。这是预测性财务信息的一项重要特征。

注册会计师不应对预测性财务信息的结果能否实现发表意见。当对管理层采用的假设的合理性发表意见时,注册会计师仅提供有限保证。注册会计师接受委托对预测性财务信息实施审核并出具报告,可提高该信息的可信赖程度。

(三)审核目标

预测性财务信息审核的目标是对被审核的预测性财务信息所依据的基本假设、信息的编制和列报及使用的会计政策进行审核,出具审核报告。

1. 对基本假设进行审核

这里所说的基本假设是指进行财务预测所依据的最佳估计和编制财务规划所依据的推测性假设。审核基本假设是预测性财务信息审核要解决的第一个问题,即管理层编制预测性财务信息所依据的最佳估计是否合理,或推测性假设与信息编制目的是否相适应,确定有无证据表明这些最佳估计是不合理的,或所依据的推测性假设与信息的编制目的不相适应。

2. 对信息的编制基础进行审核

注册会计师审核预测性财务信息的第二个目的,是确定信息是否是在前述假设的基础上恰当编制的。

3. 对预测性财务信息的列报进行审核

注册会计师审核预测性财务信息的第三个目的就是确定预测性财务信息的列报是否恰当,所有重大假设是否已经得到充分披露,包括说明采用的是最佳估计假设还是推测性假设。

4. 对会计政策进行审核

主要是判定预测性财务信息所使用的会计政策是否与历史财务报表所采用的会计政策相一致。“会计政策”是指被审核单位管理层认为适合于本企业情况,并能最公允地反映企业财务状况和经营成果而选择并一贯使用的会计原则和方法。

出具审核报告,发表审核意见,是注册会计师执行预测性财务信息审核业务的最终目标。注册会计师对编制预计报表所使用的基本假设、会计政策、编制和列报情况进行审核并获得充分的证据后,就可以发表审核意见。

(四)管理层的责任、注册会计师的责任与保证程度

对预测性财务信息进行鉴证的难度比较大,因而对管理层的责任与注册会计师责任的界定要严格而清楚。

1. 管理层的责任

管理层负责编制预测性财务信息,包括识别和披露预测性财务信息依据的假设。

由于预测性财务信息能否最终实现取决于多种因素，其中一些因素对管理层而言是不可控的，因此，管理层无法对预测性财务信息的未来可实现程度做出保证。但是，管理层对被审核单位的业务最为了解，且能够对被审核单位的经营活动施加控制或者影响，因此有能力对各项关键因素做出合理、适当的假设，并对编制预测性财务信息的假设进行识别和披露。

2. 注册会计师的责任

注册会计师接受委托，对预测性财务信息实施审核并出具报告，可提高该信息的可信赖程度。

注册会计师的责任不包括对预测性财务信息的结果能否实现发表意见，但需要对管理层采用假设是否合理发表有限保证的审核意见，对预测性财务信息是否依据这些假设恰当编制并按照适用的会计准则和相关会计制度的规定进行列报发表合理保证的审核意见。

注册会计师应当通过业务约定书、管理层声明书等形式提请管理层确认应由其承担的责任，并且在出具的预测性财务信息审核报告中对管理层的责任做出清晰的界定，借以提示预测性财务信息的使用者。

3. 保证程度

(1)不对预测性财务信息的结果能否实现发表意见

预测性财务信息是被审核单位管理层对未来所做的预计和测算，很大程度上受到主观判断的影响，所涉及的事项和行动通常并非如预期的那样发生，并且变动可能重大，实际结果可能与预测性财务信息存在差异。所以，注册会计师不应对预测性财务信息的结果能否实现发表意见。

(2)对管理层采用假设的合理性提供有限保证

鉴证业务的保证程度分为合理保证和有限保证，有限保证的保证程度低于合理保证。注册会计师在对预测性财务信息所依据假设的合理性进行评价时，由于根据所能获取的支持性证据不能从正面断定假设的合理性，而只能判断有无任何证据表明假设不合理。因此，当对管理层采用的假设的合理性发表意见时，注册会计师仅提供有限保证。

(3)提供合理保证的事项

在预测性财务信息审核业务中，注册会计师需要对预测性财务信息是否依据假设恰当编制，并按照适用的会计准则和相关会计制度的规定进行列报发表意见。对这一事项，注册会计师通常提供合理保证。

【小提示 18-2】

在同一份预测性财务信息审核报告中往往会出现两种保证共存的情况，即对于假设的合理性提供有限保证，同时对预测性财务信息的编制与假设的一致性，以及是否按照适用的会计准则和相关会计制度的规定进行列报提供合理保证。注册会计师应当注意区分不同性质的保证及其各自的适用范围，避免混淆。

(五)总体要求

注册会计师在执行预测性财务信息审核业务的过程中，应当遵守相关的职业道德规范，恪守独立、客观、公正的原则，保持专业胜任能力和应有的关注，并对执业过程中获知的信息保密。

注册会计师应当在了解被审核单位的情况以及预测性财务信息涵盖期间的基础上，实施相应的审核程序，获取充分、适当的审核证据，作为形成审核结论和发表审核意见的基础。在执行预测性财务信息审核业务时，注册会计师应当就下列事项获取充分、适当的证据：

(1)管理层编制预测性财务信息所依据的最佳估计假设并非不合理；在依据推测性假设的情况下，推测性假设与信息的编制目的是相适应的；

(2)预测性财务信息是在假设的基础上恰当编制的；

(3)预测性财务信息已恰当列报，所有重大假设已充分披露，包括说明采用的是推测性假设还是最佳估计假设；

(4)预测性财务信息的编制基础与历史财务报表一致，并选用了恰当的会计政策。

二、预测性财务信息审核程序

注册会计师在执行预测性财务信息审核业务时，应保持应有的职业谨慎，执行必要的审核程序，实现审核目标。

(一)接受业务委托

为了明确预测性财务信息的性质、范围、委托目的，以及对可能因承接业务而面临的执业风险做出有根据的判断，在承接预测性财务信息审核业务前，注册会计师应当考虑下列因素：

(1)信息的预定用途；

(2)信息是广为分发还是有限分发；

(3)假设的性质，是最佳估计假设还是推测性假设；

(4)信息中包含的要素；

(5)信息涵盖的期间。

【小提示 18－3】

注册会计师在承接业务时，或者在业务的执行过程中，如果发现假设明显不切实际，或认为预测性财务信息并不适合预定用途，应当拒绝接受业务委托，或解除业务约定。

在已签订业务约定书的情况下解除业务约定，由于可能涉及违约责任等法律问题，注册会计师在决定解除业务约定之前，应当考虑征询法律专家的意见。

(二)了解被审核单位情况

注册会计师应当充分了解被审核单位情况。通过了解情况，注册会计师可以熟悉被审核单位编制预测性财务信息的过程，评价管理层是否识别出编制预测性财务信息所要求的全部重要假设。

【小提示 18－4】

在盈利预测审核业务中，注册会计师需要重点了解的事项包括：

(1)能否获得开展经营活动所需的资源，包括原材料、劳动力、短期和长期融资、固定资产、无形资产等，以及获取这些资源所需付出的成本。

(2)被审核单位提供的产品或劳务的销售状况和市场状况。如果被审核单位并不直接面向最终消费者销售其产品或劳务，还应了解最终消费市场的有关情况。

(3)与被审核单位所处行业有关的特定风险因素。例如，行业竞争状况、对宏观经济形势变化的敏感程度、特殊的会计政策和会计实务惯例、特殊的监管要求、技术进步情况等。

(4)有关被审核单位过去的经营业绩的情况，或与被审核单位具有可比性的其他企业的过去经营业绩的情况。例如收入和成本的变化趋势、资金周转状况、固定资产的产能及其实际利用情况和管理政策等。

(三)制订审核计划

为了有效地执行审核业务，注册会计师应当认真地制订审核计划。包括审核的步骤和方法、应当收集的资料、审核过程中应当注意的事项和需要考虑的因素等，并在执行审核业务过程中根据实际情况及其变化，进行必要的修改和补充。

(四)获取有关资料

注册会计师执行盈利预测审核程序时，应当获取被审核单位编制盈利预测所依据的基本假设的书面文件、基本假设的相关资料及有关盈利预测的声明书等。有关盈利预测的声明书是由被审核单位董事会做出的，主要是关于盈利预测是在合理的基本假设基础上编制的、董事会对盈利预测负全部责任等方面的声明。

(五)实施审核程序

实施审核程序的目标是获取充分、适当的审核证据，出具审核报告，提高所审核的预测性财务信息的可信赖程度。注册会计师应当通过确定和实施恰当的审核程序来实现这一目标。

在确定审核程序的性质、时间和范围时，注册会计师应当考虑重大错报的可能性；以前期间执行业务所了解的情况；管理层编制预测性财务信息的能力；预测性财务信息受管理层判断影响的程度；基础数据的恰当性和可靠性等因素。

注册会计师在充分了解有关情况和取得有关资料以后，应当对这些情况和资料进行审核和评价。注册会计师的审核程序主要有以下几个方面：

1. 对基本假设的审核

(1)获取被审核单位关于盈利预测基本假设的书面文件，检查编制盈利预测所依据的基本假设是否与书面文件一致，被审核单位是否依据确定的基本假设来编制盈利预测。

(2)检查这些基本假设是否有合理的支持证据。任何假设都有一定的支持证据，虽然不能从正面断定哪些假设是合理的，但只要没有发现任何证据表明哪些假设是不合理的，就可以认为这些假设有合理的支持证据。如果发现有任何证据表明某些假设是不合理的，注册会计师应当建议被审核单位放弃这些假设，重新考虑其他假设，按照新的假设编制盈利预测。

(3)对基本假设所依据的资料进行检查。注册会计师在对基本假设进行审核时，应当获取以下资料，并执行以下检查工作：各项假设是否确实以有关资料为依据；建立假设所依据的资料是否存在不合理因素；建立假设的过程是否合理。

(4)需重点关注事项。注册会计师在评价编制预测性财务信息所依据的假设时，应当重点关注具有以下特征的假设：对预测性财务信息具有重大影响的假设；对内外部因素的变化特别敏感的假设；与历史模式或趋势不相符的假设；存在重大不确定性的假设。

【小提示 18－5】

注册会计师可以通过下列程序，识别具有上述特征的假设：

(1)分析被审核单位的有关文档资料及其中的原始数据，确定可能对被审核的预测性财务信息产生重大影响的关键因素；

(2)获取与被审核单位类似单位的预测性财务信息，识别这些单位的预测性财务信息中的关键假设；

(3)分析以前期间的经营成果，识别可能对经营成果产生重要影响的因素；

(4)获取和查阅已批准报出的财务报表、公开媒体报道、正式计划、董事会会议纪要等文件，注意其中是否包含关于将来的计划、合同或者具有法律约束力的协议等事项的信息；

(5)询问管理层，确定是否还存在其他需要考虑的因素，以及已做出的关于这些关键因素的假设是否可能发生变化；

(6)利用对被审核单位及其所处行业的了解，分析被审核单位经营活动中风险特别高或者特别敏感的领域；

(7)与相关行业的专家讨论，确定所依据的假设哪些存在上述情形，以帮助判断这些假设的合理性。

2. 会计政策的审核

主要是检查预测性财务信息所选用的会计政策和实际采用的相关会计政策是否一致。实际采用的会计政策是指交易事项实际发生时所预期采用的会计政策，实际上与历史财务信息所使用的会计政策应该是一致的。

注册会计师还应当获取管理层的书面声明，以明确预测性财务信息的预定用途和管理层对所做出的重大假设的完整性及预测性财务信息编制责任的认可。

3. 列报的审核

在评价预测性财务信息的列报(包括披露)时，注册会计师要确定以下事项：

(1)预测性财务信息的列报是否符合相关法律、法规的要求。

(2)预测性财务信息的列报是否提供了有用的、非误导性的信息。

(3)预测性财务信息是否通过附注披露了选用的会计政策和依据的基本假设，是否明确区分最佳估计假设和推测性假设；对于影响重大且具有高度不确定性的假设，是否披露了这种不确定性以及由此导致的预测结果的敏感性。

(4)预测性财务信息的编制日期是否得以披露，管理层是否确认截至该日期止，编制预测性财务信息所依据的各项假设仍然适当。

(5)当预测性财务信息的结果以区间表示时，是否已清楚地说明在该区间内选取若干点的基础，该区间的选择是否不带偏见或不产生误导。

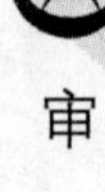

(6)从最近历史财务信息披露以来,会计政策是否发生变更、变更的原因以及对预测性财务信息的影响。

4. 获取管理层书面声明

注册会计师应当就下列事项向管理层获取书面声明:预测性财务信息的预定用途;管理层做出的重大假设的完整性;管理层认可对预测性财务信息的责任。

此外,管理层书面声明还可以包括注册会计师认为必要的其他信息,例如,假设是否属于发生可能性很小的事项;如果预测性财务信息包含一个区间,管理层对于该区间的选择是否不带偏见,是否不至于产生误导等。

管理层书面声明通常由管理层中对被审核单位及其财务(包括预测性财务信息)负主要责任的人员签署。在某些情况下,注册会计师也可以向管理层中的其他人员获取管理层声明书。

【小提示 18-6】

管理层书面声明的日期通常即为注册会计师出具审核报告的日期。对于需经被审核单位董事会或者类似权力机构批准报出方为有效的预测性财务信息,审核报告的日期不应早于(但可以晚于)被审核单位董事会或者类似权力机构批准被审核的预测性财务信息的日期。如果管理层书面声明的日期晚于预测性财务信息的编制完成日或批准日,则可在管理层书面声明中添加以下内容:"自预测性财务信息编制完成日(或董事会批准日)起至本声明书签署之日止的期间内,本公司管理层未曾获知该预测性财务信息编制所依据的原始数据、假设和内外部环境因素发生过重大变化的情况。"

5. 复核审核工作底稿

注册会计师应当对预测性财务信息的审核过程加以记录,形成审核工作底稿,并进行必要的复核。审核工作底稿包括:审核业务约定书、审核计划、被审核单位编制的预测性财务信息预测表、预测依据的基本假设、选用的会计政策及其编制基础、基本假设的评价记录、所选用会计政策的检查记录、计算方法的检查记录、被审核单位管理当局声明书、审核报告、审核工作总结以及与预测性财务信息审核有关的其他资料。

三、预测性财务信息审核报告

注册会计师在完成审核工作后,应复核审核工作底稿,出具审核报告,表示审核意见。

【小提示 18-7】

审核意见与审计意见不同,审核意见要说明预测性财务信息的编制是否符合有关法律、法规的要求,所使用的假设是否合理,会计政策的运用是否与历史财务信息的编制相一致,而且以消极保证的形式表示审核意见。报告里必须包含一个陈述,告诫读者实际情况与预测性信息会有差异,甚至是重大的差异。

(一)审核报告的要素

注册会计师对预测性财务信息出具的审核报告应当包括下列内容:

(1)标题。标题一般统一规范为"审核报告"。

(2)收件人。收件人是注册会计师致送审核报告的对象。一般为审核业务约定书中的委托人，也可能是审核业务约定书中指明的其他致送对象。审核报告应当载明收件人的全称。

(3)指出所审核的预测性财务信息。即对预测性财务信息做出的界定与描述。应特别注意的是，审核报告中提及的预测性财务信息的各项识别特征(如报表或者所涉及项目的名称、日期、涵盖期间等)应与后附的管理层签署的预测性财务信息一致。

(4)提及审核预测性财务信息时依据的准则。

(5)说明管理层对预测性财务信息(包括编制该信息所依据的假设)负责。

(6)适当时，提及预测性财务信息的使用目的和分发限制。指明预测性财务信息仅限于已经明确识别的特定主体使用，或者仅限于用在业务约定书中明确的用途。

(7)以消极方式说明假设是否为预测性财务信息提供合理基础。

(8)对预测性财务信息是否依据假设恰当编制，并按照适用的会计准则和相关会计制度的规定进行列报发表意见。

(9)对预测性财务信息的可实现程度做出适当警示，即在审核报告中说明，由于预期事项通常不一定如预期那样发生，并且变动可能重大，实际结果可能与预测性财务信息存在差异。当预测性财务信息以区间形式表述时，对实际结果是否处于该区间内不提供任何保证。如果审核的是财务规划，编制预测性财务信息是为了特定的目的，审核报告应说明具体目的。在编制财务规划时运用了一整套假设，包括有关未来事项和管理层行动的推测性假设，而这些事项和行动预期在未来不一定发生。因此，提醒信息使用者注意，预测性财务信息不得用于该特定目的以外的其他目的。

(10)注册会计师的签名及盖章。

(11)会计师事务所的名称、地址及盖章。

(12)报告日期。报告日期应为完成审核工作的日期。报告日期不应早于被审核单位管理层批准和签署预测性财务信息的日期。

如果认为预测性财务信息的列报不恰当，注册会计师应当对预测性财务信息出具保留或否定意见的审核报告，或解除业务约定。

如果认为一项或多项重大假设不能为依据最佳估计假设编制的预测性财务信息提供合理基础，或在给定的推测性假设下，一项或者多项重大假设不能为依据推测性假设编制的预测性财务信息提供合理基础，注册会计师应当对预测性财务信息出具否定意见的审核报告，或解除业务约定。

如果审核范围受到限制，导致无法实施必要的审核程序，注册会计师应当解除业务约定，或出具无法表示意见的审核报告，并在报告中说明审核范围受到限制的情况。

(二)审核报告的参考格式

1. 无保留意见审核报告(以预测为基础)

审核报告

ABC股份有限公司：

我们审核了后附的ABC股份有限公司（以下简称ABC公司）编制的预测(列明

预测涵盖的期间和预测的名称)。我们的审核依据是《中国注册会计师其他鉴证业务准则第3111号——预测性财务信息的审核》。ABC公司管理层对该预测及其所依据的各项假设负责。这些假设已在附注×中披露。

根据我们对支持这些假设的证据的审核,我们没有注意到任何事项使我们认为这些假设没有为预测提供合理基础。而且,我们认为,该预测是在这些假设的基础上恰当编制的,并按照××编制基础的规定进行了列报。

由于预期事项通常并非如预期那样发生,并且变动可能重大,实际结果可能与预测性财务信息存在差异。

××会计师事务所　　　　中国注册会计师:×××
(盖章)　　　　　　　　(签名并盖章)
　　　　　　　　　　　中国注册会计师:×××
　　　　　　　　　　　(签名并盖章)
地址:中国××市　　　　日期:二〇××年×月×日

2. 无保留意见审核报告(以规划为基础)

审核报告

ABC股份有限公司:

我们审核了后附的ABC股份有限公司(以下简称ABC公司)编制的规划(列明规划涵盖的期间和规划的名称)。我们的审核依据是《中国注册会计师其他鉴证业务准则第3111号——预测性财务信息的审核》。ABC公司管理层对该规划及其所依据的各项假设负责。这些假设已在附注×中披露。

ABC公司编制规划是为了××目的。由于ABC公司尚处于营业初期,在编制规划时运用了一整套假设,包括有关未来事项和管理层行动的推测性假设,而这些事项和行动预期在未来未必发生。因此,我们提醒信息使用者注意,该规划不得用于××目的以外的其他目的。

根据我们对支持这些假设的证据的审核,在推测性假设(列明推测性假设)成立的前提下,我们没有注意到任何事项使我们认为这些假设没有为规划提供合理基础。我们认为,该规划是在这些假设的基础上恰当编制的,并按照××编制基础的规定进行了列报。

即使在推测性假设中所涉及的事项发生,但由于预期事项通常并非如预期那样发生,并且变动可能重大,因此实际结果仍然可能与预测性财务信息存在差异。

××会计师事务所　　　　中国注册会计师:×××
(盖章)　　　　　　　　(签名并盖章)
　　　　　　　　　　　中国注册会计师:×××
　　　　　　　　　　　(签名并盖章)
地址:中国××市　　　　日期:二〇××年×月×日

第三节　内部控制审核

企业为了满足内部使用的需要或国家有关法规的要求，往往聘请会计师事务所对其内部控制进行审核。注册会计师审核内部控制的范围视委托目的而定，既可以是全部内部控制，也可以是与会计报表相关的内部控制；既可以是与一个特定日期相关的内部控制，也可以是与特定期间相关的内部控制。为了规范内部控制审核业务，保证执业质量，中国注册会计师协会发布了《内部控制审核指导意见》，以规范内部控制审核业务，保证审核质量。

一、内部控制审核概述

所谓内部控制审核，是指注册会计师接受委托，就被审核单位管理当局对特定日期与财务报表相关的内部控制有效性的认定进行审核，并发表审核意见。

理解内部控制审核的含义应当掌握以下几点：

1. 内部控制审核业务的目的

注册会计师在执行审计业务时，也要对内部控制进行评价，其目的是评价控制风险，决定审计策略，是为实现审计目标服务的，因此注册会计师没有必要就内部控制的有效性专门发表意见。与此不同，内部控制审核业务的目的就是要专门研究内部控制的有效性，并且在审核结束后要发表审核意见。

2. 内部控制审核的范围限于特定日期与财务报表相关的内部控制

通常，注册会计师对某特定日期的内部控制进行审核。特定日期可以是会计年度结束日，也可以是某中期结束日。注册会计师对某特定日期的内部控制审核时，应在接近于此日期之前的一段时间内对内部控制进行了解和测试，并对该日期的内部控制的有效性发表审核意见。

【小提示 18－8】

对内部控制的审核业务与审计中对内部控制的评价时所涉及的内部控制的内容是一样的，包括控制环境、风险评估、控制活动、监督机制和信息沟通等。但是，一般来说，审计时对内部控制进行测试的范围更广泛，需要对内部控制的各个重要方面都进行评价。但在内部控制审核业务中，要评价的领域和期间通常是经过注册会计师和委托企业的管理层双方讨论并确定下来，其审核的范围直接取决于双方的约定。例如，委托人可能要求注册会计师对其内部控制的设计进行评价，可以要求对内部控制的有效性进行测试，也可能只要求对于与交易处理有关的控制进行测试和评价。

3. 管理层与注册会计师的责任界定

按照国家有关法规的要求，建立健全内部控制并保持其有效性，是被审核单位管理层的责任。被审核单位管理当局就内部控制的有效性提供书面认定，其作用类似于财务报表，它用于明确被审核单位管理层建立健全内部控制机制并保持其有效性的责任。

按照《内部控制审核指导意见》的要求，了解、测试和评价内部控制，出具审核报告，

是注册会计师的责任。内部控制审核概念中强调的“特定日期”，也是为了更清楚地界定注册会计师的审核责任。特定日期不一定是会计年度结束日，它可以是双方约定的任何日期。内部控制作为一种控制系统，其作用应该具有持续性，但是，管理层也完全可以随时改变其内部控制的某些政策或程序。所以注册会计师所发表的审核意见，应当是基于对审核结束日之前实际存在的内部控制的审核结果而形成的结论，对于后来内部控制发生的变化，注册会计师不承担直接的审核责任。

二、内部控制审核程序

（一）接受委托

注册会计师应当在了解被审核单位基本情况的基础上，考虑自身能力和能否保持独立性，初步评估审核风险，确定是否接受委托。一般来说，注册会计师在接受委托之前应确信以下几点：

(1)委托单位的管理层必须承担建立内部控制机制并保证其有效性的责任；

(2)管理层要根据适当的、可验证的标准对其内部控制的有效性做出评价；

(3)客观上存在或可以收集到支持管理层对内部控制评价的证据，或者说，管理层关于其内部控制有效性的认定必须是可以收集证据加以验证的。

如果接受委托，会计师事务所应当与委托人就约定事项达成一致意见，并签订业务约定书。

业务约定书应当包括以下主要内容：

(1)委托目的；

(2)委托业务的性质；

(3)审核范围；

(4)被审核单位管理层的责任和注册会计师的责任；

(5)内部控制的固有限制；

(6)评价内部控制有效性的标准；

(7)报告分发和使用的限制。

（二）编制审核计划

注册会计师必须就内部控制审核业务进行充分的计划以便获取足够的证据来形成审计结论。

在编制审核计划前，注册会计师应当向管理层获取书面声明或书面认定以及内部控制手册、流程图、调查问卷和备忘录等文件。

【小提示 18-9】

注册会计师应当就以下重要事项向管理当局获取书面声明：

(1)管理当局对建立健全内部控制机制并保持其有效性负责；

(2)管理当局已对内部控制的有效性进行了评价；

(3)管理当局已做出特定日期与会计报表相关的内部控制有效性的认定；

(4)管理当局已向注册会计师告知内部控制在设计和执行方面存在的重大缺陷；

(5)管理当局已向注册会计师告知发生的重大舞弊，以及虽不重大但涉及管理人员或在内部控制过程中起关键作用的员工的其他舞弊；

(6)期后发生的内部控制变化和可能影响内部控制的其他因素，包括管理当局针对重大缺陷采取的各项改进措施。

如果管理当局拒绝提供有关内部控制的书面声明，注册会计师应当将其视为审核范围受到限制，并考虑管理当局其他声明的可靠性。

在制订审核计划时，注册会计师应当考虑以下主要因素：

(1)被审核单位所在行业的情况，包括行业景气程度、经营风险、技术进步等；

(2)被审核单位的内部情况，包括组织结构、经营特征、资本构成、生产和业务流程、员工素质等；

(3)被审核单位近期在经营和内部控制方面的变化；

(4)管理当局的诚信、能力及发生舞弊的可能性；

(5)管理当局评价内部控制有效性的方法和证据；

(6)对重要性水平、固有风险以及其他与确定内部控制重大缺陷有关的因素的初步判断；

(7)特定内部控制的性质及其在内部控制整体中的重要性；

(8)对内部控制有效性的初步判断；

(9)从其他专业服务中了解到的有关被审核单位内部控制的情况。

如果被审核单位有多个经营场所，注册会计师应当选择某些经营场所的内部控制进行了解和测试。在选择了解和测试经营场所时，注册会计师除考虑上述有关因素外，还应当考虑以下因素：

(1)不同场所之间经营活动和内部控制的相似性；

(2)会计处理的集中程度；

(3)控制环境的有效性，尤其是管理当局对各经营场所行使授权的控制和有效监督经营活动的能力；

(4)各经营场所发生交易的性质和金额。

(三)实施审核程序

注册会计师应当根据审核计划，实施以下审核程序：

1. 了解内部控制的设计

注册会计师应当实施以下程序，以了解内部控制的设计：

(1)询问被审核单位的有关人员；

(2)检查内部控制生成的文件和记录；

(3)观察被审核单位的经营管理活动。

2. 评价内部控制设计的合理性

注册会计师应当在了解内部控制各要素的基础上，根据内部控制能否防止和发现会计报表有关认定的重大错报，评价内部控制设计的合理性。

在评价内部控制设计的合理性时，注册会计师应当关注内部控制整体能否实现控制目标，而不应孤立地关注特定内部控制。

在确定评价特定内部控制设计合理性的程序时，注册会计师应当考虑以下因素：

(1)特定内部控制的性质;

(2)特定内部控制的描述方式;

(3)经营活动及其管理系统的复杂性。

3. 测试和评价内部控制执行的有效性

注册会计师应当对相关内部控制进行测试,获取充分、适当的证据,以评价内部控制执行的有效性。

在测试内部控制执行的有效性时,注册会计师应当关注该项内部控制是否得到执行、如何执行、由谁执行以及是否得到一贯执行。

(1)在测试内部控制执行的有效性时实施的程序

在测试内部控制执行的有效性时,注册会计师通常实施以下程序:

① 询问被审核单位的有关人员;

② 检查内部控制生成的文件和记录;

③ 观察被审核单位的经营管理活动;

④ 重新执行有关内部控制。

(2)审计证据评价时应考虑的因素

在评价获取的证据是否充分、适当时,注册会计师应当运用专业判断,并考虑以下因素:

① 特定内部控制的性质;

② 特定内部控制在实现控制目标中的重要性;

③ 被审核单位对特定内部控制执行有效性进行测试的性质和范围;

④ 特定内部控制未得到遵循的风险。

在评价内部控制执行的有效性时,注册会计师可考虑利用管理当局对内部控制执行有效性的测试结果,但应获取充分、适当的证据进行印证。

(3)在评价特定内部控制未得到遵循的风险时应考虑的因素

在评价特定内部控制未得到遵循的风险时,注册会计师应当考虑以下因素:

① 交易的数量和性质是否发生变化,其是否对特定内部控制的设计和执行产生不利影响;

② 内部控制是否发生变化;

③ 特定内部控制对其他内部控制有效性的依赖程度;

④ 执行或监控内部控制的关键人员是否发生变动;

⑤ 特定内部控制的执行是依赖人工还是电子设备;

⑥ 特定内部控制的复杂程度;

⑦ 特定控制目标的实现是否依赖于多项内部控制。

【小提示 18-10】

某些内部控制是连续执行的,而某些内部控制只在特定时间执行,注册会计师应当根据内部控制的性质及其执行的时间和频率,合理确定控制测试的性质、时间和范围。当管理当局在做出内部控制有效性认定之前已对内部控制做了改进时,如果注册会计师确定新的内部控制能够实现相关目标,并且已有效执行了适当的时间,可不考虑改进前内部控制设计的合理性和执行的有效性。

(4)对已发现的内部控制重大缺陷的处理

对已发现的内部控制重大缺陷,注册会计师应当及时以书面形式与被审核单位进行沟通。在判断某项内部控制缺陷单独或连同其他内部控制缺陷是否为重大缺陷时,注册会计师应当考虑潜在的错误或舞弊可能导致错报的金额和性质。

三、内部控制审核报告

注册会计师应当复核与评价审核证据,形成审核意见,出具审核报告。

审核报告应当包括以下基本内容:(1)标题;(2)收件人;(3)引言段;(4)范围段;(5)固有限制段;(6)意见段;(7)签章和会计师事务所地址;(8)报告日期。

上述基本内容是内部控制的基本要素。具体要求如下:

(1)审核报告的标题应当统一规范为"内部控制审核报告"。

(2)审核报告的收件人应当为审核业务的委托人。审核报告应当载明收件人的全称。

(3)审核报告的引言段应当说明以下内容:一是被审核单位管理当局对特定日期与会计报表相关的内部控制有效性的认定;二是被审核单位管理当局的责任;三是注册会计师的责任。

(4)审核报告的范围段应当说明以下内容:一是审核依据,即《内部控制审核指导意见》;二是审核程序;三是实施的审核程序为注册会计师发表审核意见提供了合理的基础。

(5)审核报告的固有限制段应当说明以下内容:一是内部控制的固有限制;二是根据内部控制评价结果推测未来内部控制有效性的风险。

(6)审核报告的意见段应当说明被审核单位于特定日期在所有重大方面是否保持了与会计报表相关的有效的内部控制。

(7)审核报告应当由注册会计师签名并盖章,加盖会计师事务所公章,标明会计师事务所地址。

(8)报告日期是指注册会计师完成外勤审核工作的日期。

本章小结

某单位或某个人要进入某个市场,必须设立企业。许多社会诚信系统健全的国家规定,企业的设立是简单备案制;我国政府规定是核准制,核准的手续之一就是验资。验资是指注册会计师依法接受委托,对被审验单位注册资本的实收情况或注册资本及实收资本的变更情况进行审验,并出具验资报告。《中国注册会计师审计准则第 1602 号——验资》的第三条第二款指出,验资分为设立验资和变更验资。

设立验资是指注册会计师对被审验单位申请设立登记时的注册资本实收情况进行的审验。通常有以下情况需要注册会计师进行设立验资:(1)被审验单位向公司登记机关申请设立登记时全体股东的一次性全部出资和分次出资的首次出资;(2)公司新设、合并、分立,新设立的公司向公司登记机关申请设立登记。

变更验资是指注册会计师对被审验单位申请变更登记时的注册资本及实收资本的变更情况进行的审验。当出现以下情况时,需要注册会计师进行变更验资:(1)被审验单位出资者(包括原出资者和新出资者)新投入资本,增加注册资本及实收资本;(2)分次出资的非首次出资,增加实收资本,但注册资本不变;(3)被审验单位以资本公积、盈余公积、未分配利润转增注册资本及实收资本;(4)被审验单位因吸收合并变更注册资本及实收资本;(5)被审验单位因派生分立、注销股份或依法收购股东的股权等减少注册资本及实收资本;(6)被审验单位整体改制,包括由非公司制企业变更为公司制企业或由有限责任公司变更为股份有限公司时,以净资产折合实收资本。

注册会计师应当评价根据审验证据得出的结论,以作为形成审验意见和出具验资报告的基础。验资报告应当包括下列要素:标题、收件人、范围段、意见段、说明段、附件、注册会计师的签名和盖章、会计师事务所的名称和地址及盖章;报告日期。

只有可靠的预测性财务信息对决策者才是有用的,为了提高预测性财务信息的可信赖程度,注册会计师便接受委托,对预测性财务信息进行审核并出具审核报告。《中国注册会计师其他鉴证业务准则第 3111 号——预测性财务信息的审核》的第二条指出,预测性财务信息是指被审核单位依据对未来可能发生的事项或采取的行动的假设而编制的财务信息。预测性财务信息可以表现为预测、规划或两者的结合,可能包括财务报表或财务报表的一项或多项要素。

注册会计师在执行预测性财务信息审核业务时,应保持应有的职业谨慎,执行必要的审核程序,实现审核目标,具体包括:接受业务委托、了解被审核单位情况、制订审核计划、获取有关资料、实施审核程序。

注册会计师在完成审核工作后,应复核审核工作底稿,出具审核报告,表示审核意见。注册会计师对预测性财务信息出具的审核报告应当包括下列内容:标题;收件人;指出所审核的预测性财务信息;提及审核预测性财务信息时依据的准则;说明管理层对预测性财务信息(包括编制该信息所依据的假设)负责;适当时,提及预测性财务信息的使用目的和分发限制;以消极方式说明假设是否为预测性财务信息提供合理基础;对预测性财务信息是否依据假设恰当编制,并按照适用的会计准则和相关会计制度的规定进行列报发表意见;对预测性财务信息的可实现程度做出适当警示;注册会计师的签名及盖章;会计师事务所的名称、地址及盖章;报告日期。

为了规范内部控制审核业务,保证执业质量,中国注册会计师协会发布了《内部控制审核指导意见》,以规范内部控制审核业务,保证审核质量。所谓内部控制审核,是指注册会计师接受委托,就被审核单位管理当局对特定日期与财务报表相关的内部控制有效性的认定进行审核,并发表审核意见。

内部控制审核程序包括:接受委托、编制审核计划、实施审核程序。其审核报告的基本内容如下:(1)标题;(2)收件人;(3)引言段;(4)范围段;(5)固有限制段;(6)意见段;(7)签章和会计师事务所地址;(8)报告日期。审核报告包括无保留意见、保留意见、否定意见和无法表示意见四种意见类型。

【复习思考题】

1. 在哪些情况下，注册会计师应在验资报告的意见段之后增列说明段予以说明？

2. 设立验资、变更审验范围分别包括什么？

3. 在什么情况下，注册会计师应当拒绝出具验资报告？

4. 注册会计师验资时，向银行寄发的询证函与财务报表审计时向银行寄发的询证函有何相同点？

5. 什么是预测性财务信息？简述预测性财务信息审核过程及程序。

6. 预测性财务信息审核报告包括哪些内容？

7. 什么是内部控制审核？简述其过程及程序。

【案例分析题】

[案例 1]

美菱公司是一家中外合资企业，由甲公司（中方，国有企业）和乙公司（外方）共同投资组建，甲、乙双方于 2013 年 2 月 15 日签订了合营合同。合同规定，公司注册资本 70 万美元，其中外方出资 34.3 万美元，占注册资本的 49%，出资方式为美元；中方出资 35.7 万美元，占注册资本的 51%，其中人民币出资 4.5 万美元，实物出资 31.2 万美元。双方对出资的具体实物在合同中做了明确的规定，人民币与美元之间的换算，应根据现金汇入合资公司账户当日的中国人民银行公布的外汇汇率进行，双方应于公司成立之日起 3 个月内缴足出资。合资公司于 2013 年 5 月 18 日领取企业法人营业执照正式成立。2013 年 6 月 8 日外方投入 34.3 万美元，并经长城会计师事务所验证。

合资公司成立后，中方即将实物投入合资公司使用，但由于甲公司是国有企业，以实物出资需进行评估，且评估需经财政部门备案。由于各种原因，备案和评估工作一直至 2014 年 4 月 28 日才办理完毕，在此之前甲公司和合营公司均未做账务处理，亦未办理实物财产权转移手续。评估报告基准日为 2013 年 12 月 31 日，报告日期为 2014 年 3 月 28 日，实物评估价值为 2676430.00 元；2006 年 12 月 5 日中方投入人民币 372469.50 元，合资公司对此做了增加实收资本的账务处理。2014 年 5 月 8 日，美菱公司委托大华会计师事务所对中方的出资进行验证（2013 年 12 月 5 日美元对人民币汇率为 100：827.71，2013 年 12 月 31 日美元对人民币汇率为 100：827.7，2014 年 3 月 28 日美元对人民币汇率为 100：826.8，2014 年 5 月 8 日美元对人民币汇率为 100：826.5）。

要求：根据以上资料，请问验资基准日应为哪一天？说明理由，并详细写出主要审验过程。

[案例 2]

长城会计师事务所接受美菱股份有限公司（以下简称美菱公司）董事会委托，对美菱公司 2013 年 6 月 30 日与会计报表相关的内部控制的有效性的认定进行审核。张和王注册会计师接受指派实施该项审核，于 2013 年 8 月 15 日完成审核工作，出具内部控制审核报告。

美菱公司采用手工会计系统。在审核过程中，张和王注册会计师了解了美菱公司内部控制的设计，评价了内部控制设计的合理性，测试和评价了内部控制执行的有效性，并

编制了相关审核工作底稿。审核工作底稿中记载的有关美菱公司内部控制设计和运行的部分内容摘录如下：

(1)为加强货币资金支付管理，货币资金支付审批实行分级管理办法：单笔付款金额在10万元以下的，由财务部经理审批；单笔付款金额在10万元以上、50万元以下的，由财务总监审批；单笔付款金额在50万元以上的，由总经理审批。

(2)为统一财务管理，提高会计核算水平，设置内部审计部，与财务部同属财务总监分管。内部审计部的主要职责是对公司内部控制的健全、有效，会计及相关信息的真实、合法、完整，资产的安全、完整，经营绩效及经营合规性进行检查、监督和评价。

(3)为保证公司投资业务的不相容岗位相互分离、制约和监督，投资业务分由不同部门或不同职员负责，其中：投资部的甲职员负责对外投资预算的编制；投资部的乙职员负责对外投资项目的分析论证及评估；财务部负责对外投资业务的相关会计记录。

(4)在发出原材料的过程中，仓库部门根据生产部门开出的领料单发出原材料。领料单必须列明所需原材料的数量和种类，以及领料部门的名称。领料单可以一料一单，也可以多料一单，通常需一式两联，仓库部门发出原材料后其中一联连同原材料交还领料部门，一联留仓库部门据以登记原材料明细账。

(5)为加强在建工程项目的管理，要求审批人员根据工程项目相关业务授权批准制度的规定，在授权范围内进行审批，不得查阅审批权限，经办人在职责范围内，按照审批人的审批意见办理工程项目业务。对于审批人员超越授权范围审批的工程项目业务，经办人虽无权拒绝办理，但在办理后，应及时向审批人的上级授权部门报告。

(6)程职员在核对商品装运凭证和相应的经批准的销售单后，开具销售发票。具体程序为：根据已授权批准的商品价目表填写销售发票的金额，根据商品装运凭证上的数量填写销售发票的数量，销售发票的其中一联交财务部刘职员据以登记与销售业务相关的总账和明细账。要求：

(1)在测试和评价美菱公司内部控制执行的有效性时，张和王注册会计师通常应当实施哪些审核程序？

(2)假定美菱公司的其他内部控制不存在缺陷，请指出美菱公司上述内部控制在设计与运行方面的缺陷，并简要说明理由。

(3)如果张和王注册会计师认为美菱公司上述内部控制存在重大缺陷，而美菱公司管理当局未在其书面声明中对该重大缺陷及其对实现控制目标的影响予以说明，张和王注册会计师决定发表保留意见，并草拟了下述内部控制审核报告。请指出其中存在的不恰当之处，并予以改正。

内部控制审核报告

美菱股份有限公司董事会：

我们接受委托，审核了贵公司管理当局对2013年1月1日至2013年6月30日止的内部控制有效性的认定。贵公司管理当局的责任是建立健全内部控制并保持其有效性，我们的责任是对贵公司内部控制的有效性发表意见。

我们的审核是依据《中国注册会计师独立审计准则》进行的。在审核过程中，我们实施了包括了解、测试和评价内部控制设计的合理性和执行的有效性，以及我们认为必要的其他审核程序。我们相信，我们的审核为发表意见提供了合理的基础。

内部控制具有固有限制，存在由于错误或舞弊而导致错报发生和未被发现的可能性。此外，由于情况的变化可能导致内部控制变得不恰当，或降低对控制政策、程序遵循的程度，根据内部控制评价结果推测未来内部控制有效性具有一定的风险。

（说明段省略）

我们认为，除上述内部控制的重大缺陷及其实现控制目标的影响外，未发现贵公司按照××标准于2013年1月1日至2013年6月30日止在所有重大方面未保持有效的内部控制。

长城会计师事务所（公章）　　　　中国注册会计师张（签名并盖章）

中国××市　　　　中国注册会计师王（签名并盖章）

2013年8月15日

第十九章　电子商务环境下的审计

【本章提示】

学习目标：

通过本章学习，学生能够了解电子商务环境对审计的影响，学习电子商务环境下的审计技术与方法，掌握电子商务环境下的审计风险及其应对措施。

重要概念：

电子商务；审计技术；数据式审计模式；审计风险及其应对

【引言】

"变化就意味着风险"。在传统商务环境向电子商务环境①的转变或共生的大背景下，多数企业开始广泛使用互联网从事电子商务活动，必然在一定程度上引发新的风险因素。这不仅需要被审计单位进行有效应对，而且要求注册会计师应当考虑电子商务在被审计单位业务活动中的重要性，以及对重大错报风险评估的影响。只有这样，才能有助于注册会计师有效评估被审计单位的重大错报风险，做出正确的职业判断。本章以《中国注册会计师审计准则第 1633 号——电子商务对财务报表审计的影响》为指导，参考《国际审计准则 15——电子数据处理环境下的审计》《国际审计准则 16——计算机辅助审计技术》，对电子商务环境下的审计问题进行重点研讨，旨在提请学习者重视电子商务环境对审计的影响，了解电子商务环境下的审计方法；帮助学习者识别、评估和有效应对电子商务环境下的审计风险；提醒学习者注意，我们的定位旨在对财务报表形成审计意见，而非对电子商务系统或活动本身提出鉴证结论或咨询意见，不要偏离了大方向。

第一节　电子商务环境对审计的影响

一、电子商务的概念

时代的变迁与科技的发展，带来了全球商业领域的革命性变革，一种通过互联网(Internet)实现企业、商户及消费者的网上购物、网上交易以及在线电子支付的新型商务运营模式开始盛行。这种商务运营模式与传统商务运营最大的不同在于借助电子数据

① 这里虽然采用"电子商务环境"这一说法，但在表述时大多数情况下都是将"电子商务环境"和"电子数据处理环境"混用，主要是考虑到：(1)完全实现电子商务的企业还不普遍，而建立电子数据处理环境的企业已经很多；(2)与《中国注册会计师审计准则第 1633 号——电子商务对财务报表审计的影响》相配合。

交换(Electronic Data Interchange,简称 EDI)和国际互联网来实现商务运营。有人称这种商务运营模式为 Electronic Commerce(电子商务,主要是指利用 WEB 在网上进行交易),也有人称之为 Electronic Business(电子商务,主要是指基于 WEB 的全部商业活动),前者为狭义的理解,后者为广义的解释。也有学者认为,电子商务是利用各种电子工具和电子技术从事各种商务活动的过程,其中电子工具是指计算机硬件和网络基础设施(包括 Internet,Intranet 和各种局域网等);电子技术是指处理、传递、交换和获得数据的多技术集合。

《中国注册会计师审计准则第 1633 号——电子商务对财务报表审计的影响》所给出的定义是:"电子商务,是指被审计单位利用互联网等公共网络从事的商品购买和销售、劳务接受和提供等交易活动。"这个定义,首先将电子商务确定为交易活动(譬如货物、劳务的购买和销售);其次这种交易活动是被审计单位利用互联网等公共网络从事的,并将这种交易活动限定在商品购买和销售、劳务接受和提供等方面,不仅概念清晰,便于理解,而且简洁,便于记忆。

二、电子商务环境下审计面临的挑战

(一)电子商务带来审计环境的改变

电子商务已经渗透到诸多企业商业或贸易活动的各个阶段,内容已经涵盖到包括信息交换、售前售后服务、销售、电子支付、运输、组建虚拟企业、共享资源等方方面面,参与者也包括消费者、销售商、供货商、企业雇员、银行或金融机构以及政府等各种组织或个人。从发展趋势来看,这些变化将在一定程度上影响到企业组织结构环境,比如职责与知识的集中、计算机程序和数据的集中①。企业组织结构环境的变化又将引起企业内部控制上的系列变化,导致内部控制环境的重大变化。

根据《中国注册会计师审计准则第 1211 号——了解被审计单位及其环境并评估重大错报风险》的要求,企业组织结构和内部控制都是注册会计师在了解被审计单位时必须关注的内容,特别是与审计相关的内部控制,准则特别提醒注册会计师要从八个方面了解信息技术对内部控制产生的特定风险②。

(二)电子商务对被审计单位业务处理性质的影响

从电子商务的营运过程来看,无论是企业与供应商,还是企业与客户之间的询价、谈判、交易等信息,都是以电子数据文件的形式,通过互联网来传递。在这种情况下,企业经营管理呈现网络化、自动化和无纸化,信息处理呈现实时化、信息化。整个商务过程对网络的依赖性进一步增强。一旦经济业务发生,无论是来自企业外部还是内部的数据,都由计算机及其网络自动采集,存入企业中央数据库中。同时,在相应程序的控制下,计算机系统将能够根据经济业务的性质,自动根据关键数据(如订货单、销货单)实时完成相应的凭证填制工作。企业相关人员只能根据自己所拥有的职责权限,进行数据查询、

① 建议进一步阅读文献:辜南飞、李若山、徐林倩丽,《现代中国审计学》,中国时代经济出版社,2002 年 11 月第 1 版,第 224—225 页。

② 建议延伸阅读:《中国注册会计师执业准则》,经济科学出版社,2006 年 3 月,第 98 页。

审核、分析或进一步处理。由于当前企业实现信息化的过程基本上是以购买商品化的成熟软件(如德国 SAP 公司的软件;国内的用友、金蝶、金算盘等公司的软件)为主要途径,因而一旦能够实现企业经营管理和商务活动的信息系统投入正常运行,企业的运作将按先进的管理模式进行控制和管理。从这个角度看,电子商务不仅改变了企业传统的交易模式,而且使得企业内部经营管理发生了质的变化。

手工会计环境下的“证、账、表、单”都以书面可读的形式反映在纸质介质上,审计人员在审计过程中能够轻松自如地从会计报表入手,进行分析和挖掘,追踪到账簿、记账凭证直至原始凭证;即使对报表内部和表间关系的审查也是存在明显可查的线索。我们把这些可察觉的关系称作审计线索。审计人员就是通过审计线索来检查证、账、表数据所反映的经济业务的合法性,还可以通过对书写笔迹的查询来确认每位会计人员完成业务的正确性。

在电子商务环境下,审计线索发生了较大变化,主要表现在:(1)客户的订单、电子货币、企业的发货票、发票、支票或收付款凭证都以电磁形式经由网络传递,存储在磁性介质中;(2)输入机内的会计凭证以文件形式存储;在 ERP(企业资源计划)集成环境下,很多业务的记账凭证编制工作可以由计算机“自动”完成,会计人员只要根据业务资料进行“确认”或“审核”。(3)账簿也是以数据文件形式存放。其中明细分类账需要按采用满页方式打印,使得总分类账和明细分类账的日常核对只能在机内进行,记账过程由专用的登账程序自动执行。(4)报表的编制由预先定义好的取数公式自动完成编制过程,因而对公式的定义和审核非常重要。

(三)电子商务带来审计内容的改变

电子商务的发展拓展了审计内容,如系统的开发与设计、ERP 软件与数据文件、内部控制等都对审计提出了新的要求,同时审计人员还要对网上的数字认证机构、网上银行、加数字时间戳的机构、各种加密技术的可靠性等进行审查和验证。

审计人员要在电子商务系统的设计之初就参与系统开发过程,以审计的视角来观察电子商务系统的合法性、合规性、可审计性,还要注意在 ERP 系统的开发和选型上是否在审计线索的设置方面给予了足够考虑,及时提出审计建议。

对于用于会计数据处理的软件程序也需要进行审计,毕竟软件程序的正确与否直接影响会计信息系统的处理质量和处理结果的正确性、有效性。当然,这一过程的繁简还取决于被审单位所用会计软件的来源。由于会计软件所处理的数据和信息都直接存放在计算机内,直接或间接地反映着软件程序执行的正确性,为此对这些数据的审计也自然成为电子商务环境下审计所关注的重点内容之一。

此外,电子商务的发展对于审计人员在审计过程中所用审计技术的改变以及对审计人员要求的提高方面都有着重要影响。《中国注册会计师审计准则第 1633 号—电子商务对财务报表审计的影响》指南中明确指出:“注册会计师考虑电子商务应当基于一定的计算机技能和网络知识。电子商务使传统的审计线索、内部控制、审计内容、审计方法和技术等发生了改变,因而对注册会计师的知识和技能提出了更高的要求。不懂得信息技术和电子商务知识,可能会因为审计线索的改变而无法跟踪审计;不懂得电子商务的特点和风险,可能不能了解和测试其内部控制。因此,在被审计单位广泛使用互联网从事电子商务的情况下，注册会计师不仅要精通会计、审计、税务等知识，而且要掌握一定的计算机、网络、通讯、电子商务等知识与技能。”

注册会计师只需根据执业准则的规定，在执业过程中对电子商务进行考虑，旨在对财务报表形成审计意见，而非对电子商务系统或活动本身提出鉴证结论或咨询意见。当电子商务对被审计单位的业务活动具有重大影响时，注册会计师就需要具备适当水平的信息技术和互联网商务知识，以实现对被审计单位开展电子商务所带来的对财务报表影响的了解；在审计过程中，有针对性地确定审计程序的性质、时间和范围，评价审计证据时，注意电子审计证据；还要综合考虑被审计单位依赖电子商务的程度对其持续经营能力所带来的影响。当被审计单位的电子商务活动具有特殊性和复杂性时，注册会计师应当考虑利用专家工作。

三、电子商务环境给审计带来新的风险

电子商务的广泛兴起，在一定程度上改变了审计环境，给审计带来新的风险。在很多情况下，电子商务是通过以互联网为代表的公共网络实现的，而互联网又是由计算机网络组合而成的世界范围内的共享公共网络，可以实现与世界范围内的其他实体和个人的直接或间接通信，具有可以共同操作和共同使用的特点，这就意味着任何一台连入互联网的计算机都可以与其他任何一台连入互联网的计算机实现互联和通信。互联网作为一个公共网络，与那些只允许经过授权的单位或个人访问的私人网络是不同的。那么，这就带来了一些新的问题，对注册会计师而言，就是需要特别关注被审计单位在使用这种公共网络从事电子商务活动时可能产生新的风险因素，为此，《中国注册会计师审计准则第 1633 号——电子商务对财务报表审计的影响》指南，特别提醒注册会计师重视下列新的风险因素。

(1)数据高度集中于电子商务系统，易导致机密数据被他人拷贝，甚至可能被非法改动而且不留下任何痕迹；

(2)电子商务系统设计上存在缺陷，致使其无法判断某些事件是否符合逻辑，因此对不合理的事项也会照样处理；

(3)电子商务系统主要以磁盘、磁带、光盘等存储介质作为信息载体，记录于这些存储介质上的信息是肉眼不可见的，必须借助计算机的“翻译”，才能以人可以理解的形式表现出来，但同一信息可能被“翻译”成不同的形式；

(4)利用磁性介质难以实现诸如签字、盖章等这些使信息证据化的操作，必须使用专用的电子签名、电子印鉴等形式才能实现；

(5)电子商务系统对错误的处理具有重复性和连续性；

(6)电子商务系统中许多不相容职责相对集中，加大了舞弊的风险；

(7)系统设计时可能没有考虑到审计工作的需要，没有留下充分的审计线索；

(8)可能遭受计算机病毒的入侵和“黑客”对电子商务系统的故意破坏。

上述因素都可能使财务报表出现重大错报的风险增大。为此，如果电子商务对被审计单位的经营活动具有重大影响，则注册会计师在了解被审计单位及其环境并评估重大错报风险，以及确定针对评估的重大错报风险实施程序的性质、时间和范围时，均应考虑

这些因素。在被审计单位广泛使用互联网从事电子商务的情形下，注册会计师应当考虑信息技术的运用，及其可能导致的被审计单位信息系统与业务流程难以融合等方面的风险；在风险评估以及设计和实施进一步审计程序时，应当考虑内部控制的人工和自动化特征及其影响；应当了解与信息处理有关的控制活动，包括信息技术一般控制和应用控制；应当关注信息技术战略与经营战略不协调、信息技术环境发生变化、安装新的与财务报告有关的重大信息技术系统等事项和情况可能表明的被审计单位重大错报风险。这些提醒都是注册会计师需要特别注意和重视的，我们后面还要做具体阐述。

信息技术的应用情况也是确定控制测试的性质、时间和范围时的重要考虑因素之一。其中，由于信息技术处理过程的内在一贯性，注册会计师可以利用自动化应用控制得以执行的审计证据和信息技术一般控制（特别是对系统变动的控制）运行有效性的审计证据，作为支持该项控制在相关期间运行有效性的重要审计证据。除非系统发生变动，注册会计师通常不需要增加自动化控制的测试范围。信息技术一般控制的有效性也是确定利用以前审计获取的有关控制运行有效性的审计证据是否适当，以及再次测试控制的时间间隔时需要考虑的因素之一。

【阅读材料 19-1】

电子商务的安全威胁

在电子商务活动中，由于消费者、商家、银行之间通过网络进行联系，通过网络来完成购物、支付等一系列商务活动，因此系统中的交易各方均面临着安全威胁。

一是从技术角度看，电子商务主要面临以下安全威胁：

(1)信息的截获与窃取。即攻击系统的机密性，通过互联网、公共电话网、搭线、电磁波辐射范围内安装接收装置和在数据包通过的网关和路由器上截获数据等方式，获取传输的机密信息，或对业务流量进行分析，获取有用情报。

(2)信息的篡改。即攻击系统的完整性，通过篡改信息，如改变信息的次序和内容；删除信息以及在消息中插入错误信息等方式对信息进行破坏。

(3)信息假冒。如伪造电子邮件、收货单、订货单等。

(4)交易抵赖。如发送方否认曾经发送过消息，或接受方否认收到某消息。

二是从电子商务交易各方来看，威胁主要有以下两点：

(1)对商家的威胁。如入侵者假冒合法用户修改数据，解除订单或生成虚假订单；竞争者以他人名义订购商品，了解相关商品信息和库存状况；买方提交订单后不付款，形成信用威胁。

(2)对消费者的威胁。如客户的名字被假冒，用于订购商品，导致客户被要求付款；客户付款后收不到商品。

（资料来源：孙强，《信息系统审计》，机械工业出版社，2003 年版，第 378 页，有改动）

【阅读材料 19-2】

电子商务安全风险，包括顾客、员工和其他人士通过未经授权的访问实施舞弊的可能性，以及病毒攻击等，是一类广泛存在的风险。目前用于支持互联网应用的操作系统和应用程序或多或少都存在安全漏洞，绝对安全的系统是不存在的。互联网的广泛应用，使计算机病毒的传播较以往更快，典型的电子邮件病毒可以在几小时内扩散到全世界，造成大面积的网络瘫痪。同时，某些人出于谋取不正当经济利益或者炫耀自己的网络技术等不良动机，可能会对网站实施非法的访问或者攻击，窃取或者篡改网络上存储的机密数据，即所谓黑客行为。

（资料来源：中国注册会计师协会：《中国注册会计师执业准则指南》，中国财政经济出版社，2006 年版，第 1000 页）

第二节　电子商务环境下的审计技术与方法

审计技术是审计过程中所采用的专门技术。在电子商务环境下审计人员除了可以采用手工审计技术外，还可以采用一些适合于计算机及其网络系统的审计技术。在审计实践中，这些技术一般是审计人员根据其自身专长结合具体审计业务来选用。在电子商务环境下，一些传统的审计方法和程序并没有过时，依然可用，比如询问被审计单位管理层和内部其他相关人员、分析程序、观察和检查等。只是在环境改变的情况下，审计人员需要运用更加专业或技术性强的工具来完成。

一、内部控制制度评价测试

内部控制制度的评价测试技术有多种，我们这里将关注两种较新的评价技术：内部控制风险评价技术；内部控制定量评价技术。

（一）内部控制风险评价技术

内部控制的审查和评价主要是要找出影响内部控制的风险因素，也就是要剖析内部控制的薄弱环节，防范可能存在的风险，以便采取适当的补救措施。这就要求审计人员在考虑因素的基础上，分析发生差错或毁损的可能性的概率，评估带来损失的大小。其基本步骤主要包括以下几项：

1. 风险评价证据的收集

审计工作是重证据的，风险评估也必须以证据为基础，因而在进行内部控制的风险评估工作时，审计人员的首要任务就是收集各种评价证据，并以工作底稿的形式形成相关审计文档。如资产安全性风险评价底稿、电子商务系统的可靠性风险评价底稿等。

2. 风险证据的量化

在收集审计证据，制作工作底稿的基础上，审计人员还需要根据电子商务系统的特点和实际工作情况，使用专门编制的计算机程序，对每类底稿的各项明细指标进行计量处理，并按对风险影响的程度大小进行排序，以便为明确审计重点指明方向。

3. 编制系统整体风险分析表

在对工作底稿中的相关风险指标进行量化排序之后，审计人员就已经基本明确了要重点进行审计的明细项目，并对高风险的明细项目进行详细审计。然而这种排序和评估基本上还局限于各个孤立的工作底稿，为了从总体上把握系统的整体风险，还需要审计人员运用加权计算技术，汇总编制融合了各个工作底稿的大小项目风险的整体风险分析

表,并在表中明确风险程度和所需要花费的时间。以此作为表明内部控制可以依赖程度的证据。

(二)内部控制定量评价技术

定量评价技术以数据说话,以尽量消除人为判断。因而,在电子商务环境下,审计人员通过建立评价要素和评价标准体系来开展工作。

首先,需要确定内部控制定量评价的基本要素。内部控制是为了保护企业资产安全、防止由经营业务的执行和记录而引起资产的损失所采取的措施。需要说明的是这里的损失是指由于没有健全的会计控制所产生的失误或违章而造成的损失。

(1)资产安全性:是指为保证资产安全性所采取的控制措施,如货币资金控制、存货控制、固定资产控制和债权控制等。

(2)数据的准确性和完整性:是指为保证会计数据的准确性和完整性而采取的措施,如会计软件的评审和批准控制、会计数据存取控制和电子会计档案保护控制等。

(3)计算机系统安全性:是指为保证计算机系统安全所采取的措施,如机房及其计算机硬件安全管理措施、人员分工牵制和数据通信安全等。

(4)合理性:是指会计控制的有效性和效益性。

(5)系统外部监督。

其次,需要确定内部控制定量评价准则。确立了内部控制的定量评价要素之后的一个重要问题就是如何判断这些要素是否合理可行。为此,需要建立一套可操作的评价准则。这个准则由一系列由上述要素细化后的特性指标组成,作为评价时的衡量标准。

第三,需要对评价指标计分。在划分了评价要素和评价准则之后,还需要对这些准则或明细要素进行计量。一种可行的办法就是计分计量。也就是分别对各个准则(明细要素)进行适当的计分,然后以加权平均的方法计算各要素的得分。

最后还需要撰写评价报告,评价报告是根据评价的结果和分析的记录做出内部控制评价的书面总结。撰写评价报告一般需要涵盖以下内容:目标和范围、控制要素和准则达标程度的肯定以及存在弱点的揭示、建议、实质性测试的范围、附表等。

二、数据库或数据文件审计技术

(一)审计软件取数分析技术

随着审计软件的不断推陈出新,软件的功能和水平都在不断提高。审计人员可以充分利用审计软件中所提供的功能模块,根据实际需要选择抽取数据的条件和参数,以获取所要抽取的相关业务数据[①]。特别是在企业内部联网的情况下,内部审计人员可以充分利用这一技术抽取有疑义的业务进行审计,及时提出内部控制建议,以保证数据的完整性。以“中普审计软件”[②]为例,设计者将应采集的被审计单位财务数据,分为两大类:一类为SQLSERVER类型的数据库,如用友8.2或以上版本、金蝶K/3等;另一类是ACCESS或相近类型的数据库,如用友8.1/7.0、金蝶7.0等。这两类采集的区别在于,

---

① 2005年1月1日《信息技术 会计核算软件数据接口》(GB/T19581—2004)国家标准施行。

② 北京中普审业软件有限公司,http://www.zpaudit.com/.

SQLSERVER 类型的数据库可以直接联网自动搜索;ACCESS 等类型的数据库只能在本机上自动搜索,如联网则需手动找到数据库存放路径。

【阅读材料 19 - 3】

对某航空股份有限公司民航基础设施建设基金审计

2002 年 5 月,我们对某航空股份有限公司民航基础设施建设基金进行了审计。这次审计需要得到某航空股份有限公司 2000 年至 2001 年电子财务数据。原计划用交叉双绞线将审计组笔记本电脑和财务人员计算机互联,登录被审计单位局域网,获取所需数据。

财务人员介绍业务流程和系统配置后,得知被审计单位使用用友财务软件做财务管理,其民航建设基金相关的财务数据量不大,较容易采集。所以,我们改变了原计划,直接在被审计单位财务人员计算机上,在现有软件环境下进行查询、导出数据操作。首先,分别对某航空股份有限公司 2000 年、2001 年票证结算客运和货邮运输明细账做查询,然后,以"付款凭证"为条件进行过滤,最后将过滤出的数据导出为 Access 格式数据库文件,名为"2000 年票证结算客运明细账 . mdb""2000 年票证结算货邮明细账 . mdb""2001 年票证结算客运明细账 . mdb""2001 年票证结算货邮明细账 . mdb",保存在软盘上。

审计组用笔记本电脑上的 Excel 软件,分别打开软盘上这四个 Access 格式数据库文件,形成四张 Excel 工作表,将这四个工作表粘贴到同一个 Excel 文件中,存为"结算明细账 . xls"文件。使用 Excel 软件的分类汇总功能,分别对四张表按年月进行分类求和汇总,统计出某航空股份有限公司"暗扣销售",形成 2000 年 19381 万元促销费、2001 年 19365 万元冲减票证结算,少计运输收入,相应少计提和缴纳民航建设基金 1667 万元。

(资料来源:路迎辉,投资审计中计算机审计案例,《中国审计》,2003 年 15 期)

讨论题:

(1)作为一名财会专业的大学生,你如何在审计实践中充分利用已有的计算机知识开展审计工作?

(2)如何将 Access 格式数据库文件转换到 Excel 软件之中形成工作表?

(二)嵌入审计程序采集数据技术

在计算机技术不断发展、审计人员的计算机应用水平不断提高的基础上,有些有经验和技术的审计人员可以设计一个专用的程序,以嵌入被审计单位的电子商务系统中,帮助采集审计人员所关心的审计数据。如获取非法调用数据文件处理的记录、越权操作使用相关功能模块擅自调阅或修改审计线索数据项或审计证据文件等。审计人员通过定期调阅这些证据文件,可以据以判断应当怎样进行系统审计,并提出相应的审计建议。当然,这种方法的采用,一方面要保证嵌入程序的安全合法,另一方面也还需要获得被审计单位的信任和许可。

从理论上说,嵌入审计程序可以在审计工作开展之前完成。也就是审计人员事先将特定的审计程序或模块"合成"到被审计单位的计算机系统之中,比如事先参与被审计单位电子商务系统设计,在征得被审计单位同意的条件下将模块事先安排在程序的逻辑设计之中,以保证电子商务系统的可审计性。但是从注册会计师的实务操作来看,一般很

难做到，一方面，目前中国注册会计师的业务素质还难以达到；另一方面，审计与被审计单位的业务关系可能会有所变更，在自己的电子商务系统中插入了一段审计人员编写的代码，被审计单位也会“放心不下”。在这种情况下，建议注册会计师依靠内部审计人员提供正确记录的文件来检查和评价。

不过，作为嵌入审计的另外一种表现形式——追踪技术，应用起来倒是既方便也有效。比如在业务记录输入系统的过程中，抽出一部分样本加上相应的标签，这样在系统对业务过程进行处理时，审计人员便可以根据标签进行追踪，同时在输出设备（屏幕或打印机）上记录被追踪业务的处理结果和系统中实现所确定的关键控制点的相关数据。通过这种方式，审计人员可以复查以便确定在处理过程中程序是否正常运行。

（三）扩展记录技术

所谓“扩展记录是指在数据文件记录结构中适当添加必需的字段来记录审计所需的数据，以便在审计时直接调用这些审计线索”，也就是将审计数据元素添加到电子商务等应用系统的业务记录中，使得业务数据的内容得以扩充，从而为审计人员提供线索。这项技术的采用主要是针对以下情况而言的：一方面，当前企业所使用的电子商务系统或ERP软件几乎没能考虑审计线索，即使考虑了审计线索，但还是不够全面或不能满足审计人员的工作需要；另一方面，审计人员要是对被审计的电子商务或ERP系统中的总账系统或相应的数据文件结构较为熟悉的话，就具备了扩展记录的基础。在这方面需要审计师有大型数据库（如ORACLE、DB2）的知识背景或实践经验。国内一般的小型事务所难以储备这样的人才，若是在业务中遇到类似情况，建议考虑利用专家工作。

（四）快速拍照

“快速拍照”是一种通俗的说法。由于计算机内部数据是在内存中进行处理的，在系统正常运行的情况下，审计人员“肉眼”无法识别计算机内存数据运行的情况，也就无法知晓计算机内存中哪些指标影响决策。为此，审计可以通过程序实时“拍摄”计算机决策系统在进行决策时参照的系统数据指标，通过特殊代码，在相关设备上输出，以便分析。类似于我们平时通过按＜Print Screen＞键“抓拍”计算机屏幕画面，只不过程序要复杂得多。

【小思考】 如何通过按＜Print Screen＞键“抓拍”计算机屏幕画面，并随意选取你所需要的图片资料？

三、并行审计技术

审计是重证据的，离开了相关审计证据，审计结论便没有了根基。在电子商务环境下，审计人员需要进行内部控制测试，要确认电子商务环境下内部控制的有效性，就必须能取得充分可靠的证据。在这种情况下，一种新的审计技术——并行审计技术，在20世纪60年代后期和70年代初期日渐引起人们的兴趣。

并行审计技术（Concurrent Auditing Techniques）是指在应用系统对其业务进行处理时，同时采集审计证据的技术①。还有学者认为，并行审计是一种在相关企业经济业务

① 吴沁红，杨周南．并行审计技术探讨[J]．审计研究，2002，(1)．

或事项发生的同时或稍微滞后的时间内出具审计结果的审计技术[1]。在采用并行审计技术采集审计证据时，基本一致的看法是并行审计技术采集审计证据包括两个方面：一是为采集、处理和打印审计证据，需要在应用系统或系统软件中嵌入专门的审计模块；二是将采集到的证据存储在应用系统文件中或存储在专门的审计文件中，以便审计人员进行审查。运用并行审计技术，虽然证据的采集与应用系统的处理同时进行，但是证据的报告时间由审计人员根据具体情况而定。对于并行审计技术识别出的关键错误或违规事件，审计人员可安排嵌入审计程序立即报告错误或违规事件，证据将被直接传输给打印机或审计人员的计算机终端。

随着企业电子商务系统的形成和完善，企业财务信息实现实时在线的披露，传统的年度或季度审计程序不能满足商业环境发展的要求，基于在线控制测试和实时实质性测试模式的并行审计模式将成为电子商务环境下的主要审计创新模式。

四、数据式审计模式的提出

随着国家审计署"金审工程"的深入推进，政府审计信息化已经在实践中迈进了由试点到推广的阶段，成为未来发展的一种新取向。国家审计署副署长石爱中以高屋建瓴的战略眼光审视这一在审计实践中已悄然产生的新模式——数据式审计模式，在《审计研究》(2005 年 4 期)发表《初释数据式审计模式》一文，起到很好的引领作用和示范效应。我们认为，数据式审计模式是伴随着审计信息化的产生提出的一种新模式，以数据作为审计对象，必然与传统审计模式有所差异。一方面，在信息化条件下，数据已然不同于传统的会计账簿。此时，我们的审计对象——数据，不仅包括了财务数据，而且包括了非财务数据和外部数据。在这种情况下，审计人员要以事实为依据，"让数字说话"，必然就离不开对这些数据的收集、分析、整理和评价。这样，不仅可以为财务鉴证审计的完成提供快捷和充实的证据，而且还可以为其他目的的审计提供"第一手资料"。另一方面，与传统审计模式相比，在审计信息化的发展进程中，许多审计实践广泛地采用信息化手段开展审计工作。此时，传统审计模式下的一些审计方法(如审计抽样)等也需要重新思考，能否建立数据式审计模式下特有的审计技术方法和模型，以取而代之，是审计理论与实务界特别关注的重点课题。为此，我们迫切需要对数据式审计模式做更为深入的研究，进一步弄清数据式审计模式，架构数据式审计模式的理论体系。

查阅已有文献，我们了解到研究者将数据式审计模式分为两种："一种是数据基础审计模式，一种是数据式系统基础审计模式。""由于我们倾向于使用数据式系统基础审计模式，因此我们将数据式系统基础审计定义为：以系统内部控制测评为基础，通过对电子数据的收集、转换、整理、分析和验证，来实现审计目标的审计方式。"[2]从上面的这段文字和对原文的审读来看，虽然作者率先提出数据式审计模式，但并没有对之给出一个完整定义，而是在对其分类的基础上，定义了数据式审计模式的一个子项——数据式系统基础审计。为此，要对数据式审计模式做进一步研究，还需要给出一个较为完整的

① 刘光友．电子商务环境下的审计理论框架[J]．审计与经济研究，2003，(4).

② 石爱中，孙俭．初释数据式审计模式[J]．审计研究，2005，(4).

概念。我们认为,所谓数据式审计模式是现代风险审计模式的新发展,它以被审计单位正式运行的信息系统为基础,以一般控制测评为重点,通过对系统内部和外部基础数据的收集、转换、整理、分析和验证,获取充分适当的审计证据,识别和评估被审计单位的重大错报风险,进一步设计审计程序,从而实现将审计风险降低到可接受的低水平目标。

在上述概念中,我们着重强调"数据式审计模式是现代风险审计模式的新发展",主要是考虑到数据式审计模式的实施必须以现代风险审计理念为指导,实施数据式审计模式,目的是要弥补现代风险审计在适应信息系统发展方面的不足。所以数据式审计模式用"现代风险导向数据审计模式"(简称"数据式审计模式")表述更为恰当①。

针对数据式审计模式,我们认为可以将直审数据库作为其切入点,特别是考虑到信息系统中数据的重要性程度,知名软件公司(如 SAP 和 ORACLE)纷纷采用大型的专业数据库,作为管理软件底层数据管理的一种支撑。在这种环境下,在管理信息化程度较高的企业,都会建立一个中央数据库用于汇集各种基础数据,实现数出一门、数据共享的目标(如图 19-1 所示)。会计上提供的账、表信息就是会计人员依据会计准则(制度),按照会计数据处理流程进行数据处理的一种结果。作为审计人员,要恰当评估重大错报风险,实现合理保证,就不能就结果论结果,必须综合运用风险评估程序,从源头开始,进行穿行测试。为此,我们设计了一个模型,做进一步直观性的表达。

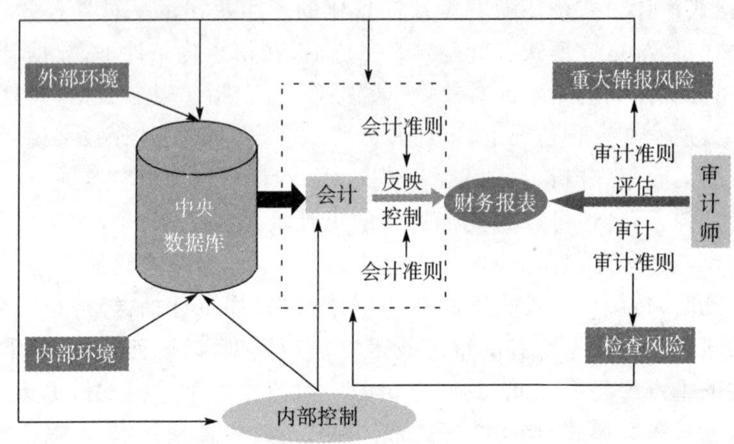

图 19-1　数据式审计模式示意图

我们在模型中要表达的意思,在数据式审计模式下,审计人员可以将被审计单位的中央数据库作为审计切入点,运用专用审计程序或依赖被审计单位的信息系统,对被审计单位的数据库及其数据生成机制进行审计。

① 王锴. 基于风险导向的数据式审计模式探索[J]. 现代管理科学,2011,(1).

第三节 电子商务环境下的审计风险及其应对

【阅读材料 19－4】

随着社会、企业信息化的发展，信息技术成为重要的管理工具，IT 治理也已经成为法人治理不可分割的组成部分。今天，中国正经历着一场历史性的变革，即“以信息化带动工业化，以工业化促进信息化”。信息系统审计应运而生，它不仅是促进法人治理和信息化的重要途径，也是传统审计迈向信息化的关键一步。

作为经济鉴证类社会中介组织，注册会计师行业在提高市场经济运行的有序性、促进专业技术服务的社会化以及提高企业宏观和微观管理水平等方面均发挥着不可替代的作用。在新的时代中，注册会计师行业如何拓展新业务并保持像诸如财务报表鉴证一样稳固的市场地位？回答是：开展和加强信息系统审计业务。然而，大多数传统审计人员并不一定具备相关的内控知识和技能。甚至不知道信息系统审计为何。

——德勤华永会计师事务所有限公司合伙人 Peter Koo

（资料来源：孙强，《信息系统审计》，机械工业出版社，2003 年 9 月）

电子商务的发展给大中小型企业都不同程度地带来了商机。对于大中型企业而言，买卖交易活动频繁，实现电子商务能有效地进行管理和提高效率；对小企业来说，电子商务可以使企业以相近的成本进行网上交易，这样使中小企业可能拥有和大企业一样的流通渠道和信息资源，极大地提高了中小企业的竞争力。与此同时，电子商务的发展改变了企业生存和竞争的环境，给注册会计师的审计业务带来了新的风险。因此，《中国注册会计师审计准则 1211 号——了解被审计单位及其环境并评估重大错报风险》和《中国注册会计师审计准则 1231 号——针对评估的重大错报风险实施的程序》多处要求注册会计师应当执行相应的审计程序，评估重大错报风险并实施相应的应对程序。本节就结合准则对相关问题和知识进行介绍。

一、了解电子商务环境下的被审计单位及其内部控制

（一）了解被审计单位的电子商务环境

1. 了解被审计单位电子商务环境的动因

了解被审计单位及其内部控制是注册会计师必须履行的程序和评估重大错报风险的基础。注册会计师在了解被审计单位的过程中需要充分利用自己的专业知识和职业判断寻找风险点。在寻找风险点的过程中，企业整体环境比财务报表本身更重要，这样才能更明确地找到风险点，才能将审计资源分配到最容易导致财务报表出现重大错报的领域。在电子商务环境下，注册会计师对被审计单位整体上的电子商务环境的了解非常重要，应该考虑将了解的重点放在对被审计单位的经营活动可能产生重要影响的关键外部因素以及与前期相比发生的重大变化上。特别需要了解被审计单位从事电子商务的情况，例如，是否通过互联网销售产品和提供服务以及从事营销活动。这种环境与传统的商务环境已然有重大差异，需要注册会计师特别关注和了解。

2. 了解被审计单位电子商务环境的重点

《中国注册会计师审计准则 1211 号——了解被审计单位及其环境并评估重大错报风险》第九条规定，注册会计师应当"追踪交易在财务报告信息系统中的处理过程（穿行测试）"。该项准则的指南进一步对这一过程做了解释，认为这是注册会计师了解被审计单位业务流程及其相关控制时经常使用的审计程序。通过追踪某笔或某几笔交易在业务流程中如何生成、记录、处理和报告，以及相关内部控制如何执行，注册会计师可以确定被审计单位的交易流程和相关控制是否与之前通过其他程序所获得的了解一致，并确定相关控制是否得到执行。我们认为，所谓穿行测试，可以解释为追踪交易通过与财务报告相关的信息系统的过程。注册会计师在审计过程中执行穿行测试，就是对企业存在的很多笔的同类型的交易、事项，选择其中的一项或几项，重新按顺序操作一遍，在操作、执行的过程中查看是否存在错误、舞弊。

在电子商务环境下的审计实践中，注册会计师只要选择一笔或几笔交易进行穿行测试，就可以凭借职业判断选择进一步审计程序。以销售交易为例，注册会计师可以追踪从"订单处理→核准信用状况及赊销条款→填写订单并准备发货→编制货运单据→订单运送/递送至客户或由客户提货→开具销售发票→复核发票的准确性并邮寄/送至客户→生成销售日记账→汇总销售日记账"这一过程，然后延伸至过账，生成总账和应收账款明细账等交易的整个流程，考虑之前对相关控制的了解是否正确和完整，并确定相关控制是否得到执行。在执行穿行测试时，注册会计师可以指定被审计单位的相关信息系统人员完成，但必须是在注册会计师或助理人员现场观察的情况下进行。在此过程中，注册会计师还应当询问执行交易流程和控制的相关人员，并根据需要检查有关单据和文件，询问其对已发现的错报的处理。若是不打算信赖控制，注册会计师仍应执行穿行测试，以确定之前对业务流程及可能发生错报环节的了解是否准确和完整。

《中国注册会计师审计准则 1211 号——了解被审计单位及其环境并评估重大错报风险》第三十六条规定，注册会计师应当了解被审计单位是否存在"信息技术的运用，及其可能导致的被审计单位信息系统与业务流程难以融合等风险"并考虑相应的经营风险。为什么准则要这样规定？被审计单位信息系统与业务流程难以融合到底有什么风险？我们说准则这样规定是有道理的。企业电子商务系统（信息系统）的建立必然要以一定的业务流程为基础，这里的业务流程就是业务发生的过程和步骤，也就是指被审计单位开发、采购、生产、销售、发送产品和提供服务、保证遵守法律法规、记录信息等一系列活动。企业信息系统建立的过程就是把一系列业务流程固化的过程，也只有将相应的业务流程固化下来，信息系统才能够自动收集相关数据和信息资源，为管理决策提供参考。然而，业务流程一旦固化到信息系统之中，要改变流程就要改变信息系统的设计，为此，从已有的经验来看，几乎所有开展信息系统建设的单位都需要在考虑信息系统影响的前提下进行业务流程的再设计和再改造，这个过程业界用"业务流程再造"来概括。如果被审计单位的信息系统和业务流程难以融合，无论是信息系统设计不合理还是业务流程设置不合理，都难以收集到正确的信息。这就必然给管理决策带来相应的风险，特别是在电子商务环境下，企业对信息系统的依赖程度大为提高，就极有可能出现相应的经营风险。表 19－1 是我们收集的一张"业务流程信息调查表"的示例，仅供学习参考。

表 19－1　业务流程信息调查表

<table>
<tr><td>编　号：</td><td></td><td>部　门</td><td></td><td>岗　位</td><td></td></tr>
<tr><td colspan="2">与本部门相关的部门</td><td colspan="4"></td></tr>
<tr><td colspan="2">主管部门</td><td colspan="4"></td></tr>
<tr><td colspan="2">下属部门</td><td colspan="4"></td></tr>
<tr><td colspan="2">相关外部单位</td><td colspan="4"></td></tr>
<tr><td colspan="2">岗位职能：</td><td colspan="4"></td></tr>
<tr><td colspan="6">业务及流程详细说明：</td></tr>
<tr><td colspan="6">对业务流程的意见与建议：

注意事项：
(1)业务流程文字描述要求详细完整，业务流程图要体现文字描述内容(必须附图一份)
(2)将流程图中实际发生的表格各附一份，并说明各表格在本岗位中的用途
(3)资料为两种，一份为文字(A4 纸)，一份为磁盘文件</td></tr>
<tr><td colspan="6">填表人：　　　　　　　　　　　　　　时间：</td></tr>
</table>

(二)了解电子商务环境下的内部控制

控制是指企业经营管理者为了维护企业资产的安全、资源的有效利用和提高企业财会和管理信息的真实、正确性，确保企业方针政策的贯彻执行，促进各项工作与企业经营效率的提高而实施的各项措施。大多数被审计单位出于编制财务报告和实现经营目标的需要使用信息技术。注册会计师对内部控制的了解应当包括电子数据处理部分和非电子数据处理部分，考虑到后者已经在前述章节做了详细介绍，这里主要从电子商务的角度，着重介绍电子数据处理下的内部控制。

在电子商务(电子数据处理)环境下，内部控制的复杂性相应增强，注册会计师不仅应当对簿记过程的手工部分非常熟悉，而且需要具备相应的知识和技能，以了解和评价电子数据处理的会计控制。同时，由于电子商务环境改变了企业内部控制的方法，需要注册会计师采用新的审计程序来收集证据。

为此，《中国注册会计师审计准则 1211 号——了解被审计单位及其环境并评估重大错报风险》第四章第四节对内部控制的人工和自动化成分做了特别强调。第五十七条规定，内部控制可能既包括人工成分又包括自动化成分，在风险评估以及设计和实施进一步审计程序时，注册会计师应当考虑内部控制的人工和自动化特征及其影响。第五十八条规定："信息技术通常在下列方面提高被审计单位内部控制的效率和效果：(一)在处理大量的交易或数据时，一贯运用事先确定的业务规则，并进行复杂运算；(二)提高信息的及时性、可获得性及准确性；(三)有助于对信息的深入分析；(四)加强对被审计单位政策和程序执行情况的监督；(五)降低控制被规避的风险；(六)通过对操作系统、应用程序系统和数据库系统实施安全控制，提高不相容职务分离的有效性。"第五十九条规定，"注册

会计师应当从下列方面了解信息技术对内部控制产生的特定风险:(一)系统或程序未能正确处理数据,或处理了不正确的数据,或两种情况同时并存;(二)在未得到授权情况下访问数据,可能导致数据的毁损或对数据不恰当的修改,包括记录未经授权或不存在的交易,或不正确地记录了交易;(三)信息技术人员可能获得超越其履行职责以外的数据访问权限,破坏了系统应有的职责分工;(四)未经授权改变主文档的数据;(五)未经授权改变系统或程序;(六)未能对系统或程序做出必要的修改;(七)不恰当的人为干预;(八)数据丢失的风险或不能访问所需要的数据。"

注册会计师应该认识到,内部控制是采用人工系统还是采用自动化系统,将影响交易生成、记录、处理和报告的方式。记录包括识别和收集与交易、事项有关的信息。处理包括编辑、核对、计量、估价、汇总和调节活动,可能由人工或自动化程序来执行。报告是指用电子或书面形式编制财务报告和其他信息,供被审计单位用于衡量和考核财务及其他方面的业绩。

在电子商务环境下,内部控制以自动化系统为主,也就是交易的生成、记录、处理和报告,以采用信息技术系统为主,人工控制为辅。交易的记录形式(如订购单、发票、装运单及相关的会计记录)可能绝大多数是电子文档而不是纸质文件(当然可以通过输出设备打印出纸质文件)。在电子商务系统中,控制可能既有自动控制(如嵌入计算机程序的控制),又有人工控制。人工控制可能独立于电子商务系统,利用电子商务系统生成的信息,也可能限于监督电子商务系统和自动控制的有效运行或者处理例外事项。如果采用电子商务系统处理交易和其他数据,系统和程序可能包括与财务报表重大账户认定相关的控制或者包括人工控制作用的有效发挥。为此,注册会计师在了解内部控制时,应当考虑被审计单位是否通过建立有效的控制,以恰当应对由于使用信息技术系统或人工系统而产生的风险。

与以上章节所介绍的内容相类似,注册会计师对内部控制的了解分为总体层面和重要业务流程层面两个层次,对电子商务环境下内部控制的了解也分为总体层面和重要业务流程层面,为避免与前述内容的重复,这里不赘述,只是重点关注一下电子商务环境下的一般控制(generalcontrol)和应用控制(application control)。

1. 对电子商务环境下一般控制的了解

一般控制主要是对信息系统构成要素和系统环境实施的控制,与多个应用系统有关的政策和程序,有助于保证信息系统持续恰当地运行,支持应用控制作用的有效发挥。这类控制的特征,是并不直接地作用于企业的生产经营活动,而是通过应用控制对全部业务活动产生影响。一般控制又可以分为管理控制和系统开发控制。管理控制是指采用各种管理措施保证数据和系统的安全性,保证系统运行的平稳。系统开发控制是要保证新系统不会对环境造成新的危险。注册会计师对信息系统环境下的一般控制的了解本质上就是对内部控制总体环境下的了解,主要包括组织控制、操作控制、硬件及系统软件控制、系统安全控制等方面①。在电子商务环境下,一般控制还包括数字签名技术、电

① 建议延伸阅读:王锴,《会计信息系统——管理的视角》,北京交通大学出版社、清华大学出版社,2006年6月第1版(第7章);辜南飞、李若山、徐林倩丽,《现代中国审计学》,中国时代经济出版社,2002年11月第1版(第10章)。

子商务的安全协议与网上付款的安全控制等。被审计单位应该建立相应的控制程序，以形成一个确保过程的可靠性和会计记录准确性的环境。审计人员应当通过对电子商务（电子数据处理）系统的一般描述、流程图及其描述，以及与内部控制总体控制环境相关的已完成的调查问卷。

注册会计师可以询问或观察被审计的信息系统部门的员工，也可以检查现存的文件，例如，以前年度的工作底稿、工作手册等。审计人员先要了解信息系统的一般控制措施设置情况。如果存在缺陷，审计人员必须对缺陷的严重性进行评估。在了解了一般控制之后，审计人员应对一般控制是否有效进行判断。和手工系统中的测试类似，审计人员可以利用询问和观察测试信息系统部门内部及信息系统部门和使用部门之间的职责分离情况；利用询问和观察测试与机房、终端和数据档案的实际接触等。审计人员需要根据被审计企业特点，结合自身审计经验，设计一个信息系统一般控制制度的调查表。

2. 对电子商务环境下应用控制的了解

应用控制是直接作用于企业生产经营业务活动的具体控制，是针对信息系统的各功能子系统（或称功能模块）的输入、处理和输出过程中的敏感环节和控制要求所实施的控制。主要在业务流程层次运行的人工或自动化程序，与用于生成、记录、处理、报告交易或其他财务数据的程序相关。它针对特定的、具体的应用环节采取相应的控制，是整合在系统运作过程之中保证处理的信息是正确的、完全的、经过授权的、并且对所做处理留有审计线索的。这类控制的特征，在于它们构成了生产经营业务处理程序的一部分，并都具有防止和纠正一种或几种错弊的作用。在研究和评价应用控制时，注册会计师应当考虑以下主要因素：输入控制、计算机处理与数据文件控制和输出控制。

3. 对内部控制的“信息系统与沟通”要素的了解

注册会计师必须注意到，信息系统与沟通的质量直接影响到管理层对经营活动做出正确决策和编制可靠性强的财务报告的能力。对于信息系统与沟通，较为权威的解释是收集与交换被审计单位执行、管理和控制业务活动所需信息的过程，包括收集和提供信息（特别是履行内部控制岗位职责所需的信息）给适当人员，使之能够履行职责等方面。

一般认为，信息系统与沟通贯穿于企业内部控制的各个层面，但注册会计师只要了解与审计相关的内部控制。因而《中国注册会计师审计准则 1211 号——了解被审计单位及其环境并评估重大错报风险》第七十七条只要求注册会计师关注：“与财务报告相关的信息系统，包括用以生成、记录、处理和报告交易、事项和情况，对相关资产、负债和所有者权益履行经营管理责任的程序和记录。”并提醒注册会计师注意“与财务报告相关的信息系统应当与业务流程相适应”。

《中国注册会计师审计准则 1211 号——了解被审计单位及其环境并评估重大错报风险》第七十八条规定：“与财务报告相关的信息系统所生成信息的质量，对管理层能否作出恰当的经营管理决策以及编制可靠的财务报告具有重大影响。与财务报告相关的信息系统通常包括下列职能：（一）识别与记录所有的有效交易；（二）及时、详细地描述交易，以便在财务报告中对交易作出恰当分类；（三）恰当计量交易，以便在财务报告中对交易的金额作出准确记录；（四）恰当确定交易生成的会计期间；（五）在财务报表中恰当列报交易。”

《中国注册会计师审计准则 1211 号——了解被审计单位及其环境并评估重大错报

风险》第七十九条规定："注册会计师应当从下列方面了解与财务报告相关的信息系统：（一）在被审计单位经营过程中，对财务报表具有重大影响的各类交易；（二）在信息技术和人工系统中，对交易生成、记录、处理和报告的程序；（三）与交易生成、记录、处理和报告有关的会计记录、支持性信息和财务报表中的特定项目；（四）信息系统如何获取除各类交易之外的对财务报表具有重大影响的事项和情况；（五）被审计单位编制财务报告的过程，包括作出的重大会计估计和披露。"

《中国注册会计师审计准则 1211 号——了解被审计单位及其环境并评估重大错报风险》第八十条规定："在了解与财务报告相关的信息系统时，注册会计师应当特别关注由于管理层凌驾于账户记录控制之上，或规避控制行为而产生的重大错报风险，并考虑被审计单位如何纠正不正确的交易处理。"表 19-2 提供了一个"计算机系统控制调查记录表"的参考示例。

表 19-2　计算机系统控制调查记录表

单位名称＿＿＿＿＿＿　年度＿＿＿＿＿＿　索引号＿＿＿＿＿＿
1. 硬件情况
设备制造厂商＿＿＿＿＿＿　设备系列/型号＿＿＿＿＿＿
2. 软件情况
操作系统名＿＿＿＿＿＿　应用软件名＿＿＿＿＿＿　使用语言＿＿＿＿＿＿
外购＿＿＿＿＿＿　自行开发＿＿＿＿＿＿　委托开发＿＿＿＿＿＿
3. 程序修订和使用人＿＿＿＿＿＿＿＿＿＿
编写或修改程序人＿＿＿＿＿＿＿＿＿＿
凭 证 输 入 人＿＿＿＿＿＿＿＿＿＿
打 印 报 表 人＿＿＿＿＿＿＿＿＿＿
4. 应用方面＿＿＿＿＿＿＿＿＿＿
总账＿＿＿＿＿＿　制表人＿＿＿＿＿＿
明细账：销货＿＿＿采购＿＿＿应收账款＿＿＿应付账款＿＿＿现金收支＿＿＿
存货＿＿＿固定资产＿＿＿在建工程＿＿＿工资＿＿＿成本核算＿＿＿
5. 内部控制措施
输入分录的核对办法＿＿＿＿＿＿＿＿＿＿
编制报表前核对程序＿＿＿＿＿＿＿＿＿＿
是否有专人输入或修改＿＿＿＿＿＿＿＿＿＿
明细账是否每月（或满页）打印存档＿＿＿＿＿＿
计算机是否有防病毒措施＿＿＿＿＿＿＿＿＿＿
是否存放文件备份于安全之处＿＿＿＿＿＿＿＿
系统设计人员是否与操作人员分开＿＿＿＿＿＿＿
应用软件系统是否经财政部门确认＿＿＿＿＿＿＿
人机并用时，总账是否核对相符
6. 计算机系统的变化
（1）是否制定过计算机应用系统开发和维护规程并有效执行？＿＿＿＿
（2）计算机系统是否发生过故障或会计数据处理中是否发生过严重延误，是否找到故障或延误的原因？＿＿＿＿＿＿＿＿
（3）本年度计算机系统有无重大改变（如有，列举改变内容）＿＿＿＿
调查人员：　　　日期：　　　复核人员：　　　日期：

结合上述准则要求的内容，注册会计师整体层面上在对被审计单位与财务报告相关的信息系统进行了解和评估时，应当主要考虑下列因素：

(1)信息系统是否能够向管理层提供有关被审计单位业绩的报告，包括相关的外部和内部信息。报告作为信息系统的功能之一，所有信息系统使用者都非常关注，但需要获取相应的权限，才能够获得。作为企业管理层，需要及时从信息系统获取业绩报告，而信息系统是否能够提供这样的业绩报告，直接影响到管理层的决策过程，从而产生相应的后果，为此，需要注册会计师考虑。

(2)向适当人员提供的信息是否充分、具体和及时，使其能够有效地履行职责。在电子商务环境下，以网络化系统做支撑，为企业管理的各项工作提供了一个信息交流的畅通渠道，为财务服务职能的拓展打下了坚实的基础。在这个平台下，所有经授权的管理人员随时可以获取相关信息，但是这些信息需要管理者主动从网上获取，而不是财务人员"及时亲自送达"，也不可能"随时告知"，为此，需要管理者对财务信息化系统了解的基础上，在自己的授权范围内主动获知，但前提是信息系统能够充分、具体和及时地向适当人员提供所需要的信息。

对于一般管理人员而言，凭着良好的信息化平台和自己在管理工作中的积累，既有动力也有可能主动获取相关财务与业务信息。而对于业务主管来说，却不同程度地存在一些"障碍"，一般而言，能够在企业内部成为业务主管的，都是在业务技能等方面较为精湛、造诣较高的业务技术人员，在当前中国这样的特有环境下，这些人大多不具备相关管理知识与技能。毕竟，我们还不能提供大面积、高层次、多样性的 MBA(工商管理硕士)层次的管理教育，即使有些大企业在这方面已经有所突破，但也是有层次区分的，不是所有的业务主管都有机会接受 MBA 教育或取得 MBA 学位。即使有了 MBA 背景，他们对企业财务信息化平台的性能与操作也还需要做深入了解，才能够积极主动地在线获取与其管辖幅度相关的财务信息。必须让业务主管在流程再造的过程中就体会到这个目的，才能够恰当地将财务监控机制植入业务流程。当然，具体的沟通过程是一种艺术，需要管理者艺术地把握。

(3)信息系统的开发及变更在多大程度上与被审计单位的战略计划相适应，以及如何与被审计单位整体层面和业务流程层面的目标相适应。战略是一个事关全局的研究课题，企业电子商务系统的建设作为企业发展全局的一个重要组成部分，必须纳入战略视野，给予必要的关注和支持。对此，英国国家审计署曾经明确要求："成功地引入一个新的信息系统的前提是高层管理层要明确理解所在机构的任务、它的信息需求、拟议中新系统的最大作用等。弄清这些问题非常重要，因为获得一个信息系统不仅仅要满足当前业务的需要，而且，系统应该具有灵活性，能随未来业务的变化不断升级。因而，必须在一开始就建立一个信息系统规划，在这项规划中要指明所有的信息的需求，要求信息系统要满足这些需求；系统开发和实施中需要的资源；系统开发的时间表。规划中也应该说明在开发和采购应采用的主要技术方案。"①注册会计师不仅需要关注被审计单位的信息系统的开发及变更在多大程度上与战略计划相适应，而且需要关注被审计单位的信

① 郭文革．英国国家审计署审计对财务信息系统的要求指南[J]．审计研究资料，1999，(7)．

息系统如何与整体层面和业务流程层面的目标相适应。只有解决了这两个“相适应”，注册会计师对被审计单位的信息系统了解才是充分而恰当的，才可以对信息系统的作用和影响做出较为准确的职业判断。

【阅读材料 19－4】

注册会计师考虑被审计单位电子商务战略时应关注的事项

1. 在整合电子商务与总体经营战略的过程中，治理层的参与程度。治理层是指对被审计单位战略方向以及管理层履行经营管理责任负有监督责任的人员或组织。治理层的责任包括对财务报告过程的监督。被审计单位的治理层对完善公司治理、设定被审计单位的总体经营战略并监控其实施起着重要的作用。在整合电子商务与总体经营战略的过程中，治理层的参与程度，在一定程度上反映了治理层对电子商务的了解和重视，这是被审计单位控制环境的重要组成部分。在这一过程中，治理层的参与程度越高，表明其对这一过程的控制越强，通常控制也就越有效。

2. 被审计单位开展电子商务的目的，是为新业务提供支持，还是提高现有业务的效率，抑或为现有业务开辟新的市场。被审计单位开展电子商务的目的直接决定其电子商务战略。如果开展电子商务是为了提高现有业务的效率或者为现有业务开辟新的市场，则电子商务仅仅是其拓展传统业务的一种手段，通常不会对企业整体经营战略产生根本性的影响(除非通过电子商务手段获得的销售订单占到全部销售订单的大多数)。如果开展电子商务是为了给新的数字产品销售等业务提供支持，且新业务占被审计单位全部业务量的比重很大，则电子商务的开展将在很大程度上改变被审计单位的业务模式和总体经营战略，并可能直接导致新的经营风险和财务报表重大错报风险。

3. 被审计单位的收入来源及其正在发生的变化。例如，当作为所售货物或劳务的交易当事人时，被审计单位需要承担与所售货物或劳务的所有权相关的全部风险和报酬；当作为代理人或者仅提供交易平台时，被审计单位仅就其所提供的中介服务赚取佣金收入或手续费收入。很明显，获取这两类不同来源的收入，被审计单位所承担的风险和报酬是大不相同的，因而其收入确认、成本结转和损益确定也不相同，相应地也会影响到相关资产、负债的确认和计量。

4. 管理层对电子商务如何影响盈利状况和财务需求的评价。被审计单位管理层对电子商务如何影响盈利状况和财务需求的评价，以及对于这些影响是否重大、相关财务需求能否获得满足的考虑，决定了他们对于电子商务的基本态度，因此也会对电子商务战略产生明显的影响。这一影响应当结合被审计单位的总体经营战略予以考虑。如果被审计单位对电子商务的未来获利前景比较看好，希望进一步扩大电子商务活动的规模，则可能通过公开募集股份或者引入战略投资者、风险投资机构等获得所需的资金。在这一过程中，被审计单位管理层可能会出于吸引潜在投资者的考虑而粉饰财务报表，由此可能导致财务报表重大错报风险增加。对于已上市的公司而言，也可能出于维持股价或者获得再融资资格等考虑而导致财务报表重大错报风险的增加。对此，注册会计师应予以关注。

5. 管理层对风险的态度及其对风险总体状况可能产生的影响。与传统的业务模式相比，电子商务的广泛应用导致了新的风险因素。与电子商务相关的风险因素在很多情况下与传统业务模式下的风险因素是不相同的。管理层对于与电子商务相关的风险的态度主要取决于其风险偏好、对电子商务业务的熟悉程度和对风险的掌控能力等因素。如果管理层可以接受甚至偏好较高的风险水平，则财务报表重大错报风险的水平可能会相应上升；如果管理层偏好较低的风险水平，则会采取较为严格的经营风险控制措施，相应地，财务报表重大错报风险的水平也可能较低。

6. 管理层在多大程度上识别出电子商务战略所描述的机遇和风险，或者管理层仅在机遇和风险出现时才临时制定应对措施。对电子商务的机遇与风险，管理层可能在一定程度上事先识别出来，并将其体现于成文的、有适当控制提供支持的战略中；也可能在机遇和风险出现时，管理层才临时制定应对措施，确定电子商务的发展方向。对电子商务机遇与风险的应对与处理体现了管理层是否具有前瞻性的眼光，有无全局性的战略考虑。一般认为，临时制定的应对策略可能不成熟，与企业的总体经营战略出现矛盾的可能性也相对较大。事先制定电子商务战略也可能表明管理层希望在电子商务发展中采取主动的行动，甚至希望对本行业电子商务的发展起到引领的作用，而不仅仅是被动接受机遇和风险的来临。

7. 管理层对执行相关最佳实务规则或者网络签章程序的信守程度。最佳实务规则是对于某一个法律、法规、规章尚无明文规定的领域，由此领域的参与者约定俗成并获得一致公认的最佳做法和惯例。电子商务虽然近几年内在世界范围内发展很快，但是与传统商务模式相比毕竟属于新兴领域，很多方面尚未完全定型和发展成熟，法律法规监管的"空白点"也比较多。在此情况下，开展电子商务的被审计单位对于本领域内约定俗成的最佳实务规则的信守，可以在最大程度上降低因操作流程和业务规则不恰当而引发的经营风险，因而特别重要。

网络签章是电子签名的一种形式。电子签名是指数据电文中以电子形式所含、所附用于识别签名人身份并表明签名人认可其中内容的数据。民事活动中的合同或者其他文件、单证等文书，当事人可以约定使用或者不使用电子签名、数据电文。当事人约定使用电子签名、数据电文的文书，不得仅因为其采用电子签名、数据电文的形式而否定其法律效力。可靠的电子签名与手写签名或者盖章具有同等的法律效力。

为了确保电子签名的可靠性，在使用电子签名（网络签章）的情况下，管理层应当建立适当的内部控制，包括电子签名制作数据的保管规则和电子签名的具体操作流程等，并予以严格执行，以确保电子签名数据的安全性和可靠性。如果电子签名经过有资质的第三方认证，也有助于提高其可信赖程度。

（资料来源：中国注册会计师协会：《中国注册会计师执业准则指南》，中国财政经济出版社，2006 年第 1 版，P995－997）

(4)管理层是否提供适当的人力和财力，以开发必需的信息系统。开发必需的信息系统是耗时费钱的，需要管理层提供适当的人力和财力才能够完成，即使是通过购买或外包方式建立信息系统也不例外。没有相应的财力和人力支持，信息系统的效率必然难以达到。为此，注册会计师需要给予足够的关注。

(5)管理层是如何监督程序开发、变更和测试工作的。信息系统的程序开发、变更和测试工作，会直接影响到信息系统的运行，管理层需要制定相关的制度规范这些工作，并指派

专人全程参与，以实现这些工作的监督，并留下相应可检核的书面文书。注册会计师主要就是通过对相关制度的查验和书面文书的检查，并辅之以询问乃至重新执行等程序来检核。

(6)对于主要的数据中心，是否建立了重大灾难数据恢复计划。灾难恢复计划是对应急计划实施的详细描述。一个完善的灾难恢复计划主要着眼于企业运作的恢复，而且将计算机操作作为企业重新运作的必需部分。灾难恢复计划要考虑以下一些因素：客户、设施、企业员工、企业的信息、计算机设备和通信基础设施等。

在重要业务流程层面了解被审计单位与财务报告相关的信息系统，读者可以进一步参考《中国注册会计师审计准则第1211号——了解被审计单位及其环境并评估重大错报风险》指南附录中所提供的"在被审计单位重要业务流程层面了解和评价相关控制示例"。这个示例是国际知名会计师事务所列举的案例资料，值得我们在学习过程中研讨。

二、评估电子商务环境下的审计风险

(一)电子商务环境下的内部控制风险评估

在评估被审计单位在电子商务环境下的风险时，注册会计师应当考虑内部控制的局限性对于决策带来的影响，如被审计单位信息技术工作人员没有完全理解电子商务系统如何处理销售交易，为了使电子商务系统能够处理新型产品的销售，可能错误地对电子商务系统进行更改；或者对电子商务系统的更改是正确的，但是程序员没能把此次更改转化为正确的程序代码，从而造成相关影响，带来相应风险。还要考虑可能由于两个或更多的人员进行串通或管理层凌驾于内部控制之上而被规避。例如，软件中的编辑控制旨在发现和报告超过赊销信用额度的交易，但这一控制可能被逾越或规避。

在《中国注册会计师审计准则1211号——了解被审计单位及其环境并评估重大错报风险》指南中，列举了9项可能产生风险的事项和情形，其中与信息技术相关的包括两项，即"新信息系统的使用或对原系统进行升级。信息系统的重大变化会改变与内部控制相关的风险"和"将新技术运用于生产过程和信息系统可能改变与内部控制相关的风险"，值得注册会计师重视。表19-3是我们在互联网上收集到的北京注册会计师协会制作的"审计工作底稿指引"中对"了解信息技术的应用"底稿，供学习参考。

表19-3 了解信息技术的应用

单位名称：	编制人：	日期：	索引号：
会计期间：	复核人：	日期：	页次：

审计程序：

1. 了解被审计单位目前使用的信息技术；
2. 了解信息技术对于被审计单位的重要性；
3. 了解信息技术在被审计单位实现战略目标中的作用：

(1)信息技术仅是提高整体管理水平的工具；

(2)信息技术是被审计单位经营业务开展的必要技术手段；

(3)信息技术是被审计单位未来形成竞争优势的关键资源审计说明。

审计结论：

(二)电子商务环境下审计风险的评估

在电子商务环境下的审计方法前面已经进行了必要的论述,但是对审计风险的评估,虽然主要与非电子商务环境下的风险评估方法在总体上没什么差异,还是询问、检查、观察、穿行测试等,但在方法的具体使用上,还是稍有差别的。以询问来说,需要注册会计师在选择询问或访问对象上进行职业判断,具体来说,在电子商务环境下,注册会计师需要访问用户、负责电子数据处理的员工、内部审计人员和合适的管理人员,通过与他们的沟通交流获取必要的审计证据,特别是处于不同关键岗位的负责电子数据处理的员工,需要审计师在询问中判断这些员工的知识和能力,从而发现可能存在的风险。在询问过程中,还需要结合查看各种文件,如组织结构表、程序手册、系统和程序说明文件。一方面这些文件是注册会计师了解电子商务系统的基础,毕竟注册会计师不可能对所有电子商务系统都很熟悉;另一方面,这些文件可以作为重要的证据资料,也可以从文件资料中发现关键环节和控制点,为职业判断奠定基础。在连续审计的情况下,由于注册会计师已经有先前的了解基础,此时可重点关注这些文件的变动或变化部分,并结合电子商务系统的变动查看相关文件有无及时更新等等。

一般来说,管理和控制较为规范的企业,各个关键岗位的员工操作,都应该保持一定的可检核的书面操作记录。如果被审计单位有这些记录,注册会计师需要检查,通过各种方式获取各种可获得的记录,包括在纸质材料和磁性材料上的记录,通过对这些记录的检查来观察被审计单位一般控制与应用控制的执行情况,必要时可追加审计程序。

这里需要特别提请注意的是,注册会计师需要特别关注一般控制,因为这些控制的影响渗透于被审计单位电子商务(电子数据处理)系统的整个过程,为此,注册会计师在审计实践中需要首先考虑一般控制,每年都要测试被审计单位所采用信息技术的一般控制,通过测试初步判断信息系统可能发生的错误与异常的类型,以及这些错误与异常所带来的对已处理业务的影响;对于这些错误与异常,被审计单位采取了哪些控制,这些控制有文档资料可查的又有哪些。如果注册会计师不能信赖这些控制,那么就更不应该依赖应用控制。表 19-4 列举了电子处理系统的每个处理点上的错误与异常及其对处理业务的影响。表 19-5 则显示了每个处理点上潜在的错误与异常是否能够被特定的控制程序或一般控制充分地防止或发现。

表 19-4 电子数据处理错误和异常情况表

电子数据处理错误和异常	业务非正确授权	无效业务	所有未记录的业务	错误的金额	不正确的过去账和汇总	不正确的业务分类	不正确的截止	对资产的控制不恰当	相关资产责任没有落实
(1)输入错误									
数据丢失		×							

（续表）

电子数据处理错误和异常	业务非正确授权	无效业务	所有未记录的业务	错误的金额	不正确的过去账和汇总	不正确的业务分类	不正确的截止	对资产的控制不恰当	相关资产责任没有落实
数据重复		×					×		
数据不正确			×	×	×				
数据遗漏	×		×	×	×	×			
业务的综合授权	×	×				×			
业务的内部初始化	×	×	×						
(2)处理错误									
错误文件	×		×		×				
错误记录	×		×		×				
不完整		×			×				
不正确			×	×	×	×			
不及时				×					
不恰当	×					×			
丢失的文件和程序		×							
(3)输出的错误									
不正确的分发	×				×		×		
滞后或丢失		×		×		×			
错误的，但看似正确	×	×		×	×		×		×
错误纠正过度	×		×	×	×		×		×
(4)其他错误									
不受限制的进入	×	×		×			×	×	
管理层的忽视	×		×		×	×	×	×	×

（资料来源：JK Loebbecke，JF mullarker & G R Zuker，"计算机环境下的审计"，会计期刊，1983 年 1 月，第 74 页。转引自辜南飞、李若山、徐林倩丽，《现代中国审计学》，中国时代经济出版社，2002 年版，第 262 页）

表 19-5　注册会计师防止和发现各处理点的潜在错误与异常

	输入丢失	输入重复	输入正确性	丢失的输入数据	业务的综合授权	业务内部初始化	处理的错误文件	处理的错误记录	不完整的处理	不正确的处理	不及时的处理	不恰当的处理	丢失的文件程序	输出的不恰当分发	滞后或丢失的输出	错误但看似正确的输出	过度的错误纠正	不受限制的进入	管理层的忽视
预处理的授权																			
预处理复查																			
批处理																			
转换确认																			
程序的截止																			
主文件控制																			
平衡																			
预测复查																			
周期内审																			
输入安全控制																			
编辑																			
改错程序																			
修正文件的控制																			
计划合理性测试																			
系统匹配性																			
处理安全性控制																			
日程安排																			
恢复和备份程序																			

(资料来源:JK Loebbecke,JF mullarker & G R Zuker,"计算机环境下的审计",会计期刊,1983 年第 1 期,第 76 页。转引自辜南飞、李若山、徐林倩丽,《现代中国审计学》,中国时代经济出版社,2002 年版,第 263 页)

这种评估可以在一定程度上告诉审计人员哪些控制能够依赖,即使有些控制看上去非常有效与可靠,从而帮助审计人员形成判断结论(见表 19-6)。

表 19－6　注册会计师对于控制风险的判断

控制风险	低	高
对控制测试的成本有效性	是	不相关
对控制的依赖	是	否
控制测试	是	否
实质性测试	有限	广泛

（资料来源：辜南飞、李若山、徐林倩丽，《现代中国审计学》，中国时代经济出版社，2002 年版，第 264 页）

根据上述结论，注册会计师可以在控制测试和实质性测试过程中，增加有关信息系统方面的测试内容，考虑电子商务环境带来的对财务报告的影响。同时结合《中国注册会计师审计准则 1211 号——了解被审计单位及其环境并评估重大错报风险》进行综合考虑，该准则第九十八条提醒注册会计师应当关注一些事项和情况可能表明被审计单位存在重大错报风险，其中与信息技术有关的两条分别是“（十八）信息技术战略与经营战略不协调”和“（二十）安装新的与财务报告有关的重大信息技术系统”。也就是说，如果被审计单位在审计期间内更换信息系统，注册会计师需要重点关注。

三、针对电子商务环境下的审计风险实施进一步审计程序

《中国注册会计师审计准则 1211 号——针对评估的重大错报风险实施的程序》第三条规定：“注册会计师应当针对评估的财务报表层次重大错报风险确定总体应对措施，并针对评估的认定层次重大错报风险设计和实施进一步审计程序，以将审计风险降至可接受的低水平。”这一规定同样适合电子商务环境下的审计。被审计单位广泛使用互联网从事电子商务，产生了新的风险因素，需要采取相应的措施进行有效应对。注册会计师应当考虑电子商务在被审计单位业务活动中的重要性，以及对重大错报风险评估的影响，针对电子商务环境下的审计风险实施进一步审计程序。

（一）针对电子商务环境下财务报表层次重大错报风险的总体应对措施

如果注册会计师根据前期对被审计单位的了解和对重大错报风险的评估，认为可能在电子商务环境下的财务报表层次存在重大错报风险，就需要分派更有经验或具有相应计算机知识和能力的审计人员，比如审计项目组成员中应有一定比例的人员曾经参与过被审计单位以前年度的审计，或具有被审计单位所处特定行业的相关审计经验。必要时，要考虑利用信息技术方面的专家的工作。这里的专家是指在信息技术领域中具有专门技能、知识和经验的个人或组织。在利用专家的工作时，注册会计师需要依据《中国注册会计师审计准则第 1421 号——利用专家的工作》实施相应的程序，以获取专家工作能够满足审计需要的充分、适当的审计证据。比如，当注册会计师认为有必要通过试图穿透被审计单位信息技术系统的安全防护层进行控制测试（称为“弱点攻击测试”或“穿透测试”）时，就可能需要利用专家的工作。再如，在评价与电子商务相关的法律问题对财务报表的可能影响时，注册会计师又有可能需要咨询熟悉电子商务相关法律事务的律师。

(二)针对电子商务环境下认定层次重大错报风险的进一步审计程序

根据准则要求,注册会计师应当针对所评估的认定层次重大错报风险来设计和实施进一步审计程序,包括审计程序的性质、时间和范围。也就是说注册会计师实施的审计程序一定要具有目的性和针对性,有的放矢地配置审计资源,提高审计效率和效果。那么,针对电子商务环境下认定层次的重大错报风险,注册会计师也需要考虑该项风险的重要性,重大错报风险发生的可能性,涉及的各类交易、账户余额和列报的特征,被审计单位采用的特定控制的性质(比如自动化程度的高低)等方面因素,采用检查、观察、询问、函证、重新计算、重新执行和分析程序来进一步确定。通过核对总计,选择被审计单位电子数据审计样本,汇总数据进行分析,打印查证,对比不同文件中的数据,检查计算机程序的变化等多种技术来实施进一步审计程序。在电子商务环境下,可较为容易地实施对交易余额、列报实施控制测试;可用计算机辅助审计技术对电子化的交易和账户文档进行更广泛的测试,包括从主要电子文档中选取交易样本,或按照某一特征对交易进行分类,或对总体而非样本进行测试。

(三)在电子商务环境下测试内部控制有效性时应关注的重点

注册会计师必须重视对电子商务环境下内部控制中一般控制的依赖。准则规定,对于一项自动化的应用控制,由于信息技术处理过程的内在一贯性,注册会计师可以利用该项控制得以执行的审计证据和信息技术一般控制(特别是对系统变动的控制)运行有效性的审计证据,作为支持该项控制在相关期间运行有效性的重要审计证据。

准则指南则进一步明确,信息技术处理具有内在一贯性,除非系统发生变动,一项自动化应用控制应当一贯运行。对于一项自动化应用控制,一旦确定被审计单位正在执行该控制,注册会计师通常无须扩大控制测试的范围,但需要考虑执行下列测试,以确定该控制持续有效运行:(1)测试与该应用控制有关的一般控制的运行有效性;(2)确定系统是否发生变动,如果发生变动,是否存在适当的系统变动控制;(3)确定对交易的处理是否使用授权批准的软件版本,例如,注册会计师可以检查信息系统安全控制记录,以确定是否存在未经授权的接触系统硬件和软件,以及系统是否发生变动。

注册会计师对内部控制有效性的研究和评价应该围绕所有重要和相关的用户手册、电子处理程序以及该程序与用户部门的关系等。

值得注意的是,注册会计师可以通过执行穿行测试,以获取部分控制运行有效性的审计证据。穿行测试不是单独的一种程序,而是将多种程序按特定审计需要进行结合运用的方法。穿行测试是通过追踪交易在财务报告信息系统中的处理过程,来证实注册会计师对控制的了解、评价控制设计的有效性以及确定控制是否得到执行。可见,穿行测试更多地在了解内部控制时运用。

本章小结

"变化就意味着风险",注册会计师必须重视传统商务环境向电子商务环境转变或共生的大背景下,在一定程度上所引发的新的风险因素。电子商务是指被审计单位利用互联网等公共网络从事的商品购买和销售、劳务接受和提供等交易活动。

在电子商务环境下审计人员除了可以采用手工审计技术外，还可以采用绕过计算机审计、通过计算机审计、利用计算机审计的方法。在审计实践中，一般是审计人员根据其自身专长结合具体审计业务来选用相应的审计技术，如审计软件取数分析技术、嵌入审计程序采集数据技术、扩展记录技术、快速拍照、并行审计技术等，对于数据式审计模式是一个新的发展动向，也值得引起重视。

在了解这些方法的基础上，审计人员需要针对电子商务环境下的审计风险进行职业判断，并与传统商务环境下对被审计单位及其内部控制环境的了解相结合，设计相应的应对措施和进一步审计程序。对于这一点，注册会计师必须凭借自身的职业判断进行有效把握，也就是说，在审计实践中一定是需要把本章内容与前述章节紧密结合起来，而不能孤立对待。在编写过程中，独立设置本章是为了能够更加系统地阐述电子商务环境下的审计问题，也是为了更能够引起读者的重视。

在了解电子商务环境下的被审计单位过程中，注册会计师应当追踪交易在财务报告信息系统中的处理过程（穿行测试），通过追踪某笔或某几笔交易在业务流程中如何生成、记录、处理和报告，以及相关内部控制如何执行，注册会计师可以确定被审计单位的交易流程和相关控制是否与之前通过其他程序所获得的了解一致，并确定相关控制是否得到执行。同时，由于电子商务环境改变了企业内部控制的方法，需要注册会计师采用新的审计程序来收集证据。

在电子商务环境下，注册会计师应当特别重视被审计单位信息技术环境的一般控制。可以询问或观察被审计的信息系统部门的员工，也可以检查现存的文件。如果存在缺陷，审计人员必须对缺陷的严重性进行评估。在了解了一般控制之后，审计人员应对一般控制是否有效进行判断。和手工系统中的测试类似，审计人员可以利用询问和观察测试信息系统部门内部及信息系统部门和使用部门之间的职责分离情况，利用询问和观察测试与机房、终端和数据档案的实际接触等。注册会计师每年都要测试被审计单位所采用信息技术的一般控制，通过测试，初步判断信息系统可能发生的错误与异常的类型，以及这些错误与异常所带来的对已处理业务的影响；对于这些错误与异常被审计单位采取了哪些控制，这些控制有文档资料可查的又有哪些。如果注册会计师不能信赖这些控制，那么就更不应该依赖应用控制。在评估被审计单位在电子商务环境下的风险时，注册会计师应当考虑内部控制的局限性对于决策带来的影响，还要考虑可能由于两个或更多的人员进行串通或管理层凌驾于内部控制之上而被规避。

注册会计师应当考虑电子商务在被审计单位业务活动中的重要性，以及对重大错报风险评估的影响，针对电子商务环境下的审计风险实施进一步审计程序。如果注册会计师根据前期对被审计单位的了解和对重大错报风险的评估，认为可能在电子商务环境下的财务报表层次存在重大错报风险，就需要分派更有经验或具有相应计算机知识和能力的审计人员，必要时，要考虑利用信息技术方面的专家的工作。这里的专家是指在信息技术领域中具有专门技能、知识和经验的个人或组织。

【复习思考题】

1. 计算机审计与电子商务环境下的审计是否一样？

2. 什么是穿行测试？在电子数据处理环境下穿行测试应当如何做？

3. 什么是信息技术的一般控制？一般控制与应用控制的区别有哪些？

4. 为什么注册会计师在信息系统环境下必须重视一般控制而不能仅关注应用控制？

5. 注册会计师在整体层面上在对被审计单位与财务报告相关的信息系统进行了解和评估时，应当主要考虑哪些因素？

6. 针对电子商务环境下的审计风险，应该如何应对？

7. 假如你作为一名审计人员，接受任务要审查一个已投入使用的ERP系统的相关功能，而此时用户又不可能停止工作等着接受你的审查，同时该软件系统又没有提供多套账的功能进行多单位核算，此时，你将如何设法完成这项任务？

8. 在常规会计师审计某一公司的时候，如果该公司采用了ERP系统，你从注册会计师的角度应该如何来看ERP系统？假如你作为专家或者说是IT审计师，你会从哪些方面考虑，如何来处理？如果你想让客户接受存在IT审计这么回事，并且很有必要，你认为应该出具什么报告？

【案例分析题】

沪光批发公司的经理请你所去执行一项针对舞弊的调查。该公司发现记账员在购货分类账系统中舞弊，负责该项调查的合伙人让你去调查购货系统的舞弊，并审查该记账员是否在使用销售分类账和工资系统时舞弊。另一同事负责调查其他会计系统（如现金系统）是否存在舞弊。该公司的年销售额约为20000000元，通过计算机系统记录销售分类账、购货分类账和工资账。该计算机系统中所使用的软件是从外部购得的，你已确信记账员无法篡改程序进行舞弊。

该记账员主要负责的业务有：(1)把销售发票向销售分类账过账，向顾客收款并存入银行。不过，该记账员不负责填制销售发票——而是由销售部门的职员填制。(2)把购货发票向购货分类账过账，安排向供应商付款，并把发票寄向供应商。(3)编制工资表，并向职工支付工资。公司经理发现该记账员将应付给供应商的支票转入自己的银行账户，而且还伪造虚假的购货发票，向购货分类账过账，从而从该账户中划出货款。

讨论题：

1. 简要描述你在开始详细调查前，准备执行哪些调查和程序？

2. 列示你审查与购货系统、销售系统和工资系统等业务相关的舞弊交易以确定舞弊范围时，准备开展哪些工作？

提示：你应回答上述系统中将会发生哪些类型的舞弊，针对这些舞弊，你将执行哪些审计程序。

第二十章　政府审计与内部审计

【本章提示】

学习目标：

通过本章学习，学生能够了解政府审计和内部审计的含义、主体；我国的政府审计准则体系和内部审计准则体系；财政及财务支出审计的含义、审计的对象、审计的范围；理解政府审计和内部审计各自的职能；内部审计和风险管理、内部控制、公司治理的关系；了解经济责任审计和经营审计的含义、审计范围，领导干部经济责任审计的要点，经营审计的内容。

重要概念：

政府审计；财政支出审计；财务支出审计；经济责任审计；内部审计；经营审计

【引言】

从国内外审计的历史和现状来看，审计按不同主体可划分为政府审计、内部审计和注册会计师审计，并相应地形成了三类审计组织机构，共同构成审计监督体系。

注册会计师审计是由经政府有关部门审核批准的由注册会计师组成的会计师事务所进行的审计。政府审计是由政府审计机关代表政府依法进行的审计。政府审计主要监督检查各级政府及其部门的财政收支及公共资金的收支、运用情况。政府审计从本质上而言，是通过依法履行职责，对权力运行进行监督和制约，发挥预防、揭示和抵御的“免疫系统”功能，推动实现国家的良好治理。内部审计是由各部门、各单位内部设置的专门机构或人员实施的审计。内部审计主要监督检查本部门、本单位的财务收支和经营管理活动。内部审计是组织价值增加者，内部审计可以评价和改善组织的风险管理、内部控制、改善组织管理过程的有效性等。

在审计监督体系中，政府审计、内部审计和注册会计师审计既相互联系又各自独立、各司其职，泾渭分明地在不同的领域实施审计。从发展的观点来看，随着政治的逐步民主化，以监督国家经济活动为主要特征的政府审计将会得到加强；随着企业规模的逐步扩大化和内部管理的科学化，内部审计将得到更大的发展。前面的章节已经系统地介绍了注册会计师审计，本章将概括性地介绍政府审计和内部审计。

第一节　政府审计

政府审计，也称国家审计，是指国家审计机关及其人员依据有关方针、政策、法规和制度，对各级政府以及国有企事业单位财政、财务收支的合规、合法、真实、正确和有效等进行审查和评价的一种经济监督活动。政府审计产生于国家管理事务中的受托经济责任关系。国家将其财产委托给专门部门和单位进行经营和管理，从而形成了财产所有权与经营管理权分离。国家需要了解和监督经营者和管理者是否严格履行受托经济责任，是否存在营私舞弊行为；因此就产生了对受托经济责任进行审计的要求即政府审计。

政府审计的主体，即由谁来审计，按照《宪法》和《审计法》的规定，各级审计机关和审计人员依法独立行使审计监督权，其他行政机关、社会团体、内部审计机构和社会审计组织都无权行使国家审计监督权。审计主体具体包括：国家审计机关①、审计人员②、授权性主体③。政府审计的客体，即哪些部门和单位必须接受审计。在我国政府审计的客体是各级政府以及国有企事业单位的财政收支、财务收支情况④。人们通常习惯将反映国家参与国民收入分配和再分配的货币运动称为财政收支，将反映政府部门、企业事业单位、社会团体经济活动的货币运动称为财务收支。因此，监督经济责任的履行情况，就必须落实到对财政、财务收支的监督；政府审计的目的在于通过审计财政、财务收支真实、合法和效益，最终达到维护国家财政经济秩序、促进廉政建设、保障国民经济的健康发展；政府审计的基本职能是经济监督。

可见，现行的法律是将国家审计边界定位于公共财政（国有金融机构和企业事业组织的财政收支在这里被视为公共财政的衍生物，一并简称为"公共财政"，下同），由于当时公共产品的供给主体主要是政府，因此这样的定位就当时的环境来说是科学的、合理的。因此传统观点认为政府审计具有经济监督、经济鉴证、经济评价的职能。

一、政府审计的职能

政府审计职能是指政府审计本身所固有的、内在的功能，即政府审计在社会经济生活中能干什么。它是由政府审计的本质特征所决定的，或者说是政府审计本质特征的反映。政府审计是一种有独立性的经济监督活动。作为经济监督活动，它当然具有经济监督职能；作为有独立性的经济监督活动，它具有客观性、公正性，因而还能够起到鉴证和评价的作用。因此，传统观点认为，政府审计具有经济监督、经济鉴证和经济评价三种职能。

（一）经济监督职能

经济监督职能是政府审计的基本职能。审计是独立于管理者之外，不参与具体的管理活动，不履行决策、计划、组织、指挥、协调职能，对财政、财务收支专司监督的例行行为。不论被审计单位有无问题，审计机关均应当履行其监督职能，进行例行审计。因此，监督是政府审计的基本职能。具体来讲，审计监督就是审计组织和人员能够通过审核、检查被审计单位的经济活动，检查被审计单位在经济活动中是否按授权或既定目标履行

① 即审计署和县级以上人民政府设立的审计机关。

② 即各级审计机关具体从事审计业务的人员。

③ 包括审计机关授权实施审计的审计特派员等。

④ 依据《宪法》和《审计法》规定，必须接受审计的部门和单位包括：国务院各部门、地方人民政府及其各部门；国有的金融机构；国有企业和国有资产占控股地位或者主导地位的企业；国家事业组织；其他应当接受审计的部门和单位，以及上述部门和单位的有关人员。审计的内容是这些部门和单位的财政收支和财务收支。

经济责任，有无弄虚作假、违法违规、损失浪费行为，并督促其采取措施加以改进，保证被审计单位的经济活动在规定的范围内或正常的轨道上进行。它通常包括三个环节：(1)通过审查，了解被审计对象的真相；(2)以一定的法规或其他既定标准为依据，判断被审计单位的经济活动是否真实、合法、有效；(3)督促被审计单位合法、合理、有效地进行经济活动，公允、真实地处理经济业务，反映经济活动情况。

(二)经济鉴证职能

政府审计的经济鉴证职能，是指政府审计组织和人员通过对被审计单位的会计及其他资料进行审核、检查，鉴定其公允可靠性，并做出书面证明，以提高被审计单位的社会信誉。鉴证包括鉴定和证明两个方面。没有鉴定就不能提供证明，做了鉴定就必须提供证明，否则，鉴定就没有完成，也就没有意义。审计的经济鉴证职能源于审计组织和人员身份的独立性和专业技能的权威性。

(三)经济评价职能

政府审计的经济评价职能，是指政府审计组织和人员通过审核、检查，客观、公正、权威地评定被审计单位的经济决策、计划和方案等是否先进、可行，经济活动是否按照既定的决策和目标进行，是否有经济效益，有关经济活动的规章制度是否健全、有效，有关管理人员的经济责任履行是否圆满等。审计评价一般包括下列步骤：(1)通过审核、检查，确定需要评价资料的真实性；(2)按照评价目的的要求，确定评价指标，并计算其实际数值；(3)将评价指标的实际数值与事先确定的标准数值进行比较，确定是否存在差异；(4)本着客观、公正、全面、积极的原则进行分析评价，并出具评价意见，如被审计单位经济效益的优劣、内部管理制度是否健全和有效等，并提出改进经营管理的建议。

(四)政府审计职能的演进

现有观点认为政府审计的本质是国家治理的“免疫系统”。

上述三条是有关政府审计职能的传统观点，但是经历了30多年的渐进式经济体制改革之后，随着社会经济环境的发展变化，我国出现了一些新的社会现象：一是公共产品供给呈现出政府供给、市场供给和自愿供给的多元化局面；二是国家审计的公共受托责任从公共受托财务责任、公共受托管理责任向公共受托社会责任演进；三是国家审计的本质从经济监督、经济控制向“免疫系统”演进。

首先，公共产品供给的多元化。传统观点把政府审计定位于公共财政，而公共财政的主要目的是满足公众需求，但随着公共产品供给主体的多元化，满足公共需求的并非都是公共财政提供的公共产品，它还包括市场和自愿提供的公共产品。现有的定位于公共财政的国家审计边界将市场、自愿供给的公共产品排斥在国家审计之外，使之脱离了国家审计，无法发挥国家审计在这些领域中的治理作用。

其次，国家审计公共受托责任的演进。国家审计起源于公共受托责任，并且已从最初的公共受托财务责任、公共受托管理责任发展到现在的公共受托社会责任。在公共受托社会责任阶段，受托责任扩展到对非特定委托人的社会责任，国家审计行使对受托社会责任的监督，其使命将更重，承担着维护市场诚信、提高市场效率和政府绩效、弥补市场失灵和政府失灵的历史使命，有效促进社会主义市场经济的健康发展，完成公共受托社会责任。国家审计公共受托经济责任不断演进，要求国家审计的职能也随之演进，国家审计职能的演进要求通过拓展国家审计的边界来实现。与公共受托社会责任相对应的国家审计边界是公共产品，通过将国家审计的边界定位于公共产品，以主动适应公共受托社会责任的需要、更有效地服务于国家治理。

最后，国家审计本质的演进。国家审计本质从最初的经济监督、经济控制发展到现在经济社会健康运行的"免疫系统"。传统的经济监督、经济控制是被动的、消极的，而"免疫系统"则是主动的、积极的。国家审计如何实现"免疫"，就需要进行组织学习，拓展国家审计边界，定位于公共产品，与经济社会健康运行的"免疫系统"国家审计本质相协调，以体现政府的社会性、公共性、服务性和责任性。

因此，在此背景下，有学者认为政府审计是国家治理的"免疫系统"。

在国家治理的系统过程中，需要不同的机构分别担负起决策系统、执行系统和监督控制系统的重任，承担相应的职责。国家审计是依法用权力制约权力的控制方式、控制行为和控制活动的集合，国家审计通过发挥信息收集、正反馈控制、负反馈控制和前馈控制等监督控制系统的作用，在国家治理体系中具备揭露、抵御、改进和预防等"免疫系统"功能，因此毫无疑义地成为国家治理系统中内生的监督控制系统之一，服务于国家治理的决策系统，对国家治理的执行系统实施监督、控制、约束和改进。通俗地说，国家审计的本质就是国家治理这个大系统中的"免疫系统"。

1. 国家审计在国家治理中通过发现问题，发挥揭露功能

国家审计作为国家治理的"免疫系统"发挥的第一个功能，是对信息的收集、加工和再提供，也就是揭露功能。首先，国家审计通过查错纠弊、揭露问题，抵御各种对国家治理过程的侵害，改进国家治理。揭露问题是国家审计实施前馈控制、发挥预防作用的基础和前提，绝不是目标和终点。其次，揭露是制约权力的需要。根据法律的规定，将不符合法律和秩序的权力运行揭露出来，将责任与权力不匹配的事实揭露出来，国家审计就能帮助国家将各种权力约束在其规定的边界之内。再次，揭露是维护法律和秩序尊严的前提，及时揭露在某些领域对法律和秩序的系统背离，国家治理者才有机会深入思考到底是需要利用国家强制力进行惩处，还是需要调整完善现有的法律和秩序。

2. 国家审计在国家治理中通过纠正偏差，发挥抵御功能

国家审计作为国家治理的"免疫系统"发挥的第二个功能是抵御功能。抵御功能的实质是纠正偏差，纠正对法律和秩序的偏离和破坏。

从控制论的角度看，抵御功能或纠正偏差，属于典型的负反馈控制。负反馈控制的意义在于，国家审计机关以事先确认的一组标准或目标为基准，去观察和检查被审计事项或活动，从中发现偏差。在假设原定标准和目标正确的情况下消除偏差，让活动回归到原定的标准和目标上来，重新达成原定的稳定状态。在国家审计实践中，维护国家意志、维护法律尊严、维护社会秩序、打击违法违规行为，是国家审计通过负反馈机制发挥抵御功能的典型表现。

3. 国家审计在国家治理中通过促进完善法规，发挥改进功能

国家审计作为国家治理的"免疫系统"发挥的第三个功能是改进功能，也称为建设性作用。国家审计在国家治理中发挥改进功能(建设性作用)，不仅能揭露问题，更能对产生这些问题的原因，进行从现象到本质、从个别到一般、从局部到全局、从苗头到趋势、从

微观到宏观的深层次分析，并提出改革体制、健全法制、完善制度、规范机制、强化管理、防范风险的建议，提高经济社会运行质量和绩效，推动经济社会全面协调可持续发展。

从控制论的角度看，建设性作用和改进功能，属于典型的正反馈控制。正反馈控制的意义在于，国家审计机关通过检查被审计事项或活动，发现了与原定标准或目标的差异，但经过认真的研究，认为这种差异是"好的"，需要调整的不是活动本身，而是原定的标准和目标。正反馈对于整个国家治理的系统而言，往往意味着打破原定的平衡，并在新的水平上达成新的平衡，实现新的稳定。面对快速变革和改革开放的客观环境，国家审计机关以国家长治久安为目标，不断促进完善法律、改革体制、改善机制和优化政策的过程，是国家审计通过正反馈机制发挥建设性作用的典型表现。

4. 国家审计在国家治理中通过提示风险，发挥预防功能

国家审计作为国家治理的"免疫系统"发挥的第四个功能是预防警示功能，从控制论的角度看，称为前馈控制。前馈控制，也称为预先控制或预防，是指通过观察现状、收集信息、总结教训和把握规律，最大限度地预测未来可能出现的问题，并提前采取有关措施，以消除未来可能产生的偏差。前馈与反馈不同，往往在事前或事件的初期阶段采取行动，而反馈则基本出现在事后，至少也是在事件的后期阶段。前馈和反馈作为控制的两类不同方式，各有利弊。反馈在事后，对事件本身可能产生的损失或伤害无能为力，但因为掌握的信息全，可以得出更加全面、合理的结论，反馈控制行为往往更加合理。前馈发生在事前或事中，具有前瞻性和时效性，有望避免事件本身可能带来的损失，但因其掌握的信息不全面，前馈控制的不确定性和风险也很大。

当然，前馈控制和反馈控制并不能相互孤立和割裂，在国家审计实践中，不断缩短前馈控制和反馈控制的周期，不断更新前馈控制前的信息，综合使用前馈控制和反馈控制，都是扬长避短的好办法。国家审计机关发挥独立、客观、公正等优势，及时发现苗头性、倾向性问题，及早感受风险，提前发出警报，发挥预警作用，促进国家和被审计单位建立制度、及时应对、防微杜渐，这些都是国家审计发挥预防功能的途径。2008 年汶川特大地震灾难发生后，中国各级审计机关迅速行动起来，按照"力争不出问题、少出问题，至少不出大问题"的指导思想，采取果断行动，实施跟踪审计，将救灾款物发放、临时安置建设和恢复重建工程统一纳入审计监督的总体布局。审计机关一方面以高压态势极大地提高了该领域顶风作案的违法成本，降低了舞弊概率；另一方面建设性地推动了一系列规章制度甚至工作程序的建立，提前堵塞了可能存在的漏洞，使抗震救灾和灾后重建工作成为中国在全世界展示的样板工程。2008 年下半年，国际金融危机爆发初期，审计署为更好地贯彻中央关于促进经济平稳、较快发展的政策措施，不失时机地组织了一系列审计调查，揭示和分析了金融危机对我国实体经济的影响及趋势、对不同行业的影响程度、对部分企业的冲击以及一些应对政策措施落实中需要解决的困难和问题，并提出了相关对策建议。国务院领导高度重视，批示有关部门认真研究，取得了很好成效。

到目前为止，国家还是保护公民利益、维护社会秩序最重要的载体，在社会进步到国家消亡之前，实施国家治理、维护国家安全都是一个不可回避的重要话题。国家审计因为其依法用权力制约权力的控制方式、控制行为和控制活动的集合，以及具备揭示、抵御、改进和预防等功能，毫无疑义地成为国家治理系统内生的控制系统或"免疫系统"，因

而享有不可动摇的宪法地位。从国家治理角度看，国家审计为我们了解国家审计的本质特征、把握国家审计的发展规律、推动国家审计科学的发展提供了更高的视角和更广的平台。

【阅读材料 20－1】

国家审计发挥“免疫系统”功能推动国家治理不断完善

当今世界，各个国家国体和政体不尽相同，但许多国家都将国家审计纳入宪法，确立国家审计作为国家基本政治制度的重要组成部分，为国家审计发挥“免疫系统”功能，推动国家治理不断完善提供宪法保障。

（一）国家审计是制约权力的重要路径

权力的配置与制约是现代国家政治制度的基本要素，也是确立国家政治制度的重要原则，一切国家政治制度的设计都围绕权力的配置和权力的制约来进行，而与权力配置和权力制约有关的规定则必须通过宪法或宪法性文件来予以确认。

孟德斯鸠在《论法的精神》中说到，一切有权力的人都容易滥用权力，这是万古不易的一条经验。有权力的人们使用权力一直到遇到有界限的地方才休止……要防止滥用权力，就必须以权力约束权力。

以权力制约权力，是国家治理的根本要义，是国家治理的政治过程。国家审计是以权力制约权力的重要路径。

国家审计以权力制约权力，采用的最重要手段就是监督权力的行使，并让权力与责任相匹配。通过审计的监督、揭示和评价，将政府和官员的权力约束在人民的授权范围之内，并将政府和官员履行受托责任的程度和水平公开披露，接受人民的监督，让权力在监督下运行，让权力与责任匹配，任何超越边界的权力和与责任不相匹配的权力，都必须被收回或追究。

卢梭在《社会契约论》中提到，政府就是在臣民与主权者之间所建立的一个中间体，以便两者得以互相适合，它负责执行法律并维护社会的以及政治的自由。那完全是一种委托，是一种任用；在那里，他们仅仅是主权者的官吏，是以主权者的名义在行使着主权者所委托给他们的权力，而且只要主权者高兴，他就可以限制、改变和收回这种权力。

国家审计用权力制约权力，经历了两个不同的历史时期。在资产阶级民主革命以前，国家审计完全服务于封建时代的君主或国王。当时，君主或国王是所有政治权力的授予源泉。在这种历史背景下，国家审计毫无疑义地承担起了替君主或国王监督臣子和地方官僚权力行使和责任履行情况的重任，将揭露对君主和国王的背叛、揭露官员行政的无能和低效作为制约官员权力的重要手段。中国古代官厅审计的悠久历史，为总结封建时期国家审计如何在国家治理中发挥权力制约作用提供了丰富经验。

资产阶级民主革命以后，国家的性质发生了改变。国家不再是君主的国家，而是人民的国家；权力不再是国王的权力，而是人民的权力。国家权力的主体在民，国家治理的主体也在民。这种情况下，国家治理的模式，以及国家治理中权力制约和监督的方式也发生了重大的变化，现代国家审计机构的诞生和新型国家审计法律的出现，标志着国家审计进入了历史发展的新阶段。

1866年,英国议会通过了《国库和审计部法案》,根据该法案,凡是英国岁入,均以国库公款的名义,存入英格兰银行和爱尔兰银行;它的所有权属于代表人民的议会,而不属于英王,并受议会监督。该法案还规定,政府的一切收支,应由代表议会、独立于政府之外的主计审计长实施审查,主计审计长由英王任命,但只有经过议会两院的一致同意,才能令其辞退。

2003年6月,美国审计长在发布政府审计准则时称,公共资源使用的责任观念是国家管理程序的关键,是健康民主制度最基本的要素。国家审计机关的财务审计可以促进政府更加负责任地使用公共资源。绩效审计为改善政府项目的经营,为负责监督或采取纠正措施的有关各方制定决策提供便利,促进加强公共责任。

中国国家审计机关对用权力制约权力,进而为国家治理服务有深刻的诠释和独特的贡献,那就是中国开展的领导干部经济责任审计。领导干部经济责任审计制度的建立,把对各级官员的组织监督、纪检监督和审计监督有机结合起来,为监督和考核官员提供了重要依据,监督手段也更加有效。1998年至2010年,审计机关对41万多名领导干部进行了经济责任审计。审计查出领导干部以权谋私、失职渎职、贪污受贿及侵吞国有资产等个人经济问题金额20多亿元,移送纪检监察和司法机关7200人。各级党委、干部管理、纪检监察部门参考审计结果,依法依规依纪对4%的人员给予免职、降职、撤职和其他处分。同时,一大批正确履行经济责任、工作实绩突出的领导干部,因审计结果反映较好而受到肯定、表扬和提拔使用。

(二)国家审计是推进民主的重要力量

民主最早可以追溯到古希腊,其字面意思是“人民的统治”。至于民主的统治方法以及其“人民”的构成范围则有许多不同的定义,现在一般理解为由多数进行统治。

杨时展教授认为,民主是现代审计的实质,审计是民主政治的表现;民主是现代审计的目的,审计是现代民主的手段。没有现代审计这一手段,很难达到现代民主这个目的;而没有现代民主这个目的,现代审计也就失去其意义。

国家审计作为推进民主的重要力量,主要体现在三个方面:

第一,国家审计紧跟政府责任,以有效的审计监督来推进民主。

在民主社会中,政府接受人民的委托进行国家治理,而国家审计的制度安排则是为了确保政府有效履行这种公共受托责任。随着民主政治的发展,公民对政府责任的关注从最初财政财务事项的合法合规逐步深化到政府行为的有效性,发展到今天关注政府对可持续发展和促进社会公平发展的社会责任。

国家审计适应民主政治的要求,紧跟政府责任的深化而不断拓展审计领域,深化监督内容。国家审计将审计内容由财政财务收支的真实合法性,逐步调整到政府活动的经济性、效率性和效果性,再调整到国家治理的安全性、可持续性和公平性等,始终将政府责任置于国家审计监督之下,以审计成果来满足人民群众对政府履行职权、承担责任的监督要求,促进加强公共责任。

美国审计署的更名是这个过程的很好例证。2004年7月,美国审计署(以下简称GAO)的英文直译,由原来的总会计办公室,变更为政府责任办公室。美国审计署认为政府责任是国家治理的关键,而会计工作却从来都不是GAO的主要使命。目前GAO的大部分工作是项目评估和政策分析，不仅关注联邦资金是否适当使用，而且注重评价联邦项目和政策是否达到了预定的目标，以满足社会监督的需要。

第二，国家审计通过审计业务的公开，保障公民的参与。

公民参与，是民主的重要内容，也是保障民主得以实现的重要形式。国家审计机关通过审计业务公开，保障公民对国家治理体系控制活动的参与，是公民参与发挥国家治理"免疫功能"的重要方式。审计业务公开，主要突出两个方面，一是审计计划要满足多方面的公众需求，也就是审计机关在制订审计计划（含审计规划）的过程中，广泛征求民意，听取各方面的意见，然后将社会关注、群众关心的热点问题列入审计规划和审计计划，以确保公民参与权的落实。二是审计过程中，充分保障公民参与和公民意见的采纳。考虑到审计工作的专业性，审计过程中不可能请所有公民都来参与，中国国家审计机关在实践中创造性地采用了特邀审计员全程参与审计、媒体记者跟踪观察审计和公开接收信访举报等多种方式，使群众监督、舆论监督和国家审计的专业监督相结合，更有效地发挥国家审计的"免疫系统"功能。

第三，国家审计通过审计结果公告，保障公民知情权。

知情权是指公民有不受阻挠地寻求和接收信息的权利。在民主社会里，知情权是宪法保障的一项基本公民权利。国家审计实施审计结果公告，将审计结论性文件反映的内容通过合法有效的载体向社会公众公开，使公民了解国家资源（预算）的使用方向和使用效果、存在的问题和政府履行职责的水平和成效。审计结果公告构成了政府政务公开的一部分，减少了民众与政府在复杂财政信息方面的信息不对称，保障了公民的知情权，为公民参与国家治理、监督和制约公共权力提供了信息基础。

目前世界上很多国家的审计机关都实行了审计结果公告制度。2003年，中国审计署第一号审计结果公告颁布，标志着我国审计结果公告制度的正式确立。这些年来，审计结果公告制度不断发展，审计结果公告数量不断增加，有效地保障了公民知情权，积极推进政务公开，充分发挥了舆论监督的作用，在推动民主方面发挥了重要作用。

（三）国家审计是促进法治的重要保障

一般情况下，国家治理靠的是法律和秩序，维护法律和秩序的尊严，就是维持国家范围内各种利益的总体平衡。亚里士多德在很早以前就已将国家描绘为秩序。而卢梭则在《社会契约论》中指出，社会秩序乃是为其他一切权利提供了基础的一项神圣权利。

凯尔森在《法与国家的一般理论》中提出，国家问题就是国内法律秩序的问题。国家就是规范的一个综合体、一个秩序。国家是一个政治上有组织的社会，是因为它是一个由强制性秩序构成的共同体，而这个强制性秩序便是法律。

国家审计在国家治理的过程中维护法律和秩序的尊严，最主要的方式就是保持威慑、纠正偏差，揭露严重破坏法律和秩序尊严的行为，并促使破坏者受到严厉的惩罚。国家审计在国家推进法治的过程中，其保障作用主要体现在三个方面：

一是国家审计促进有法必依。国家审计的对象，主体是花费国家预算的政府机关或公营机构，如果这些单位不能以身作则带头遵守法律法规，必然会对国家的法治造成严重危害，并因社会利益均衡的破裂而危及公权的正当性，最终危害国家治理。在我国，依法治国是党领导人民治理国家的基本方略。现阶段，中国特色社会主义法律体系已经形成，法治建设重点从"有法可依"逐步转移向"有法必依"。与此同时，我国社会主义市场经济体制尚不完善，影响经济发展的一些深层次问题尚未完全解决，重大违法违规问题和经济犯罪案件仍时有发生，违法犯罪的手段、方式也在不断翻新。在这种情况下，国家审计继续坚持以真实性、合规性审计为基础，加大查处重大违法违规和经济犯罪问题的力度，从而促进有法必依、促进反腐倡廉建设。

二是国家审计促进违法必究。国家审计查处重大违法违规问题本身并非目的，维护法律和秩序的尊严才是目标。仅 2010 年一年，中国各级国家审计机关就审计和调查 15.7 万多个单位，移送案件线索 3092 件。全国共审计领导干部 3.69 万名，查出领导干部对违规行为负有直接责任的问题金额 249 亿元，82 名被审计的领导干部和 465 名相关人员的问题被移送司法、纪检监察机关处理。

三是国家审计促进法治完善。国家审计在服务于国家治理的过程中，发挥建设性作用最关键的领域，就是指出体制、机制、法律、政策之中的不足或欠缺，提出健全法规、改革体制、完善机制、调整政策的建议和意见，促进国家法治的不断完善和提高。

（四）国家审计是反腐倡廉的重要利器

腐败，特别是公职人员的腐败，是国家治理的最严重威胁之一。腐败，就是权力的异化，它通过三种方式破坏国家治理，甚至直接导致国家的灭亡：

首先，腐败打击了政权的合法性，动摇了国家治理的合法基础。腐败是违法行为，是利用权力获取不当得利的行为，是利用权力强制剥夺其他利益关系方利益的行为，是一种基于权力的"抢劫"或"偷盗"。如果国家治理者长期不能遏制腐败，那么政权存在的意义和国家治理的合法性就失去了基础。

其次，腐败破坏了国家治理的公信力。腐败行为的蔓延，会导致公民对所有国家治理行为的质疑，会使社会民众怀疑一切政策和执政行为的目的，这将极大地增加执法的成本，并在很大程度上诱发社会内部矛盾或冲突。

最后，腐败会彻底摧毁社会的凝聚力。国家本应是所有公民的保护伞，是不同利益的调节平衡器。但如果腐败不除，利益均衡率先打破，社会必将严重分裂，"国家"凝聚公民的资本将荡然无存，国家必将走向灭亡。

威廉·葛德文在《政治正义论》中强调，政权只能有两个合法的目的，即在社会内部制裁个人的非正义行为和共同防御外来侵略。国家审计反腐倡廉，是国家审计作为国家治理"免疫系统"必须发挥的作用，它不以审计机关领导人的意志为转移，也不是某个时段、某个国家审计机关的特殊任务，它伴随国家审计发展的始终，是所有国家审计机关都不可回避的重要职责。

中国审计机关在反腐倡廉方面取得的成就举世瞩目，世界各国最高审计机关在这个领域同样高度重视。美国审计署曾针对时任副总统切尼的舞弊嫌疑展开专项审计，揭露了美国政府高官和企业相互勾结的真相；欧盟审计院和英国审计署都对议员虚报费用、骗取补贴的腐败行为予以彻查；法国媒体高度关注法国审计法院披露的总统府开支合规性问题；而韩国监查院则始终高度关注高官的舞弊。

在一个法治不断健全的社会，有那么多警察和司法机构，为什么还需要审计机关在反腐倡廉中发挥重要作用呢？原因有很多，但主要的不外乎三条，一是几乎所有的腐败和舞弊，最终都要落到钱上，而审计工作始终紧盯国家财富，最有条件发现国家财富被直接侵吞或间接侵占；二是国家审计拥有大量的跨领域专业人才，并在长期监督过程中积累了丰富的专业经验，能够迅速、有效地揭露大案要案线索；三是国家审计拥有独立性，同被审计单位和被审计的官员之间没有利益冲突，能够客观公正而又敏锐地揭示问题。

（五）国家审计是维护安全的重要预警

国家是社会矛盾的产物，更是始终处于社会矛盾和国家间矛盾的环境之中，维护国家的生存和安全，始终是国家治理的首要任务。

恩格斯在《家庭、私有制和国家的起源》中说，国家是社会在一定发展阶段上的产物；国家是承认这个社会陷入了不可解决的自我矛盾，分裂为不可调和的对立面而又无力摆脱这些对立面。而为了使这些对立面、这些经济利益互相冲突的阶级，不致在无谓的斗争中把自己和社会消灭，就需要有一种表面上凌驾于社会之上的力量，这种力量应当缓和冲突，把冲突保持在“秩序”的范围以内；这种从社会中产生但又自居于社会之上并且日益同社会相异化的力量，就是国家。

塞缪尔·亨廷顿在《文明的冲突》一书中指出，国家之间的关系处于无政府状态，因此为了确保自己的生存和安全……他们维持军队，实施外交，谈判条约，控制国际组织，影响并在相当大的程度上塑造生产和商业。各国政府把确保本国的外部安全作为优先考虑（虽然它们可能常常把对付内部威胁以确保政府的安全作为更优先的考虑）。

德谟克里特说，国家的利益应该放在超乎一切之上的地位，以便使国家能够治理得很好。因为一个治理得很好的国家是最可靠的庇护所。如果它安全，就一切都安全；而如果它被毁坏，就一切都毁坏了。

无数的历史教训和众多学者精辟的论述，可以清楚地看到，国家从诞生之日起，就从来不是平静、稳定和轻松的代名词，对内确定秩序、调整秩序和维持秩序，对外维护国家安全、维系外交平衡、拓展国家利益，都是国家必须承担的职责。在全球化趋势不可逆转的今天，国家如同在市场上激烈竞争的企业一样，也面对着日益严峻的各种挑战，使每一个国家的治理变得更加艰难，国家的可持续生存和发展注定不是必然，而国家的失败却可能来得很快。因此，实施国家治理，避免国家失败，必须有国家安全层面的风险识别和揭示系统。

维护国家安全是国家治理体系中几乎所有部门的共同职责。但国家审计从诞生之日起，就站在完全独立的立场，用其独到的远见敏锐地关注着国家安全，并为国家安全做出独到的贡献。

首先，国家审计为准确评估国力提供全面的可靠信息。一个国家的失败，最常见的问题就是不能准确评价国力，导致误判。国力，就是国家的能力，考核国家能力的指标有的早已被量化，例如人口、财富和军队数量等，有的刚刚被量化，例如专利数量、科技创新成果等，但还有很多没有被量化，例如文化影响力和社会稳定度等。国家审计从诞生之日起，一方面紧盯国家能力的计量、记录和评价体系，练就了从海量数据中提炼有用数据，并对这些数据进行核实、分析，进而得出科学结论的过硬本领；另一方面不断创新方法，通过审计调查等多种手段，对那些尚未量化的国家能力或国家安全指标进行分析，为国家治理、维护国家安全提供科学的决策依据。

其次，国家审计能够敏锐地感知危险、发现影响国家安全的问题。审计的过程就是发现差异、发现问题的过程。汉代桓宽在《盐铁论·申韩》中说“善为政者，弊则补之，决则塞之”，但前提是要发现哪里有“弊”、哪里有“决”。国家审计在这个方面的独特作用有目共睹。

再次，国家审计不掩盖问题，这是国家确保安全的重要保障。汉代韩婴说“有谔谔诤臣者，其国昌；有默默谀臣者，其国亡”。一个国家中，能够看见局部问题的人很多，能够看见全局问题的人也不少，但不掩盖、不回避，能够主动为国家治理揭短的人却少之又少。国家审计坚持说带有远见而有用的真话，就是坚持了自己在维护国家安全中的独到地位。

最后，国家审计通过制约权力、维护秩序和改善秩序，最大程度地维护了维护国家安全。评估国力是基础，发现问题是前提，揭露问题是保障，解决问题才是目标。国家审计机关揭露危及国家安全的问题后，通过审计建议程序和审计建议的跟踪落实程序，确保了国家安全漏洞的弥补，为国家安全筑牢篱笆。

国家审计机关虽然承载了维护国家安全的重任，但并不一定自然而然地就能够达到这种要求。美国第一届胡佛委员会曾对当时的美国审计署非常不满，认为审计署没有去从事重要的任务，都把时间浪费于审核早已通过行政方式审核过并已支付的收据，对原本有条不紊的事务做无休无止的琐细分析。委员会认为美国审计署自成立以来就很少向国会提交具有重大意义的审计报告，国会对此应给予严厉的批评。

而当代美国审计署在维护国家安全方面的许多努力，值得我们借鉴和研究。1970—1980 年，美国审计署国际事务和国防类的审计报告一共只有 308 份，占同期审计署报告总量 2682 的 11%；而到了 21 世纪的头十年，新增加的国土安全，加上传统的国际事务和国防类审计报告飙升到了 1013 份，占同期审计署报告总量 3601 的 28%，远远超出传统的财政审计，成了当之无愧的国家审计“新龙头”！其中仅国防审计一项，就出具了 535 份报告，占 2001—2010 十年美国审计署审计报告总量 3601 的 15%。

2010 年，审计署发布新的国家审计准则，进一步明确了维护国家安全是国家审计的目标。新准则第六条明确指出：“审计机关的主要工作目标是通过监督被审计单位财政收支、财务收支以及有关经济活动的真实性、合法性、效益性，维护国家经济安全，推进民主法治，促进廉政建设，保障国家经济和社会健康发展。”新准则对国家审计目标的诠释源于《审计法》，却又更加明确。过去，很多同志把《审计法》第二条“审计机关对前款所列财政收支或者财务收支的真实、合法和效益，依法进行审计监督”中的真实、合法、效益摘出来，作为国家审计的目标。其实，监督被审计单位财政收支、财务收支以及有关经济活动的真实性、合法性、效益性，是国家审计的内容、手段和途径，而决非国家审计的终极目标。

中国国家审计机关近年来一直将维护国家安全作为审计工作的一项重大任务，在政府债务、社保资金、石油安全、稀土资源、创新能力、中介服务、信息安全和种子工程等一系列重大问题上揭示了影响我国国家安全的重大安全隐患，为国家决策提供了及时准确的信息，发挥了十分积极的作用。

(六)国家审计是推动改革的重要智囊

变是永恒的，不变是相对的。今天，国家治理面临的一个巨大挑战就是如何持续改进和改革以应对资源配置的全球化。包括人在内的各种资源，都有可能通过各种形式在国家之间进行合规或不合规的流动或重新配置，这就在客观上将各个国家放在国家治理的全球竞争平台之上。任何一个国家，如果不能进行有效治理和持续改革，受控制的国家资源一定会以这样或那样的形式流出，并逐步流入竞争对手的国家，最终导致国家安全的破灭。超越合规，推动国家持续改革，取得国家间竞争优势，既是法律赋予国家审计的责任，又是国家审计服务于国家治理的途径。

很多国家赋予国家审计机关的不是简单的披露权，而是包含建议在内的报告权。这种报告权，可以类比为政治学和新闻学领域的“话语权”，也就是国家审计机关针对审计发现的问题，有权而且必须提出改革和完善的审计建议，而这一建设性作用的最终目标，就是推动国家治理的持续改革。

德国联邦审计院具有悠久的历史。在1714年建立的普鲁士最高会计署开展业务期间，德国的审计监督已经从单纯的凭证和账目审计发展到了提供政治咨询。

1761年，奥地利审计法院的前身会计署成立，在其主要任务中，除了发现会计账目的差错，指出在公共资金的收入和支出方面的不足之外，还明确了实施预防性控制，即在女王做出决策之前，对悬而未决的经济事项表达意见和帮助改进会计方法等内容。

1967年，美国国会发出了第一个要求审计署对项目效果进行评估的指令。1969年，政府经营委员会就美国审计署作为国会信息来源的潜在能力进行了广泛的讨论。结论是：“许多国会成员和本委员会长期以来一贯认为，……如果审计署集中力量进行项目效果评估、审查经济活动和提供新的建议，其工作将会更有意义、更为有用。”

在31年的发展历程中，新中国国家审计始终坚持围绕中心、服务大局，从早年的“审、帮、促”，到全面推动绩效审计，再发展到加大对体制、机制性问题的揭示和反映力度，促进深化改革和完善制度，中国国家审计在发挥建设性作用方面取得了越来越丰富的经验，为国家治理的不断完善贡献了力量。其中审计署在受国务院委托向人大常委会作的审计工作报告中，提出的修订预算法、推进预算公开、加强地方政府债务管理、加强中央关于保持经济平稳较快发展各项政策措施的协调、加强金融监管协作及健全责任追究和问责机制等多项建议，均得到全国人大常委会和国务院的充分肯定，有效地推动了改革，促进了国家经济社会的健康发展。

（七）国家审计是维护民生的重要堤防

民生问题能否妥善解决，既是国家治理水平的体现，又在相当程度上决定了社会进步的程度和政权的兴亡。中国自古以来就将“民生”与“国计”相提并论。《管子·霸业》指出“以人为本，本治则国固，本乱则国危”；《左传·庄公三十三年》强调“政之所兴，在顺民心”；《孟子·梁惠王下》则提出“忧民之忧者，民亦忧其忧”；《孟子·尽心下》主张“民为贵，社稷次之，君为轻”等观点，都客观反映了古代先贤对民生问题的重视。

民生问题在国家治理中之所以那么重要，有三个主要原因：第一，是否重视民生，决定了国家治理的政治方向。重视民生的国家、维护民生的国家，其国家治理的政治方向就更接近“民本”；而一个背弃民生的国家，一个追求少数人利益最大化的国家，其国家治理的政治方向一定是“背离民本”。“背离民本”的国家治理者，如果靠着民智未开、皇权继承和高压统治，或许还有苟延残喘的机会，一旦到了公民觉醒、民主法治的现代社会，

则必将迅速失去治理国家的合法性，很快被别人替代。第二，民生问题，体现了国家治理的能力。在不少情况下，国家治理者都想把国家治理好，但因为能力有限，做不到。这种情况下，其他国家的治理模式会迅速侵入，而国家治理的替代者会迅速显现，社会动荡不可避免。第三，民生的问题，关系到国家治理者的政治承诺，关系到国家治理的公信力。绝大多数国家的治理者或治理群体，都会对民生问题做出这样那样的承诺，而一旦这种承诺落空，国家治理者的公信力会迅速丧失，而公民要求更换国家治理者的诉求就会非常强烈，甚至直接导致政权更替。2011 年以来，西亚北非发生了一系列政治事件，无一例外都是因为国家治理者没有妥善处理好民生问题而引发激烈的社会矛盾，最终导致国家治理失败，教训极为惨痛。

国家审计作为国家治理的"免疫系统"，维护广大人民群众的根本利益是国家审计工作的根本目标，维护民生是审计工作的出发点和落脚点。这些年来，我国各级审计机关大量开展对扶贫资金、城市最低生活保障资金、政府投资保障性住房、新型农村社会养老保险和新型农村合作医疗基金、义务教育收费、中小学校舍加固工程、农村饮用水安全等民生项目的审计和调查，保证惠民政策落实到位。今后，审计工作还将要结合民生领域改革和发展情况，进一步加强对"三农"、教育、卫生、文化、社会保障等重点民生项目和资金的审计监督，确保各项惠民政策取得实实在在的效果。

针对近年的审计工作，美国审计署提出过四个战略目标，包括应对美国人民福利和财政安全方面面临的挑战；应对全球一体化的挑战和安全威胁；推动联邦政府转变职能和迎接 21 世纪挑战；使美国审计署价值最大化。美国审计署的八大审计关注领域中就有三项直接和民生相关，一是变革中的美国经济，二是美国人口的老龄化和多样化，三是美国人民的生活质量问题。由此可见民生问题被关注的普遍性。

（八）国家审计是科学发展的重要桥梁

科学发展是国家治理的永恒主题，国家治理归根到底是不同主体的利益实现和分配。国家利益和个人利益，长远利益和现实利益，局部利益和整体利益，这些利益相互联系，既对立，又统一。国家治理的科学发展就是确保国家治理兼顾效率和公平，既实现共同利益的可持续发展，又公平分配利益，有效解决利益冲突。

要实现国家治理的科学发展，在不同历史时期，在不同发展阶段，有不同的要求。在当今的中国，影响科学发展的矛盾很多，但审计工作关注的主要是四个方面，一是人与自然的和谐，如何通过审计，揭示资源环境方面的问题，确保人类生存的可持续；二是经济增长的可持续，如何通过审计，促进转变经济增长方式，保证国家经济平稳较快发展；三是社会发展的可持续，平衡经济增长与社会发展的关系，确保文化繁荣、保障得力、生活幸福；四是社会和谐的可持续，平衡社会不同群体的利益，维护公平正义，加强社会管理，确保国家和谐稳定。

科学发展的过程，就是国家治理解决和平衡多种矛盾的过程。要解决这些矛盾，最重要的一点就是要尽早地发现矛盾，进而去平衡关系。而国家审计能充分发挥"免疫系统"的作用，及时、敏锐地提示风险、揭露矛盾。

中国国家审计机关在实践中，一直高度重视国家科学发展的问题，在不同的历史时期，揭示了一系列不利于科学发展的问题和现象，为党中央、国务院的正确决策提供了依据。进入21世纪以来，审计署更加高度重视资源环境问题、土地问题，还充分发挥亚洲审计组织环境审计委员会主席的作用，积极推动亚洲甚至世界范围的环境审计，我们为主起草的环境审计约翰内斯堡宣言，是全球环境审计发展的一个里程碑。与此同时，中国审计机关高度重视促进转变经济增长方式，通过节能减排专项审计、产业振兴专项调查和银行贷款投向跟踪审计等多种方式，时刻关注风险、不断提出建议。审计机关还高度重视发现社会建设领域出现的新情况、新问题，从增加人民福利、促进社会和谐、化解突出风险、维护公平正义、确保社会稳定等方面入手，揭隐患、查风险、提建议，取得了很好的效果。审计署编发的很多《审计署值班信息》和《重要信息要目》，都得到党中央、国务院的高度重视，为社会和谐稳定和科学发展做出了应有的贡献。

（资料来源：国家治理和国家审计的学习体会，中国审计学会，章轲，2014.7）

二、政府审计准则

审计准则是审计机关和审计人员在实施审计过程中应遵守的技术规范，是执行审计业务的职业标准，是评价审计工作质量的基本尺度。政府审计准则是政府审计法律规范内容的进一步细化，具体而言，是《审计法》内容的具体化、细化，是审计实践中贯彻审计法律法规的操作性规范。制定科学的审计准则并严格遵循，对保证审计质量、实现审计工作的规范化、维护政府审计和人员的权益、维护社会公众利益、树立政府审计的威信具有重要的作用。

我国审计署自1989年开始，就一直致力于审计准则的研究、制定、修订和完善，1996年起陆续发布了一系列审计准则，2000年又对已发布的审计准则进行了全面的修订和补充，形成了包括政府审计基本准则以及审计指南的层次分明、相互依存、相互补充、内容完整的政府审计准则体系。2010年，我国审计署在借鉴最高审计机关国际审计组织审计准则的制定经验及成文范例，根据我国国家审计的具体特点和工作需要，制定了一个既能满足政府审计工作需要又具体适用的国家审计准则——《中华人民共和国国家审计准则》。该准则颁布后，原来的国家审计基本准则、通用审计准则和专业审计准则以及审计指南被废止。

《中华人民共和国国家审计准则》的内容包括总则、审计机关和审计人员、审计计划、审计实施、审计报告、审计质量控制和责任、附则，共七章二百条。

总则的主要内容包括：制定国家审计准则的目的、依据，审计准则的定义，审计准则的适用范围，被审计单位的责任与审计责任的划分，审计目标，审计范围，审计程序的总体要求。

审计机关和审计人员是对审计机关及其审计人员应当具备的基本资格条件和职业要求所做的规定。主要内容包括：审计机关执行审计业务应具备的资格条件；审计人员执行审计业务应具备的职业要求，如审计人员应遵守的基本职业道德，独立性的要求，审计人员应具备专业胜任能力的要求，审计人员应合理运用职业判断和保持应有的职业谨慎等。

审计计划是审计机关对本年度审计项目所做的规划。主要内容包括：审计机关应当根据法定的审计职责和审计管辖范围，编制年度审计项目计划，年度审计项目计划编制

的指导,需要编制审计工作方案的情形,审计工作方案的编制、审批和调整,年度审计项目计划执行情况的检查。

审计实施是审计作业阶段应遵循的规定。主要内容包括:(1)审计实施方案:组成审计组,下达审计通知书,审计实施方案的编制、调整和审定,了解被审计单位及其相关情况,测试内部控制的有效性和安全性。(2)审计证据:审计人员应获取充分、适当的审计证据,审计人员获取审计证据的方法和程序。(3)审计记录:审计人员应当真实完整地编制审计记录,审计记录包括了解记录、审计工作底稿和重要管理事项记录,审计工作底稿的编制方法和内容,审计工作底稿的检查和复核的要求。(4)重大违法行为检查:审计人员需要关注的可能存在重大违法行为的情况及针对重大违法行为采取的应对措施。

审计报告是审计组反映审计结果、提出审计报告以及审计机关审定审计报告时应当遵守的行为规范。其主要内容包括:(1)审计报告的形式和内容:审计机关提交审计报告的程序,审计报告的编制要求,审计决定书和审计移送处理书出具的情形和内容。(2)审计报告的编审:审计组编制审计报告要求,审计组向审计机关业务部门报送的资料,审计机关业务部门复核的内容和要求,审理机构的审理内容和要求,审计报告和审计决定书的审定和签发。(3)专题报告和综合报告:专题报告和综合报告适用的情形、编制的要求和报送,本级预算执行情况和其他财政收支情况的审计报告需经本级政府首长审定后向本级人民代表大会常务委员会报告。(4)审计结果公布:依照法律审计和审计调查结果需要公布和不得公布的信息,审计机关公布审计结果和审计调查结果的要求。(5)审计整改检查:审计机关审计整改检查的内容、整改检查的方式、整改检查报告的内容、整改检查结果的报送。

审计质量控制和责任是审计机关为了督促有关人员严格遵守法律法规和本准则、做出恰当的审计结论和依法进行处理处罚所做的规定。其主要内容包括:审计机关应当围绕审计质量责任、审计职业道德、审计人力资源、审计业务执行、审计质量监控、建立审计质量控制制度;审计机关、审计组成员、审计组主审、审计组组长、审计机关业务部门、审理机构、总审计师和审计机关负责人对审计业务的分级质量控制;审计机关对其业务部门、派出机构和下级审计机关的审计业务质量进行检查的方式、内容和要求。

附则的主要内容包括:不适合本准则的审计机关的工作,地方审计机关可以结合本地实际情况依据本准则的规定制定实施细则,本准则的解释权和施行时间。

三、财政收支审计

(一)财政收支审计的定义

财政收支审计是国家审计机关依照《宪法》和《审计法》对政府公共财政收支的真实性、合法性和效益性所实施的审计监督。其目的是严格财经纪律,维护国家财政经济秩序,加强财税管理,促进廉政建设,保障国民经济的健康、有序发展。

(二)财政收支审计的对象

财政是国家为了实现其职能,以国家为主体对社会产品进行的一种分配和再分配。它反映了以国家为主体的分配关系,包括中央与地方之间、地方上下级之间、国家与国有企业之间、国家与其他经济组织之间、国家与个人之间的分配关系。财政收支审计实质上就是国家审计机关对各级政府处理上述各种分配关系的收支活动进行的监督检查。按照我围宪法和审计法的规定，财政收支审计的对象是国家财政收支，具体地说，是国务院各部门和地方各级人民政府及其各部门的财政收支，被审计单位是国务院各部门和地方各级人民政府及其各部门。

(三)财政收支审计的范围

根据我国现行的财政管理体制和审计机关的组织体系，财政收支审计包括本级预算执行审计、下级政府预算执行和决算审计，以及其他财政收支审计。我国对国家财政收支实行审计监督的制度，对强化审计监督在国家财政经济工作中的地位，健全和完善政府审计监督机制，提高审计监督工作的层次和水平，树立审计机关权威，推进审计工作走上法制化、制度化和规范化的轨道，具有重要的现实意义和深远的历史意义。目前，各地一般的做法是，各级审计机关对本级预算执行审计主要对财政部门具体组织本级预算执行情况、地方税务部门税收征管情况、地方国库办理预算资金收纳和拨付情况、本级政府各部门各直属单位预算执行情况、预算外收支以及下级政府预算执行和决算等方面进行审计监督。

(1)本级预算执行情况审计　本级预算执行情况审计是地方各级审计机关在本级政府首长的领导下，对本级预算执行情况实施的审计。

(2)下级政府预算执行情况和决算审计　下级政府预算执行情况审计是审计机关对下级政府预算执行情况的真实、合法和效益情况进行监督的行为。下级政府财政决算审计是上级审计机关对下级政府财政收支决算的真实、合法和效益情况进行监督的行为。

(3)其他财政收支审计　其他财政收支审计是国家审计机关对预算外资金的筹集、管理和使用情况实施监督的行为。

(四)财政收支审计的作用

财政收支审计作为国家审计机关对国家财政经济活动实施独立监督检查的一个重要方面，其作用具体体现为：

(1)通过财政审计监督，揭露、制止和纠正在国家财政收支活动中存在的违反国家法律、行政法规的问题，严肃财经纪律，维护国家的政令统一和财政经济秩序，促使各级政府对财政收支加强管理，使各级政府及其各部门、各单位在财政收支活动中，严格执行国家法律、行政法规的规定，加强廉政建设，保证国民经济健康、有序地发展。

(2)通过财政审计监督，促进各级政府加强对财政收支的管理，促使各级政府及其各部门、各单位强化预算约束意识，促进增收节支。提高财政资金使用效益，促进财政收支平衡。同时，为各级人民代表大会常务委员会对政府的财政收支活动实行有效监督提供服务。

(3)通过财政审计监督，促进完善国家预算管理监督制约机制，强化审计监督在我国财政预算管理体系中的地位和作用，使之成为国家财政收支活动中的一个内在的、必不可少的制约环节，充分发挥国家审计机关在国家宏观经济调控中的作用。

四、财务收支审计

(一)财务收支审计的含义

财务审计，是指审计机关按照《中华人民共和国审计法》及其实施条例和国家企业财

务审计准则规定的程序和方法,对国有企业(包括国有控股企业)资产、负债、损益的真实、合法、效益进行审计监督,对被审计企业会计报表反映的会计信息依法做出客观、公正的评价,形成审计报告,出具审计意见和决定。其目的是揭露和反映企业资产、负债和盈亏的真实情况,查处企业财务收支中各种违法违规问题,维护国家所有者权益,促进廉政建设,防止国有资产流失,为政府加强宏观调控服务。

(二)财务收支审计的对象

《审计法》规定,国有的金融机构和企业事业组织的财务收支应当接受审计监督。《审计法》还规定,"审计机关对国有企业的资产、负债、损益,进行审计监督","对国有资本占控股地位或者主导地位的企业、金融机构的审计监督,由国务院规定"。

在实际操作中,政府审计机关一般按照《中华人民共和国审计法实施条例》的有关规定来确定企业财务收支审计的对象,也就是"审计机关对国有资产占控股地位或者主导地位的下列企业,依法进行审计监督:国有资本占企业资本总额的50%以上的企业;国有资本占企业资本总额的比例不足50%,但是国有资产投资者实质上拥有控制权的企业"。

最近一段时间,一些地区通过地方立法,明确政府审计机关根据当地政府的授权或委托,可以对享受政府补贴、享受特殊优惠政策和其他与地方经济社会安全相关的企业进行审计监督,不受国有资本比例的限制。

(三)企业财务收支审计的目标

企业财务收支审计的总体目标是对被审计企业会计信息特别是损益的真实性、交易活动的合法性实施监督,对企业经营活动的效益性进行评价,并严肃查处各种弄虚作假行为和重大违法违规问题。

企业财务收支审计的具体目标包括以下七个方面:

(1)存在性,是指资产负债表所列示的各项资产、负债、所有者权益确实存在;利润表所列的各项收入和费用确实发生。

(2)完整性,是指发生的所有交易和业务均已按规定记入有关账簿。

(3)准确性,是指各项交易准确地记入相关账户,交易金额和账户余额记录准确。

(4)所有权,是指资产负债表所列资产和负债确实为企业所有或所欠。

(5)计价,是指财务会计报告各个项目所列金额均正确估价和计量。

(6)截止期,是指所有的经济业务均按规定准确地记录于恰当的会计期间。

(7)恰当披露,是指企业财务会计报告恰当地反映了账户余额或发生额,披露了所有应该披露的信息。

对企业经营活动的效益性进行评价,可能涉及企业的可持续发展、环境保护、节能降耗及其他方面的社会责任,审计目标的确定需要针对具体单位情况研究确定。

【小提示 20-1】

(1)财政、财务收支审计的目的是通过对单位财政、财务收支和其他经济活动的审计,揭露其在经济活动中存在的问题,为单位加强管理、提高经济效益服务。在审计中发现管理混乱、严重违规违纪、乱挤乱摊费用给单位带来损失,再进一步查明领导个人对此应负的责任。财政、财务收支审计对领导干部应负的直接和间接责任一般不做分层归属评价。财政、财务收支审计报告是对被审计单位财政、财务收支的发生做出真实合法效益情况评价，对人一般不作评价。经济责任审计和财政、财务收支审计目的的区别是：经济责任审计的目的是评价，而财政、财务收支的目的是纠偏和服务。

(2)财政、财务收支审计的目标均可概括为以下七个方面，即存在性、完整性、准确性、所有权、计价、截止期、恰当披露。

(3)财政、财务收支审计的主要内容均包括以下几点：一是资产审计。是对流动资产、长期投资、固定资产、在建工程、无形资产、递延资产和其他资产所进行的审计，主要审查其真实性、合法性。二是负债审计。是对流动负债、长期负债的审计，主要审查其真实性、完整性。三是所有者权益(净资产)审计。是对企业实收资本、资本公积、盈余公积、未分配利润以及行政事业单位的专项基金、结余所进行的审计，主要审查其真实性、合法性。四是损益审计。是对企业收入、成本费用、利润及行政事业单位收入、支出、结余所进行的审计，主要审查其真实性、完整性。

五、经济责任审计

(一)经济责任的含义和特征

要分析和理解什么是经济责任审计，必须首先探究经济责任的内涵。经济责任审计中的“经济责任”是指当事人基于其特定职务而应履行、承担的与经济相关的职责、义务，而不是指当事人对其与经济相关的职务行为应当承担的法律后果或当事人应当承担的经济上的后果等。该责任有以下特征：

(1)经济责任是一种职责或义务　这里责任的真正含义应当是当事人在特定的社会生活中所负有的特定的职责或义务，而不是当事人的行为应当承担的特定后果。

(2)经济责任是与职务相关的职责或义务　在社会生活中，当事人应当承担或履行的职责或义务有多种，而经济责任审计中的经济责任是基于当事人担任特定的职务，而应当承担或履行的法定或约定的职责或义务。与职务无关的其他责任或义务不在该责任的范畴之中。

(3)经济责任是与经济相关的职责或义务　基于当事人特定的职务而产生的职责或义务同样很多，包括与经济相关的职责或义务和与经济无关的职责或义务(如政治上的职责或义务)，而经济责任审计中经济责任所包含的是当事人与经济相关的职责或义务。

(4)经济责任是当事人应当承担或履行的职责或义务　对于一个单位来讲，基于法定或约定的职务、分工，每个人应当承担或履行的职责或义务都不同，而经济责任审计是针对特定的被审计人而进行的，被审计人的经济责任应当是其应当承担或履行的法定或约定职责或义务。

(二)经济责任审计的含义和特征

经济责任审计是审计机关通过对党政领导干部或国有企业及国有控股企业领导人员所在地区、部门、单位财政财务收支以及相关经济活动的审计，来监督、评价和鉴证党政领导干部或企业领导人员经济责任履行情况的行为。

经济责任审计主要具有以下特点：

(1)经济责任审计是审计监督与干部监督管理的结合。经济责任审计既是审计机关的法定职能，又是干部监督管理的重要环节和组成部分。

(2)经济责任审计的基础是对财政财务收支的审计。

(3)经济责任审计是审计机关与纪检、组织、人事、国有资产监督管理部门共同组织,是各相关部门的共同工作。

(4)审计评价和责任追究侧重于领导干部本人。

(三)经济责任审计的法律依据

(1)相关法律,如《中华人民共和国审计法》和《中华人民共和国会计法》等相关法律。2006 年 2 月,全国人大常委会修改后的《审计法》第二十五条规定:"审计机关按照国家有关规定,对国家机关和依法属于审计机关审计监督对象的其他单位的主要负责人,在任职期间对本地方、本部门或者本单位的财政收支、财务收支以及有关经济活动应负经济责任的履行情况,进行审计监督。"

(2)两办暂行规定及其实施细则,以及《中央纪委、中央组织部、监察部、人事部、审计署关于将党政领导干部经济责任审计的范围扩大到地厅级的意见》等。

(3)相关法规,国务院制定、颁布的与经济责任审计相关的行政法规和省、自治区、直辖市、计划单列市和较大城市的人民代表大会及其常委会制定的地方性法规,如《财政违法行为处罚处分条例》等。

(4)部门规章,即国务院各部门制定、颁布的部门规章,如《审计机关审计质量控制办法》等。

(5)有关部门制定的其他有关规定,如中央组织部制定的《党政领导干部选拔任用工作条例》、审计署制定的有关经济责任审计的文件和规范。

(6)地方党委和政府的其他有关规定等。

(四)经济责任审计的范围

这里讲的经济责任审计的范围是指经济责任审计的对象范围,即应当接受审计机关经济责任审计的领导干部的范围。从总体上讲,经济责任审计的范围包括地厅级(包括地厅级)以下党政领导干部和国有企业及国有控股企业领导人员,对省部级行政领导干部的经济责任审计尚处于试点阶段。而在这两类干部中由于部管理部门(主要指组织部门、国有资产监督管理部门)管理的领导干部由审计机关负责实施经济责任审计,由部门、单位自行管理的领导干部,由本部门、单位自行组织实施经济责任审计。

1. 由干部管理部门管理的党政领导干部

(1)地厅级以下(包括地厅级)党政领导干部　根据相关规定,地厅级以下党政领导干部是指地(市)、自治州和县(旗)、自治县以及乡、民族乡、镇的党委、人民政府正职领导干部(包括主持工作的副职)及其直属的党的机关正职领导干部(包括主持工作的副职)和行政机关、审判机关、检察机关、人民团体以及事业单位的正职领导干部(包括主持工作的副职)。

(2)省部级行政领导干部　根据《中央纪委、中央组织部、监察部、人事部、审计署关于进一步做好经济责任审计工作的意见》的规定,目前对省部级行政领导干部的经济责任审计处于试点阶段。

2. 接受经济责任审计的国有企业及国有控股企业领导人员的范围

根据《国有企业及国有控股企业领导人员任期经济责任审计暂行规定》及其实施细

则的规定，国有及国有控股企业领导人员，包括国有企业、国有控股企业，以及国有政策性银行、商业银行、金融资产管理公司、证券公司、保险公司等国有及国有控股的金融机构的法定代表人。

除上述领导干部以外，目前一些地方还根据地方性法规或地方政府规章的规定，对以下领导干部也进行经济责任审计：一是单位一般副职领导；二是主管财务工作的领导人员；三是组织部门认为有必要对其进行经济责任审计的其他领导干部。

（五）审计机关的主要职责

领导干部经济责任审计工作由经济责任审计工作联席会议（或经济责任审计工作领导小组）来统一指挥，其具体成员由纪检、组织、监察、人事、审计、国有资产监督管理等部门相关人员构成。联席会议主要承担指导、检查、协调所辖地区的经济责任审计工作，交流和通报经济责任审计情况，研究、解决经济责任审计中的困难与问题等职责。

其中审计机关主要职责如下：

（1）指导、检查所辖地区经济责任审计工作的开展情况。

（2）根据审计工作的需要，提出经济责任审计对象初步名单，经联席会议讨论后，纳入下一年度经济责任审计计划建议。

（3）将党委、政府批准的年度经济责任审计计划所涉及的审计对象列入年度审计项目计划，依据经批准的增加经济责任审计对象的报告，增加审计项目。

（4）接受委托部门的经济责任审计委托，依法实施经济责任审计，对审计查出的被审计领导干部所在单位和其他相关单位违反财经法纪行为依法进行处理、处罚。

（5）对审计中发现的严重违法违纪案件线索，移交纪检、监察部门或检察院立案查处。

（6）对严重违反财经法规以及严重阻碍、拒绝审计的有关责任人员，移交纪检、监察、组织、人事部门进行处理。

（7）对因审计手段限制而难以查清的问题或疑点，移交纪检、监察部门进行检查。

（8）组织、协调经济责任审计工作，协调解决审计工作中遇到的困难和问题。

（9）向党委、政府提交审计结果报告，并抄送纪检、组织、监察、人事等有关部门。

（10）制定经济责任审计的有关规章制度。

（11）对下级审计机关开展经济责任审计情况进行监督、检查、指导，并进行情况汇总。

（12）对经济责任审计人员进行业务培训，对内部审计机构和社会审计组织承办的经济责任审计事项进行质量监督。

（13）向经济责任审计工作联席会议通报审计情况，负责经济责任审计工作联席会议办公室日常工作。

（六）审计时间的安排和计划的制定程序

（1）安排经济责任审计的时间　根据相关规定，党政领导干部任期届满，或任期内办理调任、转任、轮岗、免职、辞职、退休等事项前，应当接受经济责任审计。遇有特殊情况需要离任后审计、暂缓审计的，由组织人事部门、纪检监察机关提出意见，报请本级党委或人民政府批准后执行。

领导干部经济责任审计应遵循先审计后离任的原则。为了达到先审后离的要求，许多地方开始开展任中审计，即在领导干部任职期间有计划地开展经济责任审计；很多地方在领导干部任职达到一定时间后，就有计划地开始安排对该领导干部进行审计，多数领导干部都在上任3年后接受经济责任审计。

(2)审计计划的制定程序　根据领导者经济责任审计的有关规定，经济责任审计计划的制订一般按照以下程序进行：

第一，每年年底，由纪检、监察、组织、人事、国有资产监督管理等有关部门向联席会议提出下一年度经济责任审计项目的初步意见。

第二，召开经济责任审计工作联席会议，由联席会议根据有关部门提出的下一年度经济责任审计项目的初步意见，在充分考虑审计机关实际承担能力的基础上，根据本级党委政府的工作重点、干部监督管理、党风廉政建议等工作的需要，统一协调，拟订经济责任审计工作计划。

第三，经济责任审计工作计划经本级党委、政府(或经济责任审计工作领导小组)同意后，以联席会议文件的形式加以确定，列入审计机关的审计工作计划。

第四，组织部门根据确定的审计工作计划，以书面形式委托审计机关实施经济责任审计。遇有特殊情况确需调增审计项目的，组织部门应与有关部门充分协商，并报经本级党委、政府(或经济责任审计工作领导小组)批准。

(七)领导者经济责任审计的要点

领导者经济责任审计，主要关注领导干部履行经济责任的行为，围绕领导干部所负经济责任的相关事项，重点审查领导干部所在单位、所在地区及重要相关单位的财政财务收支；同时，注重与社会经济发展密切相关的重要决策和经营活动，关注被审计领导干部履行经济责任行为的经济效益、社会效益和环境效益。

由于不同领导干部承担经济责任的差异较大，对不同领导干部进行经济责任审计的要点也有所不同。

1. 党政领导干部经济责任审计的要点

党政领导干部经济责任审计可以分为对政府、党委“一把手”的审计和党政部门领导干部的审计，其中政府、党委“一把手”经济责任审计最具代表性。

(1)党委“一把手”经济责任审计的要点　应侧重于其任职期间的经济决策和宏观经济管理活动的审计，重点审计内容包括以下几方面：

第一，贯彻执行国家重要经济政策的情况，即核查被审计领导干部在任职期间是否严格按照要求贯彻执行国家的重要经济政策，制定的有关经济政策有无与国家经济政策相抵触的情况。

第二，决定重大经济决策和重大经济事项的程序与效果，即审计领导干部在任职期间所做出的重大经济决策和所进行的重大经济事项是否遵循了规定的民主决策程序，该经济决策和经济事项的效果如何，是否造成了重大经济损失或者取得重大经济或社会成效，以及对所在地区可持续发展的影响(包括其对环境产生的影响)等。

第三，所在地区财政收支和所在单位的财务收支情况，即审计所在地区财政收支和所在单位财务收支的真实、合法情况。

第四，本人遵守廉政规定的情况，即审计被审计领导干部是否存在个人经济上的违法违纪行为，是否有贪污受贿问题，以及其他遵守廉政规定的有关情况等。

第五，所在地区财政收入、政府负债等重要经济指标的真实性及其变化情况等。

(2)政府"一把手"经济责任审计的要点　政府"一把手"经济责任审计，要对财政部门进行全面审计，并对财政收支状况提出意见；对其他单位的审计或审计调查，要围绕与领导干部经济责任的相关程度及审计方案的要求有重点地选择进行。审计的重点内容一般包括：

第一，领导干部任职期间所管辖地区的财政收支，相关单位财务收支及有关重要经济活动的真实性、合法性。

第二，贯彻执行国家重要经济政策的情况，即核查被审计领导干部在任职期间是否严格按照要求贯彻执行国家的重要经济政策，制定的有关经济政策有无与国家经济政策相矛盾或者相抵触的情况。

第三，决定重大经济决策和经济事项的程序与效果，即审计领导干部在任职期间所做出的重大经济决策和所进行的重大经济活动是否遵循了规定的民主决策程序，该经济决策和经济事项的效果如何，是否造成了重大经济损失或者取得重大经济成效，以及对所在地区可持续发展的影响(包括其对环境产生的影响)等。

第四，领导干部本人遵守廉政规定的情况，即审计被审计领导干部是否存在个人经济上的违法违纪行为，是否有贪污受贿问题，以及其他遵守廉政规定的有关情况等。

第五，领导干部任职期间所管辖地区的财政收入、政府负债及上级政府和有关部门当期考核事项等重要经济指标的真实性及其变化情况。

2. 企业领导干部经济责任审计的要点

企业领导人经济责任审计一般应根据组织部门的具体要求、领导人所在企业的实际情况和与领导人经济责任相关的程度来确定审计重点。审计的重点内容一般包括：

(1)企业资产、负债、损益的真实性；

(2)国有资产的安全、完整和保值增值情况；

(3)企业对外投资和资产处置情况；

(4)企业收益的分配情况；

(5)企业内部控制制度及其执行情况；

(6)与企业资产、负债、损益目标责任制有关的各项经济指标的完成情况；

(7)决定重要经济决策和重大经济事项的程序及效果，是否存在重大决策失误和造成国有资产重大损失的情况；

(8)领导人个人廉洁自律情况，领导人有无侵占国有资产和经济违法违纪问题；

(9)党委、政府或委托部门要求审计的其他内容。

【小案例 20-1】

浙江光华器材厂审计案

1. 浙江光华器材厂案的始末

浙江光华器材厂建于 1965 年 6 月，原是军工企业。1986 年年底，工厂迁移到龙游县后，由于继续生产部分军用产品，相继享受产品税或增值税超收减免、企业所得税部分减免及浙江省区外高新技术企业等优惠政策，加上全厂干部职工的努力，企业经济效益一

直名列龙游县国有企业前茅。

1997年8月，已担任该厂厂长13年之久的钱华生由组织决定离任。根据规定，龙游县审计局组成审计组于1997年月10月13日开始对钱华生担任光华器材厂厂长期间的经济责任履行情况进行审计。

为期一个月的账面审计很快结束，审计中暴露出企业在开发投资项目时，由于缺乏项目可行性研究、对合资伙伴资信情况缺乏有效论证及民品开发经验不足，形成投一项、死一家、亏一块的结果，损失严重。

该厂自1993年4月至1997年8月，累计向20家企业和单位出借资金1204.33万元，截至1997年8月31日，尚有17家企业和单位的593.69万元本金未收回。这些由厂长审定并由借款单位签订借款协议的外部借款，除70万元外，其余均无借款担保单位，即使有担保单位的那部分出借资金，也因担保单位实属皮包单位而未按规定及时予以追究连带清偿的责任，因此，出借资金逾期越来越严重，呆滞款项数额较大。

使人尤为震惊的是，该厂两次组建中外合资企业，大量资金被骗。对于一系列不合常规的经济行为，是否存在有关责任人员玩忽职守的问题？通过审计人员的努力，到1998年3月，光华器材厂所谓中外“合资”的情况基本被摸清。3月底，一份关于光华器材厂在“组建中外合资企业”过程中受骗情况的专题报告送到县委4名主要领导的案头。

光华器材厂的问题引起县委领导的重视。有关领导批示，请监察局、审计局协同做深入调查。县监察局、县公安局组成联合调查组，对光华器材厂投资受骗情况进行内查外调。由于涉及诈骗的对方当事人已被当地公安机关立案侦查并外逃，调查组辗转河北、北京、广州等地，进行艰难的调查取证工作。

1998年7月1日，县领导带领有关部门负责人来到光华器材厂，听取厂领导的意见和职工们的正义呼声。龙游县公安局专案组同时进驻光华器材厂现场办案。公安人员经过几个月紧张繁忙的内查外调，查明了有关钱华生涉嫌玩忽职守犯罪的事实。

2. 浙江光华器材厂案的审计与查处

1996年4月初，光华器材厂厂长办公会议讨论与柏联国际顾问(香港)有限公司进行合资生产的问题，决定由钱华生及厂长助理周疆前往广州考察洽谈。钱、周在考察中未对对方的合资能力、资信等情况做调查研究了解，并在相关人员真实身份不明的情况下，仓促与对方代表谢爱民等人签订了合资创办“龙游华源塑料制品有限公司”的协议书。此后，在未经主管部门审批并在相关人员真实身份不明的情况下，钱华生仓促与对方代表谢爱民等人签订了合资创办“龙游华源塑料制品有限公司”的协议书。此后，在未经主管部门审批的情况下，该厂又与广州市江金企业发展有限公司签订了价值444万元的设备和保值模具购销合同，并按合同规定于签订合同之日起将应付总货款40%的预付款给广州市江金企业发展有限公司，致使5月6日87.6万元该厂电汇至广州市江金企业发展有限公司的伍小辉等人合伙骗走。

与此同时，龙游县公安局在侦查中发现钱华生涉嫌受贿的部分线索，便于9月底将受贿部分案件移交龙游县人民检察院侦查。县检察院反贪局11名侦查人员全力以赴，经过近两个月的内查外调，查清钱华生担任厂长期间利用职务之便先后收受价值10.59万元贿赂并为他人谋取利益的犯罪事实。

1999年1月5日，浙江省龙游县法院对光华器材厂原厂长钱华生受贿、玩忽职守一案做出的一审判决正式生效。被告人钱华生犯受贿罪，判处有期徒刑10年，并处没收财产5万元，剥夺政治权利3年。此判决是1998年12月25日做出的，被告人钱华生没有上诉。龙游县人民检察院在侦查钱华生一案的过程中，从光华器材厂揪出一窝“蛀虫”：有10人因玩忽职守、贪污受贿、挪用公款等犯罪行为被查处。

（参考资料：杨庆英，《审计案例分析》，首都经济贸易大学出版社2003年版）

审计分析与思考：

本案例中钱华生贪污受贿、渎职的问题在厂内引发了一系列腐败行为，造成了严重的后果。厂长在基建、为职工谋福利中中饱私囊，厂里一些手中握有实权的中层干部上行下效，干起了罪恶的勾当，给国家和企业造成巨额的损失。

领导者经济责任审计有个“指导中心”，被称为“经济责任审计工作联席会议”，一般由纪检、组织、人事、审计、国有资产监督管理等部门组成，有的地方或单位还吸收其他相关部门参加。实践证明，那些稽查出来的大案要案，也多是这些部门联合作战的成果。这些部门都有各自的职权范围，在实践活动中也能各负其责，发挥各自的优势和特长。联手办案可以消除某个部门独立办案的各种弊端，符合法理。

对领导者任期责任审计，就是对单位“一把手”的审计，表面上看似乎是检查领导者的“毛病”，其实也是保护各级领导干部的措施。如果领导干部都做得很好，就不会有什么违规风险。但也有一些“领导”经不起市场经济的“考验”，以至于锒铛入狱，促使人警醒。

问题探讨：

① 领导者任期责任审计与传统的财政收支审计有无区别？

② 领导者任期责任审计过程中如何区分领导者的个人行为和集体行为所应负担的责任？

传统观点认为，按照审计的内容进行划分，政府审计可以划分为财政收支审计、财务收支审计、经济责任审计、经济效益审计等。随着对“免疫系统论”的深入研究，很多学者对政府审计进行了更细致的划分，认为政府审计应包括社会保障审计、民生审计、环境审计、资源审计、灾害审计等若干类别，以下仅列举其中的几种并加以阐述：

六、社会保障审计

社会保障审计是指审计机关对政府部门管理的和社会团体受政府委托管理的社会保障资金财务收支的真实、合法、效益进行的审计监督。社会保障审计的范围包括养老、医疗、失业、农村养老、工伤、生育等社会保障基金、住房保障以及各项社会救济、社会福利、优抚安置和社会捐赠资金等。

社会保障审计作为社会保障监管体系的重要组成部分，在确保社保资金安全、促进符合中国国情的社会保障制度建立与完善、打击惩治腐败、推进依法治国方面发挥着越来越重要的作用。各级审计机关应当努力提高社会保障审计的层次和水平，以社会保障审计为切入点和着力点，用审计杠杆助推国家良好治理目标的实现。

首先，围绕建立健全公共财政下的政府预算体系，开展社会保障预算审计。社会保障审计应促进把各项保障基金作为国家预算的一部分，更完整地反映社会保障事业的发展状况，进一步健全公共财政下的预算制度，不断提高社会保障基金管理的可持续性。其次，围绕社会保障审计的职责履行情况，加强社会保障决算审计。社会保障审计必须关注社会保障基金的安全，要严肃查处挤占挪用社会保障基金、违规投资等违法违规行为，确保社会保障基金全部用于平衡公共财政预算。同时，对社会保障决算审计发现的问题，审计机关要督促有关单位及时整改，联合国家相关部门启动审计结果的问责和责任追究程序，使那些不履行或不正确履行责任甚至滥用职权的人员得到相应的惩戒。对社会保障基金管理职责履行得好的单位，要在媒体上发布公告进行表彰，并建议主管部门给予一定的褒奖。最后，围绕提高政策效能，深入开展社会保障公共政策的跟踪审计。跟踪公共政策实施过程中，要考虑政策执行的效果而非仅仅局限于经济效益；要关注各类政策是否能够做到有效衔接，防范政策脱节；必须促进审计查出的问题整改到位，推动政策执行到位。

七、民生审计

民生审计是指审计机关以维护国家和社会安定和谐为目标，把对那些与人民群众利益最为密切的公共资金使用效益情况进行的监督作为国家和审计部门生存和发展的生命线，着重对那些与广大人民群众生产、生活和劳动力再生产密切相关领域的公共资金管理使用情况进行监督和鉴证的行为。

解决民生问题是一个长期的渐进的过程，是各级政府工作的重点和财政资金等投入的重点。随着经济的发展，投入民生方面的资金将会越来越多。防止解决民生问题的资金被非法使用，切实发挥民生资金的使用效益，不能光靠自觉，必须用严格的制度来保障。而严格的制度能否落实下去，审计监督是关键。

近几年，各级政府审计机关在“促进社会公平正义，努力使全体人民学有所教、劳有所得、病有所医、老有所养、住有所居”方面，认真履行审计监督职责，结合有关部门的重大资金投入、重要项目管理、重点工程建设等开展了专项审计和审计调查，从民生政策、民生资金、民生工程三个方面加强对政府实事建设项目、与人民生活密切相关的教育、就业、收入分配、社会保障、医疗卫生、社会管理等项目的审计监督。通过了解群众需求和政府出台的有关政策，反映有关部门职责履行情况和民生政策落实情况；从检查民生资金的收支管用效益情况入手，分析民生资金使用的结构和方向，在促进资金收支真实、合法的基础上，促进资金使用的合理和有效；通过加强民生项目建设事前、事中、事后监督，确保有关部门把好事实事做好做实，发挥民生项目在保障民生、服务民生方面的作用。

由此可见，民生审计就是以“关注民生、改善民生”为出发点和落脚点，紧紧围绕社会保障、就业再就业、教育、医疗卫生、环保、住房等与群众切身利益息息相关的资金、基金，履行审计服务监督职责，促进民生资金管理规范，使用效益提高，让群众随经济发展分享到更多改革发展的成果。

八、非营利性组织审计

我国非营利性组织的发展还很不成熟，政府化、官办化明显，许多非营利性组织经费短缺、专业人员不足，日常管理及审计不规范。非营利性组织审计作为政府审计工作的内容之一，有助于改进非营利性组织的营运管理，提升其在我国社会经济环境领域及全球事务中的作用和影响。

国家体育总局因在2000—2006年间擅自挪用2787万元彩票公益金投资股票而被审计署查处。自然科学基金会会计因贪污挪用公款2亿元被判死缓。武汉理工大学原副校长李海婴贪污、受贿、挪用公款总额达1400多万元被判无期徒刑。根据广东、山西等地的纪检监察部门对当地2009年"小金库"治理情况的通报，教育系统的"小金库"事件占相当大的比例，成为小金库重灾区。药品和医疗器械层层回扣，一些院中院成为医院腐败特区，"白色腐败"一定程度上引发了"看病贵"等问题。这些事件说明加强非营利性组织信息披露与审计意义重大，尤其是对于非营利性组织初步发展的中国而言，这一问题更应得到重视。

但我国非营利性组织审计的实践经验积累还不够丰富，理论研究相对薄弱，加上对非营利性组织审计的目标研究还存在诸多争议。与营利性组织相比，非营利性组织不以营利为目的，其审计模式与营利性组织审计有显著差异。可以从问责机制、信息公开机制、审计主体独立性保证机制建设等方面完善我国非营利性组织审计。

首先，需要建立非营利性组织的问责机制。非营利性组织要对社会弱势群体，如穷人、老人、残疾人以及受到环境危害的人负责，同时需要对其资金或其他资源提供者负责，确保需求者所得到的支持用在指定的目的上，这就要求在媒体或网络上公开披露非营利性组织资金流向与使用效果的年度报告。其次，建立非营利性组织信息公开机制。由于非营利性组织的非财务信息包容量大，需要对外公开和披露，非营利性组织应该建立信息公开条例，使其信息公开规范化、常态化。最后，需要建立审计主体独立性保证机制。非营利性组织审计主体的独立性是指审计主体在整个审计过程中自始至终保持客观、公正、不偏不倚的审计决策、执行和报告的能力。为了保证非营利性组织审计目标的实现，必须建立审计主体独立性保障机制，促进审计功能的实现。

九、资源审计

资源是人类赖以生存的重要组成部分，国家治理要保证资源的可持续利用，以促进贯彻落实节约资源的基本国策为目标，从审查能源、资源及资金的管理使用、相关政策落实等情况入手，从促进资源节约、生态建设等方面加强对资源的审计。

我国的资源审计应加强对土地、矿产、淡水、林木等重要资源保护与开发利用情况的审计，揭露和查处违规出让、无序开发、低效利用行为，打击浪费破坏资源、侵占资源及其收益、危害资源安全等违法行为，促进资源依法有效保护和合理开发利用。从财政财务收支入手，以履行责任和追究责任为重点，从政策执行、资金筹集与使用、资源利用和行政效能等方面，监督财政财务收支的真实性、合法性和效益性，切实提高资源审计监督实效。

十、环境审计

经济越发展，环境越重要。工业经济的飞速发展对地球环境系统造成了巨大损害，人类已经意识到经济发展模式转型的重大意义，信息经济、绿色经济、人本经济、循环经济方兴未艾。环境问题已成为人类生存和发展的重大问题，是人类不可逾越的三重底线之一。从科学发展观到可持续发展，再到构建和谐社会和“两型社会”，环境保护是题中之义。国外5E审计中的环境性审计，就是对环境进行审计。我国的政府审计大都停留在经济性、效率性和效果性的3E审计阶段，对环境性、公平性审计的认识和投入不足。积极开展环境审计，首先要确定环境审计工作重点，关注经济社会发展过程中与环境不相协调的问题，防止高能耗、高污染、高排放项目的违规投入，预防为了大力建设发展而忽视对环境造成的污染，防止过度开发和使用自然资源。其次，扩展环境审计领域，将环境审计对象的范围扩展到矿产资源、大气污染、噪声污染、固体废弃物、生物多样性等领域，解决各种突出的环境问题，逐步提升政府审计的全面性和有效性。最后，将环境审计内容向纵深发展，将其与经济效益审计结合，对环境政策执行情况、环境资金使用情况、自然资源利用情况进行揭示和查处，最终达到5E审计的多重审计目标。

十一、灾害审计

灾害审计是资源环境审计系统的延伸，做好灾害审计工作也是保证实现国家良好治理的有效途径。国家实行灾害审计，可在维护和捍卫政府形象、维护公众利益方面发挥巨大作用。对于突发性的自然灾害，我们是无法准确预料的，但是我们可以提前做好灾害审计的预算管理，同时在救灾过程中进行事中和事后审计。对于有灾害预算的单位，政府审计要对灾害预算编制的合理性、预算资金是否提足、善款是否及时足额使用等进行审计。

在实施灾害审计的过程中，首先要将专项审计、事中审计与跟踪审计紧密结合。要重点关注灾区的大额资金和重点物资的具体数量，分配环节，分配之前做好预算的同时还要做到合理分配；使用环节，对于挪用、贪污、挤占的情况要严肃查处，不得留有余地。其次要完善审计评价标准。审计评价是灾害审计的关键，救灾资金及货物必须及时用于灾区，根据受灾群众的诉求，制定多种不同的审计评价标准，总原则是坚持依法评价、实事求是、做出客观公正评价。最后要加大灾害审计的监管力度，制定相应的监督措施。有效的监督是为了完善权力制约机制，保证救灾款物用到实处。同时，灾害审计的本质也是为了使捐赠资金和物资管理使用达到规范、高效、公开、透明的状态，确保资金和物资使用的安全。

第二节　内部审计

一、内部审计概述

(一)我国内部审计的产生和发展

我国内部审计的产生要追溯到奴隶社会。在西周时期，朝廷设有天、地、春、夏、秋、冬六卿管理朝政，六卿下面分设若干官职。其中司会是天官之长，设在大宰之下，其职责主要是负责稽核全国财计，同时还负责对上报的财产和业绩资料进行审查。西周时期的司会是我国内部审计的最初萌芽。

在漫长的封建社会，由于封建王朝的专制统治，王权、皇权处于至高无上的地位，整个国家的一切经济活动都体现为朝廷的活动，从决策到立法、行政和司法等权力，都集中于皇帝或君主一身。因此这个时期的审计活动均体现为国家审计。

19世纪下叶，随着民族资本主义工商业的产生和发展，我国出现了按照西方企业管理模式建立的银行、造船厂、矿山和兵工厂等较大型的企业，这些企业纷纷在企业内部设立"稽核"职务和部门，实行内部审计制度。

我国现代内部审计是和国家审计一起产生和发展起来的。1983年，国家审计署成立。之后，审计署相继发布了一系列与内部审计有关的规定。根据这些规定，国有企事业单位和政府部门都建立了相应的内部审计机构，普遍开展了财务审计、经营审计等审计业务，在加强内部管理，促进企事业单位实现经营管理目标方面发挥了重要作用。

1987年，中国内部审计学会成立，随后作为国家分会加入了国际内部审计师协会(简IIA)。多年来，中国内部审计学会积极开展了有关内部审计的学术研究和国际交流活动，推动了我国内部审计的发展。2001年，经审计署同意，民政部批准将学会更名为协会，使其成为对企业、行政机关和其他事业组织的内审机构进行行业自律管理的全国性社会团体组织。

20世纪90年代以后，我国内部审计有了较快的发展。随着我国市场经济体制改革进程的加快，以及经济全球化和科学技术的迅猛发展，内部审计作为企事业单位内部管理的一个重要组成部分，也得到了空前的发展。政府部门的内部审计，由于受到1984年以来三次政府机构改革的影响，发展曾历经波折。到目前为止，据不完全统计，全国共有6万多个内部审计机构，18万名内部审计专(兼)职从业人员。全国的内部审计机构每年完成审计项目50万个左右，通过查处违纪违规、损失浪费等问题，促进提高经济效益约1000亿元，为国民经济持续、健康、有序发展做出了重要贡献。

2003年3月，审计署发布了《审计署关于内部审计工作的规定》。根据这一规定，国家机关、金融机构、企业事业组织、社会团体以及其他单位，应当按照国家有关规定建立健全内部审计制度。同年，中国内部审计协会颁布了《内部审计基本推则》《内部审计人员职业道德规范》和10项内部审计具体准则，在随后的几年①审计署又分别发布了11—29号具体准则，以及第3号、第4号实务指南，为内部审计人员开展内部审计业务提供了工作依据。中国内部审计从此进入了一个发展的新阶段。

(二)内部审计的产生动因

1. 受托经济责任关系是内部审计产生的基本前提

受托经济责任是指财产资源所有者与经营者、上级管理者和下级管理者之间形成的委托或受托经营管理的关系，所有者或上级管理者作为委托人，委托经营管理者或下级管理者作为受托人进行经营管理，同时赋予受托人一定的权利，受托人需要承担一定的责任和义务。审计作为独立的第三方，接受委托人的委托，对受托人的受托责任履行情

① 2004年3月发布了11—15号内部审计具体准则；2005年3月发布了16—20号内部审计具体准则；2006年5月，中国内部审计学会发布了第21—24号内部审计具体准则；2007年5月发布第25—27号内部审计具体准则；2008年9月，中国内部审计协会发布第28、29号内部审计具体准则和第3号实务指南；2009年7月颁布了第4号实务指南，于2009年9月1日施行。

况进行审查和评价，并将审查和评价的结果报告给委托人。可见，受托经济责任关系是内部审计产生、发展的前提和基础。

但是，受托经济责任关系的存在并不标志着审计就一定会存在。如果企事业单位的规模不大，业务也不复杂，委托人有能力对于受托人的受托责任履行情况亲自进行检查和评价，作为独立的第三方的审计就失去了存在的意义。

2. 内部审计是基于企事业单位内部管理和控制的需要产生和发展起来的

随着企事业单位规模的不断扩大，经济业务日益复杂，管理层次逐渐多样化，生产经营地点分散化。为了加强内部管理与控制，便于母公司管理监督子公司的经济活动，需要设立内部审计机构，并独立于各职能部门之外，内部审计由此产生。

作为证券市场重要组成部分的民间审计制度，在 19 世纪后半期已经确立起来。但仅仅依赖会计师事务所一年一度的财务报表审计所提供的信息进行管理，对于上级管理者来说，无疑是滞后的，不能满足管理和控制的需要。为了对受托管理的活动进行及时的审查和评价，获取充分快捷的管理信息，有必要设置一个专门机构专门从事审查和评价。

3. 外部压力对于现代内部审计的发展起到了推动作用

内部审计一开始是作为企事业单位加强管理和控制的一个重要机制产生的，后来由于股份公司的大量出现，一些国家颁布了包括强制要求实行内部审计的法律之后，内部审计在这种外部压力的推动下发展起来，如 1844 年英国公司法、早年的日本商法都对内部审计提出强制性要求。

(三)内部审计的含义

我国审计署于 1995 年 7 月 14 日发布的《关于内部审计工作的规定》，其中第四条规定具有内部审计的定义性质："内部审计机构在本单位主要领导人的直接领导下依照国家法律、法规和政策，以及本部门、本单位的规章制度，对本单位及下属单位的财政、财务收支及其经济效益进行内部审计监督，独立行使内部审计监督权，对本单位领导人负责并报告工作。"这条规定，揭示了内部审计机构的领导关系、审计的依据、审计的范围以及向谁负责及报告工作等问题，较为完整地表述了内部审计的含义。

国际内部审计师协会在 1999 年颁布的《内部审计职业实务指南》中指出："内部审计是一种独立、客观的保证和咨询活动，其目的是增加组织的价值和改善组织的经营。它通过应用系统的、规范的方法，评价并改善风险管理、控制和治理过程的效果，帮助组织实现其目标。"这个定义阐述了内部审计的目标和作用。也就是说，经济组织管理的目的是增加组织的价值，而内部审计的作用则可以概括为三个方面：评价和改善组织的风险管理，评价和改善组织的内部控制，评价和改善组织的治理过程。

现代组织规模不断扩大，集团化、全球化、信息化的趋势日益明显，外部竞争日趋激烈，外部条件变化日益加快，面临的不确定因素日益增多。在这种环境下，内部审计不但要面向内部经营管理活动，加强检查、评价，以保证各项规章制度和管理指令得到及时有效的贯彻执行，而且要面向组织的外部环境，加强调查、分析，以提供经营管理者正确决策所需的建议、咨询、资料，提高管理效率，为最大限度地增加组织的价值服务。

(四)内部审计的职能

内部审计的总体目标是最有效地帮助管理者管理组织的业务活动，增加组织的价值。企业的管理当局希望通过内部审计人员的工作，使内部审计的目标不只局限于查错防弊和保护资产，更重要的是对经营管理领域存在的控制缺陷提出富有建设性的、符合成本效益要求的改进的措施和方案，以帮助各级管理人员更有效地履行职责。截至今天，公司内部审计全面进入管理审计时代：从业务审计发展到整个3E审计（即效率性、效果性、经济性），又发展到服务于整个组织。内部审计工作的延伸直接导致了内部审计职能的扩充。现代内部审计兼具监督、评价、控制、服务四大职能。

1. 内部审计的监督职能

监督是指监察和督促。内部审计的经济监督职能是指监察和督促企业内部人员在其授权范围内有效地履行其职责，以保证企业的各项经济活动在符合国家的法律、法规和企业内部的政策、制度的正常轨道上运行。

综观内部审计产生和发展的历史，经济监督职能是内部审计原始的、也是最基本的一种职能。无论是早期的查错防弊，还是现代的各种核查和评价活动，都蕴含着经济监督的性质。伴随着分权化管理出现的部门责任制、经营责任制，各级管理部门和直属单位享有更多的自主权。企业最高管理当局对其掌握的资源财产的使用情况，以及他们制定的方针政策、下达的命令指示的贯彻执行程度表示出越来越大的关心和疑虑。于是，内部审计人员便被授权代表企业最高管理当局去监督检查。通过审计监督来规范企业的经营行为，从而实现自我约束。公司企业内部审计监督的着眼点，主要是保护股东或企业的利益，维护企业的合法权益。

2. 内部审计的评价职能

内部审计的评价职能是指内部审计人员依据一定的评价标准，对所检查的活动及其效果进行合理的分析和判断。例如管理者是否履行经济责任、其经济业绩如何；企业经营决策、生产计划、发展规划是否符合企业的发展目标，经济活动是否按照既定的决策和目标进行，经济效益如何；财务收支计划、信贷计划、经济合同等的执行情况如何；内部控制制度是否健全、高效。从而有针对性地提出意见和建议，以促使其改善经营管理，提高经济效益。内部审计人员通常运用的评价标准是：组织内部制定的各种方针、政策、程序、计划和其他制度以及签订的合同；政府的法律法规和条例；同行业的一些标准和规范，以及一般公认的管理原则等。

评价职能是由监督职能派生出来的另一种职能，但自20世纪50年代以来，因市场竞争日益激烈，企业要求生存、求发展，必须加强内部控制，不断改善经营管理，对经营活动的经济性、效率性和效果性进行客观评价，因此，内部审计的评价职能变得越来越突出，几乎上升为内部审计的一项基本职能。内部审计要在履行监督职能的基础上以履行评价职能为主。企业需要对影响经济效益的一切因素进行深入分析和评价，并针对取得的成绩和存在的问题，提出有建设性、针对性的评价意见和改进建议，协助管理者更有效地进行经营管理活动。经济效益审计是评价职能表现最为明显的审计类型。

3. 内部审计的控制职能

现代公司投资主体多元化、经营方式多样化、管理层次多级化，跨行业、跨地区、跨国界的企业日渐增多，企业最高管理层不可能对经营管理状况进行经常性的直接监督和检查，内部审计作为企业控制系统中的一个重要组成部分，由于内部审计人员是代表企业管理当局从组织发展的全局来分析和考虑问题，正如曾任美国审计总局主任的劳伦斯·索耶指出的那样："现代内部审计人员所做的事情，只不过是公司总经理想而未能做的事情"。因此，内部审计具有管理控制职能。这种管理控制职能是通过内部审计人员独立的检查和评价活动，衡量和评价其他内部控制的适当性和有效性得以实现的。内部审计自身的独立性和对本企业情况的了解，以及在长期审计工作中积累的经验，使其能够及时发现内部控制制度实施过程中存在的薄弱环节，并通过分析问题产生的原因和影响，找出措施和方法来完善企业内部控制。内部审计是企业中整体内部控制系统的一个重要组成部分，与其他控制形式相比，更具全面性、独立性和权威性，它是对其他控制的一种再控制。

4. 内部审计的服务职能

服务职能是指通过对被审查活动的分析、评价，向组织内部成员提供改进工作的建议和咨询服务，从而帮助企业成员有效地履行职能，提高工作质量的功能。监督和服务是并举的，服务职能寓于监督职能之中。从内部审计的发展历史来看，从早期的查错防弊发展到现在的风险管理一直是作为一种服务方式。内部审计一直是为管理者服务的。在企业发展之初，规模小、层次少，企业管理者可以对企业的各个事项和过程直接加以控制，内部审计没有存在的必要。但随着企业的发展，多数情况下，管理者只能实行间接控制。他们需要一种保障，即保障企业控制系统按计划运作，并提供一切必要的信息，以此来控制他们职业范围内的事情，内部审计则提供了这种保障。事实上，内部审计从查错防弊到参与内部控制的建立，发展到风险管理，一直都是作为管理的一种手段为管理者服务的；从本质上看，内部审计是公司加强内部管理与控制的重要手段，应具有内向服务的职能，它首先应当对企业本身的调控和管理、完善与发展负有直接的经济责任，公司越发展，内部审计的这种责任越强烈；从内部审计的地位看：内部审计人员长期处于企业中，所以熟悉管理当局各方面的工作程序和企业集团的整体状况，在进行评价与鉴证时，能迅速地找出缺陷，提出改进的建议和具体措施。内部审计还可以通过事前、事中和事后控制为管理当局的决策、计划、控制提供依据，这些都充分体现了内部审计的服务职能。

（五）内部审计的作用

内部审计的作用，是指内部审计内在功能的外部表现，也就是指内部审计职能被运用过程中所产生的客观效果，它是由内部审计的职能所决定的。如果内部审计客观上不存在功能，不仅审计没有存在的必要，也没有发展的生命力，就谈不上外部表现，也就不存在内部审计的作用。如果内部审计的作用不从外部表现内部审计的内在功能，不仅对内部审计职能的认识、总结和抽象无从谈起，而且内部审计职能的存在也就毫无意义了。

1. 评价和改善企业的风险管理

风险管理是现代企业管理的主要内容之一。内部审计本身作为风险管理的一个重要组成部分，它已成为企业整合风险管理的一个重要手段。内部审计更加强调确认经营风险并测试这些风险是否得到有效管理，由原来关注对交易事项和政策的遵循性的审查和评价，转变到现在更为关注对目标、战略和风险管理程序的审查和评价；内部审计的建议更加强调风险规避、风险转移和风险控制，通过有效的风险管理提高组织整体管理的效率和效果。内部审计可以帮助企业及时识别和防范风险，通过咨询服务的方式，协助公司建立健全风险管理过程，同时，内部审计部门可积极持续地参与风险管理过程，检查、评价风险管理过程的充分性和有效性，对风险管理过程进行协调，从而增强企业适应环境和防范风险的能力，实现经营目标。

2. 评价和改善内部控制

内部控制是在企业内部建立并实施的对各项经济活动进行系统监督和调整的制约机制，是现代企业制度必不可少的内容。内部审计既是内部控制的不可或缺的重要组成部分，又是内部控制的一种特殊形式。内部审计与内部控制之间是相互依存的关系，即内部审计是内部控制的组成要素之一，其职能是对其余的内部控制要素的再控制，而内部控制又是内部审计的直接对象，通过内部审计的检查和评价不断地促进内部控制的健全与完善。内部审计由于其特定的地位和职能，它能在强化内部控制制度方面发挥着外部审计无法取代的作用。这种作用主要是运用各种手段和方法测试企业内部控制系统的充分性、遵循性、有效性，进而评价控制系统的健全程度，查明各项控制措施是否真实地存在于管理系统中，是否完全并认真得到遵守，以及评价内部控制是否发挥应有的制约与控制作用，是否取得应有的管理效果。同时，通过对内部控制的检查分析，内部审计部门可以及时发现经营管理中的薄弱环节和漏洞，及早提醒经营管理者采取措施加以改进，起到标本兼治、防患于未然的作用，从而保证企业经营目标的实现。

3. 评价和改善公司治理

按照现代企业制度的要求，企业实行规范的公司制改革，建立起有效制衡的公司法人治理结构。公司治理结构是在经营权和所有权分离的基础上，有效处理企业各利益关系方之间关系的制度安排。内部审计是正确处理企业利益相关方关系、完善公司治理的重要保证，是推动企业转变经营机制、依法经营、规范管理、增强市场竞争力、实现健康快速发展的重要手段。内部审计作为公司治理的一个重要组成部分，既可以发挥其作为评估人的作用，又可以发挥其作为决策顾问的作用。内部审计通过对公司治理状况进行审查和评价，并将评估结果向管理层、审计委员会和董事会报告，可以促使有关责任人采取措施纠正违规行为，从而保证公司治理的质量和力度；同时，通过参加风险环境分析，就风险识别、风险控制等决策问题提出专业支持意见和解决方案，就能帮助管理层及时判断与控制重要风险，实现企业的经营目标。

二、内部审计准则

(一)中国内部审计准则的产生和发展

中国的内部审计是从20个世纪80年代开始建立和发展的，30年间，中国内部审计的发展迅速，内部审计的发展史就是内部审计法规的建设史。中国内部审计的发展大致经历了三个阶段：

1. 初步建立内部审计制度阶段(1983—1994年)

1983年8月，《国务院批转审计署关于开展审计工作几个问题的请示的通知》首次提出："对下属单位实行集中统一领导或下属单位较多的主管部门，以及大中型企业事业组织，可根据工作需要建立内部审计机构，或配备审计人员，实行内部审计监督。"1985年，《国务院关于审计工作的暂行规定》中第十条明确规定："县以上政府部门应当设立内部审计机构或审计人员，内部审计机构由本部门主要负责人领导，任务是负责所属单位和

本行业的财务收支及经济效益的审计。"1987 年 7 月,《国务院办公厅转发审计署关于加强内部审计工作报告的通知》,肯定了建立内部审计制度所取得的显著成绩,还首次提出了对行政事业单位实行定期审计制度,对厂长(经理)实行离任审计制度。1988 年 10 月,国务院发布的《中华人民共和国审计条例》第六章对内部审计做了较全面的规定。这一阶段,一是通过行政法规建立了内部审计的基本制度,使内部审计走上依法审计的轨道;二是内部审计得到了发展。我国在 1987 年成立了中国内部审计学会(该学会 2002 年正式更名为中国内部审计协会),并于当年 12 月加入国际内部审计师协会(IIA),建立了中国内部审计与国际内部审计沟通的渠道。

2. 内部审计立法进一步完善的阶段(1994—2002 年)

1994 年 8 月颁布的《中华人民共和国审计法》第二十九条规定:"国务院各部门和地方人民政府各部门、国有的金融机构和企业事业组织,应当按照国家有关规定建立健全内部审计制度。"从而在法律上建立了内部审计制度,同时也为进一步完善内部审计规定、准则提供了法律依据。1995 年 7 月,审计署发布了《审计署关于内部审计工作的规定》,对内部审计 2003 年开始定义、机构设置、职责、权限等做了全面具体的规定,有力地促进了内部审计的发展。

3. 全面建立健全内部审计法规体系的阶段(2003 年开始)

2003 年 3 月 4 日,国家审计署发布了新的《关于内部审计工作的规定》,要求中国内部审计协会、各企事业单位及社会团体遵照执行。中国内部审计协会组织有关方面的专家、内部审计实务工作者、法律工作者,从 2000 年初到 2002 年末,历时 3 年,制定了一套既符合国际内部审计惯例,又适合中国国情的内部审计准则。首批公布并于 2003 年 6 月 1 日起施行的有《内部审计基本准则》《内部审计人员职业道德规范》,以及 10 项内部审计具体准则。2004 年和 2005 年,中国内部审计协会又先后发布第 11—15 号和第 16—20 号内部审计具体准则。2005 年初,中国内部审计协会继续发布了内部审计实务指南第 1 号《建设项目内部审计》和实务指南第 2 号《物资采购内部审计》。2006 年 5 月,中国内部审计协会发布了第 21—24 号内部审计具体准则;2007 年 5 月,发布第 25—27 号内部审计具体准则;2008 年 9 月,中国内部审计协会发布第 28、29 号内部审计具体准则和第 3 号实务指南;2009 年 7 月,颁布了第 4 号实务指南,于 2009 年 9 月 1 日起施行。截至 2009 年,中国内部审计准则体系已经基本形成。中国内部审计协会已经公布了内部审计基本准则、内部审计人员职业道德规范、29 个具体准则和四个操作指南,初步形成了以基本准则为指导,以具体准则为主线、兼顾特定业务操作指南,适用于我国内部审计的发展进程,能够独立实施和执行的,与国际内部审计准则趋同的中国内部审计准则体系,我国内部审计规范化建设取得了阶段性成果。

(二)我国内部审计准则的适用范围及其框架

中国内部审计准则序言中规定:中国内部审计准则适用于内部审计机构[①]和人员进行内部审计的全过程;适用于各类组织,无论组织是否以营利为目的,也无论组织规模大小和组织形式如何,内部审计机构和人员在进行内部审计时,都应该遵循内部审计准则。

---

① 我国内部审计准则将内部审计的主体限定为内部审计机构和人员,并未考虑内部审计外包的情况。

中国《内部审计准则》序言中规定，中国内部审计准则体系由内部审计基本准则、内部审计具体准则、内部审计实务指南三个层次组成。中国内部审计准则是内部审计工作规范体系的重要部分，为衡量评价内部审计工作提供依据。这三个层次具有不同的约束力和权威性。

1. 内部审计基本准则

基本准则分为六章二十七条。第一章为总则，主要说明制定基本准则的目的与依据、内部审计的含义及本准则的适用范围；第二章为一般准则，是关于内部审计任职资格和执业条件的一般要求；第三章为作业准则，是进行实地审计的基本要求；第四章为报告准则，是出具审计报告的基本要求；第五章是管理；最后是附则。基本准则是内部审计体系的第一层次，基本准则是内部审计准则的总纲，具有最高的权威性和法定约束力，是制定具体准则和实务指南的依据；是内部审计机构和人员进行内部审计时应当遵循的基本准则。

2. 内部审计具体准则

具体准则的权威性虽低于基本准则，但要高于实务指南，具有法定约束力，是内部审计机构和人员在进行内部审计时应当遵循的具体规范。

29 个具体准则分别为：《审计计划》《审计通知书》《审计证据》《审计工作底稿》《内部控制审计》《舞弊的预防检查与报告》《审计报告》《后续审计》《内部审计督导》《内部审计与外部审计的协调》《结果沟通》《遵循性审计》《评价外部审计工作质量》《利用外部专家服务》《分析性复核》《风险管理审计》《重要性与审计风险》《审计抽样》《内部审计质量控制》《人际关系》《内部审计的控制自我评估法》《内部审计的独立性与客观性》《内部审计机构与董事会或最高管理层的关系》《内部审计机构的管理》《经济性审计》《效果性审计》《效率性审计》《信息系统审计》《内部审计人员后续教育》。

3. 内部审计实务指南

除基本准则、具体准则之外，具有可操作的指导性意见通称实务指南，是给内部审计机构和人员提供操作性的指导意见，不具有法定约束力和强制性，内部审计机构和人员应当参照执行。

四个实务指南分别为：《建设项目内部审计》《物资采购审计》《审计报告》《高校内部审计》。实务指南是依据基本准则、具体准则制定的。

三、风险管理与内部审计

（一）风险及风险的类别

1. 风险

风险是发生某种影响目标完成的事件的不确定性[①]。风险的主要特点就是不确定性。一般而言企业的经营目标是使企业价值最大化，那么对企业来讲，风险就是有可能发生的损失，这种损失不是一定会发生的，但存在发生的可能性。必定会发生的损失，即使还未发生，也不再是风险，因为结果已经确定。因此风险的大小可用事件的后果和可能性来计量。

① 国际内部审计师协会对风险的定义。

2. 风险的类别

任何一个企事业单位都是在一定的环境中进行经营管理的，在其所处的环境中不可避免地存在着各种不确定的因素，这些不确定因素有可能影响单位目标的实现。存在于单位外部的不确定因素，我们称之为外部风险；存在于单位内部的不确定因素，我们称之为内部风险。

(1)外部风险

外部风险主要有法律风险、政治风险和经济风险。

首先是法律风险。随着社会的进步，国家旧有的政策、法律法规在不断地被废止和变更，新的政策、法律法规在不断地出台。如果企业不能准确预测和把握法律、政策的变动，就很有可能引发商业机会的丧失、收益减少的风险、投资风险、合同风险、知识产权风险、产品责任风险、品牌形象风险等。例如，2001 年中国被批准加入 WTO 后，国内整个化纤行业尤其是中小化纤企业的前景变得不容乐观。因为中国加入 WTO 就意味着拥有更大规模和先进技术的韩国、美国的化纤产品以高质低价的绝对优势入侵国内的化纤市场。对化纤企业来说，这是法律环境和竞争环境的变化引发的法律风险。对此，很多企业在中国加入 WTO 之前却无从或者无心应对，最终纷纷走向关闭、破产之路。

政治风险是指社会变革、国家行为、政府的稳定性及国有化趋势等带来的风险，主要关系到单位的社会环境是否长期安全稳定。政治环境如果不稳定，单位就必须考虑如何采取措施减少风险损失。比如在两个国家之间可能发生战争的情况下，贸易公司为了避免货物损失，会向保险公司增加投保战争险。

经济风险包括市场竞争状况、消费者的消费倾向、电子商务、总体经济发展情况等方面的变化带来的风险。比如，从计划经济向市场经济的转变必然使企业面临由此而带来的风险；再如电子商务的发展，会使部分消费者从传统的购买方式转向采用网络交易的购买方式，从而给企业带来客户流失的风险。企业如果不能及时把握新的经济趋势，了解经济环境中发生的变化以及这种变化给企业带来的风险，就可能由于无法应对没有预料到的风险而丧失发展的机会，甚至破产倒闭。

(2)内部风险

企事业单位的内部风险源自企事业单位的经营业务，与外部风险相比，一般来说更容易分析和管理，也比较容易辨识，可以通过一定的控制程序将其降低到可以接受的水平。

首先是战略风险，它包括单位的发展战略、市场战略、投资战略、品牌战略等，是单位经营管理的宏观决策，决定单位发展的方向，如果发生决策性失误，可能导致单位遭受不可挽回的损失。比如，有许多企业在发展过程中，制定多元化经营策略，投资不熟悉的领域，结果不仅不能收回投资，反而损失了盈利项目的利润。

其次是财务风险，包括融资风险、利率风险、汇率风险、投资回报率等。企事业单位的一切经营活动都需要资金，财务上的风险控制不当，也会导致巨大的损失。比如，扩大经营规模需要追加投资，如果不能及时获得需要的资金，不能按时履行合同，不仅有可能失去扩大市场的时机，还有可能导致合约对方的巨额罚款。

另外一个内部风险是经营风险，如财产损失、信息管理风险、供货风险、人才流失、物流风险等。这些风险是由企事业单位的经营特点决定的。比如，对于零售企业来说，不能及时采购到保质保量、市场所需的商品是企业的重要风险。而对于传统生产企业而言，由于原料采购相对稳定，更为重要的风险可能是由于市场的变化而失去销售订单，产品销售不出去。

最后，丧失诚信也是企业的重大风险。企事业单位的不法行为、舞弊、贪污、不良信用等，都会给单位带来负面影响，也有可能导致重大损失，例如企业的某些严重违法行为不仅可能导致政府的巨额处罚，还可能使企业被迫停业整顿或永久关闭。

(二)风险管理

对什么是风险管理，中外学者都提出了自己的见解。

其中，美国学者克里斯蒂认为，风险管理是企业或组织为控制偶然损失的风险，以保全所得能力和资产所做的一切努力；另外两位美国学者威廉斯和理查德·汉斯认为，风险管理是通过对风险的鉴定、衡量和控制，以最低的成本使风险所造成的损失控制在最低程度的管理方法。

中国学者陈佳贵认为，风险管理是企业通过对潜在意外或损失的识别、衡量和分析，并在此基础上进行有效的控制，用最经济合理的方法处理风险，以实现最大的安全保障的科学管理方法。

COSO① 对风险管理作了如下定义："全面风险管理是一个过程，这个过程受董事会、管理层和其他人员的影响，这个过程从企业战略制定一直贯穿到企业的各项活动中，用于识别那些可能影响企业的潜在事件和管理风险，使之在企业的风险偏好之内，从而合理确保企业取得既定的目标。"

由以上定义我们可以看出，风险管理就是采取一定的措施对风险进行检测评估，使风险降低到可以接受的程度，并将其控制在某一可以接受的水平上。风险管理的目标在于控制和减少损失，提高有关单位或个人的经济利益或社会效果，风险管理一般包括风险识别、风险衡量、风险防范、风险监控等环节。

(三)内部审计与风险管理的关系

《内部审计实务标准》规定，内部审计是用来增加组织价值和改善组织运营的独立、客观的保证与咨询活动，它以系统化、专业化的方法对风险管理、控制及治理过程的有效性进行评估和改善，帮助组织实现目标。这一定义表明，现代内部审计的范围已从传统上的控制的一个方面——财务，扩大到风险管理和公司治理层面上。由此，内部审计与风险管理的联系日趋紧密。

1. 内部审计是风险管理系统的重要组成部分

随着企业所处的内外环境的风险的增多，风险管理日益成为企业的核心价值，成为企业管理的一项重要内容。由于相对独立性较强，内部审计在企业风险管理中发挥着其他部门无法替代的作用。内部审计人员可以运用自己在风险管理方面的专业知识，从独立客观的角度为管理层和审计委员会提供有价值的保证和咨询服务，提高单位的风险管理水平。美国 COSO 委员会发布的"企业风险管理(ERM)框架"中指出：内部审计人员

---

① 美国国家虚假财务报告委员会赞助机构研究小组。

在企业风险管理的监控中占有重要地位,这一职责是其日常职责的一部分。他们可能通过对管理者风险管理过程的充分性和有效性进行监控、检查,评估、报告和提出改进建议来帮助管理者和董事会或审计委员会履行其职责。

根据 COSO 的分析,企事业单位的风险管理活动包括八个基本要素:内部环境、目标设定、事件识别、风险评估、风险反应、控制活动、信息和沟通、监控。在这八个环节中,每一个环节都离不开内部审计。

(1)在环境分析活动中,企事业单位的目标、战略和计划要合理地反映外部环境、可使用的资源,要考虑主要的风险(威胁)。内部审计要评价单位的"固有风险"和"剩余风险"(采取控制行动后可以接受的风险)。

(2)在风险事件识别活动中,单位要识别内外环境中所有的风险事件,不论大小都不遗漏,保证风险轮廓勾勒的完整性。内部审计人员可以采用通用风险分析模板及方法,包括 COSO 提供的分析方法等,识别单位本身的风险和重要合作者的风险。

(3)在风险评估活动中,单位要对已识别的风险事件进行定量分析和定性分析,分析事件发生的可能性和影响(后果)。风险分析的复杂性和困难在于在很多情况下要由管理者主观判断不同结果发生的可能性。内部审计人员由于持有的独立地位,可以从客观的角度分析风险的假设条件、计算方法来评价风险,提供专业意见。

(4)在风险反应活动中,单位要根据不同的风险决定要采取的策略和方法,决定是避免风险,接受风险,还是降低风险。内部审计人员的主要工作在于分析和评价风险回报的合理性、减少风险的措施的有效性,以及接受风险转移和风险分担的那一边的风险。如果对方不能承受该风险,则这种风险控制的措施将是无效的。

(5)在控制活动中,单位通过设计业务控制程序来限制和降低风险,许多内部控制程序都是为了这个目的而设计的。一般而言,内部审计人员在进行审计活动时,都要测试这些控制程序的有效性。

(6)在风险信息沟通活动中,单位的风险管理要将风险信息及时有效地传递给内部相关人员,以便及时采取相应的控制措施。风险管理的某些信息还要传递给其他有关方面,比如董事会和审计委员会等监督者要了解风险管理的情况,供应商、债权人等也需要对单位的风险管理有一定的信任。内部审计人员可以通过评价报告系统证明风险信息被准确、及时地传达给相关人员,内部审计报告可以向董事会和审计委员会传递风险是否得到有效管理的信息,而内部审计职能的设立对债权人和其他外部利益相关者来说,也是单位具备有效的风险管理的一个证明。

(7)在监控活动中,单位要对风险管理进行持续监控,通过对内部控制系统的运行的监控和对定期检查结果及意外事项的处理结果的评价,保证单位对风险的管理是一直有效的。内部审计人员可以通过分析环境和风险变化,检查内部控制系统是否已更新,是否能控制新的风险。还可以通过后续审计管理层对审计中发现的问题以及对意外事项的处理情况,检查新的控制措施是否有效,将分析结果和建议提供给管理层,以便改进控制措施。

2. 风险管理是内部审计实务准则的重要内容

《内部审计实务准则》是内部审计人员开展内审活动的业务指南,一般由国际内部审计师协会(IIA)发布权威标准,各国内审协会再结合其本国实际发布本地区的实务标准。内部审计自参与到企业风险管理活动后,为自身行业的业务职能充实了新的内容,并产生了积极意义,如美国维吉利亚大学的 Paull. Wacker 教授等根据对加拿大邮递、第一能源、通用汽车、尤罗卡石油、沃尔玛等五家分属不同行业大公司的内部审计进行调查发现,这些公司的内部审计通过积极参与企业风险管理活动,给公司的经营带来诸多好处:一是内部审计人员通过获取广泛的公司风险信息,提高了自身的审计效率;二是通过参与风险管理,内部审计人员逐渐培育了作为企业管理者的意识,而不仅仅只是监督者,从而在内部审计过程中,更多的是以公司的经营目标为起点,而不再是以预先制定的审计目标为起点。IIA 根据内部审计实务界的实践经验,也发现了内部审计参与企业风险管理的这一趋势,并于 2001 年发布的《内部审计实务准则》中指出,"首席审计执行官必须建立以风险为基础的计划来决定审计活动的优先性,并且与公司目标相协调一致";"内部审计活动的参与计划必须以至少一年一次的风险评估为基础",并对内部审计重新给出新定义:"内部审计是采用一种系统化、规范化的方法来进行对机构的风险管理、控制及监督过程进行评价,进而提高过程效率,帮助机构实现目标。"这是首次将风险管理放在如此重要的地位来作为内部审计的工作内容进行描述。可以预见,随着风险管理与内部审计交叉融合的程度进一步加深,风险管理的内容在《内部审计实务准则》中将会占有更大的比重。

3. 风险管理将主导内部审计的变化

风险环境是不断变化的,而风险管理方法也随之不断更新。内部审计尽管在企业风险管理中占有较重要的地位,但其职能定位限制了其不能成为风险管理的主导者。因为内部审计在风险管理系统中主要承担评估和建议的职能,即使参与风险管理方法和政策的制定过程,也只能是配合企业专业的风险管理部门,或是向其提出参考意见。这样,风险管理政策的变化一般会发生在内部审计技术变化和更新的前面,也就是说,风险管理的变化会主导着内部审计的变化。譬如,内部审计之所以参与企业风险管理中,并与之互相交叉融合,一方面是自身在风险管理方面的积极探索;另一方面更重要的是风险管理正需要内部审计这一评估部门对企业整个风险管理系统的有效性加以监控,是应风险管理需要而产生的。当然,随着内部审计职能范围的扩充和强化,内部审计也会在一定程度上反过来影响风险管理体系的改变,但在未来的相当一段时间内,这一反作用还将只会处于从属地位。

(四)内部审计在风险管理中的角色

按 IIA 的标准,内部审计的服务种类可以划分为保证服务和咨询服务,前者是一种独立评价的活动,后者是提供建议及咨询的活动。在企业风险管理中内部审计的本质特征并不发生改变,因而它可以担任的角色也是基于这两种服务衍生而来的。除了作为监督者所提供的保证服务外,内部审计还可提供咨询服务,包括促进对风险的识别和评估、指导和协调风险管理活动、加强对风险的报告、保持和发展风险管理框架、支持建立风险管理、参与制定风险管理战略等。与此相适应,内部审计承担了咨询者、协调者、建议者等角色。内部审计在企业风险管理中的角色不是一成不变的,而是一个逐步变化和延续发展的过程。在组织缺乏风险管理程序的情况下,内部审计可以向管理层提出建立企业风险管理的建议；在组织实施风险管理的初期，内部审计能够发挥很大的协调作用，甚至直接担任项目经理；而当企业风险管理逐步成熟运作稳定以后，内部审计就从建议者、协调者转化成监督者和咨询者。内部审计的报告关系也会影响其在企业风险管理中的角色，报告关系层次越高，独立性越强，内部审计就越能够从全局和战略的角度参与企业风险管；反之，则从局部和流程角度参与企业的风险管理。

特别需要强调的是，为保证独立性和客观性，内部审计并不对建立企业风险管理体系承担主要责任，风险管理责任应由管理层承担。内部审计可以对企业风险管理提供建议、质询和支持，但不能设定风险容忍度、强制实行风险管理流程、对风险提供管理保证、对风险问题进行决策和对风险实施管理职责的行动，内部审计对于企业风险管理的责任应当在审计章程中写明并经审计委员会批准。此外，在实践中，应注意处理保证服务和咨询服务的关系。只要内部审计执行的任务涉及履行管理职责，就应认为与此领域有关的审计客观性受到了损害，内部审计则不能就其负责协调和指导的风险管理事项提供保证服务。

在企业风险管理框架中，内部审计的工作与对象间具有很高的整合性。内部审计在监督、评价企业风险管理有效性、帮助改进风险管理的同时，其本身就是企业风险管理体系的重要组成部分。而且，内部审计可以根据风险评估结果来安排审计工作，使风险管理与内部审计协调一致。

四、内部控制与内部审计

（一）内部审计在内部控制中的地位

1. 内部审计在结构上是内部控制的组成部分

1986 年 4 月，最高审计机关国际组织在第十二届大会上发表的“总声明”，对内部控制做了解释：“内部控制作为完整的财务和其他控制体系，包括组织结构、方法程序和内部审计。”由于内部控制是对企业生产经营管理的总体控制，内部审计是控制监督活动的一种，因此，从这个意义上来说，内部审计是内部控制的组成部分，是内部控制的一个构成要素，在内部控制中具有十分特殊的地位。

2. 内部审计在职能上是对内部控制的审计

内部控制是否能有效促进经营目标的实现，需要内部审计进行检查监督，因此内部审计的工作对象是内部控制。内部控制制度设计是否健全，执行是否有效，需要接受内部审计的监督和评价。内部审计在履行职责中发现内部控制的薄弱环节和执行不力的缺陷，应该提出建议，督促有关部门加以改进，从这个意义上来说，内部审计是对内部控制的审计。在实际的工作中企业应当发挥内部审计监督的作用，企业应当根据基本规范，制定内部控制监督制度，明确内部审计机构和其他内部机构在内部监督中的职责权限，规范内部监督的程序、方法和要求。

（二）内部审计对内部控制的作用

1. 参与内部控制的风险评估

内部控制应从风险评估开始，再有针对性地设计控制风险的程序。内部审计与内部控制的基本目标是一致的，其目的是提高企业运营的效率与效果，实现企业价值最大化。

美国专家学者的调查研究结果表明，外部审计人员对评估未来风险方面的经验不如内部审计人员，而且内部审计人员作为企业内部工作人员，对企业面临的特有风险更为了解，在风险评估中具有更大的优势。

内部控制风险评估包括确立企业的目标，识别目标相关的风险，针对评估的结果考虑适当的控制活动。只有评估了风险关键点，才能设计有针对性的控制程序。全面的风险评估对于一个企业至关重要。外部审计人员尽管具有衡量一个企业实现财务目标的经验，也有设计企业会计核算系统的经验，但他们不如内部审计人员了解企业的实际情况，对评估企业未来风险方面也不如内部审计人员有经验。内部审计作为一种独立的监督评价活动，通过系统化、规范化的方法，评价和改进风险管理控制和治理过程的效果，帮助企业实现目标。

2. 参与内部控制的设计

庞大的内部控制系统是一个复杂的过程，经过“初稿—汇总—修改—实施”四个步骤，在实施中发现问题、解决问题，再不断完善和更新，因它是一个动态的过程。而内部审计正处在控制环境中，对企业的各个方面都比较熟悉，又直接面对各种缺陷与舞弊，正好符合这种不断循环运动的特点。因此内部审计人员参与内部控制设计，才能设计出更加科学合理的内部控制体系。

3. 监督内部控制的运行

为确保内部控制的有效运行，使内部控制的目标能够实现，有必要对内部控制进行监督。内部审计本身在企业中不直接参与相关的经济活动，处于相对独立的地位，但它又时时处在各项管理活动中，对企业内部的各项业务比较熟悉，对发生的事件比较了解，是实行内部监督的最好选择。内部审计将对企业内部组织与个人违反政策、程序事件及时做出纠正或处理，以相对独立人的身份向企业的管理高层提出报告。

内部控制要依靠内部审计进行检查和监督，内部审计的任务是通过全面的检查监督来判断：企业领导制定的发展目标是否按要求被贯彻实施，执行时是否合乎规范；内部监督系统以及企业信息系统、生产流程系统是否建立并且能安全正常运转；业务部门负责人是否合乎规范地承担领导责任；资产价值是否受到充分保护；法规条例是否被遵守等。

4. 评价内部控制的有效性

财政部于 2007 颁布的“企业内部控制规范”对内部控制有效性的评审提出了要求，虽然没有明确将内部控制评审这个责任赋予内部审计，但内部审计人员具备专业的财务知识和相对独立的管理权限，是企业完成这一重任的最便利资源。内部审计在评审中所起的作用主要包括：(1)确认关键业务流程，记录其内部控制，并对这些控制开展适当的测试；(2)其评审结果作为外部审计人员的支持证据；(3)汇同公司其他相关部门合作并协助参与评审工作。

5. 内部审计促成良好的控制环境

内部控制的健全是一个动态的过程，因为组织的经营环境在变化，自身也在不断的发展，内部控制制度要适应这种变化并相应进行调整。企业的内部审计是内部控制体系的一个组成部分，诸如内部审计参与合同的评审、工程预决算的审计、费用报销前的审签等。在企业执行分权分层管理的情况下，企业的部分财产相对独立地受托于企业内的分

公司或各部门使用。

此时这些财产所有权属于企业，而分公司或各部门拥有这部分资产的经营权。内部审计是用来增加组织价值和改善组织运营的独立、客观的保证和咨询活动；内部控制是企业风险管理的有机组成部分，内部控制的最终目的就是控制风险。内部控制与内部审计对企业治理起着举足轻重的作用，只有将二者有机地结合才能更好地健全公司治理机制、防范企业风险从而使公司价值达到最大化，实现企业的经营目标。

五、公司治理与内部审计

公司治理是指对公司的统治和支配，它决定运营的目标和方向。根据《标准》中的定义，治理是指董事会实施的各种流程和架构的组合，用以告知、指导、管理和监督组织的活动，以实现组织目标。治理程序则是指组织的投资人代表(例如股东等)所遵循的程序，旨在对管理层执行的风险和控制过程加以监督。与公司治理相关的主要关系人包括：股东、董事会、由总经理领导的经理人员、公司员工、供应商、客户、债权人、政府和社区在内的其他利益相关者。公司治理就是要研究这些利益相关者的权利、责任及其互相关系。

控制权是公司治理的基础，公司治理是控制权的实现。"监督"和"控制"是公司治理程序中的核心内容。这时，如何构造公司权力机关，建立公司内部各利益主体相互制约、相互控制的制衡机制，公司所有者如何监督和控制公司经营者的运作，以实现自身目标(如资产的保值、增值等)，达到自身利益的最大化，便是公司治理程序需要解决的问题。公司治理程序的建立首先是以防止经营者对所有者利益的背离、保护所有者的权益为目的，公司治理程序反映公司所有者对经营者的一种监督和控制机制。然而，站在更广泛的角度上看，公司治理程序界定的不仅是公司所有者与经营者之间的关系，而且包括公司与所有利益相关者(如公司员工、供应商、客户、债权人等)之间的关系，公司治理程序作为一种制度安排，决定公司为谁服务、由谁控制、风险和利益如何在各利益相关者之间分配等一系列的问题。

在与内部审计相关的公司治理实务中，董事会的运作是核心内容。董事会负责公司战略计划的制订和实施，开展风险管理活动，坚持公司道德和价值取向，衡量和监控公司的业绩，评价、任命和撤换管理层等方面的工作。有效的董事会处在公司的中心位置开展运作，积极而恰当地参与公司的各项管理工作，为管理层提供一切必要的帮助，为实现公司价值和股东价值的不断增加开展工作。

内部控制和风险管理是出色的公司治理极为重要的组成部分。出色的公司治理意味着董事会必须对企业的所有风险加以识别和管理。就风险管理而言，内部控制系统涉及运营、财务、遵守法律法规及资产安全等方面。

IIA 的《标准》对内部审计在治理中发挥的作用提出要求：内部审计活动必须评价并提出适当的改进建议，以改善组织为实现下列目标的治理过程：一是在组织内部推广适当的道德和价值观；二是确保整个组织开展有效的业绩管理、建立有效的问责机制；三是向组织内部有关方面通报风险和控制信息；四是协调董事会、外部审计师、内部审计师和管理层之间的工作和信息沟通；五是内部审计部门必须针对组织内与职业道德相关的目标、计划和业务，评估其设计、实施和效果；六是内部审计活动必须评估组织的信息技术治理是否持续支持组织的战略和目标，信息技术治理包括确保企业的信息技术支持组织战略和目标的领导能力、组织架构和相关流程。

六、经营审计

内部审计的具体对象包括：财政、财务收支活动；业务经营活动；管理制度和管理工作。这三个方面分别对应着三个概念，即“内部财务审计”“内部经营审计”“内部管理审计”，其中后两者又合称为“内部经济效益审计”，与内部财务审计既有联系，又有不同。以经营审计为重点的内部审计是内部审计发展的一个新阶段。早在 1968 年，IIA 就对 308 家公司的内部审计重点做了一次调查，结果表明：有 19%的重点是“财务审计”，5%是“经营审计”，75%是二者兼有，1%不置可否；但我国现阶段的内部审计的审计范围受到一定的限制，往往仅仅局限于财务会计方面。因此强调以经营审计为重点的内部审计是社会发展的客观需要。

（一）经营审计的产生和发展

经营审计这个新术语是在 20 世纪 40 年代末逐渐出现的。国际内部审计师协会注意到了这种变化，先后在《内部审计师》杂志上发表了两篇关于经营审计的论文，向社会介绍了经营审计的理论和实践，对经营审计的发展起了积极作用。这两篇文章启发了许多内部审计师，内部审计师在执行传统财务审计的同时，积极探索建立以提高企业经济效益为内容的经营审计，从此，经营审计在内部审计领域逐渐发展起来。

20 世纪 70 年代后，经营审计的发展进入了一个新的阶段。国际内部审计师协会发布的统计资料显示，在美国，95%的被调查单位实施经营审计的目的是对效率性、效果性和经济性做出评价；用在经营审计活动上的时间已占全部审计时间的 51%，服务于现代经营管理的内部审计已经在大大提高经营审计的业务比重，推动内部审计向更高层次发展了。经营审计在内部审计领域的应用，不仅推动了内部审计工作的蓬勃发展，而且它的作用和成就，也引起了民间审计界的广泛关注。1978 年美国注册会计师协会设立了经营和管理审计特别委员会，主要负责研究经营审计的理论和实践问题，并为它的会员提供有用的信息。

从国内发展情况看，经营审计一词是近年来才较为频繁地出现在各审计专业期刊上，这一新型审计业务，在国内尚处于摸索和起步阶段。

（二）经营审计的含义

美国的 D.J. 卡勒斯和 J.R. 克劳开特根据审计文献，对经营审计做出了理论总结，即经营审计是评价一个组织在管理部门控制下的经营活动的效果性、效率性和经济性(3E)，并将评价结果和改进报告给有关人员的过程。它的目标是为评价一个组织的绩效提供手段，以及通过改进建议提高该组织的绩效。

具体来看，经营审计的主要对象应是企业生产经营过程（产供销）及各生产要素的开发利用，其目标是审查业务经营过程的合理性及生产要素的开发利用情况，以提高企业的经济效益，其范围不仅包括对受托会计责任、会计业务和会计控制的审计，也包括对经营管理受托责任及非会计业务和经营管理控制的审计。

在对经营审计的各种描述中，它都具备以下特征：(1)经营审计是一项独立的、系统的检查和评价活动。(2)经营审计面向未来，它较少关注现状，较多地涉及能够和应该达到的目标；它不仅重视已完成的任务，而且考虑预期的问题。(3)经营审计要审查组织内的全部活动。(4)经营审计要提出改进建议和措施。(5)经营审计为整个组织或管理部门这一资金受托人提供服务。(6)经营审计以建设性为职能。

(三)经营审计的内容

1. 对生产过程的审查

经营审计主要围绕着企业生产规模、生产组织、生产工艺及新产品的开发等进行；对企业生产内控制度及生产活动进行评价；揭示生产过程中存在的缺陷，提出改进建议，挖掘生产潜力，提高生产效率和生产水平

对企业生产过程的审查是经营审计的重点。主要包括下列内容：

(1)审查被审计单位的生产经营观念是否端正。

(2)审查被审计单位的生产发展规划是否恰当。主要内容有：审查被审计单位是否制订了有关产量、品种、花色、质量等方面的近期、中期和远期计划；审查被审计单位的各种发展规划是否相互协调；审查被审计单位有无推广先进技术、引进先进设备和进行职工培训的具体计划；审查被审计单位是否对各种主要经济指标有着较明确的赶超指标和具体措施等等。

(3)审查被审计单位的生产计划是否全面。其主要内容有：审查被审计计划是否与销售计划相衔接；审查生产计划是否与技术组织措施、原材料供应、财务成本计划相适应；审查生产计划是否有利于提高产品质量和有利于新产品、新品种的开发；审查生产计划中制定的主要设备的产量定额是否先进、合理；审查生产计划中制定的劳动定额是否先进合理，闲散的劳动力是否有合理的安排；审查生产计划中制定的主要原材料的供应定额、消耗定额是否先进合理；审查被审计单位各车间、各工序之间的生产能力是否相平衡，生产周期、生产批量是否合理可行；审查实现生产计划的各种途径与方法是否落实；等等。

(4)审查被审计单位的生产业绩是否真实。其主要内容有：审查其产量、总产值、净产值等指标是否如期完成；审查其生产进度是否正常；审查其产品质量是否满足了用户的需求；审查其主要设备是否处于良好状态，其使用效率是否达到了预定的指标；审查其新产品试制和生产是否如期进行；等等。

2. 对供应过程的审查

对供应过程的审查是指对企业物资采购供应过程的各个环节进行分析和审查，以便最大限度地降低采购成本和存货管理成本，减少资金占用，促使物资采购做到必需、合理、合法、价廉。

对供应过程的审查主要包括两部分内容：审查采购供应自身的效益，包括审查采购费用、仓储费用、采购资金占用等等；审查供应过程对生产过程的影响，包括审查企业生产所需的物资是否按时和足量地提供、用量如何等方面的内容。

3. 对销售过程的审查

对销售过程的审查主要是对企业的产品销售计划及完成情况、销售内控制度及销售

业务市场调查开发等方面的审查和评价。重点是审查产品销售各环节的运作、风险控制和产品市场占用率，促使企业注重信息反馈，开发适销对路的产品，真正做到以销定产。

对销售过程的审查包括以下内容：审查被审计单位是否及时掌握市场动态，做好销售预测工作；审查被审计单位所销产品是否适销对路；审计被审计单位的定价策略是否科学合理；审查被审计单位的销售费用等是否符合提高经济效益的要求；审查被审计单位是否拥有较高的信誉；审查被审计单位产品的售后信息反馈与售后服务工作是否及时。

(四)经营审计的流程和方法

1. 评价被审计单位的业务经营效益

其具体内容如下：

(1)了解被审计单位的基层管理状况和基层管理人员的素质；

(2)收集和分析相关的主要经济指标；

(3)确认潜在的重大事项；

(4)与被审计单位有关人员交谈讨论，进一步了解情况，收集相关资料；

(5)编制工作方案，确定审计重点；

(6)围绕审计重点，编制相关的业务流程图和业务经济调量表；

(7)汇集、整理所收集的资料，进行细致的分析，评价被审计单位的业务经营效益。

① 被审计单位的主要经济指标。业务经营审计中常用的一种方法是运用被审计单位的各种主要经济指标来进行评价、分析被审计单位的业务经营效益；考核、确认被审计单位经济效益的实现程度；并通过揭示计划指标与实际指标之间的差异来进一步明确审计目标，提供审计线索。

② 业务经营处理流程图。业务经营处理流程图是指用图示形式来直观地反映企业各职能部门的业务处理流程。

③ 业务经营调查表。业务经营调查表是根据审计工作方案的要求，围绕着审计目标和审计重心来编制的。其格式与管理调查表相同，只是所反映的内容不同。

2. 确定实现经济效益的途径，提高被审计单位的业务经营效益

这一阶段的工作主要有以下几项：

(1)进行综合分析，找出问题症结，制订和综合备选方案。

(2)备选方案的分析和优选，初步决定实施方案。

(3)确定实施方案，撰写和提交业务经营审计报告。

(4)组织实施审计，并开展后续审计工作。

(五)经营审计的报告内容

(1)权限和责任　它不仅包括受审计单位所拥有的一般权限和特殊权限，还包括所负的责任。了解被审计单位的权限和责任是做出正确结论的前提。

(2)目标　包括效果、效率和经济三个目标。效果目标是受审计单位预期达到的总目标，经济和效率目标是在实现总目标和具体目标的过程中努力做到又快又省。内部审计人员既要审查既定目标是否实现，又要评价目标本身是否合适。

(3)方针　方针是管理当局要求下属部门在工作中遵循执行的总的指导原则，是联

系工作程序与目标的纽带。许多企业往往没有书面写明的方针,只是做出了一般规定或制定了详细的工作程序。审计人员必须认真研究这些规定和工作程序所体现的管理当局的意图。

(4)状况　状况是实现具体目标的程度。有三种情况:圆满地实现目标、部分地实现目标、没有实现目标。但有时由于目标制定得并不明确,也没有规定的衡量标准,这时内部审计人员就必须做出解释,以评价目标的实现程度。

(5)效果　这是指实现目标而带来的好处或因未实现目标而造成的损失,也是最终的"状况"。在经营审计中仅仅查明状况是不够的,必须用实物数量和金额来说明效果,让人心服口服。如果不在审计报告中列出效果这一部分,或不痛不痒地一笔带过,就不能引起管理当局的注意,更别提会采取措施去纠正审计人员发现的问题了。

(6)程序和做法　这是指管理部门指导员工去实现既定目标和方针的工作方法。正式的指示称为"持续",非正式的指示称为"做法"。程序一般由明文规定,做法通常是人们做事的惯例,很少有书面规定。审查程序和做法有三个要点:一是审查这些程序和做法是否与既定目标一致;二是审查它们是否被正确遵循执行;三是审查这些程序和做法本身是否完善。

(7)原因　不管目标是否实现,都要分析其中的原因,这是经营审计的核心内容。找出成功或失败的原因,扬长避短,向管理当局提出有的放矢的建议,帮助管理者采取积极有效的措施,防止出现负面结果。

(8)结论　结论是为达到预期目标需改进方针、程序或做法的论断。如目标实现,则可做出肯定的结论。

(9)建议　这是为达到预期目标而进行必要改革的步骤。建议应有根有据,令人信服且乐于接受。

本章小结

(1)政府审计,是国家审计机关及其人员依据有关方针、政策、法规和制度,对各级政府、国有企事业单位财政、财务收支的合规、合法、真实、正确和有效等进行审查和评价的一种经济监督活动。政府审计具有经济监督、经济鉴证和经济评价三种职能。

(2)财政收支审计是国家审计机关对政府公共财政收支的真实性、合法性和效益性所实施的审计监督。根据我国现行的财政管理体制和审计机关的组织体系,财政收支审计包括本级预算执行审计、下级政府预算执行和决算审计,以及其他财政收支审计。财务审计,是指对国有企业(包括国有控股企业)资产、负债和损益的真实、合法、效益进行审计监督。

(3)经济责任审计是审计机关通过对党政领导干部或国有企业及国有控股企业领导人员所在地区、部门、单位财政财务收支以及相关经济活动的审计,来监督、评价和鉴证党政领导干部或企业领导人员经济责任履行情况的行为。由于不同领导干部承担经济责任的差异较大,对不同领导干部进行经济责任审计的要点也有所不同。

(4)政府审计作为国家治理的"免疫系统",应执行社会保障审计、民生审计、环境审计、资源审计、非营利组织审计、灾害审计等。

(5)内部审计是一种独立、客观的保证和咨询活动,其目的是增加组织的价值和改善组织的经营。它通过应用系统的、规范的方法,评价并改善风险管理、控制和治理过程的效果,帮助组织实现其目标。现代内部审计兼具监督、评价、控制、服务四大职能。内部审计有助于完善公司治理,有助于健全内部控制,有助于强化风险管理。

(6)内部审计是风险管理系统的重要组成部分,风险管理是内部审计实务准则的重要内容,风险管理将主导内部审计的变化。

(7)经营审计是内部审计发展的一个新阶段。经营审计的主要对象是企业生产经营过程(产供销)及各生产要素的开发利用,其目标是审查业务经营过程的合理性及生产要素的开发利用情况,以提高企业的经济效益。

【复习思考题】

1. 什么是政府审计?政府审计的基本职能有哪些?
2. 财政收支审计和财务收支审计的审计对象各是什么?
3. 经济责任审计和财务审计的区别和联系是什么?
4. 现阶段经济责任审计的重点内容是什么?
5. 什么是内部审计?内部审计的职能有哪些?
6. 风险管理和内部审计之间有怎样的关系?
7. 什么是经营审计?经营审计的内容有哪些?

【案例分析题】

内部审计为企业老板找回意外之财

(一)背景简介

(1)内部审计为企业老板找回意外之财案的始末。马啸华是吉林一家资产规模超过30亿元的大型民营企业的总审计师,本来被公司聘请担任财务总监的他,慢慢转变成公司第一位总审计师,公司也随后成立了审计部。触动老板下决心成立审计部的原因是马啸华第一次审计工作就为公司找回700多万元老板以为不存在的财富,促使马啸华去审计的是从销售总监的描述中发现公司销售收款程序有安全漏洞,可以被人利用,从中舞弊。

公司的主业是房地产开发,当时一个建筑面积将近30万平方米、分5期开发的大型楼盘已经进入销售的尾声。马啸华告诉销售总监,销售收入方面可能有问题,但销售总监认为自己经常在现场盯着,不会出什么乱子。马啸华只好悄悄地派两个会计去查,抽样检查的结果显示,因为人为作弊、少收款、开票出错等原因造成的有问题资金就有1200多万元。

(2)内部审计为企业老板找回意外之财案的审计与查处。根据马啸华的建议,老板立即成立了项目销售情况清查小组,亲自当组长,由马啸华当常务副组长,组织4个人去查了两个多月,发现整个项目销售中有问题的资金达到1650万元,相当于整个楼盘销售额的0.78%；如果按销售纯利7%计算，公司要多销售1亿元才能挣到700万元。最后因失误和舞弊造成的700多万元损失中只收回400多万元，还有将近300万元或是被舞弊人员花掉，或是买楼者赖账。被查出有舞弊行为的职工有7人，其中1人舞弊获利高达几十万元，最终有3人被司法机关处理。

（参考资料：《中国经营报》2003年4月14日）

（二）审计分析与思考

（1）影响。通过此案例我们可以看出，企业应制定比较完善的管理制度，加强各个环节的控制，比如在签约部门设立稽查岗位，在收款前由稽查人员审核合同内容，包括价格是否符合公司的规定等。对内部审计来说，测评企业内部控制制度是否合理是最重要的工作，企业制定了健全、有效的内部控制制度一般不会出管理问题，如果制度本身有问题，很难保证不出管理纰漏。

（2）意义。在职业经理人的法制环境和约束手段还不成熟的时候，内部审计能起到查错防弊、保护企业财产安全的作用。“查错防弊”功能是内部审计在民营企业中产生的原动力，在现代企业制度还不健全的情况下，加强监督、保护企业财产安全，对于凝结着家庭奋斗血汗的民营企业来说尤为重要。除此之外，内部审计还可以健全内部控制制度，提高经营管理水平和工作效率，优化资源配置，提高经济效益。

（3）思考。财务工作虽然也有监督职能，但在人们的认识中，其基本功能还是核算，即使监督也体现在对一笔数目是否合法合规的审查上，并且这是从形式上进行稽核。一笔开支，如果老总签字同意了，就算合法合规，至于这笔开支是否符合经济性的原则却很少过问，这种稽查还是事后的稽查。内部审计的功能还体现在对未来经营管理风险的评估和预防上。民营企业越来越重视内部审计，而且越是经营出色的企业越重视内部审计。

（三）问题探讨

民营企业建立内部审计制度的动因是什么？如何建立民营企业内部审计机构和管理体制？

重要阅读资料

1.《中华人民共和国会计法》
2.《中华人民共和国审计法》
3.《中华人民共和国注册会计师法》
4.《中国注册会计师鉴证业务基本准则》
5.《中国注册会计师审计准则》相关项具体准则
6.《中国注册会计师职业道德基本准则》
7.《中国注册会计师职业道德规范指导意见》
8.《中华人民共和国注册会计师法》
9.《企业会计准则》
10.《企业会计准则》应用指南
11.《内部会计控制规范》
12.《内部控制审核指导意见》
13. AICPAAudit and Accounting Guide：Audit Sampling

参考文献

[1] 中国注册会计师协会．中国注册会计师执行准则指南2006(上册、下册)[M]．北京:中国财政经济出版社,2006.

[2] 中国注册会计师协会．审计[M]．北京:经济科学出版社,2014.

[3] 林钟高,尤雪英,徐正刚．独立审计理论研究[M]．上海:立信会计出版社,2002.

[4] 邱学文,郭化林．中国注册会计师执业准则——阐释与应用[M]．上海:立信会计出版社,2006.

[5] 王英姿．审计学原理与实务[M]．上海:上海财经大学出版社,2006.

[6] 宛燕如,高文进．审计学[M]．武汉:武汉大学出版社,2013.

[7] 刘国常,姜虹．审计学教程(第二版)[M]．广州:暨南大学出版社,2006.

[8] 陈汉文．审计[M]．厦门:厦门大学出版社,2006.

[9] 李凤鸣．审计学原理[M]．上海:复旦大学出版社,2006.

[10] 吴良海,王锴．审计学[M]．北京:清华大学出版社,2007.

[11] 宛燕如．审计学[M]．武汉:武汉大学出版社,2009.

[12] 刘明辉．审计[M]．大连:东北财经大学出版社2007.

[13] 耿建新,宋常．审计学(第四版)[M]．北京:中国人民大学出版社,2007.

[14] 王英姿．审计学[M]．上海:复旦大学出版社,2007.

[15] 裘宗舜．审计学[M]．北京:中国财政经济出版社,2003.

[16] 张伟龙．审计学教程与案例[M]．杭州:浙江大学出版社,2012.

[17] 常勋,黄京菁．会计师事务所质量控制[M]．大连:东北财经大学出版社,2004.

[18] 吕先锫．审计[M]．成都:西南财经大学出版社,2006.

[19] 宛燕如．审计学[M]．武汉:武汉理工大学出版社,2007.

[20] 林丽．审计学[M]．北京:清华大学出版社,2011.

[21] 王锴．会计信息系统——管理的视角[M]．北京:北京交通大学出版社,清华大学出版社,2006.

[22] 田芬．计算机审计[M]．上海:复旦大学出版社,2007.

[23] 郭宗文,张红卫,胡仁昱．计算机审计[M]．北京:清华大学出版社,2005.

[24] 刘汝焯．计算机审计概念、框架与规则[M]．北京:清华大学出版社,2007.

[25] 陈伟,张金城．计算机辅助审计原理及应用[M]．北京:清华大学出版社,2008.

[26] 申根,车夫．中国注册会计师执业准则重点难点解析[M]．大连:大连出版社,2006.

[27] 范永亮．审计[M]．北京：北京大学出版社，2007.

[28] 张庆龙．审计原理[M]．北京：中国时代经济出版社，2007.

[29] 胡春元．风险导向审计[M]．大连：东北财经大学出版社，2009.

[30] 王光远．审计学(第二版)[M]．大连：东北财经大学出版社，2011.

[31] 胡中艾．审计技能实验[M]．大连：东北财经大学出版社，2001.

[32] 赵保卿．审计案例研究[M]．北京：中央广播电视大学出版社，2005.

[33] 中国注册会计师协会．审计[M]．北京：经济科学出版社，2007.

[34] 秦荣生，卢春泉．审计学(第七版)[M]．北京：中国人民大学出版社，2011.

[35] 李连华，张蕾．中国内部会计控制规范——阐释与运用[M]．上海：立信出版社，2007.

[36] 阿尔文·A. 阿伦斯(Alvin A. Arens)．审计学：一种整合方法(第 14 版)[M]．北京：中国人民大学出版社，2012.

[37] 李海波．新编审计学(第三版)[M]．上海：立信会计出版社，2005.

[38] Arens, Elder and Beasley. *Auditing—An Integrated Approach*[M]．北京：中国人民大学出版社，2013.

[39] 高莹，万里霜，阎至刚．审计学原理与实务[M]．北京：清华大学出版社，北京交通大学出版社，2005.

[40] 时现，李庭燎．全球信息系统审计指南(上、下)[M]．北京：中国时代经济出版社，2010.

[41] 乔鹏，李湘蓉．会计信息系统与审计[M]．北京：清华大学出版社，2010.

[42] 董大胜．中国政府审计[M]．北京：中国时代经济出版社，2007.

[43] 刘世林，方伟明．经济责任审计理论与实务[M]．北京：中国时代经济出版社，2006.

[44] 刘三昌．政府审计[M]．大连：东北财经大学出版社，2012.

[45] 中国内部审计学会．内部审计在治理、风险和控制中的作用(第四版)[M]．北京：中国西苑出版社，2011.

[46] 王宝庆．现代内部审计[M]．上海：立信会计出版社，2007.

[47] 张其镇，陈琳．审计职业判断与审计风险[J]．企业经济，2006，(12).

[48] 杨瑾．审计判断及其影响因素分析[J]．西安金融，2007，(3).

[49] 吴亮，张素蓉．审计判断的成因及其在审计过程中的应用[J]．财会通讯·学术，2005，(10).

[50] 王剑．信息化环境下对商行个贷业务的数据分析[J]．中国内部审计，2006，(7).

[51] 姜玉泉．试论电子商务时代的计算机审计[J]．江苏社会科学，2006，(1).

[52] 石爱中．初释数据式审计模式[J]．审计研究，2005，(4).

[53] 张立民，张晗．非营利组织信息披露与审计——基于汶川地震中 16 家全国性基金会的案例研究[J]．审计与经济研究，2011.

[54] 王平．关于企业内部审计与内部控制关系的探讨[J]．中国经贸，2012，(2).

[55] 谢留香．谈政府民生审计的创新[J]．现代经济信息，2013，(23).